코레일
한국철도공사

NCS 기출복원 & 고난도

모의고사 15회

시대에듀

2025 최신판 시대에듀 코레일 한국철도공사
NCS 기출복원&고난도 모의고사 15회 + 무료코레일특강

Always **with you**

사람의 인연은 길에서 우연하게 만나거나 함께 살아가는 것만을 의미하지는 않습니다.
책을 펴내는 출판사와 그 책을 읽는 독자의 만남도 소중한 인연입니다.
시대에듀는 항상 독자의 마음을 헤아리기 위해 노력하고 있습니다. 늘 독자와 함께하겠습니다.

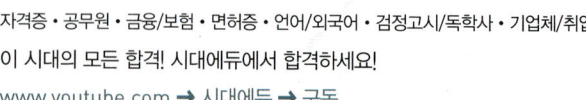

머리말 PREFACE

국민의 안전과 생명을 지키는 사람 중심의 안전을 만들어 나가기 위해 노력하는 코레일 한국철도공사는 2025년에 신입사원을 채용할 예정이다. 코레일 한국철도공사의 채용절차는 「입사지원서 접수 → 서류전형 → 필기시험 → 체력심사 및 실기시험 → 면접시험 및 인성검사 → 최종 합격자 발표」 순서로 이루어진다. 필기시험은 직업기초능력평가와 직무수행능력평가, 철도법령으로 진행된다. 그중 직업기초능력평가는 의사소통능력, 수리능력, 문제해결능력 총 3개의 영역을 평가한다. 또한, 직무수행능력평가의 경우 직렬별로 전공 분야가 다르므로 반드시 확정된 채용공고를 확인해야 한다. 필기시험 고득점자 순으로 최종선발 인원의 2배수 이내로 합격자가 결정되므로 고득점을 받기 위해 다양한 유형에 대한 폭넓은 학습과 문제풀이능력을 높이는 등 철저한 준비가 필요하다.

코레일 한국철도공사 필기시험 합격을 위해 시대에듀에서는 기업별 NCS 시리즈 누적 판매량 1위의 출간 경험을 토대로 다음과 같은 특징을 가진 도서를 출간하였다.

도서의 특징

❶ 코레일 최신 샘플문제 및 기출복원문제를 통한 출제 유형 확인!

- 2024～2022년 코레일 샘플문제를 수록하여 코레일 출제경향을 확인할 수 있도록 하였다.
- 2024년 코레일 기출문제를 복원하여 코레일 필기 유형을 파악할 수 있도록 하였다.

❷ 코레일 기출복원 모의고사를 통한 실력 상승!

- 2023～2020년 코레일 4개년 기출복원 모의고사를 수록하여 코레일 필기시험의 전반적인 유형을 파악할 수 있도록 하였다.

❸ 고난도 모의고사를 통한 완벽한 실전 대비!

- 철저한 분석을 통해 실제 유형과 유사한 고난도 모의고사를 수록하여 자신의 실력을 점검할 수 있도록 하였다.

❹ 다양한 콘텐츠로 최종 합격까지!

- 모바일 OMR 답안채점/성적분석 서비스를 통해 필기시험에 대비할 수 있도록 하였다.
- 온라인 모의고사를 무료로 제공하여 필기시험을 준비하는 데 부족함이 없도록 하였다.

끝으로 본 도서를 통해 코레일 한국철도공사 채용을 준비하는 모든 수험생 여러분이 합격의 기쁨을 누리기를 진심으로 기원한다.

SDC(Sidae Data Center) 씀

코레일 한국철도공사 기업분석 INTRODUCE

◇ 미션

사람 · 세상 · 미래를 잇는 대한민국 철도

◇ 비전

새로 여는 미래교통 함께하는 한국철도

◇ 핵심가치

안전 혁신 소통 신뢰

경영목표 & 전략과제

디지털 기반 안전관리 고도화
- 디지털통합 안전관리
- 중대재해 예방 및 안전 문화 확산
- 유지보수 과학화

자립경영을 위한 재무건전성 제고
- 운송수익 극대화
- 신성장사업 경쟁력 확보
- 자원운용 최적화

국민이 체감하는 모빌리티 혁신
- 디지털 서비스 혁신
- 미래융합교통 플랫폼 구축
- 국민소통 홍보 강화

미래지향 조직문화 구축
- ESG 책임경영 내재화
- 스마트 근무환경 및 상호존중 문화 조성
- 융복합 전문 인재 양성 및 첨단기술 확보

인재상

사람지향 소통인
사람 중심의 사고와 행동을 하는 인성, 열린 마인드로 주변과 소통하고 협력하는 인재

고객지향 전문인
고객만족을 위해 지속적으로 학습하고 노력하는 인재

미래지향 혁신인
한국철도의 글로벌 경쟁력을 높이고 미래의 발전을 끊임없이 추구하는 인재

신입 채용 안내 INFORMATION

◇ 지원자격(공통)

❶ 학력 · 성별 · 어학 · 나이 · 거주지 등 : 제한 없음

※ 단, 18세 미만자 또는 공사 정년(만 60세) 초과자는 지원 불가

❷ 남성의 경우 군필 또는 면제자

※ 단, 전역일이 최종합격자 발표일 이전이며, 전형별 시험일에 참석 가능한 경우 지원 가능

❸ 철도 현장 업무수행이 가능한 자

❹ 한국철도공사 채용 결격사유에 해당하지 않는 자

❺ 최종합격자 발표일 이후부터 근무가 가능한 자

❻ 외국인의 경우 거주(F-2), 재외동포(F-4), 영주권자(F-5)에 한함

◇ 필기시험

구분	직렬		평가내용	문항 수	시험시간
직업기초능력평가	전 직렬		의사소통능력, 수리능력, 문제해결능력	30문항	70분
직무수행능력평가	일반, 수송		경영학	30문항	
	IT		컴퓨터 일반(정보보호개론 포함)		
	토목		토목일반		
	전기통신		전기이론		
	차량	기계	기계일반		
		전기	전기일반		
	건축	일반	건축일반		
		설비	건축설비		
철도법령	전 직렬		철도산업발전기본법 · 시행령, 한국철도공사법 · 시행령, 철도사업법 · 시행령	10문항	

◇ 면접시험

구분	평가내용
면접시험 (4대1 면접)	NCS 기반 직무경험 및 상황면접 등을 종합적으로 평가
인성검사	인성, 성격적 특성에 대한 검사로, 적격 · 부적격 판정

❖ 위 채용 안내는 2024년 상반기 및 하반기 채용공고를 기준으로 작성하였으므로 세부사항은 확정된 채용공고를 확인하기 바랍니다.

2024년 하반기 기출분석 ANALYSIS

총평

코레일 한국철도공사 필기시험은 피듈형으로 출제되었으며, 난이도는 평이했다는 후기가 많았다. 수리능력의 경우 다양한 유형의 문제가 고루 출제되었으므로 여러 유형의 문제에 대한 연습이 필요해 보인다. 또한, 의사소통능력과 문제해결능력에서는 모듈이론과 관련된 문제가 출제되었으므로 평소 모듈형 문제에 대한 준비를 해두는 것이 좋겠다. 2024년 하반기 채용부터 도입된 철도법령 문제는 난이도가 무난한 편이었으므로 철도법령 관련 용어나 개념과 같은 기본적인 학습을 충분히 하는 것이 중요해 보인다.

◇ 영역별 출제 비중

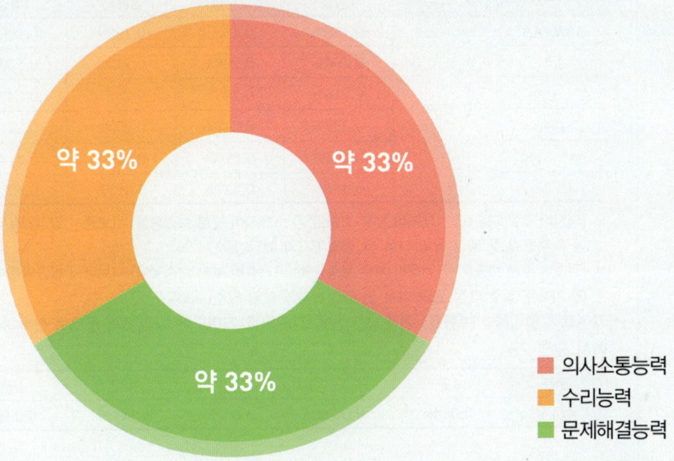

구분	출제 특징	출제 키워드
의사소통능력	• 철도 관련 지문이 출제됨 • 모듈형 문제가 출제됨	• 철도사고, 비언어적 표현, 키슬러 등
수리능력	• 수열 문제가 출제됨 • 그래프 문제가 출제됨	• 농도, 진학률, 매출 그래프 등
문제해결능력	• 모듈형 문제가 출제됨 • 참거짓 문제가 출제됨	• 열차, SWOT 분석, 논리적 오류 등
철도법령	• 면허, 경미한 변경사항, 벌금, 사업용철도, 자본금, 사채, 이익전환, 사업계획 변경명령, 정부 출자 등	

PSAT형

수리능력

04 다음은 신용등급에 따른 아파트 보증률에 대한 사항이다. 자료와 상황에 근거할 때, 갑(甲)과 을(乙)의 보증료의 차이는 얼마인가?(단, 두 명 모두 대지비 보증금액은 5억 원, 건축비 보증금액은 3억 원이며, 보증서 발급일로부터 입주자 모집공고 안에 기재된 입주 예정 월의 다음 달 말일까지의 해당 일수는 365일이다)

- (신용등급별 보증료)=(대지비 부분 보증료)+(건축비 부분 보증료)
- 신용평가 등급별 보증료율

구분	대지비 부분	건축비 부분				
		1등급	2등급	3등급	4등급	5등급
AAA, AA	0.138%	0.178%	0.185%	0.192%	0.203%	0.221%
A^+		0.194%	0.208%	0.215%	0.226%	0.236%
A^-, BBB^+		0.216%	0.225%	0.231%	0.242%	0.261%
BBB^-		0.232%	0.247%	0.255%	0.267%	0.301%
BB^+ ~ CC		0.254%	0.276%	0.296%	0.314%	0.335%
C, D		0.404%	0.427%	0.461%	0.495%	0.531%

※ (대지비 부분 보증료)=(대지비 부분 보증금액)×(대지비 부분 보증료율)×(보증서 발급일로부터 입주자 모집공고 안에 기재된 입주 예정 월의 다음 달 말일까지의 해당 일수)÷365

※ (건축비 부분 보증료)=(건축비 부분 보증금액)×(건축비 부분 보증료율)×(보증서 발급일로부터 입주자 모집공고 안에 기재된 입주 예정 월의 다음 달 말일까지의 해당 일수)÷365

- 기여고객 할인율 : 보증료, 거래기간 등을 기준으로 기여도에 따라 6개 군으로 분류하며, 건축비 부분 요율에서 할인 가능

구분	1군	2군	3군	4군	5군	6군
차감률	0.058%	0.050%	0.042%	0.033%	0.025%	0.017%

〈상황〉

- 갑 : 신용등급은 A^+이며, 3등급 아파트 보증금을 내야 한다. 기여고객 할인율에서는 2군으로 선정되었다.
- 을 : 신용등급은 C이며, 1등급 아파트 보증금을 내야 한다. 기여고객 할인율은 3군으로 선정되었다.

① 554,000원
② 566,000원
③ 582,000원
④ 591,000원
⑤ 623,000원

특징
- ▸ 대부분 의사소통능력, 수리능력, 문제해결능력을 중심으로 출제(일부 기업의 경우 자원관리능력, 조직이해능력을 출제)
- ▸ 자료에 대한 추론 및 해석 능력을 요구

대행사
- ▸ 엑스퍼트컨설팅, 커리어넷, 태드솔루션, 한국행동과학연구소(행과연), 휴노 등

모듈형

| 문제해결능력

41 문제해결절차의 문제 도출 단계는 (가)와 (나)의 절차를 거쳐 수행된다. 다음 중 (가)에 대한 설명으로 적절하지 않은 것은?

(가)	→	(나)
전체 문제를 개별화된 이슈들로 세분화		문제에 영향력이 큰 핵심이슈를 선정

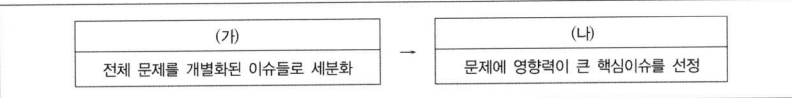

① 문제의 내용 및 영향 등을 파악하여 문제의 구조를 도출한다.
② 본래 문제가 발생한 배경이나 문제를 일으키는 메커니즘을 분명히 해야 한다.
③ 현상에 얽매이지 말고 문제의 본질과 실제를 봐야 한다.
④ 눈앞의 결과를 중심으로 문제를 바라봐야 한다.
⑤ 문제 구조 파악을 위해서 Logic Tree 방법이 주로 사용된다.

특징
- ▸ 이론 및 개념을 활용하여 푸는 유형
- ▸ 채용 기업 및 직무에 따라 NCS 직업기초능력평가 10개 영역 중 선발하여 출제
- ▸ 기업의 특성을 고려한 직무 관련 문제를 출제
- ▸ 주어진 상황에 대한 판단 및 이론 적용을 요구

대행사
- ▸ 인트로맨, 휴스테이션, ORP연구소 등

피듈형(PSAT형 + 모듈형)

| 자원관리능력

07 다음 자료를 근거로 판단할 때, 연구모임 A ~ E 중 세 번째로 많은 지원금을 받는 모임은?

〈지원계획〉

- 지원을 받기 위해서는 한 모임당 5명 이상 9명 미만으로 구성되어야 한다.
- 기본지원금은 모임당 1,500천 원을 기본으로 지원한다. 단, 상품개발을 위한 모임의 경우는 2,000천 원을 지원한다.
- 추가지원금

등급	상	중	하
추가지원금(천 원/명)	120	100	70

※ 추가지원금은 연구 계획 사전평가결과에 따라 달라진다.

- 협업 장려를 위해 협업이 인정되는 모임에는 위의 두 지원금을 합한 금액의 30%를 별도로 지원한다.

〈연구모임 현황 및 평가결과〉

특징
- ▸ 기초 및 응용 모듈을 구분하여 푸는 유형
- ▸ 기초인지모듈과 응용업무모듈로 구분하여 출제
- ▸ PSAT형보다 난도가 낮은 편
- ▸ 유형이 정형화되어 있고, 유사한 유형의 문제를 세트로 출제

대행사
- ▸ 사람인, 스카우트, 인크루트, 커리어케어, 트리피, 한국사회능력개발원 등

주요 공기업 적중 문제 TEST CHECK

코레일 한국철도공사

농도 ▶ 유형

2024년 적중

02 농도가 10%인 소금물 200g에 농도가 15%인 소금물을 섞어서 13%인 소금물을 만들려고 한다. 이때, 농도가 15%인 소금물은 몇 g이 필요한가?

① 150g
② 200g
③ 250g
④ 300g
⑤ 350g

SWOT 분석 ▶ 유형

2024년 적중

01 다음은 K섬유회사에 대한 SWOT 분석 자료이다. 분석에 따른 대응 전략으로 적절한 것을 〈보기〉에서 모두 고르면?

S 강점	W 약점
• 첨단 신소재 관련 특허 다수 보유	• 신규 생산 설비 투자 미흡 • 브랜드의 인지도 부족
O 기회	**T 위협**
• 고기능성 제품에 대한 수요 증가 • 정부 주도의 문화 콘텐츠 사업 지원	• 중저가 의류용 제품의 공급 과잉 • 저임금의 개발도상국과 경쟁 심화

보기

ㄱ. SO전략으로 첨단 신소재를 적용한 고기능성 제품을 개발한다.
ㄴ. ST전략으로 첨단 신소재 관련 특허를 개발도상국의 경쟁업체에 무상 이전한다.
ㄷ. WO전략으로 문화 콘텐츠와 디자인을 접목한 신규 브랜드 개발을 통해 적극적으로 마케팅 한다.
ㄹ. WT전략으로 기존 설비에 대한 재투자를 통해 대량생산 체제로 전환한다.

① ㄱ, ㄷ
② ㄱ, ㄹ
③ ㄴ, ㄷ
④ ㄴ, ㄹ
⑤ ㄷ, ㄹ

한국수자원공사

문단 나열 ▶ 유형

2024년 적중

01 다음 문단을 논리적 순서대로 바르게 나열한 것은?

(가) 그뿐 아니라, 자신을 알아주는 이, 즉 지기자(知己者)를 위해서라면 기꺼이 자신의 전부를 버릴 수 있어야 하며, 더불어 은혜는 은혜대로, 원수는 원수대로 자신이 받은 만큼 되갚기 위해 진력하여야 한다.
(나) 무공이 높다고 하여 반드시 협객으로 인정되지 않는 이유는 바로 이런 원칙에 위배되는 경우가 심심치 않게 발생하기 때문이다. 요컨대 협이란 사생취의(捨生取義)의 정신에 입각하여 살신성명(殺身成名)의 의지를 실천하는 것, 또는 그러한 실천을 기꺼이 감수할 준비가 되어 있는 상태를 뜻한다고 할 수 있다.
(다) 협으로 인정받기 위해서는 무엇보다도 절개와 의리를 숭상하여야 하며, 개인의 존엄을 중시하고 간악함을 제거하기 위해 노력해야만 한다. 신의(信義)를 목숨보다 중히 여길 것도 강조되는데, 여기서의 신의란 상대방을 향한 것인 동시에 스스로에게 해당되는 것이기도 하다.
(라) 무(武)와 더불어 보다 신중하게 다루어야 할 것이 '협(俠)'의 개념이다. 무협 소설에서 문제가 되는 협이란 무덕(武德), 즉 무인으로서의 덕망이나 인격과 관계가 되는 것으로, 이는 곧 무공 사용의 전제가 되는 기준 내지는 원칙이라고 할 수 있다.

① (나) – (다) – (가) – (라)
② (나) – (다) – (라) – (가)
③ (라) – (가) – (다) – (나)
④ (라) – (다) – (가) – (나)

경우의 수 ▶ 유형

2024년 적중

20 영희는 과일을 주문하려 인터넷 쇼핑몰에 들어갔다. 쇼핑몰에서는 사과, 수박, 감, 귤, 바나나, 자두, 포도, 딸기 총 8개의 과일 중에서 최대 4개의 과일을 주문할 수 있다. 영희가 감, 귤, 포도, 딸기 4개 과일 중에서 최대 두 종류까지만 선택을 하고, 총 세 종류의 과일을 주문한다고 할 때, 영희가 주문할 수 있는 경우의 수는 몇 가지인가?

① 48가지
② 52가지
③ 56가지
④ 60가지

주요 공기업 적중 문제 TEST CHECK

한국도로공사

매출액 ▶ 키워드

2024년 적중

18 다음 표는 D회사 구내식당의 월별 이용자 수 및 매출액에 대한 자료이고, 보고서는 D회사 구내식당 가격인상에 대한 내부검토 자료이다. 이를 토대로 '2024년 1월의 이용자 수 예측'에 대한 그래프로 옳은 것은?

〈2023년 D회사 구내식당의 월별 이용자 수 및 매출액〉

(단위 : 명, 천 원)

구분	특선식		일반식		총매출액
	이용자 수	매출액	이용자 수	매출액	
7월	901	5,406	1,292	5,168	10,574
8월	885	5,310	1,324	5,296	10,606
9월	914	5,484	1,284	5,136	10,620
10월	979	5,874	1,244	4,976	10,850
11월	974	5,844	1,196	4,784	10,628
12월	952	5,712	1,210	4,840	10,552

※ 총매출액은 특선식 매출액과 일반식 매출액의 합이다.

〈보고서〉

2023년 12월 D회사 구내식당은 특선식(6,000원)과 일반식(4,000원)의 두 가지 메뉴를 판매하고 있다. 2023년 11월부터 구내식당 총매출액이 감소하고 있어 지난 2년 동안 동결되었던 특선식과 일반식 중 한 가지 메뉴의 가격을 2024년 1월부터 1,000원 인상할지를 검토하였다.
메뉴 가격에 변동이 없을 경우, 일반식 이용자와 특선식 이용자의 수가 모두 2023년 12월에 비해 감소하여 2024년 1월의 총매출액은 2023년 12월보다 감소할 것으로 예측된다.
특선식 가격만을 1,000원 인상하여 7,000원으로 할 경우, 특선식 이용자 수는 2023년 7월 이후 최저치 이하로 감소하지만, 가격 인상의 영향 등으로 총매출액은 2023년 10월 이상으로 증가할 것

참 거짓 ▶ 유형

2024년 적중

06 A～D는 한 판의 가위바위보를 한 후 그 결과에 대해 각각 두 가지의 진술을 하였다. 두 가지의 진술 중 하나는 반드시 참이고, 하나는 반드시 거짓이라고 할 때, 다음 중 항상 참인 것은?

A : C는 B를 이길 수 있는 것을 냈고, B는 가위를 냈다.
B : A는 C와 같은 것을 냈지만, A가 편 손가락의 수는 나보다 적었다.
C : B는 바위를 냈고, 그 누구도 같은 것을 내지 않았다.
D : A, B, C 모두 참 또는 거짓을 말한 순서가 동일하다. 이 판은 승자가 나온 판이었다.

① B와 같은 것을 낸 사람이 있다.
② 보를 낸 사람은 1명이다.
③ D는 혼자 가위를 냈다.
④ B가 기권했다면 가위를 낸 사람이 지는 판이다.

국가철도공단

맞춤법 ▶ 유형

2024년 적중

01 다음 중 밑줄 친 부분의 맞춤법이 옳은 것은?

① 그는 손가락으로 북쪽을 가르켰다.
② 뚝배기에 담겨 나와서 시간이 지나도 식지 않았다.
③ 열심히 하는 것은 좋은데 촛점이 틀렸다.
④ 몸이 너무 약해서 보약을 다려 먹어야겠다.

속력 ▶ 유형

2024년 적중

03 유속 10m/s로 흐르는 강물에서 유진이는 일정한 속력으로 움직이는 배를 타고 있다. 배가 내려올 때의 속력이 반대로 올라갈 때의 1.5배라면, 유속을 제외한 배 자체의 속력은 몇 m/s인가?

① 45m/s
② 50m/s
③ 55m/s
④ 60m/s

직접비와 간접비 ▶ 키워드

2024년 적중

32 다음은 직접비와 간접비에 대한 설명이다. 이를 참고할 때 〈보기〉의 인건비와 성격이 가장 유사한 것은?

> 어떤 활동이나 사업의 비용을 추정하거나 예산을 잡을 때에는 추정해야 할 많은 유형의 비용이 존재한다. 그중 대표적인 것이 직접비와 간접비이다. 직접비란 간접비용에 상대되는 용어로서, 제품 생산 또는 서비스를 창출하기 위해 직접 소비된 것으로 여겨지는 비용을 말한다. 이와 반대로 간접비란 제품을 생산하거나 서비스를 창출하기 위해 소비된 비용 중에서 직접비용을 제외한 비용으로, 제품 생산에 직접 관련되지 않은 비용을 말하는데, 이는 매우 다양하기 때문에 많은 사람들이 간접비용을 정확하게 예측하지 못해 어려움을 겪는 경우가 많다.

> 보기
> 인건비란 제품 생산 또는 서비스 창출을 위한 업무를 수행하는 사람들에게 지급되는 비용으로, 계약에 의해 고용된 외부 인력에 대한 비용도 인건비에 포함된다. 이러한 인건비는 일반적으로 전체 비용 중 가장 큰 비중을 차지하게 된다.

① 통신비
② 출장비
③ 광고비
④ 보험료

도서 200% 활용하기 STRUCTURES

1 샘플문제 + 기출복원문제로 출제경향 파악

코레일 한국철도공사 신입사원 필기시험

2024 ~ 2022년 코레일 샘플문제

※ 정답 및 해설은 문제 바로 뒤 p.43에 있습니다.

| 2024년 하반기 / 의사소통능력

01 다음 글의 전개 방식으로 가장 적절한 것은?

> (가) 면접은 시나리오가 없는 무대와 같다. 생각지 못한 상황에 빠져들어 당황하는 상황이 발생하기도 한다. 그렇다면 면접에서 발생할 수 있는 곤란한 상황은 무엇이며, 이러한 상황에서 현명하게 대처하는 방법은 무엇일까?
> (나) 무슨 말을 해야 할지 대답이 막히는 상황이다. 긴장을 많이 한 상태에서 준비한 질문이 나오지 않거나, 의외의 질문을 받고 갑자기 머릿속이 하얘지면서 아무런 생각이 나지 않고 말이 막혀 버리는 상황이 종종 발생하기도 한다. 만일 답변을 하다가 말의 진행 방향을 잃어버렸을 경우에는 중언부언하지 말고, 말을 잠시 멈추고 대답해야 할 핵심 단어를 생각하고, 이 단어를 중심으로 생각을 정리하면서 다시 말을 시작하는 것이 좋다.
> (다) 질문의 뜻을 모르는 상황이다. 심리적 압박감과 조급한 마음 때문에 이런 일이 발생하기도 하는데, 다시 물어보면 점수가 깎이거나 면접관에게 나쁜 인상을 줄까 봐 묻지 않는 경우도 많다. 이런 경우 잘 듣지 못한 사실을 면접관에게 정중하게 인지시키고, 질문의 의도나 뜻을 명확하게 다시 확인하는 것이 좋다.
> (라) 난처하거나 답변하기 곤란한 질문을 받은 상황이다. 이때는 당황하지 말고 냉정하게 질문의 의도를 생각해 볼 필요가 있다. 기분 나쁜 표정을 짓거나, 공격적으로 반응하기보다는 긍정적인 태도로 돌려 말하면서 유연하게 대처하는 것이 필요하다.
> (마) 이와 같이 면접에 대비하기 위해서는 예상질문을 만들어 답변을 준비하는 것과 더불어 예상하지 못한 상황에서 긴장하지 않고 현명하게 대처하기 위한 연습도 필요하다.

(나)

코레일 한국철도공사 신입사원 필기시험

2024년 코레일 기출복원문제

※ 정답 및 해설은 문제 바로 뒤 p.49에 있습니다.

| 2024년 하반기

01 다음 중 비언어적 요소인 쉼을 사용하는 경우로 적절하지 않은 것은?

① 양해나 동조를 구할 경우
② 상대방에게 반문을 할 경우
③ 이야기의 흐름을 바꿀 경우
④ 연단공포증을 극복하려는 경우
⑤ 이야기를 생략하거나 암시할 경우

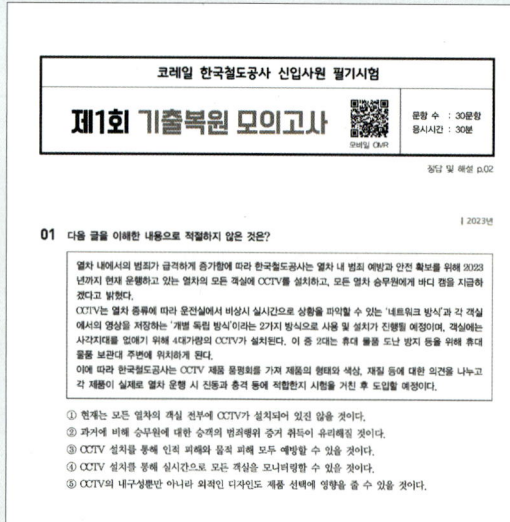

▸ 2024～2022년 코레일 샘플문제를 수록하여 코레일 출제경향을 확인할 수 있도록 하였다.
▸ 2024년 코레일 기출문제를 복원하여 코레일 필기 유형을 파악할 수 있도록 하였다.

2 기출복원 모의고사로 빈틈없는 학습

코레일 한국철도공사 신입사원 필기시험

제1회 기출복원 모의고사

모바일 OMR

문항 수 : 30문항
응시시간 : 30분

정답 및 해설 p.02

| 2023년

01 다음 글을 이해한 내용으로 적절하지 않은 것은?

> 열차 내에서의 범죄가 급격하게 증가함에 따라 한국철도공사는 열차 내 범죄 예방과 안전 확보를 위해 2023년까지 현재 운행하고 있는 열차의 모든 객실에 CCTV를 설치하고, 모든 열차 승무원에게 바디 캠을 지급하겠다고 밝혔다.
> CCTV는 열차 종류에 따라 운전실에서 비상시 실시간으로 상황을 파악할 수 있는 '네트워크 방식'과 각 객실에서의 영상을 저장하는 '개별 독립 방식'이라는 2가지 방식으로 사용 및 설치가 진행될 예정이며, 객실에는 사각지대를 없애기 위해 4대가량의 CCTV가 설치된다. 이 중 2대는 휴대 물품 도난 방지 등을 위해 휴대 물품 보관대 주변에 위치하게 된다.
> 이에 따라 한국철도공사는 CCTV 제품 품평회를 가져 제품의 형태와 색상, 재질 등에 대한 의견을 나누고 각 제품이 실제로 열차 운행 시 진동과 충격 등에 적합한지 시험을 거친 후 도입할 예정이다.

① 현재는 모든 열차의 객실 전부에 CCTV가 설치되어 있진 않을 것이다.
② 과거에 비해 승무원에 대한 승객의 범죄행위 증거 취득이 유리해질 것이다.
③ CCTV 설치를 통해 인적 피해와 물적 피해 모두 예방할 수 있을 것이다.
④ CCTV 설치를 통해 실시간으로 모든 객실을 모니터링할 수 있을 것이다.
⑤ CCTV의 내구성뿐만 아니라 외적인 디자인도 제품 선택에 영향을 줄 수 있을 것이다.

코레일 한국철도공사 신입사원 필기시험

제5회 기출복원 모의고사

모바일 OMR

문항 수 : 30문항
응시시간 : 30분

정답 및 해설 p.22

※ 다음은 K전자의 유·무상 수리 기준에 대한 자료이다. 이어지는 질문에 답하시오. [1~3]

〈K전자의 유·무상 수리 기준〉

1. 유·무상 수리 기준

구분		적용 항목
무상		• 보증기간(1년) 이내에 정상적인 사용 상태에서 발생한 성능·기능상의 고장인 경우 • K전자 엔지니어의 수리 이후 12개월 이내 동일한 고장이 발생한 경우 • 품질보증기간 동안 정상적인 사용 상태에서 발생한 성능·기능상의 고장인 경우 ※ 보증기간은 구입 일자를 기준으로 산정한다.
유상	보증기간	• 보증기간이 경과된 제품
	설치/철거	• 이사나 가정 내 제품 이동으로 재설치를 요청하는 경우 • 제품의 초기 설치 이후 추가로 제품 연결을 요청하는 경우 • 홈쇼핑, 인터넷 등에서 제품 구입 후 설치를 요청하는 경우
	소모성	• 소모성 부품의 보증기간 경과 및 수명이 다한 경우(배터리, 필터류, 램프류, 헤드, 토너, 드럼, 잉크 등) • 당사에서 지정하지 않은 부품이나 옵션품으로 인해 고장이 발생한 경우
	천재지변	• 천재지변(지진, 풍수해, 낙뢰, 해일 등) 외 화재, 염해, 동파, 가스 피해 등으로 인해 고장이 발생한 경우
	고객 부주의	• 사용자 과실로 인해 고장이 발생한 경우 • 사용설명서 내의 주의사항을 지키지 않아 고장이 발생한 경우 • K전자 서비스센터 외 임의 수리·개조로 인해 고장이 발생한 경우 • 인터넷, 안테나 등 외부 환경으로 인해 고장이 발생한 경우
	기타	• 제품 고장이 아닌 고객 요청에 의한 제품 점검(보증기간 이내라도 유상 수리)

2. 서비스 요금 안내

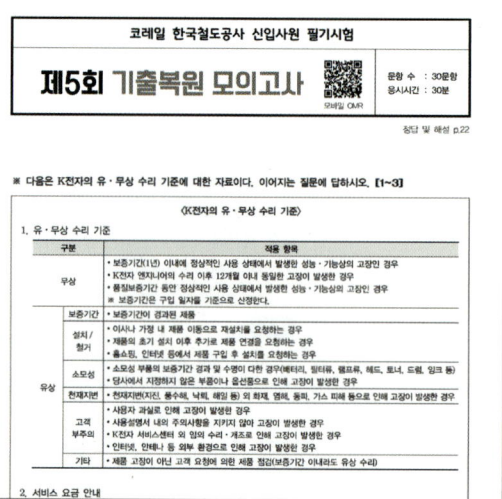

▸ 2023～2020년 코레일 4개년 기출복원 모의고사를 수록하여 코레일 필기시험에 효과적으로 대비할 수 있도록 하였다.

3 고난도 모의고사 + OMR을 활용한 실전 연습

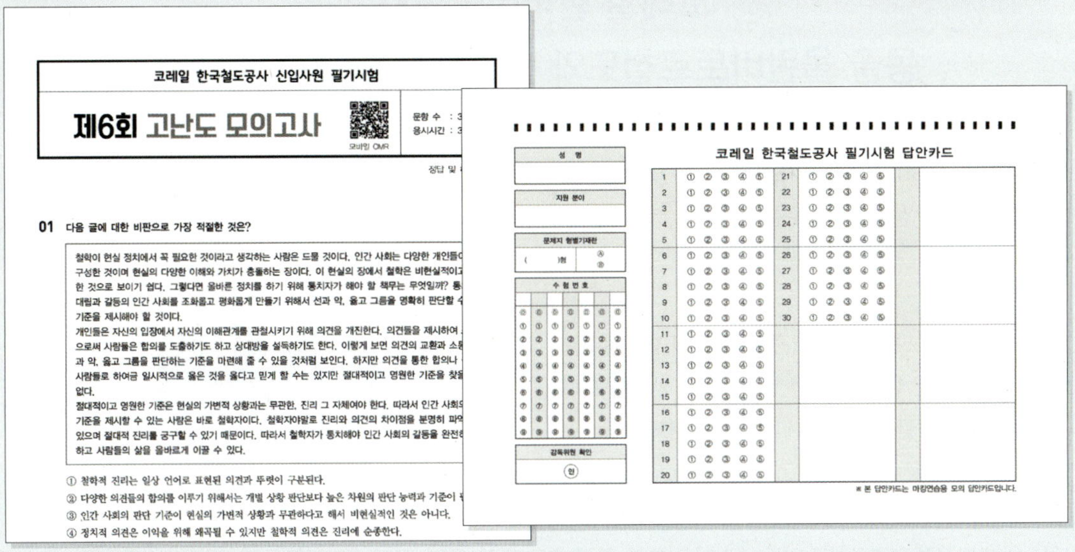

- 고난도 모의고사와 OMR 답안카드를 수록하여 실제로 시험을 보는 것처럼 최종 연습을 할 수 있도록 하였다.
- 모바일 OMR 답안채점/성적분석 서비스를 통해 필기시험에 대비할 수 있도록 하였다.

4 상세한 해설로 정답과 오답을 완벽하게 이해

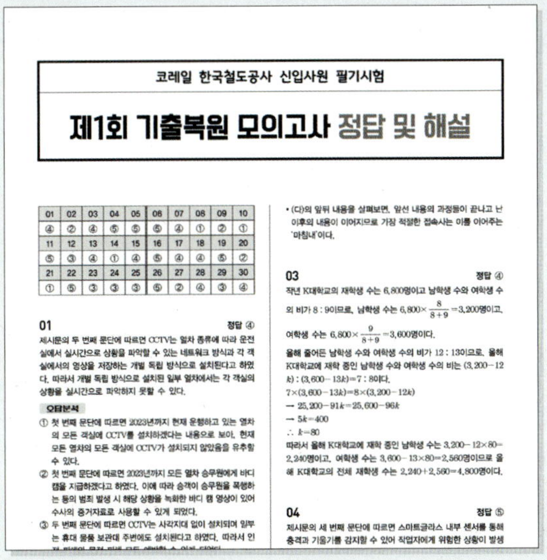

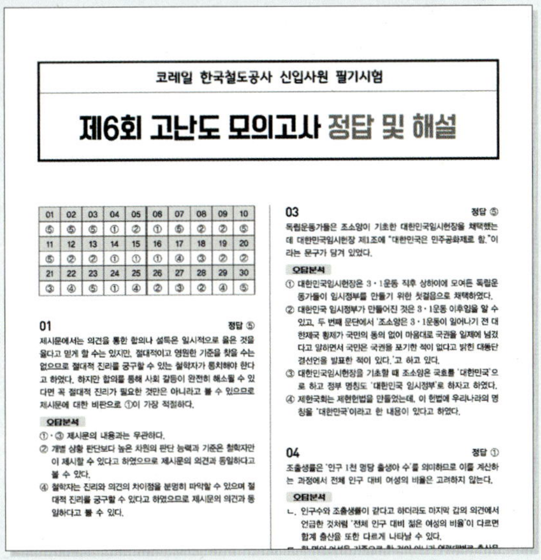

- 정답과 오답에 대한 상세한 해설을 수록하여 혼자서도 학습이 가능하도록 하였다.

2024.10.18.(금)

코레일 한국철도공사, 몽골 울란바토르철도와 상호협력 양해각서 체결

한국철도공사(이하 코레일)가 서울역에서 몽골 울란바토르철도(UBTZ)와 상호협력을 위한 양해각서(MOU)를 체결했다.

이번 협약은 2015년부터 이어온 두 기관의 협력관계를 더욱 공고히 하는 한편, 발전된 철도현황을 반영하고 미래지향적 사업 발굴에 힘을 모으기 위해 마련되었다.

코레일과 UBTZ는 기존의 교류 위주 협력에서 철도 개량, 운영과 유지보수, 교육훈련 사업 등 한국철도의 몽골진출 확대를 위한 발전적 협력관계로 만들어 가기로 했다. 특히 철도 개량, 운영, 유지보수 사업 추진, 전문가 상호방문, 세미나 개최 등 지식공유, 해외철도시장 공동 진출, 친환경 철도기술, 혁신 분야 등에 협력하기로 했다.

이번 협약으로 두 기관은 최근 몽골에서 추진하고 있는 철도 공적개발원조(ODA) 사업과 함께 몽골철도에서 원하는 철도 인프라 분야의 신규 사업을 발굴, 추진할 계획이다.

코레일 사장은 "한국철도의 기술력과 몽골철도의 인프라가 만나 두 국가의 철도사업을 더욱 발전시키고 세계철도 시장에도 적극 진출할 수 있도록 협력관계를 확대하겠다."라고 말했다.

Keyword

- 양해각서(MOU) : 국가 간의 외교 교섭 결과나 서로 수용하기로 한 내용들을 확인하고 기록하기 위하여 정식 계약 체결에 앞서 작성하는 문서로, 조약과 같은 효력을 가진다.
- 공적개발원조(ODA) : 공공기반원조 또는 정부개발원조라고도 하며, 선진국의 정부 또는 공공기관이 개발도상국의 발전과 복지증진을 주된 목적으로 하여 공여하는 원조를 의미한다. 주로 증여, 차관, 기술 원조 등의 형태로 제공된다.

예상 면접 질문

- 국제사회에서 코레일이 기여할 수 있는 부분에 대해 말해 보시오.
- 코레일의 국제적 협력 활동의 이상적인 추진 방향을 제시해 보시오.

2024.09.30.(월)

코레일 한국철도공사,
'업사이클링 작업모' 취약계층에 기부

한국철도공사(이하 코레일)가 폐안전모를 업사이클링한 작업모 1,000개를 폐지와 공병을 줍는 어르신 등 취약계층에 기부했다.

코레일은 사회적기업 '우시산'과 함께 직원들이 사용하던 안전모와 투명 페트병 원사를 활용해 벙거지 모자 형태의 가벼운 안전모로 제작했다.

코레일은 지난달 30일 오후 대전 동구청에 대전 지역의 어르신 등 취약계층을 위한 업사이클링 작업모 200개를 전달했다. 이 기부를 시작으로 전국 19개 코레일 봉사단은 10월 말까지 각 지자체와 협력해 모두 1,000개의 안전모를 전달할 예정이다.

한편 코레일은 지난 2022년부터 작업복, 안전모, 페트병 등을 양말과 이불 등 새로운 제품으로 제작해 기부하는 '업사이클링 캠페인'을 이어오고 있다.

코레일 홍보문화실장은 "사회적기업과의 협력으로 취약계층을 지원하고 지역사회와 환경을 지키는 ESG 경영에 앞장설 수 있도록 최선을 다하겠다."라고 말했다.

Keyword

- 업사이클링 : 기존에 버려지는 제품을 단순히 재활용하는 차원을 넘어서 디자인을 가미하는 등 새로운 가치를 더하여 다른 제품으로 재탄생시키는 것을 의미한다.
- ESG 경영 : 환경(Environment) · 사회(Social) · 지배구조(Governance)를 뜻하는 경영 패러다임으로, 이윤추구라는 기존의 경영 패러다임 대신에 기업이 환경적, 사회적 책임을 다하고, 지배구조의 공정성을 목표로 지속가능경영을 위해 노력하는 경영방식이다.

예상 면접 질문

- 코레일의 ESG 경영을 위한 활동에 대해 아는 대로 말해 보시오.
- 코레일이 사회적 취약계층을 위해 할 수 있는 일에 대해 말해 보시오.

2024.08.28.(수)

코레일 한국철도공사,
모빌리티 혁신의 장 '디지털 허브' 개소

한국철도공사(이하 코레일)는 대전사옥에서 철도 산업의 디지털 전환을 선도하는 전진기지가 될 '디지털 허브'의 문을 열었다고 밝혔다.

'코레일 디지털 허브'는 철도 운영에 IT 신기술을 적극 도입해 전사적 디지털 대전환과 모빌리티 혁신을 이끌어 내기 위한 곳이다.

코레일은 본사 사옥 8층 전체를 모델링해 약 800㎡ 규모로 VR 체험실, 3D프린터실과 8개의 프로젝트 랩 공간을 조성했다. 협업공간으로 사용할 수 있는 미팅 라운지, 디지털 시제품과 추진과제 진행현황을 확인할 수 있는 전시공간, 소통과 교류를 위한 휴식공간 등도 함께 마련했다.

디지털 허브는 데이터 기반의 의사결정 지원과 안전과 서비스, 업무 혁신을 위한 다양한 프로젝트를 수행하기 위한 거점 역할을 하게 된다. 주요 기능은 실시간 빅데이터 통합 및 분석, 인공지능(AI) 기반 열차운행 예측모델 구축, 안전관리 강화 등이다.

코레일 사장은 "디지털 혁신은 단순한 기술적 도입을 넘어 철도 운영의 패러다임을 바꾸는 중요한 도전"이라며 "안전과 서비스, 운영효율화를 위해 전사적 디지털 대전환에 총력을 기울이겠다."라고 말했다.

Keyword

- VR : 컴퓨터로 만든 가상의 세계에서 사람들이 실제와 같은 체험을 할 수 있도록 하는 최첨단 기술로, 의학 · 항공 · 군사 · 철도 등 다양한 분야에 도입되어 활용되고 있다.
- 인공지능(AI) : 인간의 지능이 가지는 학습, 추리, 적응, 논증 등의 기능을 갖춘 컴퓨터 시스템으로, 음성 번역, 로봇 공학, 인지 과학 등 다양한 분야에 도입되어 활용되고 있다.

예상 면접 질문

- 기술의 발전과 코레일의 철도사업을 연관 지어 설명해 보시오.
- 미래의 철도산업은 어떤 모습일지 말해 보시오.

2024.07.25.(목)

코레일 한국철도공사, HMM과 친환경 철도물류 활성화 업무협약

한국철도공사(이하 코레일)는 국내 최대 해운사 HMM과 철도수송량 증대와 탄소배출량 감소를 위한 '친환경 철도물류 활성화 업무협약'을 체결했다.

이번 협약으로 두 기관은 코레일에서 추진하는 '냉동컨테이너 철도수송 서비스'의 안정적인 운영을 위해 협력하고 올해 개통 예정인 서해선 송산역 CY(컨테이너 야적장)를 서북부 내륙운송 허브기지로 활성화하는 데 힘을 모으기로 했다.

코레일은 냉동컨테이너 철도수송 인프라 구축, 환경성적표지 인증을 통한 친환경 운송서비스 제공, 송산 CY의 철도운송 허브기지 조성, '철도–해운 결합' 국제복합운송체계 구축 등에 나선다.

특히 이번 협약으로 철도와 선박 간 화물수송을 바로 연결하는 '인터모달(Inter–Modal) 원스톱 운송체계'를 활용해 철도수송 분담률을 늘리고 저탄소 물류시스템을 확대할 것으로 기대하고 있다.

코레일 물류사업본부장은 "두 기관의 인프라를 활용한 국제복합운송체계 구축, 냉동화물 수송 등 물류혁신으로 수출화물의 안정적인 수송 루트 확보와 철도수송 분담률 확대를 위해 힘쓰겠다."라고 말했다.

Keyword

- 인터모달(Inter–Modal) : 두 개 이상의 다른 수송수단으로 컨테이너, 트레일러, 팔레트 등의 적재 화물을 건물의 출입구에서 출입구까지 일관수송하는 방식을 의미한다.

예상 면접 질문

- 코레일이 환경 보호를 위해 할 수 있는 노력에 대해 말해 보시오.
- 코레일의 환경 관련 사업 중 인상적인 것이 있다면 말해 보시오.

이 책의 차례 CONTENTS

Add+ 특별부록

PART 1 기출복원 모의고사

PART 2 고난도 모의고사

별책 정답 및 해설

Add+

특별부록

코레일 한국철도공사 신입사원 필기시험

2024 ~ 2022년 코레일 샘플문제

※ 정답 및 해설은 문제 바로 뒤 p.43에 있습니다.

| 2024년 하반기 / 의사소통능력

01 다음 글의 전개 방식으로 가장 적절한 것은?

(가) 면접은 시나리오가 없는 무대와 같다. 생각지 못한 상황에 빠져들어 당황하는 상황이 발생하기도 한다. 그렇다면 면접에서 발생할 수 있는 곤란한 상황은 무엇이며, 이러한 상황에서 현명하게 대처하는 방법은 무엇일까?

(나) 무슨 말을 해야 할지 대답이 막히는 상황이다. 긴장을 많이 한 상태에서 준비한 질문이 나오지 않거나, 의외의 질문을 받고 갑자기 머릿속이 하얘지면서 아무런 생각이 나지 않고 말이 막혀 버리는 상황이 종종 발생하기도 한다. 만일 답변을 하다가 말의 진행 방향을 잃어버렸을 경우에는 중언부언하지 말고, 말을 잠시 멈추고 대답해야 할 핵심 단어를 생각하고, 이 단어를 중심으로 생각을 정리하면서 다시 말을 시작하는 것이 좋다.

(다) 질문의 뜻을 모르는 상황이다. 심리적 압박감과 조급한 마음 때문에 이런 일이 발생하기도 하는데, 다시 물어보면 점수가 깎이거나 면접관에게 나쁜 인상을 줄까 봐 묻지 않는 경우도 많다. 이런 경우 잘 듣지 못한 사실을 면접관에게 정중하게 인지시키고, 질문의 의도나 뜻을 명확하게 다시 확인하는 것이 좋다.

(라) 난처하거나 답변하기 곤란한 질문을 받은 상황이다. 이때는 당황하지 말고 냉정하게 질문의 의도를 생각해 볼 필요가 있다. 기분 나쁜 표정을 짓거나, 공격적으로 반응하기보다는 긍정적인 태도로 돌려 말하면서 유연하게 대처하는 것이 필요하다.

(마) 이와 같이 면접에 대비하기 위해서는 예상질문을 만들어 답변을 준비하는 것과 더불어 예상하지 못한 상황에서 긴장하지 않고 현명하게 대처하기 위한 연습도 필요하다.

① (가)－(나)－(다)－(라)－(마)

② (가)─┬(나)
        ├(다)－(마)
        └(라)

③ (가)─┬(나) ─┬(라)
        └(다)   └(마)

④ (가)－(나)－(다)─┬(라)
                    └(마)

⑤ (가)－(나)─┬(다)
              └(라)－(마)

02 **다음 빈칸에 들어갈 용어로 가장 적절한 것은?**

> 기획서는 소통능력, 추진력, ＿＿＿＿＿을/를 한눈에 보여주는 업무 성적표이다. 기획서의 사전적 의미는 '프로젝트의 기획 의도, 개요, 일시, 추진 일정, 소요 비용 등 프로젝트를 추진하기 위한 기본 계획을 기술한 문서'라고 할 수 있다.

① 업무평가
② 업무성과
③ 재무평가
④ 기회비용
⑤ 기대효과

03 **서로 다른 무게를 가진 A～C물건이 있다. A물건 10개의 무게는 B물건 5개와 C물건 1개의 무게의 합과 같고, B물건 7개는 A물건 3개와 C물건 3개의 무게의 합과 같다. 이때 A물건 15개의 무게와 같은 것은?**

① B물건 8개
② B물건 9개
③ B물건 10개
④ C물건 4개
⑤ C물건 5개

04 다음은 우리나라의 노후 준비 방법에 대한 자료이다. 이에 대한 설명으로 옳지 않은 것은?

〈노후 준비 방법〉

(단위 : %)

구분	준비하고 있음	소계	국민연금	기타 공적연금	사적연금	퇴직금	예금·적금·저축성 보험	부동산 운용	주식·채권	기타
전국	72.9	100	52.5	7.8	11.3	4.6	17.4	5.3	0.6	0.5
도시	75.7	100	53.1	7.8	11.6	4.6	16.9	5.1	0.6	0.3
농어촌	60.1	100	49	8.2	9.3	4.3	20.8	6.9	0.3	1.2
남자	79.4	100	53.7	8.3	10.8	5	16.2	5.1	0.6	0.3
여자	53.4	100	47.4	5.9	13.4	2.6	22.8	6.3	0.4	1.2
19 ~ 29세	59.1	100	53.9	3.7	10.2	4.4	25.5	1.3	1.0	-
30 ~ 39세	87.1	100	53.1	6.6	14.5	5.1	17.6	2.2	0.9	-
40 ~ 49세	85.7	100	54	7.6	14.5	4.5	14.6	4.1	0.6	0.1
50 ~ 59세	80.2	100	58.6	7.2	9.5	4.2	15.7	4.2	0.4	0.2
60세 이상	51.6	100	42.3	10.9	6.3	4.8	21.3	12.2	0.4	1.8

① 노후 준비 방법으로 가장 많이 사용되는 방법은 국민연금이다.

② 연령대가 높을수록 부동산 운용을 통한 노후 준비 비중이 높다.

③ 여성은 남성에 비해 예금·적금·저축성 보험을 통한 노후 준비 방법을 선호한다.

④ 연령대가 낮을수록 안전 자산을 통한 노후 준비 방법을 선호한다.

⑤ 60세 이상의 연령에 대한 노후 준비 지원이 필요하다.

05 **5명의 친구 A ~ E가 카드 게임을 하고 있다. 각 친구는 처음에 20장의 카드를 가지고 시작하며 이 게임의 목표는 최대한 빨리 자신의 카드 수를 0으로 만드는 것이다. 게임과 관련된 규칙이 다음과 같을 때, 한 명도 남지 않고 게임이 종료되는 라운드는?**

〈규칙〉

- 라운드별로 A부터 E까지 순서대로 차례가 돌아가며 자신의 차례에 3장의 카드를 버린다. 단, 카드가 3장 미만으로 남은 라운드에서는 남은 카드를 모두 버린다. 예를 들어 3라운드에서 3장의 카드를 버려서 2장 혹은 1장이 남았다면 남은 카드를 해당 라운드에서 모두 버린다.
- 다음 라운드가 시작되면 다시 A부터 E까지 순서대로 각자 가지고 있는 카드를 3장씩 버린다.
- 카드를 모두 버린 친구는 더 이상 게임에 참여하지 않고 남은 친구들끼리 게임을 계속 진행하며 한 명도 남지 않을 때 게임이 종료된다.

① 4라운드
② 5라운드
③ 6라운드
④ 7라운드
⑤ 8라운드

06 **한 철도 회사는 A도시에서 B도시까지 5대의 다른 열차를 운행한다. A도시에서 B도시까지의 거리는 600km 이며 각 열차의 운행 속도와 정차 정보는 다음 〈조건〉과 같다. 이때 A도시에서 B도시까지 가장 빨리 도착한 열차는?**

〈조건〉

- 열차 1 : 시속 100km로 운행하며 중간에 2번 정차한다(각각 10분 정차).
- 열차 2 : 시속 120km로 운행하며 중간에 3번 정차한다(각각 5분, 8분, 7분 정차).
- 열차 3 : 시속 150km로 운행하며 중간에 1번 정차한다(15분 정차).
- 열차 4 : 시속 200km로 운행하며 중간에 2번 정차한다(각각 10분 정차).
- 열차 5 : 시속 300km로 운행하며 중간에 1번 정차한다(10분 정차).

① 열차 1
② 열차 2
③ 열차 3
④ 열차 4
⑤ 열차 5

07 다음 문단에 이어질 문단을 논리적 순서대로 바르게 나열한 것은?

혈압이란 혈액이 혈관 벽에 가해지는 힘을 뜻한다. 혈압을 읽을 때에는 수축기 혈압과 확장기 혈압으로 각각 나누어 읽는다. 수축기 혈압은 심장이 수축하면서 혈액을 내보낼 때 혈관이 받는 압력을 말하고, 확장기 혈압은 심장이 확장하며 피를 받아들일 때 혈관이 받는 압력을 말한다. 여러 차례에 걸쳐 측정한 혈압의 평균치가 수축기 혈압 140mmHg 이상 혹은 확장기 혈압 90mmHg 이상이면 이를 고혈압이라고 한다. 이 중 특별한 원인 질환이 발견되지 않는 고혈압을 본태성 고혈압이라고 한다.

(가) 그러나 고혈압은 합병증이 없는 한 증상이 거의 없어서 '조용한 살인자'라고도 부른다.
(나) 고혈압의 90% 정도는 원인 질환이 발견되지 않는 본태성 고혈압이다. 본태성 고혈압이 생기는 근본 이유는 심박출량 혹은 말초 혈관저항의 증가에 의한 것으로 추측되고 있다.
(다) 고혈압과 관련된 위험요인으로는 흡연, 음주, 비만, 운동 부족 및 스트레스 등 환경적, 심리적 요인이 있다.
(라) 만약 가족 성향이 있어서 부모가 모두 고혈압 환자라면 자녀의 80%가 고혈압 환자가 될 수 있으며 한쪽이 고혈압 환자이면 자녀의 25 ~ 50%가 고혈압 환자가 될 수 있다.
(마) 또한 고혈압의 나머지 5 ~ 10%는 혈관이상, 부신질환, 신장이상 혹은 갑상선 질환 등으로 혈압이 증가하는 이차성 고혈압으로, 이차성 고혈압의 경우 원인 질환을 찾아 치료하면 혈압이 정상화된다.

① (가) – (나) – (다) – (라) – (마)
② (나) – (가) – (다) – (라) – (마)
③ (나) – (다) – (라) – (마) – (가)
④ (나) – (라) – (가) – (다) – (마)
⑤ (다) – (나) – (라) – (마) – (가)

08 다음 중 '언즉시야(言卽是也)'의 뜻으로 가장 적절한 것은?

① 말하는 것이 사리에 맞는다.
② 매일 내 몸을 세 번 반성한다.
③ 가난하여 끼니를 많이 거른다.
④ 인재를 얻기 위해 끈기 있게 노력한다.
⑤ 은혜가 사무쳐 죽어서도 잊지 않고 갚는다.

09 다음은 지역별 신재생에너지 산업의 사업체 수에 대한 자료이다. 이에 대한 설명으로 옳은 것은?

〈신재생에너지 산업별 사업체 수〉

(단위 : 개, %)

구분	제조업	건설업	발전·열공급업	서비스업	합계	비중
전체	524	2,143	115,241	1,036	118,944	100
서울	28	136	415	187	766	0.6
부산	25	65	545	61	696	0.6
대구	20	106	838	18	982	0.8
인천	19	40	618	42	719	0.6
광주	24	183	1,361	29	1,597	1.3
대전	15	102	478	26	621	0.5
울산	13	23	412	16	464	0.4
세종	2	22	375	11	410	0.3
경기	137	297	8,811	183	9,428	7.9
강원	16	115	7,239	45	7,415	6.2
충북	40	91	8,502	43	8,676	7.3
충남	24	108	15,695	50	15,877	13.3
전북	37	336	26,681	58	27,112	22.8
전남	36	198	17,329	98	17,661	14.8
경북	34	183	16,548	59	16,824	14.1
경남	44	118	7,918	79	8,159	6.9
제주	4	20	1,449	31	1,504	1.3
기타	6	–	27	–	33	0

① 발전·열공급업 사업체가 신재생에너지 산업에서 가장 많은 비중을 차지하고 있다.
② 신재생에너지를 통해 가장 많은 전력을 발생시키는 지역은 전북이다.
③ 신재생에너지 산업은 전국적으로 균일하게 분포되어 있다.
④ 발전·열공급업의 부가가치 생산액이 가장 높다.
⑤ 신재생에너지 산업에 대한 정부의 정책은 확대될 것이다.

10 **A씨는 출장을 위해 항공권을 40% 할인받아 5장 구입하였다. 다음 〈조건〉을 참고할 때, 항공권 1장의 정가는 얼마인가?**

〈조건〉

- 항공권을 취소할 경우 출발 1일 전까지는 30%, 출발 전 당일에는 40%의 환불 수수료가 발생한다.
- A씨는 출발 5일 전 항공권 5장을 구매한 후, 2일 전에 3장을 취소하고 88,200원을 돌려받았다.

① 60,000원
② 65,000원
③ 70,000원
④ 75,000원
⑤ 80,000원

11 **다음은 고객만족도 조사 결과에 대한 브리핑의 일부이다. 이를 토대로 도출한 해결 방안을 바르게 제시하지 않은 사람은?**

지난 분기 고객만족도 조사 결과에 대해 발표하겠습니다. 매장 서비스의 종합적인 만족도는 큰 변화가 없었습니다. 하지만 세부 지표를 보면 많은 고객들이 직원의 친절도에 대해서는 높은 평가를 주었지만, 대기시간 상승에 따른 불만족이 높게 나타났습니다. 또한, 제품에 대한 종합적인 만족도는 높은 수준이었습니다. 특히 제품에 대해서는 가격 대비 품질에 대해 만족한다는 의견이 많았습니다. 다만 제품의 다양성이 부족하다는 일부 고객들의 지적이 있었고, 프로모션 및 할인 정보에 대한 접근성이 낮다는 점을 아쉬워했습니다. 최근에 개설한 온라인몰에 대한 의견도 있었는데, 온라인 구매 시스템이 복잡하다는 의견이 다수 있었습니다.

① 지수 : 직원들을 추가로 배치하여 대기시간을 줄이는 것이 필요하다.
② 성준 : 제품 라인업을 확장하여 고객의 선택지를 넓히는 것이 필요하다.
③ 태호 : 직원 교육 프로그램을 강화하여 서비스 품질을 높이는 것이 필요하다.
④ 민지 : 온라인 구매 시스템의 인터페이스를 개선하여 사용자 경험을 높이는 것이 필요하다.
⑤ 성민 : 프로모션 및 할인 정보를 고객에게 보다 적극적으로 알릴 필요가 있다.

12 A ~ E 5개 팀이 춘계 워크숍에 참여하기로 하였다. 다음 워크숍 시간표와 상황을 참고할 때 옳지 않은 것은?

〈상황〉

- 하나의 프로그램에는 동시에 최대 2개 팀이 참여할 수 있다.
- 이번 워크숍에는 마케팅1팀, 운영1팀, 운영2팀, 영업1팀, 영업2팀의 다섯 팀이 참여했다.
- 동일 직무의 1 ~ 2팀은 동시에 같은 프로그램에 참여할 수 없다(단, 휴식은 무관하다).
- 3가지 이상의 프로그램에 참여해야 한다.
- 프로그램에 참여하지 않는 시간은 휴식을 취하면 된다.

〈워크숍 시간표〉

시간	아트 테라피	쿠킹 클래스	방탈출 게임	어드벤처	휴식
10:30 ~ 12:00	D	A, B		C, E	
12:00 ~ 13:30	점심식사				
13:30 ~ 15:00	A		B, E	D	C
15:00 ~ 16:30	B	C	D	A	E
16:30 ~ 18:00	E	D	A, C		B
18:00 ~ 20:00	저녁시간				
20:00 이후	자유시간				

① A팀과 D팀이 같은 직무이면, B팀과 C팀은 항상 같은 직무이다.
② C팀과 D팀이 같은 직무이면, A팀과 E팀은 항상 같은 직무이다.
③ B팀과 D팀이 같은 직무이면, E팀과 A팀은 항상 같은 직무이다.
④ D팀과 E팀이 같은 직무이면, B팀과 C팀은 항상 같은 직무이다.
⑤ B팀과 C팀이 같은 직무이면, D팀과 E팀은 항상 같은 직무이다.

※ 한국철도공사 R직원은 윤리실천주간에 대한 기사를 살펴보고 있다. 이어지는 질문에 답하시오. [13~14]

한국철도공사는 '기업윤리의 날'을 맞아 5월 30일부터 6월 5일까지 전 직원이 참여하는 '윤리실천주간'을 운영한다고 밝혔다. ㉠ 한국철도공사의 윤리실천주간은 윤리경영에 대한 임직원의 이해와 공감을 끌어내 조직 내에 윤리문화를 정착시키기 위해 마련되었다. 이 기간 동안 한국철도공사는 직원 윤리의식 진단, 윤리 골든벨, CEO의 윤리편지, 윤리실천다짐, 윤리특강, 인권존중 대국민 캠페인, 윤리・인권경영 사내 워크숍으로 총 7가지 프로그램을 해당 기간 동안 차례대로 진행할 예정이다.
한국철도공사는 먼저 임직원 설문조사를 통해 윤리의식을 진단하고, 윤리상식을 확인하는 골든벨 행사를 갖는다. 또한, 윤리경영 추진 의지와 당부 사항을 담은 CEO 편지도 직원 개개인에게 발송할 예정이다. ㉡ 윤리 골든벨은 임직원의 행동강령 및 기타 청렴업무 관련 문항으로 구성되어 있고, 사내 포털에서 문항을 확인한 후에 정답을 담당자 사내메일로 회신하면 참여가 가능하다. 우수 정답자에게는 포상금 지급 및 청렴 마일리지를 부과할 계획이다. 그 이후에는 이해충돌방지법 시행 등의 변화에 맞춰 개정한 윤리헌장으로 '윤리실천다짐' 결의를 갖고, 기업윤리 실천 방안을 주제로 전문 강사의 특강을 진행한다. ㉢ 덧붙여 한국철도공사는 국민을 대상으로 하는 인권존중 캠페인을 진행한다. 또한, 공사 내 준법・윤리경영 체계를 세우고 인권경영 지원을 위한 정책 공유와 토론의 시간을 갖는 사내 워크숍도 진행한다. ㉣ 마지막으로 반부패 청렴문화 확산을 위해 대국민 슬로건 공모전을 추진하며 '윤리실천주간'을 마무리할 예정이다.
한국철도공사 윤리경영처장은 "윤리에 대해 쉽고 재미있게 풀어내기 위해 전 직원이 참여하는 '윤리실천주간'을 운영한다."라며 "임직원 모두가 윤리문화를 체득할 수 있도록 노력하겠다."라고 말했다. 한국철도공사 사장은 "이해충돌방지법 시행으로 공공기관의 사회적 책임과 공직자 윤리가 더욱 중요해졌다."라며 "윤리경영을 통해 도덕적이고 신뢰받는 공공기관으로 거듭날 수 있도록 힘쓰겠다."라고 밝혔다. ㉤ 한편, 한국철도공사는 20년 9월부터 윤리경영 전담조직인 윤리경영처를 신설해 윤리경영체계 확립, 마스터플랜 수립, 3無(부패행위, 갑질・괴롭힘, 성비위) 근절 운동 추진 등 윤리적인 조직문화 개선을 위해 노력해왔다. 지난해 12월에는 ○○부 산하 공공기관 최초로 준법경영 시스템 국제인증을 획득하기도 하였다.

13 **다음 중 R직원이 윗글을 이해한 내용으로 적절하지 않은 것은?**

① '윤리실천주간'은 1주일 동안 진행된다.

② 전문 강사의 특강은 개정된 윤리헌장을 주제로 기업윤리·실천 방안에 대해 다룬다.

③ 공공기관의 사회적 책임과 공직자 윤리는 이해충돌방지법 시행으로 더욱 중요해졌다.

④ 윤리·인권경영 워크숍에는 인권경영 지원을 위한 정책 공유와 토론 시간을 갖는다.

⑤ 한국철도공사는 ○○부 산하 공공기관 최초로 준법경영시스템 국제인증을 획득하였다.

14 **윗글의 맥락을 고려했을 때, 밑줄 친 ㉠~㉤ 중 적절하지 않은 것은?**

① ㉠　　② ㉡

③ ㉢　　④ ㉣

⑤ ㉤

※ 한국철도공사 A직원은 환경지표에 대한 통계자료를 열람하고 있다. 이어지는 질문에 답하시오. **[15~16]**

〈녹색제품 구매 현황〉

(단위 : 백만 원)

구분	총구매액(A)	녹색제품 구매액(B)	비율
2020년	1,800	1,700	94%
2021년	3,100	2,900	㉠%
2022년	3,000	2,400	80%

※ 지속가능한 소비를 촉진하고 친환경경영 실천을 강화하기 위해 환경표지인증 제품 등의 녹색제품 구매를 적극 실천한다.
※ 비율은 (B/A)×100으로 계산하며, 소수점 첫째 자리에서 반올림한다.

〈온실가스 감축〉

구분	2020년	2021년	2022년
온실가스 배출량(tCO_2eq)	1,604,000	1,546,000	1,542,000
에너지 사용량(TJ)	30,000	29,000	30,000

※ 온실가스 및 에너지 감축을 위한 전사 온실가스 및 에너지 관리 체계를 구축하여 운영하고 있다.

〈수질관리〉

(단위 : m^3)

구분	2020년	2021년	2022년
오수처리량(객차)	70,000	61,000	27,000
폐수처리량	208,000	204,000	207,000

※ 철도차량 등의 수선, 세차, 세척과정에서 발생되는 폐수와 열차 화장실에서 발생되는 오수, 차량검수시설과 역 운영시설 등에서 발생되는 생활하수로 구분되며, 모든 오염원은 처리시설을 통해 기준 이내로 관리한다.

15 **다음 중 A직원이 자료를 이해한 내용으로 적절하지 않은 것은?**

① ㉠에 들어갈 수치는 94이다.

② 온실가스 배출량은 2020년부터 매년 줄어들었다.

③ 폐수처리량이 가장 적었던 연도에 오수처리량도 가장 적었다.

④ 2020 ~ 2022년 동안 녹색제품 구매액의 평균은 약 23억 3,300만 원이다.

⑤ 에너지 사용량의 전년 대비 증감률의 절댓값은 2021년보다 2022년이 더 크다.

16 **다음 〈조건〉은 환경지표점수 산출 기준이다. 가장 점수가 높은 연도와 그 점수를 바르게 짝지은 것은?**

〈조건〉

- 녹색제품 구매액 : 20억 원 미만이면 5점, 20억 원 이상이면 10점
- 에너지 사용량 : 30,000TJ 이상이면 5점, 30,000TJ 미만이면 10점
- 폐수처리량 : 205,000m^3 초과이면 5점, 205,000m^3 이하이면 10점

① 2020년 : 25점

② 2021년 : 20점

③ 2021년 : 30점

④ 2022년 : 25점

⑤ 2022년 : 30점

※ 한국철도공사 Y직원은 철도차량 중정비에 대한 자료를 살펴보고 있다. 이어지는 질문에 답하시오. **[17~18]**

〈철도차량 중정비〉

▶ 중정비 정의 및 개요

• 철도차량 전반의 주요 시스템과 부품을 차량으로부터 분리하여 점검하고 교체·검사하는 것으로, 철도차량 정비장에 입장하여 시행하는 검수이다.

• 철도차량 분리와 장치 탈거, 부품 분해, 부품 교체, 시험 검사 및 측정, 시험 운전 등 전 과정을 시행한다.

• 3 ~ 4년 주기로 실시하며, 약 한 달간의 기간이 소요된다.

• 이 기간 중 차량 운행은 불가능하다.

▶ 필요성

• 철도차량의 사용기간이 경화됨에 따라 차량을 구성하고 있는 각 부품의 상태와 성능이 점차 저하되고 있다. 따라서 일정 사용기간이 경과하면 이에 대한 검수가 반드시 필요하다.

분해 및 부품 교체	시험 검사 및 측정
• 부품 취거 • 배유 및 분해 • 각 부품 정비 • 검사 • 부품 조립	• 절연저항 시험 • 논리회로 분석기 • 고저온 시험기 • 열화상 카메라 • 제동거리 측정기

※ 고저온 시험기와 열화상 카메라는 온도를 사용하는 기기이다.

▶ 절차

구분	내용
1단계	기능 및 상태 확인
2단계	정비개소 유지보수 시행 및 보고
3단계	기능시험 및 출장검사
4단계	본선 시운전
5단계	보완사항 점검 조치
6단계	최종 확인 및 결제
7단계	운용 소속 인계

▶ 최근 유지보수 시스템

• RAMS 기술을 활용한 RAM 기반 철도차량 유지보수 모니터링 시스템을 활용한다.

• 디지털 트윈 기술을 활용해 철도차량 운행상태를 수집하여 3차원 디지털 정보로 시각화한다.

• 데이터에 기반한 사전 혹은 실시간 유지보수가 가능하다.

▶ 중정비 정기 점검 기준

운행 연차	정기 점검 산정 방식
5년 초과	(열차 등급별 정기 점검 산정 횟수)×5
3년 이상 5년 이하	(열차 등급별 정기 점검 산정 횟수)×3
3년 미만	(열차 등급별 정기 점검 산정 횟수)×2

※ 열차 등급별 정기 점검 산정 횟수 : A등급의 경우 1회/년, B등급의 경우 2회/년, C등급의 경우 3회/년

17 다음 중 Y직원이 자료를 이해한 내용으로 적절하지 않은 것은?

① 중정비 중인 열차는 운행할 수 없다.
② 온도와 관련된 기기를 사용하여 시험 검사 및 측정을 실시한다.
③ 중정비 절차는 총 7단계로, 기능시험 및 출장검사는 3단계이다.
④ 중정비는 철도차량 전체의 주요 시스템과 부품을 점검하는 작업이다.
⑤ 철도차량 운행상태를 3차원 디지털 정보로 시각화하는 기술은 RAMS 기술이다.

18 C등급의 열차가 4년째 운행 중일 때, 다음 중 해당 열차가 1년 동안 받아야 할 정기 점검 산정 횟수로 옳은 것은?

① 1회
② 3회
③ 5회
④ 9회
⑤ 12회

19 다음 글을 읽고 알 수 있는 내용으로 적절하지 않은 것은?

> 인공 지능이 일자리에 미칠 영향에 대한 논의는 2013년 영국 옥스퍼드 대학의 경제학자 프레이 교수와 인공 지능 전문가 오스본 교수의 연구 이후 본격화되었다. 이들의 연구는 데이비드 오토 등이 선구적으로 연구한 정형화・비정형화 업무의 분석들을 이용하되, 여기에서 한걸음 더 나아갔다. 인공 지능의 발전으로 대부분의 비정형화된 업무도 컴퓨터로 대체될 수 있다고 본 것이 핵심적인 관점의 변화이다. 이들은 10 ~ 20년 후에도 인공 지능이 대체하기 힘든 업무를 '창의적 지능', '사회적 지능', '감지 및 조작' 등 3가지 병목 업무로 국한하고, 이를 미국 직업 정보시스템에서 조사하는 9개 직능 변수를 이용해 정량화했다. 직업별로 3가지 병목 업무의 비율에 따라 인공 지능에 의한 대체 정도가 달라진다고 본 것이다. 프레이와 오스본의 분석에 따르면, 미국 일자리의 47%가 향후 10 ~ 20년 후에 인공 지능에 의해 자동화될 가능성이 높은 고위험군으로 나타났다.
> 프레이와 오스본의 연구는 전 세계 연구자들 사이에서 반론과 재반론을 불러일으키며 논쟁의 중심에 섰다. OECD는 인공 지능이 직업 자체를 대체하기보다는 직업을 구성하는 과업의 일부를 대체할 것이라며, 프레이와 오스본의 연구가 자동화 위험을 과대 추정하고 있다고 비판했다. OECD의 분석에 따르면, 미국의 경우 9%의 일자리만이 고위험군에 해당한다. 데이비드 오토는 각 직업에 포함된 개별적인 직업을 기술적으로 분리하여 자동화할 수 있더라도 대면 서비스를 더 선호하는 소비자로 인해 완전히 자동화되는 일자리 수는 제한적일 것이라고 주장했다.
> 컨설팅 회사 PwC는 OECD의 방법론이 오히려 자동화 위험을 과소평가하고 있다고 주장하고, OECD의 연구 방법을 수정하여 다시 분석하였다. 그 결과 미국의 고위험 일자리 비율이 OECD에서 분석한 9% 수준에서 38%로 다시 높아졌다. 같은 방법으로 영국, 독일, 일본의 고위험군 비율을 계산한 결과도 OECD의 연구에 비해서 최소 14% 이상 높은 것으로 나타났다.
> 매킨지는 직업별로 필요한 업무 활동에 투입되는 시간을 기준으로 자동화 위험을 분석하였다. 그 결과 모든 업무 활동이 완전히 자동화될 수 있는 일자리의 비율은 미국의 경우 5% 이하에 불과하지만, 근로자들이 업무에 쓰는 시간의 평균 46%가 자동화될 가능성이 있는 것으로 나타났다. 우리나라의 경우 52%의 업무 활동 시간이 자동화 위험에 노출될 것으로 나타났는데, 이는 독일(59%)과 일본(56%)보다는 낮고, 미국(46%)과 영국(43%)보다는 높은 수준이다.

① 인공 지능이 일자리에 미칠 영향에 대한 논의가 본격화된 것은 2010년대에 들어와서였다.

② 프레이와 오스본의 연구가 선구적인 연구와 다른 점은 인공 지능의 발전으로 정형화된 업무뿐만 아니라 비정형화된 업무도 모두 컴퓨터로 대체될 수 있다고 본 것이다.

③ OECD에서는 인공 지능이 직업 자체보다는 직업을 구성하는 과업의 일부를 대체할 것이라고 하며, 미국의 경우 10% 미만의 일자리가 고위험군에 속한다고 주장하였다.

④ PwC가 OECD의 주장을 반박하며 연구 방법을 수정하여 재분석한 결과, 미국의 고위험 일자리 비율은 OECD의 결과보다 4배 이상 높았고 다른 나라도 최소 14% 이상 높게 나타났다.

⑤ 매킨지는 접근 방법을 달리하여 자동화에 의해 직업별로 필요한 업무 활동에 투입되는 시간이 어떻게 달라지는지 분석하였고, 그 결과 분석 대상인 국가들의 업무 활동 시간이 약 40 ~ 60% 정도 자동화 위험에 노출될 것으로 나타났다.

20 **다음 글의 문맥상 빈칸에 들어갈 단어로 가장 적절한 것은?**

> 서울은 물길이 많은 도시이다. 도심 한가운데 청계천이 흐른다. 도성의 북쪽 백악산, 인왕산과 남쪽 목멱산에서 흘러내린 냇물이 청계천과 합류한다. 냇물은 자연스럽게 동네와 동네의 경계를 이뤘다. 물길을 따라 만들어진 길은 도시와 어울리며 서울의 옛길이 됐다. 서울의 옛길은 20세기 초반까지 ________됐다. 하지만 일제강점기를 거치며 큰 변화가 일어났다. 일제가 도심 내 냇물 복개를 진행하면서 옛길도 사라졌다. 최근 100년 동안의 산업화와 도시화로 서울은 많은 변화를 겪었다.

① 유래(由來)
② 전파(傳播)
③ 유지(維持)
④ 전래(傳來)
⑤ 답지(遝至)

21 **K씨는 주기적으로 그림의 종류와 위치를 바꾸고, 유리창의 커튼을 바꿔 응접실 인테리어를 교체하고 있다. 응접실의 구조와 현재 보유한 그림과 커튼의 수가 다음 〈조건〉과 같을 때, 가능한 인테리어는 모두 몇 가지인가?**

〈조건〉

- 보유하고 있는 커튼은 총 3종, 그림은 총 7종이다.
- 응접실 네 면 중 한 면은 전체가 유리창으로 되어 있고 커튼만 달 수 있으며, 나머지 세 면은 콘크리트 벽으로 되어 있고 그림을 1개만 걸 수 있다.
- 콘크리트 벽 세 면에는 서로 다른 그림을 걸어야 한다.
- 같은 그림이라도 그림을 거는 콘크리트 면이 바뀌면 인테리어가 교체된 것으로 간주한다.

① 10가지
② 36가지
③ 105가지
④ 210가지
⑤ 630가지

22 다음은 주요 대도시 환경소음도를 나타낸 자료이다. 이에 대한 설명으로 옳지 않은 것은?

〈주요 대도시 주거지역(도로) 소음도〉

(단위 : dB)

구분	2017년		2018년		2019년		2020년		2021년	
	낮	밤	낮	밤	낮	밤	낮	밤	낮	밤
서울	68	65	68	66	69	66	68	66	68	66
부산	67	62	67	62	67	62	67	62	68	62
대구	68	63	67	63	67	62	65	61	67	61
인천	66	62	66	62	66	62	66	62	66	61
광주	64	59	63	58	63	57	63	57	62	57
대전	60	54	60	55	60	56	60	54	61	55

※ 소음환경기준 : 사람의 건강을 보호하고 쾌적한 환경을 조성하기 위한 환경정책의 목표치로, 생활소음 줄이기 종합대책을 수립 및 추진하는 데 활용하고 있다. 소음도가 낮을수록 쾌적한 환경임을 의미한다.

※ 주거지역(도로) 소음환경기준 : 낮(06:00 ~ 22:00) 65dB 이하, 밤(22:00 ~ 06:00) 55dB 이하

① 광주와 대전만이 조사기간 중 매해 낮 시간대 소음환경기준을 만족했다.

② 2020년 밤 시간대 소음도가 소음환경기준을 만족한 도시는 대전뿐이다.

③ 2019 ~ 2021년 동안 모든 주요 대도시의 낮 시간대 소음도의 증감 폭은 1dB 이하이다.

④ 조사기간 중 밤 시간대 평균 소음도가 가장 높았던 해는 2018년이며, 이때 소음환경기준보다 6dB 더 높았다.

⑤ 조사기간 중 낮 시간대 주거지역 소음의 평균이 가장 높은 대도시는 서울이며, 밤에도 낮 시간대 소음환경기준 이상의 소음이 발생했다.

| 2022년 하반기 / 문제해결능력

23 K씨는 병원 진료를 위해 메디컬빌딩을 찾았다. 다음 〈조건〉을 토대로 바르게 추론한 것은?

〈조건〉

- 메디컬빌딩은 5층 건물이고, 1층에는 약국과 편의점만 있다.
- K씨는 이비인후과와 치과를 가야 한다.
- 메디컬빌딩에는 내과, 산부인과, 소아과, 안과, 이비인후과, 정형외과, 치과, 피부과가 있다.
- 소아과와 피부과 바로 위층에는 정형외과가 있다.
- 이비인후과가 있는 층에는 진료 과가 2개 더 있다.
- 산부인과는 약국 바로 위층에 있으며, 내과 바로 아래층에 있다.
- 산부인과와 정형외과는 각각 1개 층을 모두 사용하고 있다.
- 안과와 치과는 같은 층에 있으며, 피부과보다 높은 층에 있다.

① 산부인과는 3층에 있다.
② 안과와 이비인후과는 같은 층에 있다.
③ 피부과가 있는 층은 진료 과가 2개이다.
④ 이비인후과는 산부인과 바로 위층에 있다.
⑤ K씨가 진료를 위해 찾아야 하는 곳은 4층이다.

| 2022년 하반기 / 문제해결능력

24 A～D 4명은 동일 제품을 수리받기 위해 같은 날 수리전문점 3곳을 방문했다. 4명의 사례가 〈조건〉과 같을 때, 다음 중 반드시 참인 것은?

〈조건〉

ㄱ. A는 신도림점을 방문하였으며 수리를 받지 못했다.
ㄴ. B는 세 지점을 모두 방문하였으며 수리를 받았다.
ㄷ. C는 영등포점과 여의도점을 방문하였으며 수리를 받지 못했다.
ㄹ. D는 신도림점과 여의도점을 방문하였으며 수리를 받았다.

① ㄱ, ㄴ의 경우만 고려한다면, 이날 수리할 수 있었던 지점은 여의도점뿐이다.
② ㄱ, ㄹ의 경우만 고려한다면, 이날 영등포점과 여의도점은 해당 제품을 수리할 수 있었다.
③ ㄴ, ㄷ의 경우만 고려한다면, 이날 수리할 수 있었던 지점은 신도림점뿐이다.
④ ㄴ, ㄹ의 경우만 고려한다면, 이날 세 지점 모두 수리가 가능한 지점이었다.
⑤ ㄷ, ㄹ의 경우만 고려한다면, 이날 신도림점의 수리 가능 여부는 알 수 없다.

25 다음 글에서 궁극적으로 전달하고자 하는 바로 가장 적절한 것은?

> 과학이 무신론이고 윤리와는 거리가 멀다는 견해는 스페인의 철학자 오르테가 이 가세트가 말하는 '문화인'들 사이에서 과학에 대한 반감을 더욱 부채질하곤 했다. 사실 과학자도 신의 존재를 믿을 수 있고, 더 나아가 신의 존재에 대한 과학적 증거를 찾으려 할 수도 있다. 무신론자들에게는 이것이 지루한 과학과 극단적 기독교의 만남 정도로 보일지도 모른다. 그러나 어느 누구도 제임스 클러스 멕스웰 같이 저명한 과학자가 분자 구조를 이용해서 신의 존재를 증명하려 했던 것을 비웃을 수는 없다.
> 물론 과학자들 중에는 무신론자도 많이 있다. 동물학자인 리처드 도킨스는 모든 종교가 무한히 복제되는 정신적 바이러스일지도 모른다는 의심을 품고 있었다. 그러나 확고한 유신론자들의 관점에서는 이 모든 과학적 발견 역시 신에 의해 계획된 것을 발견한 것이므로 종교적 지식이라고 할 수도 있다. 따라서 과학의 본질을 무조건 비종교적이라고 간주할 수는 없을 것이다.
> 오히려 과학자나 종교학자가 모두 진리를 찾으려고 한다는 점에서 과학과 신학은 동일한 목적을 추구한다고도 할 수 있다. 과학이 물리적 우주에 대한 진리를 찾는 것이라면, 신학은 신에 대한 진리를 찾는 것이다. 그러나 신학자들이나 어느 정도 신학적인 관점을 가진 사람들은 신이 우주를 창조했다고 믿고 우주를 통해 신과 만날 수 있다고 믿기 때문에 신과 우주가 근본적으로는 뚜렷이 구분되는 대상이 절대 아니라고 생각한다.
> 사실 많은 과학자들이 과학과 종교는 서로 대립하는 개념이라고 주장하기도 한다. 신경 심리학자인 리처드 그레고리는 "과학이 전통적인 믿음을 받아들이기보다는 모든 것에 질문을 던지기 때문에 과학과 종교는 근본적으로 다른 반대의 자세를 가지고 있다."라고 주장한 바가 있다. 그러나 이것은 종교가 가지고 있는 변화의 능력을 과소평가한 것이다. 유럽에서 일어난 모든 종교 개혁 운동은 전통적 믿음을 받아들이지 않으려는 시도였다.
> 과학은 증거에 의존하는 반면, 종교는 계시된 사실에 의존한다는 점에서 이들 간 극복할 수 없는 차이점이 존재한다는 반론을 제기할 수도 있다. 그러나 종교인들에게는 계시된 사실이 바로 증거이다. 지속적으로 신에 대한 증거들에 대해 회의하고 재해석하려고 한다는 점에서 신학을 과학이라고 간주하더라도 결코 모순은 아니다. 사실 그것을 신학이라고 부르기 때문에 신의 존재를 전제하는 것처럼 보인다. 그러나 우리가 본 바와 같이 과학적 연구가 몇몇 과학자를 신에게 인도했던 것처럼, 신학 연구가 그 신학자를 무신론자로 만들지 않을 이유는 없다.

① 과학이 종교와 양립할 수 없다는 의견은 타당하지 않다.
② 과학자와 종교학자는 진리 탐구라는 공통 목적을 추구한다.
③ 과학은 존재하는 모든 것에 대해 회의적 질문을 던지는 학문이다.
④ 신학은 신에 대한 증거들을 의심하고 재해석하고자 하는 학문이다.
⑤ 신학은 신의 존재를 입증하기 위해 과학과는 다른 방법론을 적용한다.

26 다음 밑줄 친 ㉠~㉤ 중 맥락상 쓰임이 적절하지 않은 것은?

> 코레일은 위치정보 기반 IT 기술을 활용해 부정 승차의 ㉠ 소지를 없애고 승차권 반환 위약금을 줄여 고객의 이익을 보호할 수 있는 '열차 출발 후 코레일톡 승차권 직접 변환' 서비스를 시범 ㉡ 운영한다. 그동안 코레일은 열차 안에서 승무원의 검표를 받고 나서 승차권을 반환하는 얌체족들의 부정 승차를 막기 위해 열차가 출발하고 나면 역 창구에서만 반환 접수를 하였다. 그러나 반환 기간이 경과함에 따라 고객의 위약금이 늘어나 ㉢ 부수적인 피해가 발생하기도 했다. 이를 개선하기 위해 코레일은 열차에 설치된 내비게이션의 실시간 위치정보와 이용자의 스마트폰 GPS 정보를 비교하는 기술을 ㉣ 개발했다. 이용자의 위치가 열차 안이 아닐 경우에만 '출발 후 반환' 서비스를 제공하는 방법으로 문제를 해결한 것이다. 열차 출발 후 '코레일톡'으로 승차권을 반환하려면 먼저 스마트폰의 GPS 기능을 켜고 코레일톡 앱의 위치정보 접근을 ㉤ 준용해야 한다.

① ㉠
② ㉡
③ ㉢
④ ㉣
⑤ ㉤

27 A씨는 집에서 회사로 가던 도중 중요한 서류를 두고 온 것을 깨닫고 집으로 돌아가게 되었다. 다음 〈조건〉에 따라 A씨가 회사에 제시간에 도착하려면 승용차를 최소 몇 km/h로 운전해야 하는가?(단, 모든 운송수단은 각각 일정한 속도로 이동하고, 동일한 경로로 이동한다)

〈조건〉

- 집에서 버스를 타고 60km/h의 속도로 15분 동안 이동하였다. 버스를 타고 이동한 거리는 집에서 회사까지 거리의 절반이었다.
- 버스에서 내리자마자 서류를 가져오기 위해 집에 택시를 타고 75km/h의 속도로 이동하였다. 택시를 탔을 때의 시각은 8시 20분이었다.
- 집에서 서류를 챙겨서 자신의 승용차를 타기까지 3분의 시간이 걸렸다. 승용차를 타자마자 회사를 향해 운전하였으며, 회사에 도착해야 하는 시각은 9시이다.

① 68km/h
② 69km/h
③ 70km/h
④ 71km/h
⑤ 72km/h

28 **K기업에 새로 채용된 직원 9명은 각각 기획조정부, 홍보부, 인사부로 발령받는다. 이들은 자신이 발령받고 싶은 부서를 1지망, 2지망, 3지망으로 지원해야 한다. 각 부서에 대한 직원 9명의 지원 현황이 다음 〈조건〉과 같을 때, 적절하지 않은 것은?**

〈조건〉

- 인사부를 3지망으로 지원한 직원은 없다.
- 인사부보다 홍보부로 발령받고 싶어하는 직원은 2명이다.
- 2지망으로 기획조정부를 지원한 직원이 2지망으로 홍보부를 지원한 직원보다 2명 더 많다.
- 인사부보다 기획조정부로 발령받고 싶어하는 직원은 3명이다.

① 인사부를 1지망으로 지원한 직원은 4명이다.

② 홍보부를 1지망으로 지원한 직원이 가장 적다.

③ 홍보부를 3지망으로 지원한 직원이 가장 많다.

④ 기획조정부를 3지망으로 지원한 직원은 6명이다.

⑤ 홍보부를 2지망으로 지원한 직원과 3지망으로 지원한 직원의 수는 다르다.

코레일 한국철도공사 신입사원 필기시험

2024년 코레일 기출복원문제

※ 정답 및 해설은 문제 바로 뒤 p.49에 있습니다.

| 2024년 하반기

01 다음 중 비언어적 요소인 쉼을 사용하는 경우로 적절하지 않은 것은?

① 양해나 동조를 구할 경우
② 상대방에게 반문을 할 경우
③ 이야기의 흐름을 바꿀 경우
④ 연단공포증을 극복하려는 경우
⑤ 이야기를 생략하거나 암시할 경우

| 2024년 하반기

02 다음 밑줄 친 부분에 해당하는 키슬러의 대인관계 의사소통 유형은?

> 의사소통 시 <u>이 유형</u>의 사람은 따뜻하고 인정이 많고 자기희생적이나 타인의 요구를 거절하지 못하므로 타인과의 정서적인 거리를 유지하는 노력이 필요하다.

① 지배형
② 사교형
③ 친화형
④ 고립형
⑤ 순박형

03 다음 글을 읽고 알 수 있는 철도사고 발생 시 행동요령으로 적절하지 않은 것은?

철도사고는 지하철, 고속철도 등 철도에서 발생하는 사고를 뜻한다. 많은 사람이 한꺼번에 이용하며 무거운 전동차가 고속으로 움직이는 특성상 철도사고가 발생할 경우 인명과 재산에 큰 피해가 발생한다.
철도사고는 다양한 원인에 의해 발생하며 사고 유형 또한 다양하게 나타나는데, 대표적으로는 충돌사고, 탈선사고, 열차화재사고가 있다. 이 사고들은 철도안전법에서 철도교통사고로 규정되어 있으며, 많은 인명피해를 야기하므로 철도사업자는 반드시 이를 예방하기 위한 조치를 취해야 한다. 또한 승객들은 위험으로부터 빠르게 벗어나기 위해 사고 시 대피요령을 파악하고 있어야 한다.
국토교통부는 철도사고 발생 시 인명과 재산을 보호하기 위한 국민행동요령을 제시하고 있다. 이 행동요령에 따르면 지하철에서 사고가 발생할 경우 가장 먼저 객실 양 끝에 있는 인터폰으로 승무원에게 사고를 알려야 한다. 만약 화재가 발생했다면 곧바로 119에 신고하고, 여유가 있다면 객실 양 끝에 비치된 소화기로 불을 꺼야 한다. 반면 화재의 진화가 어려울 경우 입과 코를 젖은 천으로 막고 화재가 발생하지 않은 다른 객실로 이동해야 한다. 전동차에서 대피할 때는 안내방송과 승무원의 안내에 따라 질서 있게 대피해야 하며 이때 부상자, 노약자, 임산부가 먼저 대피할 수 있도록 배려하고 도와주어야 한다. 만약 전동차의 문이 열리지 않으면 반드시 열차가 멈춘 후에 안내방송에 따라 비상핸들이나 비상콕크를 돌려 문을 열고 탈출해야 한다. 전동차가 플랫폼에 멈췄을 경우 스크린도어를 열고 탈출해야 하는데, 손잡이를 양쪽으로 밀거나 빨간색 비상바를 밀고 탈출해야 한다. 반대로 역이 아닌 곳에서 멈췄을 경우 감전의 위험이 있으므로 반드시 승무원의 안내에 따라 반대편 선로의 열차 진입에 유의하며 대피 유도등을 따라 침착하게 비상구로 대피해야 한다.
이와 같이 승객들은 철도사고 발생 시 신고, 질서 유지, 빠른 대피를 중점적으로 유념하여 행동해야 한다. 철도사고는 사고 자체가 일어나지 않도록 철저한 안전관리와 예방이 필요하지만, 다양한 원인으로 예상치 못하게 발생한다. 따라서 철도교통을 이용하는 승객 또한 평소에 안전 수칙을 준수하고 비상 상황에서 침착하게 대처하는 훈련이 필요하다.

① 침착함을 잃지 않고 승무원의 안내에 따라 대피해야 한다.
② 화재사고 발생 시 규모가 크지 않다면 빠르게 진화 작업을 해야 한다.
③ 선로에서 대피할 경우 승무원의 안내와 대피 유도등을 따라 대피해야 한다.
④ 열차에서 대피할 때는 탈출이 어려운 사람부터 대피할 수 있도록 도와야 한다.
⑤ 열차사고 발생 시 탈출을 위해 우선 비상핸들을 돌려 열차의 문을 개방해야 한다.

04 다음 글을 읽고 알 수 있는 하향식 읽기 모형 사례로 적절하지 않은 것은?

> 글을 읽는 것은 단순히 책에 쓰인 문자를 해독하는 것이 아니라 그 안에 담긴 의미를 파악하는 과정이다. 그렇다면 사람들은 어떤 방식으로 글의 의미를 파악할까? 세상의 모든 어휘를 알고 있는 사람은 없을 것이다. 그러나 대부분의 사람들, 특히 고등교육을 받은 성인들은 자신이 잘 모르는 어휘가 있더라도 글의 전체적인 맥락과 의미를 파악할 수 있다. 이를 설명해 주는 것이 바로 하향식 읽기 모형이다.
> 하향식 읽기 모형은 독자가 이미 알고 있는 배경지식과 경험을 바탕으로 글의 전체적인 맥락을 먼저 파악하는 방식이다. 하향식 읽기 모형은 독자의 능동적인 참여를 활용하는 읽기로, 여기서 독자는 단순히 글을 받아들이는 수동적인 존재가 아니라 자신의 지식과 경험을 활용하여 글의 의미를 구성해 나가는 주체적인 역할을 한다. 이때 독자는 글의 내용을 예측하고 추론하며, 심지어 자신의 생각을 더하여 글에 대한 이해를 넓혀갈 수 있다.
> 하향식 읽기 모형의 장점은 빠르고 효율적인 독서가 가능하다는 것이다. 글의 전체적인 맥락을 먼저 파악하기 때문에 글의 핵심 내용을 빠르게 파악할 수 있고, 배경지식을 활용하여 더 깊이 있는 이해를 얻을 수 있다. 또한 예측과 추론을 통한 능동적인 독서는 독서에 대한 흥미를 높여 주는 효과도 있다.
> 그러나 하향식 읽기 모형은 독자의 배경지식에 의존하여 읽는 방법이므로 배경지식이 부족한 경우 글의 의미를 정확하게 파악하기 어려울 수 있으며, 배경지식에 의존하여 오해를 할 가능성도 크다. 또한 글의 내용이 복잡하다면 많은 배경지식을 가지고 있더라도 글의 맥락을 적극적으로 가정하거나 추측하기 어려운 것 또한 하향식 읽기 모형의 단점이 된다.
> 하향식 읽기 모형은 글의 내용을 빠르게 이해하고 독자 스스로 내면화할 수 있으므로 독서 능력 향상에 유용한 방법이다. 그러나 모든 글에 동일하게 적용할 수 있는 읽기 모델은 아니므로 글의 종류와 독자의 배경지식에 따라 적절한 읽기 전략을 사용해야 한다. 따라서 하향식 읽기 모형과 함께 상향식 읽기(문자의 정확한 해독), 주석 달기, 소리 내어 읽기 등 다양한 읽기 전략을 활용하여야 한다.

① 기사의 헤드라인을 먼저 읽어 기사의 내용을 유추한 뒤 상세 내용을 읽었다.
② 회의 자료를 읽기 전 회의 주제를 먼저 파악하여 회의 안건을 예상하였다.
③ 제품 설명서를 읽어 제품의 기능과 각 버튼의 용도를 파악하고 기계를 작동시켰다.
④ 요리법의 전체적인 조리 과정을 파악하고 단계별로 필요한 재료와 순서를 확인하였다.
⑤ 서문이나 목차를 통해 책의 전체적인 흐름을 파악하고 관심 있는 부분을 집중적으로 읽었다.

| 2024년 하반기

05 농도가 15%인 소금물 200g과 농도가 20%인 소금물 300g을 섞었을 때, 섞인 소금물의 농도는?

① 17%
② 17.5%
③ 18%
④ 18.5%
⑤ 19%

| 2024년 하반기

06 남직원 A ~ C, 여직원 D ~ F 6명이 일렬로 앉고자 한다. 여직원끼리 인접하지 않고, 여직원 D와 남직원 B가 서로 인접하여 앉는 경우의 수는?

① 12가지
② 20가지
③ 40가지
④ 60가지
⑤ 120가지

| 2024년 하반기

07 다음과 같이 일정한 규칙으로 수를 나열할 때 빈칸에 들어갈 수로 옳은 것은?

−23	−15	−11	5	13	25	( )	45	157	65

① 49
② 53
③ 57
④ 61
⑤ 65

08 다음은 K시의 유치원, 초·중·고등학교, 고등교육기관의 취학률 및 초·중·고등학교의 상급학교 진학률에 대한 자료이다. 이에 대한 설명으로 옳지 않은 것은?

〈유치원, 초·중·고등학교, 고등교육기관 취학률〉

(단위 : %)

구분	2014년	2015년	2016년	2017년	2018년	2019년	2020년	2021년	2022년	2023년
유치원	45.8	45.2	48.3	50.6	51.6	48.1	44.3	45.8	49.7	52.8
초등학교	98.7	99	98.6	98.9	99.3	99.6	98.1	98.1	99.5	99.9
중학교	98.5	98.6	98.1	98	98.9	98.5	97.1	97.6	97.5	98.2
고등학교	95.3	96.9	96.2	95.4	96.2	94.7	92.1	93.7	95.2	95.6
고등교육기관	65.6	68.9	64.9	66.2	67.5	69.2	70.8	71.7	74.3	73.5

〈초·중·고등학교 상급학교 진학률〉

(단위 : %)

구분	2014년	2015년	2016년	2017년	2018년	2019년	2020년	2021년	2022년	2023년
초등학교	100	100	100	100	100	100	100	100	100	100
중학교	99.7	99.7	99.7	99.7	99.7	99.7	99.7	99.7	99.7	99.6
고등학교	93.5	91.8	90.2	93.2	91.7	90.5	91.4	92.6	93.9	92.8

① 중학교의 취학률은 매년 97% 이상이다.
② 매년 취학률이 가장 높은 기관은 초등학교이다.
③ 고등교육기관의 취학률이 70%를 넘긴 해는 2020년부터이다.
④ 2023년에 중학교에서 고등학교로 진학하지 않은 학생의 비율은 전년 대비 감소하였다.
⑤ 고등교육기관의 취학률이 가장 낮은 해와 고등학교의 상급학교 진학률이 가장 낮은 해는 같다.

09 다음은 A기업과 B기업의 2024년 1～6월 매출액에 대한 자료이다. 이를 그래프로 옮겼을 때의 개형으로 옳은 것은?

〈2024년 1～6월 A, B기업 매출액〉

(단위 : 억 원)

구분	2024년 1월	2024년 2월	2024년 3월	2024년 4월	2024년 5월	2024년 6월
A기업	307.06	316.38	315.97	294.75	317.25	329.15
B기업	256.72	300.56	335.73	313.71	296.49	309.85

①
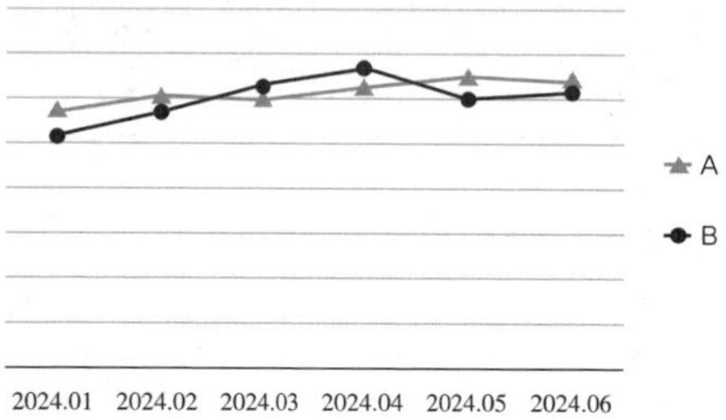

②
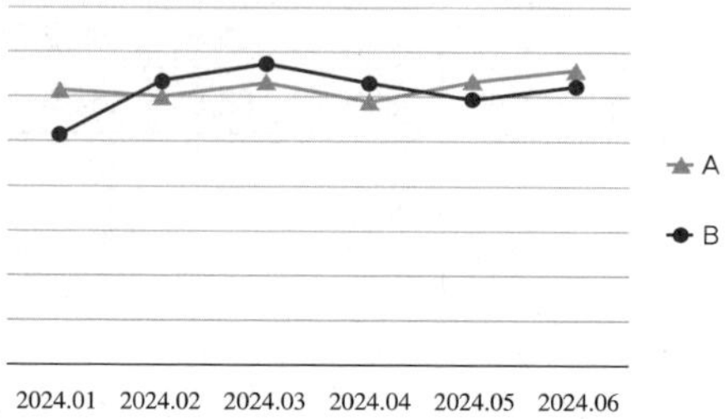

③
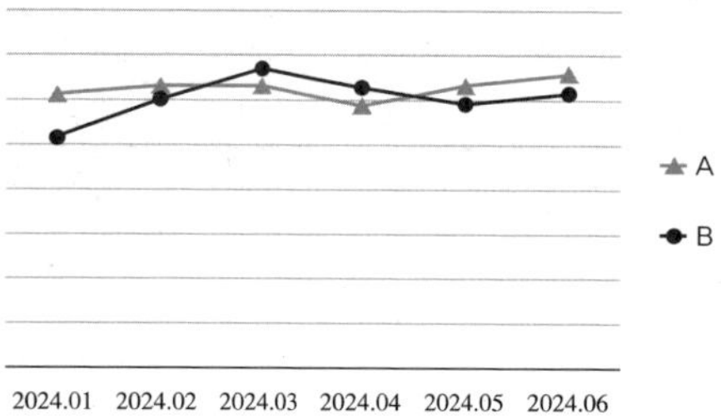

④
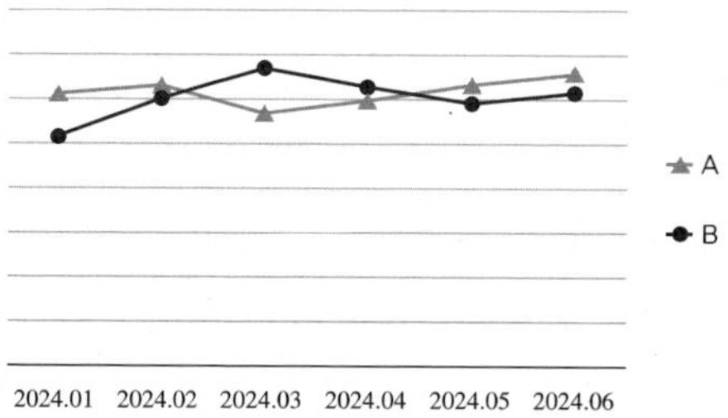

⑤
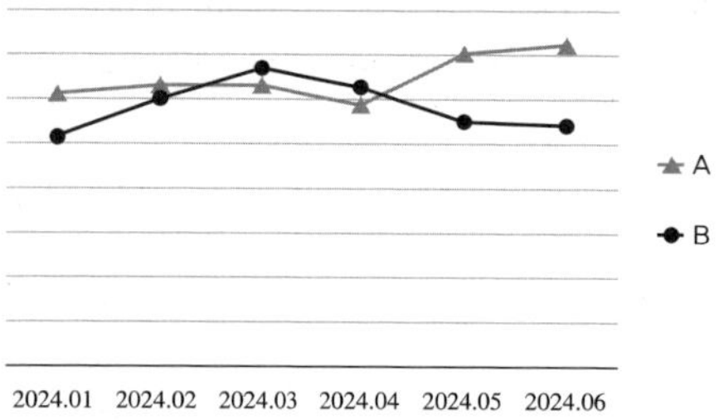

| 2024년 하반기

10 **다음 대화에서 공통적으로 나타나는 논리적 오류로 가장 적절한 것은?**

> A : 반려견 출입 금지라고 쓰여 있는 카페에 갔는데 거절당했어. 반려견 출입 금지면 고양이는 괜찮은 거 아니야?
> B : 어제 직장동료가 "조심히 들어가세요."라고 했는데 집에 들어갈 때만 조심하라는 건가?
> C : 친구가 비가 와서 우울하다고 했는데, 비가 안 오면 행복해지겠지?
> D : 이웃을 사랑하라는 선생님의 가르침을 실천하기 위해 사기를 저지른 이웃을 숨겨 주었어.
> E : 의사가 건강을 위해 채소를 많이 먹으라고 하던데 앞으로는 채소만 먹으면 되겠어.
> F : 긍정적인 생각을 하면 좋은 일이 생기니까 아무리 나쁜 일이 있어도 긍정적으로만 생각하면 될 거야.

① 무지의 오류
② 연역법의 오류
③ 과대해석의 오류
④ 허수아비 공격의 오류
⑤ 권위나 인신공격에 의존한 논증

| 2024년 하반기

11 **A～E열차를 운행거리가 가장 긴 순서대로 나열하려고 한다. 운행시간 및 평균 속력이 다음과 같을 때, C열차는 몇 번째로 운행거리가 긴 열차인가?(단, 열차 대기시간은 고려하지 않는다)**

〈A～E열차 운행시간 및 평균 속력〉

구분	운행시간	평균 속력
A열차	900분	50m/s
B열차	10시간 30분	150km/h
C열차	8시간	55m/s
D열차	720분	2.5km/min
E열차	10시간	2.7km/min

① 첫 번째
② 두 번째
③ 세 번째
④ 네 번째
⑤ 다섯 번째

12 다음은 스마트팜을 운영하는 K사에 대한 SWOT 분석 결과이다. 이에 따른 전략이 나머지와 다른 것은?

〈K사 스마트팜 SWOT 분석 결과〉

구분		분석 결과
내부환경요인	강점(Strength)	• 차별화된 기술력 : 기존 스마트팜 솔루션과 차별화된 센서 기술, AI 기반 데이터 분석 기술 보유 • 젊고 유연한 조직 : 빠른 의사결정과 시장 변화에 대한 적응력 • 정부 사업 참여 경험 : 스마트팜 관련 정부 사업 참여 가능성
	약점(Weakness)	• 자금 부족 : 연구개발, 마케팅 등에 필요한 자금 확보 어려움 • 인력 부족 : 다양한 분야의 전문 인력 확보 필요 • 개발력 부족 : 신규 기술 개발 속도 느림
외부환경요인	기회(Opportunity)	• 스마트팜 시장 성장 : 스마트팜에 대한 관심 증가와 이에 따른 정부의 적극적인 지원 • 해외 시장 진출 가능성 : 글로벌 스마트팜 시장 진출 기회 확대 • 활발한 관련 연구 : 스마트팜 관련 공동연구 및 포럼, 설명회 등 정보 교류가 활발하게 논의
	위협(Threat)	• 경쟁 심화 : 후발 주자의 등장과 기존 대기업의 시장 장악 가능성 • 기술 변화 : 빠르게 변화하는 기술 트렌드에 대한 대응 어려움 • 자연재해 : 기후 변화 등 예측 불가능한 자연재해로 인한 피해 가능성

① 정부 지원을 바탕으로 연구개발에 필요한 자금을 확보

② 스마트팜 관련 공동연구에 참가하여 빠르게 신규 기술을 확보

③ 스마트팜에 대한 높은 관심을 바탕으로 온라인 펀딩을 통해 자금을 확보

④ 포럼 등 설명회에 적극적으로 참가하여 전문 인력 확충을 위한 인맥을 확보

⑤ 스마트팜 관련 정부 사업 참여 경험을 바탕으로 정부의 적극적인 지원을 확보

| 2024년 하반기

13 다음 글에서 나타난 문제해결 절차의 단계로 가장 적절한 것은?

> K대학교 기숙사는 최근 학생들의 불만이 끊이지 않고 있다. 특히, 식사의 질이 낮고, 시설이 노후화되었으며, 인터넷 연결 상태가 불안정하다는 의견이 많았다. 이에 K대학교 기숙사 운영위원회는 문제해결을 위해 긴급 회의를 소집했다.
> 회의에서 학생 대표들은 식단의 다양성 부족, 식재료의 신선도 문제, 식당 내 위생 상태 불량 등을 지적했다. 또한, 시설 관리 담당자는 건물 외벽의 균열, 낡은 가구, 잦은 누수 현상 등 시설 노후화 문제를 강조했다. IT 담당자는 기숙사 내 와이파이 연결 불안정, 인터넷 속도 저하 등 통신환경 문제를 제기했다.
> 운영위원회는 이러한 다양한 의견을 종합하여 문제를 더욱 구체적으로 분석하기로 결정했다. 먼저, 식사 문제의 경우 학생들의 식습관 변화에 따른 메뉴 구성의 문제점, 식자재 조달 과정의 비효율성, 조리 시설의 부족 등의 문제점을 파악했다. 시설 문제는 건물의 노후화로 인한 안전 문제, 에너지 효율 저하, 학생들의 편의성 저하 등으로 세분화했다. 마지막으로, 통신환경 문제는 기존 네트워크 장비의 노후화, 학생 수 증가에 따른 네트워크 부하 증가 등의 세부 문제가 제시되었다.

① 문제 인식
② 문제 도출
③ 원인 분석
④ 해결안 개발
⑤ 실행 및 평가

| 2024년 상반기

14 다음 글에서 화자의 태도로 가장 적절한 것은?

> 거친 밭 언덕 쓸쓸한 곳에
> 탐스러운 꽃송이 가지 눌렀네.
> 매화비 그쳐 향기 날리고
> 보리 바람에 그림자 흔들리네.
> 수레와 말 탄 사람 그 누가 보아 주리
> 벌 나비만 부질없이 엿보네.
> 천한 땅에 태어난 것 스스로 부끄러워
> 사람들에게 버림받아도 참고 견디네.
>
> – 최치원, 「촉규화」

① 임금에 대한 자신의 충성을 드러내고 있다.
② 사랑하는 사람에 대한 그리움을 나타내고 있다.
③ 현실에 가로막힌 자신의 처지를 한탄하고 있다.
④ 사람들과의 단절로 인한 외로움을 표현하고 있다.
⑤ 역경을 이겨내기 위한 자신의 노력을 피력하고 있다.

15 다음 글에 대한 설명으로 적절하지 않은 것은?

> 중국 연경(燕京)의 아홉 개 성문 안팎으로 뻗은 수십 리 거리에는 관청과 아주 작은 골목을 제외하고는 대체로 길 양옆으로 모두 상점이 늘어서 휘황찬란하게 빛난다.
> 우리나라 사람들은 중국 시장의 번성한 모습을 처음 보고서는 "오로지 말단의 이익만을 숭상하고 있군."이라고 말하였다. 이것은 하나만 알고 둘은 모르는 소리이다. 대저 상인은 사농공상(士農工商) 사민(四民)의 하나에 속하지만, 이 하나가 나머지 세 부류의 백성을 소통시키기 때문에 열에 셋의 비중을 차지하지 않으면 안 된다.
> 사람들은 쌀밥을 먹고 비단옷을 입고 있으면 그 나머지 물건은 모두 쓸모없는 줄 안다. 그러나 무용지물을 사용하여 유용한 물건을 유통하고 거래하지 않는다면, 이른바 유용하다는 물건은 거의 대부분이 한 곳에 묶여서 유통되지 않거나 그것만이 홀로 돌아다니다 쉽게 고갈될 것이다. 따라서 옛날의 성인과 제왕께서는 이를 위하여 주옥(珠玉)과 화폐 등의 물건을 조성하여 가벼운 물건으로 무거운 물건을 교환할 수 있도록 하셨고, 무용한 물건으로 유용한 물건을 살 수 있도록 하셨다.
> 지금 우리나라는 지방이 수천 리이므로 백성들이 적지 않고, 토산품이 구비되어 있다. 그럼에도 산이나 물에서 생산되는 이로운 물건이 전부 세상에 나오지 않고, 경제를 윤택하게 하는 방법도 잘 모르며, 날마다 쓰는 것을 팽개친 채 그것에 대해 연구하지 않고 있다. 그러면서 중국의 거마, 주택, 단청, 비단이 화려한 것을 보고서는 대뜸 "사치가 너무 심하다."라고 말해 버린다.
> 그렇지만 중국이 사치로 망한다고 할 것 같으면, 우리나라는 반드시 검소함으로 인해 쇠퇴할 것이다. 왜 그러한가? 검소함이란 물건이 있음에도 불구하고 쓰지 않는 것이지, 자기에게 없는 물건을 스스로 끊어 버리는 것을 일컫지는 않는다. 현재 우리나라에는 진주를 캐는 집이 없고 시장에는 산호 같은 물건의 값이 정해져 있지 않다. 금이나 은을 가지고 점포에 들어가서는 떡과 엿을 사 먹을 수가 없다. 이런 현실이 정말 우리의 검소한 풍속 때문이겠는가? 이것은 그 재물을 사용할 줄 모르기 때문이다. 재물을 사용할 방법을 알지 못하므로 재물을 만들어 낼 방법을 알지 못하고, 재물을 만들어 낼 방법을 알지 못하므로 백성들의 생활은 날이 갈수록 궁핍해진다.
> 재물이란 우물에 비유할 수가 있다. 물을 퍼내면 우물에는 늘 물이 가득하지만, 물을 길어내지 않으면 우물은 말라 버린다. 이와 같은 이치로 화려한 비단옷을 입지 않으므로 나라에는 비단을 짜는 사람이 없고, 그로 인해 여인이 베를 짜는 모습을 볼 수 없게 되었다. 그릇이 찌그러져도 이를 개의치 않으며, 기교를 부려 물건을 만들려고 하지도 않아 나라에는 공장(工匠)과 목축과 도공이 없어져 기술이 전해지지 않는다. 더 나아가 농업도 황폐해져 농사짓는 방법이 형편없고, 상업을 박대하므로 상업 자체가 실종되었다. 사농공상 네 부류의 백성이 누구나 할 것 없이 다 가난하게 살기 때문에 서로를 구제할 길이 없다.
> 지금 종각이 있는 종로 네거리에는 시장 점포가 연이어 있다고 하지만 그것은 1리도 채 안 된다. 중국에서 내가 지나갔던 시골 마을은 거의 몇 리에 걸쳐 점포로 뒤덮여 있었다. 그곳으로 운반되는 물건의 양이 우리나라 곳곳에서 유통되는 것보다 많았는데, 이는 그곳 가게가 우리나라보다 더 부유해서 그러한 것이 아니고 재물이 유통되느냐 유통되지 못하느냐에 따른 결과인 것이다.
>
> – 박제가, 『시장과 우물』

① 재물이 적절하게 유통되지 않는 현실을 비판하고 있다.
② 재물을 유통하기 위한 성현들의 노력을 근거로 제시하고 있다.
③ 경제의 규모를 늘리기 위한 소비의 중요성을 강조하고 있다.
④ 조선의 경제가 윤택하지 못한 이유를 생산량의 부족으로 보고 있다.
⑤ 산업의 발전을 위해 적당한 사치가 있어야 함을 제시하고 있다.

| 2024년 상반기

16 다음 중 한자성어의 뜻이 바르게 연결되지 않은 것은?

① 水魚之交 : 아주 친밀하여 떨어질 수 없는 사이
② 結草報恩 : 죽은 뒤에라도 은혜를 잊지 않고 갚음
③ 靑出於藍 : 제자나 후배가 스승이나 선배보다 나음
④ 指鹿爲馬 : 윗사람을 농락하여 권세를 마음대로 함
⑤ 刻舟求劍 : 말로는 친한 듯 하나 속으로는 해칠 생각이 있음

| 2024년 상반기

17 다음 중 밑줄 친 부분의 띄어쓰기가 옳지 않은 것은?

① 운전을 어떻게 해야 <u>하는지</u> 알려 주었다.
② 오랫동안 <u>애쓴 만큼</u> 좋은 결과가 나왔다.
③ 모두가 떠나가고 남은 사람은 고작 <u>셋 뿐이다</u>.
④ 참가한 사람들은 누구의 키가 <u>큰지 작은지</u> 비교해 보았다.
⑤ 민족의 큰 명절에는 온 나라 방방곡곡에서 <u>씨름판이</u> 열렸다.

| 2024년 상반기

18 다음 중 밑줄 친 부분의 표기가 옳지 않은 것은?

① 늦게 온다던 친구가 <u>금세</u> 도착했다.
② 변명할 틈도 없이 그에게 일방적으로 <u>채였다</u>.
③ 못 본 사이에 그의 얼굴은 <u>핼쑥하게</u> 변했다.
④ 빠르게 변해버린 고향이 <u>낯설게</u> 느껴졌다.
⑤ 문제의 정답을 찾기 위해 <u>곰곰이</u> 생각해 보았다.

| 2024년 상반기

19 다음 중 단어와 그 발음법이 바르게 연결되지 않은 것은?

① 결단력 – [결딴녁]
② 옷맵시 – [온맵씨]
③ 몰상식 – [몰상씩]
④ 물난리 – [물랄리]
⑤ 땀받이 – [땀바지]

| 2024년 상반기

20 다음 식을 계산하여 나온 수의 백의 자리, 십의 자리, 일의 자리를 순서대로 바르게 나열한 것은?

$$865\times865+865\times270+135\times138-405$$

① 0, 0, 0
② 0, 2, 0
③ 2, 5, 0
④ 5, 5, 0
⑤ 8, 8, 0

| 2024년 상반기

21 길이가 200m인 A열차가 어떤 터널을 60km/h의 속력으로 통과하였다. 잠시 후 길이가 300m인 B열차가 같은 터널을 90km/h의 속력으로 통과하였다. A열차와 B열차가 이 터널을 완전히 통과할 때 걸린 시간의 비가 10 : 7일 때, 이 터널의 길이는?

① 1,200m
② 1,500m
③ 1,800m
④ 2,100m
⑤ 2,400m

※ 다음과 같이 일정한 규칙으로 수를 나열할 때, 빈칸에 들어갈 수를 고르시오. **[22~23]**

| 2024년 상반기

22

• 7	13	4	63
• 9	16	9	( )

① 45
② 51
③ 57
④ 63
⑤ 69

| 2024년 상반기

23

−2 1 6 13 22 33 46 61 78 97 ( )

① 102
② 106
③ 110
④ 114
⑤ 118

24 다음은 전자제품 판매업체 3사를 다섯 가지 항목으로 나누어 평가한 자료이다. 이를 토대로 3사의 항목별 비교 및 균형을 쉽게 파악할 수 있도록 나타낸 그래프로 옳은 것은?

〈전자제품 판매업체 3사 평가표〉

(단위 : 점)

구분	디자인	가격	광고 노출도	브랜드 선호도	성능
A사	4.1	4.0	2.5	2.1	4.6
B사	4.5	1.5	4.9	4.0	2.0
C사	2.5	4.5	0.6	1.5	4.0

①
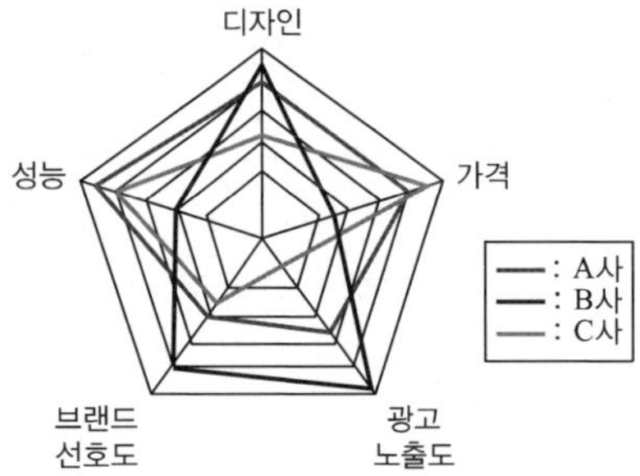

②
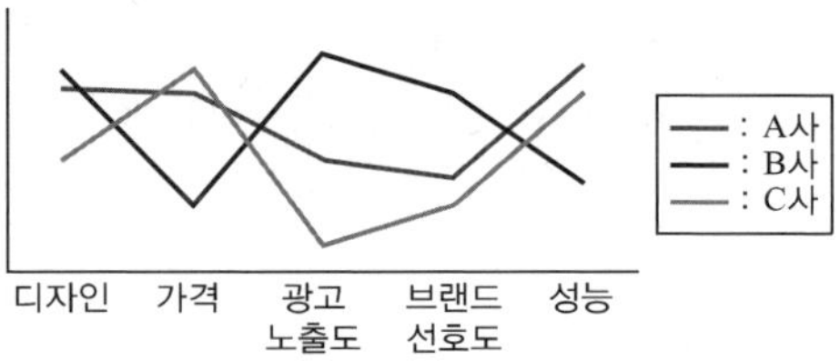

③
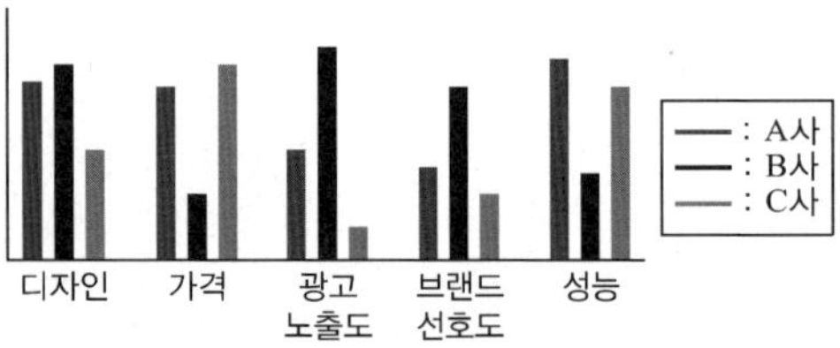

④
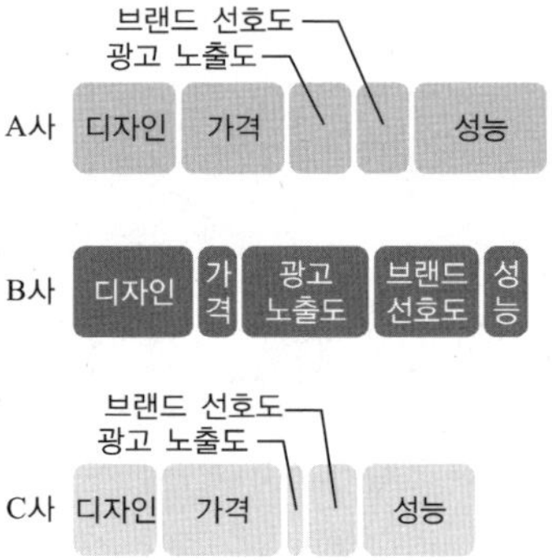

⑤
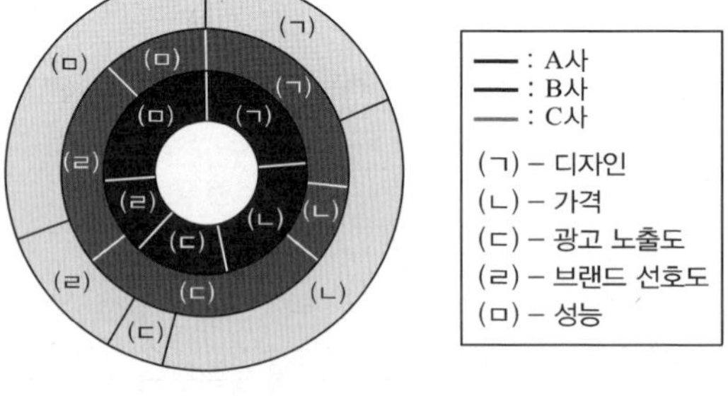

25 다음은 2023년 K톨게이트를 통과한 차량에 대한 자료이다. 이에 대한 설명으로 옳지 않은 것은?

〈2023년 K톨게이트 통과 차량〉

(단위 : 천 대)

구분	승용차			승합차			대형차		
	영업용	비영업용	합계	영업용	비영업용	합계	영업용	비영업용	합계
1월	152	3,655	3,807	244	2,881	3,125	95	574	669
2월	174	3,381	3,555	222	2,486	2,708	101	657	758
3월	154	3,909	4,063	229	2,744	2,973	139	837	976
4월	165	3,852	4,017	265	3,043	3,308	113	705	818
5월	135	4,093	4,228	211	2,459	2,670	113	709	822
6월	142	3,911	4,053	231	2,662	2,893	107	731	838
7월	164	3,744	3,908	237	2,721	2,958	117	745	862
8월	218	3,975	4,193	256	2,867	3,123	115	741	856
9월	140	4,105	4,245	257	2,913	3,170	106	703	809
10월	135	3,842	3,977	261	2,812	3,073	107	695	802
11월	170	3,783	3,953	227	2,766	2,993	117	761	878
12월	147	3,730	3,877	243	2,797	3,040	114	697	811

① 전체 승용차 수와 전체 승합차 수의 합이 가장 많은 달은 9월이고, 가장 적은 달은 2월이다.
② 4월을 제외하고 K톨게이트를 통과한 비영업용 승합차 수는 월별 300만 대 미만이었다.
③ 전체 대형차 수 중 영업용 대형차 수의 비율은 모든 달에서 10% 이상이다.
④ 영업용 승합차 수는 모든 달에서 영업용 대형차 수의 2배 이상이다.
⑤ 승용차가 가장 많이 통과한 달의 전체 승용차 수에 대한 영업용 승용차 수의 비율은 3% 이상이다.

26 **다음은 연령대별로 도시와 농촌에서의 여가생활 만족도 평가 점수를 조사한 자료이다. 〈조건〉에 따라 빈칸 ㄱ ~ ㄹ에 들어갈 수를 순서대로 바르게 나열한 것은?**

〈연령대별 도시 · 농촌 여가생활 만족도 평가〉

(단위 : 점)

구분	10대 미만	10대	20대	30대	40대	50대	60대	70대 이상
도시	1.6	ㄱ	3.5	ㄴ	3.9	3.8	3.3	1.7
농촌	1.3	1.8	2.2	2.1	2.1	ㄷ	2.1	ㄹ

※ 매우 만족 : 5점, 만족 : 4점, 보통 : 3점, 불만 : 2점, 매우 불만 : 1점

〈조건〉

- 도시에서 여가생활 만족도는 모든 연령대에서 같은 연령대의 농촌보다 높았다.
- 도시에서 10대의 여가생활 만족도는 농촌에서 10대의 2배보다 높았다.
- 도시에서 여가생활 만족도가 가장 높은 연령대는 40대였다.
- 농촌에서 여가생활 만족도가 가장 높은 연령대는 50대지만, 3점을 넘기지 못했다.

	ㄱ	ㄴ	ㄷ	ㄹ
①	3.8	3.3	2.8	3.5
②	3.5	3.3	3.2	3.5
③	3.8	3.3	2.8	1.5
④	3.5	4.0	3.2	1.5
⑤	3.8	4.0	2.8	1.5

27 K중학교 2학년 A ~ F 6개의 학급이 체육대회에서 줄다리기 경기를 다음과 같은 토너먼트로 진행하려고 한다. 이때, A반과 B반이 모두 2번의 경기를 거쳐 결승에서 만나게 되는 경우의 수는?

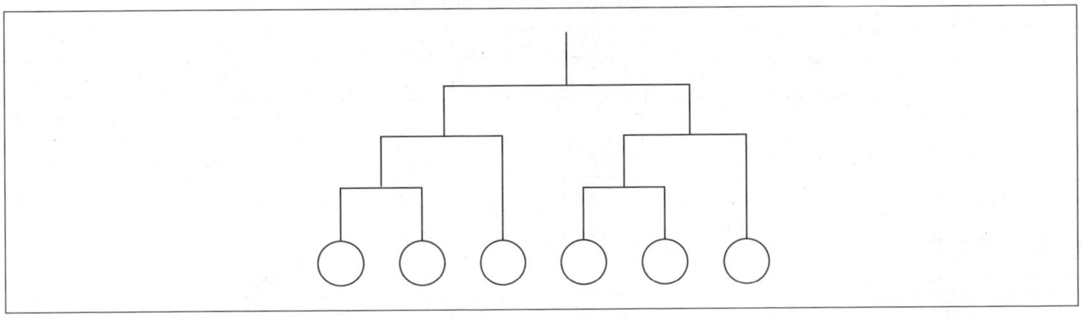

① 6가지
② 24가지
③ 120가지
④ 180가지
⑤ 720가지

28 가격이 500,000원일 때 10,000개가 판매되는 K제품이 있다. 이 제품의 가격을 10,000원 인상할 때마다 판매량은 160개 감소하고, 10,000원 인하할 때마다 판매량은 160개 증가한다. 이때, 총 판매금액이 최대가 되는 제품의 가격은?(단, 가격은 10,000원 단위로만 인상 또는 인하할 수 있다)

① 520,000원
② 540,000원
③ 560,000원
④ 580,000원
⑤ 600,000원

※ 서울역 근처 K공사에 근무하는 A과장은 팀원 4명과 함께 열차를 타고 부산으로 출장을 가려고 한다. 다음 자료를 보고 이어지는 질문에 답하시오. **[29~30]**

〈서울역 → 부산역 열차 시간표〉

구분	출발시각	정차역	다음 정차역까지 소요시간	총주행시간	성인 1인당 요금
KTX	8:00	-	-	2시간 30분	59,800원
ITX-청춘	7:20	대전	40분	3시간 30분	48,800원
ITX-마음	6:40	대전, 울산	40분	3시간 50분	42,600원
새마을호	6:30	대전, 울산, 동대구	60분	4시간 30분	40,600원
무궁화호	5:30	대전, 울산, 동대구	80분	5시간 40분	28,600원

※ 위의 열차 시간표는 1월 10일 운행하는 열차 종류별 승차권 구입이 가능한 가장 빠른 시간표이다.
※ 총주행시간은 정차·대기시간을 제외한 열차가 실제로 달리는 시간이다.

〈운행 조건〉

- 정차역에 도착할 때마다 대기시간 15분을 소요한다.
- 정차역에 먼저 도착한 열차가 출발하기 전까지 뒤에 도착한 열차는 정차역에 들어오지 않고 대기한다.
- 정차역에 먼저 도착한 열차가 정차역을 출발한 후, 5분 뒤에 대기 중인 열차가 정차역에 들어온다.
- 정차역에 2종류 이상의 열차가 동시에 도착하였다면, ITX-청춘 → ITX-마음 → 새마을호 → 무궁화호 순으로 정차역에 들어온다.
- 목적지인 부산역은 먼저 도착한 열차로 인한 대기 없이 바로 역에 들어온다.

| 2024년 상반기

29 다음 중 자료에 대한 설명으로 옳지 않은 것은?

① ITX-청춘보다 ITX-마음이 목적지에 더 빨리 도착한다.
② 부산역에 가장 늦게 도착하는 열차는 12시에 도착한다.
③ ITX-마음은 먼저 도착한 열차로 인한 대기시간이 없다.
④ 부산역에 가장 빨리 도착하는 열차는 10시 30분에 도착한다.
⑤ 무궁화호는 울산역, 동대구역에서 다른 열차로 인해 대기한다.

30 다음 〈조건〉에 따라 승차권을 구입할 때, A과장과 팀원 4명의 총요금은?

〈조건〉

- A과장과 팀원 1명은 7시 30분까지 K공사에서 사전 회의를 가진 후 출발하며, 출장 인원이 모두 같이 이동할 필요는 없다.
- 목적지인 부산역에는 11시 30분까지 도착해야 한다.
- 열차 요금은 가능한 한 저렴하게 한다.

① 247,400원
② 281,800원
③ 312,800원
④ 326,400원
⑤ 347,200원

31 다음 글에 나타난 논리적 사고의 구성요소로 가장 적절한 것은?

A는 동업자 B와 함께 신규 사업을 시작하기 위해 기획안을 작성하여 논의하였다. 그러나 B는 신규 기획안을 읽고 시기나 적절성에 대해 부정적인 입장을 보였다. A가 B를 설득하기 위해 B의 의견을 정리하여 생각해 보니 B는 신규 사업을 시작하는 데 있어 다른 경쟁사보다 늦게 출발하여 경쟁력이 부족하다는 점 때문에 신규 사업에 부정적이라는 것을 알게 되었다. 이에 A는 경쟁력을 높이기 위한 다양한 아이디어를 추가로 제시하여 B를 다시 설득하였다.

① 설득
② 구체적인 생각
③ 생각하는 습관
④ 타인에 대한 이해
⑤ 상대 논리의 구조화

| 2024년 상반기

32 **면접 참가자 A～E 5명은 〈조건〉과 같이 면접장에 도착했다. 동시에 도착한 사람은 없다고 할 때, 다음 중 항상 참인 것은?**

〈조건〉

- B는 A 바로 다음에 도착했다.
- D는 E보다 늦게 도착했다.
- C보다 먼저 도착한 사람이 1명 있다.

① E는 가장 먼저 도착했다.
② B는 가장 늦게 도착했다.
③ A는 네 번째로 도착했다.
④ D는 가장 먼저 도착했다.
⑤ D는 A보다 먼저 도착했다.

| 2024년 상반기

33 **다음 논리에서 나타난 형식적 오류로 옳은 것은?**

- 전제 1 : TV를 오래 보면 눈이 나빠진다.
- 전제 2 : 철수는 TV를 오래 보지 않는다.
- 결론 : 그러므로 철수는 눈이 나빠지지 않는다.

① 사개명사의 오류
② 전건 부정의 오류
③ 후건 긍정의 오류
④ 선언지 긍정의 오류
⑤ 매개념 부주연의 오류

코레일 한국철도공사 신입사원 필기시험

2024 ~ 2022년 코레일 샘플문제 정답 및 해설

01	02	03	04	05	06	07	08	09	10
②	②	③	④	③	⑤	③	①	①	③
11	12	13	14	15	16	17	18	19	20
③	⑤	②	④	③	③	⑤	④	②	③
21	22	23	24	25	26	27	28		
⑤	③	②	③	①	⑤	⑤	④		

01 정답 ②

제시문은 면접에서 발생할 수 있는 여러 상황과 이를 대처하는 방법에 대해 소개하는 글이다. 먼저, (가) 문단에서 면접에서 발생할 수 있는 상황은 무엇이 있으며, 어떻게 대처해야 하는지 의문을 제시하고 있으므로 가장 먼저 와야 한다. 이어서 (가) 문단에서 제시한 의문과 관련하여 면접에서 발생할 수 있는 상황에 대해 (나), (다), (라) 세 문단을 통해 세 가지 상황과 대처 방법을 소개하고 있다. 또한 (마) 문단에서 글의 내용을 정리하고 있으므로 제시문의 전개 방식으로 가장 적절한 것은 ②이다.

02 정답 ②

기획서는 기획한 하나의 프로젝트를 문서 형태로 만들어 상대방을 설득하는 문서이다. 따라서 프로젝트의 기획 의도, 개요, 일시, 추진 일정, 소요 비용 등의 내용을 담고 있으며, 설득력을 갖춰야 하므로 소통능력, 추진력, 업무성과 등의 능력을 한눈에 파악할 수 있도록 구성해야 한다.

03 정답 ③

주어진 A ~ C물건의 무게에 대한 정보를 식으로 정리하면 다음과 같다.

$5B+C=10A$ … ㉠

$3A+3C=7B$ … ㉡

㉠을 정리하면

$C=10A-5B$ … ㉠'

㉠'와 ㉡을 연립하면 다음과 같다.

$3A+3(10A-5B)=7B$

→ $3A+30A-15B=7B$

→ $33A=22B$

∴ $3A=2B$

이때 A물건 15개와 같은 무게를 가지는 경우를 찾아야 하므로 정리한 식에 5를 곱하여 구한다.

따라서 $15A=10B$이므로 A물건 15개와 무게가 같은 것은 B물건 10개이다.

04 정답 ④

안전 자산이란 금융 위험이 없는 무위험 자산을 말하며, 대표적으로 채무불이행의 위험이 없는 자산인 예금·적금·저축성 보험 등이 이에 해당한다. 주어진 자료에 따르면 예금·적금·저축성 보험의 경우 60세 이상의 연령대에서 21.3%로 두 번째로 높은 선호를 보이고 있으므로 옳지 않은 설명이다.

오답분석

① 전국의 노후 준비 방법을 비교하면 국민연금은 52.5%로 가장 많이 사용하는 방법이다.

② 부동산 운용의 경우 19 ~ 29세가 1.3%, 30 ~ 39세가 2.2%, 40 ~ 49세가 4.1%, 50 ~ 59세가 4.2%, 60세 이상이 12.2%로 연령대가 높을수록 노후 준비 비중이 높다.

③ 예금·적금·저축성 보험의 경우 남성이 16.2%, 여성이 22.8%로 여성의 선호도가 더 높다.

⑤ 연령대별 노후를 준비하고 있는 비율을 살펴보면 60세 이상이 51.6%로 가장 낮으므로 60세 이상의 연령에 대한 노후 준비 지원이 필요함을 추론할 수 있다.

05 정답 ③

주어진 규칙에 따르면 5명 모두 각자 카드 20장을 가지고 게임을 시작하며, 라운드별로 3장씩 카드를 버릴 수 있으므로 카드를 버리는 순서를 고려하지 않고 한 사람이 20장을 모두 버리는 라운드를 구하면 된다. 한 라운드에서 3장씩 버릴 수 있고, 20÷3=6 … 2이므로 6라운드까지는 3장씩 카드를 버려야 한다. 이때 카드가 2장 혹은 1장이 남았다면 해당 라운드에서 카드를 모두 버릴 수 있다. 따라서 3장씩 계속 버리다가 2장이 남아 있는 6라운드에서 남은 2장의 카드까지 총 5장을 버리게 되며, 이때 카드의 수가 0장이 되어 게임이 종료된다.

06

정답 ⑤

열차별로 A도시에서 B도시까지 가는 데 걸리는 시간을 정리하면 다음과 같다.

- 열차 1 : 600km의 거리를 시속 100km로 운행하므로 6시간이 소요되며, 10분씩 2번 정차하므로 총 6시간 20분이 소요된다.
- 열차 2 : 600km의 거리를 시속 120km로 운행하므로 5시간이 소요되며, 각각 5분, 8분, 7분 정차하므로 총 5시간 20분이 소요된다.
- 열차 3 : 600km의 거리를 시속 150km로 운행하므로 4시간이 소요되며, 15분 정차하므로 총 4시간 15분이 소요된다.
- 열차 4 : 600km의 거리를 시속 200km로 운행하므로 3시간이 소요되며, 10분씩 2번 정차하므로 총 3시간 20분이 소요된다.
- 열차 5 : 600km의 거리를 시속 300km로 운행하므로 2시간이 소요되며, 10분 정차하므로 총 2시간 10분이 소요된다.

따라서 A도시에서 B도시까지 가장 빨리 도착하는 열차는 2시간 10분이 소요되는 열차 5이다.

07

정답 ③

제시문은 고혈압에 대해 설명하는 글이다. 제시된 첫 번째 문단은 혈압의 개념을 바탕으로 고혈압을 판단하는 기준에 대해 설명하고 있다. 그중에서도 특별한 원인이 발견되지 않는 고혈압인 본태성 고혈압에 대해 언급하고 있으므로 고혈압의 90%를 차지하는 본태성 고혈압에 대한 구체적인 설명이 이어질 것임을 유추할 수 있다. 따라서 (나) 고혈압의 90%에 해당하는 본태성 고혈압 → (다) 고혈압과 관련된 위험요인 → (라) 고혈압의 유전력 → (마) 고혈압의 5 ~ 10%에 해당하는 이차성 고혈압의 치료 가능성 → (가) 증상이 없어 치료가 어려운 고혈압의 순서로 나열해야 한다.

08

정답 ①

'언즉시야(言卽是也)'는 말하면 곧 옳다는 의미로, '말하는 것이 사리에 맞음'을 뜻한다.

오답분석

② 삼성오신(三省吾身) : 날마다 세 번 내 몸을 살핀다는 의미로, '하루에 세 번씩 자신의 행위나 생각을 반성하는 것'을 뜻한다.
③ 삼순구식(三旬九食) : 서른 날에 아홉 끼니 밖에 못 먹는다는 의미로, '가난하여 끼니를 많이 거르는 처지'를 이르는 말이다.
④ 삼고초려(三顧草廬) : 오두막집을 세 번이나 돌아본다는 의미로, '뛰어난 인재를 얻기 위해 끈기 있게 정성을 다하는 것'을 뜻한다.
⑤ 결초보은(結草報恩) : 무덤 위 풀을 묶어 은혜를 갚는다는 의미로, '은혜가 깊어 죽어서도 잊지 않고 은혜를 갚는 것'을 뜻한다.

09

정답 ①

산업별로 사업체 수를 비교하면 발전·열공급업의 사업체 수가 115,241개로 가장 많으므로 신재생에너지 산업에서 가장 많은 비중을 차지하고 있음을 알 수 있다.

오답분석

② 지역별 발전·열공급업의 사업체 수를 비교하면 전북지역이 26,681개로 가장 많지만 주어진 자료에서 발전과 열공급업의 사업체 수를 합산하여 제시하고 있으므로 전북지역에서 가장 많은 전력을 발생시키는지는 정확히 파악할 수 없다.
③ 지역별로 신재생에너지 산업의 사업체 비중을 비교하면 전북지역은 22.8%이고, 기타지역은 0%이다. 따라서 신재생에너지 산업이 전국적으로 균일하게 분포되어 있다고 보기는 어렵다.
④·⑤ 주어진 자료는 신재생에너지 산업의 사업체 수에 대한 내용만 다루고 있으므로 발전·열공급업의 부가가치 생산이 가장 높은지의 여부와 신재생에너지 산업에 대한 정부의 정책 방향은 자료를 통해 확인할 수 없다.

10

정답 ③

A씨가 40% 할인받아 구매한 항공권 5장 중 3장을 출발 2일 전에 취소하였으므로 취소한 항공권 3장의 정가를 x원이라 하면 A씨가 돌려받은 금액에 대해 다음 식이 성립한다.

$0.6x \times 0.7 = 88,200$

$\rightarrow 0.42x = 88,200$

$\therefore x = 210,000$

따라서 A씨가 취소한 항공권 3장의 정가가 210,000원이므로 항공권 1장의 정가는 70,000원이다.

11

정답 ③

고객만족도 조사 결과의 세부 지표에 따르면 많은 고객들이 직원의 친절도에 대해서는 높은 평가를 주었으므로 직원 교육 프로그램 강화를 통해 서비스의 품질을 높여야 한다는 해결 방안은 적절하지 않다.

오답분석

① 고객만족도 조사 결과 대기시간 상승에 대한 고객들의 불만족이 높게 나타났으므로 직원들을 추가로 배치하여 대기시간을 줄이고자 하는 해결 방안은 적절하다.
② 고객만족도 조사 결과 제품의 다양성이 부족하다는 일부 고객들의 의견이 있었으므로 제품 라인업을 확장하여 고객의 선택지를 넓히고자 하는 해결 방안은 적절하다.
④ 고객만족도 조사 결과 최근 개설한 온라인몰의 온라인 구매 시스템이 복잡하다는 의견이 다수 있었으므로 온라인 구매 시스템의 인터페이스를 개선하여 고객들의 경험을 높이는 해결 방안은 적절하다.
⑤ 고객만족도 조사 결과 프로모션 및 할인 정보에 대한 접근성이 낮다는 의견이 있었으므로 이를 고객에게 보다 적극적으로 알리고자 하는 해결 방안은 적절하다.

12

정답 ⑤

주어진 상황과 워크숍 시간표를 고려할 때, 동시에 같은 프로그램에 참여한 팀은 동일 직무에 해당하지 않아야 한다. 즉, A, B팀과 A, C팀 그리고 B, E팀과 C, E팀은 동시에 같은 프로그램에 참여하므로 같은 직무를 할 수 없다. 이를 토대로 하여 B팀과 C팀이 같은 직무라고 가정하면, 남은 팀은 A, D, E팀이다. 이때 A, D, E팀 중에서는 동시에 같은 프로그램에 참여하는 팀이 없으므로 각각 서로 같은 직무를 할 수 있다. 따라서 B팀과 C팀이 같은 직무일 경우 D팀과 E팀이 항상 같은 직무에 해당하는지의 여부는 주어진 자료만으로는 판단할 수 없다.

오답분석

① A팀과 D팀이 같은 직무이면 남은 팀은 B, C, E팀이다. 이때, 동시에 같은 프로그램에 참여하는 B, E팀과 C, E팀은 같은 직무일 수 없다. 따라서 B팀과 C팀이 같은 직무에 해당함을 알 수 있다.
② C팀과 D팀이 같은 직무이면 남은 팀은 A, B, E팀이다. 이때, 동시에 같은 프로그램에 참여하는 A, B팀과 B, E팀은 같은 직무일 수 없다. 따라서 A팀과 E팀이 같은 직무에 해당함을 알 수 있다.
③ B팀과 D팀이 같은 직무이면 남은 팀은 A, C, E팀이다. 이때, 동시에 같은 프로그램에 참여하는 A, C팀과 C, E팀은 같은 직무일 수 없다. 따라서 A팀과 E팀이 같은 직무에 해당함을 알 수 있다.
④ D팀과 E팀이 같은 직무이면 남은 팀은 A, B, C팀이다. 이때, 동시에 같은 프로그램에 참여하는 A, B팀과 A, C팀은 같은 직무일 수 없다. 따라서 B팀과 C팀이 같은 직무에 해당함을 알 수 있다.

13

정답 ②

개정된 윤리헌장으로 '윤리실천다짐' 결의를 갖는다고 하였고, 전문 강사의 특강은 기업윤리 실천 방안을 주제로 진행하므로 특강의 주제가 개정된 윤리헌장은 아니다.

오답분석

① 윤리실천주간은 5월 30일부터 6월 5일까지 1주일 동안 진행된다.
③ 세 번째 문단에서 한국철도공사 사장은 '이해충돌방지법 시행으로 공공기관의 사회적 책임과 공직자 윤리가 더욱 중요해졌다.'라고 강조하고 있으므로 적절한 내용이다.
④ 두 번째 문단에서 한국철도공사 윤리실천주간에 진행하는 7가지 프로그램을 상세히 설명하고 있다. 마지막 부분에 의하면 '공사 내 준법·윤리경영 체계를 세우고 인권경영 지원을 위한 정책 공유와 토론의 시간을 갖는 사내 워크숍도 진행한다.'라고 하였으므로 적절한 내용이다.
⑤ 세 번째 문단 마지막에서 한국철도공사가 지난해 12월에 ○○부 산하 공공기관 최초로 준법경영시스템 국제인증을 획득하였다고 밝히고 있다.

14

정답 ④

한국철도공사의 윤리실천주간 동안 진행되는 프로그램은 '직원 윤리의식 진단', '윤리 골든벨', 'CEO의 윤리편지', '윤리실천다짐', '윤리특강', '인권존중 대국민 캠페인', '윤리·인권경영 사내 워크숍'으로 총 7가지이다. ㉣의 반부패 청렴문화 확산을 위한 대국민 슬로건 공모전은 윤리실천주간에 진행되는 프로그램에 해당하지 않으므로 적절하지 않다.

오답분석

① 윤리실천주간의 목적을 밝히고 있으므로 적절한 내용이다.
② 윤리실천주간의 2번째 프로그램인 윤리 골든벨에 대한 상세 내용이므로 적절하다.
③ 윤리실천주간의 6번째 프로그램인 인권존중 대국민 캠페인에 대한 상세 내용이므로 적절하다.
⑤ 앞의 내용이 한국철도공사의 윤리적인 조직문화를 위해 노력하겠다는 다짐이고, 뒤이어 이를 위한 노력에 대해 소개하고 있으므로 적절하다.

15

정답 ③

폐수처리량이 가장 적었던 연도는 $204,000\text{m}^3$를 기록한 2021년이다. 그러나 오수처리량이 가장 적은 연도는 $27,000\text{m}^3$를 기록한 2022년이므로 적절하지 않다.

오답분석

① $2,900 \div 3,100 \times 100 \fallingdotseq 94\%$
② 온실가스 배출량은 2020년 $1,604,000\text{tCO}_2\text{eq}$에서 2022년 $1,542,000\text{tCO}_2\text{eq}$까지 매년 감소하고 있다.
④ 3년 동안 녹색제품 구매액의 평균은 (1,700백만+2,900백만+2,400백만)÷3≒2,333백만 원이므로 약 23억 3,300만 원이다.
⑤ 에너지 사용량의 전년 대비 증감률을 구하면 다음과 같다.

- 2021년 : $\frac{29,000-30,000}{30,000} \times 100 \fallingdotseq -3.33\%$
- 2022년 : $\frac{30,000-29,000}{29,000} \times 100 \fallingdotseq 3.45\%$

따라서 에너지 사용량의 전년 대비 증감률의 절댓값은 2021년보다 2022년이 더 크다.

16

정답 ③

연도별 환경지표점수를 산출하면 다음과 같다.

(단위 : 점)

연도	녹색제품 구매액	에너지 사용량	폐수처리량	합계
2020년	5	5	5	15
2021년	10	10	10	30
2022년	10	5	5	20

따라서 환경지표점수가 가장 높은 연도는 2021년이고, 그 점수는 30점이다.

17

정답 ⑤

철도차량 운행상태를 수집하여 3차원 디지털 정보로 시각화하는 것은 디지털 트윈 기술이다.

오답분석

① 중정비 정의 및 개요의 4번째 항목에서 중정비 기간 중 차량 운행은 불가능하다고 되어 있으므로 적절하다.
② 시험 검사 및 측정에서 고저온 시험기와 열화상 카메라는 온도를 사용하는 기기이므로 적절하다.
③ 절차를 확인하면 중정비는 총 7단계로 구성되며, 기능시험 및 출장검사는 3단계이므로 적절하다.
④ 중정비 정의 및 개요의 1번째 항목에서 철도차량 전반의 주요 시스템과 부품을 차량으로부터 분리해 점검한다고 했으므로 적절하다.

> RAMS
> Reliability(신뢰성), Availability(가용성), Maintainability(보수성), Safety(안전성) 향상을 지원·입증하기 위한 기술로, 철도차량의 부품 및 설비를 제작 – 유지보수 – 개량 – 폐기까지 각 지표에 대한 정보를 통합적으로 분석하여 철도차량의 안전관리 및 유지보수 등 전반적인 시스템 엔지니어링 방법론이다.

18

정답 ④

중정기 정기 점검 기준에 의하면 운행 연차가 3년 이상 5년 이하의 경우 (열차 등급별 정기 점검 산정 횟수)×3만큼의 점검을 받아야 한다. C등급의 열차 등급별 정기 점검 산정 횟수는 연간 3회이므로 4년째 운행 중인 C등급 열차의 정기 점검 산정 횟수는 3×3=9회이다.

19

정답 ②

첫 번째 문단에 따르면 프레이와 오스본은 '인공 지능의 발전으로 대부분의 비정형화된 업무도 컴퓨터로 대체될 수 있다.'라고 보았다. 그러나 모든 비정형화된 업무가 컴퓨터로 대체될 수 있다고 보았던 것은 아니므로 적절하지 않다.

오답분석

① 제시문의 첫 문장을 통해 확인할 수 있다.
③ 두 번째 문단에서 확인할 수 있다.
④ 세 번째 문단에서 확인할 수 있다.
⑤ 마지막 문단에서 확인할 수 있다.

20

정답 ③

빈칸의 뒤의 문장에서 '하지만'이라는 접속부사로 분위기가 반전되며, 일제강점기에 서울의 옛길이 사라졌다는 내용이 이어진다. 따라서 빈칸에는 '어떤 상태나 상황을 그대로 보존하거나 변함없이 계속하여 지탱하였음'을 뜻하는 '유지(維持)'가 들어가는 것이 가장 적절하다.

오답분석

① 유래(由來) : 사물이나 일이 생겨남. 또는 그 사물이나 일이 생겨난 바
② 전파(傳播) : 전하여 널리 퍼뜨림
④ 전래(傳播) : 예로부터 전하여 내려옴
⑤ 답지(遝至) : 한군데로 몰려들거나 몰려옴

21

정답 ⑤

- 한 면의 유리창에 3종의 커튼을 다는 경우의 수 : 3가지
- 세 면의 콘크리트 벽에 7종의 그림을 거는 경우의 수
  : ${}_7P_3=7\times6\times5=210$가지

따라서 가능한 인테리어의 경우의 수는 3×210=630가지이다.

22

정답 ③

2020년 대구의 낮 시간대 소음도는 2019년 대비 2dB 감소하였으며, 2021년 대비 2dB 감소하였다.

오답분석

① 2017～2021년 광주와 대전의 낮 시간대 소음도는 모두 65dB 이하이므로 매해 소음환경기준을 만족했다.
② 2020년 밤 시간대 소음도가 소음환경기준인 55dB 이하인 곳은 대전(54dB)뿐이다.
④ 2018년 밤 시간대 주요 대도시 평균 소음도는 61dB로 가장 높으며, 밤 시간대 소음환경기준 55dB보다 6dB 더 높다.
⑤ 서울의 낮 시간대 평균 소음도는 68.2dB로 가장 높으며, 밤 시간대 평균 소음도는 65.8dB로, 낮 시간대 소음환경기준인 65dB 이상의 소음이 발생했다.

23

정답 ②

- 첫 번째 조건에 의해 메디컬빌딩 5층 건물 중 1층에는 약국과 편의점만 있다.
- 여섯 번째 조건에 의해 산부인과는 약국 바로 위층인 2층에 있고, 내과는 바로 위층인 3층에 있다.
- 일곱 번째 조건에 의해 산부인과는 2층 1개의 층을 모두 사용하고 있다.
- 네 번째와 일곱 번째 조건에 의해 정형외과는 4층 또는 5층에 있게 되는데, 5층에 있을 경우 마지막 조건에 위배되므로 정형외과는 4층에 있으며, 1개의 층을 모두 사용하고 있다.
- 네 번째 조건에 의해 소아과와 피부과는 정형외과 바로 아래층인 3층에 있다.

• 마지막 조건에 의해 안과와 치과는 피부과보다 높은 층인 5층에 있다.
• 다섯 번째 조건에 의해 이비인후과가 있는 층에는 진료 과가 2개 더 있어야 하므로 이비인후과는 5층에 있다.

이를 표로 정리하면 다음과 같다.

구분	건물 내부		
5층	안과	치과	이비인후과
4층	정형외과		
3층	내과	소아과	피부과
2층	산부인과		
1층	약국	편의점	

따라서 안과와 이비인후과는 같은 층에 있음을 알 수 있다.

오답분석

① 산부인과는 2층에 있다.
③ 피부과가 있는 층은 진료 과가 3개이다.
④ 이비인후과는 정형외과 바로 위층에 있다.
⑤ K씨는 이비인후과와 치과를 가야 하므로 진료를 위해 찾아야 하는 곳은 5층이다.

24

정답 ③

제시된 조건을 표로 나타내면 다음과 같다.

구분	신도림점	영등포점	여의도점
ㄱ(A)	×		
ㄴ(B)	○	○	○
ㄷ(C)		×	×
ㄹ(D)	○		○

따라서 ㄴ, ㄷ의 경우만 고려한다면, 이날 수리할 수 있었던 지점은 신도림점뿐임을 알 수 있다.

오답분석

① ㄱ, ㄴ의 경우만 고려한다면, 이날 수리할 수 있었던 지점은 영등포점 또는 여의도점이다.
② ㄱ, ㄹ의 경우만 고려한다면, 이날 영등포점의 수리 가능 여부는 알 수 없다.
④ ㄴ, ㄹ의 경우만 고려한다면, 이날 영등포점의 수리 가능 여부는 알 수 없다.
⑤ ㄷ, ㄹ의 경우만 고려한다면, 이날 수리할 수 있었던 지점은 신도림점뿐이다.

25

정답 ①

제시문은 과학과 종교가 대립한다는 주장을 다양한 근거를 들어 반박하고 있다. 따라서 궁극적으로 전달하고자 하는 바는 '과학이 종교와 양립할 수 없다는 의견은 타당하지 않다.'이다.

오답분석

② 과학이 종교와 양립할 수 없다는 의견이 타당하지 않다는 주장에 대한 논거이다.
③ 네 번째 문단에서 리처드 그레고리의 말이 인용되어 과학이 모든 것에 질문을 던진다는 것이 언급되기는 하지만, 근본적인 주제라고 볼 수는 없다.
④ 신학은 신에 대한 증거들을 의심하는 것이 아니라, 지속적으로 회의하고 재해석하는 학문이다.
⑤ 신학 또한 신의 존재를 입증하기 위해 과학적 증거를 찾으려 할 수 있다.

26

정답 ⑤

'준용'은 '표준으로 삼아 적용함'이라는 뜻이기 때문에 맥락상 쓰임이 적절하지 않다. 따라서 '허락하여 받아들임'의 뜻을 가진 '허용'이라고 쓰는 것이 적절하다.

27

정답 ⑤

A씨는 60km/h의 버스로 15분간 이동하였으므로 버스로 이동한 거리는 $60\times\frac{1}{4}=15$km이다. 그러므로 집에서 회사까지 거리는 30km이다. 이후 8시 20분에 75km/h의 택시를 타고 15km를 이동하였으므로 A씨가 집에 다시 도착하기까지 걸린 시간은 $\frac{15}{75}=\frac{1}{5}$시간(=12분)이며, 집에 도착한 시각은 8시 32분이다. 이때 서류를 챙겨 승용차에 타기까지 3분이 걸렸으므로 A씨는 8시 35분에 회사로 다시 출발하였다. 따라서 A씨가 회사에 9시까지 도착하기 위해서는 30km의 거리를 25분 만에 도착해야 하므로 최소 $\frac{30}{25}\times60=72$km/h로 운전해야 한다.

28

정답 ④

직원 9명의 지원 가능한 경우는 다음과 같이 총 6가지이다.

구분	1지망	2지망	3지망
경우 1	기획조정부	홍보부	인사부
경우 2	기획조정부	인사부	홍보부
경우 3	홍보부	기획조정부	인사부
경우 4	홍보부	인사부	기획조정부
경우 5	인사부	기획조정부	홍보부
경우 6	인사부	홍보부	기획조정부

첫 번째 조건에 의하면 인사부를 3지망으로 지원한 직원은 없으므로 경우 1과 경우 3은 0명이다. 두 번째 조건에 의하면 경우 4는 2명, 네 번째 조건에 의하면 경우 2는 3명이다. 세 번째 조건에 의하여 경우 6을 x명, 경우 5를 $(x+2)$명이라고 할 때, 총 직원은 9명이므로 $0+3+0+2+(x+2)+x=9$가 된다. 따라서 $x=1$이다.

이를 정리하면 다음과 같다.

구분	1지망	2지망	3지망	인원
경우 1	기획조정부	홍보부	인사부	0명
경우 2	기획조정부	인사부	홍보부	3명
경우 3	홍보부	기획조정부	인사부	0명
경우 4	홍보부	인사부	기획조정부	2명
경우 5	인사부	기획조정부	홍보부	3명
경우 6	인사부	홍보부	기획조정부	1명

이를 다시 표로 정리하면 다음과 같다.

구분	1지망	2지망	3지망
기획조정부	3명	3명	3명
홍보부	2명	1명	6명
인사부	4명	5명	0명

따라서 기획조정부를 3지망으로 지원한 직원은 3명이다.

코레일 한국철도공사 신입사원 필기시험

2024년 코레일 기출복원문제 정답 및 해설

01	02	03	04	05	06	07	08	09	10
④	③	⑤	③	③	③	④	④	③	③
11	12	13	14	15	16	17	18	19	20
④	⑤	②	③	④	⑤	③	②	③	①
21	22	23	24	25	26	27	28	29	30
③	④	⑤	①	④	③	②	③	②	①
31	32	33							
⑤	①	②							

01

정답 ④

쉼이란 대화 도중에 잠시 침묵하는 것으로, 논리성, 감정 제고, 동질감 등을 확보할 수 있다. 쉼을 사용하는 대표적인 경우는 다음과 같다.

- 이야기의 전이 시(흐름을 바꾸거나 다른 주제로 넘어갈 때)
- 양해, 동조, 반문의 경우
- 생략, 암시, 반성의 경우
- 여운을 남길 때

반면, 연단공포증은 면접이나 발표 등 청중 앞에서 이야기할 때 가슴이 두근거리고, 입술이 타고, 식은땀이 나고, 얼굴이 달아오르는 생리적인 현상으로, 쉼과는 관련이 없다. 연단공포증은 90% 이상의 사람들이 호소하는 불안이므로 이를 극복하기 위해서는 연단공포증에 대한 걱정을 떨쳐내고 이러한 심리현상을 잘 통제하여 의사 표현하는 것을 연습해야 한다.

02

정답 ③

미국의 심리학자인 도널드 키슬러는 대인관계 의사소통 방식을 체크리스트로 평가하여 8가지 유형으로 구분하였다. 이 중 친화형은 따뜻하고 배려심이 깊으며, 타인과의 관계를 중시하는 유형이다. 또한 친화형은 협동적이고 조화로운 성격으로, 자기희생적인 경향이 강하다.

키슬러의 대인관계 의사소통 유형

- 지배형 : 자신감이 있고 지도력이 있으나 논쟁적이고 독단이 강하여 대인 갈등을 겪을 수 있으므로 타인의 의견을 경청하고 수용하는 자세가 필요하다.
- 실리형 : 이해관계에 예민하고 성취 지향적으로 경쟁적인 데다 자기중심적이어서 타인의 입장을 배려하고 관심을 갖는 자세가 필요하다.
- 냉담형 : 이성적인 의지력이 강하고 타인의 감정에 무관심하며 피상적인 대인관계를 유지하므로 타인의 감정 상태에 관심을 가지고 긍정적인 감정을 표현하는 것이 필요하다.
- 고립형 : 혼자 있는 것을 선호하고 사회적 상황을 회피하며 지나치게 자신의 감정을 억제하므로 대인관계의 중요성을 인식하고 타인에 대한 비현실적인 두려움의 근원을 성찰하는 것이 필요하다.
- 복종형 : 수동적이고 의존적이며 자신감이 없으므로 적극적인 자기표현과 주장이 필요하다.
- 순박형 : 단순하고 솔직하며 자기주관이 부족하므로 자기주장을 하는 노력이 필요하다.
- 친화형 : 따뜻하고 인정이 많고 자기희생적이나 타인의 요구를 거절하지 못하므로 타인과의 정서적인 거리를 유지하는 노력이 필요하다.
- 사교형 : 외향적이고 인정하는 욕구가 강하며, 타인에 대한 관심이 많아서 간섭하는 경향이 있고 흥분을 잘 하므로 심리적 안정과 지나친 인정욕구에 대한 성찰이 필요하다.

03

정답 ⑤

철도사고는 달리는 도중에도 발생할 수 있으므로 먼저 인터폰을 통해 승무원에게 사고를 신고하고, 열차가 멈춘 후에 안내방송에 따라 비상핸들이나 비상콕크를 돌려 문을 열고 탈출해야 한다. 만일 화재가 발생했을 경우에는 승무원에게 사고를 알리고 곧바로 119에도 신고를 해야 한다.

오답분석

① 침착함을 잃고 패닉에 빠지게 되면, 적절한 행동요령에 따라 대피하기 어렵다. 따라서 사고현장에서 대피할 때는 승무원의 안내에 따라 질서 있게 대피해야 한다.

② 화재사고 발생 시 승객들은 여유가 있을 경우 전동차 양 끝에 비치된 소화기를 통해 초기 진화를 시도해야 한다.

③ 역이 아닌 곳에서 열차가 멈췄을 경우 감전의 위험이 있으므로 반드시 승무원의 안내에 따라 반대편 선로의 열차 진입에 유의하며 대피 유도등을 따라 침착하게 비상구로 대피해야 한다.

④ 전동차에서 대피할 때는 부상자, 노약자, 임산부 등 탈출이 어려운 사람부터 먼저 대피할 수 있도록 배려하고 도와주어야 한다.

04

정답 ③

하향식 읽기 모형은 독자의 배경지식을 바탕으로 글의 맥락을 먼저 파악하는 읽기 전략이다. ③의 경우 제품 설명서를 통해 세부 기능과 버튼별 용도를 파악하고 기계를 작동시켰으므로 상향식 읽기를 수행한 사례이다. 제품 설명서를 하향식으로 읽는다면 제품 설명서를 읽기 전 제품을 보고 배경지식을 바탕으로 어떤 기능이 있는지 예측하고, 해당 기능을 수행하는 세부 방법을 제품 설명서를 통해 찾아봐야 한다.

오답분석

① 헤드라인을 먼저 읽어 배경지식을 바탕으로 전체적인 내용을 파악하고 상세 내용을 읽었으므로 하향식 읽기 모형에 해당한다.

② 회의의 주제에 대한 배경지식을 가지고 회의 안건을 예상한 후 회의 자료를 파악하였으므로 하향식 읽기 모형에 해당한다.

④ 요리에 대한 경험과 지식을 바탕으로 요리 과정을 파악하였으므로 하향식 읽기 모형에 해당한다.

⑤ 해당 분야에 대한 기본적인 지식을 바탕으로 서문이나 목차를 통해 책의 전체적인 흐름을 파악하였으므로 하향식 읽기 모형에 해당한다.

05

정답 ③

농도가 15%인 소금물 200g의 소금의 양은 $200\times\frac{15}{100}=30$g이고, 농도가 20%인 소금물 300g의 소금의 양은 $300\times\frac{20}{100}=60$g이다.

따라서 두 소금물을 섞었을 때의 농도는 $\frac{30+60}{200+300}\times100=\frac{90}{500}\times100=18\%$이다.

06

정답 ③

여직원끼리 인접하지 않는 경우는 남직원과 여직원이 번갈아 앉는 경우뿐이다. 이때 여직원 D의 자리를 기준으로 남직원 B가 옆에 앉는 경우를 다음과 같이 나눌 수 있다.

- 첫 번째, 여섯 번째 자리에 여직원 D가 앉는 경우
  남직원 B가 여직원 D 옆에 앉는 경우는 1가지뿐으로, 남은 자리에 남직원, 여직원이 번갈아 앉아 경우의 수는 $2\times1\times2!\times2!=8$가지이다.
- 두 번째, 세 번째, 네 번째, 다섯 번째 자리에 여직원 D가 앉는 경우
  각 경우에 대하여 남직원 B가 여직원 D 옆에 앉는 경우는 2가지이다. 남은 자리에 남직원, 여직원이 번갈아 앉으므로 경우의 수는 $4\times2\times2!\times2!=32$가지이다.

따라서 구하고자 하는 경우의 수는 $8+32=40$가지이다.

07

정답 ④

제시된 수열은 홀수 항일 때 +12, +24, +48, …씩 증가하고, 짝수 항일 때 +20씩 증가하는 수열이다.

따라서 빈칸에 들어갈 수는 $13+48=61$이다.

08

정답 ④

2022년 중학교에서 고등학교로 진학한 학생의 비율은 99.7%이고, 2023년 중학교에서 고등학교로 진학한 학생의 비율은 99.6%이다. 따라서 진학한 비율이 감소하였으므로 중학교에서 고등학교로 진학하지 않은 학생의 비율은 증가하였음을 알 수 있다.

오답분석

① 중학교의 취학률이 가장 낮은 해는 97.1%인 2020년이다. 이는 97% 이상이므로 중학교의 취학률은 매년 97% 이상이다.

② 매년 초등학교의 취학률이 가장 높다.

③ 고등교육기관의 취학률 2020년 이후로 계속해서 70% 이상을 기록하였다.

⑤ 고등교육기관의 취학률이 가장 낮은 해는 2016년이고, 고등학교의 상급학교 진학률이 가장 낮은 해 또한 2016년이다.

09

정답 ③

오답분석

① B기업의 매출액이 가장 많은 때는 2024년 3월이지만, 그래프에서는 2024년 4월의 매출액이 가장 많은 것으로 나타났다.
② 2024년 2월에는 A기업의 매출이 더 많지만, 그래프에서는 B기업이 더 많은 것으로 나타났다.
④ A기업의 매출액이 가장 적은 때는 2024년 4월이지만, 그래프에서는 2024년 3월의 매출액이 가장 적은 것으로 나타났다.
⑤ A기업과 B기업의 매출액의 차이가 가장 큰 때는 2024년 1월이지만, 그래프에서는 2024년 5월과 6월의 매출액 차이가 더 큰 것으로 나타났다.

10

정답 ③

A ~ F 모두 문맥을 무시하고 일부 문구에만 집착하여 뜻을 해석하고 있으므로 '과대해석의 오류'를 범하고 있다. 과대해석의 오류는 전체적인 상황이나 맥락을 고려하지 않고 특정 단어나 문장에만 집착하여 의미를 해석하는 오류로, 글의 의미를 지나치게 확대하거나 축소하여 생각하고, 문자 그대로의 의미에만 너무 집착하여 다른 가능성이나 해석을 배제하게 되는 논리적 오류이다.

오답분석

① 무지의 오류 : '신은 존재하지 않는다가 증명되지 않았으므로 신은 존재한다.'처럼 증명되지 않았다고 해서 그 반대의 주장이 참이라고 생각하는 오류이다.
② 연역법의 오류 : '조류는 날 수 있다. 펭귄은 조류이다. 따라서 펭귄은 날 수 있다.'처럼 잘못된 삼단논법에 의해 발생하는 논리적 오류이다.
④ 허수아비 공격의 오류 : '저 사람은 과거에 거짓말을 한 적이 있으니 이번에 일어난 사기 사건의 범인이다.'처럼 개별적 인과관계를 입증하지 않고 전혀 상관없는 별개의 논리를 만들어 공격하는 논리적 오류이다.
⑤ 권위나 인신공격에 의존한 논증 : '제정신을 가진 사람이면 그런 주장을 할 수가 없다.'처럼 상대방의 주장 대신 인격을 공격하거나, '최고 권위자인 A교수도 이런 말을 했습니다.'처럼 자신의 논리적인 약점을 권위자를 통해 덮으려는 논리적 오류이다.

11

정답 ④

A ~ E열차의 운행시간 단위를 시간 단위로, 평균 속력의 단위를 시간당 운행거리로 통일하여 정리하면 다음과 같다.

구분	운행시간	평균 속력	운행거리
A 열차	900분 =15시간	50m/s =(50×60×60)m/h =180km/h	15×180 =2,700km
B 열차	10시간 30분 =10.5시간	150km/h	10.5×150 =1,575km
C 열차	8시간	55m/s =(55×60×60)m/h =198km/h	8×198 =1,584km
D 열차	720분 =12시간	2.5km/min =(2.5×60)km/h =150km/h	12×150 =1,800km
E 열차	10시간	2.7km/min =(2.7×60)m/h =162km/h	10×162 =1,620km

따라서 C열차의 운행거리는 네 번째로 길다.

12

정답 ⑤

스마트팜 관련 정부 사업 참여 경험은 K사의 강점 요인이다. 또한 정부의 적극적인 지원은 스마트팜 시장 성장에 따른 기회 요인이다. 따라서 스마트팜 관련 정부 사업 참여 경험을 바탕으로 정부의 적극적인 지원을 확보하는 것은 내부강점을 통해 외부의 기회 요인을 극대화하는 SO전략에 해당한다.

오답분석

①·②·③·④ 외부의 기회를 이용하여 내부의 약점을 보완하는 WO전략에 해당한다.

SWOT 분석 전략
- SO전략 : 내부 강점과 외부 기회를 극대화하는 전략
- WO전략 : 외부 기회를 이용하여 내부 약점을 강점으로 전환하는 전략
- ST전략 : 외부 위협을 최소화하기 위해 내부 강점을 극대화하는 전략
- WT전략 : 내부 약점과 외부 위협을 최소화하는 전략

13

정답 ②

K대학교 기숙사 운영위원회는 단순히 '기숙사에 문제가 있다.'라는 큰 문제에서 벗어나 식사, 시설, 통신환경이라는 세 가지 주요 문제를 파악하고 문제별로 다시 세분화하여 더욱 구체적으로 인과관계 및 구조를 파악하여 분석하고 있다. 따라서 제시문에서 나타난 문제해결 절차는 '문제 도출'이다.

문제해결 절차 5단계

1. 문제 인식 : 해결해야 할 전체 문제를 파악하여 우선순위를 정하고 선정 문제에 대한 목표를 명확히 하는 단계
2. 문제 도출 : 선정된 문제를 분석하여 해결해야 할 것이 무엇인지를 명확히 하는 단계로, 현상에 대한 문제를 분해하여 인과관계 및 구조를 파악하는 단계
3. 원인 분석 : 파악된 핵심 문제에 대한 분석을 통해 근본 원인을 도출해 내는 단계
4. 해결안 개발 : 문제로부터 도출된 근본 원인을 효과적으로 해결할 수 있는 최적의 해결 방안을 수립하는 단계
5. 실행 및 평가 : 해결안 개발을 통해 만들어진 실행 계획을 실제 상황에 적용하는 단계로, 해결안을 통해 문제의 원인들을 제거해 나가는 단계

14

정답 ③

제시된 시는 신라시대 6두품 출신의 문인인 최치원이 지은 「촉규화」이다. 최치원은 자신을 향기 날리는 탐스런 꽃송이에 비유하여 뛰어난 학식과 재능을 뽐내고 있지만, 수레와 말 탄 사람에 비유한 높은 지위의 사람들이 자신을 외면하는 현실을 한탄하고 있다.

최치원

신라시대 6두품 출신의 문인으로, 12세에 당나라로 유학을 간 후 6년 만에 당의 빈공과에 장원으로 급제할 정도로 학문적 성취가 높았다. 그러나 당나라에서 제대로 인정을 받지 못했으며, 신라에 돌아와서도 6두품이라는 출신의 한계로 원하는 만큼의 관직에 오르지는 못하였다. 「촉규화」는 최치원이 당나라 유학시절에 지은 시로 알려져 있으며, 자신을 알아주지 않는 시대에 대한 개탄을 담고 있다. 최치원은 인간 중심의 보편성과 그에 따른 다양성을 강조하였으며, 신라의 쇠퇴로 인해 이러한 그의 정치 이념과 사상은 신라 사회에서는 실현되지 못하였으나 이후 고려 국가의 체제 정비에 영향을 미쳤다.

15

정답 ④

네 번째 문단에서 백성들이 적지 않고, 토산품이 구비되어 있지만 이로운 물건이 세상에 나오지 않고, 그렇게 하는 방법을 모르기 때문에 경제를 윤택하게 하는 것 자체를 모른다고 하였다. 따라서 조선의 경제가 윤택하지 못한 이유를 생산량이 부족해서가 아닌 유통의 부재로 보고 있다.

오답분석

① 세 번째 문단에서 쓸모없는 물건을 사용하여 유용한 물건을 유통하고 거래하지 않는다면 유용한 물건들이 대부분 한 곳에 묶여서 고갈될 것이라고 하며 유통이 원활하지 않은 현실을 비판하고 있다.
② 세 번째 문단에서 옛날의 성인과 제왕은 유통의 중요성을 알고 있었기 때문에 주옥과 화폐 등의 물건을 조성하여 재물이 원활하게 유통될 수 있도록 노력했다고 하며 재물 유통을 위한 성현들의 노력을 제시하고 있다.
③ 여섯 번째 문단에서 재물을 우물에 비유하여 설명하고 있다. 재물의 소비를 하지 않으면 물을 길어내지 않는 우물처럼 말라버릴 것이며, 소비를 한다면 물을 퍼내는 우물처럼 물이 가득할 것이라며 재물에 대한 소비가 경제의 규모를 늘릴 것이라고 강조하고 있다.
⑤ 여섯 번째 문단에서 비단옷을 입지 않으면 비단을 짜는 사람과 베를 짜는 여인 등 관련 산업 자체가 황폐해질 것이라고 하고 있다. 따라서 산업의 발전을 위한 적당한 사치(소비)가 있어야 함을 제시하고 있다.

16

정답 ⑤

'말로는 친한 듯 하나 속으로는 해칠 생각이 있음'을 뜻하는 한자성어는 '口蜜腹劍(구밀복검)'이다.

• 刻舟求劍(각주구검) : 융통성 없이 현실에 맞지 않는 낡은 생각을 고집하는 어리석음

오답분석

① 水魚之交(수어지교) : 아주 친밀하여 떨어질 수 없는 사이
② 結草報恩(결초보은) : 죽은 뒤에라도 은혜를 잊지 않고 갚음
③ 靑出於藍(청출어람) : 제자나 후배가 스승이나 선배보다 나음
④ 指鹿爲馬(지록위마) : 윗사람을 농락하여 권세를 마음대로 함

17

정답 ③

③에서 '뿐이다'는 체언(명사, 대명사, 수사)인 '셋'을 수식하므로 조사로 사용되었다. 따라서 앞말과 붙여 써야 한다.

오답분석

① 종결어미 '-는지'는 앞말과 붙여 써야 한다.
② '만큼'은 용언(동사, 형용사)인 '애쓴'을 수식하므로 의존 명사로 사용되었다. 따라서 앞말과 띄어 써야 한다.
④ '큰지'와 '작은지'는 모두 연결어미 '-ㄴ지'로 쓰였으므로 앞말과 붙여 써야 한다.
⑤ '-판'은 앞의 '씨름'과 합성어를 이루므로 붙여 써야 한다.

18
정답 ②

'채이다'는 '차이다'의 잘못된 표기이다. 따라서 '차였다'로 표기해야 한다.

• 차이다 : 주로 남녀 관계에서 일방적으로 관계가 끊기다.

오답분석

① 금세 : 지금 바로. '금시에'의 준말
③ 핼쑥하다 : 얼굴에 핏기가 없고 파리하다.
④ 낯설다 : 전에 본 기억이 없어 익숙하지 아니하다.
⑤ 곰곰이 : 여러모로 깊이 생각하는 모양

19
정답 ③

한자어에서 'ㄹ' 받침 뒤에 연결되는 'ㄷ, ㅅ, ㅈ'은 된소리로 발음되므로 [몰쌍식]으로 발음해야 한다.

오답분석

①·④ 받침 'ㄴ'은 'ㄹ'의 앞이나 뒤에서 [ㄹ]로 발음하지만, 결단력, 공권력, 상견례 등에서는 [ㄴ]으로 발음한다.
② 받침 'ㄱ(ㄲ, ㅋ, ㄳ, ㄺ), ㄷ(ㅅ, ㅆ, ㅈ, ㅊ, ㅌ, ㅎ), ㅂ(ㅍ, ㄼ, ㄿ, ㅄ)'은 'ㄴ, ㅁ' 앞에서 [ㅇ, ㄴ, ㅁ]으로 발음한다.
⑤ 받침 'ㄷ, ㅌ(ㄾ)'이 조사나 접미사의 모음 'ㅣ'와 결합되는 경우에는 [ㅈ, ㅊ]으로 바꾸어서 뒤 음절 첫소리로 옮겨 발음한다.

20
정답 ①

$865\times865+865\times270+135\times138-405$
$=865\times865+865\times270+135\times138-135\times3$
$=865\times(865+270)+135\times(138-3)$
$=865\times1,135+135\times135$
$=865\times(1,000+135)+135\times135$
$=865\times1,000+(865+135)\times135$
$=865,000+135,000$
$=1,000,000$

따라서 식을 계산하여 나온 수의 백의 자리는 0, 십의 자리는 0, 일의 자리는 0이다.

21
정답 ③

터널의 길이를 xm라 하면 다음과 같은 식이 성립한다.

$\frac{x+200}{60} : \frac{x+300}{90}=10:7$

$\frac{x+300}{90}\times10=\frac{x+200}{60}\times7$

→ $600(x+300)=630(x+200)$

→ $30x=54,000$

$\therefore x=1,800$

따라서 터널의 길이는 1,800m이다.

22
정답 ④

나열된 수의 규칙은 (첫 번째 수)×[(두 번째 수)−(세 번째 수)]=(네 번째 수)이다.

따라서 빈칸에 들어갈 수는 $9\times(16-9)=63$이다.

23
정답 ⑤

제시된 수열은 +3, +5, +7, +9, … 씩 증가하는 수열이다.

따라서 빈칸에 들어갈 수는 $97+21=118$이다.

24
정답 ①

방사형 그래프는 여러 평가 항목에 대하여 중심이 같고 크기가 다양한 원 또는 다각형을 도입하여 구역을 나누고, 각 항목에 대한 도수 등을 부여하여 점을 찍은 후 그 점끼리 이어 생성된 다각형으로 자료를 분석할 수 있다. 따라서 방사형 그래프인 ①을 사용하면 항목별 균형을 쉽게 파악할 수 있다.

25
정답 ④

3월의 경우 K톨게이트를 통과한 영업용 승합차 수는 229천 대이고, 영업용 대형차 수는 139천 대이다.

$139\times2=278>229$이므로 3월의 영업용 승합차 수는 영업용 대형차 수의 2배 미만이다.

따라서 모든 달에서 영업용 승합차 수가 영업용 대형차 수의 2배 이상인 것은 아니므로 옳지 않은 설명이다.

오답분석

① 각 달의 전체 승용차 수와 전체 승합차 수의 합은 다음과 같다.
   • 1월 : $3,807+3,125=6,932$천 대
   • 2월 : $3,555+2,708=6,263$천 대
   • 3월 : $4,063+2,973=7,036$천 대
   • 4월 : $4,017+3,308=7,325$천 대
   • 5월 : $4,228+2,670=6,898$천 대
   • 6월 : $4,053+2,893=6,946$천 대
   • 7월 : $3,908+2,958=6,866$천 대
   • 8월 : $4,193+3,123=7,316$천 대
   • 9월 : $4,245+3,170=7,415$천 대
   • 10월 : $3,977+3,073=7,050$천 대
   • 11월 : $3,953+2,993=6,946$천 대
   • 12월 : $3,877+3,040=6,917$천 대
   따라서 전체 승용차 수와 승합차 수의 합이 가장 많은 달은 9월이고, 가장 적은 달은 2월이다.
② 4월을 제외하고 K톨게이트를 통과한 비영업용 승합차 수는 월별 3,000천 대(=300만 대)를 넘지 않는다.
③ 모든 달에서 (영업용 대형차 수)×$10\geq$(전체 대형차 수)이므로 영업용 대형차 수의 비율은 모든 달에서 전체 대형차 수의 10% 이상이다.

⑤ 승용차가 가장 많이 통과한 달은 9월이고, 이때 영업용 승용차 수의 비율은 9월 전체 승용차 수의 $\frac{140}{4,245}\times100 \fallingdotseq 3.3\%$로 3% 이상이다.

26

정답 ③

첫 번째 조건에 따라 ①, ②는 70대 이상에서 도시의 여가생활 만족도(1.7점)가 같은 연령대의 농촌(ㄹ) 만족도(3.5점)보다 낮으므로 제외되고, 두 번째 조건에 따라 도시에서 10대의 여가생활 만족도는 농촌에서 10대(1.8점)의 2배보다 높으므로 $1.8\times2=3.6$점을 초과해야 하나 ④는 도시에서 10대(ㄱ)의 여가생활 만족도가 3.5점이므로 제외된다. 또한, 세 번째 조건에 따라 ⑤는 도시에서 여가생활 만족도가 가장 높은 연령대인 40대(3.9점)보다 30대(ㄴ)가 4.0점으로 높으므로 제외된다. 따라서 마지막 조건까지 모두 만족하는 것은 ③이다.

27

정답 ②

A반과 B반 모두 2번의 경기를 거쳐 결승에 만나는 경우는 다음과 같다.

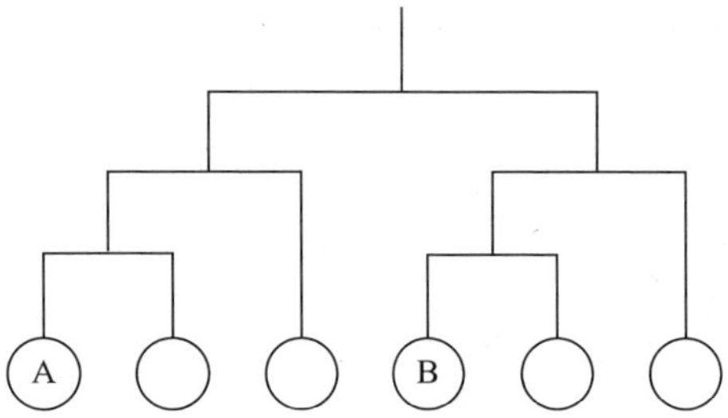

이때 남은 네 반을 배치할 때마다 모두 다른 경기가 진행되므로 구하고자 하는 경우의 수는 $4!=24$가지이다.

28

정답 ③

가격을 10,000원 인상할 때 판매량은 (10,000－160)개이고, 20,000원 인상할 때 판매량은 (10,000－320)개이다. 또한, 가격을 10,000원 인하할 때 판매량은 (10,000＋160)개이고, 20,000원 인하할 때 판매량은 (10,000＋320)개이다. 따라서 K제품의 가격이 $(500,000+10,000x)$원일 때 판매량은 $(10,000-160x)$개이므로, 총 판매금액을 y원이라 하면 $(500,000+10,000x)\times(10,000-160x)$원이 된다.

y는 x에 대한 이차식이므로 이를 표준형으로 표현하면 다음과 같다.

$$y=(500,000+10,000x)\times(10,000-160x)$$
$$=-1,600,000\times(x+50)\times(x-62.5)$$
$$=-1,600,000\times(x^2-12.5x-3,125)$$
$$=-1,600,000\times\left(x-\frac{25}{4}\right)^2+1,600,000\times\left(\frac{25}{4}\right)^2$$
$$+1,600,000\times3,125$$

따라서 $x=\frac{25}{4}$일 때 총 판매금액이 최대가 되지만 제품의 가격은 10,000원 단위로만 변경할 수 있으므로 $\frac{25}{4}$와 가장 가까운 자연수인 $x=6$일 때 총 판매금액이 최대가 되고, 제품의 가격은 $500,000+10,000\times6=560,000$원이 된다.

29

정답 ②

제시된 열차의 부산역 도착시간을 계산하면 다음과 같다.

- KTX
  8:00(서울역 출발) → 10:30(부산역 도착)
- ITX－청춘
  7:20(서울역 출발) → 8:00(대전역 도착) → 8:15(대전역 출발) → 11:05(부산역 도착)
- ITX－마음
  6:40(서울역 출발) → 7:20(대전역 도착) → 7:35(대전역 출발) → 8:15(울산역 도착) → 8:30(울산역 출발) → 11:00(부산역 도착)
- 새마을호
  6:30(서울역 출발) → 7:30(대전역 도착) → 7:40(ITX－마음 출발 대기) → 7:55(대전역 출발) → 8:55(울산역 도착) → 9:10(울산역 출발) → 10:10(동대구역 도착) → 10:25(동대구역 출발) → 11:55(부산역 도착)
- 무궁화호
  5:30(서울역 출발) → 6:50(대전역 도착) → 7:05(대전역 출발) → 8:25(울산역 도착) → 8:35(ITX－마음 출발 대기) → 8:50(울산역 출발) → 10:10(동대구역 도착) → 10:30(새마을호 출발 대기) → 10:45(동대구역 출발) → 12:25(부산역 도착)

따라서 가장 늦게 도착하는 열차는 무궁화호로, 12시 25분에 부산역에 도착한다.

오답분석

① ITX－청춘은 11시 5분에 부산역에 도착하고, ITX－마음은 11시에 부산역에 도착한다.
③ ITX－마음은 정차역인 대전역과 울산역에서 다른 열차와 시간이 겹치지 않는다.
④ 부산역에 가장 빨리 도착하는 열차는 KTX로, 10시 30분에 도착한다.
⑤ 무궁화호는 울산역에서 8시 15분에 도착한 ITX－마음으로 인해 8시 35분까지 대기하며, 동대구역에서 10시 10분에 도착한 새마을호로 인해 10시 30분까지 대기한다.

30

정답 ①

A과장과 팀원 1명은 7시 30분까지 K공사에서 사전 회의를 가져야 하므로 8시에 출발하는 KTX만 이용할 수 있다. 남은 팀원 3명은 11시 30분까지 부산역에 도착해야 하므로 10시 30분에 도착하는 KTX, 11시 5분에 도착하는 ITX-청춘, 11시에 도착하는 ITX-마음이 이용 가능한데, 이 중 가장 저렴한 열차를 이용해야 하므로 ITX-마음을 이용한다. 따라서 KTX 2인, ITX-마음 3인의 요금을 계산하면 (59,800×2)+(42,600×3)=119,600+127,800=247,400원이다.

31

정답 ⑤

A는 B의 부정적인 의견들을 구조화하여 B가 그러한 논리를 가지게 된 궁극적 원인인 경쟁력 부족을 찾아내었고, 이러한 원인을 해소할 수 있는 방법을 찾아 자신의 계획을 재구축하여 B에게 설명하였다. 따라서 제시문에서 나타난 논리적 사고의 구성요소는 상대 논리의 구조화이다.

오답분석

① 설득 : 논증을 통해 나의 생각을 다른 사람에게 이해·공감시키고, 타인이 내가 원하는 행동을 하도록 하는 것이다.
② 구체적인 생각 : 상대가 말하는 것을 잘 알 수 없을 때, 이미지를 떠올리거나 숫자를 활용하는 등 구체적인 방법을 활용하여 생각하는 것이다.
③ 생각하는 습관 : 논리적 사고를 개발하기 위해 일상적인 모든 것에서 의문점을 가지고 원인을 생각해 보는 습관이다.
④ 타인에 대한 이해 : 나와 상대의 주장이 서로 반대될 때, 상대의 주장 전부를 부정하지 않고 상대의 인격을 존중하는 것이다.

32

정답 ①

마지막 조건에 따라 C는 항상 두 번째에 도착하게 되고, 첫 번째 조건에 따라 A－B가 순서대로 도착했으므로 A, B는 첫 번째로 도착할 수 없다. 또한 두 번째 조건에 따라 D는 E보다 늦게 도착하므로 가능한 경우를 정리하면 다음과 같다.

구분	첫 번째	두 번째	세 번째	네 번째	다섯 번째
경우 1	E	C	A	B	D
경우 2	E	C	D	A	B

따라서 E는 항상 가장 먼저 도착한다.

33

정답 ②

전제 1의 전건(P)인 'TV를 오래 보면'은 후건(Q)인 '눈이 나빠진다.'가 성립하는 충분조건이며, 후건은 전건의 필요조건이 된다(P → Q). 그러나 삼단논법에서 단순히 전건을 부정한다고 해서 후건 또한 부정되지는 않는다(~P → ~Q, 역의 오류). 철수가 TV를 오래 보지 않아도 눈이 나빠질 수 있는 가능성은 얼마든지 있기 때문이다. 이러한 형식적 오류를 '전건 부정의 오류'라고 한다.

오답분석

① 사개명사의 오류 : 삼단논법에서 개념이 4개일 때 성립하는 오류이다(A는 B이고, A와 C는 모두 D이다. 따라서 B는 C이다).
③ 후건 긍정의 오류 : 후건을 긍정한다고 전건 또한 긍정이라고 하는 오류이다(P → Q이므로 Q → P이다. 이의 오류).
④ 선언지 긍정의 오류 : 어느 한 명제를 긍정하는 것이 필연적으로 다른 명제의 부정을 도출한다고 여기는 오류이다(A는 B와 C이므로 A가 B라면 반드시 C는 아니다. ∵ B와 C 둘 다 해당할 가능성이 있음).
⑤ 매개념 부주연의 오류 : 매개념(A)이 외연 전부(B)에 대하여 성립되지 않을 때 발생하는 오류이다(A는 B이고 C는 B이므로 A는 C이다).

PART 1

기출복원 모의고사

코레일 한국철도공사 신입사원 필기시험

제1회 기출복원 모의고사

모바일 OMR

문항 수 : 30문항
응시시간 : 30분

정답 및 해설 p.02

| 2023년

01 다음 글을 이해한 내용으로 적절하지 않은 것은?

열차 내에서의 범죄가 급격하게 증가함에 따라 한국철도공사는 열차 내 범죄 예방과 안전 확보를 위해 2023년까지 현재 운행하고 있는 열차의 모든 객실에 CCTV를 설치하고, 모든 열차 승무원에게 바디 캠을 지급하겠다고 밝혔다.
CCTV는 열차 종류에 따라 운전실에서 비상시 실시간으로 상황을 파악할 수 있는 '네트워크 방식'과 각 객실에서의 영상을 저장하는 '개별 독립 방식'이라는 2가지 방식으로 사용 및 설치가 진행될 예정이며, 객실에는 사각지대를 없애기 위해 4대가량의 CCTV가 설치된다. 이 중 2대는 휴대 물품 도난 방지 등을 위해 휴대 물품 보관대 주변에 위치하게 된다.
이에 따라 한국철도공사는 CCTV 제품 품평회를 가져 제품의 형태와 색상, 재질 등에 대한 의견을 나누고 각 제품이 실제로 열차 운행 시 진동과 충격 등에 적합한지 시험을 거친 후 도입할 예정이다.

① 현재는 모든 열차의 객실 전부에 CCTV가 설치되어 있진 않을 것이다.
② 과거에 비해 승무원에 대한 승객의 범죄행위 증거 취득이 유리해질 것이다.
③ CCTV 설치를 통해 인적 피해와 물적 피해 모두 예방할 수 있을 것이다.
④ CCTV 설치를 통해 실시간으로 모든 객실을 모니터링할 수 있을 것이다.
⑤ CCTV의 내구성뿐만 아니라 외적인 디자인도 제품 선택에 영향을 줄 수 있을 것이다.

02 다음 중 (가) ~ (다)에 들어갈 접속사를 순서대로 바르게 나열한 것은?

> 무더운 여름 기차나 지하철을 타면 "실내가 춥다는 민원이 있어 냉방을 줄인다."라는 안내방송을 손쉽게 들을 수 있을 정도로 우리는 쾌적한 기차와 지하철을 이용할 수 있는 시대에 살고 있다.
> __(가)__ 이러한 쾌적한 환경을 누리기 시작하게 된 것은 그리 오래되지 않은 일이다. 1825년에 세계 최초로 영국의 증기기관차가 시속 16km로 첫 주행을 시작하였고, 이 당시까지만 해도 열차 내의 유일한 냉방 수단은 창문뿐이었다. 열차에 에어컨이 설치되기 시작한 것은 100년이 더 지난 1930년대 초반 미국에서였고, 우리나라는 이보다 훨씬 후인 1969년에 지금의 새마을호라 불리는 '관광호'에서였다. 이는 국내에 최초로 철도가 개통된 1899년 이후 70년 만으로, '관광호' 이후 국내에 도입된 특급열차들은 대부분 전기 냉난방 시설을 갖추게 되었다.
> __(나)__ 지하철의 에어컨 도입은 열차보다 훨씬 늦었는데, 이는 우리나라뿐만 아니라 해외도 마찬가지였으며, 실제로 영국의 경우 아직도 지하철에 에어컨이 없다.
> 우리나라는 1974년에 서울 지하철이 개통되었는데, 이 당시 객실에는 천장에 달린 선풍기가 전부였기 때문에 한여름에는 땀 냄새가 가득한 찜통 지하철이 되었다. __(다)__ 1983년이 되어서야 에어컨이 설치된 지하철이 등장하기 시작하였고, 기존에 에어컨이 설치되지 않았던 지하철들은 1989년이 되어서야 선풍기를 떼어 내고 에어컨으로 교체하기 시작하였다.

	(가)	(나)	(다)
①	따라서	그래서	마침내
②	하지만	반면	마침내
③	하지만	왜냐하면	그래서
④	왜냐하면	반면	마침내
⑤	반면	왜냐하면	그래서

03 작년 K대학교에 재학 중인 학생 수는 6,800명이고 남학생과 여학생의 비는 8 : 9였다. 올해 남학생 수와 여학생 수의 비가 12 : 13만큼 줄어들어 7 : 8이 되었다고 할 때, 올해 K대학교의 전체 재학생 수는?

① 4,440명
② 4,560명
③ 4,680명
④ 4,800명
⑤ 4,920명

04 다음 글의 내용으로 가장 적절한 것은?

> 한국철도공사는 철도시설물 점검 자동화에 '스마트글라스'를 활용하겠다고 밝혔다. 스마트글라스란 안경처럼 착용하는 스마트 기기로, 검사와 판독, 데이터 송수신과 보고서 작성까지 모든 동작이 음성인식을 바탕으로 작동한다. 이를 활용하여 작업자는 스마트글라스 액정에 표시된 내용에 따라 철도시설물을 점검하고, 음성 명령을 통해 시설물의 사진을 촬영한 후 해당 정보와 검사 결과를 전송해 보고서로 작성한다.
> 작업자들은 스마트글라스의 사용으로 직접 자료를 조사하고 측정한 내용을 바탕으로 시스템 속에서 여러 단계를 거쳐 수기 입력하던 기존 방식으로부터 벗어날 수 있게 되었고, 이 일련의 과정들을 중앙 서버를 통해 한번에 처리할 수 있게 되었다.
> 이와 같은 스마트 기기의 도입은 중앙 서버의 효율적 종합 관리를 가능하게 할 뿐만 아니라 작업자의 안전성 향상에도 크게 기여하였다. 이는 작업자들이 음성인식이 가능한 스마트글라스를 사용함으로써 두 손이 자유로워져 추락 사고를 방지할 수 있게 되었기 때문이며, 스마트글라스 내부 센서가 충격과 기울기를 감지할 수 있어 작업자에게 위험한 상황이 발생하면 지정된 컴퓨터에 위험 상황을 바로 통보하는 시스템을 갖추었기 때문이다.
> 한국철도공사는 주요 거점 현장을 시작으로 스마트글라스를 보급하여 성과 분석을 거치고 내년부터는 보급 현장을 확대하겠다고 밝혔으며, 국내 철도 환경에 맞춰 스마트글라스 시스템을 개선하기 위해 현장 검증을 진행하고 스마트글라스를 통해 측정된 데이터를 총괄 제어할 수 있도록 안전점검 플랫폼 망도 마련할 예정이다.
> 이와 더불어 스마트글라스를 통해 기존의 인력 중심 시설 점검을 간소화하여 효율성과 안전성을 향상시키고, 나아가 철도 맞춤형 스마트 기술을 도입시켜 시설물 점검뿐만 아니라 유지보수 작업도 가능하도록 철도기술 고도화에 힘쓰겠다고 전했다.

① 작업자의 음성인식을 통해 철도시설물의 점검 및 보수 작업이 가능해졌다.
② 스마트글라스의 도입으로 철도시설물 점검의 무인작업이 가능해졌다.
③ 스마트글라스의 도입으로 철도시설물 점검 작업 시 안전사고 발생 횟수가 감소하였다.
④ 스마트글라스의 도입으로 철도시설물 작업 시간 및 인력이 감소하고 있다.
⑤ 스마트글라스의 도입으로 작업자의 안전사고 발생을 바로 파악할 수 있게 되었다.

05 다음 글에 대한 설명으로 적절하지 않은 것은?

2016년 4월 27일 오전 7시 20분경 임실역에서 익산으로 향하던 열차가 전기 공급 중단으로 멈추는 사고가 발생해 약 50여 분간 열차 운행이 중단되었다. 바로 전차선에 지어진 까치집 때문이었는데, 까치가 집을 지을 때 사용하는 젖은 나뭇가지나 철사 등이 전선과 닿거나 차로에 떨어져 합선과 단전을 일으킨 것이다.
비록 이번 사고는 단전에서 끝났지만, 고압 전류가 흐르는 전차선인 만큼 철사와 젖은 나뭇가지만으로도 자칫하면 폭발사고로 이어질 우려가 있다. 지난 5년간 까치집으로 인한 단전사고는 한 해 평균 3 ~ 4건 발생해 왔으며, 한국철도공사는 사고 방지를 위해 까치집 방지 설비를 설치하고 설비가 없는 구간은 작업자가 육안으로 까치집 생성 여부를 확인해 제거하고 있는데, 이렇게 제거해 온 까치집 수가 연평균 8,000개에 달한다. 하지만 까치집은 빠르면 불과 4시간 만에 완성되어 작업자들에게 큰 곤욕을 주고 있다.
이에 한국철도공사는 전차선로 주변 까치집 제거의 효율성과 신속성을 높이기 위해 인공지능(AI)과 사물인터넷(IoT) 등 첨단 기술을 활용하기에 이르렀다. 열차 운전실에 영상 장비를 설치해 달리는 열차에서 전차선을 촬영한 화상 정보를 인공지능으로 분석함으로써 까치집 등의 위험 요인을 찾아 해당 위치와 현장 이미지를 작업자에게 실시간으로 전송하는 '실시간 까치집 자동 검출 시스템'을 개발한 것이다. 하지만 시속 150km로 빠르게 달리는 열차에서 까치집 등의 위험 요인을 실시간으로 판단해 전송하는 것이다 보니 그 정확도는 65%에 불과했다.
이에 한국철도공사는 전차선과 까치집을 정확하게 식별하기 위해 인공지능이 스스로 학습하는 '딥러닝' 방식을 도입했고, 전차선을 구성하는 복잡한 구조 및 까치집과 유사한 형태를 빅데이터로 분석해 이미지를 구분하는 학습을 실시한 결과 까치집 검출 정확도는 95%까지 상승했다. 또한, 해당 이미지를 실시간 문자메시지로 작업자에게 전송해 위험 요소와 위치를 인지시켜 현장에 적용할 수 있다는 사실도 확인했다. 현재는 이와 더불어 정기열차가 운행하지 않거나 작업자가 접근하기 쉽지 않은 차량 정비 시설 등에 드론을 띄워 전차선의 까치집을 발견 및 제거하는 기술도 시범 운영하고 있다.

① 인공지능도 학습을 통해 그 정확도를 향상시킬 수 있다.
② 빠른 속도에서 인공지능의 사물 식별 정확도는 낮아진다.
③ 사람의 접근이 불가능한 곳에 위치한 까치집의 제거도 가능해졌다.
④ 까치집 자동 검출 시스템을 통해 실시간으로 까치집 제거가 가능해졌다.
⑤ 인공지능 등의 스마트 기술 도입으로 까치집 생성의 감소를 기대할 수 있다.

※ 다음 자료를 보고 이어지는 질문에 답하시오. **[6~8]**

〈2023년 한국의 국립공원 기념주화 예약 접수〉

- 우리나라 자연환경의 아름다움과 생태 보전의 중요성을 널리 알리기 위해 K공사는 한국의 국립공원 기념주화 3종(설악산, 치악산, 월출산)을 발행할 예정임
- 예약 접수일 : 3월 2일(목) ~ 3월 17일(금)
- 배부 시기 : 2023년 4월 28일(금)부터 예약자가 신청한 방법으로 배부
- 기념주화 상세

화종	앞면	뒷면
은화Ⅰ – 설악산		
은화Ⅱ – 치악산		
은화Ⅲ – 월출산		

- 발행량 : 화종별 10,000장씩 총 30,000장
- 신청 수량 : 단품 및 3종 세트로 구분되며 단품과 세트에 중복 신청 가능
  - 단품 : 1인당 화종별 최대 3장
  - 3종 세트 : 1인당 최대 3세트
- 판매 가격 : 액면금액에 판매 부대비용(케이스, 포장비, 위탁판매수수료 등)을 부가한 가격
  - 단품 : 각 63,000원(액면가 50,000원+케이스 등 부대비용 13,000원)
  - 3종 세트 : 186,000원(액면가 150,000원+케이스 등 부대비용 36,000원)
- 접수 기관 : 우리은행, 농협은행, K공사
- 예약 방법 : 창구 및 인터넷 접수
  - 창구 접수
    신분증[주민등록증, 운전면허증, 여권(내국인), 외국인등록증(외국인)]을 지참하고 우리 · 농협은행 영업점을 방문하여 신청
  - 인터넷 접수
    ① 우리 · 농협은행의 계좌를 보유한 고객은 개시일 9시부터 마감일 23시까지 홈페이지에서 신청
    ② K공사 온라인 쇼핑몰에서는 가상계좌 방식으로 개시일 9시부터 마감일 23시까지 신청
- 구입 시 유의사항
  - 수령자 및 수령지 등 접수 정보가 중복될 경우 단품별 10장, 3종 세트 10세트만 추첨 명단에 등록
  - 비정상적인 경로나 방법으로 접수할 경우 당첨을 취소하거나 배송을 제한

| 2023년

06 다음 중 한국의 국립공원 기념주화 발행 사업의 내용으로 옳은 것은?

① 국민들을 대상으로 예약 판매를 실시하며, 외국인에게는 판매하지 않는다.
② 1인당 구매 가능한 최대 주화 수는 10장이다.
③ 기념주화를 구입하기 위해서는 우리·농협은행 계좌를 사전에 개설해 두어야 한다.
④ 사전예약을 받은 뒤, 예약 주문량에 맞추어 제한된 수량만 생산한다.
⑤ K공사를 통한 예약 접수는 온라인에서만 가능하다.

| 2023년

07 외국인 A씨는 이번에 발행되는 기념주화를 예약 주문하려고 한다. 다음 상황을 참고할 때 A씨가 기념주화 구매 예약을 할 수 있는 방법으로 옳은 것은?

〈외국인 A씨의 상황〉

- A씨는 국내 거주 외국인으로 등록된 사람이다.
- A씨의 명의로 국내은행에 개설된 계좌는 총 2개로, 신한은행과 한국씨티은행에 1개씩이다.
- A씨는 우리은행이나 농협은행과는 거래이력이 없다.

① 여권을 지참하고 우리은행이나 농협은행 지점을 방문한다.
② K공사 온라인 쇼핑몰에서 신용카드를 사용한다.
③ 계좌를 보유한 신한은행이나 한국씨티은행의 홈페이지를 통해 신청한다.
④ 외국인등록증을 지참하고 우리은행이나 농협은행 지점을 방문한다.
⑤ 우리은행이나 농협은행의 홈페이지에서 신청한다.

| 2023년

08 다음은 기념주화를 예약한 5명의 신청내역이다. 이 중 가장 많은 금액을 지불한 사람의 구매 금액은?

(단위 : 세트, 장)

구매자	3종 세트	단품		
		은화Ⅰ - 설악산	은화Ⅱ - 치악산	은화Ⅲ - 월출산
A	2	1	-	-
B	-	2	3	3
C	2	1	1	-
D	3	-	-	-
E	1	-	2	2

① 558,000원
② 561,000원
③ 563,000원
④ 564,000원
⑤ 567,000원

09 다음 자료에 대한 설명으로 가장 적절한 것은?

- KTX 마일리지 적립
  - KTX 이용 시 결제금액의 5%가 기본 마일리지로 적립됩니다.
  - 더블적립(×2) 열차로 지정된 열차는 추가로 5%가 적립됩니다(결제금액의 총 10%).
    ※ 더블적립 열차는 홈페이지 및 코레일톡 애플리케이션에서만 승차권 구매 가능
  - 선불형 교통카드 Rail+(레일플러스)로 승차권을 결제하는 경우 1% 보너스 적립도 제공되어 최대 11% 적립이 가능합니다.
  - 마일리지를 적립받고자 하는 회원은 승차권을 발급받기 전에 코레일 멤버십 카드 제시 또는 회원번호 및 비밀번호 등을 입력해야 합니다.
  - 해당 열차 출발 후에는 마일리지를 적립받을 수 없습니다.
- 회원 등급 구분

구분	등급 조건	제공 혜택
VVIP	• 반기별 승차권 구입 시 적립하는 마일리지가 8만 점 이상인 고객 또는 기준일부터 1년간 16만 점 이상인 고객 중 매년 반기 익월 선정	• 비즈니스 회원 혜택 기본 제공 • KTX 특실 무료 업그레이드 쿠폰 6매 제공 • 승차권 나중에 결제하기 서비스 (열차 출발 3시간 전까지)
VIP	• 반기별 승차권 구입 시 적립하는 마일리지가 4만 점 이상인 고객 또는 기준일부터 1년간 8만 점 이상인 고객 중 매년 반기 익월 선정	• 비즈니스 회원 혜택 기본 제공 • KTX 특실 무료 업그레이드 쿠폰 2매 제공
비즈니스	• 철도 회원으로 가입한 고객 중 최근 1년간 온라인에서 로그인한 기록이 있거나, 회원으로 구매실적이 있는 고객	• 마일리지 적립 및 사용 가능 • 회원 전용 프로모션 참가 가능 • 열차 할인상품 이용 등 기본서비스와 멤버십 제휴서비스 등 부가서비스 이용
패밀리	• 철도 회원으로 가입한 고객 중 최근 1년간 온라인에서 로그인한 기록이 없거나, 회원으로 구매실적이 없는 고객	• 멤버십 제휴서비스 및 코레일 멤버십 라운지 이용 등 부가서비스 이용 제한 • 휴면 회원으로 분류 시 별도 관리하며, 본인 인증 절차로 비즈니스 회원으로 전환 가능

- 마일리지는 열차 승차 다음 날 적립되며, 지연료를 마일리지로 적립하신 실적은 등급 산정에 포함되지 않습니다.
- KTX 특실 무료 업그레이드 쿠폰 유효기간은 6개월이며, 반기별 익월 10일 이내에 지급됩니다.
- 실적의 연간 적립 기준일은 7월 지급의 경우 전년도 7월 1일부터 당해 연도 6월 30일까지 실적이며, 1월 지급은 전년도 1월 1일부터 전년도 12월 31일까지의 실적입니다.
- 코레일에서 지정한 추석 및 설 명절 특별수송기간의 승차권은 실적 적립 대상에서 제외됩니다.
- 회원 등급 조건 및 제공 혜택은 사전 공지 없이 변경될 수 있습니다.
- 승차권 나중에 결제하기 서비스는 총 편도 2건 이내에서 제공되며, 3회 자동 취소 발생(열차 출발 전 3시간 내 미결제) 시 서비스가 중지됩니다. 리무진+승차권 결합 발권은 2건으로 간주되며, 정기권, 특가상품 등은 나중에 결제하기 서비스 대상에서 제외됩니다.

① 코레일에서 운행하는 모든 열차는 이용할 때마다 결제금액의 최소 5%가 KTX 마일리지로 적립된다.
② 회원 등급이 높아져도 열차 탑승 시 적립되는 마일리지는 동일하다.
③ 비즈니스 등급은 기업회원을 구분하는 명칭이다.
④ 6개월간 마일리지 4만 점을 적립하더라도 VIP 등급을 부여받지 못할 수 있다.
⑤ 회원 등급이 높아도 승차권을 정가보다 저렴하게 구매할 수 있는 방법은 없다.

10 **다음은 철도운임의 공공할인 제도에 대한 자료이다. 장애의 정도가 심하지 않은 A씨가 보호자 1명과 함께 열차를 이용하여 주말여행을 다녀왔다. 두 사람은 왕복 운임의 몇 %를 할인받았는가?(단, 열차의 종류와 노선 길이가 동일한 경우 요일에 따른 요금 차이는 없다고 가정한다)**

- A씨와 보호자의 여행 일정
  - 2023년 3월 11일(토) 서울 → 부산 : KTX
  - 2023년 3월 13일(월) 부산 → 서울 : KTX
- 장애인 공공할인 제도(장애의 정도가 심한 장애인은 보호자 포함)

구분	KTX	새마을호	무궁화호 이하
장애의 정도가 심한 장애인	50%	50%	50%
장애의 정도가 심하지 않은 장애인	30% (토・일・공휴일 제외)	30% (토・일・공휴일 제외)	

① 7.5%
② 12.5%
③ 15%
④ 25%
⑤ 30%

11 다음 글의 내용으로 가장 적절한 것은?

> 미디어 플랫폼의 다변화로 콘텐츠 이용에 대한 선택권이 다양해졌지만, 장애인은 OTT로 콘텐츠 하나 보기가 어려운 현실이다.
> 지난 장애인 미디어 접근 콘퍼런스에서 한국시각장애인연합회 정책팀장은 "올해 한 기사를 보니 한 시각장애인 분이 OTT는 넷플릭스나 유튜브로 보고 있다고 돼 있었는데, 두 가지가 다 외국 플랫폼이었다는 것이 마음이 아팠다. 외국과 우리나라에서 장애인을 바라보는 시각의 차이가 바로 이런 것이구나 생각했다."며 "장애인을 소비자로 보느냐 시혜대상으로 보느냐, 사업자가 어떤 생각을 갖고 있느냐에 따라 콘텐츠를 어떻게 제작할 것인가의 차이가 있다고 본다."고 말했다.
> 실제 시각장애인은 OTT의 기본 기능도 이용하기 어렵다. 국내 OTT에서는 동영상 재생 버튼을 설명하는 대체 텍스트(문구)가 제공되지 않아 시각장애인들이 재생 버튼을 선택할 수 없었으며 동영상 시청 중에는 일시정지할 수 있는 버튼, 음량 조정 버튼, 설정 버튼 등이 화면에서 사라졌다. 재생 버튼에 대한 설명이 제공되는 넷플릭스도 영상 재생 시점을 10초 앞으로 또는 뒤로 이동하는 버튼은 이용하기 어렵다.
> 이에 국내 OTT 업계의 경우 장애인 이용을 위한 기술을 개발 및 확대한다는 계획을 밝히며 정부 지원이 필요하다고 덧붙였다. 정부도 규제와 의무보다는 사업자의 자율적인 부분을 인정해주고 사업자 노력을 드라이브 걸 수 있는 지원책을 마련하여야 한다. 이는 OTT 시장이 철저한 자본에 의한 경쟁시장이며, 자본이 있는 만큼 서비스가 고도화되고 그 고도화를 통해 이용자 편의성을 높일 수 있기 때문이다.

① 외국 OTT 플랫폼은 장애인을 위한 서비스를 활발히 제공하고 있다.
② 국내 OTT 플랫폼은 장애인을 위한 서비스를 제공하고 있지 않다.
③ 외국 OTT 플랫폼은 국내 플랫폼보다 장애인을 시혜대상으로 바라보고 있다.
④ 우리나라 장애인의 경우 외국 장애인보다 상대적으로 OTT 플랫폼의 이용이 어렵다.
⑤ 정부는 OTT 플랫폼에 장애인 편의 기능을 마련할 것을 촉구했지만 지원책은 미비했다.

12 다음 글의 주제로 가장 적절한 것은?

이제 2023년 6월부터 민법과 행정 분야에서 나이를 따질 때 기존 계산하는 방식에 따라 1～2살까지 차이가 났던 우리나라 특유의 나이 계산법이 국제적으로 통용되는 '만 나이'로 일원화된다. 이는 태어난 해를 0살로 보고 정확하게 1년이 지날 때마다 한 살씩 더하는 방식을 말한다.

이에 대해 여론은 대체적으로 긍정적이나, 일각에서는 모두에게 익숙한 관습을 벗어나 새로운 방식에 적응해야 한다는 점을 우려하고 있다. 특히 지금 받고 있는 행정서비스에 급격한 변화가 일어나 혹시라도 손해를 보거나 미리 따져 봐야 할 부분이 있는 건 아닌지, 또 다른 혼선이 야기되는 건 아닌지 하는 것들이 이에 해당한다.

한국의 나이 기준은 우리가 관습적으로 쓰는 '세는 나이'와 민법 등에서 법적으로 규정한 '만 나이', 일부 법령이 적용하고 있는 '연 나이' 등 세 가지로 되어 있다. 이처럼 국회가 법적 나이 규정을 만 나이로 정비한 이유는 한 사람의 나이가 계산 방식에 따라 최대 2살이 달라져 '나이 불일치'로 인한 각종 행정서비스 이용과 계약 체결 과정에서 혼선과 법적 다툼이 발생했기 때문이다.

더군다나 법적 나이를 규정한 민법에서조차 표현상으로 만 나이와 일반 나이가 혼재되어 있어 문구를 통일해야 한다는 지적이 나왔다. 표현상 '만 ○○세'로 돼 있지 않아도 기본적으로 만 나이로 보는 게 관례이지만, 법적 분쟁 발생 시 이는 해석의 여지를 줄 수 있기 때문이다. 다른 법에서 특별히 나이의 기준을 따로 두지 않았다면 민법의 나이 규정을 따르도록 되어 있는데, 실상은 민법도 명확하지 않았던 것이다.

정부는 내년부터 개정된 법이 시행되면 우선 그동안 문제로 지적됐던 법적·사회적 분쟁이 크게 줄어들 것으로 기대하고 있지만, 국민 전체가 일상적으로 체감하는 변화는 크지 않을 것으로 보고 있다. 이번 법 개정의 취지 자체가 나이 계산법 혼용에 따른 분쟁을 해소하는 데 맞춰져 있고, 오랜 세월 확립된 나이에 대한 사회적 인식이 법 개정으로 단번에 바뀔 수 있는 건 아니기 때문이다.

또한 여야와 정부는 연 나이를 채택해 또래 집단과 동일한 기준을 적용하는 것이 오히려 혼선을 막을 수 있고 법 집행의 효율성이 담보된다고 합의한 병역법, 청소년보호법, 민방위기본법 등 52개 법령에 대해서는 연 나이 규정의 필요성이 크다면 굳이 만 나이 적용을 하지 않겠다고 밝혔다.

① 연 나이 계산법 유지의 필요성
② 우리나라 나이 계산법의 문제점
③ 기존 나이 계산법 개정의 필요성
④ 나이 계산법 혼용에 따른 분쟁 해소 방안
⑤ 나이 계산법의 변화로 달라지는 행정서비스

13 **다음 글의 빈칸 ㉠~㉤에 들어갈 내용으로 가장 적절한 것은?**

> 추석 연휴 첫날이던 지난 9일은 장기기증의 날이었다. 한 명의 장기 기증으로 9명의 생명을 살릴 수 있다는 의미로, 사랑의장기기증운동본부가 매년 9월 9일을 기념하고 있다. 하지만 장기기증의 필요성에 비해 제도적 지원은 여전히 미흡한 실정이다. 특히 국내 장기기증의 상당수를 차지하는 __㉠__ 공여자에 대한 지원이 절실하다는 지적이 나온다.
> 2020년 질병관리청이 공개한 연구 결과에 따르면 신장이나 간을 기증한 공여자에게서 만성 신·간 부전의 위험이 확인됐다. 그러나 관련 지원은 여전히 부족한 실정이다. 기증 후 1년간 정기 검진 진료비를 지원하는 제도가 있긴 하지만, __㉡__이 있는데다 가족 등에 의한 기증은 여기에서도 제외된다. 아무 조건 없이 __㉢__에게 기증하는 '순수 기증'만 해당되는데, 정작 국내 순수 기증은 2019년 1건을 마지막으로 맥이 끊긴 상태이다.
> 장기를 이식받은 환자와 공여자를 아우르는 통합적 정신건강 관리가 필요하다는 목소리도 꾸준히 나온다. 기증 전 단계의 고민은 물론이고 막상 기증한 뒤에 __㉣__와 관계가 소원해지거나 우울감에 빠질 수 있기 때문이다.
> 공여자들은 해마다 늘어가는 장기 이식 대기 문제를 해결하기 위해선 제도적 개선이 필요하다고 입을 모은다. 뇌사·사후 기증만으로는 당장 __㉤__을 감당할 수 없다는 것이다. 한국장기조직기증원이 뇌사 기증을 전담 관리하듯 생체 공여도 별도 기관을 통해 심도 있게 관리 및 지원해야 한다는 목소리도 나온다.

① ㉠ : 사체
② ㉡ : 하한액
③ ㉢ : 특정인
④ ㉣ : 수혜자
⑤ ㉤ : 공급

14 **세현이의 몸무게는 체지방량과 근육량을 합하여 65kg이었다. 세현이는 운동을 하여 체지방량은 20% 줄이고, 근육량은 25% 늘려서 전체적으로 몸무게를 4kg 줄였다. 운동을 한 후 체지방량과 근육량을 각각 구하면?**

① 36kg, 25kg
② 34kg, 25kg
③ 36kg, 23kg
④ 32kg, 25kg
⑤ 36kg, 22kg

| 2022년 하반기

15 가로의 길이가 140m, 세로의 길이가 100m인 직사각형 모양의 공터 둘레에 일정한 간격으로 꽃을 심기로 했다. 네 모퉁이에 반드시 꽃을 심고, 심는 꽃의 수를 최소로 하고자 할 때, 꽃은 몇 송이를 심어야 하는가?

① 21송이
② 22송이
③ 23송이
④ 24송이
⑤ 25송이

| 2022년 하반기

16 K공장에서 생산되는 제품은 50개 중 1개의 불량품이 발생한다고 한다. 이 공장에서 생산되는 제품 중 2개를 고른다고 할 때, 2개 모두 불량품일 확률은?

① $\frac{1}{25}$
② $\frac{1}{50}$
③ $\frac{1}{250}$
④ $\frac{1}{1,250}$
⑤ $\frac{1}{2,500}$

| 2022년 하반기

17 두 비커 A, B에는 각각 6%, 8%의 소금물 300g씩 들어 있다. A비커에서 소금물 100g을 퍼서 B비커에 옮겨 담고, 다시 B비커에서 소금물 80g을 퍼서 A비커에 옮겨 담았다. 이때 A비커에 들어 있는 소금물의 농도는?(단, 소수점 둘째 자리에서 반올림한다)

① 5.2%
② 5.6%
③ 6.1%
④ 6.4%
⑤ 7.2%

| 2022년 하반기

18 **다음 글을 읽고 밑줄 친 부분에 해당하는 내용으로 적절하지 않은 것은?**

> 우리나라가 양성평등의 사회로 접어든 후 과거에 비해 여성의 지위가 많이 향상되고 여성이 경제활동에 참여하는 비율은 꾸준히 높아졌지만, 여전히 노동 현장에서 여성은 사회적으로 불평등을 받는 대상이 되고 있다. 여성 노동자가 노동 시장에서 남성에 비해 차별받는 원인은 갈등론적 측면에서 볼 때, 남성 노동자들이 자신이 누리고 있던 자원의 독점과 기득권을 빼앗기지 않기 위해 여성에게 경제적 자원을 나누어 주지 않으려는 기존 기득권층의 횡포에 의한 것이라고 할 수 있다.
> 또한 여성 노동자에 대한 편견으로 인해서도 나타난다. 여성 노동자가 제대로 일하지 못한다거나 결혼과 출산, 임신을 한 여성 노동자는 조직 전체에 부정적인 영향을 준다고 인식하는 경향이 강한데, 이러한 편견들이 여성 노동자에 대한 차별로 이어지게 된 것이다.
> 여성 노동자를 차별한 결과 여성들은 남성 노동자들보다 저임금을 받아야 하고 비교적 질이 좋지 않은 일자리에서 일해야 하며 고위직으로 올라가는 것 역시 힘들고 임금 차별이 나타나게 된다. 여성 노동자가 많이 근무하는 서비스업 등의 직업군의 경우 임금 자체가 상당히 낮게 책정되어 있어 남성에 비하여 많은 임금을 받지 못하는 구조로 되어 있는 것이다.
> 또한 여성 노동자들을 노동자 그 자체로 보기보다는 여성으로 바라보는 남성들의 잘못된 시선으로 인해 여성 노동자는 신성한 노동의 현장에서 성희롱을 당하고 있으며, 취업과 승진 등 모든 인적자원관리 측면에서 불이익을 경험하는 경우가 많다. 특히 임신과 출산을 경험하는 경우 따가운 시선을 감수해야 한다.
> 이와 같은 여성 노동자가 경험하는 차별 문제를 해결하기 위해서는 여성 노동자 역시 남성 노동자와 마찬가지의 권리를 가지고 있다는 점을 사회 전반에 인식할 수 있도록 해야 하고, 여성이라는 이유만으로 취업과 승진 등에 불이익을 받지 않도록 <u>인식과 정책을 개선</u>해야 한다.

① 결혼과 출산, 임신과 같은 가족 계획을 지지하는 환경을 만들어야 한다.
② 여성 노동자가 주로 종사하는 직종의 임금체계를 합리적으로 변화시켜야 한다.
③ 여성들이 종사하는 다양한 직업군에서 양질의 정규직 일자리를 만들어야 한다.
④ 임신으로 인한 공백 문제 등이 발생하지 않도록 공백 기간에 대한 법을 개정 및 규제하여야 한다.
⑤ 여성 노동자들을 여성이 아닌 정당하게 노동력을 제공하고 그에 맞는 임금을 받을 권리를 가진 노동자로 바라보아야 한다.

| 2022년 하반기

19 **1 ~ 5의 숫자가 각각 적힌 5장의 카드에서 3장을 뽑아 세 자리 정수를 만들 때, 216보다 큰 정수는 모두 몇 가지인가?**

① 41가지　② 42가지
③ 43가지　④ 44가지
⑤ 45가지

20 손난로 생산 공장에서 생산한 20개의 제품 중 2개의 제품이 불량품이라고 한다. 20개의 제품 중 3개를 꺼낼 때, 적어도 1개가 불량품일 확률은?

① $\frac{24}{95}$

② $\frac{27}{95}$

③ $\frac{11}{111}$

④ $\frac{113}{141}$

⑤ $\frac{49}{121}$

21 다음 글의 빈칸에 들어갈 내용으로 가장 적절한 것은?

> 제주 한라산 천연보호구역에 있는 한 조립식 건물에서 불이 나 3명의 사상자가 발생했다. 이 건물은 무속신을 모시는 신당으로 수십 년 동안 운영된 곳이었으나, 실상은 허가 없이 지은 불법 건축물에 해당되었다. 특히 해당 건물은 조립식 샌드위치 패널로 지어져 있어 이번 화재는 자칫 대형 산불로 이어져 한라산까지 타버릴 아찔한 사고였지만, 행정당국은 불이 난 뒤에야 이 건축물의 존재를 파악했다.
> 해당 건물에서의 화재는 30여 분 만에 빠르게 진화되었지만, 이 불로 건물 안에 있던 40대 남성이 숨지고, 60대 여성 2명이 화상을 입어 병원으로 이송되었다. 이는 해당 건물이 ____________ 불이 삽시간에 번져 나갔기 때문이었다.
> 행정당국은 서귀포시는 산림이 울창하고 인적이 드문 곳이어서 관련 신고가 접수되지 않는 등 단속에 한계가 있다고 밝히며 행정의 손이 미치지 않는 취약한 지역, 산지나 으슥한 지역은 관련 부서와 협의를 거쳐 점검할 필요가 있다고 말했다.

① 화재에 취약한 구조로 지어져 있어

② 산지에 위치해 기후가 건조했기 때문에

③ 안정성을 검증받지 못한 가건물에 해당되어

④ 소방시설과 거리가 있는 곳에 위치하고 있어

⑤ 인적이 드문 지역에 위치하여 발견이 쉽지 않아

22 다음 문단을 논리적 순서대로 바르게 나열한 것은?

(가) 물론 이전과 달리 노동 시장에서 여성이라서 채용하지 않는 식의 직접적 차별은 많이 감소했지만, 실질적으로 고학력 여성들이 면접 과정에서 많이 탈락하거나 회사에 들어간 후에도 승진을 잘 하지 못하고 있다. 이는 여성이 육아 휴직 등을 사용하는 경우가 많아 회사가 여성을 육아와 가사를 신경 써야 하는 존재로 간주해 여성의 생산성을 낮다고 판단하고 있기 때문이다.

(나) 한국은 직종(Occupation), 직무(Job)와 사업장(Establishment)이 같은 남녀 사이의 임금 격차 또한 다른 국가들에 비해 큰 것으로 나타났는데, 영국의 한 보고서의 따르면 한국은 조사국 14개국 중 직종, 직무, 사업장별 남녀 임금 격차에서 상위권에 속했다. 즉, 한국의 경우 같은 직종에 종사하며 같은 직장에 다니면서 같은 업무를 수행하더라도 성별에 따른 임금 격차가 다른 국가들에 비해 상대적으로 높다는 이야기다.

(다) OECD가 공개한 '성별 간 임금 격차(Gender Wage Gap)'에 따르면 지난해 기준 OECD 38개 회원국들의 평균 성별 임금 격차는 12%였다. 이 중 한국의 성별 임금 격차는 31.1%로 조사국들 중 가장 컸으며, 이는 남녀 근로자를 각각 연봉 순으로 줄 세울 때 정중앙인 중위 임금을 받는 남성이 여성보다 31.1%를 더 받았다는 뜻에 해당한다. 한국은 1996년 OECD 가입 이래 26년 동안 줄곧 회원국들 중 성별 임금 격차 1위를 차지해 왔다.

(라) 이처럼 한국의 남녀 간 성별 임금 격차가 크게 유지되는 이유로 노동계와 여성계는 연공서열제와 여성 경력 단절을 꼽고 있다. 이에 대해 A교수는 노동 시장 문화에는 여성 경력 단절이 일어나도록 하는 여성 차별이 있어 여성이 중간에 떨어져 나가거나 승진을 못하는 것이 너무나 자연스러운 일처럼 보인다고 말했다.

이에 정부는 여성 차별적 노동 문화의 체질을 바꾸기 위해서는 정책적으로 여성에게만 혜택을 더 주는 것으로 보이는 시혜적 정책은 지양하되, 여성 정책이 여성한테 무언가를 해주기보다는 남녀 간 평등을 촉진하는 방향으로 나아갈 수 있도록 해야 할 것이다.

① (나) – (가) – (다) – (라)
② (나) – (다) – (가) – (라)
③ (나) – (다) – (라) – (가)
④ (다) – (나) – (가) – (라)
⑤ (다) – (나) – (라) – (가)

| 2022년 상반기

23 다음 설명을 참고할 때, 문법적 형태소가 가장 많이 포함된 문장은?

> 문법형태소(文法形態素)는 문법적 의미가 있는 형태소로, 어휘형태소와 함께 쓰여 그들 사이의 관계를 나타내는 기능을 하는 형태소를 말한다. 한국어에서는 조사와 어미가 이에 해당한다. 의미가 없고 문장의 형식 구성을 보조한다는 의미에서 형식형태소(形式形態素)라고도 한다.

① 동생이 나 몰래 사탕을 먹었다.
② 우리 오빠는 키가 작았다.
③ 봄이 오니 산과 들에 꽃이 피었다.
④ 나는 가게에서 김밥과 돼지고기를 샀다.
⑤ 지천에 감자꽃이 가득 피었다.

| 2022년 상반기

24 다음 중 밑줄 친 단어가 문맥상 옳지 않은 것은?

① 효율적인 회사 운영을 위해 회의를 정례화(定例化)해야 한다는 주장이 나왔다.
② 그 계획은 아무래도 중장기적(中長期的)으로 봐야 할 필요가 있다.
③ 그 문제를 해결하기 위해서는 표면적이 아닌 피상적(皮相的)인 이해가 필요하다.
④ 환경을 고려한 신제품을 출시하는 기업들의 친환경(親環境) 마케팅이 유행이다.
⑤ 인생의 중대사를 정할 때는 충분한 숙려(熟慮)가 필요하다.

| 2022년 상반기

25 다음 문장 중 어법상 옳은 것은?

① 오늘은 날씨가 추우니 옷의 지퍼를 잘 잠거라.
② 우리 집은 매년 김치를 직접 담궈 먹는다.
③ 그는 다른 사람의 만류에도 서슴지 않고 악행을 저질렀다.
④ 염치 불구하고 이렇게 부탁드리겠습니다.
⑤ 우리집 뒷뜰에 개나리가 예쁘게 피었다.

26 다음 중 보도자료의 내용으로 가장 적절한 것은?

이용자도 보행자도 안전하게, 전동킥보드 관련 규정 강화

개인형 이동장치 관련 **강화된 도로교통법 시행**
무면허 운전 10만 원, **안전모 미착용** 2만 원, **2인 이상 탑승** 4만 원 **범칙금 부과**
안전한 이용 문화 정착 위해 캠페인·교육 등 집중홍보 및 단속 실시

국무조정실, 국토부, 행안부, 교육부, 경찰청은 전동킥보드 등 개인형 이동장치 운전자의 안전을 강화한 도로교통법개정안이 시행됨에 따라, 개인형 이동장치의 안전한 이용문화 정착을 위해 범정부적으로 안전단속 및 홍보활동 등을 강화해 나간다고 밝혔습니다.

정부는 개인형 이동장치(PM; Personal Mobility)가 최근 새로운 교통수단으로 이용자가 증가함에 따라 안전한 운행을 유도하기 위해 지난해부터 안전기준을 충족한 개인형 이동장치에 한해 자전거도로통행을 허용했고, 그에 맞춰 자전거와 동일한 통행방법과 운전자 주의의무 등을 적용해 왔습니다. 다만, 청소년들의 개인형 이동장치 이용 증가에 대한 우려와 운전자 주의의무 위반에 대한 제재가 없어 실효성이 없다는 문제 제기가 있었고, 지난해 강화된 도로교통법이 국회를 통과하였습니다.

이번에 시행되는 개인형 이동장치와 관련된 법률의 세부 내용은 다음과 같습니다.

- (운전 자격 강화) 원동기 면허 이상 소지한 운전자에 대해서만 개인형 이동장치를 운전할 수 있도록 하고, 무면허 운전 시 10만 원의 범칙금을 부과합니다.
- (처벌 규정 신설) 인명 보호 장구 미착용(범칙금 2만 원), 승차정원 초과 탑승(범칙금 4만 원) 및 어린이(13세 미만) 운전 시 보호자(과태료 10만 원)에게 범칙금·과태료를 부과함으로써 개인형 이동장치 운전자 주의의무에 대한 이행력을 강화하였습니다.

정부는 강화된 법률의 시행을 계기로 안전한 개인형 이동장치 이용문화가 정착될 수 있도록 단속 및 캠페인 등 대국민 홍보를 강화해 나갈 계획입니다. 관계부처 – 지자체 – 유관기관 등과 함께 개인형 이동장치 이용이 많은 지하철 주변, 대학교, 공원 등을 중심으로 안전 캠페인을 실시하고, 경찰청을 중심으로 보도 통행 금지, 인명 보호 장구 미착용, 승차정원 초과 등 주요 법규 위반 행위에 대해 단속과 계도를 병행함과 동시에 홍보활동을 진행할 예정입니다. 그리고 초·중·고 학생을 대상으로 '찾아가는 맞춤형 교육'을 실시하고, 학부모 대상 안내문을 발송하는 등 학생들이 강화된 도로교통법을 준수할 수 있도록 학교·가정에서 교육을 강화해 나갈 계획입니다. 또한, 공유 개인형 이동장치 어플 내에 안전수칙 팝업 공지, 주·정차 안내 등 개인형 이동장치 민·관 협의체와의 협력을 강화해 나갈 예정입니다. 아울러, 개인형 이동장치 안전 공익광고 영상을 TV·라디오 등에 송출하고, 카드뉴스·웹툰 등 온라인 홍보물을 제작하여 유튜브·SNS 등을 통해 확산해 나가는 한편, KTX·SRT역, 전광판, 아파트 승강기 모니터 등 국민 생활 접점 매체를 활용한 홍보도 추진해 나갈 예정입니다.

정부 관계자는 새로운 교통수단으로 개인형 이동장치의 이용객이 증가함에 따라 관련 사고*도 지속적으로 증가하는 만큼 반드시 안전수칙을 준수할 것을 당부하였습니다. 특히, 개인형 이동장치는 친환경적이고 편리한 교통수단으로 앞으로도 지속해서 이용자가 증가할 것으로 전망되는 만큼 개인형 이동장치의 안전한 이용문화 확립이 무엇보다 중요하며, 올바른 문화가 정착할 수 있도록 국민들의 많은 관심과 참여를 강조하였습니다.

* 최근 3년 PM 관련 사고(사망) 건수 : 2018년 : 225건(4명) → 2019년 : 447건(8명) → 2020년 : 897건(10명)

① 산업부는 지난해부터 안전기준을 충족한 개인형 이동장치의 자전거도로 주행을 허용하였다.
② 개인형 이동장치 중 전동킥보드는 제약 없이 자전거도로를 자유롭게 이용할 수 있다.
③ 개인형 이동장치로 인한 사망사고는 점차 감소하고 있다.
④ 13세 이상인 사람은 모두 개인형 이동장치를 운전할 수 있다.
⑤ 일반인을 대상으로 한 전동킥보드 운행 규정 관련 홍보를 진행할 예정이다.

| 2022년 상반기

27 다음 문단을 논리적 순서대로 바르게 나열한 것은?

(가) 천일염 안전성 증대 방안 5가지가 '2022 K－농산어촌 한마당'에서 소개됐다. 첫째, 함수(농축한 바닷물)의 청결도를 높이기 위해 필터링(여과)을 철저히 하고, 둘째, 천일염전에 생긴 이끼 제거를 위해 염전의 증발지를 목제 도구로 완전히 뒤집는 것이다. 그리고 셋째, 염전의 밀대・운반 도구 등을 식품 용기에 사용할 수 있는 소재로 만들고, 넷째, 염전 수로 재료로 녹 방지 기능이 있는 천연 목재를 사용하는 것이다. 마지막으로 다섯째, 염전 결정지의 바닥재로 장판 대신 타일(타일염)이나 친환경 바닥재를 쓰는 것이다.

(나) 한편, 천일염과 찰떡궁합인 김치도 주목을 받았다. 김치를 담글 때 천일염을 사용하면 김치의 싱싱한 맛이 오래 가고 식감이 아삭아삭해지는 등 음식궁합이 좋다. 세계김치연구소는 '발효과학의 중심, 김치'를 주제로 관람객을 맞았다. 세계김치연구소 이창현 박사는 "김치는 중국・일본 등 다른 나라의 채소 절임 식품과 채소를 절이는 단계 외엔 유사성이 전혀 없는 매우 독특한 식품이자 음식 문화"라고 설명했다.

(다) K－농산어촌 한마당은 헬스경향・한국농수산식품유통공사에서 공동 주최한 박람회이다. 해양수산부 소속 국립수산물품질관리원은 천일염 부스를 운영했다. 대회장을 맡은 국회 농림축산식품해양수산위원회 소속 서삼석 의원은 "갯벌 명품 천일염 생산지인 전남 신안을 비롯해 우리나라의 천일염 경쟁력은 세계 최고 수준"이라며 "이번 한마당을 통해 국산 천일염의 우수성이 더 많이 알려지기를 기대한다."라고 말했다.

① (가)－(나)－(다)
② (가)－(다)－(나)
③ (나)－(다)－(가)
④ (다)－(가)－(나)
⑤ (다)－(나)－(가)

| 2022년 상반기

28 K교수는 실험 수업을 진행하기 위해 화학과 학생들을 실험실에 배정하려고 한다. 실험실 한 곳에 20명씩 입실시키면 30명이 들어가지 못하고, 25명씩 입실시키면 실험실 2개가 남는다. 이를 만족하기 위한 최소한의 실험실은 몇 개인가?(단, 실험실의 개수는 홀수이다)

① 11개
② 13개
③ 15개
④ 17개
⑤ 19개

| 2022년 상반기

29 K사는 동일한 제품을 A공장과 B공장에서 생산한다. A공장에서는 시간당 1,000개의 제품을 생산하고, B공장에서는 시간당 1,500개의 제품을 생산하며, 이 중 불량품은 A공장과 B공장에서 매시간 45개씩 발생한다. 지난 한 주간 A공장에서는 45시간, B공장에서는 20시간 동안 이 제품을 생산하였을 때, 생산된 제품 중 불량품의 비율은 얼마인가?

① 3.7%
② 3.8%
③ 3.9%
④ 4.0%
⑤ 4.1%

| 2022년 상반기

30 2022년 새해를 맞아 K공사에서는 직사각형의 사원증을 새롭게 제작하려고 한다. 기존의 사원증은 개당 제작비가 2,800원이고 가로와 세로의 비율이 1 : 2이다. 기존의 디자인에서 크기를 변경할 경우, 가로의 길이가 0.1cm 증감할 때마다 제작비용은 12원이 증감하고, 세로의 길이가 0.1cm 증감할 때마다 제작비용은 22원이 증감한다. 새로운 사원증의 길이가 가로 6cm, 세로 9cm이고, 제작비용은 2,420원일 때, 디자인을 변경하기 전인 기존 사원증의 둘레는 얼마인가?

① 30cm
② 31cm
③ 32cm
④ 33cm
⑤ 34cm

코레일 한국철도공사 신입사원 필기시험

제2회 기출복원 모의고사

모바일 OMR

문항 수 : 30문항
응시시간 : 30분

정답 및 해설 p.07

| 2022년 상반기

01 K강사는 월요일부터 금요일까지 매일 4시간 동안 수업을 진행한다. 다음 〈조건〉에 따라 주간 NCS 강의 시간표를 짤 때, 가능한 경우의 수는 모두 몇 가지인가?(단, 4교시 수업과 다음날 1교시 수업은 연속된 수업으로 보지 않는다)

〈조건〉

- 문제해결능력 수업은 4시간 연속교육으로 진행해야 하며, 주간 총 교육시간은 4시간이다.
- 수리능력 수업은 3시간 연속교육으로 진행해야 하며, 주간 총 교육시간은 9시간이다.
- 자원관리능력 수업은 2시간 연속교육으로 진행해야 하며, 주간 총 교육시간은 4시간이다.
- 의사소통능력 수업은 1시간 교육으로 진행해야 하며, 주간 총 교육시간은 3시간이다.

① 40가지
② 80가지
③ 120가지
④ 160가지
⑤ 200가지

| 2022년 상반기

02 어느 공연장은 1층 200석, 2층 100석으로 이루어져 있으며, 이 공연장의 주말 매표가격은 평일 매표가격의 1.5배로 판매되고 있다. 지난 일주일 간 진행된 공연에서 1층 주말 매표가격은 6만 원으로 책정되었으며, 모든 좌석이 매진되어 총 매표수익만 8,800만 원에 달하였다고 할 때, 지난주 2층 평일 매표가격은 얼마인가?

① 2만 원
② 3만 원
③ 4만 원
④ 4만 5천 원
⑤ 6만 원

03 다음 기사의 내용으로 미루어 볼 때, 청년 고용시장에 대한 〈보기〉의 정부 관계자들의 태도로 가장 적절한 것은?

> 정부가 향후 3 ~ 4년을 청년실업 위기로 판단한 것은 에코세대(1991 ~ 1996년생 · 베이비부머의 자녀세대)의 노동시장 진입 때문이었다. 에코세대가 본격적으로 취업전선에 뛰어들면서 일시적으로 청년실업 상황이 더 악화될 것이라고 생각했다.
> 2021년을 기점으로 청년인구가 감소하기 시작하면 청년실업 문제가 일부 해소될 것이라는 정부의 전망도 이런 맥락에서 나왔다. 고용노동부 임서정 고용정책실장은 "2021년 이후 인구문제와 맞물리면 청년 고용시장 여건은 좀 더 나아질 것이라 생각한다."라고 말했다.
> 그러나 청년인구 감소가 청년실업 문제 완화로 이어질 것이란 생각은 지나치게 낙관적이라는 지적도 나오고 있다. 한국노동연구원 김유빈 부연구위원은 "지금의 대기업과 중소기업, 정규직과 비정규직 간 일자리 질의 격차를 해소하지 않는 한 청년실업 문제는 더 심각해질 수 있다."라고 우려했다. 일자리 격차가 메워지지 않는 한 질 좋은 직장을 구하기 위해 자발적 실업상황조차 감내하는 현 청년들의 상황이 개선되지 않을 것이기 때문이다.
> 한국보다 먼저 청년실업 사태를 경험한 일본을 비교대상으로 거론하는 것도 적절하지 않다는 지적이 나온다. 일본의 경우 청년인구가 줄면서 청년실업 문제는 상당 부분 해결됐다. 하지만 이는 '단카이 세대(1947 ~ 1949년에 태어난 일본의 베이비부머)'가 노동시장에서 빠져나오는 시점과 맞물렸기 때문에 가능했다. 베이비부머가 1 ~ 2차에 걸쳐 넓게 포진된 한국과는 상황이 다르다는 것이다.
> 김 부연구위원은 "일본에서도 (일자리) 질적 문제는 나타나고 있다."며 "일자리 격차가 큰 한국에선 문제가 더 심각하게 나타날 수 있어 중장기적 대책이 필요하다."고 말했다.

〈보기〉

- 기재부 1차관 : '구구팔팔(국내 사업체 중 중소기업 숫자가 99%, 중기 종사자가 88%란 뜻)'이란 말이 있다. 중소기업을 새로운 성장동력으로 만들어야 한다. 취업에서 중소기업 선호도는 높지 않다. 여러 가지 이유 중 임금 격차도 있다. 청년에게 중소기업에 취업하고자 하는 유인을 줄 수 있는 수단이 없다. 그 격차를 메워 의사 결정의 패턴을 바꾸자는 것이다. 앞으로 에코세대의 노동시장 진입하는 4년 정도가 중요한 시기이다.
- 고용노동부 고용정책실장 : 올해부터 3 ~ 4년은 인구 문제가 크고, 그로 인한 수요 · 공급 문제가 있다. 개선되는 방향으로 가더라도 '에코세대' 대응까지 맞추기 쉽지 않다. 때문에 집중투자를 해야 한다. 3 ~ 4년 후에는 격차를 줄여가기 위한 대책도 병행하겠다. 이후부터는 청년의 공급이 줄어들기 때문에 인구 측면에서 노동시장에 유리한 조건이 된다.

① 올해를 가장 좋지 않은 시기로 평가하고 있다.
② 현재 회복국면에 있다고 판단하고 있다.
③ 실제 전망은 어둡지만, 밝은 면을 강조하여 말하고 있다.
④ 에코세대의 노동시장 진입을 통해 청년실업 위기가 해소될 것으로 기대하고 있다.
⑤ 한국의 상황이 일본보다 낫다고 평가하고 있다.

| 2022년 상반기

04 다음 〈조건〉에 따를 때, K사 채용공고 지원자 120명 중 회계부서 지원자는 몇 명인가?

〈조건〉

- K사는 기획, 영업, 회계부서에서 채용모집을 공고하였으며, 전체 지원자 중 신입직은 경력직의 2배였다.
- 신입직 중 기획부서에 지원한 사람은 30%이다.
- 신입직 중 영업부서와 회계부서에 지원한 사람의 비율은 3:1이다.
- 기획부서에 지원한 경력직은 전체의 5%이다.
- 전체 지원자 중 50%는 영업부서에 지원하였다.

① 14명
② 16명
③ 28명
④ 30명
⑤ 34명

| 2022년 상반기

05 K사는 본사 A팀의 직원 9명 중 동일한 성별의 2명을 뽑아 지사로 출장을 보내기로 하였다. A팀의 남자 직원이 여자 직원의 두 배라고 할 때, 가능한 경우의 수는 모두 몇 가지인가?

① 18가지
② 36가지
③ 45가지
④ 72가지
⑤ 180가지

| 2022년 상반기

06 강원도에서 시작된 장마전선이 시속 32km의 속도로 304km 떨어진 인천을 향해 이동하고 있다. 이때, 인천에 장마전선이 도달한 시각이 오후 9시 5분이라면 강원도에서 장마전선이 시작된 시각은 언제인가? (단, 장마전선은 강원도에서 발생과 동시에 이동하였다)

① 오전 10시 35분
② 오전 11시
③ 오전 11시 35분
④ 오후 12시
⑤ 오후 12시 35분

| 2022년 상반기

07 갑은 월요일부터 목요일 동안 1시부터 6시까지 학생들의 과외를 다음 〈조건〉에 따라 진행하려고 한다. 이때 가능한 경우의 수는 모두 몇 가지인가?

〈조건〉

- 매 수업은 정각에 시작하며, 첫 수업은 1시에 시작하고, 모든 수업은 6시 이전에 종료한다.
- 모든 학생은 주 1회 수업을 하며, 초등학생은 1시간, 중학생은 2시간, 고등학생은 3시간을 연속하여 진행한다.
- 갑이 담당하는 학생은 초등학생 3명, 중학생 3명, 고등학생 2명이다.
- 각 학년의 수업과 수업 사이에는 1시간의 휴게시간을 가지며, 휴게시간은 연속하여 가질 수 없다.

① 48가지
② 864가지
③ 1,728가지
④ 3,456가지
⑤ 10,368가지

| 2022년 상반기

08 어느 물놀이용품 제조공장에서 기계 A와 기계 B를 가동하여 튜브를 생산하고 있는데, 기계 A는 하루 최대 200개를 생산할 수 있고 불량률은 3%이며, 기계 B는 하루 최대 300개를 생산할 수 있고 불량률은 x%이다. 기계 A와 B를 동시에 가동하여 총 1,000개의 튜브를 만들었을 때 발생한 불량품이 39개라면, 기계 B의 불량률은 얼마인가?(단, 기계 A와 기계 B는 계속하여 가동하였다)

① 0.9%
② 4.5%
③ 4.8%
④ 5.25%
⑤ 11%

| 2022년 상반기

09 어느 강의실에서 벤치형 의자를 배치하려고 하는데, 7인용 의자를 배치할 경우 4명이 착석하지 못하고, 10인용 의자를 배치할 경우 의자 2개가 남는다. 이때, 가능한 최대 인원과 최소 인원의 차이는 얼마인가?(단, 7인용 의자에는 각 의자 모두 7인이 앉아있으며, 10인용 의자 중 한 개의 의자에는 10인 미만의 인원이 앉아있고, 2개의 의자는 비어있다)

① 7명
② 14명
③ 21명
④ 28명
⑤ 70명

| 2021년 하반기

10 오늘 철도씨는 종합병원에 방문하여 A～C과 진료를 모두 받아야 한다. 〈조건〉이 다음과 같을 때, 가장 빠르게 진료를 받을 수 있는 경로는?(단, 주어진 조건 외에는 고려하지 않는다)

〈조건〉

- 모든 과의 진료와 예약은 오전 9시 시작이다.
- 모든 과의 점심시간은 오후 12시 30분부터 1시 30분이다.
- A과와 C과는 본관에 있고 B과는 별관동에 있다. 본관과 별관동 이동에는 셔틀로 약 30분이 소요되며, 점심시간에는 셔틀을 운행하지 않는다.
- A과는 오전 10시부터 오후 3시까지만 진료를 한다.
- B과는 점심시간 후에 사람이 몰려 약 1시간의 대기시간이 필요하다.
- A과 진료는 단순 진료로 30분 정도 소요될 예정이다.
- B과 진료는 치료가 필요하여 1시간 정도 소요될 예정이다.
- C과 진료는 정밀 검사가 필요하여 2시간 정도 소요될 예정이다.

① A－B－C
② A－C－B
③ B－C－A
④ C－A－B
⑤ C－B－A

| 2021년 하반기

11 A씨는 TV를 구매하였다. TV의 가로와 세로 비율은 4 : 3이고 대각선은 40인치이다. 이 TV의 가로와 세로 길이의 차이는 몇 cm인가?(단, 1인치는 2.5cm이다)

① 10cm
② 20cm
③ 30cm
④ 40cm
⑤ 50cm

12 다음 글의 핵심 내용으로 가장 적절한 것은?

BMO 금속 및 광업 관련 리서치 보고서에 따르면 최근 가격 강세를 지속해 온 알루미늄, 구리, 니켈 등 산업금속들이 4분기 중 공급부족 심화와 가격 상승세가 전망된다. 산업금속이란 산업에 필수적으로 사용되는 금속들을 말하는데, 앞서 제시한 알루미늄, 구리, 니켈뿐만 아니라 비교적 단단한 금속에 속하는 은이나 금 등도 모두 산업에 많이 사용될 수 있는 금속이므로 산업금속의 카테고리에 속한다고 할 수 있다. 이러한 산업금속은 물품을 생산하는 기계의 부품으로서 필요하기도 하고, 전자제품 등의 소재로 쓰이기도 하기 때문에 특정 분야의 산업이 활성화되면 특정 금속의 가격이 뛰거나 심각한 공급난을 겪기도 한다.
지난 4일 금융투자업계에 따르면 최근 전세계적인 경제 회복 조짐과 함께 탈 탄소 트렌드, 즉 '그린 열풍'에 따른 수요 증가로 산업금속 가격이 초강세이다. 런던금속거래소에서 발표한 자료에 따르면 올해 들어 지난달까지 알루미늄은 20.7%, 구리는 47.8%, 니켈은 15.9% 각 가격이 상승했다. 자료에서도 알 수 있듯이 구리 수요를 필두로 알루미늄, 니켈 등 전반적인 산업금속 섹터의 수요량이 증가하였다. 이는 전기자동차 산업의 확충과 관련이 있다. 전기자동차의 핵심적인 부품인 배터리를 만드는 데 구리와 니켈이 사용되기 때문이다. 이때, 배터리 소재 중 니켈의 비중을 높이면 배터리의 용량을 키울 수 있으나 배터리의 안정성이 저하된다. 기존의 전기자동차 배터리는 니켈의 사용량이 높았기 때문에 더욱 안정성 문제가 제기되어 왔다. 그래서 연구 끝에 적정량의 구리를 배합하는 것이 배터리 성능과 안정성을 모두 향상시키기 위해서 중요하다는 것을 밝혀내었다. 구리가 전기자동차 산업의 핵심 금속인 셈이다.
이처럼 전기자동차와 배터리 등 친환경 산업에 필수적인 금속들의 수요는 증가하는 반면, 세계 각국의 환경규제 강화로 인해 금속의 생산은 오히려 감소하고 있기 때문에 산업금속에 대한 공급난과 가격 인상이 우려되고 있다.

① 전기자동차의 배터리 성능을 향상하는 기술
② 세계적인 '그린 열풍' 현상 발생의 원인
③ 필수적인 산업금속 공급난으로 인한 문제
④ 전기자동차 확충에 따른 구리 수요의 증가 상황
⑤ 탈 탄소 산업의 대표 주자인 전기자동차 산업

13 다음 글의 논지를 강화하기 위한 내용으로 적절하지 않은 것은?

> 뉴턴은 이렇게 말했다. "플라톤은 내 친구이다. 아리스토텔레스는 내 친구이다. 하지만 진리야말로 누구보다 소중한 내 친구이다." 케임브리지에서 뉴턴에게 새로운 전환점을 준 사람이 있다. 수학자이며 당대 최고의 교수였던 아이작 배로우(Isaac Barrow)였다. 배로우는 뉴턴에게 수학과 기하학을 가르치고 그의 탁월함을 발견하여 후원자가 됐다. 이처럼 뉴턴은 타고난 천재가 아니라, 자신의 피나는 노력과 위대한 스승들의 도움을 통해 후천적으로 키워진 것이다.
> 뉴턴이 시대를 관통하는 천재로 여겨진 것은 "사과는 왜 땅에 수직으로 떨어질까?"라는 질문에서 시작했다. 이 질문을 던진 지 20여 년이 지나고 마침내 모든 물체가 땅으로 떨어지는 것은 지구 중력에 의한 만유인력이라는 개념을 발견한 것이 계기가 되었다. 사과가 떨어지는 것을 관찰하여 온갖 질문을 던지고, 새로운 가설을 만든 후에 그것을 증명하기 위해 오랜 시간 연구하고 실험을 한 결과가 위대한 발견으로 이어진 것이다. 위대한 발명이나 발견은 어느 한 순간 섬광처럼 오는 것이 아니다. 시작 단계의 작은 아이디어가 질문과 논쟁을 통해 점차 다른 아이디어들과 충돌하고 합쳐지면서 숙성의 시간을 갖고, 그런 후에야 세상에 유익한 발명이나 발견이 나오는 것이다.
> 이전부터 천재가 선천적인 것인지, 후천적인 것인지에 대한 논란은 계속되어 왔다. 과거에는 천재가 신적인 영감을 받아 선천적으로 탄생한다는 주장이 힘을 얻었다. 플라톤의 저서 『이온』에도 음유 시인이 기술이나 지식이 아닌 신적인 힘과 영감을 받는 존재임이 언급된다. 그러나 아리스토텔레스의 『시학』은 『이온』과 조금 다른 관점을 취하고 있다. 기본적으로 시가 모방미학이라는 입장은 같지만, 아리스토텔레스는 이것이 신적인 힘을 모방한 것이 아닌 인간의 모방이라고 믿었다.
> 최근 연구에 의하면 천재라 불리는 모든 사람들이 선천적으로 타고난 것이 아니고 후천적인 학습을 통해 수준을 점차 더 높은 단계로 발전시켰다고 한다. 선천적 재능과 후천적 학습을 모두 거친 절충적 천재가 각광받는 것이다. 이것이 우리에게 주는 시사점은 비록 지금은 창의적이지 않더라도 꾸준히 포기하지 말고 창의성을 개발하고 실현하는 방법을 배워서 실천한다면 모두가 창의적인 사람이 될 수 있다는 교훈이다. 타고난 천재가 아니고 훈련과 노력으로 새롭게 태어나는 창재(창의적인 인재)로 거듭나야 한다.

① 칸트는 천재가 선천적인 것이라고 하였다.
② 세계적인 발레리나 강수진은 고된 연습으로 발이 기형적으로 변해버렸다.
③ 1만 시간의 법칙은 한 분야에서 전문가가 되기 위해서는 최소 1만 시간의 훈련이 필요하다는 것이다.
④ 뉴턴뿐만 아니라 아인슈타인 역시 끊임없는 연구와 노력을 통해 천재로 인정받았다.
⑤ 신적인 것보다 연습이 영감을 가져다주는 경우가 있다.

14 다음 글에서 공공재 · 공공자원의 실패에 대한 해결책으로 적절하지 않은 것은?

> 재화와 서비스는 소비를 막을 수 있는지에 따라 배제성이 있는 재화와 배제성이 없는 재화로 분류한다. 또 어떤 사람이 소비하면 다른 사람이 소비할 기회가 줄어드는지에 따라 경합성이 있는 재화와 경합성이 없는 재화로 구분한다. 공공재는 배제성과 경합성이 없는 재화이며, 공공자원은 배제성이 없으면서 경합성이 있는 재화이다.
>
> 공공재는 수많은 사람에게 일정한 혜택을 주는 것으로 사회적으로 반드시 생산돼야 하는 재화이다. 하지만 공공재는 '무임 승차자' 문제를 낳는다. 무임 승차자 문제란 사람들이 어떤 재화와 서비스의 소비로 일정한 혜택을 보지만, 어떤 비용도 지불하지 않는 것을 말한다. 이런 공공재가 가진 무임 승차자 문제 때문에 공공재는 사회 전체가 필요로 하는 수준보다 부족하게 생산되거나 아예 생산되지 않을 수 있다. 어떤 사람이 막대한 비용을 들여 누구나 공짜로 소비할 수 있는 국방 서비스, 치안 서비스 같은 공공재를 제공하려고 하겠는가.
>
> 공공재와 마찬가지로 공공자원 역시 원하는 사람이면 누구나 공짜로 사용할 수 있다. 그러나 어떤 사람이 공공자원을 사용하면 다른 사람은 사용에 제한을 받는다. 배제성은 없으나 재화의 경합성만이 존재하는 이러한 특성 때문에 공공자원은 '공공자원의 비극'이라는 새로운 형태의 문제를 낳는다. 공공자원의 비극이란 모두가 함께 사용할 수 있는 공공자원을 아무도 아껴 쓰려고 노력하지 않기 때문에 머지않아 황폐해지고 마는 현상이다.
>
> 바닷속의 물고기는 어느 특정한 사람의 소유가 아니기 때문에 누구나 잡을 수 있다. 먼저 잡는 사람이 임자인 셈이다. 하지만 물고기의 수량이 한정돼 있다면 나중에 잡는 사람은 잡을 물고기가 없을 수도 있다. 이런 생각에 너도 나도 앞다투어 물고기를 잡게 되면 얼마 가지 않아 물고기는 사라지고 말 것이다. 이른바 공공자원의 비극이 발생하는 것이다. 공공자원은 사회 전체가 필요로 하는 수준보다 지나치게 많이 자원을 낭비하는 결과를 초래한다.
>
> 이와 같은 공공재와 공공자원이 가지는 문제를 해결하는 방안은 무엇일까? 공공재는 사회적으로 매우 필요한 재화와 서비스인데도 시장에서 생산되지 않는다. 정부는 공공재의 특성을 가지는 재화와 서비스를 직접 생산해 공급한다. 예를 들어 정부는 국방, 치안 서비스 등을 비롯해 철도, 도로, 항만, 댐 등 원활한 경제 활동을 간접적으로 뒷받침해 주는 사회간접자본을 생산한다. 이때 사회간접자본의 생산량은 일반적인 상품의 생산량보다 예측이 까다로울 수 있는데, 이용하는 사람이 국민 전체이기 때문에 그 수가 절대적으로 많을 뿐만 아니라 배제성과 경합성이 없는 공공재로서의 성격을 띄기 때문에 그러한 면도 있다. 이러한 문제를 해결하기 위해서 국가는 공공투자사업 전 사회적 편익과 비용을 분석하여 적절한 사업의 투자 규모 및 진행 여부를 결정한다.
>
> 공공자원은 어느 누구의 소유도 아니다. 너도 나도 공공자원을 사용하면 금세 고갈되고 말 것이다. 정부는 각종 규제로 공공자원을 보호한다. 공공자원을 보호하기 위한 규제는 크게 사용 제한과 사용 할당으로 구분할 수 있다. 사용 제한은 공공자원을 민간이 이용할 수 없도록 막아두는 것이다. 예를 들면 주인이 없는 산을 개발 제한 구역으로 설정하여 벌목을 하거나 개발하여 수익을 창출하는 행위를 할 수 없도록 하는 것이다. 사용 할당은 모두가 사용하는 것이 아닌, 일정 기간에 일정한 사람만 사용할 수 있도록 이용 설정을 해두는 것을 말한다. 예를 들어 어부가 포획할 수 있는 수산물의 수량과 시기를 정해 놓는 법이 있다. 이렇게 되면 무분별하게 공공자원이 사용되는 것을 피하고 사회적으로 필요한 수준에서 공공자원을 사용할 수 있다.

① 항상 붐비는 공용 주차장을 요일별로 이용 가능한 자동차를 정하여 사용한다.
② 주인 없는 목초지에서 풀을 먹일 수 있는 소의 마리 수를 제한한다.
③ 치안 불안 해소를 위해 지역마다 CCTV를 설치한다.
④ 가로수의 은행을 따는 사람들에게 벌금을 부과한다.
⑤ 국립공원에 사는 야생동물을 사냥하지 못하도록 하는 법을 제정한다.

15 다음 (가) ~ (마)에 들어갈 내용으로 적절하지 않은 것은?

> "언론의 잘못된 보도나 마음에 들지 않는 논조조차도 그것이 토론되는 과정에서 옳은 방향으로 흘러가게끔 하는 것이 옳은 방향이다." 문재인 대통령이 야당 정치인이었던 2014년, 서울외신기자클럽(SFCC) 토론회에 나와 마이크에 대고 밝힌 공개 입장이다. 언론은 ___(가)___해야 한다. 이것이 지역 신문이라 할지라도 언론이 표준어를 사용하는 이유이다.
> 2021년 8월 25일, 언론중재법 개정안이 국회 본회의를 통과할 것이 확실시된다. 정부 침묵으로 일관해 왔다. 청와대 핵심 관계자들은 이 개정안에 대한 입장을 묻는 국내 일부 매체에 영어 표현인 "None of My Business"라는 답을 내놨다고 한다.
> 그사이 이 개정안에 대한 국제 사회의 ___(나)___은/는 높아지고 있다. 이 개정안이 시대착오적이며 대권의 오남용이고 더 나아가 아이들에게 좋지 않은 영향을 줄 수 있다는 것이 논란의 요지이다. SFCC는 지난 20일 이사회 전체 명의로 성명을 냈다. 그 내용을 그대로 옮기자면 다음과 같다. "___(다)___ 내용을 담은 언론중재법 개정안을 국회에서 강행 처리하려는 움직임에 깊은 우려를 표한다."며 "이 법안이 국회에서 전광석화로 처리되기보다 '돌다리도 두들겨 보고 건너라.'는 한국 속담처럼 심사숙고하며 ___(라)___을/를 기대한다."고 밝혔다.
> 다만, 언론이 우리 사회에서 발생하는 다양한 전투만을 중계하는 것으로 기능하는 건 ___(마)___ 우리나라뿐만 아니라 일본 헌법, 독일 헌법 등에서 공통적으로 말하는 것처럼 언론이 자유를 가지고 대중에게 생각할 거리를 끊임없이 던져주어야 한다. 이러한 언론의 기능을 잘 수행하기 위해서는 언론의 힘과 언론에 가해지는 규제의 정도가 항상 적절하도록 절제하는 법칙이 필요하다.

① (가) : 모두가 읽기 쉽고 편향된 어조를 사용하는 것을 지양
② (나) : 규탄의 목소리
③ (다) : 언론의 자유를 심각하게 위축시킬 수 있는
④ (라) : 보편화된 언어 사용
⑤ (마) : 바람직하지 않다.

16 다음 (가)~(마) 문단에 대한 설명으로 가장 적절한 것은?

> (가) 현재 각종 SNS 및 동영상 게재 사이트에서 흔하게 접할 수 있는 콘텐츠 중 하나가 ASMR이다. 그러다 보니 자주 접하는 ASMR의 이름의 뜻에 대해 다수의 네티즌들이 궁금해 하고 있다. ASMR은 자율감각 쾌락반응으로, 뇌를 자극해 심리적인 안정을 유도하는 것을 말한다.
>
> (나) 힐링을 얻고자 하는 청취자들이 ASMR의 특정 소리를 들으면 이 소리가 일종의 트리거(Trigger)로 작용해 팅글(Tingle : 기분 좋게 소름 돋는 느낌)을 느끼게 한다. 트리거로 작용하는 소리는 사람에 따라 다를 수 있다. 이는 청취자마다 삶의 경험이나 취향 등에서 뚜렷한 차이를 보이기 때문이다.
>
> (다) ASMR 현상은 시각적, 청각적 혹은 인지적 자극에 반응한 뇌가 신체 뒷부분에 분포하는 자율 신경계에 신경 전달 물질을 촉진하며 심리적 안정감을 느끼게 한다. 일상생활에서 편안하게 느꼈던 소리를 들으면, 그때 느낀 긍정적인 감정을 다시 느끼면서 스트레스 정도를 낮출 수 있고 불면증과 흥분 상태 개선에 도움이 되며 안정감을 받을 수 있다. 소곤소곤 귓속말하는 소리, 자연의 소리, 특정 사물을 반복적으로 두드리는 소리 등이 담긴 영상 속 소리 등을 예로 들 수 있다.
>
> (라) 최근 유튜버를 비롯한 연예인들이 ASMR 코너를 만들어 대중과 소통 중이다. 요즘은 청포도 젤리나 쿄호 젤리 등 식감이나 씹는 소리가 좋은 음식으로 먹방 ASMR을 하기도 한다. 많은 사람들이 ASMR을 진행하기 때문에 인기 있는 ASMR 콘텐츠가 되기 위해서는 세분화된 분야를 공략하거나 다른 사람들과 차별화하는 전략이 필요하게 되었다.
>
> (마) 독특한 ASMR 채널로 대중의 사랑을 받고 있는 것은 공감각적인 ASMR이다. 공감각은 시각, 청각, 촉각 등 우리의 오감 중에서 하나의 감각만을 자극하는 것이 아니라, 2개 이상의 감각이 결합하여 자극받을 수 있도록 하는 것이다. 공감각적인 ASMR이 많은 인기를 끌고 있는 만큼 앞으로의 ASMR 콘텐츠들은 공감각적인 콘텐츠로 대체될 것이라는 이야기가 대두되었다.

① (가) : ASMR을 자주 접하는 사람들의 특징은 일상에 지친 현대인이다.
② (나) : 많은 사람들이 선호하는 트리거는 소곤거리는 소리이다.
③ (다): 신체의 자율 신경계가 뇌에 특정 신경 전달 물질을 전달한다.
④ (라) : 연예인들은 일반인보다 ASMR에 많이 도전하는 경향이 있다.
⑤ (마) : 공감각적인 경험을 바탕으로 한 ASMR로 대체될 전망이다.

17 다음 중 그리스 수학에 대한 내용으로 가장 적절한 것은?

> ‘20세기 최고의 수학자’로 불리는 프랑스의 장피에르 세르 명예교수는 경북 포항시 효자동에 위치한 포스텍 수리과학관 3층 교수 휴게실에서 ‘수학이 우리에게 왜 필요한가.’를 묻는 첫 질문에 이같이 대답했다.
> “교수님은 평생 수학의 즐거움, 학문(공부)하는 기쁨에 빠져 있었죠. 후회는 없나요? 수학자가 안 됐으면 어떤 인생을 살았을까요?”
> “내가 굉장히 좋아했던 선배 수학자가 있었어요. 지금은 돌아가셨죠. 그분은 라틴어와 그리스어 등 언어에 굉장히 뛰어났습니다. 그만큼 재능이 풍부했지만 본인은 수학 외엔 다른 일을 안 하셨어요. 나보다 스무 살 위의 앙드레 베유 같은 이는 뛰어난 수학적 재능을 타고 태어났습니다. 하지만 나는 수학적 재능은 없는 대신 호기심이 많았습니다. 누가 써놓은 걸 이해하려 하기보다 새로운 걸 발견하는 데 관심이 있었죠. 남이 이미 해놓은 것에는 별로 흥미가 없었어요. 수학 논문들도 재미있어 보이는 것만 골라서 읽었으니까요.”
> “학문이란 과거의 거인들로부터 받은 선물을 미래의 아이들에게 전달하는 일이라고 누군가 이야기했습니다. 그 비유에 대해 어떻게 생각하세요?”
> “학자의 첫 번째 임무는 새로운 것을 발견하려는 진리의 추구입니다. 전달(교육)은 그다음이죠. 우리는 발견한 진리를 혼자만 알고 있을 게 아니라, 출판(Publish : 넓은 의미의 ‘보급’에 해당하는 원로학자의 비유)해서 퍼트릴 의무는 갖고 있습니다.”
> 장피에르 교수는 고대부터 이어져 온 고대 그리스 수학자의 정신을 잘 나타내고 있다고 볼 수 있다. 그가 생각하는 학자에 대한 입장처럼 고대 그리스 수학자들에게 수학과 과학은 사람들에게 새로운 진리를 알려주고 놀라움을 주는 것이었다. 이때의 수학자들에게 수학이라는 학문은 순수한 앎의 기쁨을 깨닫게 해 주는 것이었다. 그래서 고대 그리스에서는 수학을 연구하는 다양한 학파가 등장했을 뿐만 아니라 많은 사람의 연구를 통해 짧은 시간에 폭발적인 혁신을 이룩할 수 있었다.

① 그리스 수학을 연구하는 학파는 그리 많지 않았다.
② 그리스의 수학자들은 학문적 성취보다는 교육을 통해 후대를 양성하는 것에 집중했다.
③ 그리스 수학은 장기간에 걸쳐 점진적으로 발전하였다.
④ 고대 수학자들에게 수학은 새로운 사실을 발견하는 순수한 학문적 기쁨이었다.
⑤ 그리스 수학은 도형 위주로 특히 폭발적인 발전을 했다.

※ 다음은 N스크린(스마트폰, VOD, PC)의 영향력을 파악하기 위한 방송사별 통합시청점유율과 기존시청점유율에 대한 자료이다. 이어지는 질문에 답하시오. **[18~19]**

〈방송사별 통합시청점유율〉

(단위 : %)

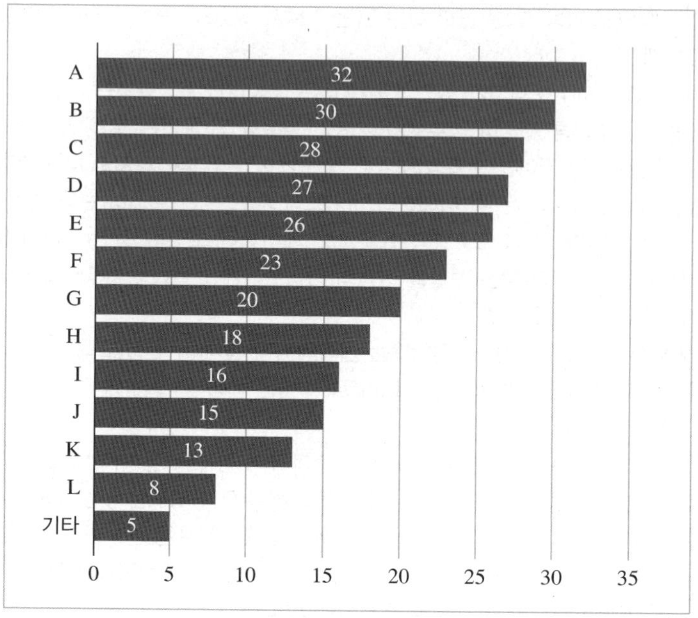

〈방송사별 기존시청점유율〉

(단위 : %)

방송사	A	B	C	D	E	F	G	H	I	J	K	L	기타
기존시청점유율	15.0	16.0	7.5	20.0	10.0	10.5	14.0	10.0	9.5	5.5	5.0	1.5	1.8

| 2021년 하반기

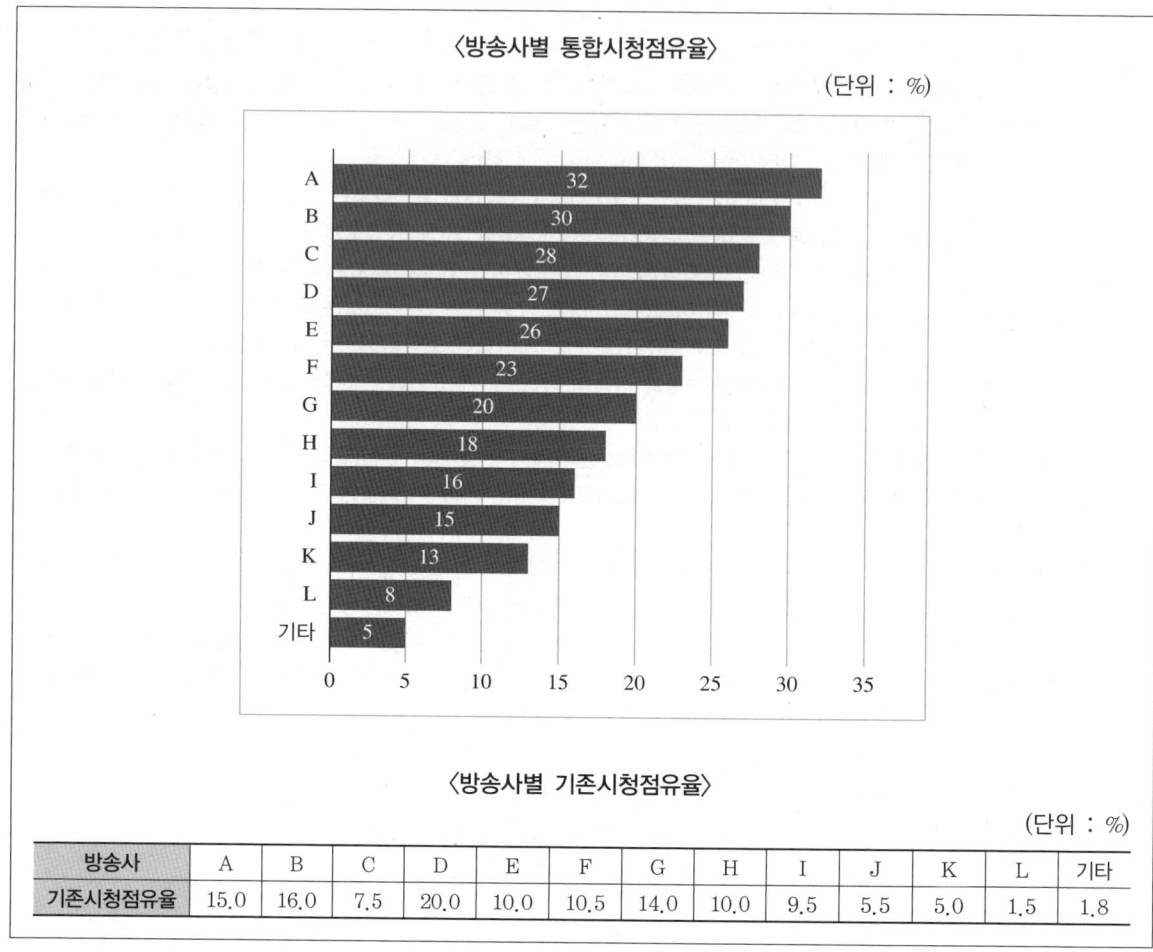

18 다음 중 방송사별 시청점유율에 대한 설명으로 옳지 않은 것은?

① 통합시청점유율 순위와 기존시청점유율 순위가 같은 방송사는 B, J, K이다.

② 기존시청점유율이 가장 높은 방송사는 D이다.

③ 기존시청점유율이 다섯 번째로 높은 방송사는 F이다.

④ 기타를 제외한 통합시청점유율과 기존시청점유율의 차이가 가장 작은 방송사는 G이다.

⑤ 기타를 제외한 통합시청점유율과 기존시청점유율의 차이가 가장 큰 방송사는 A이다.

19 다음은 N스크린 영향력의 범위를 표시한 그래프이다. (가) ~ (마)의 범위에 포함될 방송국을 바르게 짝지은 것은?

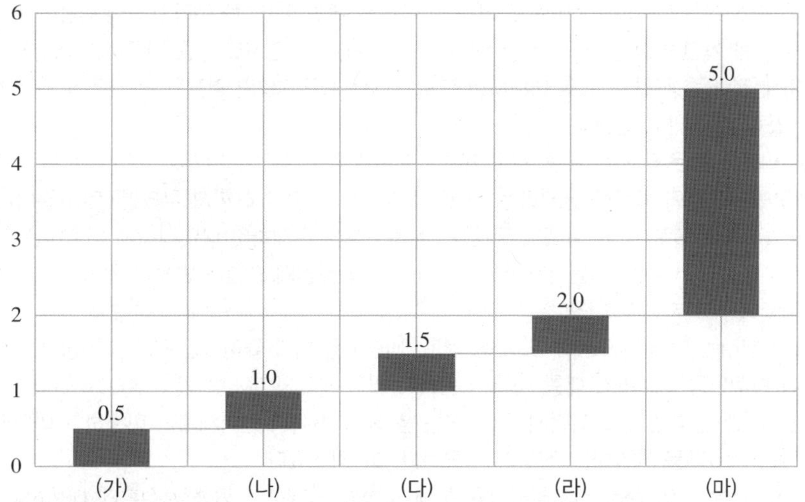

※ (N스크린 영향력)=[(통합시청점유율)−(기존시청점유율)]÷(기존시청점유율)
※ 단, 소수점 둘째 자리에서 반올림한다.

① (가)=A
② (나)=C
③ (다)=F
④ (라)=H
⑤ (마)=K

20 다음 글의 내용으로 가장 적절한 것은?

미국 로체스터대 교수 겸 노화연구센터 공동책임자인 베라 고부노바는 KAIST 글로벌전략연구소가 '포스트 코로나, 포스트 휴먼 – 의료 · 바이오 혁명'을 주제로 개최한 제3차 온라인 국제포럼에서 "대다수 포유동물보다 긴 수명을 가진 박쥐는 바이러스를 체내에 보유하고 있으면서도 염증 반응이 일어나지 않는다."며 "박쥐의 염증 억제 전략을 생물학적으로 이해하면 코로나19는 물론 자가면역질환 등 다양한 염증 질환 치료제에 활용할 수 있을 것"이라고 말했다.

박쥐는 밀도가 높은 군집 생활을 한다. 또한, 포유류 중 유일하게 날개를 지닌 생물로서 뛰어난 비행 능력과 비행 중에도 고온의 체온을 유지하는 것 등의 능력으로 먼 거리까지 무리를 지어 날아다니기 때문에 쉽게 질병에 노출되기도 한다. 그럼에도 오랜 기간 지구상에 존재하며 바이러스에 대항하는 면역 기능이 발달된 것으로 추정된다. 박쥐는 에볼라나 코로나바이러스에 감염돼도 염증 반응이 일어나지 않기 때문에 대표적인 바이러스 숙주로 지목되고 있다.

고부노바 교수는 "인간이 도시에 모여 산 것도, 비행기를 타고 돌아다닌 것도 사실상 약 100년 정도로 오래되지 않아 박쥐만큼 바이러스 대항 능력이 강하지 않다."며 "박쥐처럼 약 6,000 ~ 7,000만 년에 걸쳐 진화할 수도 없다."고 설명했다. 그러면서 "박쥐 연구를 통해 박쥐의 면역체계를 이해하고 바이러스에 따른 다양한 염증 반응 치료제를 개발하는 전략이 필요하다."고 강조했다.

고부노바 교수는 "이 같은 비교생물학을 통해 노화를 억제하고 퇴행성 질환에 대응하기 위한 방법을 찾을 수 있다."며 "안전성이 확인된 연구 결과물들을 임상에 적용해 더욱 발전해 나가는 것이 필요하다."고 밝혔다.

① 박쥐의 수명은 긴 편이지만 평균적인 포유류 생물의 수명보다는 짧다.
② 박쥐는 날개가 있는 유일한 포유류지만 짧은 거리만 날아서 이동이 가능하다.
③ 박쥐는 현재까지도 바이러스에 취약한 생물이지만 긴 기간 지구상에 존재할 수 있었다.
④ 박쥐가 많은 바이러스를 보유하고 있는 것은 무리생활과 더불어 수명과도 관련이 있다.
⑤ 박쥐의 면역은 인간에 직접 적용할 수 없기에 연구가 무의미하다.

21 다음 글의 서술 방식상 특징으로 가장 적절한 것은?

> 현대의 도시에서는 정말 다양한 형태를 가진 건축물들을 볼 수 있다. 형태뿐만 아니라 건물 외벽에 주로 사용된 소재 또한 유리나 콘크리트 등 다양하다. 이렇듯 현대에는 몇 가지로 규정하는 것이 아예 불가능할 만큼 다양한 건축양식이 존재한다. 그러나 다양하고 복잡한 현대의 건축양식에 비해 고대의 건축양식은 매우 제한적이었다.
> 그리스 시기에는 주주식, 주열식, 원형식 신전을 중심으로 몇 가지의 공통된 건축양식을 보인다. 이러한 신전 중심의 그리스 건축양식은 시기가 지나면서 다른 건축물에 영향을 주었다. 신전에만 쓰이던 건축양식이 점차 다른 건물들의 건축에도 사용이 되며 확대되었던 것이다. 대표적으로 그리스 연못으로 신전에 쓰이던 기둥의 양식들을 바탕으로 회랑을 구성하기도 하였다.
> 헬레니즘 시기를 맞이하면서 건축양식을 포함하여 예술 분야가 더욱 발전하며 고대 그리스 시기에 비해 다양한 건축양식이 생겨났다. 뿐만 아니라 건축 기술이 발달하면서 조금 더 다양한 형태의 건축이 가능해졌다. 다층구조나 창문이 있는 벽을 포함한 건축양식 등 필요에 따라서 실용적이고 실측적인 건축양식이 나오기 시작한 것이다. 또한 연극의 유행으로 극장이나 무대 등의 건축양식도 등장하기 시작하였다.
> 로마 시대에 이르러서는 원형 경기장이나 온천, 목욕탕 등 특수한 목적을 가진 건축물들에도 아름다운 건축양식이 적용되었다. 현재에도 많은 사람들이 관광지로서 찾을 만큼, 로마시민들의 위락시설들에는 다양하고 아름다운 건축양식들이 적용되었다.

① 역사적 순서대로 주제의 변천에 대해서 서술하고 있다.
② 전문가의 말을 인용하여 신뢰도를 높이고 있다.
③ 비유적인 표현 방법을 사용하여 문학적인 느낌을 주고 있다.
④ 현대에서 찾을 수 있는 건축물의 예시를 들어 독자의 이해를 돕고 있다.
⑤ 시대별 건축양식을 비교하여 서술하고 있다.

※ 어떤 의사는 다음 규칙으로 회진을 한다. 자료를 보고 이어지는 질문에 답하시오. **[22~23]**

〈병실 위치〉

101호	102호	103호	104호
105호	106호	107호	108호

〈환자 정보〉

환자	호실	일정
A	101호	09:00 ~ 09:40 정기 검사
B	107호	11:00 ~ 12:00 오전 진료
C	102호	10:20 ~ 11:00 오전 진료
D	106호	10:20 ~ 11:00 재활 치료
E	103호	10:00 ~ 10:30 친구 문병
F	101호	08:30 ~ 09:45 가족 문병

〈회진규칙〉

- 회진은 한 번에 모든 환자를 순서대로 순회한다.
- 101호부터 회진을 시작한다.
- 같은 방에 있는 환자는 연속으로 회진한다.
- 회진은 9시 30분부터 12시까지 완료한다.
- 환자의 일정이 있는 시간은 기다린다.
- 회진은 환자 한 명마다 10분이 소요된다.
- 각 방을 이동하는데 옆방(예 105호 옆방은 106호)은 행동 수치 1이, 마주보는 방(예 104호 마주보는 방 108호)은 행동 수치 2가 소요된다(시간에 적용하지는 않는다).
- 방을 이동하는 데 소요되는 행동 수치가 가장 적게 되도록 회진한다.

| 2021년 하반기

22 다음 중 의사가 세 번째로 회진하는 환자는?(단, 주어진 규칙 외의 다른 조건은 고려하지 않는다)

① B환자
② C환자
③ D환자
④ E환자
⑤ F환자

| 2021년 하반기

23 다음 중 의사의 회진에 대한 설명으로 옳은 것은?

① 의사가 마지막으로 회진하는 환자는 E환자이다.

② 의사가 네 번째로 회진하는 환자는 B환자이다.

③ 회진은 11시 전에 모두 마칠 수 있다.

④ E환자의 회진 순서는 B환자보다 먼저이다.

⑤ 10시부터 회진을 시작하면 마지막에 회진받는 환자가 바뀐다.

| 2021년 하반기

24 다음 〈조건〉을 토대로 K가 하루에 섭취할 수 있는 카페인으로 마실 수 있는 커피의 경우의 수는?(단, 최소한 한 가지 종류의 커피만을 마시는 경우까지 포함한다)

〈조건〉

- K는 하루에 400mg의 카페인을 섭취할 수 있다.
- K는 오늘 이미 200mg의 카페인을 섭취하였다.
- 인스턴트 커피의 카페인 함유량은 50mg이다.
- 핸드드립 커피의 카페인 함유량은 75mg이다.

① 6가지

② 7가지

③ 8가지

④ 9가지

⑤ 10가지

25 **K병원은 다음과 같은 내용으로 저소득층 지원사업을 시행하려고 한다. 〈보기〉 중 이 사업의 지원을 받을 수 있는 사람을 모두 고르면?**

〈저소득층 지원사업〉

• 사업개요
저소득층을 대상으로 K병원에서 자체적으로 시행하는 의료 지원사업
• 지원내역
– 진료비 전액 지원(입원비 제외)
– 출장 진료 가능
– 약, 수술 등의 비용은 제외
• 지원대상
– A지역 거주민만 해당
– 차상위계층
– 장애인
– 기초생활 수급자
– 한부모 가정
– 청소년가장
• 유의점
– 한 가구에 한 명만 지원받을 수 있습니다.
– 지원대상의 부양가족도 지원받을 수 있습니다.

〈보기〉

ㄱ. 저는 A지역에서 살다가 B지역으로 이사한 고등학생입니다. 이번에 몸이 아파져서 진찰을 받으려고 합니다.
ㄴ. A지역에 홀로 할아버지를 모시고 사는 청년입니다. 차상위계층에 속하는데 할아버지께서 거동이 불편하셔서 출장 진료를 부탁하려 합니다.
ㄷ. 혼자 애를 기르고 있는 사람으로 A지역에 거주합니다. 아기가 열이 많이 나서 K병원에 입원시키려고 합니다.
ㄹ. 기초생활 수급을 받고 있는 A지역의 4인 가족입니다. 단체로 진료를 받고 가장 진료비가 많이 나온 가족의 비용을 지원받고 싶습니다.

① ㄱ, ㄴ ② ㄱ, ㄷ
③ ㄴ, ㄷ ④ ㄴ, ㄹ
⑤ ㄷ, ㄹ

26 다음은 직원 A의 퇴직금에 대한 자료이다. 직원 A가 받을 퇴직금은 얼마인가?(단, 직원 A는 퇴직금 조건을 모두 만족하고, 주어진 조건 외에는 고려하지 않으며, 1,000원 미만은 절사한다)

〈퇴직금 산정기준〉

- 근무한 개월에 따라 1년 미만이라도 정해진 기준에 따라 지급한다.
- 평균임금에는 기본급과 상여금, 기타수당 등이 포함된다.
- 실비에는 교통비, 식비, 출장비 등이 포함된다.
- 1일 평균임금은 퇴직일 이전 3개월간에 지급받은 임금총액을 퇴직일 이전 3개월간의 근무일수의 합으로 나눠서 구한다.
- 1일 평균임금 산정기간과 총근무일수 중 육아휴직 기간이 있는 경우에는 그 기간과 그 기간 중에 지급된 임금은 평균임금 산정기준이 되는 기간과 임금의 총액에서 각각 뺀다.
- 실비는 평균임금에 포함되지 않는다.
- (퇴직금)=(1일 평균임금)×30일×$\frac{(\text{총 근무일수})}{360\text{일}}$

〈직원 A의 월급 명세서〉

(단위 : 만 원)

월	월 기본급	상여금	교통비	식비	기타수당	근무일수	기타
1월	160	–	20	20	25	31일	–
2월	160	–	20	20	25	28일	–
3월	160	–	20	20	25	31일	–
4월	160	–	20	20	25	22일	–
5월	160	–	20	20	–	16일	육아휴직 (10일)
6월	160	160	20	20	25	22일	7월 1일 퇴직

① 1,145,000원
② 1,289,000원
③ 1,376,000원
④ 1,596,000원
⑤ 1,675,000원

27 회사 전체 사원을 대상으로 한 명을 뽑았을 때, 신입사원이면서 남자일 확률은?

- 전체 사원 중 한 명을 뽑았을 때, 신입사원일 확률은 0.8이다.
- 기존 사원 중 한 명을 뽑았을 때, 여자일 확률은 0.6이다.
- 전체 사원 중 한 명을 뽑았을 때, 남자일 확률은 0.4이다.

① 20%
② 30%
③ 40%
④ 50%
⑤ 60%

28 M씨는 뒷산에 등산을 갔다. 오르막길 A는 1.5km/h로 이동하였고, 내리막길 B는 4km/h로 이동하였다. A로 올라가 정상에서 쉬고, B로 내려오는 데 총 6시간 30분이 걸렸으며, 정상에서는 30분 동안 휴식을 하였다. 오르막길과 내리막길이 총 14km일 때, 오르막길 A의 거리는?

① 2km
② 4km
③ 6km
④ 8km
⑤ 10km

29 다음 중 민속문화와 대중문화의 차이로 적절하지 않은 것은?

> 문화는 하나의 집단을 이루는 사람들의 독특한 전통을 구성하는 관습적 믿음, 사회적 형태, 물질적 특성으로 나타나는 일종의 실체이다. 문화는 모든 사람들의 일상생활에서의 생존활동, 즉 의식주와 관련된 활동들로부터 형성된다. 지리학자들은 특정 사회관습의 기원과 확산, 그리고 특정 사회관습과 다른 사회적 특성들의 통합을 연구한다. 이는 크게 고립된 촌락 지역에 거주하는 규모가 작고 동질적인 집단에 의해 전통적으로 공유되는 민속문화(Folk Culture), 특정 관습을 공유하는 규모가 크고 이질적인 사회에서 나타나는 대중문화(Popular Culture)로 구분된다.
> 다수의 민속문화에 의해 지배되는 경관은 시간의 흐름에 따라 거의 변화하지 않는다. 이에 비해 현대의 통신매체는 대중적 관습이 자주 변화하도록 촉진시킨다. 결과적으로 민속문화는 특정 시기에 장소마다 다양하게 나타나는 경향이 있지만, 대중문화는 특정 장소에서 시기에 따라 달라지는 경향이 크다.
> 사회적 관습은 문화의 중심지역, 즉 혁신의 발상지에서 유래한다. 민속문화는 흔히 확인되지 않은 기원자를 통해서, 잘 알려지지 않은 시기에, 출처가 밝혀지지 않은 미상의 발상지로부터 발생한다. 민속문화는 고립된 장소로부터 독립적으로 기원하여 여러 개의 발상지를 가질 수 있다. 예를 들어, 민속 노래는 보통 익명으로 작곡되며 구두로 전파된다. 노래는 환경 조건의 변화에 따라 다음 세대로 전달되며 변형되지만, 그 소재는 대다수 사람들에게 익숙한 일상생활의 사건들로부터 빈번하게 얻어진다.
> 민속문화와 달리 대중문화는 대부분이 선진국, 특히 북아메리카, 서부 유럽, 일본의 산물이다. 대중음악과 패스트푸드가 대중문화의 좋은 예이다. 대중문화는 산업기술의 진보와 증가된 여가시간이 결합하면서 발생한 것이다. 오늘날 우리가 알고 있는 대중음악은 1900년경에 시작되었다. 그 당시 미국과 서부 유럽에서 대중음악에 의한 엔터테인먼트는 영국에서 뮤직 홀(Music Hall)로 불리고, 미국에서 보드빌(Vaudeville)이라고 불린 버라이어티쇼였다. 음악 산업은 뮤직홀과 보드빌에 노래를 제공하기 위해 뉴욕의 틴 팬 앨리(Tin Pan Alley)라고 알려진 구역에서 발달하였다. 틴 팬 앨리라는 명칭은 송 플러거(Song Plugger : 뉴욕의 파퓰러 송 악보 출판사가 고용한 선전 담당의 피아니스트)라고 불린 사람들이 악보 출판인들에게 음악의 곡조를 들려주기 위해 격렬하게 연타한 피아노 사운드로부터 유래하였다.
> 많은 스포츠가 고립된 민속문화로 시작되었으며, 다른 민속문화처럼 개인의 이동을 통해 확산되었다. 그러나 현대의 조직된 스포츠의 확산은 대중문화의 특징을 보여준다. 축구는 11세기 잉글랜드에서 민속문화로 시작되었으며, 19세기 전 세계 대중문화의 일부가 되었다. 축구의 기원은 명확하지 않다. 1863년 다수의 브리티시 축구 클럽들이 경기 규칙을 표준화하고, 프로 리그를 조직하기 위해 풋볼협회(Football Association)를 결성하였다. 풋볼 협회의 'Association' 단어가 축약되어 'Assoc'으로, 그리고 조금 변형되어 마침내 'Soccer'라는 용어가 만들어졌다. 여가시간 동안 조직된 위락 활동을 공장 노동자들에게 제공하기 위해 클럽들이 교회에 의해 조직되었다. 영국에서 스포츠가 공식적인 조직으로 만들어진 것은 축구가 민속문화에서 대중문화로 전환된 것을 나타낸다.

① 민속문화는 규모가 작고, 동질적인 집단에 의해 전통적으로 공유된다.

② 대중문화는 서부 유럽이나 북아메리카 등 선진국에서 발생하였다.

③ 민속문화는 출처가 밝혀지지 않은 미상의 발상지로부터 발생한다.

④ 민속문화는 대중문화로 변하기도 한다.

⑤ 민속문화는 특정 장소에서 시기마다 달라지는 경향이 있지만, 대중문화는 특정 시기에서 장소에 따라 다양해지는 경향이 크다.

30 다음 글의 중심 내용으로 가장 적절한 것은?

> 그리스 철학의 집대성자라고도 불리는 철학자 아리스토텔레스는 자연의 모든 물체는 '자연의 사다리'에 의해 계급화되어 있다고 생각했다. 자연의 사다리는 아래서부터 무생물, 식물, 동물, 인간, 그리고 신인데, 이러한 계급에 맞춰 각각에 일정한 기준을 부여했다. 18세기 유럽 철학계와 과학계에서는 이러한 자연의 사다리 사상이 크게 유행했으며, 사다리의 상층인 신과 인간에게는 높은 이성과 가치가 있고, 그 아래인 동물과 식물에게는 인간보다 낮은 가치가 있다고 보기 시작했다.
> 이처럼 서양의 자연관은 인간과 자연을 동일시하던 고대에서 벗어나 인간만이 영혼이 있으며, 이에 따라 인간만이 자연을 지배할 수 있다고 믿는 기독교 중심의 중세시대를 지나, 여러 철학자들을 거쳐 점차 인간이 자연보다 우월한 자연지배관으로 모습이 바뀌기 시작했다. 이러한 자연관을 토대로 서양에서는 자연스럽게 산업혁명 등을 통한 대량소비와 대량생산의 경제성장구조와 가치체계가 발전되어 왔다.
> 동양의 자연관 역시 동양철학과 불교 등의 이념과 함께 고대에서 중세시대를 지나게 되었다. 하지만 서양의 인간중심 철학과 달리 동양철학과 불교에서는 자연과 인간을 동일선상에 놓거나 둘의 조화를 중요시하여 합일론을 주장했다. 이들의 사상은 노자와 장자의 무위자연의 도, 불교의 윤회사상 등에서 살펴볼 수 있다. 대량소비와 대량생산으로 대표되는 자본주의의 한계와 함께 지구온난화, 자원고갈, 생태계 파괴가 대두되는 요즘 동양의 자연관이 주목받고 있다.

① 서양철학에서 나타나는 부작용

② 자연의 사다리와 산업혁명

③ 철학과 지구온난화의 상관관계

④ 서양의 자연관과 동양의 자연관의 차이

⑤ 서양철학의 문제점과 동양철학을 통한 해결법

코레일 한국철도공사 신입사원 필기시험

제3회 기출복원 모의고사

모바일 OMR

문항 수 : 30문항
응시시간 : 30분

정답 및 해설 p.12

| 2021년 하반기

01 다음 중 경량전철에 대비되는 PRT의 장점으로 적절하지 않은 것은?

> PRT(Personal Rapid Transit : 소형궤도차량)는 무인 경량전철처럼 제어시스템을 활용하여 무인으로 운행되는 전기차량으로, 소위 개인형 고속 전철이나 무인 고속 택시로 불린다. 전체적인 형태는 놀이동산 등에서 볼 수 있는 모노레일과 비슷하다. PRT의 특징은 저소음인 동시에 배기가스 배출이 없다는 점이며, 설치비 또한 경량전철에 비하여 2분의 1에서 4분의 1가량으로 크게 낮은 수준이다.
> 크기도 지하철 및 무인 경량전철보다 작으므로 복잡한 도심 속에서도 공간을 확보하기 쉬우며, 자연스럽게 지상에서의 접근성 또한 용이하다. 대개 경량전철의 경우 3층 이상 높이에서 운행되기 때문에 이들을 이용하기 위해서는 계단으로 걸어 올라갈 필요가 있으나, PRT의 경우 2층 높이로 엘리베이터를 통해 승강장까지 오르내리기 쉽다.
> PRT의 장점은 운행방식에서도 나타난다. 정해진 시간에 역과 정류소에 정차하는 일반적인 경량전철과 달리 PRT는 승차자가 나타날 경우 차량이 2 ~ 30초 내 도착하는 등 택시와 같이 탑승과정이 신속하고 개인적이다. 운행시간에서도 일정시간 동안만 무인 혹은 유인운전으로 운행되는 경량전철과 달리 PRT는 24시간 무인운전을 통해 운행된다는 장점을 내세우고 있다.
> 이러한 PRT의 강점이 최초로 주목받기 시작했던 것은 1970년대 미국이었다. 당시 미국에서는 꿈의 교통수단으로 많은 기대를 모았으나, 정작 당시의 철도기술로는 수백 대가 넘는 PRT 차량이 원하는 장소까지 논스톱으로 주행 가능한 무인제어 환경을 구축하는 것이 불가능했고, 수송인원 또한 버스나 지하철에 비해 한정되었기에 상업화가 지연된 상황이었다. 하지만 최근에는 IT기술의 눈부신 발전과 함께 친환경 문제가 대두되며 PRT가 다시금 주목을 받고 있다.

① 탑승자를 원하는 지점에 신속하고 정확하게 데려다 줄 수 있다.
② 경량전철에 비하여 최대 4분의 1가량 설치비가 저렴하다.
③ 무인운전을 통해 운행되기 때문에 무인 경량전철에 비해 많은 인건비를 절감할 수 있다.
④ 소음이 적고 경량전철보다 작기 때문에 복잡한 도심 속에서도 운행이 가능하다.
⑤ 탑승자의 접근성이 경량전철에 비해 용이하다.

02 다음 중 밑줄 친 부분이 의미하는 것은?

> 사진이 아주 강력한 힘을 발휘할 때가 있다. 사람의 눈으로 도저히 볼 수 없는 세계를 펼쳐 보일 때이다. 영월에서 열리는 동강국제사진제(7월 5일 ~ 9월 29일)에서도 이런 사진을 보았다. 독일 예술대학에 처음으로 사진학과를 창설한 쿤스트아카데미 뒤셀도르프(베어학파) 출신 작가들의 사진이 전시된 국제주제전에 걸린 클라우디아 페렌켐퍼의 사진에 나는 압도당했다. 소형 곤충 사진인데, 눈으로는 관측 불가능한 영역이 거대하게 확대되어 포착되었다. 이런 사진을 '포토 매크로그래피'라 부르는데 요즘 유행하는 예술적인 과학 사진의 가장 흔한 형태 중 하나이다. 쉽게 현미경 사진이라 생각하면 된다. 요즘은 수백만 배를 확대해 원자도 관측이 가능하다.
> 인류는 수많은 사진을 찍었지만 세상을 바꾼 사진의 목록에는 과학 사진이 다수를 차지한다. 1915년 알베르트 아인슈타인은 '일반상대성이론'을 발표해 중력이 공간을 휘게 한다고 주장했다. 아인슈타인은 수성의 근일점에 매우 미세한 차이가 있고 이것은 바로 중력이 빛을 휘어지게 하기 때문이라고 했다. 아직은 가설이었다. 영국 왕립천문학회 소속 천문학자 아서 스탠리 에딩턴이 검증에 나섰다. 그는 1919년 대형 카메라와 탐사대를 이끌고 아프리카의 오지 섬 프린시페로 배를 타고 가 한 달간 촬영 준비를 한 끝에 6분간 일식 사진을 찍었다. 이 사진을 통해 별빛이 태양에 의해 휜다는 것을 포착했다. '과학 사진이 바로 이런 것이다.'라고 증명한 쾌거였다. 이 사진으로 아인슈타인의 주장은 가설에서 이론이 되었다.
> 그 후로도 인류에 큰 영향을 끼친 과학 사진은 많았다. 그중에서도 우주배경복사의 불균일성을 발견한 사진이 압권이었다. 우주 생성은 늘 과학자들의 연구 대상이었다. '빅뱅 이론'은 우주가 대폭발로 생겼다고 본다. 어떻게 증명할 것인가? 먼저 러시아 출신의 미국 물리학자 조지 가모는 대폭발 이후 광자의 형태로 방출된 복사(우주배경복사)의 일부가 우주에 남아 있다는 가설을 제시했다. 1964년 미국 벨연구소의 아노 펜지어스와 로버트 윌슨은 4,080MHz 대역에서 들려오는 초단파 잡음이 우주에서 온다는 것을 알면서 우주배경복사를 발견했다. 그런데 우리 우주에 항성과 행성이 있기에 우주배경복사는 균일하지 않아야 한다. 과학자들의 다음 목표는 우주배경복사의 미세한 온도 차이 확인이었다. 이를 위해 1989년 미국 물리학자 조지 스무트가 주도한 '코비 프로젝트'가 시작되었다. 미국 항공우주국(나사)이 쏘아 올린 우주망원경 코비가 사진을 전송했고, 그 사진에서 10만 분의 1 정도 온도 차를 발견했다. 이 사진은 우리가 보는 가시광선이 아니라 '태초의 빛'의 흔적인 마이크로파를 찍은 것이었다. 이런 과학 사진을 비가시광선 사진이라 부른다.
> 과학 사진은 생경하다. 인간이 전에 본 일이 없기 때문이다. 그래서 아름답다. 이 또한 전에 느껴보지 못한 아름다움이다. <u>이런 미학</u>은 재빠르게 기존 예술의 틈으로 파고들어갈 것이다. 사진이 회화에 비해 압도적으로 유리한 자리를 차지할 수 있는 분야이기도 하다.

① 과학의 힘으로 세상이 변화하는 모습
② 한 장의 사진에서 느껴지는 사진사의 의도
③ 가시광선에 의한 색감의 조화
④ 인간의 눈으로 확인할 수 없는 세계가 지닌 아름다움
⑤ 인간의 눈에서 보이는 자연 그대로의 모습

03 다음 글의 제목으로 가장 적절한 것은?

요즘은 대체의학의 홍수시대라고 하여도 지나친 표현이 아니다. 우리가 먹거나 마시는 대부분의 비타민제나 건강음료 및 건강보조식품이 대체의학에서 나오지 않은 것이 없을 정도이니 말이다. 이러한 대체요법의 만연으로 한의계를 비롯한 제도권 의료계에서는 많은 경제적 위협을 받고 있다.
대체의학에 대한 정의는 일반적으로 현대의학의 표준화된 치료 이외에 환자들이 이용하는 치료법으로써 아직 증명되지는 않았으나, 혹은 일반 의료의 보조요법으로 과학자나 임상의사의 평가에 의해 증명되지는 않았으나 현재 예방, 진단, 치료에 사용되는 어떤 검사나 치료법 등을 통틀어 지칭하는 용어로 알려져 있다.
그러나 요즈음 우리나라에서 말하는 대체의학은 한마디로 정의하여 전통적인 한의학과 서양의학이 아닌 그 외의 의학을 통틀어 대체의학이라 부르고 있다. 원래는 1970년대 초반 동양의학의 침술이 미국의학계와 일반인들에게 유입되고 특별한 관심을 불러일으키면서 서양의학자들은 이들의 혼잡을 정리하기 위해 서양의학 이외의 다양한 전통의학과 민간요법을 통틀어 '대체의학'이라 부르기 시작했다. 그런 이유로 구미 각국에서는 한의학도 대체의학에 포함시키고 있으나 의료 이원화된 우리나라에서만은 한의학도 제도권 내의 공식 의학에 속하기 때문에 대체의학에서는 제외되고 있다.
서양에서 시작된 대체의학은 서양의 정통의학에서 부족한 부분을 보완하거나 대체할 새로운 치료의학에 대한 관심으로 시작하였으나 지금의 대체의학은 질병을 관찰함에 있어 부분적이기보다는 전일(全一)적이며 질병 중심적이기 보다는 환자 중심적이고 인위적이기 보다는 자연적인 치료를 주장하는 인간중심의 한의학에 관심을 갖게 되면서 전반적인 상태나 영양 등은 물론 환자의 정신적, 사회적, 환경적인 부분까지 관찰하여 조화와 균형을 이루게 하는 치료법으로 거듭 진화하고 있으며 현재는 보완대체의학에서 보완통합의학으로, 다시 통합의학이라는 용어로 변모되어가고 있다.
대체의학을 분류하는 방법이 다양하지만 서양에서 분류한 세 가지 유형으로 구분하여 대표적인 것들을 소개하자면 다음과 같다. 첫째, 동양의학적 보완대체요법으로 침술, 기공치료, 명상요법, 요가, 아유르베다 의학, 자연요법, 생약요법, 아로마요법, 반사요법, 봉침요법, 접촉요법, 심령치료법, 기도요법 등이며 둘째, 서양의학적 보완대체요법으로는 최면요법, 신경 – 언어 프로그램 요법, 심상유도 요법, 바이오피드백 요법(생체되먹이 요법), 분자정형치료, 응용운동학, 중금속제거 요법, 해독요법, 영양보충 요법, 효소요법, 산소요법, 생물학적 치과치료법, 정골의학, 족부의학, 근자극요법, 두개천골자극 요법, 에너지의학, 롤핑요법, 세포치료법, 테이핑요법, 홍채진단학 등이 있고 셋째, 동서의학 접목형 보완대체요법으로는 동종요법, 양자의학, 식이요법, 절식요법, 주스요법, 장요법, 수치료, 광선요법, 뇨요법 등의 치료법이 있고, 요즘은 여기에다 미술치료, 음악치료 등의 새로운 치료법이 대두되고 있으며 이미 일부의 양・한방 의료계에서는 이들 중의 일부를 임상에 접목시키고 있다.
그러나 한의학으로 모든 질병을 정복하려는 우를 범해서는 아니 된다. 한의학으로 모든 질병이 정복되어진다면 서양의학이 존재할 수 없으며 대체의학이 새롭게 21세기를 지배할 이유가 없다. 한의학은 대체의학이 아니다. 마찬가지로 대체의학 역시 한의학이 아니며 서양의학도 아니다. 대체의학은 새로운 의학이다. 우리가 개척하고 정복해야 할 미지의 의학이다.

① 대체의학의 의미와 종류
② 대체의학이 지니는 문제점
③ 대체의학에 따른 부작용 사례
④ 대체의학의 한계와 개선방향
⑤ 대체의학의 연구 현황과 미래

※ 다음 글의 내용으로 가장 적절한 것을 고르시오. [4~5]

| 2021년 상반기

04

먹거리의 안전에 대한 고민

원산지 표시제, 더 나아가 먹거리에 대한 표시제의 이점은 무엇일까? 원산지나 지리적 표시제품의 경우, 소비자 입장에서는 더 친근하게 여길 뿐만 아니라 품질에 대한 믿음 역시 강해져 구매로 이어질 가능성이 높다. 표시제는 단순한 제도 차원이 아닌 표시제의 실체에 대한 공감이 전제되어야 하며, 그 실체가 해당 품목의 부류를 대표할 수 있는 전형성을 갖추고 있어야 한다. 이러한 제품이 반복적·지속적으로 소비자들에게 노출될 경우 자연스럽게 뇌에 각인될 수 있다. 바로 단순노출효과가 나타나기 때문이다.

그런데 특히 먹거리가 그 대상이라면 좀 더 복잡해진다. 먹거리는 생명과 직결될 정도로 품질에 대한 관여가 높고, 사람들마다 그 평가기준이 상이하며, 똑같은 개인일지라도 처해있는 상황에 따라 그 기준이 달라진다.

원산지 효과는 선택의 스트레스를 줄여준다

소비자는 불확실한 상황에서 제품이나 서비스 구매에 따른 의사결정을 하는 과정에서 선택의 스트레스를 많이 받게 된다. 흔히 겪게 되는 이와 같은 선택에 따른 스트레스를 야기시키는 주된 이유 중 하나는 선택의 폭이 넓을 때 발생한다. 즉, 제품의 종류가 대여섯 가지일 때보다 20여 가지인 경우, 대안 선택을 결정하기 어려울 뿐 아니라 선택에 따른 후회감 역시 커지게 된다. 비록 최선의 선택 혹은 적어도 차선의 선택일지라도, 선택에서 제외된 나머지 대안들에 대한 미련이 강하게 남아 있기에 후회감으로 나타나게 마련이다.

특히 구입하는 제품이 공산품이 아닌 먹거리인 경우 이러한 스트레스는 더욱 커지게 마련이다. 이때 상당수의 주부들은 마트에서 식료품을 구입하면서 원산지와 생산자 등이 명시된 제품을 주로 선택하게 된다. 그만큼 가시적으로 구분하기 어려운 상황에서 원산지는 하나의 믿음에 대한 징표로 작용된다고 여기기 때문이다.

원산지 효과는 유명 브랜드에 버금가

일반적으로 원산지나 생산자 정보와 같은 생산여건이 소비자의 선택에 미치는 영향은 어느 정도일까? 일반적으로 명품이나 브랜드를 보고 구입하는 것과 유사한 양상을 띨까? 과연 원산지 효과는 어느 정도일까? 이에 대한 대답은 원산지나 생산자 정보가 선택에 따른 스트레스를 얼마나 줄여줄 수 있으며, 이로 인해 의사결정을 얼마나 신속하게 진행시킬 수 있느냐에 달려 있다. 선택에 따른 스트레스는 우리들로 하여금 선택을 망설이게 하거나 잘못된 대안을 선택하게 만들기 때문이다.

더 비싸더라도 원산지 표시제품을 사는 이유

원산지나 지리적 표시제 혹은 환경인증제를 포함한 각종 인증 마크가 있는 경우, 일반 제품에 비해 가격이 10% 정도 비싸지만 판매량은 더 높다고 한다. 이처럼 소비자가 그 비용을 흔쾌히 감수하려는 이유는 뭘까? 또 소비자들이 비싸게 주면서 얻고자 하는 것은 뭘까? 이 역시 선택의 스트레스를 줄이려는 노력과 무관치 않다. 제품으로부터 얻게 될 이득보다 혹시나 발생할지 모르는 손실이나 손해를 더 두려워하는 소비자의 심리 때문이다.

소비자들은 원산지나 지리적 표시제를 시행하는 농수산물이 10% 정도 더 비싸더라도 손쉽게 손이 간다. 특히 먹거리인 경우에는 가시적 품질지표가 부족하기 때문에 손실회피성향이 더 강하게 나타날 수 있기 때문이다. 더욱이 먹거리는 사람의 생명이나 가족의 건강과도 직결되는 제품 특성으로 인해 품질이나 신뢰에 대한 관여가 높다. 따라서 비록 10% 더 비싼 가격을 치르더라도 혹여나 있을지 모를 손실을 회피할 수 있는 안전장치로 가시적 표시인 원산지나 지리적 표시제를 선호하게 된다. 뿐만 아니라 소비자는 가격 – 품질의 연상인식이 강하게 작용하기 때문에 비싼 만큼 품질 역시 더 좋을 것이라고 쉽게 믿게 된다.

원산지와 지리적 표시제에는 더 큰 책임감이 따른다

만약 원산지 효과가 소비자에게 부정적으로 비춰질 경우, 특히 이러한 제품이 먹거리일 경우 소비자들이 겪게 되는 심리적 고통은 이만저만이 아니다. 일반 제품에 대한 소비자들의 불만이나 불신은 제품불매운동처럼 극단적인 상황으로 이어질 가능성은 상대적으로 낮다. 하지만 먹거리처럼 원산지 표시가 매우 중요한 판단지표로 작용되는 제품인 경우 소비자들의 불신은 매우 커진다. 단순히 불평불만에 그치지 않고 이보다 더 강력한 불평행동을 하게 된다. 물론 재구매는 꿈도 꾸기 어려운 상황일 것이다. 품질이나 디자인이 조금 맘에 들지 않는다면 험담이나 회사에 불평을 제기하거나 환불 / 교환 등을 하겠지만, 원산지를 속인 먹거리는 두 번 다시 구매목록에 오르지 못할 것이다. 따라서 원산지나 지리적 표시제를 시행하는 생산자 입장에서는 소비자들의 믿음과 신뢰를 얻기 위해서 더욱 막강한 책임감이 필수적이다.

원산지 표시제는 이와 같이 익명성을 탈피시켜 궁극적으로 사회적 태만을 줄일 수 있는 방안이다. 결국 원산지나 지리적 표시제는 생산자에게 유리한 브랜드자산 구축의 계기를 줄 수 있는 동시에, 생산자로 하여금 대소비자 책임감 부여라는 '양날의 칼'로 다가올 것이다.

① 먹거리는 불특정 다수를 상대로 단순노출효과를 이끌어 내기에 효과적이다.
② 소비자는 최선의 선택을 하게 될 경우 후회감이 0이 된다.
③ 소비자의 선택에 따른 스트레스를 줄여 주는 제품은 다른 제품보다 매출량이 높을 것이다.
④ 일반 제품보다 비싼 원산지 표시 제품을 구매할 때, 보통 소비자들은 선택의 스트레스를 더 많이 받는다.
⑤ 생산자는 원산지 표시제를 통해 사회적 태만을 소비자에게 전가한다.

05

4차 산업혁명에서 '혁명'은 말 그대로 큰 변화를 가져오는 것을 의미한다. 좀 더 풀어 설명하면 산업혁명은 '기술의 등장으로 인한 사회의 큰 변화'를 의미하는 것으로 이해할 수 있다. 사회적인 변화가 있었기 때문에 도시 모습도 당연히 변화됐다. 좀 더 엄밀히 말하면 특정 기술이 사회와 도시 모습을 바꾼 것이다.

1차 산업혁명은 열에너지 기술 등장으로 인한 교통수단과 생산이 자동화되는 시기다. 이때 철도를 움직이게 하기 위한 교통기반 시설이 갖춰지게 됐다. 2차 산업혁명은 전기 에너지 기반의 컨베이어 벨트 체계가 들어서기 시작할 때다. 이 시기에는 도시에 공장이 들어섬으로 인해 대량생산이 일어나게 된다. 3차 산업혁명은 '인터넷'이 등장한 시기다. 전 세계가 연결되고 정보 공유가 활발히 일어났다. 도시 모델 역시 '정보 공유형'의 특성을 가졌다. 이러한 도시를 유 시티(U-City)라고 한다. 유 시티는 '유비쿼터스 시티(Ubiquitous City)'의 줄임말로, 유비쿼터스는 '어디에나 존재하는'이라는 뜻을 가지고 있다. 정리하면 유 시티는 '장소와 시간에 구애받지 않고 시민들에게 정보를 제공하는 도시'로 정의할 수 있는데 인터넷 기술이 도시 모습에 영향을 미쳤음을 알 수 있다.

그렇다면 4차 산업혁명은 무엇이고, 스마트 시티는 기존 유 시티와 어떻게 다를까? 4차 산업혁명은 한마디로 산업 전 분야와 정보통신기술(ICT) 융합으로 생겨난 혁명으로, 핵심기술은 ICBM(IoT · Cloud · BigData · Mobile)이다. ICBM은 사물인터넷, 클라우드, 빅데이터 그리고 모바일이 결합한 기술로 정의하는데, 센서 역할을 하는 사물인터넷이 정보를 모아서 클라우드에 보낸다. 그러면 빅데이터는 이를 분석하고 사용자에게 서비스 형태로 모바일로 제공한다. 얼핏 들으면 기존 인터넷 시대와 다른 점이 없어 보인다. 그러나 두 가지 관점에서 명확히 다르다. 우선 연결 범위가 넓어졌다. 사물인터넷 등장으로 연결되는 기기 수가 증가하고 있다. 과거 인터넷 시대에는 컴퓨터, 휴대전화만 연결 대상이었다. 그러나 지금은 자동차, 세탁기 등이 연결 대상이 되어가고 있다. 참고로 시장 조사 전문 기관 '스태티스타(Statista)'에 따르면 사물인터넷 수는 2020년에 300억 기기가 인터넷으로 연결될 전망이다. 또 하나 인터넷 시대와 다른 점은 정보의 가공 수준이다. 빅데이터는 3V로 정의할 수 있는데, Velocity(속도), Volume(규모) 그리고 Variety(다양성)이다. 실제로는 속도와 규모로 빅데이터 여부를 나누는 것은 애매하다. 중요 부분은 '다양성'이라고 할 수 있는데, 빅데이터는 기계학습을 기반으로 비정형 데이터도 분석할 수 있다는 장점이 있다. 기존 분석 방식은 사람이 입력한 공식에 따라 처리하게 하는 '지식공학'이었다면, 현재 주목받는 기계학습 방식은 데이터를 주면 시스템이 알아서 공식을 만들고 문제를 푸는 방식이다. 이러한 방식은 적용 범위를 넓게 할 뿐만 아니라 분석 수준도 깊게 했다. 예를 들어 고양이를 비교하는 시스템을 개발한다고 해 보자. 사람이 고양이를 정의하는 공식을 만들어내는 것은 매우 복잡하고 오차 범위가 넓어서 적용이 어렵다. 반면에 시스템에 수많은 고양이 사진을 주고 스스로 고양이 정의를 내리게 한다면 어떨까?

바둑 천재 이세돌을 이긴 알파고를 예로 더 들어보자. 사람이 바둑으로 이세돌을 이길 수 있게 공식을 짤 수 있을까? 개발자가 이세돌보다 바둑을 더 잘 두지 않는 이상 어려울 것이다. 정리하면 4차 산업혁명은 '초연결'과 '지능화'라는 특성을 가진다. 그리고 이러한 특성은 스마트 시티에 그대로 적용되는 것이다.

스마트 시티 추진을 위해 반드시 염두에 둬야 할 점은 반드시 '시민'을 중심으로 이뤄져야 한다는 것이다. 두바이는 스마트 시티의 평가지표로 '행복계량기'를 설치해 시민이 행복 정도를 입력할 수 있도록 했다. 한발 더 나아가 미국 뉴욕시는 뉴욕시민이 'NYC BIG' 앱을 통해 뉴욕의 문제점을 지적하고 서로 논의할 수 있게 했으며, 싱가포르는 '버추얼 싱가포르(3차원 가상도시 플랫폼)'를 통해 국민들에게 정보를 공유하고 제안할 수 있게 한다.

스마트 시티의 성공은 '인공지능'과의 접목을 통한 기술 향상이 아니다. 스마트 시티 추진의 목적은 바로 시민의 '행복'이다.

① 1차 산업혁명 때는 컨베이어 벨트를 이용한 자동화 기술이 들어섰다.
② 과거 인터넷 시대에는 자동차, 세탁기에만 인터넷 연결이 가능했다.
③ 4차 산업혁명 시대의 도시는 '정보 공유형' 특성을 가진다.
④ 빅데이터는 속도, 규모, 연결성으로 정의할 수 있다.
⑤ 스마트 시티는 인공지능 기술 향상만으로 성공할 수 없다.

| 2021년 상반기

06 다음 자료를 보고 추론한 내용으로 적절하지 않은 것은?

구분	올더스 헉슬리	조지 오웰
경고	스스로 압제를 환영하며, 사고력을 무력화하는 테크놀로지를 떠받을 것이다.	외부의 압제에 지배당할 것이다.
두려움	굳이 서적을 금지할 이유가 없어지는 것에 대한 두려움	서적을 금지에 대한 두려움
	지나친 정보 과잉으로 수동적이고 이기적인 존재가 될 것 같은 두려움	정보 통제에 대한 두려움
	비현실적 상황에 진실이 압도당할 것에 대한 두려움	진실 은폐에 대한 두려움
	가장현실, 약물중독 따위에 몰두함으로 인해 하찮은 문화로 전락할 것에 대한 두려움	통제에 의한 문화가 감옥이 될 것에 대한 두려움
	우리가 좋아서 집착하는 것이 오히려 우리를 파괴할 것에 대한 두려움	우리가 증오하는 것이 우리를 파괴할 것 같은 두려움
통제	즐길 거리를 통해서	고통을 가해서

– 닐 포스트먼, 『죽도록 즐기기』

① 조지 오웰은 개인의 자유가 침해되는 상황을 경계하고 있다.
② 올더스 헉슬리는 개인들이 통제를 기꺼이 받아들일 것이라고 전망했다.
③ 조지 오웰은 사람들이 너무 많은 정보를 접하는 상황에 대해 두려워했다.
④ 올더스 헉슬리는 쾌락을 통해 사람들을 움직일 수 있다고 본다.
⑤ 두 사람 모두 사람들은 자기 파멸에 대해 두려움을 느낀다.

07 다음 글을 읽고 추론할 수 없는 것은?

> 삼국통일을 이룩한 신라는 경덕왕(742 ~ 765) 대에 이르러 안정된 왕권과 정치제도를 바탕으로 문화적 황금기를 맞이하게 되었다. 불교문화 역시 융성기를 맞이하여 석굴암, 불국사를 비롯한 많은 건축물과 조형물을 건립함으로써 당시의 문화적 수준과 역량을 지금까지 전하고 있다.
> 석탑에 있어서도 시원 양식과 전형기를 거치면서 성립된 양식이 이때에 이르러 통일된 수법으로 정착되어, 이후 건립되는 모든 석탑의 근원적인 양식이 되고 있다. 건립된 석탑으로는 나원리 오층석탑, 구황동 삼층석탑, 장항리 오층석탑, 불국사 삼층석탑, 갈항사지 삼층석탑, 원원사지 삼층석탑 그리고 경주 외에 청도 봉기동 삼층석탑과 창녕 술정리 동삼층석탑 등이 있다. 이들은 대부분 불국사 삼층석탑의 양식을 모형으로 건립되었다. 이러한 석탑이 경주에 밀집되어 있는 이유는 통일된 석탑양식이 지방으로까지 파급되지 못하였음을 보여주고 있다.
> 이 통일된 수법을 가장 대표하는 석탑이 불국사 삼층석탑이다. 부재의 단일화를 통해 규모는 축소되었으나, 목조건축의 양식을 완벽하게 재현하고 있고, 양식적인 면에서도 초기적인 양식을 벗어나 높은 완성도를 보이고 있다. 그 특징을 살펴보면 첫 번째로 이층기단으로 상·하층기단부가 모두 2개의 탱주와 1개의 우주로 이루어져 있다. 하층기단갑석의 상면에는 호각형 2단의 상층기단면석 받침이, 상층기단갑석의 상면에는 각형 2단의 1층 탑신석 받침이 마련되었고, 하면에는 각형 1단의 부연이 마련되었다. 두 번째로 탑신석과 옥개석은 각각 1석으로 구성되어 있으며, 1층 탑신에 비해 2·3층 탑신이 낮게 만들어져 체감율에 있어 안정감을 주고 있다. 옥개석은 5단의 옥개받침과 각형 2단의 탑신받침을 가지고 있으며, 낙수면의 경사는 완만하고, 처마는 수평을 이루다가 전각에 이르러 날렵한 반전을 보이고 있다. 세 번째로 상륜부는 대부분 결실되어 노반석만 남아 있다.

① 경덕왕 때 불교문화가 번창할 수 있었던 것은 안정된 정치 체제가 바탕이 되었기 때문이다.
② 장항리 오층석탑은 불국사 삼층석탑과 동일한 양식으로 지어졌다.
③ 경덕왕 때 통일된 석탑 양식은 경주뿐만 아니라 전 지역으로 유행했다.
④ 이전에는 시원 양식을 사용해 석탑을 만들었다.
⑤ 탑신부에서 안정감이 느껴지는 것은 아래층보다 위층을 낮게 만들었기 때문이다.

08 다음 자료에 대한 〈보기〉의 설명 중 옳은 것을 모두 고르면?

〈결혼할 의향이 없는 1인 가구의 비중〉

(단위 : %)

구분	2019년		2020년	
	남성	여성	남성	여성
20대	8.2	4.2	15.1	15.5
30대	6.3	13.9	18.8	19.4
40대	18.6	29.5	22.1	35.5
50대	24.3	45.1	20.8	44.9

〈1인 생활 지속기간 예상〉

(단위 : %)

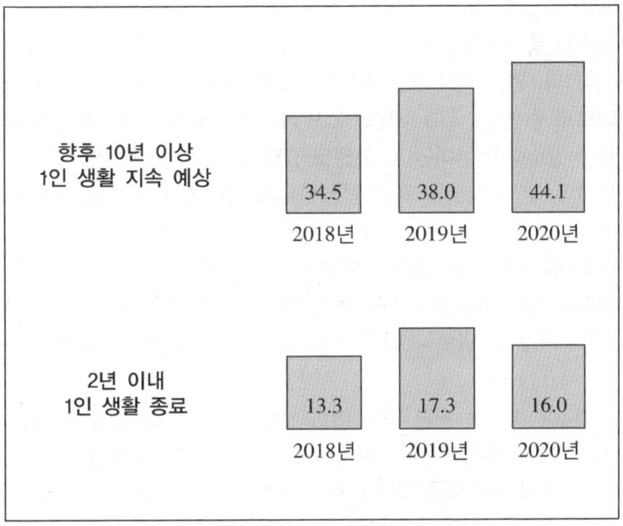

〈보기〉

ㄱ. 20대 남성은 30대 남성보다 1인 가구의 비중이 더 높다.
ㄴ. 30대 이상에서 결혼할 의향이 없는 1인 가구의 비중은 여성이 더 높다.
ㄷ. 2020년에서는 40대 남성이 남성 중 제일 높은 1인 가구 비중을 차지한다.
ㄹ. 2년 이내 1인 생활을 종료하는 1인 가구의 비중은 2018년부터 꾸준히 증가하였다.

① ㄱ
② ㄴ
③ ㄱ, ㄴ
④ ㄴ, ㄷ
⑤ ㄷ, ㄹ

09 다음 글의 내용으로 적절하지 않은 것은?

흰 눈이 센 바람에 휘몰아치며, 영하 20 ~ 40℃를 넘나드는 히말라야 산을 등반하는 산악인들의 인내심과 위험을 무릅쓰면서도 한발씩 내딛는 용기에는 저절로 고개를 숙여 경의를 표하게 된다. 이런 얘기를 들으면서도, 필자는 조금은 다른 면을 생각하면서 고개를 갸웃거린 적이 있었다. 그런 힘든 등반을 하면서 입고 간 옷이 너무 무거웠다거나 보온이 덜 되어 추위를 견디기 힘들었다고, 또 통기성이 충분하지 못해 옷이 땀에 흠뻑 젖었다는 불평을 하는 것을 들어본 적이 없다. 이런 문제가 비교적 잘 해결되고 있는 것을 보면, 등반가들이 입은 옷은 무언가 특수한 처리가 되어 있는 것이 아닐까? 특히 방수와 통기성이라는 서로 모순인 조건을 만족시키는 것을 보면, 등산복에 사용하는 특수한 천의 정체가 궁금해진다.

특수한 기능을 가진 옷감은 주로 고분자의 화학적, 물리적 특성을 이용해 만든다. 이런 옷감들의 제조에는 섬유를 만드는 고분자 재료의 화학 구조는 물론 물리적 구조 또한 매우 중요하다. 방수 – 통기성 의복에 사용된 천의 과학적 디자인은 바람, 비, 체열 손실로부터 우리 신체를 보호해 준다. 이런 기능뿐만 아니라 입은 특수복이 편하게 느껴져야 함도 필수적이다. 방수와 수분 투과성을 동시에 지니는 직물은 크게 세 가지 종류가 있다. 첫 번째가 고밀도 천, 두 번째가 수지 코팅 천, 마지막이 필름 적층 천이다.

고밀도 천으로 방수와 통기성을 지닌 천을 만들 때는 흔히 면이나 합성섬유의 가는 장섬유를 사용하며, 능직법(綾織法)을 사용한다. 면은 물에 젖으므로 방수력이 폴리에스테르(폴리에스터)보다는 뒤지지만, 가는 면사를 사용해 능직법으로 짠 천은 물에 젖더라도 면섬유들이 횡축 방향으로 팽윤해 천의 세공 크기를 줄여 물이 쉽게 투과하지 못해 방수력이 늘어난다. 고밀도 천으로는 2차 세계대전 중 영국 맨체스터에서 개발된 벤타일(Ventail)이 유명하다. 면과 다른 소수성 합성섬유의 경우에는 실의 굵기와 직조법으로 세공 크기를 조절하여 방수력을 늘린다.

고밀도 천과는 다르게, 수지 코팅 천은 고분자 물질을 기본 천 표면에 코팅하여 만든다. 코팅하는 막은 미세 동공막 모양을 가지고 있는 소수성 수지나 동공막을 지니지 않는 친수성 막을 사용하는데, 미세 동공의 크기는 수증기 분자는 통과할 수 있으나 아주 작은 물방울은 통과할 수 없을 정도로 조절한다. 주로 사용되는 코팅 재질은 폴리우레탄이다.

마지막으로 적층 방수 – 통기성 천은 얇은 막층[최대 두께 : $10\mu m(1\mu m=10^{-6}m)$]이 천 가운데에 있으며, 이 적층이 방수 – 통기성을 컨트롤한다. 적층으로 사용하는 막에는 마이크로 세공막과 친수성 막이 널리 사용되고 있다. 마이크로 세공막의 세공 크기는 작은 물방울 크기의 20,000분의 1 정도로 작아 물방울은 통과하지 못하지만, 수증기 분자는 쉽게 통과한다. 마이크로 세공막으로는 폴리테트라플루오로에틸렌과 폴리플루오르화비닐리덴이라는 플루오린(불소, 플루오르)계 합성수지 박막이 주로 사용되며, 대표적 천으로는 널리 알려진 고어 – 텍스(Gore–Tex)가 있다. 친수성 막으로는 흔히 폴리에스테르나 폴리우레탄 고분자 내부에 친수성이 큰 폴리산화에틸렌을 포함할 수 있도록, 화학적으로 변형을 가해 사용한다.

방수 – 통기성 직물재료 이야기는 일단 여기서 잠깐 중단하고 이제는 직물 내에서 수증기가 어떻게 움직이는지 알아보자. 수분이 직물을 통해 이동하는 메커니즘은 모세관을 타고 액체기둥이 올라가는 모세관 현상과 같은 원리이다. 모세관의 지름과 내면의 표면에너지에 따라 올라가는 액체기둥의 높이가 결정된다. 지름이 작을수록 액체가 모세관을 따라 잘 올라가는데, 직물에서 섬유가닥 사이의 작은 공간이 모세관 노릇을 하기 때문에 미세 섬유일수록 모세관의 크기가 작아 모세관 현상이 잘 일어난다. 모세관 내부 벽의 표면에너지는 화학구조가 결정하며, 친수성 섬유의 표면은 소수성 섬유 표면보다 표면에너지가 커 수분을 더 쉽게 흡수하지만, 소수성 섬유는 반대로 수분을 흡수하지 않는다.

등산복과 같은 기능성 특수복에서 수분의 제거는 체온을 조절하며 근육의 운동을 돕고, 피로를 지연시키기 때문에 매우 중요하다. 면 같은 천연섬유는 운동량이 약할 때에는 적합하지만, 운동량이 클 때는 폴리에스테르나 나일론 같은 합성섬유가 더 좋다. 합성섬유가 면보다 흡습성이 낮지만 오히려 모세관 현상으로 운동할 때 생기는 땀이 쉽게 제거되기 때문이다.

나일론을 기초 직물로 한 섬유는 폴리에스테르보다 수분에 더 빨리 젖지만, 극세사로 천을 짜면 공기투과성이 낮아 체온보호 성능이 우수하다. 이런 이유 때문에 등산복보다는 수영복, 사이클링복에 많이 쓰인다. 운동 시 생기는 땀을 피부에서 빨리 제거하려면 흡습성이 좋은 면이나 비스코스 레이온 등이 유리해 보이지만, 이들은 수분을 붙들고 있으려는 특성이 강해 잘 마르지 않는다는 단점도 있다. 이런 이유 때문에 모양이 잘 변하지 않고, 속히 마르는 합성섬유가 기초 직물로 더 넓게 쓰인다.

① 벤타일과 같이 능직법으로 짠 천은 물에 젖게 되면 방수력이 늘어난다.
② 수지 코팅천은 미세 동공의 크기는 수증기 분자는 통과할 수 있으나 아주 작은 물방울은 통과할 수 없을 정도로 조절한다.
③ 고어 – 텍스와 같은 천은 세공막의 세공 크기가 작은 물방울 크기의 20,000분의 1 정도로 작아 물방울은 통과하지 못하지만, 수증기 분자는 쉽게 통과한다.
④ 폴리에스테르나 나일론 같은 합성섬유는 운동량이 약할 때에는 적합하지만, 운동량이 클 때는 수분에 더 빨리 젖기 때문에 땀이 쉽게 제거되지 않는다.
⑤ 나일론을 기초 직물로 한 섬유는 폴리에스테르보다 수분에 더 빨리 젖으며 수영복이나 사이클링복에 많이 쓰인다.

| 2021년 상반기

10 **어느 기업에서는 보안을 위해서 8자리의 비밀번호 입력을 요구하고 있다. 비밀번호는 알파벳과 숫자, 특수문자가 각각 1개 이상 구성이 되어있어야 하며 연속된 숫자들은 소수로 구성이 되어야 한다. 다음 중 비밀번호가 될 수 없는 수는?**

① Acelot3@
② 17@@ab31
③ 59a41b@@
④ 2a3b5c7!
⑤ 73a@91b@

※ 다음은 코레일의 맞춤형 우대예약 서비스에 대한 자료이다. 이어지는 질문에 답하시오. [11~12]

〈맞춤형 우대예약 서비스(원콜 서비스)〉

- 경로고객 및 장애인 등 인터넷 예약이 어려운 고객을 위한 우대예약 서비스입니다.
- 대상고객
  만 65세 이상의 경로고객, 장애인, 상이등급이 있는 국가유공자
- 가입 방법
  역에 대상자 자격을 확인할 수 있는 신분증, 복지카드, 유공자증 등을 제시하고 서비스를 신청하시기 바랍니다.
- 신청 방법
  역 방문 → 대상자 확인(주민등록증, 복지카드, 국가유공자 등) → 신청서 작성 및 제출 → 개인정보 입력 및 활용 동의 → 결제 신용카드 정보 등록
  ※ 기존 우대서비스 대상자는 추가등록 없이 서비스 이용이 가능합니다.
- 제공서비스
  1. 철도고객센터로 전화 시 상담원 우선 연결
  2. 승차권 대금 결제기한을 열차출발 20분 전까지 유보
  3. 원콜(One-Call) : 전화상으로 결제·발권(전화 예약 후 역에서 발권하는 불편 개선)

원콜(One-Call) 서비스란?

- 맞춤형 우대서비스 대상자가 철도고객센터에서 전화 예약 후 역에서 대기 후 승차권을 구매해야 하는 불편함을 개선하고, 보다 쉽고 편리하게 열차 이용이 가능하도록 전화상으로 결제·발권이 가능한 원스톱 예약·발권 서비스를 개발
- 대상 고객이 결제·발권까지 원하는 경우
  일반휴대폰 / 코레일톡 미설치자 : '승차권 대용문자' 발권
  코레일톡 설치자(스마트폰) : 승차권 대용문자+스마트폰 티켓 혼용 발권
  ※ 승차권 대용문자 : 승차권 대신 사용이 가능하도록 휴대폰으로 전송하는 문자메시지(열차 내에서는 승차권에 표시된 대상자 이름과 승무원 단말기에 표시된 이름과 신분증을 같이 확인하여 유효한 승차권 여부 및 대상자임을 확인)
  ※ 1회 예약 및 발권 가능 매수는 2매입니다.
  ※ 공공할인(경로, 장애인, 어린이 등)과 중복할인이 되지 않습니다.
- 주의사항
  승차권 전화 예약 후 결제기한 3회 초과로 자동 취소 시 6개월 간 서비스 제한
  ☞ 1월 1일과 7월 1일 기준으로 반기별 예약 부도 실적이 3회 이상인 경우 다음 산정일까지 우대서비스 제한
- 원콜(One-Call) 서비스를 이용한 전화 결제·발권 방법
  ① 철도고객센터 전화 → ② 상담원 자동·우선연결 → ③ 대상자 유형에 따라 예약 안내 → ④ 승차권 예약(상담원) → ⑤ 사전등록된 신용카드 정보로 결제(ARS) → ⑥ 고객의 선택에 따라 상담원 안내에 맞춰 승차권 대용문자 단독 발권 또는 승차권 대용문자+스마트폰 티켓 혼용발권 선택 → ⑦ 발권완료(☞ 고객의 휴대폰으로 승차권과 동일하게 대용으로 사용이 가능한 문자 전송)
  - 코레일톡 사용가능 여부에 따라 '승차권 대용문자' or '승차권 대용문자'+'스마트폰 티켓' 선택
  - 휴대폰을 이용한 승차권 발권을 원하지 않는 경우 전화 예약 후 역창구 발권 가능
  - 열차 내에서는 승차권 대용 문자의 운송정보와 승객의 신분증, 승무원 이동단말기 정보를 동시에 확인하여 정당한 이용 대상자임을 확인(대상자 외 타인 이용 적발 시, 무임승차 적용)

11 **다음 중 맞춤형 우대예약 서비스에 대한 설명으로 가장 적절한 것은?**

① 모든 국가유공가는 해당 서비스를 이용할 수 있다.
② 전화를 통해서는 맞춤형 우대예약 서비스를 이용할 수 없다.
③ 신청을 위해서는 반드시 신분증을 지참하여야 한다.
④ 원콜 서비스를 이용하기 위해서는 반드시 신용카드를 사전등록하여야 한다.
⑤ 해당 서비스 이용에 따른 발권 방식은 이용자가 선택할 수 없다.

| 2021년 상반기

12 **A씨는 맞춤형 우대예약 서비스를 이용하여 서울에서 대전으로 가는 KTX를 예매하고자 한다. A씨가 전화를 통한 발권 및 결제를 희망한다고 할 때, 〈보기〉에서 적절하지 않은 것을 모두 고르면?**

〈보기〉

ㄱ. A씨는 철도고객센터에 전화한 후, ARS를 통해서만 승차권을 예약이 가능하다.
ㄴ. 예약한 승차권은 복수의 방식으로 발급받을 수 있다.
ㄷ. 예약한 승차권은 별도 신청을 통해 타인에게 양도할 수 있다.
ㄹ. 예약 부도가 반복되는 경우, 서비스 이용이 제한될 수 있다.

① ㄱ, ㄴ
② ㄱ, ㄷ
③ ㄴ, ㄷ
④ ㄴ, ㄹ
⑤ ㄷ, ㄹ

※ 다음 글의 내용으로 가장 적절한 것을 고르시오. [13~14]

| 2021년 상반기

13

플라톤의 '파이드로스'에는 소크라테스가 파이드로스에게 문자의 발명에 대한 옛 이야기를 하는 대목이 있다. 이 옛 이야기에 따르면 문자뿐 아니라 숫자와 여러 문명의 이기를 고안해낸 발명의 신(토이트)이 이집트의 왕(타무스)에게 자신이 발명한 문자를 온 백성에게 사용하게 하면 이집트 백성이 더욱더 현명하게 될 것이라는 이야기를 한다. 그러나 타무스 왕은 문자는 인간을 더욱 이성적이게 하고 인간의 기억을 확장시킬 도구라는 토이트신의 주앙에 대해 강한 거부감을 표현한다. '죽은' 문자는 백성들을 현명하게 만들기는커녕 도리어 생동감 있고 살아있는 기억력을 퇴보시킬 것이고, 문자로 적혀진 많은 글들을 다른 여타의 상황해석 없이 그저 글로 적혀진 대로만 읽게 되어 원뜻과는 동떨어지게 된다는 오해의 소지가 다분하다는 것이다.
우리 시대의 주요한 화두이기도한 구어문화(Orality)에 대립되는 문자문화(Literacy)의 비역동성과 수동성에 대한 비판은 이제 막 알파벳이 보급되고 문자문화가 전래의 구술적 신화문화를 대체한 플라톤 시기에 이미 논의되어진 것이다. 실제의 말과 사고는 본질적으로 언제나 실제 인간끼리 주고받는 콘텍스트하에 존재하는데, 문자와 글쓰기는 이러한 콘텍스트를 떠나 비현실적이고 비자연적인 세계 속에서 수동적으로 이뤄진다. 글쓰기와 마찬가지로 인쇄술과 컴퓨터는 끊임없이 동적인 소리를 정지된 공간으로 환원하고, 말을 그 살아있는 현재로부터 분리시키고 있다.
물론 인류의 문자화가 결코 '폐해'만을 낳았던 것이 아니라는 주장도 만만치 않다. 지난 20년간 컴퓨터공학과 인터넷의 발전이 얼마나 우리의 주변을 변화시켰던가. 고대의 신화적이고 구어문화 중심적인 사회에서 문자사회로의 이행기에 있어서 문자의 사용은 신이나 지배자의 명령하는 목소리에 점령되지 않는 자유공간을 만들어 내기도 했다는 주장에 주목할 필요가 있을 것이다.
이러한 주장의 근저에는 마치 소크라테스의 입을 통해서 플라톤이 주장하는 바와 맥이 닿는 것이 아닐까? 언어 행위의 근간이 되는 변증법적 작용을 무시하는 언술행위의 문자적 고착화에 대한 비판은 궁극적으로 우리가 살아가는 세상은 결코 어떠한 규정적인 개념화와 그 기계적인 강제로도 담아낼 수 없다는 것이다. 역으로 현실적인 층위에서의 물리적인 강제의 억압에 의해 말살되어질 위기에 처한 진리의 소리는 기념비적인 언술행위의 문자화를 통해서 저장되어야 한다는 것이 아닐까?
이러한 문화적 기억력의 여과과정은 결국 삶의 의미에 대한 성찰에 기반한 문화적 구성원들의 가치 판단에 의해서 이뤄질 몫이다. 문화적 기억력에 대한 성찰과 가치 판단이 부재한 시대의 새로운 매체는 단지 댓글 파노라마에 불과할 것이기 때문이다.

① 타무스 왕은 문자를 살아있고 생동감 있는 것으로 기억력을 죽은 것으로 생각했다.
② 플라톤 시기에는 문자문화가 구술적 신화문화를 대체하기 시작한 시기였다.
③ 문자와 글쓰기는 항상 콘텍스트하에서 이뤄지는 행위이다.
④ 문자문화로 인해 진리의 소리는 물리적인 강제의 억압에 의해 말살되었다.
⑤ 문화적 기억력이 바탕에 있다면 새로운 매체는 댓글 파노라마로 자리잡을 것이다.

14

개인의 소득을 결정하는 데는 다양한 요인들이 작용한다. 가장 중요한 변수가 어떤 직업일 것이다. 일반적으로 전문직의 경우 고소득이 보장되며 단순노무직의 경우 저소득층의 분포가 많다. 직업의 선택에 영향을 미치는 요인 가운데 가장 중요한 것이 개인의 학력과 능력일 것이다. 그러나 개인의 학력과 능력을 결정하는 배경변수로 무수히 많은 요인들이 작용한다. 그 가운데에서는 개인의 노력이나 선택과 관련된 요인들이 있고 그것과 무관한 환경적 요인들이 있다. 상급학교에 진학하기 위해 얼마나 공부를 열심히 했는가, 어떤 전공을 선택했는가, 직장에서 요구하는 숙련과 지식을 습득하기 위해 얼마나 노력을 했는가 하는 것들이 전자에 해당된다. 반면 부모가 얼마나 자식의 교육을 위해 투자했는가, 어떤 환경에서 성장했는가, 개인의 성이나 연령은 무엇인가 등은 개인의 선택과 무관한 대표적인 환경적 요인일 것이다. 심지어 운(불운)도 개인의 직업과 소득을 결정하는 데 직·간접적으로 작용한다.

환경적 요인에 대한 국가의 개입이 정당화될 수 있는 근거는 그러한 요인들이 개인의 통제를 벗어난(Beyond One's Control) 요인이라는 것이다. 따라서 개인이 어찌할 수 없는 이유로 발생한 불리함(저소득)에 대해 전적으로 개인에게 책임을 묻는 것은 분배정의론의 관점에서 정당하다고 보기 힘들다. 부모의 학력은 전적으로 개인(자녀)이 선택할 수 없는 변수이다. 그런데 부모의 학력은 부모의 소득과 직결되기 쉽고 따라서 자녀에 대한 교육비지출 등 교육투자의 격차를 발생시키기 쉽다. 동일한 능력을 가졌다고 가정했을 때, 가난한 부모에게서 태어나고 성장한 자녀들은 부유한 부모에게서 태어나서 성장한 사람에 비해 본인의 학력과 직업적 능력을 취득할 기회를 상대적으로 박탈당했다고 볼 수 있다. 그 결과 저소득층 자녀들은 고소득층 자녀에 비해 상대적으로 낮은 소득을 얻을 확률이 높다. 이러한 현상이 극단적으로 심화된다면 이른바 빈부격차의 대물림 현상이 나타날 것이다. 이와 같이 부모의 학력이 자녀 세대의 소득에 영향을 미친다면, 자녀 세대의 입장에서는 본인의 노력과 무관한 요인에 의해 경제적 불이익을 당하는 것이다. 기회의 균등 원칙은 이러한 분배적 부정의를 해소하기 위한 정책적 개입을 정당화한다.

외국의 경우와 비교하여 볼 때, 사회민주주의 국가의 경우에는 이미 현재의 조세 정책으로도 충분히 기회균등화 효과를 거두고 있음을 확인하였다. 반면 미국, 이탈리아, 스페인 등 영미권이나 남유럽 국가의 경우 우리나라의 경우와 유사하거나 더 심한 기회의 불평등 양상을 보여주었다.

따라서 부모의 학력이 자녀의 소득에 영향을 미치는 효과를 차단하기 위해서는 더욱 적극적인 재정 정책이 필요하다. 세율을 보다 높이고 대신 이전지출의 크기를 늘리는 것이 세율을 낮추고 이전지출을 줄이는 것에 비해 재분배효과가 더욱 있으리라는 것은 자명한 사실이다. 기회균등화의 관점에서 볼 때 우리나라의 재분배 정책은 훨씬 강화되어야 한다는 시사점을 얻을 수 있다.

① 개인의 학력과 능력은 개인의 노력이나 선택에 의해서 결정된다.
② 분배정의론의 관점에서 개인의 선택에 의한 불리함에 대해 개인에게 책임을 묻는 것은 정당하지 않다.
③ 부모의 학력이 자녀의 소득에 영향을 미치는 현상이 심화된다면 빈부격차의 대물림 현상이 나타날 것이다.
④ 사회민주주의 국가의 경우 더 심한 기회의 불평등 양상이 나타나는 것으로 확인된다.
⑤ 이전지출을 줄이는 것은 세율을 낮추는 것보다 재분배효과가 더욱 클 것으로 전망된다.

※ 다음 자동차 수출 자료를 보고 이어지는 질문에 답하시오. [15~16]

〈자동차 수출액〉

(단위 : 백만 달러)

구분	2019년		2020년		
	3분기	4분기	1분기	2분기	3분기
A사	342	452	163	263	234
B사	213	312	153	121	153
C사	202	153	322	261	312
D사	351	264	253	273	312
E사	92	134	262	317	324

〈자동차 수출 대수〉

(단위 : 백 대)

구분	2019년		2020년		
	3분기	4분기	1분기	2분기	3분기
A사	551	954	532	754	642
B사	935	845	904	912	845
C사	253	242	153	125	164
D사	921	955	963	964	954
E사	2,462	1,816	2,201	2,365	2,707

| 2021년 상반기

15 다음 〈보기〉에서 옳지 않은 것은 모두 몇 개인가?(단, 회사별로 한 종류의 차만 판매하였다)

〈보기〉

ㄱ. 2019년 3분기 전체 자동차 수출액은 2020년 3분기 전체 자동차 수출액보다 적다.
ㄴ. 2020년 1분기에 가장 고가의 차를 수출한 회사는 A사이다.
ㄷ. C사의 자동차 수출 대수는 2019년 3분기 이후 계속 감소하였다.
ㄹ. E사의 자동차 수출액은 2019년 3분기 이후 계속 증가하였다.

① 없음
② 1개
③ 2개
④ 3개
⑤ 4개

16 다음은 자동차 수출 자료를 토대로 만든 표일 때, ㉠+㉡+㉢의 값을 구하면?(단, 2020년 4분기 자동차 수출 대수는 2분기 자동차 수출 대수와 같으며, 2019년 1분기와 2분기의 자동차 수출액 합은 2019년 3분기와 4분기의 합과 같다)

〈자료〉

(전체 수출액 단위 : 백만 달러, 전체 수출 대수 단위 : 백 대)

구분	2019년		2020년		
	3분기	4분기	1분기	2분기	3분기
전체 수출액					
전체 수출 대수			㉠		

구분		A사	B사	C사	D사	E사
2019년	전체 수출액	㉡				
	전체 수출 대수					
2020년	전체 수출액					
	전체 수출 대수					㉢

① 13,312
② 15,979
③ 16,197
④ 17,253
⑤ 20,541

※ 다음은 원탁 테이블 3개가 있는 어느 카페의 하루 방문자 현황이다. 이어지는 질문에 답하시오. [17~18]

- 카페에서 보유한 원탁에 대한 정보는 다음과 같으며, 카페는 각 원탁을 1개씩 보유하고 있다.
  - 2인용 원탁 : 1～2인만 앉을 수 있음
  - 4인용 원탁 : 1～4인만 앉을 수 있음
  - 6인용 원탁 : 3～6인만 앉을 수 있음
- 방문한 인원수에 맞추어 원탁을 배정하며 가능한 작은 원탁을 우선 배정한다.
- 함께 온 일행은 같이 앉을 수 있는 자리가 없다면 입장할 수 없다.
- 함께 온 일행들은 함께 앉을 수 있으면 같은 원탁에 앉고, 항상 함께 온 일행과 함께 나간다.
- 한 번 들어온 손님은 반드시 1시간 동안 머문 후 나간다.
- 카페 영업시간은 오전 9시부터 오후 10시까지이다.
- 시각별로 새로운 고객 입장 및 새로운 고객 입장 전 기존 고객에 대한 정보는 다음과 같다. 이 외에 새로운 고객은 없다.

시각	새로운 고객	기존 고객	시각	새로운 고객	기존 고객
09:20	2	0	15:10	5	
10:10	1		16:45	2	
12:40	3		17:50	5	
13:30	5		18:40	6	
14:20	4		19:50	1	

※ 새로운 고객은 같이 온 일행이다.

| 2021년 상반기

17 다음 중 오후 3시 15분에 카페에 앉아 있는 손님은 총 몇 명인가?

① 1명 ② 4명
③ 5명 ④ 7명
⑤ 9명

| 2021년 상반기

18 다음 〈보기〉의 설명 중 옳지 않은 것을 모두 고르면?

〈보기〉

ㄱ. 오후 6시 정각에 카페에 있는 손님은 5명이다.
ㄴ. 카페를 방문한 손님 중 돌아간 일행은 없다.
ㄷ. 오전에는 총 3명의 손님이 방문하였다.
ㄹ. 오후 2시 정각에는 2인용 원탁에 손님이 앉아 있었다.

① ㄱ, ㄴ ② ㄱ, ㄷ
③ ㄴ, ㄷ ④ ㄴ, ㄹ
⑤ ㄷ, ㄹ

※ 다음은 A～E약물에 대한 자료이다. 〈조건〉을 바탕으로 이어지는 질문에 답하시오. **[19~20]**

약 종류	1주 복용 횟수	복용 시기	혼용하면 안 되는 약	복용 우선순위
A	4회	식후	B, C, E	3
B	4회	식후	A, C	1
C	3회	식전	A, B	2
D	5회	식전	–	5
E	4회	식후	A	4

〈조건〉

- S씨는 모든 약을 복용해야 한다.
- 혼용하면 안 되는 약은 한 끼니를 전후하여 혼용해서는 안 된다.
  – 아침 전후 or 점심 전후 or 저녁 전후는 혼용 불가
- 약은 우선순위대로 최대한 빨리 복용하여야 한다.
- 식사는 아침, 점심, 저녁만 해당한다.
- 하루 최대 6회까지 복용할 수 있다.
- 약은 한번 복용하기 시작하면 해당 약을 모두 먹을 때까지 중단 없이 복용하여야 한다.
- 모든 약은 하루 최대 1회 복용할 수 있다.

| 2021년 상반기

19 다음 중 〈조건〉을 고려할 때, 모든 약의 복용이 완료되는 시점은?

① 4일 차 점심
② 4일 차 저녁
③ 5일 차 아침
④ 5일 차 저녁
⑤ 6일 차 아침

| 2021년 상반기

20 다음 〈보기〉 중 S씨의 A～E약물 복용에 대한 설명으로 옳은 것을 모두 고르면?

〈보기〉

ㄱ. 하루에 A～E를 모두 복용할 수 있다.
ㄴ. D는 점심에만 복용한다.
ㄷ. 최단 시일 내에 모든 약을 복용하기 위해서는 A는 저녁에만 복용하여야 한다.
ㄹ. A와 C를 동시에 복용하는 날은 총 2일이다.

① ㄱ, ㄴ
② ㄱ, ㄷ
③ ㄴ, ㄷ
④ ㄴ, ㄹ
⑤ ㄷ, ㄹ

※ 택배기사 A씨는 다음 〈조건〉에 근거하여 근무를 한다. 자료를 보고 이어지는 질문에 답하시오. **[21~22]**

〈조건〉

- 한 번 배송을 다녀오면 10분간 휴식한다.
- 한 번 배송으로 소요되는 총 시간은 50분을 초과할 수 없다.
- 같은 물류창고에 있는 물건은 3개까지 가져갈 수 있다.
- 특수택배 물품의 배송이 모두 완료되어야 보통택배 물품을 배송할 수 있다.
- 특수택배의 배송번호는 '특'으로 시작하며, 보통택배의 배송번호는 '보'로 시작한다.
- 2개를 동시에 가져가서 배송하면, 각 상품별 왕복 배송시간의 총합에서 5분이 감소하고, 3개를 동시에 가져가서 배송하면 10분이 감소한다.

〈배송표〉

배송번호	물류창고	왕복 배송시간
특01	가	10분
특02	나	15분
특03	나	10분
보01	가	10분
보02	나	15분
보03	다	20분
보04	다	10분
보05	다	25분
보06	가	10분

| 2021년 상반기

21 다음 〈보기〉의 설명 중 옳지 않은 것을 모두 고르면?

〈보기〉

ㄱ. 나 창고에 있는 택배 물품은 한 번에 전부 가지고 나가서 배송할 수 있다.
ㄴ. 특수택배 상품을 모두 배송하는 데 최소 30분이 소요된다.
ㄷ. 다 창고에 있는 보통택배를 한 번에 배송할 수 있다.

① ㄱ
② ㄱ, ㄴ
③ ㄱ, ㄷ
④ ㄴ, ㄷ
⑤ ㄱ, ㄴ, ㄷ

| 2021년 상반기

22 A씨가 근무를 오전 9시에 시작한다고 할 때, 가장 빨리 모든 택배의 배송을 완료하는 시간은?

① 10시
② 10시 5분
③ 10시 25분
④ 10시 45분
⑤ 11시 15분

| 2021년 상반기

23 A씨는 마스크 5부제에 따라 3월 9일이 월요일인 주의 평일에 공적마스크를 구매했다. A씨가 다음에 구입할 수 있는 날짜와 출생 연도 끝자리가 바르게 연결된 것은?

- 공적마스크를 구매하는 인원을 제한하기 위해 마스크 5부제를 실시하고 있다.
- 마스크를 1차로 구매하고, 36일 이후에 마스크를 2차로 구매했다.
- 주중에 구매하지 못한 사람은 주말에 구매할 수 있다.
- 주말은 토요일, 일요일이다.

〈마스크 구매 가능 요일〉

태어난 연도의 끝자리	구매가능 요일	태어난 연도의 끝자리	구매가능 요일
1, 6	월요일	2, 7	화요일
3, 8	수요일	4, 9	목요일
5, 0	금요일	-	-

① 4월 7일 – 2
② 4월 23일 – 4
③ 5월 7일 – 9
④ 5월 13일 – 3
⑤ 5월 15일 – 0

※ B씨는 여름휴가철을 맞아 휴가를 다녀오려고 한다. 다음 상황을 고려하여 휴가를 가고자 할 때, 이어지는 질문에 답하시오. **[24~25]**

〈여행경로 선정조건〉

- 항공편 왕복 예산은 80만 원이다.
- 휴가지 후보는 태국, 싱가포르, 베트남이다.
- 중국을 경유하면 총 비행금액의 20%가 할인된다.
- 다음 표에 제시된 항공편만 이용 가능하다.

〈항공편 정보〉

비행편		출발시각	도착시각	금액
출국 시	인천 – 베트남	09:10	14:30	341,000원
	인천 – 싱가포르	10:20	15:10	580,000원
	인천 – 중국	10:30	14:10	210,000원
	중국 – 베트남	13:40	16:40	310,000원
	인천 – 태국	10:20	15:20	298,000원
	중국 – 싱가포르	14:10	17:50	405,000원
입국 시	태국 – 인천	18:10	21:20	203,000원
	중국 – 인천	18:50	22:10	222,000원
	베트남 – 인천	19:00	21:50	195,000원
	싱가포르 – 인천	19:30	22:30	304,000원
	베트남 – 중국	19:10	21:40	211,000원
	싱가포르 – 중국	20:10	23:20	174,000원

※ 항공편은 한국 시간 기준이다.

| 2021년 상반기

24 다음 〈보기〉에서 옳은 것을 모두 고르면?

〈보기〉

ㄱ. 인천에서 중국을 경유해서 베트남으로 갈 경우 싱가포르로 직항해서 가는 것보다 편도 비용이 15만 원 이상 저렴하다.
ㄴ. 직항 항공편만을 선택할 때, 왕복 항공편 비용이 가장 적게 드는 여행지로 여행을 간다면 베트남으로 여행을 갈 것이다.
ㄷ. 베트남으로 여행을 다녀오는 경우, 왕복 항공편 최소비용은 60만 원 미만이다.

① ㄱ
② ㄱ, ㄴ
③ ㄱ, ㄷ
④ ㄴ, ㄷ
⑤ ㄱ, ㄴ, ㄷ

| 2021년 상반기

25 B씨는 여행지 선정 기준을 바꾸어 태국, 싱가포르, 베트남 중 최소 왕복 소요시간이 가장 짧은 곳을 여행지로 선정하기로 하였다. 다음 중 B씨가 여행지로 선정할 국가와 그 국가에 대한 왕복 소요시간이 바르게 연결된 것은?

	여행지	왕복 소요시간
①	태국	8시간 20분
②	싱가포르	7시간 50분
③	싱가포르	8시간 10분
④	베트남	7시간 50분
⑤	베트남	9시간 40분

| 2021년 상반기

26 A씨의 부서는 총 7명이며 회사 차를 타고 미팅 장소로 이동하려고 한다. 운전석에는 운전면허증을 가진 사람이 앉고, 한 대의 차량으로 모두 이동한다. 다음 〈조건〉에 따라 회사 차에 앉을 때 A씨가 부장님의 옆자리에 앉지 않을 확률은?

〈조건〉

- 운전면허증을 가지고 있는 사람은 A씨를 포함하여 3명이다.
- A씨 부서의 부장님은 1명이다.
- 부장님은 운전면허증을 가지고 있지 않으며 조수석인 ★ 자리에 앉지 않는다.

〈회사 차 좌석〉

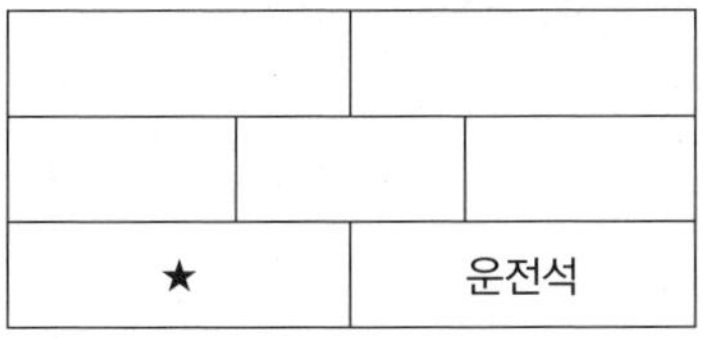

① 0.3
② 0.45
③ 0.5
④ 0.7
⑤ 0.84

27 다음은 철도종합시험선로에 대한 글이다. 이를 추론한 내용으로 적절하지 않은 것은?

> 국토교통부는 3월 15일 오송 철도시설기지에서 철도종합시험선로의 준공식을 개최했다. 준공식에는 국토교통부 철도국장을 비롯해 한국철도시설공단, 한국철도기술연구원 등 국내 유관기관뿐만 아니라 Attila Kiss 국제철도협력기구(OSJD) 사무총장, 미국・중국・러시아 철도연구원 등 국내・외 관계자 300여 명이 참석했다.
> 준공식에 하루 앞선 14일에는 서울 코엑스 아셈볼룸에서 한국철도기술연구원이 철도종합시험선로의 준공 등을 기념하는 국제 심포지엄을 개최하기도 했다. 그동안, 프랑스・독일・미국 등 해외 철도선진국에서는 시험용 철도선로를 구축・운영하여 개발품에 대한 성능시험을 안전하고 신속하게 실시할 수 있도록 지원해 온 반면, 우리나라는 개발품에 대한 성능시험을 시험용 철도선로가 아닌 KTX・전동차 등이 운행하고 있는 영업선로에서 실시함으로써 시험 중 사고의 위험에 노출되어 있고, 충분한 시험시간 확보도 곤란한 문제가 있었다.
> 이에 따라 국토교통부는 2014년부터 철도종합시험선로 구축사업에 착수하였으며, 2018년까지 총 2,399억 원을 투입해 충북 청원군~세종시 전동면 일대에 13km 연장의 시험용 선로를 구축했다.
> 철도종합시험선로에는 급곡선(회전반경 250m)・급구배(경사 35‰) 및 교량(9개)・터널(6개) 등을 설치하여 국내・외에서 요구하는 다양한 종류의 성능시험이 모두 가능하도록 하였으며, 특히, 1개 교량은 새로운 교량 형식・공법에 대한 시험이 가능하도록 교량의 교각・상부가 자유롭게 변경될 수 있는 구조로 구축했다.
> 또한 세계 최초로 고속・일반철도 차량용 교류전력(AC)과 도시철도 전동차용 직류전력(DC)을 모두 공급할 수 있도록 하고, 각종 철도신호・통신장치를 설치함으로써 KTX・전동차 등 다양한 철도차량이 주행할 수 있다. 철도종합시험선로를 구축하고 본격적으로 운영함에 따라 우리나라 철도기술개발을 촉진하고 기술경쟁력을 제고하는 데 기여할 것으로 기대된다. 개발자는 철도종합시험선로에서 원하는 시간에 신속히 기술을 검증할 수 있고, 철도운영기관은 충분히 검증된 기술을 도입함으로써 기술 결함으로 인한 철도사고・장애 등 위험을 최소화할 수 있다. 또한 기존에는 개발자가 해외 수출을 위해 현지에서 실시하던 성능시험을 앞으로는 철도종합시험선로에서 실시함으로써 성능시험에 소요되는 비용과 시간을 절감할 수 있다.
> 2019년에는 종합시험선로에서 우리나라 기업이 호주에 수출할 전동차량에 대한 주행시험을 실시할 예정으로, 당초 호주 현지에서 실시하기로 했던 시험을 국내에서 실시함으로써 제품의 완성도를 더욱 높이고, 시험시간도 단축할 수 있을 것으로 예상된다. 국토교통부 관계자는 "철도종합시험선로가 15일 준공식을 시작으로 운영이 본격화되면 철도의 안전 확보와 철도산업 발전에 핵심적인 역할을 할 것으로 기대된다."고 밝혔다.

① 준공식 하루 전에는 코엑스에서 기념행사가 열렸다.
② 이전에는 실제 승객이 타고 있는 열차와의 사고 위험성이 존재했다.
③ 다른 나라의 시험선로에서는 교류전력과 직류전력이 모두 공급되지 않는다.
④ 시험선로 설치 이전에는 해외에서 시험을 실시해야 하는 경우도 있었다.
⑤ 15일부터 종합시험선로가 운행될 예정이다.

28 다음 글에 대한 설명으로 가장 적절한 것은?

> 국토교통부는 도로로 운송하던 화물을 철도로 전환하여 운송하는 사업자 또는 화주들에게 보조금을 지급하기 위한 지원 사업 대상자 선정 공모를 3월 18일(목) ~ 28일(일) 11일간 실시한다. 그리고 공모에 신청한 사업자들의 도로 → 철도 전환물량 등 운송계획 등을 검토한 후 4월 중 지원 대상자를 선정할 계획이라고 밝혔다.
> 2021년 보조금 지원 총액은 28.8억 원이며, 지원 대상자는 전환화물의 규모 등에 따라 선정하되, 우수물류기업과 중소기업은 각각 예산의 50%와 20% 범위 내에서 우선 선정할 계획이다. 올해에는 최근 철도화물 운송량 지속 감소 등을 감안하여 보조금 지급 기준을 낮추어 지원할 계획이다.
> 이에 따라 예년보다 철도전환 물량이 늘어난 경우에는 공제율 없이 증가 물량의 100%를 지원 대상으로 산정토록 제도도 개선하였다. 철도 전환교통 지원 사업은 지구온난화, 에너지위기 등에 대응하여, 탄소 배출량이 적고 에너지 효율이 높은 철도물류의 활성화를 위해 철도와 도로의 물류비 차액을 보조, 지급하는 제도이다.
> 2010년부터 시행하고 있는 본 사업은 작년까지 총 325억 원의 보조금 지원을 통해 76억 톤·km의 화물을 도로에서 철도로 전환하여 약 194만 톤의 탄소 배출을 줄인 바 있다. 이는 약 1백만 대의 화물자동차 운행을 대체한 수치로서, 약 3억 그루의 나무심기 효과라고 할 수 있다.
> 국토교통부 철도운영과는 "온실가스 배출 저감을 실천할 수 있는 전환교통사업에 물류사업자 분들의 적극적인 참여를 기대한다."면서, "2050 탄소중립을 위해 철도물류의 역할이 어느 때보다 중요한 만큼 재정당국과 협의하여 관련 예산 규모와 지원대상 기업 등을 지속적으로 확대해 나갈 계획이다."라고 밝혔다.
> ※ 76억 톤·km=총 운송량 2,583만 톤×평균 운송거리 295km
> ※ 화물자동차 1백만 대=총 운송량 2,583만 톤÷화물자동차 운송량 24톤/대

① 대상자는 공모가 끝나는 3월 28일에 발표된다.
② 우수물류기업의 경우 예산 20% 내에서 우선 선정할 계획이다.
③ 작년에는 올해보다 대상자에 선정되기가 까다로웠다.
④ 전년보다 철도전환 물량이 늘어난 기업의 경우 전체 물량의 100%를 지원 대상으로 산정한다.
⑤ 이 사업을 통해 작년에만 약 194만 톤의 탄소 배출량이 감소했다.

29 **다음 글을 읽고 바르게 추론한 것은?**

> 지난해 12만 마리 이상의 강아지가 버려졌다는 조사 결과가 나왔다. 동물보호 관련 단체는 강아지 번식장 등에 대한 적절한 규제가 필요하다고 주장했다.
> 27일 동물권 단체 동물구조119가 동물보호관리시스템 데이터를 분석해 발표한 자료에 따르면 유기견은 2016년 8만 8,531마리, 2017년 10만 840마리, 2018년 11만 8,710마리, 2019년 13만 3,504마리로 꾸준히 증가하다가 지난해 12만 8,719마리로 감소했다. 단체는 "유기견 발생 수가 작년 대비 소폭 하락했으나 큰 의미를 부여하긴 힘들다."고 지적했다.
> 지난해 유기견 발생 지역은 경기도가 2만 6,931마리로 가장 많았다. 경기 지역의 유기견은 2018년부터 매해 2만 5,000 ~ 2만 8,000마리 수준을 유지하고 있다. 단체는 "시골개, 떠돌이개 등이 지속적으로 유입됐기 때문"이라며 "중성화가 절실히 필요하다."고 강조했다.

① 경기 지역에서의 유기견 수는 항상 2만 5,000마리 이상을 유지했다.
② 경기 지역은 항상 버려지는 강아지가 가장 많이 발견되는 지역이다.
③ 매년 전체 유기견 수는 증가하는 추세이다.
④ 경기 지역 유기견 수가 감소하지 않는 것은 타 지역에서 지속적인 유입이 있었기 때문이다.
⑤ 적절한 유기견 관련 규제를 마련했음에도 지속적인 문제가 발생하고 있다.

30 **A ~ C팀에 대한 근무 만족도 조사를 한 결과 근무 만족도 평균이 다음 〈조건〉과 같을 때 이에 대한 설명으로 옳은 것은?**

〈조건〉

- A팀은 근무 만족도 평균이 80이다.
- B팀은 근무 만족도 평균이 90이다.
- C팀은 근무 만족도 평균이 40이다.
- A팀과 B팀의 근무 만족도 평균은 88이다.
- B팀과 C팀의 근무 만족도 평균은 70이다.

① C팀의 사원 수는 짝수이다.
② A팀의 사원의 근무 만족도 평균이 가장 낮다.
③ B팀의 사원 수는 A팀 사원 수의 2배이다.
④ C팀의 사원 수는 A팀 사원 수의 3배이다.
⑤ A ~ C팀의 근무 만족도 평균은 70이 넘지 않는다.

코레일 한국철도공사 신입사원 필기시험

제4회 기출복원 모의고사

모바일 OMR

문항 수 : 30문항
응시시간 : 30분

정답 및 해설 p.17

| 2021년 상반기

01 다음 글에 대한 설명으로 가장 적절한 것은?

> 마스크 5부제는 대한민국 정부가 2020년 3월 5일 내놓은 '마스크 수급 안정화 대책'에 포함된 내용이다. 코로나바이러스감염증19 확진자 증가로 마스크 수요가 급증함에도 수급이 불안정한 상황에 따른 대책으로, 2020년 3월 9일부터 5월 31일까지 시행되었다. 원활하지 않은 마스크의 공급으로 인해 구매가 어려워지자, 지정된 날에 공적 마스크를 1인당 최대 2개까지만 구입할 수 있도록 제한하였고(2020년 4월 27일부터는 총 3장까지 구매가 가능해졌다), 구매 이력은 전산에 별도 등록되어 같은 주에는 중복 구매가 불가능하며, 다음 주에 구매가 가능했다.
>
> 마스크를 구매하기 위해서는 주민등록증이나 운전면허증, 여권 등 법정신분증을 제시해야 했으며, 외국인이라면 건강보험증과 외국인등록증을 함께 보여줘야 했다. 미성년자의 경우 부모의 신분증과 주민등록등본을 지참하여 부모가 동행해서 구매하거나 여권, 청소년증, 혹은 학생증과 주민등록등본을 제시해야 했으며, 본인 확인이 불가능하다면 마스크를 혼자 구매할 수 없었다.
>
> 다만, 만 10세 이하의 아이, 80세 이상의 어르신, 장기요양 수급자, 임신부의 경우에는 대리 구매가 가능했다. 함께 사는 만 10살 이하의 아이, 80세 이상의 어르신의 몫을 대신 구매하려면 대리 구매자의 신분증과 주민등록등본 혹은 가족관계증명서를 함께 제시해야 했다. 장기요양 수급자의 경우 대리 구매 시 장기요양인증서, 장애인은 장애인등록증을 지참하면 되었다. 임신부의 경우 대리 구매자의 신분증과 주민등록등본, 임신확인서를 제시해 대리 구매를 할 수 있었다.

① 4월 27일부터는 날짜에 관계없이 인당 3개의 마스크를 구매할 수 있다.
② 7살인 자녀의 마스크를 구매하기 위해선 가족관계증명서만 지참하면 된다.
③ 마스크를 이미 구매했더라도 대리 구매를 통해 추가로 마스크 구매가 가능하다.
④ 외국인이 마스크를 구매하기 위해선 외국인 등록증과 건강보험증을 제시해야 한다.
⑤ 임신부가 사용할 마스크를 대리 구매하기 위해선 총 2개의 증명서를 지참해야 한다.

※ 다음은 방송 서비스 시장 매출액에 대한 자료이다. 이어지는 질문에 답하시오. **[2~3]**

〈방송 서비스 시장 매출액〉

(단위 : 십억 원)

통계분류		2017년
합계		1,531,422
방송사 매출액	소계	942,790
	판매수입	913,480
	라이선스 수입	7,577
	간접광고 수입	5,439
	협찬	5,726
	기타	10,568
방송사 이외 매출액	소계	588,632
	판매수입	430,177
	기타	158,455

〈연도별 매출액 추이〉

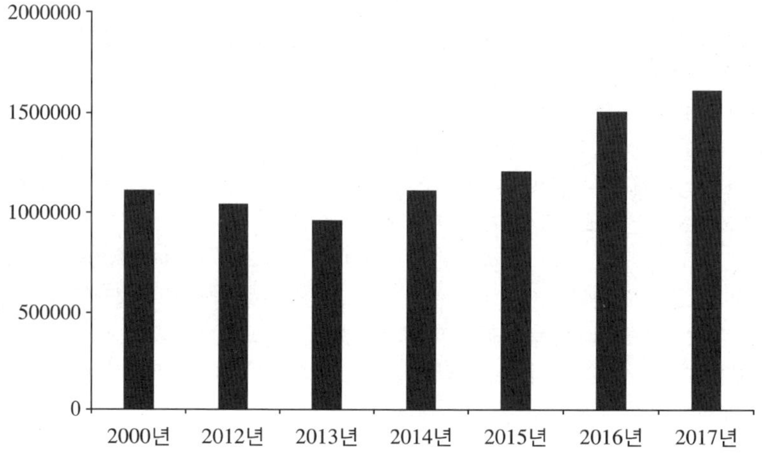

❙ 2021년 상반기

02 다음 자료를 보고 판단한 내용으로 옳지 않은 것은?(단, 소수점 둘째 자리에서 반올림한다)

① 방송사 매출액은 전체 매출액의 60% 이상이다.

② 라이선스 수입은 전체 매출액의 약 0.5%이다.

③ 방송사 이외 매출액은 전체 매출액의 25% 이상이다.

④ 방송사의 기타수입은 방송사 매출액의 약 0.7%이다.

⑤ 매출액은 2013년이 가장 낮다.

03 2015 ~ 2016년 방송 서비스 시장 매출액 정보가 다음과 같을 때, 이에 대한 설명으로 옳지 않은 것은?

〈2015 ~ 2016년 방송 서비스 시장 매출액〉

(단위 : 십억 원)

통계분류		2015년	2016년
합계		(가)	(나)
방송사 매출액	소계	748,208	(다)
	판매수입	(　　)	819,351
	라이선스 수입	6,356	4,881
	간접광고 수입	3,413	22,793
	협찬	(라)	5,601
	기타	4,818	3,248
방송사 이외 매출액	소계	395,290	572,939
	판매수입	182,949	404,403
	기타	(마)	168,536

① (가)는 (나)보다 작다.

② (다)와 2015년 방송사 매출액의 차이는 100,000십억 원 이상이다.

③ (라)는 2017년 협찬 매출액보다 작다.

④ (마)는 2017년 방송사 이외 판매수입보다 작다.

⑤ 2016년 방송사 매출액 판매수입은 (마)의 3배 이상이다.

04 다음은 자동차 등록 대수에 대한 자료이다. 이에 대한 설명으로 옳지 않은 것은?(단, 자동차 1대당 인구 수는 소수점 둘째 자리에서 반올림한다)

〈자동차 등록 대수〉

국가	자동차 등록 대수(만 대)	인구 수(만 명)	자동차 1대당 인구 수(명)
미국	25,034	30,041	1.2
일본	7,625	12,963	1.7
중국	4,735	134,001	( )
독일	4,412	8,383	1.9
이탈리아	4,162	5,827	1.4
러시아	3,835	14,190	3.7
프랑스	3,726	6,334	1.7
영국	3,612	6,140	( )
스페인	2,864	4,582	1.6
브라질	2,778	19,446	7
멕시코	2,557	10,739	4.2
캐나다	2,134	3,414	1.6
폴란드	1,926	3,852	( )
한국	1,687	4,892	( )

① 중국의 자동차 1대당 인구 수는 멕시코의 자동차 1대당 인구 수의 6배 이상이다.
② 폴란드의 자동차 1대당 인구 수는 2이다.
③ 폴란드의 자동차 1대당 인구 수는 러시아와 스페인 전체 인구에서의 자동차 1대당 인구 수보다 적다.
④ 한국의 자동차 1대당 인구 수는 미국과 일본의 자동차 1대당 인구 수의 합과 같다.
⑤ 한국의 자동차 1대당 인구 수는 러시아와 스페인 전체 인구에서의 자동차 1대당 인구 수보다 적다.

| 2021년 상반기

05 A사진사는 다음과 〈조건〉과 같이 사진을 인화하여 고객에게 배송하려고 한다. 5×7 사이즈 사진은 최대 몇 장을 인화할 수 있는가?

〈조건〉

- 1장 인화하는 가격은 4×6 사이즈는 150원, 5×7 사이즈는 300원, 8×10 사이즈는 1,000원이다.
- 사진을 인화하는 데 드는 총비용은 21,000원이며, 배송비는 무료이다.
- 각 사진 사이즈는 적어도 1장 이상 인화한다.

① 36장
② 42장
③ 48장
④ 59장
⑤ 61장

| 2021년 상반기

06 다음은 사거리 신호등에 대한 정보이다. 오전 8시 정각에 좌회전 신호가 켜졌다면, 오전 9시 정각의 신호로 옳은 것은?

- 정지 신호는 1분 10초 동안 켜진다.
- 좌회전 신호는 20초 동안 켜진다.
- 직진 신호는 1분 40초 동안 켜진다.
- 정지 신호 다음에 좌회전 신호, 좌회전 신호 다음에 직진 신호, 직진 신호 다음에 정지 신호가 켜진다.
- 세 가지 신호는 계속 반복된다.

① 정지 신호가 켜진다.
② 좌회전 신호가 켜진다.
③ 직진 신호가 켜진다.
④ 정지 신호가 켜져 있다.
⑤ 직진 신호가 켜져 있다.

07 K기업의 1 ~ 3년 차 근무를 마친 사원들은 인사이동 시기를 맞아 근무지를 이동해야 한다. 근무지 이동 규정과 각 사원들이 근무지 이동을 신청한 내용이 다음과 같을 때, 이에 대한 설명으로 옳지 않은 것은?

〈근무지 이동 규정〉

- 수도권 지역은 여의도, 종로, 영등포이고, 지방의 지역은 광주, 제주, 대구이다.
- 2번 이상 같은 지역을 신청할 수 없다. 예 여의도 → 여의도(×)
- 3년 연속 같은 수도권 지역이나 지방 지역을 신청할 수 없다.
- 2, 3년 차보다 1년 차 신입 및 1년 차 근무를 마친 직원이 신청한 내용을 우선적으로 반영한다.
- 1년 차 신입은 전년도 평가 점수를 100점으로 한다.
- A ~ E직원은 서로 다른 곳에 배치된다.
- 같은 지역으로의 이동을 신청한 경우 전년도 평가 점수가 더 높은 사람을 배정한다.
- 규정에 부합하지 않게 이동 신청을 한 경우, 신청한 곳에 배정받을 수 없다.

〈근무지 이동 신청〉

직원	1년 차 근무지	2년 차 근무지	3년 차 근무지	신청지	전년도 평가
A	대구	–	–	종로	–
B	여의도	광주	–	영등포	92
C	종로	대구	여의도	미정	88
D	영등포	종로	–	여의도	91
E	광주	영등포	제주	여의도	89

① B는 영등포로 이동하게 될 것이다.
② C는 지방 지역으로 이동하고, E는 여의도로 이동하게 될 것이다.
③ A는 대구를 1년 차 근무지로 신청하였을 것이다.
④ D는 자신의 신청지로 이동하게 될 것이다.
⑤ C가 제주로 이동한다면, D는 광주나 대구로 이동하게 된다.

| 2020년 하반기

08 다음 글의 구성 방식으로 적절하지 않은 것은?

나는 집이 가난해서 말이 없기 때문에 간혹 남의 말을 빌려서 탔다. 그런데 노둔하고 야윈 말을 얻었을 경우에는 일이 아무리 급해도 감히 채찍을 대지 못한 채 금방이라도 쓰러지고 넘어질 것처럼 전전긍긍하기 일쑤요, 개천이나 도랑이라도 만나면 또 말에서 내리곤 한다. 그래서 후회하는 일이 거의 없다. 반면에 발굽이 높고 귀가 쫑긋하며 잘 달리는 준마를 얻었을 경우에는 의기양양하여 방자하게 채찍을 갈기기도 하고 고삐를 놓기도 하면서 언덕과 골짜기를 모두 평지로 간주한 채 매우 유쾌하게 질주하곤 한다. 그러나 간혹 위험하게 말에서 떨어지는 환란을 면하지 못한다.

아, 사람의 감정이라는 것이 어쩌면 이렇게까지 달라지고 뒤바뀔 수가 있단 말인가. 남의 물건을 빌려서 잠깐 동안 쓸 때에도 오히려 이와 같은데, 하물며 진짜로 자기가 가지고 있는 경우야 더 말해 무엇 하겠는가.

그렇긴 하지만 사람이 가지고 있는 것 가운데 남에게 빌리지 않은 것이 또 뭐가 있다고 하겠는가. 임금은 백성으로부터 힘을 빌려서 존귀하고 부유하게 되는 것이요, 신하는 임금으로부터 권세를 빌려서 총애를 받고 귀한 신분이 되는 것이다. 그리고 자식은 어버이에게서, 지어미는 지아비에게서, 비복(婢僕)은 주인에게서 각각 빌리는 것이 또한 심하고도 많은데, 대부분 자기가 본래 가지고 있는 것처럼 여기기만 할 뿐 끝내 돌이켜 보려고 하지 않는다. 이 어찌 미혹된 일이 아니겠는가.

그러다가 혹 잠깐 사이에 그동안 빌렸던 것을 돌려주는 일이 생기게 되면, 만방(萬邦)의 임금도 독부(獨夫)가 되고 백승(百乘)의 대부(大夫)도 고신(孤臣)이 되는 법인데, 더군다나 미천한 자의 경우야 더 말해 무엇 하겠는가.

맹자(孟子)가 말하기를 "오래도록 차용하고서 반환하지 않았으니, 그들이 자기의 소유가 아니라는 것을 어떻게 알았겠는가."라고 하였다. 내가 이 말을 접하고서 느껴지는 바가 있기에, 차마설을 지어서 그 뜻을 부연해 보노라.

— 이곡, 『차마설』

① 유추의 방법을 통해 개인의 경험을 보편적 깨달음으로 일반화한다.
② 예화와 교훈의 2단으로 구성하였다.
③ 주관적인 사실에 대한 보편적인 의견을 제시한다.
④ 성인의 말을 인용하여 자신의 주장을 뒷받침한다.
⑤ 자신의 견해를 먼저 제시하고, 그에 맞는 사례를 제시한다.

| 2020년 하반기

09 다음 중 빈칸에 들어갈 전제로 가장 적절한 것은?

전제1 : 어떤 경위는 파출소장이다.
전제2 : ______________________
결론 : 30대 중 파출소장인 사람이 있다.

① 어떤 경위는 30대이다.
② 어떤 경위는 30대가 아니다.
③ 30대는 모두 경위이다.
④ 모든 경위는 파출소장이 아니다.
⑤ 모든 경위는 30대이다.

10 다음 글을 읽고 알 수 있는 내용으로 적절하지 않은 것은?

> 올해는 전자공학 100주년이다. 영국의 과학자 존 앰브로즈 플레밍이 2극 진공관을 발명한 것이 1904년인데, 이것은 곧 정류·증폭·발진이 가능한 3극 진공관으로, 3극 진공관은 반도체 트랜지스터로 이어졌기 때문이다. 반도체 트랜지스터가 전기·전자·컴퓨터의 혁명을 가져오고, 우리의 삶을 완전히 바꾸었다는 사실은 새삼 재론할 필요가 없다.
> 플레밍의 2극 진공관 발명은 우리에게 시사하는 점이 많다. 1880년대에 널리 보급된 전구는 그 내부가 검게 탄화돼 효율이 떨어졌다. '에디슨 효과'라고 불린 이 현상 때문에 에디슨은 골머리를 앓았고, 당시 영국 에디슨사의 과학 고문이던 플레밍은 이 문제의 원인을 규명하고 해결책을 찾기 위해 연구에 착수했다. 전구 내부에 또 다른 전극을 삽입하고 실험을 하던 중 플레밍은 이 전극과 전구의 필라멘트 사이에 전류가 항상 일정한 방향으로만 흐른다는 흥미로운 사실을 발견했다. 이 발견은 과학적으로 새로운 것이었지만, 당시엔 아무런 실용적 가치도 없었다. 그렇지만 나중에 플레밍은 이 원리를 마르코니의 무선 전신 수신기에 응용할 수 있다는 아이디어를 떠올렸고, 이는 곧바로 2극 진공관의 발명으로 이어졌다.
> 기초과학이 왜 중요한가? 플레밍의 사례가 보여주는 답은 기초과학의 발전이 기술의 발전을 낳고, 기술의 발전이 경제의 동력으로 국가 경쟁력의 고양을 가져오기 때문이라는 것이다. 우리가 잘 알고 있는 모범답안이다. 그런데 이렇게 경제 논리로만 과학을 생각할 때 빠지기 쉬운 함정이 있다. 우선 과학 연구가 기술과 산업으로 이어지는 데 시간의 차이는 물론 불확실성이 존재한다. 플레밍의 기초연구는 1889년에 이뤄졌는데, 2극 진공관은 1904년에 발명됐다. 15년이라는 시간의 차이가 존재했다. 이는 지금의 기초과학 연구에도 그대로 적용된다. 줄기세포 연구, 양자 컴퓨터 연구도 모든 문제가 술술 풀리면 몇 년이면 응용 가능할 수 있지만, 운이 없으면 영영 상용화되지 않을 수도 있다. '과학은 기술을 낳는다.'는 측면만 강조하다 보면, 정부와 기업은 당장 기술로 이어지지 않는 과학을 선뜻 지원하지 않는다.
> 국가가 경제 논리에서 벗어나 당장 기술 개발과 상대적으로 무관해 보이는 기초과학 연구까지도 지원해야 하는 데는 다음과 같은 두 가지 이유가 있다. 우선 과학은 과학문화로서의 가치가 있다. 과학문화는 과학적 세계관을 고양하고 합리적 비판 정신을 높게 사며, 현대 사회가 만들어내는 여러 문제에 대해 균형 잡힌 전문가를 키우는 데 결정적으로 중요하다. 우주론, 진화론, 입자물리학과 이론과학의 연구는 우리의 세계관을 형성하며, 권위에 맹목적으로 의존하지 않고 새로움을 높게 사는 과학의 정신은 합리성의 원천이 된다. 토론을 통해 합의에 이르는 과학의 의사소통 과정은 바람직한 전문성의 모델을 제공한다.
> 둘째로 기초연구는 교육을 위해서도 중요하다. 대학에서 즉각적으로 기술과 산업에 필요한 내용만 교육한다면 이런 지식은 당장은 쓸모가 있겠지만, 기술의 발전과 변화에 무력하다. 결국 과학기술이 빠르게 발전하면 할수록 학생들에게 근본에 대해 깊게 생각하게 하고, 이를 바탕으로 창의적인 연구 결과를 내는 경험을 하도록 만드는 것이 중요하다. 남이 해놓은 것을 조금 개량하는 데 머무르지 않고 정말 새롭고 혁신적인 것을 만들기 위해서는, 결국 펀더멘털의 수준에서 창의적일 수 있는 교육이 이뤄져야 하며, 이러한 교육은 기초과학 연구가 제공할 수 있다.
> 기초과학과 기초연구가 왜 중요한가? 창의적 기술, 문화, 교육이 그 위에 굳건한 집을 지을 수 있는 토대이기 때문이다.

① 2극 진공관의 발명 시기
② 2극 진공관 발명 과정의 문제점
③ 2극 진공관의 발명 원리
④ 기초과학 연구에 대한 지원의 필요성
⑤ 기초과학과 기초연구의 중요성

11 다음 글의 표현상 특징에 대한 설명으로 적절하지 않은 것은?

오늘은 당신이 가르쳐준 태백산맥 속의 소광리 소나무 숲에서 이 엽서를 띄웁니다.
아침 햇살에 빛나는 소나무 숲에 들어서니 당신이 사람보다 나무를 더 사랑하는 까닭을 알 것 같습니다. 200년, 300년, 더러는 500년의 풍상을 겪은 소나무들이 골짜기에 가득합니다. 그 긴 세월을 온전히 바위 위에서 버티어 온 것에 이르러서는 차라리 경이였습니다. 바쁘게 뛰어 다니는 우리들과는 달리 오직 '신발 한 켤레의 토지'에 서서 이처럼 우람할 수 있다는 것이 충격이고 경이였습니다. 생각하면 소나무보다 훨씬 더 많은 것을 소비하면서도 무엇 하나 변변히 이루어내지 못하고 있는 나에게 소광리의 솔숲은 마치 회초리를 들고 기다리는 엄한 스승 같았습니다.
어젯밤 별 한 개 쳐다볼 때마다 100원씩 내라던 당신의 말이 생각납니다. 오늘은 소나무 한 그루 만져볼 때마다 돈을 내야겠지요. 사실 서울에서는 그보다 못한 것을 그보다 비싼 값을 치르며 살아가고 있다는 생각이 듭니다.
언젠가 경복궁 복원 공사 현장에 가 본 적이 있습니다. 일제가 파괴하고 변형시킨 조선 정궁의 기본 궁제를 되찾는 일이 당연하다고 생각하였습니다. 그러나 막상 오늘 이곳 소광리 소나무 숲에 와서는 그러한 생각을 반성하게 됩니다.

… (중략) …

나는 문득 당신이 진정 사랑하는 것이 소나무가 아니라 소나무 같은 '사람'이라는 생각이 들었습니다. 메마른 땅을 지키고 있는 수많은 사람들이란 생각이 들었습니다. 문득 지금쯤 서울 거리의 자동차 속에 앉아 있을 당신을 생각했습니다. 그리고 외딴섬에 갇혀 목말라하는 남산의 소나무들을 생각했습니다. 남산의 소나무가 이제는 더 이상 살아남기를 포기하고 자손들이나 기르겠다는 체념으로 무수한 솔방울을 달고 있다는 당신의 이야기는 우리를 슬프게 합니다. 더구나 그 솔방울들이 싹을 키울 땅마저 황폐해 버렸다는 사실이 우리를 더욱 암담하게 합니다. 그러나 그보다 더 무서운 것이 아카시아와 활엽수의 침습이라니 놀라지 않을 수 없습니다. 척박한 땅을 겨우겨우 가꾸어 놓으면 이내 다른 경쟁수들이 쳐들어와 소나무를 몰아내고 만다는 것입니다. 무한 경쟁의 비정한 논리가 뻗어 오지 않는 것이 없습니다.
나는 마치 꾸중 듣고 집나오는 아이처럼 산을 나왔습니다. 솔방울 한 개를 주워 들고 내려오면서 거인에게 잡아먹힌 소년이 솔방울을 손에 쥐고 있었기 때문에 다시 소생했다는 신화를 생각하였습니다. 당신이 나무를 사랑한다면 솔방울도 사랑해야 합니다. 무수한 솔방울들의 끈질긴 저력을 신뢰해야 합니다.
언젠가 붓글씨로 써드렸던 글귀를 엽서 끝에 적습니다.
"처음으로 쇠가 만들어졌을 때 세상의 모든 나무들이 두려움에 떨었다. 그러나 어느 생각 깊은 나무가 말했다. 두려워할 것 없다. 우리들이 자루가 되어주지 않는 한 쇠는 결코 우리를 해칠 수 없는 법이다."

– 신영복, 『당신이 나무를 더 사랑하는 까닭』

① 소나무를 통해 인간을 이해한다.
② 소나무와 인간을 대조하여 교훈을 이끌어 낸다.
③ 소나무에 대한 독자의 의견을 비판한다.
④ 소나무를 통해 바람직한 삶의 모습을 제시한다.
⑤ 구체적 체험을 통해 현대인의 삶을 비판한다.

12 다음 글을 읽은 독자의 반응으로 적절하지 않은 것은?

> 인간이 말하고 듣는 의사소통의 과정을 통하여 자신이 전달하고자 하는 바를 표현하고 상대방의 말을 잘 이해하며, 서로 좋은 관계를 형성하고 지속해 나가기 위해서 지켜야 할 기본적인 규칙을 음성언어 의사소통의 원리라고 한다. 원활한 음성언어 의사소통을 위해 필요한 기본 원리로는 공손성, 적절성, 순환성, 관련성이 있다.
> 공손성의 원리는 음성언어 의사소통에서 상대방에게 부담을 적게 주고, 상대방을 존중해 주는 표현과 태도를 지키는 것을 말한다. 공손성의 원리는 언어가 정보를 전달하는 기능 이외에 의사소통 참여자 사이의 사회적 관계 형성에도 기여한다는 것에 근거하여 설정된 것이다. 공손성의 원리가 효과적인 인간관계를 형성하고 유지할 수 있는 것은 이것이 바로 인간의 내적 욕구를 충족시켜 주는 행위이기 때문이다. 공손성의 원리는 좋은 인간관계 형성이라는 사회적 기능뿐만 아니라 언어 표현의 효과성도 만족시킨다. 그러나 의사소통 참여자 사이의 인간관계에 맞지 않는 지나친 공손함은 오히려 상대를 향한 빈정거림의 표현이 되므로 의사소통의 걸림돌이 될 수 있다.
> 적절성의 원리는 음성언어 의사소통의 상황, 목적, 유형에 맞는 담화 텍스트의 형식과 내용으로 표현되어야 한다는 것이다. 음성언어 의사소통에서 발화되는 담화 텍스트가 적절성의 원리를 만족한다는 것은 발화된 담화 텍스트가 상황과 표현 의도에 맞게 상대에게 받아들여질 수 있는 텍스트적 요인을 만족하는 형태로 표현된 것을 의미한다.
> 순환성의 원리는 음성언어 의사소통의 상황에 맞게 참여자의 역할이 원활하게 교대되고 정보가 순환되어 의사소통의 목적이 달성되는 것을 말한다. 말하기와 듣기의 연속적 과정인 음성언어 의사소통에서 참여자의 역할이 적절히 분배되고 교환되지 않으면 일방적인 의사 표현과 수용이 되므로 효과적인 의사소통을 기대하기 어렵다.
> 음성언어 의사소통에서 듣기는 상대방이 전달하려는 의미를 재구성하는 적극적인 과정이다. 관련성의 원리는 의사소통 참여자가 상대방이 발화한 담화 텍스트의 의미를 상대방의 의도에 따라 재구성하여 이해하는 것을 말한다. 발화문의 의미와 의도된 의미가 일치하지 않는 경우 참여자는 담화 맥락을 이해하고, 추론을 통해 대화의 함축을 찾으려는 적극적인 자세를 지녀야 한다.

① 상대방이 부담을 느끼지 않도록 요청하면서 정중한 표현을 사용해야겠어.
② 무언가를 지시할 때는 추상적인 표현보다 실행 가능한 구체적인 행동을 이야기해야겠어.
③ 상대방이 말을 하던 중이더라도 대화 주제에 대한 생각이 떠오른다면 까먹기 전에 바로 이야기해야 해.
④ 앞으로는 내 이야기만 주장하지 않고 상대방의 이야기도 귀 기울여 듣도록 노력해야겠어.
⑤ 상대방의 이야기를 들을 때는 상대방의 의도를 파악하면서 의미를 이해하는 것이 좋겠어.

13 다음 글의 내용으로 적절하지 않은 것은?

> 정치 철학자로 알려진 아렌트 여사는 우리가 보통 '일'이라 부르는 활동을 '작업(作業, Work)'과 '고역(苦役, Labor)'으로 구분한다. 이 두 가지 모두 인간의 노력, 땀과 인내를 수반하는 활동이며, 어떤 결과를 목적으로 하는 활동이다. 그러나 전자가 자의적인 활동인 데 반해서 후자는 타의에 의해 강요된 활동이다. 전자의 활동을 창조적이라 한다면 후자의 활동은 기계적이다. 창조적 활동의 목적이 작품 창작에 있다면, 후자의 활동 목적은 상품 생산에만 있다.
> 전자, 즉 '작업'이 인간적으로 수용될 수 있는 물리적 혹은 정신적 조건하에서 이루어지는 '일'이라면 '고역'은 그 정반대의 조건에서 행해진 '일'이라는 것이다.
> 인간은 언제 어느 곳에서든지 '일'이라고 불리는 활동에 땀을 흘리며 노력해 왔고, 현재도 그렇고, 아마도 앞으로도 영원히 그럴 것이다. 구체적으로 어떤 종류의 일이 '작업'으로 불릴 수 있고 어떤 일이 '고역'으로 분류될 수 있느냐는 그리 쉬운 문제가 아니다. 그러나 일을 작업과 고역으로 구별하고 그것들을 위와 같이 정의할 때 노동으로서 일의 가치는 부정되어야 하지만 작업으로서 일은 전통적으로 종교 혹은 철학을 통해서 모든 사회가 늘 강조해 온 대로 오히려 찬미되고, 격려되며 인간으로부터 빼앗아 가서는 안 될 귀중한 가치라고 봐야 한다.
>
> … (중략) …
>
> '작업'으로서의 일의 내재적 가치와 존엄성은 이런 뜻으로서 일과 인간의 인간됨과 뗄 수 없는 필연적 관계를 갖고 있다는 사실에서 생긴다. 분명히 일은 노력과 아픔을 필요로 하고, 생존을 위해 물질적으로는 물론 정신적으로도 풍요한 생활을 위한 도구적 기능을 담당한다.
> 땀을 흘리고 적지 않은 고통을 치러야만 하는 정말 일로서의 일, 즉 작업은 그것이 어떤 것이든 간에 언제나 엄숙하고 거룩하고 귀해 보인다. 땀을 흘리며 대리석을 깎는 조각가에게서, 밤늦게까지 책상 앞에 앉아 창작에 열중하는 작가에게서, 무더운 공장에서 쇠를 깎는 선반공에게서, 땡볕에 지게질을 하고 밭을 가는 농부에게서 다 똑같이 흐뭇함과 거룩함을 발견하며 그래서 머리가 숙여진다.
> 그러나 앞서 봤듯이 모든 일이 '작업'으로서의 일은 아니다. 어떤 일은 부정적인 뜻으로서의 '고역'이기도 하다. 회초리를 맞으며 노예선을 젓는 노예들의 피땀 묻은 활동은 인간의 존엄성을 높이기는커녕 그들을 짓밟은 '고역'이다. 위생적으로나 육체적으로 견디기 어려운 조건하에 타당치 않게 박한 보수를 받고 무리한 노동을 팔아야만 하는 일은 마땅히 없어져야 할 고역이다.
> 작업으로서의 일과 고역으로서의 일의 구별은 단순히 지적 노고와 육체적 노고의 차이에 의해서 결정되지 않는다. 한 학자가 하는 지적인 일도 경우에 따라 고역의 가장 나쁜 예가 될 수 있다. 반대로 육체적으로 극히 어려운 일도 경우에 따라 작업의 가장 좋은 예가 될 수 있다. 작업으로서의 일과 고역으로서의 일을 구별하는 근본적 기준은 그것이 인간의 존엄성을 높이는 것이냐, 아니면 타락시키는 것이냐에 있다.
>
> – 박이문, 『일』

① 작업과 고역은 생산 활동이라는 목적을 지닌 노동이다.
② 작업은 자의적 노동이고, 고역은 타의적 노동이다.
③ 작업은 창조적 노동이고, 고역은 기계적 노동이다.
④ 작업은 인간의 존엄성을 높이고, 고역은 인간의 존엄성을 타락시킨다.
⑤ 작업은 지적 노동이고, 고역은 육체적 노동이다.

| 2020년 하반기

14 K대학은 광수, 소민, 지은, 진구 중에서 국비 장학생을 선발할 예정이다. 이때, 적어도 광수는 장학생으로 선정될 것이다. 진구가 선정되지 않으면 광수가 선정되기 때문이다. 이와 같은 가정이 성립하기 위해 추가되어야 하는 전제로 옳은 것을 〈보기〉에서 모두 고르면?

〈보기〉

ㄱ. 소민이가 선정된다.
ㄴ. 지은이가 선정되면 진구는 선정되지 않는다.
ㄷ. 지은이가 선정된다.
ㄹ. 지은이가 선정되면 소민이가 선정된다.

① ㄱ, ㄴ
② ㄱ, ㄹ
③ ㄴ, ㄷ
④ ㄴ, ㄹ
⑤ ㄷ, ㄹ

| 2020년 하반기

15 조선시대에는 12시진(정시법)과 '초(初)', '정(正)', '한시진(2시간)' 등의 표현을 통해 시간을 나타내었다. 다음 중 조선시대의 시간과 현대의 시간을 비교한 내용으로 옳지 않은 것은?

〈12시진〉

조선시대 시간		현대 시간	조선시대 시간		현대 시간
자(子)시	초(初)	23시 1 ~ 60분	오(午)시	초(初)	11시 1 ~ 60분
	정(正)	24시 1 ~ 60분		정(正)	12시 1 ~ 60분
축(丑)시	초(初)	1시 1 ~ 60분	미(未)시	초(初)	13시 1 ~ 60분
	정(正)	2시 1 ~ 60분		정(正)	14시 1 ~ 60분
인(寅)시	초(初)	3시 1 ~ 60분	신(申)시	초(初)	15시 1 ~ 60분
	정(正)	4시 1 ~ 60분		정(正)	16시 1 ~ 60분
묘(卯)시	초(初)	5시 1 ~ 60분	유(酉)시	초(初)	17시 1 ~ 60분
	정(正)	6시 1 ~ 60분		정(正)	18시 1 ~ 60분
진(辰)시	초(初)	7시 1 ~ 60분	술(戌)시	초(初)	19시 1 ~ 60분
	정(正)	8시 1 ~ 60분		정(正)	20시 1 ~ 60분
사(巳)시	초(初)	9시 1 ~ 60분	해(亥)시	초(初)	21시 1 ~ 60분
	정(正)	10시 1 ~ 60분		정(正)	22시 1 ~ 60분

① 한 초등학교의 점심 시간이 오후 1시부터 2시까지라면, 조선시대 시간으로 미(未)시에 해당한다.
② 조선시대에 어떤 사건이 인(寅)시에 발생하였다면, 현대 시간으로는 오전 3시와 5시 사이에 발생한 것이다.
③ 현대인이 오후 8시 30분에 저녁을 먹었다면, 조선시대 시간으로 술(戌)시 정(正)에 저녁을 먹은 것이다.
④ 축구 경기가 연장 없이 각각 45분의 전반전과 후반전으로 진행되었다면, 조선시대 시간으로 한시진이 채 되지 않은 것이다.
⑤ 현대인이 오후 2시부터 4시 30분까지 운동을 하였다면, 조선시대 시간으로 미(未)시부터 유(酉)시까지 운동을 한 것이다.

16 **다음 중 빈칸 ㉠ ~ ㉤에 들어갈 문장으로 적절하지 않은 것은?**

단어의 의미 관계 중 상하 관계는 의미상 한 단어가 다른 단어를 포함하거나 다른 단어에 포함되는 관계를 말한다. 이때 다른 단어의 의미를 포함하는 단어를 상의어라 하며, 상의어일수록 일반적이고 포괄적인 의미를 지닌다. ___㉠___
상하 관계에 있는 단어들은 상의어와 하의어가 상대적으로 정해진다. 이를테면 '길짐승'은 '동물'과의 관계 속에서 하의어가 되지만, '개'와의 관계 속에서는 상의어가 된다. 그런데 '동물'의 하의어에는 '개' 외에 '고양이' 등이 더 있다. ___㉡___
상하 관계에서는 하의어들이 상의어의 의미를 이어받아 상의어를 의미적으로 함의한다. 일례로 어떤 새가 '장끼'이면 그 '장끼'는 상의어 '꿩'의 의미를 이어받으므로 '꿩'을 의미적으로 함의하는 것이다. 그러나 어떤 새가 '꿩'이라 해서 그것이 꼭 '장끼'여야 하는 것은 아니므로, 상의어는 하의어를 의미적으로 함의하지 못한다. 이를 '[ ]'로 표현하는 의미자질로 설명하면, 하의어 '장끼'는 상의어 '꿩'의 의미 자질들을 가지면서 [수컷]이라는 의미 자질을 더 가져, 결국 하의어 '장끼'는 상의어 '꿩'보다 의미 자질 개수가 많다. ___㉢___ 결국 적용 대상의 범위인 외연의 관점에서 상의어 '꿩'이 지시하는 부류는 하의어 '장끼'가 지시하는 부류를 포함하지만, 내포의 관점에서 하의어 '장끼'는 상의어 '꿩'을 포함한다. 따라서 ___㉣___
그런데 앞에서 살폈듯이 '동물'의 하의어가 여러 개인 것과 달리, '꿩'의 하의어는 성별로 구분했을 때 '장끼'와 '까투리' 둘 뿐이다. '동물'의 하의어인 '개', '고양이' 등과 마찬가지로 '장끼', '까투리'는 '꿩'의 하의어로서 비양립 관계에 있다. 그러나 '장끼'와 '까투리'의 경우, '장끼'가 아닌 것은 곧 '까투리'이고 그 역도 성립한다는 점에서 상보적 반의관계에 있다. ___㉤___

① ㉠ : 하의어는 다른 단어의 의미에 포함되는 단어로, 구체적이고 한정적인 의미를 지닌다.
② ㉡ : 같은 계층에 있는 '개'와 '고양이'는 '동물'의 공하의어라 하며, 이들은 동위어의 관계에 있다.
③ ㉢ : 상의어보다 의미 자질이 많은 하의어는 상의어를 의미적으로 함의하는 것이다.
④ ㉣ : 상의어는 의미의 외연이 좁고 내포가 넓은 반면, 하의어는 의미의 외연이 넓고 내포가 좁다.
⑤ ㉤ : 한 상의어가 같은 계층의 두 단어만을 공하의어로 포함하면, 그 공하의어들은 상보적 반의 관계에 있다고 할 수 있다.

17 다음 (가)~(라) 문단의 주제 또는 중심 내용으로 적절하지 않은 것은?

(가) 매일 아침에 하던, 등산이라기보다는 산길 걷기 정도의 가벼운 산행을 첫눈이 온 후부터는 그만두었다. 산에 온 눈은 오래 간다. 내가 다시 산에 갈 수 있기까지는 두 달도 더 기다려야 할 것 같다. 걷기는 내가 잘 할 수 있는 유일한 운동이지만 눈길에선 엉금엉금 긴다. 어머니가 눈길에서 미끄러져 크게 다치신 후 7, 8년간이나 바깥출입을 못하시다 돌아가신 뒤 생긴 눈 공포증이다. 부족한 다리 운동은 볼일 보러 다닐 때 웬만한 거리는 걷거나 지하철 타느라 오르락내리락하면서도 벌충할 수 있지만 흙을 밟는 쾌감을 느낄 수 있는 맨땅은 이 산골마을에도 남아 있지 않다. 대문 밖 골목길까지 포장되어 있다. 그래서 아침마다 안마당을 몇 바퀴 돌면서 해뜨기를 기다린다. 아차산에는 서울사람들이 새해맞이 일출을 보러오는 명당자리가 정해져 있을 정도니까 그 품에 안긴 아치울도 동쪽을 향해 부챗살 모양으로 열려 있다. 겨울 마당은 황량하고 땅은 딱딱하게 얼어붙었다. 그러나 걸어보면 그 안에서 꼼지락거리는 씨와 뿌리들의 소요가 분명하게 느껴질 정도의 탄력을 지녔다. 오늘 아침에는 우리 마당에서 느긋하게 겨울 휴식을 취하고 있는 나무들과 화초가 몇 가지나 되나 세어보면서 걸어 다녔다. 놀랍게도 백 가지가 넘었다. 백 평도 안 되는 마당의 한가운데를 차지하고 있는 잔디밭을 빼면 나무나 화초가 차지할 수 있는 땅은 넉넉잡아도 40평 미만일 것이다. 그 안에서 백 가지 이상의 식물이 자라고 있다니. 물론 헤아려보는 사이에 부풀리고 싶은 욕심까지 생겨 제비꽃이나 할미꽃, 구절초처럼 심은 바 없이 절로 번식하는 들꽃까지도 계산에 넣긴 했지만 그 다양한 종류가 생각할수록 신기했다. 그것들은 하나같이 내 가슴을 울렁거리게 한 것들이다. 이 나이에도 가슴이 울렁거릴 만한 놀랍고 아름다운 것들이 내 앞에 줄서 있다는 건 얼마나 큰 복인가.

(나) 마당이 있는 집에 산다고 하면 다들 채소를 심어 먹을 수 있어서 좋겠다고 부러워한다. 나도 첫해에는 열무하고 고추를 심었다. 그러나 매일 하루 두 번씩 오는 채소 장수 아저씨가 단골이 되면서 채소 농사가 시들해졌고 작년부터는 아예 안 하게 되었다. 트럭에다 각종 야채와 과일을 싣고 다니는 순박하고 건강한 아저씨는 싱싱한 야채를 아주 싸게 판다. 멀리서 그 아저씨가 트럭에 싣고 온 온갖 채소 이름을 외치는 소리가 들리면 뭐라도 좀 팔아줘야 할 것 같아서 마음보다 먼저 엉덩이가 들썩들썩한다. 그를 기다렸다가 뭐라도 팔아주고 싶어 하는 내 마음을 아는지 아저씨도 손이 크다. 너무 많이 줘서, "왜 이렇게 싸요?" 소리가 절로 나올 때도 있다. 그러면 아저씨는 물건을 사면서 싸다고 하는 사람은 처음 봤다고 웃는다. 내가 싸다는 건 딴 물가에 비해 그렇다는 소리지 얼마가 적당한 값인지 알고 하는 소리는 물론 아니다. 트럭 아저씨는 다듬지 않은 채소를 넉넉하게 주기 때문에 그걸 손질하는 것도 일이다. 많이 주는 것 같아도 다듬어 놓고 나면 그게 그걸 거라고, 우리 식구들은 내 수고를 별로 달가워하지 않는 것 같다. 내가 뒤란으로 난 툇마루에 퍼더버리고 앉아 흙 묻은 야채를 다듬거나 콩이나 마늘을 까는 건 내가 좋아서 하는 일이지 누가 시켜서 하는 건 아니다. 뿌리째 뽑혀 흙까지 싱싱한 야채를 보면 야채가 아니라 푸성귀라고 불러 주고 싶어진다. 손에 흙을 묻혀가며 푸성귀를 손질하노라면 같은 흙을 묻혔다는 걸로 그걸 씨 뿌리고 가꾼 사람들과 연대감을 느끼게 될 뿐 아니라 흙에서 나서 자란 그 옛날의 시골 계집애와 현재의 나와의 지속성까지를 확인하게 된다. 그건 아주 기분 좋고 으쓱한 느낌이다. 어쩌다 슈퍼에서 깨끗이 손질해서 스티로폼 용기에 담긴 야채를 보면 자동 운반 장치를 타고 나온 공산품 같지, 푸성귀 같지는 않다.

(다) 다들 조금씩은 마당이 딸린 땅집 동네라 화초와 채소를 같이 가꾸는 집이 많다. 경제적인 이점은 미미하지만 농약을 안 친 청정 야채를 먹는 재미가 쏠쏠하다고 한다. 그것도 약간은 부럽지만 모든 야채를 자급자족할 수 있는 것도 아니고 외식을 아주 안하고 살 수도 없는 세상이니 안전해야 얼마나 안전하겠는가. 하긴 주식에서부터 야채, 과일 일체를 유기농법으로만 짓기로 계약재배해서 먹는 집도 있다는 소리를 들었지만 아직은 특별한 계층 사람들 이야기고, 나에게는 대다수 보통 사람들이 먹고 사는 대로 먹고 사는 게 제일 속 편하고 합당한 삶일 듯싶다. 무엇보다도 내 단골 트럭 아저씨에게는 불경기가 없었으면 좋겠다. 일요일은 꼬박꼬박 쉬지만 평일에는 하루도 장사를 거른 적이 없는 아저씨가 지난여름엔 일주일 넘어 안 나타난 적이 있는데 소문에 의하면 해외여행을 갔다는 것이었다. 그것도 여비가 많이 드는 남미 어디라나. 그런 말을 퍼뜨린 이는 조금은 아니꼽다는 투로 말했지만 어중이떠중이가 다 해외여행을 떠나는 이 풍요로운 나라의 휴가철, 그 아저씨야말로 마땅히 휴가를 즐길 자격이 있는 어중이떠중이 아닌 적격자가 아니었을까.

(라) 트럭 아저씨는 나를 쭉 할머니라 불렀는데 어느 날 새삼스럽게 존경스러운 눈으로 바라보면서 선생님이라고 부르기 시작했다. 내가 작가라는 걸 알아보는 사람을 만나면 무조건 피하고 싶은 못난 버릇이 있는데 그에게 직업이 탄로 난 건 싫지가 않았다. 순박한 표정에 곧이곧대로 나타난 존경과 애정을 뉘라서 거부할 수 있겠는가. 내 책을 읽은 게 아니라 TV에 나온 걸 보았다고 했다. 책을 읽을 새가 있느냐고 했더니, "웬걸요, 신문 읽을 새도 없어요."라고 하면서 수줍은 듯 미안한 듯, 어려서 '저 하늘에도 슬픔이'를 읽고 외로움을 달래고 살아가면서 많은 힘을 얻은 얘기를 했다. 그러니까 그의 글 쓰는 사람에 대한 존경은 '저 하늘에도 슬픔이'에서 비롯된 것이었다. 나는 그 책을 읽지는 못했지만 아주 오래전에 영화화된 걸 비디오로 본 적이 있어서 그럭저럭 맞장구를 칠 수가 있었다. 아저씨는 마지막으로 선생님도 '저 하늘에도 슬픔이' 같은 걸작을 쓰시길 바란다는 당부 겸 덕담까지 했다. 어렸을 적에 읽은 그 한 권의 책으로 험하고 고단한 일로 일관해 온 중년 사내의 얼굴이 그렇게 부드럽고 늠름하게 빛날 수 있는 거라면 그 책은 걸작임에 틀림이 없으리라. 그의 덕담을 고맙게 간직하기로 했다.

– 박완서, 『트럭 아저씨』

① (가) : 자연과 더불어 사는 삶의 즐거움
② (나) : 트럭 아저씨와 시골 계집애의 사랑
③ (다) : 트럭 아저씨의 성실한 삶
④ (라) : 힘이 되어 주는 책을 소개하는 트럭 아저씨의 덕담
⑤ (가) ~ (라) : 고단한 삶을 성실하게 살아가는 사람들에 대한 사랑

18 다음 글에 대한 설명으로 적절하지 않은 것은?

빈 도시락마저 들지 않은 손이 홀가분해 좋긴 하였지만, 해방촌 고개를 추어 오르기에는 뱃속이 너무 허전했다. 산비탈을 도려내고 무질서하게 주워 붙인 판잣집들이었다. 철호는 골목으로 접어 들었다. 레이션 갑을 뜯어 덮은 처마가 어깨를 스칠 만치 비좁은 골목이었다. 부엌에서들 아무데나 마구 버린 뜨물이, 미끄러운 길에는 구공탄 재가 군데군데 헌데 더뎅이 모양 깔렸다.

저만치 골목 막다른 곳에, 누런 시멘트 부대 종이를 흰 실로 얼기설기 문살에 얽어맨 철호네 집 방문이 보였다. 철호는 때에 절어서 마치 가죽 끈처럼 된 헝겊이 달린 문걸쇠를 잡아당겼다. 손가락이라도 드나들 만치 엉성한 문이면서 찌걱찌걱 집혀서 잘 열리지 않았다. 아래가 잔뜩 잡힌 채 비틀어 진 문틈으로 그의 어머니의 소리가 새어 나왔다.

“가자! 가자!”

미치면 목소리마저 변하는 모양이었다. 그것은 이미 그의 어머니의 조용하고 부드럽던 그 목소리가 아니고, 짹짹하고 간사한 게 어떤 딴 사람의 목소리였다.

… (중략) …

삼팔선, 그것은 아무리 자세히 설명을 해 주어도 철호의 늙은 어머니에게만은 아무 소용없는 일이었다.

“난 모르겠다. 암만 해도 난 모르겠다. 삼팔선. 그래 거기에다 하늘에 꾹 닿도록 담을 쌓았단 말이냐 어쨌단 말이냐. 제 고장으로 제가 간다는데 그래 막는 놈이 도대체 누구란 말이야.”

죽어도 고향에 돌아가서 죽고 싶다는 철호의 어머니였다. 그리고는,

“이게 어디 사람 사는 게냐. 하루 이틀도 아니고.”

하며 한숨과 함께 무릎을 치며 꺼지듯이 풀썩 주저앉곤 하는 것이었다.

그럴 때마다 철호는

“어머니 그래도 남한은 이렇게 자유스럽지 않아요?”

하고, 남한이니까 이렇게 생명을 부지하고 살 수 있지, 만일 북한 고향으로 간다면 당장에 죽는 것이라고, 자유라는 것이 얼마나 소중한 것인가를, 갖은 이야기를 다 예로 들어가며 어머니에게 타일러 보는 것이었다. 그러나 자유라는 것을 늙은 어머니에게 이해시키기란 삼팔선을 인식시키기보다도 몇백 갑절 더 힘드는 일이었다. 아니 그것은 거의 불가능한 일이라 했다. 그래 끝내 철호는 어머니에게 자유라는 것을 설명하는 일을 단념하고 말았다. 그렇게 되고 보니 철호의 어머니에게는 아들 – 지지리 고생을 하면서도 고향으로 돌아갈 생각만은 죽어도 하지 않는 철호가 무슨 까닭인지는 몰라도 늙은 어미를 잡으려고 공연한 고집을 피우고 있는 천하에 고약한 놈으로만 여겨지는 것이었다.

그야 철호에게도 어머니의 심정이 이해되지 않는 것은 아니었다.

무슨 하늘이 알 만치 큰 부자는 아니었지만 그래도 꽤 큰 지주로서 한 마을의 주인 격으로 제법 풍족하게 평생을 살아오던 철호의 어머니 눈에는 아무리 그네가 세상을 모른다고 해도, 산등성이를 악착스레 깎아내고 거기에다 게딱지 같은 판잣집을 다닥다닥 붙여 놓은 이 해방촌이 이름 그대로 해방촌일 수는 없는 노릇이었다.

“나두 내 나라를 찾았다게 기뻐서 울었다. 엉엉 울었다. 시집올 때 입었던 홍치마를 꺼내 입구 춤을 추었다. 그런데 이 꼴 좋다. 난 싫다. 아무래도 난 모르겠다. 뭐가 잘못됐건 잘못된 너머 세상이디그래.”

철호의 어머니 생각에는 아무리 해도 모를 일이었던 것이었다. 나라를 찾았다면서 집을 잃어버려야 한다는 것은, 그것은 정말 알 수 없는 일이었던 것이다.

철호의 어머니는 남한으로 넘어온 후로 단 하루도 이 ‘가자’는 말을 하지 않은 날이 없었다.

그렇게 지내오던 그날, 6·25 사변으로 바로 발밑에 빤히 내려다보이는 용산 일대가 폭격으로 지옥처럼 무너져 나가던 날, 끝내 철호는 어머니를 잃어버리고 말았던 것이었다.

> "큰애야 이젠 정말 가자. 데것 봐라. 담이 홈싹 무너뎄는데 삼팔선의 담이 데렇게 무너뎄는데. 야."
> 그때부터 철호의 어머니는 완전히 정신 이상이었다.
>
> – 이범선, 『오발탄』

① 인물의 행동을 자세하게 묘사하고 있다.
② 일제 강점기 해방촌을 배경으로 하고 있다.
③ 전지적 작가 시점으로 글이 전개되고 있다.
④ 사실적 묘사를 통해 궁핍한 생활상을 드러내고 있다.
⑤ 전쟁 직후 인간 내면의 허무 의식을 표출하고 있다.

| 2020년 하반기

19 **고객 만족도 점수 조사에서 고객이 만족하면 +3, 불만족하면 −4점이 적용된다. 100명의 고객에게 만족도를 조사했을 때, 80점 이상을 받으려면 최대 몇 명의 불만족 고객이 허용되는가?**

① 17명　② 20명
③ 31명　④ 32명
⑤ 55명

20 다음 중 밑줄 친 ㉠~㉢이 적용된 사례 중 방법이 다른 하나는?

대부분의 사람들은 자연 현상이나 사회 현상에 인과 관계가 존재한다고 생각한다. 인과적 사고는 이와 같이 어떤 일이 발생하면 거기에는 원인이 있을 것이라는 생각에서 비롯되었다. 이러한 맥락에서 원인을 찾아내는 방법을 밝혀내고자 한 사람으로 19세기 중엽 영국의 철학자 존 스튜어트 밀이 있다. 그는 원인을 찾아내는 몇 가지 방법을 제안하였다.

㉠ 일치법은 어떤 결과가 발생한 여러 경우들에 공통적으로 선행하는 요소를 찾아 그것을 원인으로 간주하는 방법이다. 가령 수학여행을 갔던 K고등학교의 학생 다섯 명이 장염을 호소하였다고 하자. 보건 선생님이 이 학생들을 불러서 먹은 음식이 무엇인지 조사해보았다. 다섯 명의 학생들이 제출한 자료를 본 선생님은 이 학생들이 공통적으로 먹은 유일한 음식이 돼지고기라는 사실을 알게 되었다. 이때 선생님이 돼지고기가 장염의 원인이라고 결론을 내리는 것이 바로 일치법을 적용한 예이다.

㉡ 차이법은 결과가 나타난 사례와 나타나지 않은 사례를 비교하여 선행하는 요소들 사이의 유일한 차이를 찾아 그것을 원인으로 추론하는 방법이다. 인도네시아의 연구소에 근무하던 에이크만은 사람의 각기병과 유사한 증상을 보이는 닭의 질병을 연구하고 있었다. 어느 날 그는 병에 걸린 닭들 중에서 병이 호전된 한 마리의 닭을 발견하고는 호전의 원인이 무엇인지를 찾아보고자 하였다. 그 결과 병이 호전된 닭과 호전되지 않은 닭들의 모이에서 나머지는 모두 같았으나 유일한 차이가 현미에 있음을 알게 되었다. 즉, 병이 호전되지 않은 닭들은 채소, 고기, 백미를 먹었으나 병이 호전된 닭은 추가로 현미를 먹었던 것이다. 이렇게 모이의 차이를 통해 닭의 병이 호전된 원인을 현미에서 찾은 에이크만의 사례는 바로 차이법을 적용한 예이다.

㉢ 일치차이병용법은 일치법과 차이법을 결합한 것으로 어떤 결과가 나타나는 둘 또는 그 이상의 사례에서 한 가지 공통된 요소가 존재하고, 그 결과가 나타나지 않는 둘 또는 그 이상의 사례에서는 그러한 요소가 존재하지 않을 때, 그것을 원인으로 간주하는 방법이다.

① 시력이 1.5 이상인 사람들을 조사한 결과 모두 토마토를 자주 먹는다는 것이 밝혀졌다. 그러자 시력이 좋지 않은 사람들이 토마토를 먹기 시작했다.

② A시에서는 전염병이 발생하였고, 전염병에 감염된 사람들은 모두 돼지 농장에서 일한 사람들이었다. 방역 당국은 전염병이 돼지로부터 발병되었다는 결론을 내렸다.

③ 사고 다발 구간을 시속 40km/h 이하로 지나간 500대의 차량을 조사한 결과, 단 한 차례의 사고도 일어나지 않았다. 결국 사고 다발 구간에서는 차량의 속도가 40km/h 이하일 때 교통사고 발생률이 0이 된다는 것을 알아냈다.

④ 1반 학생들과 2반 학생들의 지구력을 측정한 결과 1반 학생들의 지구력이 월등히 높았다. 알고 보니 1반 학생들은 매일 아침 운동장을 달렸지만, 2반 학생들은 아무것도 하지 않았다. 결국 달리기가 지구력 향상에 탁월한 효과를 보인다는 결론을 내렸다.

⑤ 유치원에서는 외출 후 반드시 손을 씻어야 한다는 규칙을 만들어 아이들에게 알려주었다. 아이들이 손 씻기를 생활화하자 유치원에서는 단 한 명의 감기 환자도 발생하지 않았다. 아이들은 손 씻기가 감기를 예방한다는 것을 깨닫게 되었다.

21 **다음 글에 나타난 ㉠ ~ ㉢의 입장에 대한 설명으로 적절하지 않은 것은?**

> 언어학자들에 의하면 인간 고유의 언어 능력은 독특한 양상으로 발달한다. 아이의 언어 발달을 관찰해 보면 주변에서 듣는 말을 모방하는 듯 따라하기도 하고, 때로는 올바른 표현을 외면한 채 자신의 말을 계속 반복하는 행동을 보이기도 한다.
>
> 아이의 언어 습득 이론에 영향을 준 사상으로는 크게 경험론과 선험론을 들 수 있다. 경험론은 1960년대 현대 언어학이 출범하기 이전 특히 ㉠ 레너드 블룸필드와 스키너를 중심으로 발달한 이론으로, 인간의 행동은 환경에 주어진 경험적 자료에 접하여 연상 작용을 일으켜 지식을 획득한다는 이론이다. 블룸필드는 인간의 선험적 능력을 겨우 몇 가지만 인정할 뿐 지식은 거의 모두 경험 자료에서 비롯된다고 가정한다. 아동은 단어나 표현을 익히는 과정에서 어느 정도는 어른의 말을 모방하거나 반복하곤 한다. 또한 어른은 아동에게 의도적으로 꾸준히 가르치는 장면을 할 때가 있다. 가령 많은 부모들은 '빠이빠이(Bye-bye)'나 '감사합니다', '안녕하세요' 등의 일상 표현이나 새로운 단어들을 아동에게 열심히 가르치려 노력한다.
>
> 경험론을 반박하는 학자들은 경험보다는 선험적인 지식의 역할을 강조한다. ㉡ 노엄 촘스키는 합리주의 사상에 영향을 받아 보다 구체적이고 주로 언어 지식에 한정된 '선험론'을 발전시켜 왔다. 선험론자들은 인간 고유의 탁월한 창조성을 강조하면서 경험론에서 중요시하는 학습 효과는 인정하지 않는다. 선험론에 의하면 인간은 체계적인 가르침을 받지 않고도 언어 규칙을 무의식적으로 내면화할 수 있는 능력을 갖고 있을 뿐만 아니라 언어의 토대를 이루는 어휘 범주와 기능 범주 및 기본 원리원칙 등을 선험적으로 갖고 있다고 한다. 즉, 언어 습득은 환경의 영향이 아니라 선험적으로 주어진 언어 구조적 지식에 의거한 것이라고 주장한다.
>
> 민족의 언어와 성격 사이의 관계를 강조한 ㉢ 빌헬름 폰 훔볼트는 언어가 민족의 정신세계를 드러내고 세계관을 반영한다고 주장한다. 훔볼트에 따르면 한 민족의 사고방식이나 세계를 보는 눈이 다른 민족과 다른 이유는 사용하는 언어 구조가 서로 다르기 때문이다. 언어는 민족과 상황에 따라서 다르게 만들어진다. 언어를 통해서만 사고가 가능하므로, 개인의 사고방식과 세계관은 언어 구조에 의해 결정된다. 사고 과정이나 경험 양식은 언어에 의존하므로 언어가 다르면 사고와 경험의 양식도 달라지기 때문이다.

① ㉠ : 아이의 언어 습득은 부모의 가르침과 같은 경험에 의해 결정된다.

② ㉠ : 아이는 부모의 언어를 모방함으로써 언어를 습득한다.

③ ㉡ : 아이는 문법을 학습하지 않아도 자연스럽게 언어를 습득한다.

④ ㉡ : 태어난 아이는 백지와 같으므로 일련의 과정을 통해 언어를 습득할 수 있다.

⑤ ㉢ : 아이는 언어를 습득할 때 언어를 통해 중재된 세계관을 함께 습득한다.

22 다음 글에 대한 설명으로 적절하지 않은 것은?

> 운전자 10명 중 3명은 내년 4월부터 전면 시행되는 '안전속도 5030' 정책을 모르는 것으로 나타났다. 한국교통안전공단은 지난 7월 전국 운전자 3,922명을 대상으로 '안전속도 5030 정책 인지도'를 조사한 결과 이를 인지하고 있는 운전자는 68.1%에 그쳤다고 밝혔다. 안전속도 5030 정책은 전국 도시 지역 일반도로의 제한속도를 시속 50km로, 주택가 등 이면도로는 시속 30km 이하로 하향 조정하는 정책이다. 지난해 4월 도로교통법 시행규칙 개정에 따라 내년 4월 17일부터 본격적으로 시행된다. 교통안전공단에 따르면 예기치 못한 사고가 발생하더라도 차량의 속도를 30km로 낮추면 중상 가능성은 15.4%로 크게 낮아진다. 이번 조사에서 특히 20대 이하 운전자의 정책 인지도는 59.7%, 30대 운전자는 66.6%로 전체 평균보다 낮은 것으로 나타났다. 반면 40대(70.2%), 50대(72.1%), 60대 이상(77.3%) 등 연령대가 높아질수록 안전속도 도입을 알고 있다고 응답한 비율이 높았다.
> 한국교통안전공단은 내년 4월부터 전면 시행되는 안전속도 5030의 성공적 정착을 위해 정책 인지도가 가장 낮은 2030 운전자를 대상으로 온라인 중심의 언택트(Untact) 홍보를 시행할 예정이다. 2030세대가 운전 시 주로 이용하는 모바일 내비게이션사와 협업하여 5030 속도 관리구역 음성안내 및 이미지 표출 등을 통해 제한속도 인식률 향상 및 속도 준수를 유도하고, 유튜브와 SNS 등을 활용한 대국민 참여 이벤트와 공모전 등을 통해 제한속도 하향에 대한 공감대 확산 및 자발적인 속도 하향을 유도한다.

① 운전자 10명 중 6명 이상은 안전속도 5030 정책을 알고 있다.
② 안전속도 5030 정책에 대한 인지도가 가장 낮은 연령대는 20대 이하이다.
③ 연령대가 높을수록 안전속도 5030 정책에 대한 인지도가 높다.
④ 안전속도 5030 정책에 대한 연령대별 인지도의 평균은 68.1%이다.
⑤ 안전속도 5030 정책이 시행되면 주택가에서의 주행속도는 시속 30km 이하로 제한된다.

| 2020년 하반기

23 화물 운송 트럭 A ~ C는 하루 2회 운행하며 192톤을 옮겨야 한다. A트럭만 운행하였을 때, 12일이 걸렸고, A트럭과 B트럭을 동시에 운행하였을 때 8일이 걸렸으며, B트럭과 C트럭을 동시에 운행하였을 때 16일이 걸렸다. 이때, C트럭의 적재량은 얼마인가?(단, 트럭의 적재용량을 최대한 이용한다)

① 1톤
② 2톤
③ 3톤
④ 4톤
⑤ 5톤

| 2020년 하반기

24 다음은 각 행과 열의 합을 나타낸 표이다. A+B+C+D의 값으로 옳은 것은?

구분	34	34	44
32	A	C	C
36	A	D	D
44	B	A	B

① 48
② 50
③ 52
④ 54
⑤ 56

| 2020년 하반기

25 다음 숫자배열에서 빈칸에 들어갈 숫자는?

6		7	8		6	9		5	7		8
	3			4			6			( )	
3		5	2		4	4		6	6		4

① 2
② 4
③ 6
④ 7
⑤ 8

26 다음 중 밑줄 친 ㉠～㉤에 대한 퇴고 방법으로 적절하지 않은 것은?

> 퇴고의 중요성은 백 번 천 번 강조해도 지나치지 않는다. 습작이란 퇴고의 기술을 익히는 행위인지도 모른다. 그렇다고 ㉠ 퇴고가 외면을 화려하게 만들기 위한 덧칠이 되어서는 안 된다. 진실을 은폐하기 위한 위장술이 되어서도 안 된다. 퇴고를 글쓰기의 마지막 마무리 단계라고 생각하면 오산이다. 퇴고는 ㉡ 글쓰기의 처음이면서 중간이면서 마지막이면서 그 모든 것이다.
> 시라고 해서 우연에 기댄 착상과 표현을 시의 전부라고 여기면 바보다. 처음에 번갯불처럼 떠오른 생각만이 시적 진실이라고 오해하지 마라. 퇴고가 시적 진실을 훼손하거나 은폐한다고 제발 바보 같은 생각 좀 하지 마라. 처음에 떠오른 '시상' 혹은 '영감'이라는 것은 식물로 치면 씨앗에 불과하다. 그 씨앗을 땅에 심고 물을 주면서 싹이 트기를 기다리는 일, 햇볕이 잘 들게 하고 거름을 주는 일, 가지가 쑥쑥 자라게 하고 푸른 잎사귀를 무성하게 매달게 하는 일, 그 다음에 열매를 맺게 하는 일… 그 모두를 퇴고라고 생각하라.
> 내가 쓴 시에 내가 취하고 감동해서 가까스로 펜을 내려놓고 잠자리에 들 때가 있다. 습작기에 자주 경험했던 일이다. 한 편의 시를 멋지게 완성하고 뿌듯한 마음으로 잠든 것까지는 좋았는데 그 이튿날 일어나서 밤늦게까지 쓴 그 시를 다시 읽어보았을 때의 낭패감! 시가 적힌 노트를 찢어버리고 싶고, 혹여 누가 볼세라 태워버리고 싶은 마음이 불같이 일어날 때의 그 화끈거림! 나 자신의 재주 없음과 무지에 대한 자책!
> 당신도 아마 그런 시간을 경험한 적 있을 것이다. 지금 생각해보면 습작기에 있는 사람에게는 그런 시간이 참으로 소중하다는 것을 느낀다. 한 편의 시를 퇴고하면서 그 시에 눈멀고 귀먹어 버린 자가 겪게 되는 참담한 기쁨이 바로 그것이다. 퇴고를 하는 과정에 시에 너무 깊숙하게 침윤되어 잠시 넋을 시에게 맡겨버린 결과다(사랑에 빠진 사람을 콩깍지 씌였다고 하는 것처럼). 그러나 그렇게 시에 감염되어 있는 동안 당신의 눈은 밝아졌고, 실력이 진일보했다고 생각하라. 하룻밤 만에 객관적인 시각으로 자신의 시를 볼 수 있는 눈으로 변화를 한 것이다.
> 시를 고치는 일을 두려워하지 마라. 밥 먹듯이 고치고, 그렇게 고치는 일을 즐겨라. 다만 서둘지는 마라. 설익은 시를 무작정 고치려고 대들지 말고 ㉢ 가능하면 시가 뜸이 들 때까지 기다려라. 석 달이고 삼 년이고 기다려라.
> 그리고 시를 어느 정도 완성했다고 생각하는 그 순간, ㉣ 주변에 있는 사람에게 시를 보여줘라. 시에 대해서 잘 아는 전문가가 아니어도 좋다. 농부도 좋고 축구선수도 좋다. 그들을 스승이라고 생각하고 잠재적 독자인 그들의 말씀에 귀를 기울여라. 이규보도 "다른 사람의 시에 드러난 결점을 말해 주는 일은 부모가 자식의 흠을 지적해 주는 일과 같다."고 했다. 누군가 결점을 말해 주면 다 들어라. 그러고 나서 또 고쳐라.
> "글은 다듬을수록 빛이 난다. 절망하여 글을 쓴 뒤, 희망을 가지고 고친다."고 한 이는 소설가 한승원이다. 니체는 "피로써 쓴 글"을 좋아한다고 했고, 〈혼불〉의 작가 최명희는 "원고를 쓸 때면 손가락으로 바위를 뚫어 글씨를 새기는 것만 같다."고 말했다. 시를 고치는 일은 옷감에 바느질을 하는 일이다. ㉤ 끊임없이 고치되, 그 바느질 자국이 도드라지지 않게 하라. 꿰맨 자국이 보이지 않는 천의무봉의 시는 퇴고에서 나온다는 것을 명심하라.

① ㉠ : 번지르르한 표현을 사용하지 않는다.
② ㉡ : 퇴고는 글쓰기의 전 과정에서 일어난다.
③ ㉢ : 글을 객관적으로 바라볼 수 있는 시간을 두고 퇴고한다.
④ ㉣ : 예상 독자를 고려하여 퇴고한다.
⑤ ㉤ : 새로운 단어나 문장을 추가하지 않는다.

| 2020년 하반기

27 **방역당국은 코로나19 확진 판정을 받은 확진자의 동선을 파악하기 위해 역학조사를 실시하였다. 역학조사 결과 확진자의 지인 A ~ F 6명에 대하여 〈조건〉과 같은 정보를 확인하였다. 다음 중 항상 참이 되는 것은?**

〈조건〉

ㄱ. C나 D를 만났으면 A와 B를 만났다.
ㄴ. B나 E를 만났으면 F를 만났다.
ㄷ. C와 E 중 한 명만 만났다.

① 확진자는 A를 만났다.
② 확진자는 B를 만났다.
③ 확진자는 C를 만났다.
④ 확진자는 E를 만났다.
⑤ 확진자는 F를 만났다.

| 2020년 하반기

28 **비상대책위원회 위원장은 A ~ F의원 중 제1차 위원회에서 발언할 위원을 결정하려 한다. 다음 〈조건〉에 따라 발언자를 결정한다고 할 때, 항상 참이 되는 것은?**

〈조건〉

- A위원이 발언하면 B위원이 발언하고, C위원이 발언하면 E위원이 발언한다.
- A위원 또는 B위원은 발언하지 않는다.
- D위원이 발언하면 F위원이 발언하고, B위원이 발언하면 C위원이 발언한다.
- D위원이 발언하고 E위원도 발언한다.

① A위원이 발언한다.
② B위원이 발언한다.
③ C위원이 발언한다.
④ F위원이 발언한다.
⑤ 모든 위원이 발언한다.

※ 다음은 보행사고 예방을 위한 가이드북의 일부 내용이다. 이어지는 질문에 답하시오. [29~30]

〈보행안전을 위한 안전시설 설계 가이드라인〉

본 가이드라인은 보행사고 예방을 위해 현장에 적용할 수 있는 안전시설 설치 기준을 제시하여 효과적으로 사업을 시행할 수 있도록 돕는다. 기존 차량 소통 위주의 도로 운영 전략에서 보행 안전 우선의 시설물 설치 전략과 보행사고 우려 지점에 대한 개선 사업 시 보행 안전 및 편의를 증진할 수 있는 기법들을 제시한다.

네덜란드의 본엘프(Woonerf), 영국의 홈존(Home Zone), 일본의 커뮤니티존(Community Zone) 등 국외에서도 시설 개선 및 속도 규제를 통한 보행 안전성 확보 전략이 추진되고 있으며, 보행자에 대한 시인성 증진과 자동차 속도 저감 등을 통해 지속적인 보행 안전 확보가 필요하다.

보행자와 자동차의 상충을 감소시키고 보행자의 안전 및 이동성을 증진시키는 전략은 크게 4가지로 나누어 볼 수 있다. 먼저 자동차에 노출되는 보행자를 감소시켜야 한다. 도로에서의 사람과 재화의 이동은 사회적·경제적·정치적으로 필수 불가결하지만, 이러한 이동은 교통사고로 이어질 수 있다. 자동차의 주행 경로 등에 보행자가 노출되면 보행자 사고가 발생할 가능성이 커지므로 직접적인 노출을 감소시켜야 한다.

다음으로 자동차와 보행자와의 시인성을 증진시켜야 한다. 보행자가 지장물, 불법주정차 차량 등에 가려져 운전자가 보행자를 인식하지 못하는 등의 문제가 종종 발생한다. 이를 해결하기 위하여 보행자의 시인성을 확보하는 방향으로 시설 개선이 필요하다. 또한 보행 활성화는 보행사고를 감소시키는 방법의 하나이다. 보행자가 많으면 운전자의 눈에 계속 띄게 되므로 운전자는 조심하여 서행 운전하게 되며, 서행 운전을 할 경우 주변을 볼 수 있는 시야가 넓어지고 돌발 상황에 쉽게 대처할 수 있다.

세 번째 전략은 자동차의 속도 감소이다. 충돌 속도가 45km/h 이상일 경우 보행자의 생존 가능성은 50% 이하이지만, 30km/h 이하일 경우 생존 가능성은 90% 이상이 된다. 이처럼 속도는 보행자 사고의 심각도에 결정적인 역할을 하므로 보행사고의 심각도를 감소시키기 위해서는 차량 속도 저감 기법을 적극적으로 고려해야 한다. 또한 주택가, 이면도로 등 일상생활과 밀접한 생활도로의 속도를 낮추는 방법도 고려해야 한다.

마지막으로 보행자 및 운전자의 안전의식 개선이 필요하다. 자동차 운전자들의 보행자에 대한 배려나 보호의지 등 교육과 홍보를 통해 안전의식을 개선해 나가야 한다. 보행사고 위험요인을 고려한 타깃/타겟형 집중단속 등으로 보행자 보호의 중요성에 대한 사회적 경각심을 제고해야 한다. 한편 보행자는 도로 위에서 자신 위주로 상황을 판단하는 경향이 높아 멀리서 자동차가 다가오면, "자동차가 오기 전에 길을 건널 수 있다." 또는 "자동차가 알아서 속도를 줄이겠지." 등의 오판을 하기도 한다. 따라서 어린이부터 어른까지 모든 보행자가 안전한 보행 습관을 몸에 익힐 수 있도록 범국민 문화 캠페인을 전개하여 보행자의 안전의식을 개선해야 한다. 안전한 도로는 운전자와 보행자 모두 법규를 지켰을 때 만들어지는 것이다.

| 2020년 하반기

29 **다음 중 윗글의 내용으로 적절하지 않은 것은?**

① 보행자의 이동을 막을 순 없지만, 자동차에 대한 보행자의 직접 노출은 줄여야 한다.
② 보행자가 운전자의 눈에 띌 수 있도록 자동차 주행 경로에서의 보행을 활성화해야 한다.
③ 기존의 도로 운영 전략에서는 보행자의 안전보다 원활한 차량의 소통을 강조하였다.
④ 차량 속도 저감 기법을 적극적으로 활용한다면 보행사고의 심각도를 감소시킬 수 있다.
⑤ 운전자의 보행자에 대한 배려와 보행자의 안전한 보행 습관을 통해 안전한 도로가 만들어질 수 있다.

| 2020년 하반기

30 **밑줄 친 단어 중 외래어 표기법이 옳은 것을 고르고, 외래어 표기법이 옳은 단어들끼리 바르게 짝지은 것은?**

① 타깃 – 콜라보레이션, 심볼, 마니아
② 타깃 – 컬라보레이션, 심벌, 마니아
③ 타깃 – 컬래버레이션, 심벌, 마니아
④ 타겟 – 콜라보레이션, 심벌, 매니아
⑤ 타겟 – 컬래버레이션, 심벌, 매니아

코레일 한국철도공사 신입사원 필기시험

제5회 기출복원 모의고사

모바일 OMR

문항 수 : 30문항
응시시간 : 30분

정답 및 해설 p.22

※ 다음은 K전자의 유·무상 수리 기준에 대한 자료이다. 이어지는 질문에 답하시오. **[1~3]**

〈K전자의 유·무상 수리 기준〉

1. 유·무상 수리 기준

구분		적용 항목
무상		• 보증기간(1년) 이내에 정상적인 사용 상태에서 발생한 성능·기능상의 고장인 경우 • K전자 엔지니어의 수리 이후 12개월 이내 동일한 고장이 발생한 경우 • 품질보증기간 동안 정상적인 사용 상태에서 발생한 성능·기능상의 고장인 경우 ※ 보증기간은 구입 일자를 기준으로 산정한다.
유상	보증기간	• 보증기간이 경과된 제품
	설치 / 철거	• 이사나 가정 내 제품 이동으로 재설치를 요청하는 경우 • 제품의 초기 설치 이후 추가로 제품 연결을 요청하는 경우 • 홈쇼핑, 인터넷 등에서 제품 구입 후 설치를 요청하는 경우
	소모성	• 소모성 부품의 보증기간 경과 및 수명이 다한 경우(배터리, 필터류, 램프류, 헤드, 토너, 드럼, 잉크 등) • 당사에서 지정하지 않은 부품이나 옵션품으로 인해 고장이 발생한 경우
	천재지변	• 천재지변(지진, 풍수해, 낙뢰, 해일 등) 외 화재, 염해, 동파, 가스 피해 등으로 인해 고장이 발생한 경우
	고객 부주의	• 사용자 과실로 인해 고장이 발생한 경우 • 사용설명서 내의 주의사항을 지키지 않아 고장이 발생한 경우 • K전자 서비스센터 외 임의 수리·개조로 인해 고장이 발생한 경우 • 인터넷, 안테나 등 외부 환경으로 인해 고장이 발생한 경우
	기타	• 제품 고장이 아닌 고객 요청에 의한 제품 점검(보증기간 이내라도 유상 수리)

2. 서비스 요금 안내

서비스 요금은 부품비, 수리비, 출장비의 합계액으로 구성되며, 각 요금의 결정은 다음과 같다.

• 부품비 : 수리 시 부품 교체를 할 경우 소요되는 부품 가격

제품		가격
전자레인지	마그네트론	20,000원
에어컨	컴프레서	400,000원
TV	LCD	150,000원
	PDP	300,000원

• 수리비 : 유상 수리 시 부품비를 제외한 기술료로, 소요시간, 난이도 등을 감안하여 산정한다.
• 출장비 : 출장 수리를 요구하는 경우 적용되며, 18,000원을 청구한다(단, 평일 18시 이후, 휴일 방문 시 22,000원).

3. 안내 사항
• 분쟁 발생 시 품목별 해결 기준

분쟁 유형		해결 기준
구입 후 10일 이내에 정상적인 사용 상태에서 발생한 성능・기능상의 하자로 수리를 요할 때		제품 교환 또는 구입가 환급
구입 후 1개월 이내에 정상적인 사용 상태에서 발생한 성능・기능상의 하자로 중요한 수리를 요할 때		제품 교환 또는 무상수리
보증기간 이내에 정상적인 사용 상태에서 발생한 성능・기능상의 하자	수리 불가능 시	제품 교환 또는 구입가 환급
	교환 불가능 시	구입가 환급
	교환된 제품이 1개월 이내에 중요한 수리를 요할 때	구입가 환급

• 다음의 경우는 보증기간이 $\frac{1}{2}$로 단축 적용된다.
  – 영업용도나 영업장에서 사용할 경우 예 비디오(비디오 SHOP), 세탁기(세탁소) 등
  – 차량, 선박 등에 탑재하는 등 정상적인 사용 환경이 아닌 곳에서 사용할 경우
  – 제품사용 빈도가 극히 많은 공공장소에 설치 사용할 경우 예 공장, 기숙사 등
• 휴대폰 소모성 액세서리(이어폰, 유선충전기, USB 케이블)는 유상 수리 후 2개월 품질 보증

| 2020년 하반기

01 **다음은 LCD 모니터 수리에 대한 고객의 문의 사항이다. 고객에게 안내할 내용으로 가장 적절한 것은?**

> 안녕하세요. 3개월 전에 K전자에서 LCD 모니터를 구입한 사람입니다. 얼마 전에 모니터 액정이 고장 나서 동네 전파상에서 급하게 수리를 하였는데 1개월도 안 돼서 다시 액정이 망가져 버렸습니다.

① 구입하신 지 아직 1년이 넘지 않으셨네요. 보증기간에 따라 무상 수리가 가능합니다.
② 무상 수리를 받으시려면 자사가 취급하는 액정인지 확인이 필요합니다. 교체하신 액정의 정보를 알려주실 수 있을까요?
③ 수리 이후에 1개월 이내에 동일한 고장이 발생하셨군요. 보증기간과 관계없이 제품의 구입가를 환불해 드리겠습니다.
④ 구입하시고 1년 이내에 수리를 받으셨군요. 더 이상 수리가 불가능하므로 새 제품으로 교환해 드리겠습니다.
⑤ 저희 서비스센터가 아닌 사설 업체에서 수리를 받았기 때문에 무상 수리는 어렵습니다. 유상 수리로 접수해 드릴까요?

| 2020년 하반기

02 B씨는 사용하던 전자레인지가 고장이 나자 서비스센터에 전화하였고, 이틀 후인 수요일 오후 4시경에 엔지니어가 방문하기로 하였다. 방문한 엔지니어가 전자레인지의 부품 중 하나인 마그네트론을 교체하였고, B씨는 유상 수리 서비스 요금으로 총 53,000원의 금액을 납부하였다. 다음 중 전자레인지의 수리비로 옳은 것은?

① 10,000원
② 11,000원
③ 12,000원
④ 13,000원
⑤ 15,000원

| 2020년 하반기

03 다음 중 정상적인 사용 상태에서 제품의 성능·기능상 고장이 발생했을 때, 무상 수리 서비스를 받을 수 없는 것은?

① 3개월 전 구매하여 설치한 세탁소의 세탁기
② 열흘 전 구매한 개인 휴대폰
③ 8개월 전 구매하여 설치한 기숙사 내 정수기
④ 2개월 전 구매하여 차량에 설치한 휴대용 냉장고
⑤ 1년 전 구매하였으나 1개월 전 K전자에서 유상 수리를 받은 휴대폰 이어폰

| 2020년 하반기

04 다음 〈조건〉에 따라 감염병관리위원회를 구성할 때, 항상 참인 것은?

> 코로나19 감염 확산에 따라 감염병의 예방 및 관리에 관한 법률 시행령을 일부 개정하여 감염병관리위원회를 신설하고자 한다. 감염병관리위원회는 관련 위원장 총 4명으로 구성할 예정이며, 위원회 후보는 감염대책위원장 1명, 백신수급위원장 1명, 생활방역위원장 4명, 위생관리위원장 2명이다.

〈조건〉

- 감염대책위원장이 뽑히면 백신수급위원장은 뽑히지 않는다.
- 감염대책위원장이 뽑히면 위생관리위원장은 2명이 모두 뽑힌다.
- 백신수급위원장과 생활방역위원장은 합쳐서 4명 이상이 뽑히지 않는다.

① 백신수급위원장이 뽑히면 위생관리위원장은 1명이 뽑힌다.
② 백신수급위원장이 뽑히면 생활방역위원장은 1명이 뽑힌다.
③ 감염대책위원장이 뽑히면 백신수급위원장도 뽑힌다.
④ 감염대책위원장이 뽑히면 생활방역위원장은 2명이 뽑힌다.
⑤ 생활방역위원장이 뽑히면 위생관리위원장도 뽑힌다.

| 2020년 하반기

05 다음 명제를 통해 추론할 수 있는 결론으로 가장 적절한 것은?

- 음악을 좋아하는 사람은 상상력이 풍부하다.
- 음악을 좋아하지 않는 사람은 노란색을 좋아하지 않는다.
- ____________________

① 노란색을 좋아하지 않는 사람은 음악을 좋아한다.
② 음악을 좋아하지 않는 사람은 상상력이 풍부하지 않다.
③ 상상력이 풍부한 사람은 노란색을 좋아하지 않는다.
④ 노란색을 좋아하는 사람은 상상력이 풍부하다.
⑤ 상상력이 풍부하지 않은 사람은 음악을 좋아한다.

※ 다음은 '고속철도(KTX)의 발전과 철도의 미래' 중 일부 내용을 발췌한 글이다. 이어지는 질문에 답하시오. [6~8]

> 현재와 미래의 철도를 조명하기 위해서는 과거의 철도 모습과 상황을 잘 정리하고, 이를 해석해야 한다. 철도의 역사를 거슬러 올라가면, 1829년 영국 리버풀의 레인 힐에서는 리버풀과 맨체스터 사이를 어떤 기관차가 달릴 것인가를 결정하기 위한 시합이 벌어졌다. 로버트 스티븐슨이 제작한 로켓호가 시합에서 우승하였고, 이후 1803년 시속 48km로 13t의 화물을 싣고 운행한 로켓호가 리버풀 ~ 맨체스터 상업용 철도의 출발점이 되었다.
> 1899년 9월 18일에 운행을 시작한 우리나라 철도는 1910년 일제강점기하에 타율적으로 운영되었고, 1917년부터 1925년까지 남만주철도주식회사에 의해 위탁 경영되었다. 1945년 해방 이후 1963년부터는 철도청이 운영하였고, 2004년에 철도공사가 출범하게 되었다.
> 고속철도의 역사를 보면 1964년 일본에서 신칸센이 개통되었고, 유럽에서는 프랑스와 독일에서 TGV와 ICE가 개통되었다. 고속철도가 개통되면서 철도는 다시 한번 부흥기를 맞이하였으며, 이제 친환경 수단으로서 교통혁명의 주역으로 자리 잡고 있다. 우리나라도 2004년에 고속철도가 개통되어 우리나라의 국토와 교통에 큰 변화를 주고 있다.
> 철도는 다양한 기능을 가진 교통수단으로 여러 가지 측면에서 사회·경제적으로 영향을 미쳤다. 철도를 통한 사회변화는 마치 로마의 도로가 유럽에 영향을 미친 것과 비교할 수 있으며, 당시의 변화는 고속철도가 개통되면서 사회에 영향을 미친 것과 유사한 면이 있다. 기원전 312년부터 시작하여 유럽 전역에 건설된 약 85,000km의 로마 시대 도로는 군사적인 목적뿐만 아니라 국제무역, 경제교류 활성화, 문화교류 확대 등에 큰 영향을 미쳤다. 고속철도의 경우에도 신속한 사람과 물자의 이동을 통한 경제교류 활성화 등 거의 동일한 현상을 보이고 있다. 기술적인 측면에서도 신속한 이동을 목적으로 직선으로 설계된 점, 유지보수 비용을 최소화하는 기술이 적용된 점, 6m 이상의 노선 폭으로 설계된 점 등 많은 공통점을 가지고 있다.
> 우리나라는 경부선의 개통으로 지역 간 이동이 빨라졌고, 국토 공간 구조가 크게 변화하였다. 영국의 한 지리학자 견문기에 따르면 1894년 당시 서울 ~ 부산 간의 이동에는 약 14일이 소요되었다고 한다. 그러나 경부선이 개통되면서 서울 ~ 부산 간의 이동 시간은 약 11시간으로 감소하였다.
> 1905년에는 경부선, 1906년에는 경의선, 1914년에는 호남선, 1914년에는 경원선이 개통됨에 따라 X자형의 종단 철도망이 완성되었고, 이러한 철도망의 영향으로 우리나라는 종축의 철도망을 중심으로 발전하기 시작하였다. 또한 당시 서울 ~ 용인 ~ 충주 ~ 조령 ~ 문경 ~ 대구 ~ 밀양 ~ 부산의 도로노선과 철도노선을 비교해 볼 때, 철도노선이 충청북도를 지나지 않고 대전 방향으로 통과함에 따라 그간 교통의 요충지였던 충주와 청주보다 대전을 중심으로 발전하기 시작하였다. 따라서 철도망이 지나는 서울 ~ 대전 ~ 김천 ~ 대구 ~ 부산 축이 우리나라 국토발전의 중심축으로 자리 잡기 시작하였다. 이러한 경부 축 중심의 발전은 인구와 철도 <u>수송양 / 수송량</u>, 도시 발전에서 확연하게 드러나고 있다. 상주는 철도망으로부터 소외되어 발전이 멈춘 대표적인 도시의 하나이다. 상주는 조선 시대 경상도의 도청이 있던 곳으로, 1928년 통계를 보면 상주의 인구는 24,000명, 김천 13,000명, 안동 10,000명, 문경 2,000명, 예천 5,000명으로 상주는 그 지역의 중심이었다. 그러나 경부선이 김천을 경유함에 따라 김천이 발전하기 시작하였고, 2013년 상주의 인구는 10.3만 명, 김천 13.5만 명이 되었다.
> 철도와 고속철도의 개통을 통해 철도에 대한 다양한 학문적인 연구가 진행되었다. 철도와 관련된 학문에 대해서는 교통학뿐만 아니라 역사학, 과학사, 건축학, 경영사, 기술사 등에 큰 영향을 미치고 있으며, 이와 관련해서 좋은 책들이 출판되고 있다.

| 2020년 하반기

06 다음 중 철도의 발전이 우리나라에 미친 영향으로 적절하지 않은 것은?

① 사회·경제적 영향
② 도시 인구의 변화
③ 해외 수출의 증가
④ 관련 도서 출판
⑤ 관련 학문 분야의 확대

| 2020년 하반기

07 밑줄 친 단어 중 맞춤법이 옳은 것을 고르고, 이와 동일한 규칙이 적용된 단어들로 바르게 연결된 것은?

① 수송량 – 강수량, 생산량, 구름량
② 수송량 – 독서량, 생산량, 구름량
③ 수송량 – 독서량, 강수량
④ 수송양 – 독서양, 강수양
⑤ 수송양 – 생산양, 구름양

| 2020년 하반기

08 다음 중 윗글의 내용을 보충할 수 있는 자료로 적절하지 않은 것은?

① 〈로마제국의 도로와 고속철도의 비교〉

구분	로마 시대 도로	고속철도
전체거리	85,000km(AD 200년)	17,502km(2000년)
영향력	군사, 정치, 문화, 경제, 기술면에서 큰 영향력, 특히 무역에 큰 공헌	정치, 문화, 경제, 기술면에서 큰 영향력
특징	직선, 훌륭한 배수시설로 유지보수 비용 최소화, 폭은 20 ~ 23피트(약 6미터)	직선, 슬라브 궤도 등으로 유지보수 비용 최소화, 여유 공간 합한 폭 6미터 이상

② 〈교통망과 통행시간의 변화〉

구분	철도 개통 이전 교통망(도로)	철도 개통 이후 교통망(철도)
노선	서울 ~ 용인 ~ 충주 ~ 조령 ~ 문경 ~ 대구 ~ 밀양 ~ 부산	서울 ~ 수원 ~ 천안 ~ 대전 ~ 김천 ~ 대구 ~ 부산
소요시간	14일	11시간

③ 〈철도개통과 인구 변화〉

구분	상주	김천
초기인구(A)	24,000명(1928년)	13,000명(1928년)
최근인구(B)	10.3만 명(2013년)	13.5만 명(2013년)
B/A	4.3	10.0
철도개통	1924년(경북선)	1905년(경부선)

④ 〈각국의 철도박물관 현황〉

박물관명	운영주체와 영업개시일	건설비 및 규모	특징
한국 의왕 철도박물관	철도공사 소유 1988년	• 부지면적 8,495평 • 건물면적 1,451평	• 연간 29만 명 방문 • 10,387점의 유물 소장
영국 요크 국립 철도박물관	국립철도박물관 1925년	• 부지면적 24,500평	• 연간 70만 명 방문 • 300만 점의 유물 보관
중국 베이징 철도박물관	국립철도박물관 2002년	• 부지면적 47,575평 • 건물면적 6,212평	• 교외 위치로 증기기관차 등의 차량 위주 보존

⑤ 〈철도와 관련된 저서들〉

분야	저서명	저자	특징
철도 정책	철도의 르네상스를 꿈꾸며(2004) 철도정책론(2009)	서선덕 외 김동건 외	• 철도부흥과 각국철도 • 철도 정책의 제시
역사	일제침략과 한국철도(2004) 조선교통사(2012)	정재정 철도문화재단	• 일제강점기 철도 특징 • 일제강점기 철도 소개
고속철도	고속철도시스템의 이해(1999)	김선호	• 고속철도의 기술적 이해

09 다음은 교통안전사업에 대한 논문이다. 이를 주요 단어로 요약한다고 할 때, 적절하지 않은 것은?

> 국내 교통사고는 매년 35만 건 이상이 발생하여 그 어떤 재난과 비교할 수 없을 만큼 심각한 인명 및 재산손실을 초래하고 있다. 국가는 국민의 생명과 안전을 지키기 위해 다양한 교통안전사업을 시행하고 있지만 여전히 선진국 수준에는 미치지 못해 보다 적극적인 노력이 필요하다.
> 교통안전사업의 평가체계는 다음과 같은 두 가지 문제점을 지니고 있다. 첫 번째는 교통안전사업의 성과분석 및 평가가 사망자 수 감소에 집중되어 있다는 점이다. 두 번째는 교통안전사업 평가에 투자예산이 비용으로 처리된다는 점이다. 교통안전사업이 잘 운영되려면 교통안전사업의 정확한 평가를 통한 불요불급한 예산방지 및 예산효율의 극대화가 무엇보다 중요하다. 교통안전사업 시행에 따른 사회적 비용 감소 효과를 명확하게 분석할 수 있다면 명확한 원칙과 기준을 제시할 수 있을 뿐만 아니라, 교통안전사업의 효과를 높일 수 있어 교통사고 비용 감소에 크게 기여할 수 있을 것이다.
> 본 연구에서는 교통안전사업을 시설개선 · 교통 단속 및 교육홍보연구라는 3가지 범주로 나누고, 사업별 예산투자에 따른 사상종별 비용감소효과를 분석하였다. 도로교통공단 연구자료인 '도로교통 사고비용의 추계와 평가'에 제시된 추계방법을 활용하여 2007년부터 2014년까지 8개년간 각 지자체의 교통안전사업 투자예산을 계산하였다.
> 이를 바탕으로 교통안전사업 투자예산과 사고비용 감소와의 상관관계를 분석하였다. 과거 연구모형을 수정하여 사업 투자금액을 자산으로 분류하였다. 연구결과 사망자 사고비용 감소를 위해 가장 유효한 사업은 교통 단속으로 나타났으며, 중상자 및 경상자 사고비용 감소를 위해 가장 유효한 사업은 안전한 보행환경조성사업으로 나타났다.
> 비용으로 분류되던 교통안전사업의 결과를 자산으로 처리하고, 종속변수를 교통사고 비용으로 하여 기존 연구와 차별점을 두었다. 사상종별로 효과가 있는 사업이 차이가 있음을 확인하였으며, 교통사고 현황 분석을 통해 주로 발생하는 사고유형을 확인하고 맞춤형 교통안전사업을 전개한다면 보다 효과적이고 수용성 높은 방향으로 사업이 시행될 것으로 판단된다.

① 교통 단속
② 사회적 비용
③ 보행환경조성
④ 교통안전사업
⑤ 비용감소효과

10 다음은 ‘겨울철 블랙아이스 교통사고 특성과 대책’에 대한 글이다. 이에 대한 설명으로 가장 적절한 것은?

> 최근 5년(2014년 1월 ~ 2018년 12월) 동안 경찰에 신고된 겨울철 빙판길 사고와 기상관측자료를 분석한 결과, 최저기온이 0도 이하이면서 일교차가 9도를 초과하는 일수가 1일 증가할 때마다 하루 평균 약 59건의 사고가 증가했다.
>
> 지역별 결빙교통사고율은 강원(3.9%), 충남(3.8%) 순서로 높았다. 치사율(전체사고 대비 결빙사고 사망자 비율)은 충북(7.0%), 강원(5.3%) 등 중부 내륙지역이 높은 것으로 분석됐다. S교통안전문화연구소는 이러한 내용을 중심으로 한 ‘겨울철 블랙 아이스 교통사고 특성과 대책’ 결과를 발표했다.
>
> 경찰에 신고된 도로결빙·서리로 발생한 교통사고 건수 및 사망자 수는 최근 5년간 각각 6,548건(연평균 1,310건) 및 199명(연평균 40명)이며, 사고 100건당 사망자 수는 전체 교통사고 평균보다 1.6배 높아 큰 사고가 많은 것으로 나타났다. 또한 연도별 사고 건수는 2014년 1,826건, 2015년 859건, 2018년 1,358건으로 해에 따라 최대 2배 이상 차이가 나는 것으로 분석됐다.
>
> ‘최저기온 0도 이하, 일교차 9도 초과’ 관측일을 기준으로 최근 5년간 발생한 결빙교통사고율은 전체 교통사고의 2.4%였다. 지역별로는 통과 교통량이 많고 통행속도가 높은 강원(3.9%), 충남(3.8%), 충북(3.7%)의 결빙교통사고율이 다른 지자체 평균보다 2.6배 높았다. 특별·광역시의 경우 인천광역시(3.1%)가 평균보다 높은 것으로 나타났다.
>
> 사고 심도를 나타내는 치사율(전체사고 대비 결빙사고 사망률)은 ‘최저기온 0도 이하, 일교차 9도 초과’ 관측일에서 평균 3.2%였다. 특히 충북(7.0%), 강원(5.3%), 전북(4.3%), 경북(3.8%)은 전국 평균보다 1.4 ~ 2.2배 높았다.
>
> 블랙아이스는 온도가 급격히 떨어질 때 노면 습기가 얼어붙어 생성되기 때문에 기상 변화와 함께 주변 환경(바닷가, 저수지 등), 도로 환경(교량, 고가로, 터널 입구 등)을 고려한 맞춤형 관리를 해야 하는 것으로 분석됐다. 결빙교통사고는 노면 상태를 운전자가 맨눈으로 확인하지 못하거나 과속하는 경우에 발생하기 때문에 결빙교통사고 위험구간지정 확대 및 도로 순찰 강화 등의 대책이 요구된다. 또 결빙구간을 조기에 발견해 운전자에게 정보를 제공해줄 수 있는 시스템(내비게이션, 도로 전광판) 확대도 시급하다.
>
> S교통안전문화연구소 수석연구원은 “겨울철 급격한 일교차 변화에 따른 노면 결빙(블랙아이스)은 도로 환경, 지역 및 입지 여건 등에 따라 대형사고로 이어질 위험성이 크다.”며 “이에 지역별로 사고위험이 높은 지역에 적극적인 제설 활동, 자동염수분사장치 및 도로열선 설치 확대, 가변속도표지 설치, 구간속도단속 등의 조치가 필요하다.”고 강조했다. 아울러 “운전자들도 블랙아이스 사고가 많은 겨울철 새벽에는 노면 결빙에 주의해 안전운전해야 한다.”고 덧붙였다.

① 교통사고 사망자 수는 인천광역시 지역이 가장 높다.

② 최근 5년간 결빙교통사고로 인한 사망자 수는 사고 100건당 1.99명이다.

③ 블랙아이스 사고가 많은 겨울철 새벽에는 운전을 삼가야 한다.

④ 통과 교통량이 많은 충남 지역의 전체사고 대비 결빙사고 사망자 비율이 가장 높다.

⑤ 블랙아이스 교통사고는 기온과 관련이 있다.

11 **다음 표준 발음법에 따른 단어의 표준 발음으로 적절하지 않은 것은?**

〈표준 발음법〉

제5항 'ㅑ, ㅒ, ㅕ, ㅖ, ㅘ, ㅙ, ㅛ, ㅝ, ㅞ, ㅠ, ㅢ'는 이중 모음으로 발음한다.

다만 1. 용언의 활용형에 나타나는 '져, 쪄, 쳐'는 [저, 쩌, 처]로 발음한다.

예 가지어 → 가져[가저] 다치어 → 다쳐[다처]

다만 2. '예, 례' 이외의 'ㅖ'는 [ㅔ]로도 발음한다.

예 메별[메별 / 메별](袂別) 개폐[개폐 / 개페](開閉)

혜택[혜택 / 헤택](惠澤) 지혜[지혜 / 지헤](智慧)

다만 3. 자음을 첫소리로 가지고 있는 음절의 'ㅢ'는 [ㅣ]로 발음한다.

예 늴리리 닁큼

무늬 띄어쓰기

씌어 틔어

희어 희떱다

희망 유희

다만 4. 단어의 첫음절 이외의 '의'는 [ㅣ]로, 조사 '의'는 [ㅔ]로 발음함도 허용한다.

① '떡을 쪄 먹다'의 '쪄'는 표준 발음법 제5항 다만 1에 따라 [쩌]로 발음한다.

② '오골계'의 '계'는 표준 발음법 제5항 다만 2에 따라 [계] 또는 [게]로 발음한다.

③ '가정의 행복'의 '의'는 표준 발음법 제5항 다만 4에 따라 [이]로 발음한다.

④ '민주주의'의 '의'는 표준 발음법 제5항 다만 4에 따라 [이]로 발음한다.

⑤ '강의를 듣다'의 '의'는 표준 발음법 제5항에 따라 [의]로 발음한다.

| 2020년 상반기

12 다음은 K전자 주식에 1월 2일에 100,000원을 투자한 후 매일 주가 등락률을 정리한 자료이다. 이때 주식을 모두 매도했을 때 옳은 것은?

〈전일 대비 주가 등락률〉

구분	1월 3일	1월 4일	1월 5일	1월 6일	1월 7일
등락률	10% 상승	20% 상승	10% 하락	20% 하락	10% 상승

① 1월 5일에 매도할 경우 5,320원 이익이다.
② 1월 6일에 매도할 경우 이익률은 −6.9%이다.
③ 1월 4일은 매도할 경우 이익률은 30%이다.
④ 1월 6일에 매도할 경우 4,450원 손실이다.
⑤ 1월 7일에 매도할 경우 주식 가격은 104,544원이다.

| 2020년 상반기

13 김대리는 대전으로, 이대리는 부산으로 출장을 간다. 출장에서의 업무가 끝난 후 김대리와 이대리는 K지점에서 만나기로 하였다. 다음 〈조건〉을 참고하여 김대리와 이대리가 같은 시간에 K지점으로 출발했을 때, 이대리는 시속 몇 km로 이동했는가?

〈조건〉

- 대전과 부산의 거리는 500km이다.
- 김대리는 시속 80km로 이동했다.
- 대전에서 200km 떨어진 지점인 K지점에서 만나기로 하였다.
- 이대리 속력은 김대리보다 빠르다.
- 이대리는 김대리보다 4시간 30분 늦게 K지점에 도착했다.
- 대전, K지점, 부산은 일직선상에 있다.

① 80km
② 90km
③ 100km
④ 110km
⑤ 120km

2020년 상반기

14 **K회사의 가～바 지사장은 각각 여섯 개의 지사로 발령받았다. 다음 〈조건〉을 보고 A～F지사로 발령된 지사장의 순서를 바르게 나열한 것은?**

〈조건〉

- 본사－A－B－C－D－E－F 순서로 일직선에 위치하고 있다.
- 다 지사장은 마 지사장 바로 옆 지사에 근무하지 않으며, 나 지사장과 나란히 근무한다.
- 라 지사장은 가 지사장보다 본사에 가깝게 근무한다.
- 마 지사장은 D지사에 근무한다.
- 바 지사장이 근무하는 지사보다 본사에 가까운 지사는 1개이다.

① 가－바－나－마－라－다
② 나－다－라－마－가－바
③ 다－나－바－마－가－라
④ 라－바－가－마－나－다
⑤ 바－가－나－마－다－라

2020년 상반기

15 **경력직 채용공고를 통해 서류를 통과한 지원자 은지, 지현, 영희는 임원면접을 진행하고 있다. 4명의 임원은 지원자에게 각각 '상, 중, 하' 중 하나의 점수를 줄 수 있으며, 2인 이상에게 '상'을 받은 지원자는 최종 합격, 3인 이상에게 '하'를 받은 지원자는 탈락한다고 한다. 다음 〈조건〉에 따라 항상 옳은 것은?**

〈조건〉

- 임원들은 3명에게 각각 '상, 중, 하'를 하나씩 주었다.
- 사장은 은지에게 '상'을 주고, 다른 한 명에게는 회장보다 낮은 점수를, 다른 한 명에게는 회장과 같은 점수를 주었다.
- 이사는 지원자에게 사장과 같은 점수를 주었다.
- 인사팀장은 한 명에게 '상'을 주었으며, 영희에게는 사장이 준 점수보다 낮은 점수를 주었다.

① 회장이 은지에게 '하'를 주었다면, 은지는 탈락한다.
② 회장이 영희에게 '상'을 주었다면, 영희가 최종 합격한다.
③ 인사팀장이 지현이에게 '중'을 주었다면, 지현이는 탈락한다.
④ 인사팀장이 지현이에게 '상'을 주었다면, 지현이는 탈락하지 않는다.
⑤ 인사팀장이 은지에게 '상'을 주었다면, 은지가 최종 합격한다.

| 2020년 상반기

16 다음 밑줄 친 단어 중 맞춤법이 옳은 것끼리 바르게 짝지어진 것은?

> 오늘은 웬지 아침부터 기분이 좋지 않았다. 회사에 가기 싫은 마음을 다독이며 출근 준비를 하였다. 회사에 겨우 도착하여 업무용 컴퓨터를 켰지만, 모니터 화면에는 아무것도 보이지 않았다. 심각한 바이러스에 노출된 컴퓨터를 힘들게 복구했지만, 며칠 동안 힘들게 작성했던 문서가 훼손되었다. 당장 오늘까지 제출해야 하는 문서인데, 이 문제를 어떡게 해결해야 할지 걱정이 된다. 문서를 다시 작성하든지, 팀장님께 사정을 말씀드리던지 해결책을 찾아야만 한다. 현재 나의 간절한 바램은 이 문제가 무사히 해결되는 것이다.

① 웬지, 며칠, 훼손
② 며칠, 어떡게, 바램
③ 며칠, 훼손, 작성하든지
④ 며칠, 말씀드리던지, 바램
⑤ 어떡게, 말씀드리던지, 바램

| 2020년 상반기

17 다음 대화에 대한 설명으로 적절하지 않은 것은?

> ㉠ 철수 : 영희야 오랜만이야, 너 아직 그 동네에 살고 있니?
> 영희 : 응, 철수야. 난 서울시 마포구 큰우물로15, A아파트 105동 101호에 그대로 살고 있어.
> ㉡ 소희 : 오늘 오후에 어디 갔다 왔니?
> 미진 : 수영하고 왔어, 몸이 너무 상쾌해서 날아갈 것 같아.
> ㉢ 김부장 : 이대리, 오주임은 아직 출근 안 했나?
> 이대리 : 전화해 보겠습니다.
> ㉣ 갑돌 : 을돌아, 넌 한 달에 핸드폰 요금이 얼마나 나오니?
> 을돌 : 글쎄, 쓴 만큼 나오더라고.

① ㉠은 필요 이상의 정보를 제공하지 말라는 양의 격률에 위배되었다.
② ㉡은 진실되지 않은 것은 말하지 말라는 질의 격률에 위배되었다.
③ ㉢은 전후 맥락에 맞춰 대화를 이어나가야 한다는 관계의 격률에 위배되었다.
④ ㉣은 표현의 모호성을 피하라는 태도의 격률에 위배되었다.
⑤ ㉠～㉣은 직접적 표현을 피하고 함축적인 의미를 가진 표현을 사용하였다.

ㅣ 2020년 상반기

18 손 세정제를 판매하는 K기업 마케팅부의 오차장은 세정제의 가격 인상을 고려하고 있다. 세정제의 현재 가격 및 판매량과 가격 인상에 따른 판매량 변화가 다음과 같을 때, 매출액을 최대로 늘릴 수 있는 가격은 얼마인가?

〈손 세정제〉

- 현재 가격 : 2,000원
- 현재 판매량 : 6,000개

〈가격 변화에 따른 영향〉

가격을 $2x$원 인상하였을 때, 판매량은 $3x$개 감소한다.

① 4,000원
② 3,500원
③ 3,000원
④ 2,500원
⑤ 2,000원

ㅣ 2020년 상반기

19 A~E 다섯 명이 기말고사를 봤는데, 이 중 2명은 부정행위를 하였다. 부정행위를 한 2명은 거짓을 말하고 부정행위를 하지 않은 3명은 진실을 말할 때, 다음 중 부정행위를 한 사람끼리 바르게 짝지은 것은?

A : D는 거짓말을 하고 있어.
B : A는 부정행위를 하지 않았어.
C : B가 부정행위를 했어.
D : 나는 부정행위를 하지 않았어.
E : C가 거짓말을 하고 있어.

① A, B
② B, C
③ C, D
④ C, E
⑤ D, E

| 2020년 상반기

20 동양역과 서양역은 100km 거리에 있으며, 편도로 1시간이 걸린다고 한다. 동양역의 경우 20분마다, 서양역은 15분마다 기차가 출발한다. 동양역과 서양역에서 서로의 역을 향하여 10시에 첫 기차가 출발할 때, 두 번째로 50km인 지점에서 만나는 시각은 몇 시인가?(단, 모든 기차의 속력은 같다)

① 10시 30분
② 11시 00분
③ 11시 30분
④ 12시 00분
⑤ 12시 30분

| 2020년 상반기

21 철수, 영희, 상수는 재충전 횟수에 따른 업체들의 견적을 비교하여 리튬이온배터리를 구매하려고 한다. 다음 〈조건〉에 따라 옳지 않은 것은?

〈리튬이온배터리 가격 정보〉

재충전 \ 누적방수액	유	무
0회 이상 100회 미만	5,000원	5,000원
100회 이상 300회 미만	10,000원	5,000원
300회 이상 500회 미만	20,000원	10,000원
500회 이상 1000회 미만	30,000원	15,000원
12,000회 이상	50,000원	20,000원

〈조건〉

철수 : 재충전이 12,000회 이상은 되어야 해.
영희 : 나는 그렇게 많이는 필요하지 않고, 200회면 충분해.
상수 : 나는 무조건 누적방수액을 발라야 해.

① 철수, 영희, 상수가 리튬이온배터리를 가장 저렴하게 구매하는 가격은 30,000원이다.
② 철수, 영희, 상수가 리튬이온배터리를 가장 비싸게 구매하는 가격은 110,000원이다.
③ 영희가 리튬이온배터리를 가장 저렴하게 구매하는 가격은 10,000원이다.
④ 영희가 가장 비싸게 구매하는 가격과 상수가 가장 비싸게 구매하는 가격의 차이는 30,000원 이상이다.
⑤ 상수가 구매하는 리튬이온배터리의 가장 저렴한 가격과 가장 비싼 가격의 차이는 45,000원이다.

※ 다음 글을 읽고 이어지는 질문에 답하시오. [22~23]

바퀴가 탄생한 세 지역에는 각각 바퀴에 대한 서로 다른 생각이 있었다. 카르파티아 산맥에서 일하던 광부들은 석조 터널을 따라서 사륜광차를 운행했다. 바퀴는 차축과 함께 회전했는데, 유럽에서는 철도시대가 열리기 전까지 약 5천 년 동안이나 윤축이 달린 광차가 생산되었다. 다음으로 흑해 평야 지역의 유목민은 소가 이끄는 사륜 수레에 주거지를 싣고 스텝 지역을 횡단했다. 수레의 바퀴는 속이 꽉 차고, 두꺼운 바퀴통이 있으며, 차축의 양 끝에서 회전했다. 마지막으로 수메르에서는 신자들이 소가 끌고 가는 썰매를 이용했는데, 썰매에는 바퀴가 있기도 하고 없기도 했다. 지배층 전사들은 전투용 사륜 수레에 탑승해 행진했고, 사막을 위험하게 질주하며 완전히 길들지 않은 야생 당나귀와 씨름했다. 리처드 불리엣은 바퀴 발명의 요인으로 사회·경제적 요인뿐만 아니라 심리적 요인 등 다각적인 원인을 제시했는데, 보통 천재적인 선각자가 이전에 없던 창조물을 만들면, 그보다는 못해도 똑똑한 수재들이 선각자의 창조물을 조금씩 개량하면서 과학기술이 발전하며 여기에 전쟁을 치르면 발전 속도가 비약적으로 빨라지고, 바퀴도 그랬다.

처음 등장한 바퀴는 매우 편리했지만, 통나무 원판이 쉽게 부서지는 문제가 생겼다. 나무에는 결이 있는데 결에 따라 강도가 달라 굴리다 보면 약한 부분부터 망가지기 시작하기 때문이다. 그로 인해 강도를 높이기 위해 널빤지 여러 장을 겹쳐 붙인 합판 바퀴가 나왔다. 또 땅에 닿는 바퀴 부분에 가죽을 입혀 충격을 줄였다.

기원전 2000년에 히타이트족이 처음으로 바퀴살이 있는 바퀴를 발명해 전차에 쓰기 시작했다. 바퀴살을 쓰면 바퀴의 무게가 가벼워져 더 빨리 달릴 수 있다. 히타이트족의 전차에는 3명의 병사가 함께 탔는데 당나귀나 노새 대신 말을 사용했다. 단순히 무게를 줄인 것뿐 아니라 빠르게 달려도 부서지지 않을 만큼 튼튼하게 만들 수 있는 기술이 있었기 때문이다. 하지만 목재 바퀴와 바퀴살의 특성상 강한 충격이나 바퀴살의 파손에 의해 전차의 하중을 이기지 못하고 무너져 버릴 수 있다는 약점은 여전히 존재했다.

이후 그리스 로마 시대에 금속 재질의 바퀴를 쓴 전차가 등장했다. 이와 함께 바퀴의 다른 구성 요소인 축도 발전했는데, 나무 대신 금속을 쓰며 더 튼튼해졌다. 또 축과 수레가 닿는 부분의 마찰을 줄이기 위해 기름을 발랐다. 전쟁은 바퀴의 성능을 계속 발전시켰다.

그 뒤로 오랫동안 바퀴에는 큰 변화가 없다가 산업혁명 시대를 지나며 다시 변신에 성공한다. 바로 고무 타이어의 발명이다. 고대에도 금속으로 테두리를 두르는 등 타이어는 있었지만, 바퀴의 강도를 높이는 데 도움을 주었을 뿐, 바퀴의 성능에는 큰 영향을 주지 못했다. 또 딱딱한 바퀴는 지면의 충격을 고스란히 운전자에게 전달해 승차감이 매우 나빴다.

1848년 스코틀랜드의 톰슨은 생고무를 금속 바퀴 테에 둘러 특허를 냈다. 금속이나 나무 바퀴는 지면에 미끄러지지만, 고무는 지면을 움켜쥐므로 힘을 더 잘 전달할 수 있다. 현재 가장 많이 쓰이는 공기압 방식의 타이어는 1887년 아일랜드의 던롭이 고안했다. 던롭은 어린 아들이 자전거를 탈 때마다 두통을 일으키는 것을 보다 못해 공기쿠션이 들어간 타이어를 발명했다고 한다. 종종 사랑은 발명을 낳는다.

공기압 타이어를 자동차용으로 완성한 것은 프랑스의 미쉐린 형제다. 미쉐린이 발명한 타이어를 끼운 자동차는 자동차경주에서 놀라운 성능을 선보였고, 그 뒤로 다른 자동차 회사들이 공기압 타이어를 앞다퉈 채택하기 시작했다. 1931년 미국 듀퐁사가 합성 고무를 만들면서 타이어 기술은 비약적으로 발전해 바퀴의 성능을 돕고 있다.

처음 발명됐을 때의 모습에서 바퀴는 거의 변하지 않았다. 재료가 달라지고, 세부적인 요소가 추가됐을 뿐이다. 하지만 바퀴가 없던 시절의 생활상이 어떠하였는지는 굳이 확인해 보지 않아도 알 정도로, 바퀴가 발명된 이후의 역사에서 인간이 이룩한 모든 것이 바퀴를 빼고는 생각할 수 없다. 인간의 역사가 이어지는 한, 바퀴는 계속 함께할 것이다.

| 2020년 상반기

22 **다음 중 윗글의 주제로 가장 적절한 것은?**

① 바퀴의 종류와 특징
② 바퀴의 등장과 전차의 변천사
③ 바퀴에 숨어 있는 과학
④ 전장에서 전차의 활약
⑤ 인류의 역사를 바꾸는 바퀴

| 2020년 상반기

23 **다음 중 윗글을 토대로 할 때, 영화 '벤허'의 상황에서 전차가 넘어진 이유로 가장 적절한 것은?**

> 메살라는 바퀴에 칼날이 달린 전차를 탑승하고 전차 경주에 참가하여 고의적으로 상대 전차의 목재 바퀴를 공격하였다. 공격을 당한 전차는 균형을 잃고 넘어져 탑승자는 심한 부상을 입거나 사망하였다.

① 바퀴살이 무너져 전차의 하중을 견디지 못했기 때문이다.
② 경기장의 고르지 못한 노면 때문이다.
③ 말이 공격당했기 때문이다.
④ 상대 전차 바퀴의 모양을 변형시켰기 때문이다.
⑤ 기수의 조종 실력이 부족했기 때문이다.

24 다음 글의 내용으로 가장 적절한 것은?

> 『대학』은 본래 『예기(禮記)』의 편명(篇名) 중 하나에 해당하였는데, 남송의 주희(朱熹)가 번성하던 불교와 도교에 맞서 유학의 새로운 체계를 집대성하면서 『대학』의 장구(章句)와 주석을 낸 뒤, 『대학』이 사서(四書)의 하나로 격상되면서 삼강령·팔조목이 사용되기 시작했다.
>
> 삼강령·팔조목은 『대학』, 즉 큰 학문을 이루어가는 과정으로 횡적으로는 삼강령과 팔조목이 서로 독립된 항목이지만, 종적으로는 서로 밀접한 관계를 형성하고 있어 한 항목이라도 없으면 과정에 차질이 생기게 된다. 그러나 『대학』은 처음부터 삼강령·팔조목으로 설정하여 엮은 것이 아니다. 다만 후학들의 이해에 도움이 되게 하기 위하여 편의상 분류한 것이기 때문에 입장에 따라 얼마든지 다르게 볼 수 있다. 삼강령 중 명명덕과 신민은 본말(本末)의 관계에 있으며, 지어지선은 명명덕과 친민이 지향하는 표적(標的)이다. 또한, 팔조목 가운데 격물·치지·성의·정심·수신, 이 다섯 조목은 명덕을 밝히는 것들이고, 제가·치국·평천하는 백성의 명덕을 밝혀 백성과 한마음이 되는 것이다. 또한, 격물·치지를 함으로써 지선의 소재를 인식하게 되고, 성의·정심·수신·제가·치국·평천하를 함으로써 지선을 얻어 머무르게 된다.
>
> 삼강령·팔조목의 각각에 대한 내용을 보자면, 『대학』의 근본사상을 구체적으로 표현한 세 가지 커다란 줄기라는 뜻의 삼강령 중 그 첫 번째는 명명덕(明明德)이다. 명명덕은 천하에 명덕을 밝힌다는 의미로, 명덕이란 본래부터 타고난 선한 본성을 말한다. 두 번째는 신민(親民)으로, 백성을 새롭게 한다는 의미이다. 사람들을 나누면 먼저 깨닫고 아는 사람과 나중에 깨달아 아는 사람이 있으므로, 먼저 깨달은 사람이 그것을 다른 사람에게 베풀어 그들도 함께 태어나도록 인도해야 할 의무를 가리킨다. 그리고 세 번째 지어지선(止於至善)은 지선(지극히 선한 곳, 인간이 추구하는 가장 이상적인 세계)에 도달하는 것을 목표로 삼는다는 의미이다. 이 삼강령을 완성하게 되면 도덕성 각성과 실천으로 충만하게 된다.
>
> 또한, 이를 실천하기 위한 여덟 가지 항목인 팔조목은 앎의 단계인 격물, 치지를 거쳐, 실천의 단계인 성의, 정심, 수신을 거친다. 그리고 마지막으로 백성을 다스리는 단계인 제가, 치국, 평천하를 거치게 된다. 우선 첫 번째로 격물(格物)은 천하 사물의 이치를 깊이 파고들어 모든 것에 이르지 않는 데가 없게 하는 것이다. 그리고 두 번째인 치지(致知)는 앎을 완성한다는 뜻으로, 사물의 이치를 인식하는 마음이 있고, 사물에는 객관적 이치가 있기에 격물치지(格物致知)가 가능해진다. 세 번째 성의(誠意)는 선을 따르는 각 개인의 마음과 뜻을 성실히 유지하는 것이며, 네 번째 정심(正心)은 마음을 올바르게 하는 것으로, 마음을 바로잡아야 몸도 바로 설 수 있기에 마음을 바로 해야 바른 인식과 행동이 가능해진다. 다섯 번째 수신(修身)은 몸을 바르게 닦는 일로, 자신의 단점을 알고 보완하는 인격 수양을 뜻하며, 여섯 번째 제가(齊家)는 집안의 질서를 바로잡는 것으로 인간의 개인윤리가 사회윤리로 전환하는 단계이다. 그리고 일곱 번째 치국(治國)은 나라를 바르게 다스리는 것으로, 집안을 잘 다스리는 것은 나라를 잘 다스리는 것과 같으며, 마지막인 평천하(平天下)는 온 세상을 평안하게 다스리면 나라가 평안해 지는 것을 말한다. 이는 반드시 순서에 따라 이루어지는 것은 아니며, 서로 유기적으로 연관되어 있는 것이므로 함께 또는 동시에 갖추어야 할 실천 항목이라 볼 수 있다.

① 삼강령과 팔조목은 『대학』이 『예기』에 속해있을 때부터 사용되기 시작하였다.
② 삼강령과 팔조목은 서로 밀접한 관계를 형성하고 있기에, 각각을 분리한다면 그 이치를 바로 볼 수 없다.
③ 삼강령은 대학의 근본사상을, 팔조목은 이를 실천하기 위한 항목을 나타낸 것이다.
④ 격물과 치지를 함으로써 백성의 명덕을 밝혀 백성과 한마음이 될 수 있다.
⑤ 팔조목은 서로 유기적으로 연관되어 있으므로 반드시 순서에 따라 이루어져야 삼강령을 실천할 수 있다.

| 2020년 상반기

25 **다음 중 단어의 발음이 바르게 표기된 것은?**

① 공권력[공꿘녁]
② 입원료[입원뇨]
③ 물난리[물난리]
④ 광한루[광 : 한누]
⑤ 이원론[이 : 월론]

| 2020년 상반기

26 **다음 중 밑줄에 들어갈 표현이 옳지 않은 것은?**

① 부장님께 결재를 받아 협력업체에 결제를 해 주었다.
② 첫 출근에 다른 부서와 사무실이 비슷해서 혼돈했다. 혼동의 날이었다.
③ 업무가 익숙하지 않아 한나절 걸렸었는데 이제는 반나절이면 충분하다.
④ 비효율적인 업무 방법을 지양하고 효율적인 방법을 지향하라고 하셨다.
⑤ 팀원들과 협의를 통해 최종 결정을 합의했다.

※ 다음 글을 읽고 이어지는 질문에 답하시오. [27~28]

꼭두각시놀음은 우리나라 전래의 민속인형극으로, 현재까지 전래되는 유일한 민속인형극이다. 주인공들의 이름에서 유래된 일명 '박첨지(朴僉知)놀음', '홍동지(洪同知)놀음'이라고도 불렸으며, 인형의 목덜미를 잡고 논다는 뜻에서 '덜미'라고도 하였다. 꼭두각시놀음은 과거 봉건시대부터 개화기까지 떠돌아다니던 직업적 유랑예인집단인 남사당패에 의해 연희되었으며, 그 유래에 대해서는 삼국시대에 대륙으로부터 전래되었을 것이라는 주장과 농경의식의 하나인 농악굿 놀이에서 시작되었을 것이라는 주장이 있다. 또한 무대의 구조나 연출방식, 인형조종법, 명칭 등이 중국과 일본의 민속인형극과 많이 흡사하여 세 나라의 인형극이 동일계통임을 나타내는 것이라 볼 수 있다.

꼭두각시놀음은 남사당패가 행하는 6종목(풍물, 버나, 살판, 얼음, 덧뵈기, 덜미)의 놀이 중 마지막으로, 포장 안에서 직접 인형을 조종하는 '대잡이'를 비롯하여 그를 곁에서 보좌하는 좌우의 '대잡이손', 이들과 대화하는 '산받이' 등의 연희조종자들로 구성된다. 대잡이는 포장 무대 한가운데서 인형을 조종하는 주조종자로, 인형 조종술뿐 아니라 재담, 노래, 대사 전달까지 담당한다. 놀이판의 상황을 폭넓게 완벽히 파악하여 공연을 이끌어 가는 역할을 하므로, 주로 기능이 우수하고 경험이 풍부한 사람이 맡는다. 대잡이손은 그런 대잡이를 좌우에서 도와주는 역할을 하는 보조 조종사로, 인형의 조종과 등장 및 퇴장을 돕는 역할을 한다. 산받이는 등장하는 인형들과 포장 밖에서 대화를 하면서 전체 극을 이끌어 가는 역할을 하는데, 반주를 맡고 있는 악사들 중 한 명이 이를 맡게 된다. 주로 박첨지와 대화를 하면서 극을 이끌어 가며, 경우에 따라 관객의 입장에서 극적 진행에 중요한 역할을 하여 무대와 관중 사이의 거리를 좁혀 준다. 이를 통해 산받이는 대잡이와 관객의 중간 위치에서 놀이판의 상황을 파악하고, 효과적으로 극을 전개시키는 역할을 한다는 것을 알 수 있으며, 등장인물에게 질문을 던지거나 행동을 촉구하여 사건의 전개나 의미 해명이 이루어질 수 있도록 하면서, 분리된 장면들을 중개하고 무대 면에 나타나지 않는 사실들을 보완하는 등 공연의 완성도에도 중요한 영향을 미친다.

전체적인 구성은 모두 8막으로 이루어져 있으며, 전체가 하나의 통일성을 이루는 구성이기보다는 박첨지의 탈선, 피조리들의 파계, 부인과 첩 사이의 갈등, 사람을 해치는 이심이의 퇴치, 평안 감사의 횡포와 부도덕, 절 짓기를 통한 평화와 행운의 기원 등 각각의 이야기 중심으로 전개된다. 다양한 등장인물 간의 갈등과 상관관계를 얼마나 능숙하고 빈틈없이 진행하는냐에 따라 극의 긴장감과 흥미를 자아낼 수 있는 것이다.

오늘날 꼭두각시놀음은 동양 목조 인형의 특징을 거의 그대로 계승한, 현재 중요무형문화제 제3호로 지정된 유일하게 남은 전통인형극이다. 따라서 우리 민속극의 다양한 양상을 이해하는 귀중한 자료이자 한국 인형극의 전통을 보여주는 희귀한 문화유산이라 할 수 있다. 또한 여러 시대를 지나오는 동안 점차 내용이 덧붙여지면서 그 내용을 하나둘씩 막으로 추가시키며 발전해 왔기에, 각 시대의 뚜렷한 사회상을 풍자적으로 표현·반영해 오고 있다. 이러한 이유에서 꼭두각시놀음이 대다수 민중의 지지를 받아오면서 지금까지 이어져 내려오고 있는 것이다.

| 2020년 상반기

27 다음 중 윗글의 내용으로 가장 적절한 것은?

① 중국과 일본, 우리나라의 전통인형극은 유사한 면도 있지만, 각 나라만의 차별되는 특징을 가진다.
② 꼭두각시놀음은 남사당패에서 행하는 놀이 종목 중 가장 큰 비중을 차지한다.
③ 대잡이는 직접 인형을 조종하는 역할을 하며, 대사의 전달은 무대 밖의 다른 놀이꾼이 전담한다.
④ 산받이는 주로 박첨지와 대화를 하며, 놀이 전체의 해설자 역할을 한다.
⑤ 꼭두각시놀음은 여러 시대를 지나오는 동안 그 내용이 꾸준히 보존되어 왔다.

| 2020년 상반기

28 다음 중 윗글의 주제로 가장 적절한 것은?

① 꼭두각시놀음의 기원 및 의미
② 꼭두각시놀음과 남사당패
③ 꼭두각시놀음의 구성 및 특징
④ 꼭두각시놀음의 등장인물 및 역할 분석
⑤ 꼭두각시놀음의 지역별 사례

| 2020년 상반기

29 A씨는 집에서 도서관을 거쳐 영화관에 갔다가 되돌아오려고 한다. 집에서 도서관에 가는 길은 3가지이고, 도서관에서 영화관에 가는 길은 4가지일 때, 다음 〈조건〉을 만족하는 모든 경우의 수는?

〈조건〉

- 도서관에서 영화관을 다녀올 때 같은 길을 이용한다면, 집과 도서관 사이에는 다른 길을 이용해야 한다.
- 도서관에서 영화관을 다녀올 때 다른 길을 이용한다면, 집과 도서관 사이에는 같은 길을 이용해야 한다.

① 12가지
② 48가지
③ 60가지
④ 128가지
⑤ 144가지

| 2020년 상반기

30 K기업이 100억 원으로 다음 〈조건〉에 따라 예금과 채권에 분산 투자하려고 할 때, 1년에 10억 원의 이익을 얻으려면 채권에 얼마를 투자해야 하는가?(단, 이익은 세금을 제한 금액이다)

〈조건〉

- 100억 원을 모두 투자해야 한다.
- 예금 이익은 연 10%, 채권 이익은 연 14%이다.
- 예금과 채권 이익의 20%는 세금이다.

① 45억 5천만 원
② 47억 5천만 원
③ 50억 원
④ 62억 5천만 원
⑤ 65억 원

PART 2

고난도
모의고사

코레일 한국철도공사 신입사원 필기시험

제6회 고난도 모의고사

모바일 OMR

문항 수 : 30문항
응시시간 : 30분

정답 및 해설 p.27

01 다음 글에 대한 비판으로 가장 적절한 것은?

> 철학이 현실 정치에서 꼭 필요한 것이라고 생각하는 사람은 드물 것이다. 인간 사회는 다양한 개인들이 모여 구성한 것이며 현실의 다양한 이해와 가치가 충돌하는 장이다. 이 현실의 장에서 철학은 비현실적이고 공허한 것으로 보이기 쉽다. 그렇다면 올바른 정치를 하기 위해 통치자가 해야 할 책무는 무엇일까? 통치자는 대립과 갈등의 인간 사회를 조화롭고 평화롭게 만들기 위해서 선과 악, 옳고 그름을 명확히 판단할 수 있는 기준을 제시해야 할 것이다.
> 개인들은 자신의 입장에서 자신의 이해관계를 관철시키기 위해 의견을 개진한다. 의견들을 제시하여 소통함으로써 사람들은 합의를 도출하기도 하고 상대방을 설득하기도 한다. 이렇게 보면 의견의 교환과 소통은 선과 악, 옳고 그름을 판단하는 기준을 마련해 줄 수 있을 것처럼 보인다. 하지만 의견을 통한 합의나 설득은 사람들로 하여금 일시적으로 옳은 것을 옳다고 믿게 할 수는 있지만 절대적이고 영원한 기준을 찾을 수는 없다.
> 절대적이고 영원한 기준은 현실의 가변적 상황과는 무관한, 진리 그 자체여야 한다. 따라서 인간 사회의 판단 기준을 제시할 수 있는 사람은 바로 철학자이다. 철학자야말로 진리와 의견의 차이점을 분명히 파악할 수 있으며 절대적 진리를 궁구할 수 있기 때문이다. 따라서 철학자가 통치해야 인간 사회의 갈등을 완전히 해소하고 사람들의 삶을 올바르게 이끌 수 있다.

① 철학적 진리는 일상 언어로 표현된 의견과 뚜렷이 구분된다.
② 다양한 의견들의 합의를 이루기 위해서는 개별 상황 판단보다 높은 차원의 판단 능력과 기준이 필요하다.
③ 인간 사회의 판단 기준이 현실의 가변적 상황과 무관하다고 해서 비현실적인 것은 아니다.
④ 정치적 의견은 이익을 위해 왜곡될 수 있지만 철학적 의견은 진리에 순종한다.
⑤ 인간 사회의 판단 기준이 가변적이라 해도 개별 상황에 적합한 합의 도출을 통해 사회 갈등을 완전히 해소할 수 있다.

02 다음 글의 중심 내용으로 가장 적절한 것은?

> 우리는 일상적으로 몸에 익히게 된 행위의 대부분이 뇌의 구조나 생리학적인 상태에 의해 이미 정해진 방향으로 연결되어 있다는 사실을 알고 있다. 우리는 걷고, 헤엄치고, 구두끈을 매고, 단어를 쓰고, 익숙해진 도로로 차를 모는 일 등을 수행하는 동안에 거의 대부분 그런 과정을 똑똑히 의식하지 않는다.
> 언어 사용 행위에 대해서도 비슷한 이야기를 할 수 있다. 마이클 가자니가는 언어 활동의 핵심이 되는 왼쪽 뇌의 언어 중추에 심한 손상을 입은 의사의 예를 들고 있다. 사고 후 그 의사는 세 단어로 된 문장도 만들 수 없게 되었다. 그런데 그 의사는 실제로 아무 효과가 없는데도 매우 비싼 값이 매겨진 특허 약에 대한 이야기를 듣자, 문제의 약에 대해 무려 5분 동안이나 욕을 퍼부어 댔다. 그의 욕설은 매우 조리 있고 문법적으로 완벽했다. 이로부터 그가 퍼부은 욕설은 손상을 입지 않은 오른쪽 뇌에 저장되어 있었다는 사실을 알게 되었다. 여러 차례 반복된 욕설은 더 이상 의식적인 언어 조작을 필요로 하지 않게 되었고, 따라서 오른쪽 뇌는 마치 녹음기처럼 그 욕설을 틀어 놓은 것이다.
> 사람의 사유 행위도 마찬가지이다. 우리는 일상적으로 어떻게 새로운 아이디어를 얻게 되는가? 우리는 엉뚱한 생각에 골몰하거나 다른 일을 하고 있는 동안 무의식중에 멋진 아이디어가 떠오르곤 하는 경우를 종종 경험한다. '영감'의 능력으로 간주할 만한 이런 일들은 시간을 보내기 위해 언어로 하는 일종의 그림 맞추기 놀이와 비슷한 것이다. 그런 놀이를 즐길 때면 우리는 의식하지 못하는 사이에 가장 적합한 조합을 찾기도 한다. 이처럼 영감이라는 것도 의식적으로 발생하는 것이 아니라 자동화된 프로그램에 의해 나타나는 것이다.

① 인간의 사고 능력은 일종의 언어 능력이다.
② 인간은 좌뇌가 손상되어도 조리있게 말할 수 있다.
③ 인간의 우뇌에 저장된 정보와 좌뇌에 저장된 정보는 독립적이다.
④ 인간의 언어 사용에서 의식이 차지하는 비중이 크지만 영감에서는 그렇지 않다.
⑤ 일상적인 인간 행위는 대부분 의식하지 않고도 자동적으로 이루어진다.

03 다음 글을 읽고 알 수 있는 내용으로 가장 적절한 것은?

> 3·1운동 직후 상하이에 모여든 독립운동가들은 임시정부를 만들기 위한 첫걸음으로 조소앙이 기초한 대한민국임시헌장을 채택했다. 대한민국임시헌장을 기초할 때 조소앙은 국호를 '대한민국'으로 하고 정부 명칭도 '대한민국 임시정부'로 하자고 했다. 그 제안이 받아들여졌기 때문에 대한민국임시헌장 제1조에 "대한민국은 민주공화제로 함."이라는 문구가 담기게 된 것이다.
> '대한민국'이란 한국인들이 만든 '민국'이라는 뜻이다. 여기서 '민국'이란 국민이 주인인 나라라는 의미가 담긴 용어이다. 조소앙은 3·1운동이 일어나기 전 대한제국 황제가 국민의 동의 없이 마음대로 국권을 일제에 넘겼다고 말하면서 국민은 국권을 포기한 적이 없다고 밝힌 대동단결선언을 발표한 적이 있다. 이 선언에는 "구한국 마지막 날은 신한국 최초의 날"이라는 문구가 담겨 있다. '신한국'이란 말 그대로 '새로운 한국'을 의미한다. 조소앙은 대한제국을 대신할 '새로운 한국'이란 다름 아닌 한국 국민이 주인인 나라라고 말했다.
> 조소앙의 주장은 대한민국 임시정부에 참여한 독립운동가들로부터 열렬한 지지를 받았다. 독립운동가들은 황제나 일본 제국주의자들이 지배하는 나라가 아니라 국민이 주권을 가진 나라를 만들어야 한다는 데 뜻을 모았다. 1941년에 대한민국 임시정부는 이러한 의지를 보다 선명하게 드러낸 건국강령을 발표하기도 했다.
> 1948년에 소집된 제헌국회도 대한민국임시헌장에 담긴 정신을 계승했다. 잘 알려진 것처럼 제헌국회는 제헌헌법을 만들었는데, 이 헌법에 우리나라의 명칭을 '대한민국'이라고 한 내용이 있다.

① 대한민국 임시정부는 건국강령을 통해 대한민국임시헌장을 공포했다.
② 조소앙은 대한민국 임시정부의 요청을 받아들여 대동단결선언을 만들었다.
③ 대한민국임시헌장이 공포되기 전에는 '한국'이라는 명칭을 사용한 독립운동가가 없었다.
④ 제헌국회는 대한제국의 정치 제도를 계승하기 위해 '대한민국'이라는 국호를 사용했다.
⑤ 대한민국 임시정부를 만드는 데 참여한 독립운동가들은 민주공화제를 받아들이는 데 합의했다.

04 다음 글을 읽고 추론할 수 있는 것을 〈보기〉에서 모두 고르면?

갑 : 조(粗)출생률은 인구 1천 명당 출생아 수를 의미합니다. 조출생률은 인구 규모가 상이한 지역이나 시점 간의 출산 수준을 간편하게 비교할 때 유용한 지표입니다. 예를 들어 2022년에 세종시보다 인구 규모가 훨씬 큰 경기도의 출생아 수는 10만 5천 명으로 세종시의 3천 명보다 많지만, 조출생률은 경기도가 8.4명이고 세종시는 14.6명입니다. 출산 수준은 세종시가 더 높다는 의미입니다.

을 : 그렇군요. 그럼 합계 출산율은 무엇인가요?

갑 : 합계 출산율은 여성 한 명이 평생 동안 낳을 것으로 예상되는 출생아 수를 의미합니다. 여성이 실제 평생 동안 낳은 아이 수를 측정하는 것은 가임 기간 35년이 지나야 산출할 수 있다는 문제가 있습니다. 이에 비해 합계 출산율은 여성 한 명이 출산 가능한 시기를 15세부터 49세까지로 가정하고 그 사이의 각 연령대 출산율을 모두 합해서 얻습니다. 15 ~ 19세 연령대 출산율은 한 해 동안 15 ~ 19세 여성에게서 태어난 출생아 수를 15 ~ 19세 여성의 수로 나눈 수치인데, 15 ~ 19세부터 45 ~ 49세까지 7개 구간 각각의 연령대 출산율을 모두 합한 것이 합계 출산율입니다. 합계 출산율은 한 여성이 가임 기간 내내 특정 시기의 연령대 출산율 패턴을 그대로 따른다는 가정을 전제로 산출하므로 실제 출산 현실과 차이가 있을 수 있습니다.

을 : 그렇다면 조출생률과 합계 출산율을 구별하는 이유가 무엇이죠?

갑 : 조출생률과 달리 합계 출산율은 성비 및 연령 구조에 따른 출산 수준의 차이를 표준화할 수 있는 장점이 있습니다. 예를 들어 이스라엘의 합계 출산율은 3.0인 반면 남아프리카공화국은 2.5가량입니다. 하지만 조출생률은 거의 비슷하지요. 이것은 남아프리카공화국의 경우 전체 인구 대비 젊은 여성의 비율이 이스라엘보다 높기 때문입니다.

〈보기〉

ㄱ. 조출생률을 계산할 때는 전체 인구 대비 여성의 비율은 고려하지 않는다.
ㄴ. 두 나라가 인구수와 조출생률에 차이가 없다면 각 나라의 합계 출산율에는 차이가 없다.
ㄷ. 합계 출산율은 한 명의 여성이 일생 동안 출산한 출생아의 수를 집계한 자료를 바탕으로 산출한다.

① ㄱ
② ㄴ
③ ㄱ, ㄷ
④ ㄴ, ㄷ
⑤ ㄱ, ㄴ, ㄷ

05 다음 글의 실험 결과에서 추론할 수 있는 것은?

> 연구자 K는 동물의 뇌 구조 변화가 일어나는 방식을 규명하기 위해 다음의 실험을 수행했다. 실험용 쥐를 총 세 개의 실험군으로 나누었다. 실험군 1의 쥐에게는 운동은 최소화하면서 학습을 시키는 '학습 위주 경험'을 하도록 훈련시켰다. 실험군 2의 쥐에게는 특별한 기술을 학습할 필요 없이 수행할 수 있는 쳇바퀴 돌리기를 통해 '운동 위주 경험'을 하도록 훈련시켰다. 실험군 3의 쥐에게는 어떠한 학습이나 운동도 시키지 않았다.
>
> 〈실험 결과〉
>
> - 뇌 신경세포 한 개당 시냅스의 수는 실험군 1의 쥐에서 크게 증가했고 실험군 2와 3의 쥐에서는 거의 변하지 않았다.
> - 뇌 신경세포 한 개당 모세혈관의 수는 실험군 2의 쥐에서 크게 증가했고 실험군 1과 3의 쥐에서는 거의 변하지 않았다.
> - 실험군 1의 쥐에서는 대뇌 피질의 지각 영역에서 구조 변화가 나타났고, 실험군 2의 쥐에서는 대뇌 피질의 운동 영역과 더불어 운동 활동을 조절하는 소뇌에서 구조 변화가 나타났다. 실험군 3의 쥐에서는 뇌 구조 변화가 거의 나타나지 않았다.

① 대뇌 피질의 구조 변화는 학습 위주 경험보다 운동 위주 경험에 더 큰 영향을 받는다.

② 학습 위주 경험은 뇌의 신경세포당 시냅스의 수에, 운동 위주 경험은 뇌의 신경세포당 모세혈관의 수에 영향을 미친다.

③ 학습 위주 경험과 운동 위주 경험은 뇌의 특정 부위에 있는 신경세포의 수를 늘려 그 부위의 뇌 구조를 변하게 한다.

④ 특정 형태의 경험으로 인해 뇌의 특정 영역에 발생한 구조 변화가 뇌의 신경세포당 모세혈관 또는 시냅스의 수를 변화시킨다.

⑤ 뇌가 영역별로 특별한 구조를 갖는 것이 그 영역에서 신경세포당 모세혈관 또는 시냅스의 수를 변화시켜 특정 형태의 경험을 더 잘 수행할 수 있게 한다.

06 다음 글의 빈칸 ㉠, ㉡에 들어갈 내용으로 가장 적절한 것은?

> A학파의 가장 큰 특징은 토지 문제를 토지 시장에 국한시키지 않고 경제 전체의 흐름과 밀접하게 연결해서 파악한다는 점이다. A학파의 주장에 따르면, 토지 문제는 이용의 효율에만 관련되는 단순한 문제가 아니라 경제 성장, 실업, 물가 등의 거시경제적 변수를 함께 고려해야만 하는 복잡한 문제이다. 그런 점에서 A학파는 토지 문제가 경기 변동과 직결될 뿐만 아니라 사회 정의와도 관련되는 것이라고 주장한다.
> 이와 달리 B학파는 다른 모든 종류의 상품과 마찬가지로 토지 문제 역시 수요・공급의 법칙에 따라 시장이 자율적으로 조정하도록 맡겨 두면 된다고 주장한다. B학파의 관점에 따르면, ___㉠___ 토지는 귀금속, 주식, 채권, 은행 예금만큼이나 좋은 투자 대상이다. 부동산의 자본 이득이 충분히 클 경우, 좋은 투자 대상이 되어 막대한 자금이 금융권으로부터 부동산 시장으로 흘러 들어간다. 반대로 자본 이득이 떨어지면 부동산에 투입되었던 자금이 금융권을 통해 회수되어 다른 시장으로 흘러 들어간다. 이와 같이 부동산의 자본 이득은 부동산 시장과 금융권 사이의 연결고리 역할을 한다.
> A학파는 B학파와 달리 상품 투자와 토지 투자를 엄격히 구분한다. 상품 투자는 해당 상품의 가격을 상승시켜 상품 공급을 증가시킨다. 공급 증가는 다시 상품 투자의 억제 요인으로 작용하기 때문에 상품 투자에는 내재적 한계가 있기 마련이다. 그러나 ___㉡___ 그러므로 토지 투자의 경우에는 지가 상승이 투자를 조장하고 투자는 지가 상승을 더욱 부채질하는 악순환이 반복된다. A학파는 이런 악순환의 결과로 토지를 포함한 부동산 가격에 거품이 잔뜩 끼게 된다고 주장한다.

① ㉠ : 토지에 대한 투자는 상품 투자의 일종으로 이해된다.
　㉡ : 토지 공급은 한정되어 있으므로 토지 투자는 상품 투자의 경우와는 달리 제어장치가 없다.
② ㉠ : 토지에 대한 투자는 상품 투자의 일종으로 이해된다.
　㉡ : 토지 투자는 다른 상품의 생산 비용을 상승시켜 상품의 가격 상승으로 이어진다.
③ ㉠ : 토지에 대한 투자는 상품 생산의 수단으로 활용된다.
　㉡ : 토지 공급은 한정되어 있으므로 토지 투자는 상품 투자의 경우와는 달리 제어장치가 없다.
④ ㉠ : 토지 투자와 상품 투자는 거시경제적인 관점에서 상호 보완적 역할을 수행한다.
　㉡ : 토지 투자는 다른 상품의 생산 비용을 상승시켜 상품의 가격 상승으로 이어진다.
⑤ ㉠ : 토지 투자와 상품 투자는 거시경제적인 관점에서 상호 보완적 역할을 수행한다.
　㉡ : 토지 공급은 한정되어 있으므로 토지 투자는 상품 투자의 경우와는 달리 제어장치가 없다.

07 다음 글의 내용이 참일 때, 반드시 참인 것은?

> 갑돌과 정순은 매일 커피를 마시는 흡연자이다. 을순과 병돌은 매년 치석을 없앤다. 그리고 치아의 색깔에 대한 다음의 사실이 알려져 있다.
> - 치석을 매년 없애지 않고 매일 커피를 마시는 사람의 경우, 그의 치아가 노랄 확률은 60% 이상이다.
> - 치석을 매년 없애지 않는 흡연자의 경우, 그의 치아가 노랄 확률은 80% 이상이다.
> - 치석을 매년 없애지 않고 매일 커피를 마시는 흡연자의 경우, 그의 치아가 노랄 확률은 90% 이상이다.
> - 치석을 매년 없애는 사람의 경우, 그의 치아가 노랄 확률은 그의 커피 섭취 및 흡연 여부와 무관하게 20% 미만이다.

① 갑돌의 치아가 노랄 확률은 80% 이상이다.
② 을순의 치아가 노랗지 않을 확률은 80% 미만이다.
③ 병돌이 흡연자라면, 그의 치아가 노랄 확률은 20% 이상이다.
④ 병돌이 매일 커피를 마신다면, 그의 치아가 노랄 확률은 20% 이상이다.
⑤ 정순이 치석을 매년 없애지 않는다면, 그의 치아가 노랄 확률은 90% 이상이다.

08 다음 글의 밑줄 친 ㉠을 이끌어 내기 위해 추가해야 할 전제로 가장 적절한 것은?

> K국에서는 교육 제도 개선을 추진하고 있다. 이와 관련하여 현재 거론되고 있는 방안 중 다음 네 가지 조건을 모두 충족시키는 방안이 있다면, 정부는 그 방안을 추진해야 한다. 첫째, 공정한 기회 균등과 교육의 수월성을 함께 이룩할 수 있는 방안이어야 한다. 둘째, 신뢰할 수 있는 설문 조사에서 가장 많은 국민이 선호하는 방안으로 선택한 것이어야 한다. 셋째, 정부의 기존 교육 재정만으로 실행될 수 있는 방안이어야 한다. 넷째, 가계의 교육 부담을 줄일 수 있는 방안이어야 한다.
> 현재 거론되고 있는 방안들 중 선호하는 것에 대하여 국민 2,000명을 대상으로 한 설문 조사 결과, 300명이 대학교 평준화 도입을 꼽았고, 400명이 고등학교 자체 평가 확대를 꼽았으며, 600명이 대입 정시 확대와 수시 축소를 꼽았고, 700명이 고교 평준화 강화를 꼽았다. 이 설문 조사는 표본을 치우치지 않게 잡아 신뢰할 수 있다.
> 현재 거론된 방안들 가운데 정부의 기존 교육 재정만으로 실행될 수 없는 것은 대학교 평준화 도입 방안뿐이다. 대입 정시 확대와 수시 축소 방안은 가계의 교육 부담을 감소시키지 못하지만 다른 방안들은 그렇지 않다. 고교 평준화 강화 방안은 공정한 기회 균등을 이룰 수 있는 방안임이 분명하다. 따라서 ㉠ <u>정부는 고교 평준화 강화 방안을 추진해야 한다</u>.

① 고교 평준화 강화는 가장 많은 국민이 선호하는 방안이다.
② 고교 평준화 강화는 교육의 수월성을 이룩할 수 있는 방안이다.
③ 고교 평준화 강화는 가계의 교육 부담을 줄일 수 있는 방안이다.
④ 고교 평준화 강화는 정부의 기존 교육 재정만으로도 실행될 수 있는 방안이다.
⑤ 정부가 고교 평준화 강화 방안을 추진하지 않아도 된다면, 그 방안은 공정한 기회 균등과 교육의 수월성을 함께 이룩할 수 없는 방안이다.

09 다음 개요에 따라 보고서를 작성할 때, 현황 분석 부분에 들어갈 내용을 〈보기〉에서 모두 고르면?

〈개요〉

Ⅰ. 서론 : 정책 제안 배경
Ⅱ 본론 : 현황 분석과 정책 방안
  1. 현황 분석
    • 연말정산 자동계산 프로그램 사용 방법의 복잡성과 그에 대한 설명 부재로 인해 이용자 불만 증가
    • 연말정산 기간 중 세무서에 연말정산 자동계산 프로그램 사용 방법에 대한 상담 수요 폭증
  2. 정책 방안
    • 문제점을 개선한 프로그램 개발과 활용 매뉴얼 보급
    • 연말정산 자동 상담 시스템 개발
Ⅲ. 결론 : 예상되는 효과 전망

〈보기〉

ㄱ. 연말정산 자동 상담 시스템을 개발할 경우 15%의 이용자 불만 감소 효과가 전망된다.
ㄴ. 연말정산 기간을 정확하게 알지 못해 마감 기한이 지나서 세무서를 방문하는 사람이 전년 대비 15% 증가하였다.
ㄷ. 연말정산 기간 중 세무서 전체 월 평균 상담 건수는 약 128만 건으로 평상시 11만 건보다 크게 증가했는데, 이는 연말정산 자동계산 프로그램 사용 방법에 대한 문의 전화가 폭주했기 때문이다.

① ㄱ
② ㄷ
③ ㄱ, ㄴ
④ ㄴ, ㄷ
⑤ ㄱ, ㄴ, ㄷ

10 다음 글의 빈칸 ㉠, ㉡에 들어갈 내용으로 가장 적절한 것은?

음향학에 관련된 다음의 두 가지 명제는 세 개의 원형 판을 가지고 실험함으로써 입증될 수 있다. 하나의 명제는 “지름과 모양이 같은 동일 재질의 원형 판이 진동할 때 발생하는 진동수는 두께에 비례한다.”이고 다른 명제는 “모양과 두께가 같은 동일 재질의 원형 판이 진동할 때 발생하는 진동수는 판 지름의 제곱에 반비례한다.”이다. 이를 입증하기 위해 모양이 같은 동일 재질의 원형 판 A, B 그리고 C를 준비하되 A와 B는 두께가 같고 C는 두께가 A의 두께의 두 배이며, A와 C는 지름이 같고 B의 지름은 A의 지름의 절반이 되도록 한다. 판을 때려서 발생하는 음을 듣고 B는 A보다 ___㉠___ 음을 내고, C는 A보다 ___㉡___ 음을 내는 것을 확인한다. 진동수가 두 배가 될 때 한 옥타브 높은 음이 나므로 두 명제는 입증이 된다.

	㉠	㉡
①	한 옥타브 낮은	두 옥타브 낮은
②	한 옥타브 높은	두 옥타브 높은
③	두 옥타브 낮은	한 옥타브 높은
④	두 옥타브 높은	한 옥타브 낮은
⑤	두 옥타브 높은	한 옥타브 높은

11 다음은 K시의 5대 축제(A ~ E)에 대한 보고서이다. 이에 대한 자료로 옳지 않은 것은?

〈보고서〉

K시의 5대 축제를 분석·평가한 결과, 우수축제로 선정된 A축제는 관람객 수, 인지도, 콘텐츠 영역에서 B축제보다 높은 점수를 받았으나 경제적 효과 영역에서는 B축제보다 낮은 점수를 받았다. 한편, 5대 축제의 관람객 만족도를 보면, 먹거리 만족도가 매년 떨어지고 있고 2023년에는 살거리 만족도도 2022년보다 낮아져 대책 마련이 시급하다는 평가도 있다.

설문조사에 따르면 축제 관련 정보 획득 매체는 연령대별로 차이를 보였다. 20대 이하와 30 ~ 40대는 각각 인터넷을 통해 정보를 획득한 관람객 수가 가장 많았다. 반면, 50대 이상은 현수막을 통해 정보를 획득한 관람객 수가 가장 많아 관람객의 연령대별 맞춤형 홍보 전략이 필요하다는 것을 보여준다.

축제로 인한 경제적 효과도 중요한 분석 대상이다. D축제의 경우 취업자 수와 고용인 수 모두 가장 적지만, 고용인 1인당 취업자 수는 가장 많았다. 관람객 1인당 총지출액에서 숙박비의 비중이 가장 높은 축제는 C축제이고 먹거리 비용의 비중이 가장 높은 축제는 E축제이다.

① 5대 축제별 취업자 수와 고용인 수

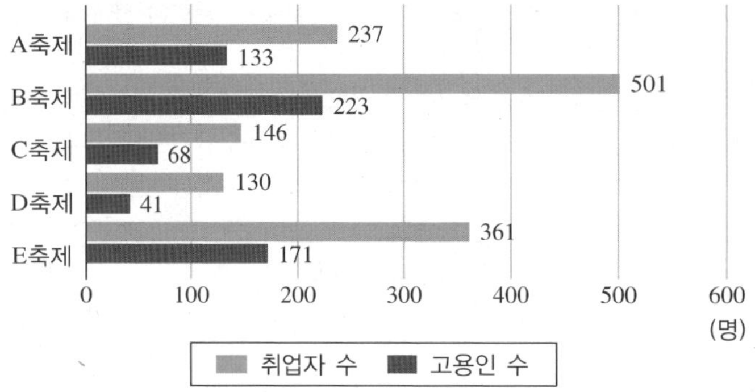

② 5대 축제의 관람객 만족도

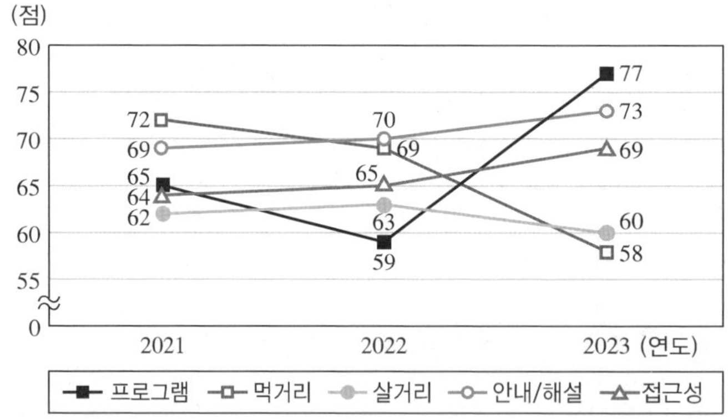

③ 5대 축제별 관람객 1인당 지출액

(단위 : 원)

구분 \ 축제	A	B	C	D	E
숙박비	22,514	9,100	27,462	3,240	4,953
먹거리 비용	18,241	19,697	15,303	8,882	20,716
왕복교통비	846	1,651	9,807	1,448	810
상품구입비	17,659	4,094	6,340	3,340	411
기타	9	48	102	255	1,117
총지출액	59,269	34,590	59,014	17,165	28,007

④ A, B축제의 영역별 평가점수

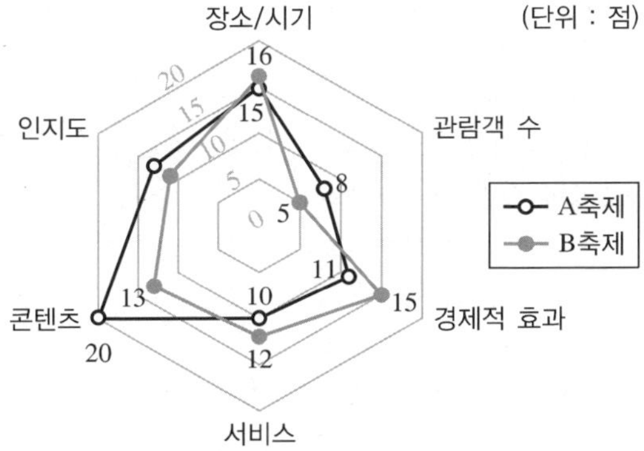

⑤ 관람객의 연령대별 5대 축제 관련 정보 획득 매체

(단위 : %)

연령대 \ 매체	TV	인터넷	신문	현수막	기타
20대 이하	22.0	58.6	10.8	17.5	11.5
30 ~ 40대	25.4	35.0	16.5	18.0	9.0
50대 이상	35.0	20.2	21.0	29.5	8.0
전체	26.0	41.5	15.1	20.1	9.8

※ 중복응답 가능

12 다음은 갑국의 해양사고 심판현황이다. 이에 대한 〈보기〉의 설명 중 옳은 것을 모두 고르면?

〈2019 ~ 2023년 해양사고 심판현황〉

(단위 : 건)

구분	2019년	2020년	2021년	2022년	2023년
전년 이월	96	100	(　)	71	89
해당 연도 접수	226	223	168	204	252
심판 대상	322	(　)	258	275	341
재결	222	233	187	186	210

※ '심판대상' 중 '재결'되지 않은 건은 다음 연도로 이월한다.

〈보기〉

ㄱ. '심판대상' 중 '전년 이월'의 비중은 2021년이 2019년보다 높다.
ㄴ. 다음 연도로 이월되는 건수가 가장 많은 연도는 2019년이다.
ㄷ. 2020년 이후 '해당 연도 접수' 건수의 전년 대비 증가율이 가장 높은 연도는 2023년이다.
ㄹ. '재결' 건수가 가장 적은 연도에는 '해당 연도 접수' 건수도 가장 적다.

① ㄱ, ㄴ
② ㄱ, ㄷ
③ ㄴ, ㄷ
④ ㄴ, ㄹ
⑤ ㄷ, ㄹ

13 다음은 A ~ D지역의 해양수질, 해조류 군집 및 해양 저서동물 출현종수에 대한 자료이다. 이에 대한 설명으로 옳지 않은 것은?

〈A ~ D지역의 해양수질〉

(단위 : mg/L)

측정항목 \ 지역 \ 연도		2019년	2020년	2021년	2022년	2023년
용존산소량 (DO)	A	8.22	8.13	7.95	8.40	7.60
	B	8.18	8.23	8.12	8.60	8.10
	C	10.20	8.06	8.73	8.10	8.50
	D	7.51	6.97	7.39	8.43	8.35
화학적 산소 요구량 (COD)	A	1.73	1.38	1.19	1.54	1.34
	B	1.38	1.40	1.26	1.47	1.54
	C	2.35	2.29	1.71	1.59	1.69
	D	0.96	0.82	0.70	1.30	1.59
총질소 (Total-N)	A	0.16	0.14	0.16	0.15	0.12
	B	0.16	0.13	0.20	0.15	0.12
	C	0.45	0.51	0.68	0.11	0.08
	D	0.20	0.06	0.05	0.57	0.07

※ 해양수질 등급은 아래 기준으로 판정한다.

- 1등급 : DO가 7.50mg/L 이상이고 COD는 1.00mg/L 이하이며 Total-N이 0.30mg/L 이하인 경우
- 2등급 : 1등급에 해당하지 않으면서 DO가 2.00mg/L 이상이고 COD는 2.00mg/L 이하이며 Total-N이 0.60mg/L 이하인 경우
- 등급 외 : 1, 2등급에 해당하지 않는 경우

〈A ~ D지역의 해조류 군집 및 해양 저서동물 출현종수〉

(단위 : 개)

항목 \ 지역 \ 연도		2019년	2020년	2021년	2022년	2023년
해조류 군집 출현종수	A	108	77	46	48	48
	B	102	77	49	49	52
	C	26	27	28	29	27
	D	102	136	199	86	87
해양 저서동물 출현종수	A	147	79	126	134	153
	B	90	73	128	142	141
	C	112	34	58	85	102
	D	175	351	343	303	304

① 2019 ~ 2023년 A와 B지역의 총질소(Total-N)의 연간 증감방향은 매년 동일하다.

② A와 C지역의 해양수질은 2019년부터 2021년까지 2등급으로 일정하다.

③ 2023년에는 해양 저서동물 출현종수가 가장 많은 지역이 총질소(Total-N)가 가장 낮다.

④ 2019년에 해양수질이 1등급인 지역은 D가 유일하다.

⑤ 2020년 B지역은 해조류 군집 출현종수의 전년 대비 증감률이 해양 저서동물 출현종수의 전년 대비 증감률보다 크다.

14 다음은 A ~ E기업의 영업이익, 직원 1인당 영업이익, 평균연봉을 나타낸 자료이다. 〈조건〉을 토대로 '나'와 '라'에 해당하는 기업을 바르게 나열한 것은?

〈A ~ E기업의 영업이익, 직원 1인당 영업이익, 평균연봉〉

(단위 : 백만 원)

기업 \ 항목	영업이익	직원 1인당 영업이익	평균연봉
가	83,600	34	66
나	33,900	34	34
다	21,600	18	58
라	24,600	7	66
마	50,100	30	75

〈조건〉

- A는 B, C, E에 비해 직원 수가 많다.
- C는 B, D, E에 비해 평균연봉 대비 직원 1인당 영업이익이 적다.
- A, B, C의 영업이익을 합쳐도 D의 영업이익보다 적다.
- E는 B에 비해 직원 1인당 영업이익이 적다.

	나	라
①	B	A
②	B	D
③	C	B
④	C	E
⑤	D	A

15 다음은 K국의 가스사고 현황에 대한 자료이다. 이에 대한 설명으로 옳은 것을 〈보기〉에서 모두 고르면?

〈원인별 사고건수〉

(단위 : 건)

원인 \ 연도	2019년	2020년	2021년	2022년	2023년
사용자 취급부주의	41	41	41	38	31
공급자 취급부주의	23	16	22	26	29
제품노후	4	12	19	12	18
고의사고	21	16	16	12	9
타공사	2	6	4	8	7
자연재해	12	9	5	3	3
시설미비	18	20	11	23	24
전체	121	120	118	122	121

〈사용처별 사고건수〉

(단위 : 건)

사용처 \ 연도	2019년	2020년	2021년	2022년	2023년
주택	48	50	39	42	47
식품접객업소	21	10	27	14	20
특수허가업소	14	14	16	16	12
공급시설	3	7	5	5	6
차량	4	5	4	5	6
제1종 보호시설	3	8	6	8	5
공장	9	6	7	6	4
다중이용시설	0	0	0	0	1
야외	19	20	14	26	20
전체	121	120	118	122	121

〈보기〉

ㄱ. 2019년 대비 2023년 사고건수의 증가율은 공급자 취급부주의가 시설미비보다 작다.
ㄴ. 주택과 차량의 연도별 사고건수 증감방향은 같다.
ㄷ. 2020년에는 사고건수 기준 상위 2가지 원인에 의한 사고건수의 합이 나머지 원인에 의한 사고건수의 합보다 작다.
ㄹ. 전체 사고건수에서 주택이 차지하는 비중은 매년 35% 이상이다.

① ㄱ, ㄴ
② ㄱ, ㄹ
③ ㄴ, ㄷ
④ ㄱ, ㄷ, ㄹ
⑤ ㄴ, ㄷ, ㄹ

16 다음은 K잡지가 발표한 세계 스포츠 구단 중 2023년 가치액 기준 상위 10개 구단에 대한 자료이다. 이에 대한 설명으로 옳은 것을 〈보기〉에서 모두 고르면?

〈2023년 가치액 상위 10개 스포츠 구단〉

(단위 : 억 달러)

순위	구단	종목	가치액
1(1)	A	미식축구	58(58)
2(2)	B	야구	50(50)
3(5)	C	농구	45(39)
4(8)	D	농구	44(36)
5(9)	E	농구	42(33)
6(3)	F	축구	41(42)
7(7)	G	미식축구	40(37)
8(4)	H	축구	39(41)
9(11)	I	미식축구	37(31)
10(6)	J	축구	36(38)

※ ( ) 안은 2022년도 값이다.

〈보기〉

ㄱ. 2023년 상위 10개 스포츠 구단 중 전년보다 순위가 상승한 구단이 순위가 하락한 구단보다 많다.
ㄴ. 2023년 상위 10개 스포츠 구단 중 미식축구 구단 가치액 합은 농구 구단 가치액 합보다 크다.
ㄷ. 2023년 상위 10개 스포츠 구단 중 전년 대비 가치액 상승률이 가장 큰 구단의 종목은 미식축구이다.
ㄹ. 연도별 상위 10개 스포츠 구단의 가치액 합은 2022년이 2023년보다 크다.

① ㄱ, ㄴ
② ㄱ, ㄹ
③ ㄷ, ㄹ
④ ㄱ, ㄴ, ㄷ
⑤ ㄴ, ㄷ, ㄹ

17 표준 업무시간이 80시간인 업무를 각 부서에 할당하여 다음과 같은 자료를 얻었다. 이때 어느 부서의 업무효율이 가장 높은가?

〈부서별 업무시간 분석 결과〉

부서명	투입인원(명)	개인별 업무시간(시간)	회의	
			횟수(회)	소요시간(시간/회)
A	2	41	3	1
B	3	30	2	2
C	4	22	1	4
D	3	27	2	1
E	5	17	3	2

※ $(\text{업무효율}) = \dfrac{(\text{표준 업무시간})}{(\text{총 투입시간})}$

※ 총 투입시간은 개인별 투입시간의 합이다.
(개인별 투입시간)=(개인별 업무시간)+(회의 소요시간)

※ 부서원은 업무를 분담하여 동시에 수행할 수 있다.

※ 투입된 인원의 개인별 업무능력과 인원당 소요시간이 동일하다고 가정한다.

① A
② B
③ C
④ D
⑤ E

※ 다음은 세계 및 국내 조선업 현황에 대한 자료이다. 이어지는 질문에 답하시오. **[18~19]**

〈세계 조선업 수주량 추이〉

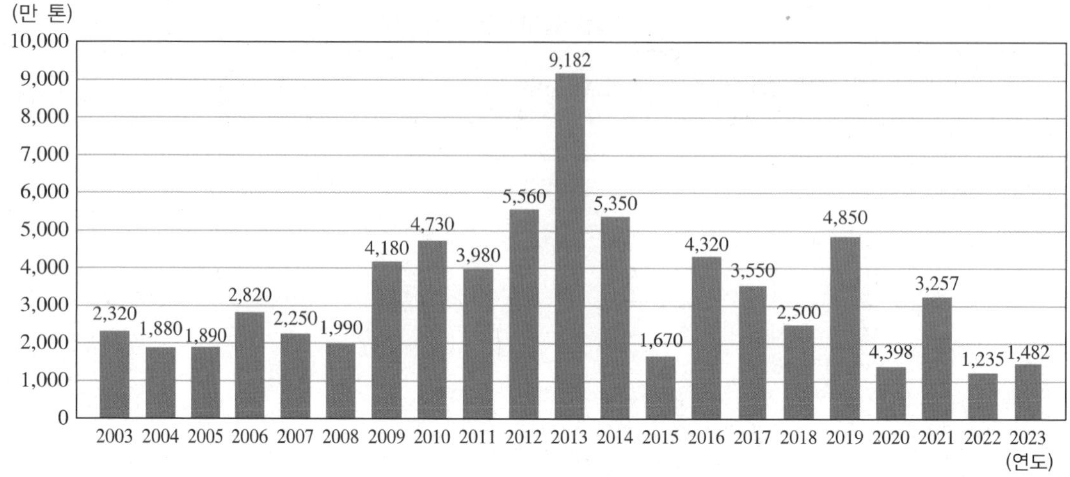

〈국내 조선업 수주량 및 수주잔량〉

(단위 : 만 톤, %)

연도 \ 구분	수주량		수주잔량	
		전년 대비 증가율		전년 대비 증가율
2020년	1,286	−30.1	3,302	−1.6
2021년	1,066	(　)	3,164	−4.2
2022년	221	(　)	2,043	(　)
2023년	619	(　)	1,761	−13.8

※ (해당 연도 수주잔량)=(전년도 수주잔량)+(해당 연도 수주량)−(해당 연도 건조량)

〈국내 조선기자재업체 기업규모별 업체 수 및 이자보상배율이 1 미만인 업체 비율〉

(단위 : 개, %)

기업규모	업체 수 \ 연도	2020년	2021년	2022년
대형	20	15.0	20.0	25.0
중형	35	25.7	17.1	34.3
소형	96	19.8	28.1	38.5
전체	151	20.5	24.5	35.8

※ 2020년 이후 기업규모별 업체 수는 변화 없다.

※ 비율은 소수점 둘째 자리에서 반올림한 값이다.

18 다음 보고서를 작성하기 위해 추가로 필요한 자료를 〈보기〉에서 모두 고르면?

〈보고서〉

세계 조선업 경기는 최악의 부진에서 벗어나는 모습이다. 2022년 세계 조선업의 수주량은 2003년 이후 최저치였다. 2023년 한국은 중국을 밀어내고 수주량 1위를 차지했는데, 이는 2018년 중국에 1위 자리를 내어준 이후 6년 만이다. 3대 조선강국으로 분류되는 일본은 자국 발주 확대에도 불구하고 세계 수주량의 5.8%까지 비중이 하락하였다.

2022년 국내 조선업은 전년 대비 79.3% 감소한 수주량을 기록하면서 유례없는 수주절벽을 경험하였다. 그리고 수주량 급감의 영향으로 2022년 수주잔량은 2,043만 톤까지 줄어든 것으로 조사되었다. 2020 ~ 2022년 3년간 국내 조선업 평균 건조량이 약 1,295만 톤이었음을 고려하면 수주잔량은 2년 치 미만 일감에 불과한 것으로 나타나 우려는 더욱 커졌다.

2023년 국내 대형 조선사는 해양플랜트 수주량 증가에 힘입어 실적이 개선되고 있다. 그러나 국내 중소형 조선사는 여전히 부진에서 벗어나지 못하고 있으며 국내 조선기자재업체의 실적 회복도 어려울 것으로 전망된다.

〈보기〉

ㄱ. 2016 ~ 2023년 세계 조선업 수주량의 국가별 점유율
ㄴ. 2020 ~ 2022년 국내 조선업 건조량
ㄷ. 2020 ~ 2022년 중국 조선기자재업체 실적
ㄹ. 2016 ~ 2023년 국내 조선사 규모별 해양플랜트 수주량

① ㄱ, ㄴ
② ㄱ, ㄷ
③ ㄱ, ㄹ
④ ㄴ, ㄷ
⑤ ㄴ, ㄹ

19 다음 〈보기〉 중 옳은 것을 모두 고르면?

〈보기〉

ㄱ. 2020 ~ 2022년 중 국내 조선업 건조량이 가장 적은 해는 2022년이다.
ㄴ. 2020년 이후 국내 조선업 수주량의 전년 대비 증감률이 가장 큰 해는 2023년이다.
ㄷ. 2020년 이자보상배율이 1 미만인 국내 조선기자재업체 수는 중형이 대형의 3배이다.
ㄹ. 이자보상배율이 1 미만인 국내 조선기자재업체 수의 2021년 대비 2022년 증감폭이 가장 큰 기업규모는 중형이다.

① ㄱ, ㄴ
② ㄴ, ㄷ
③ ㄴ, ㄹ
④ ㄷ, ㄹ
⑤ ㄱ, ㄷ, ㄹ

20 다음은 K시에서 주최한 10km 마라톤 대회에 참가한 선수 A ~ D의 구간별 기록에 대한 자료이다. 이에 대한 설명으로 옳은 것을 〈보기〉에서 모두 고르면?

〈선수 A ~ D의 10km 마라톤 대회 구간별 기록〉

구간 \ 선수	A	B	C	D
0 ~ 1km	5분 24초	5분 44초	6분 40초	6분 15초
1 ~ 2km	5분 06초	5분 42초	5분 27초	6분 19초
2 ~ 3km	5분 03초	5분 50초	5분 18초	6분 00초
3 ~ 4km	5분 00초	6분 18초	5분 15초	5분 54초
4 ~ 5km	4분 57초	6분 14초	5분 24초	5분 35초
5 ~ 6km	5분 10초	6분 03초	5분 03초	5분 27초
6 ~ 7km	5분 25초	5분 48초	5분 14초	6분 03초
7 ~ 8km	5분 18초	5분 39초	5분 29초	5분 24초
8 ~ 9km	5분 10초	5분 33초	5분 26초	5분 11초
9 ~ 10km	5분 19초	5분 03초	5분 36초	5분 15초
합계	51분 52초	(　　)	54분 52초	57분 23초

※ A ~ D는 출발점에서 동시에 출발하여 휴식 없이 완주한다.
※ A ~ D는 각 구간 내에서 일정한 속도로 달린다.

〈보기〉

ㄱ. 출발 후 6km 지점을 먼저 통과한 선수부터 나열하면 A, C, D, B 순이다.
ㄴ. B의 10km 완주기록은 60분 이상이다.
ㄷ. 3 ~ 4km 구간에서 B는 C에게 추월당한다.
ㄹ. A가 10km 지점을 통과한 순간, D는 7 ~ 8km 구간을 달리고 있다.

① ㄱ, ㄴ
② ㄱ, ㄷ
③ ㄱ, ㄹ
④ ㄴ, ㄷ
⑤ ㄷ, ㄹ

21 한 선거구에 A ~ E 5명의 후보가 출마하여 투표 방식에 따라 다음과 같은 투표 결과를 얻었다. 당선자 결정방식을 토대로 할 때 당선자는 누구인가?

〈투표 방식과 투표 결과〉

• 유권자는 한 장의 투표용지에 가장 선호하는 1순위 후보 한 명과 다음으로 선호하는 2순위 후보 한 명을 기표한다.
• 유권자 1,000명이 모두 투표에 참여한 투표 결과를 정리하면 다음과 같다.

기표내용		투표자 수
1순위	2순위	
A	B	250
A	C	100
B	C	200
C	A	200
D	C	150
E	C	100

〈당선자 결정방식〉

1순위 표 과반수를 획득한 자를 당선자로 한다. 단, 1순위 표 과반수를 획득한 자가 없는 경우에는 다음에 의한다.

① 1순위 최소 득표자는 후보에서 제외된다. 이때 제외된 후보자가 획득한 표는 그 투표용지에 2순위로 기표된 후보에게 넘겨진다. 이 표들은 넘겨받은 후보의 1순위 표와 합산된다.

② 과반수 득표자가 나올 때까지 ①의 과정을 반복한다.

① A　② B
③ C　④ D
⑤ E

22 다음 글과 상황을 근거로 판단할 때 옳은 것은?

적용범위(제○○조)
이 규정은 중앙행정기관, 광역자치단체(광역자치단체와 기초자치단체 공동주관 포함)가 국제행사를 개최하기 위하여 10억 원 이상의 국고지원을 요청하는 경우에 적용한다.

정의(제○○조)
"국제행사"라 함은 5개국 이상의 국가에서 외국인이 참여하고, 총 참여자 중 외국인 비율이 5% 이상(총 참여자 200만 명 이상은 3% 이상)인 국제회의 · 체육행사 · 박람회 · 전시회 · 문화행사 · 관광행사 등을 말한다.

국고지원의 제외(제○○조)
국제행사 중 다음 각 호에 해당하는 행사는 국고지원의 대상에서 제외된다. 이 경우 제외되는 시기는 다음 각 호 이후 최초 개최되는 행사의 해당 연도부터로 한다.
1. 매년 1회 정기적으로 개최하는 국제행사로서 국고지원을 7회 받은 경우
2. 그 밖의 주기로 개최하는 국제행사로서 국고지원을 3회 받은 경우

타당성조사, 전문위원회 검토의 대상 등(제○○조)
① 국고지원의 타당성조사 대상은 국제행사의 개최에 소요되는 총 사업비가 50억 원 이상인 국제행사로 한다.
② 국고지원의 전문위원회 검토 대상은 국제행사의 개최에 소요되는 총 사업비가 50억 원 미만인 국제행사로 한다.
③ 제1항에도 불구하고 국고지원 비율이 총 사업비의 20% 이내인 경우 타당성조사를 전문위원회 검토로 대체할 수 있다.

〈상황〉

갑광역자치단체는 2025년에 제6회 K박람회를 국고지원을 받아 개최할 예정이다. K박람회는 매년 1회 총 250만 명이 참여하는 행사로서 20여 개국에서 8만 명 이상의 외국인들이 참여해 왔다. 2025년에도 동일한 규모의 행사가 예정되어 있다. 한편 2024년에 5번째로 국고지원을 받은 K박람회의 총 사업비는 40억 원이었으며, 이 중 국고지원 비율은 25%였다.

① 2025년에 총 250만 명의 참여자 중 외국인 참여자가 감소하여 6만 명이 되더라도 K박람회는 국제행사에 해당된다.
② 2025년에 K박람회가 예정대로 개최된다면, K박람회는 2026년에 국고지원의 대상에서 제외된다.
③ 2025년 총 사업비가 52억 원으로 증가하고 국고지원은 8억 원을 요청한다면, K박람회는 타당성조사 대상이다.
④ 2025년 총 사업비가 60억 원으로 증가하고 국고지원은 전년과 동일한 금액을 요청한다면, K박람회는 전문위원회 검토를 받을 수 있다.
⑤ 2025년 갑광역자치단체와 을기초자치단체가 공동주관하여 전년과 동일한 총 사업비로 K박람회를 개최한다면, K박람회는 타당성조사 대상이다.

23 다음 글을 근거로 판단할 때 옳은 것은?

> **정의(법 제○○조)**
> 이 법에서 "재외동포"란 다음 각 호의 어느 하나에 해당하는 자를 말한다.
> 1. 대한민국의 국민으로서 외국의 영주권(永住權)을 취득한 자 또는 영주할 목적으로 외국에 거주하고 있는 자(이하 "재외국민"이라 한다)
> 2. 대한민국의 국적을 보유하였던 자(대한민국정부 수립 전에 국외로 이주한 동포를 포함한다) 또는 그 직계비속(直系卑屬)으로서 외국국적을 취득한 자 중 대통령령으로 정하는 자(이하 "외국국적동포"라 한다)
>
> **재외국민의 정의(시행령 제○○조)**
> ① 법 제○○조 제1호에서 "외국의 영주권을 취득한 자"라 함은 거주국으로부터 영주권 또는 이에 준하는 거주목적의 장기체류자격을 취득한 자를 말한다.
> ② 법 제○○조 제1호에서 "영주할 목적으로 외국에 거주하고 있는 자"라 함은 해외이주자로서 거주국으로부터 영주권을 취득하지 아니한 자를 말한다.
>
> **외국국적동포의 정의(시행령 제○○조)**
> 법 제○○조 제2호에서 "대한민국의 국적을 보유하였던 자(대한민국정부 수립 이전에 국외로 이주한 동포를 포함한다) 또는 그 직계비속으로서 외국국적을 취득한 자 중 대통령령이 정하는 자"란 다음 각 호의 어느 하나에 해당하는 자를 말한다.
> 1. 대한민국의 국적을 보유하였던 자(대한민국정부 수립 이전에 국외로 이주한 동포를 포함한다. 이하 이 조에서 같다)로서 외국국적을 취득한 자
> 2. 부모의 일방 또는 조부모의 일방이 대한민국의 국적을 보유하였던 자로서 외국국적을 취득한 자

① 대한민국 국민은 재외동포가 될 수 없다.
② 재외국민이 되기 위한 필수 요건은 거주국의 영주권 취득이다.
③ 할아버지가 대한민국 국적을 보유하였던 미국 국적자는 재외국민이다.
④ 대한민국 국민으로서 회사업무를 위해 중국출장 중인 사람은 외국국적동포이다.
⑤ 과거에 대한민국 국적을 보유하였던 자로서 현재 브라질 국적을 취득한 자는 외국국적동포이다.

24 다음 글과 상황을 근거로 판단할 때, 갑 ~ 정 중 근무계획이 승인될 수 있는 사람을 모두 고르면?

〈유연근무제〉

□ 개념
- 주 40시간을 근무하되, 근무시간을 유연하게 관리하여 1주일에 5일 이하로 근무하는 제도

□ 복무관리
- 점심 및 저녁시간 운영
  - 근무 시작과 종료 시각에 관계없이 점심시간은 12:00 ~ 13:00, 저녁시간은 18:00 ~ 19:00의 각 1시간으로 하고 근무시간으로는 산정하지 않음
- 근무시간 제약
  - 근무일의 경우, 1일 최대 근무시간은 12시간으로 하고 최소 근무시간은 4시간으로 함
  - 하루 중 근무시간으로 인정하는 시간대는 06:00 ~ 24:00로 한정함

〈상황〉

다음은 갑 ~ 정이 제출한 근무계획을 정리한 것이며 위의 유연근무제에 부합하는 근무계획만 승인된다.

요일 / 직원	월	화	수	목	금
갑	08:00 ~ 18:00	08:00 ~ 18:00	09:00 ~ 13:00	08:00 ~ 18:00	08:00 ~ 18:00
을	08:00 ~ 22:00	08:00 ~ 22:00	–	08:00 ~ 22:00	08:00 ~ 12:00
병	08:00 ~ 24:00	08:00 ~ 24:00	–	08:00 ~ 22:00	–
정	06:00 ~ 16:00	08:00 ~ 22:00	–	09:00 ~ 21:00	09:00 ~ 18:00

① 을
② 갑, 병
③ 갑, 정
④ 을, 병
⑤ 을, 정

25 다음 글과 〈조건〉을 근거로 판단할 때, 2순위와 4순위가 바르게 짝지어진 것은?

심야에 오토바이 폭주족들이 굉음을 내고 도로를 질주하여 주민들이 잠을 잘 수가 없다는 민원이 경찰청에 끊임없이 제기되고 있다. 경찰청은 이 문제를 해결하기 위해 대책을 논의하였다. 그 결과 안전그물 설치, 전담반 편성, CCTV 설치, 처벌 강화, 시민자율방범의 5가지 대안을 마련하였고, 그 대안별 우선순위를 알고자 한다.

〈조건〉

(단위 : 점)

평가기준 \ 대안	(ㄱ) 안전그물 설치	(ㄴ) 전담반 편성	(ㄷ) CCTV 설치	(ㄹ) 처벌 강화	(ㅁ) 시민자율방범
효과성	8	5	5	9	4
기술적 실현가능성	7	2	1	6	3
경제적 실현가능성	6	1	3	8	1
행정적 실현가능성	6	6	5	5	5
법적 실현가능성	6	5	5	5	5

- 우선순위는 대안별 평가기준 점수의 합계가 높은 순으로 정한다.
- 합계점수가 같은 경우에는 법적 실현가능성 점수가 높은 대안이 우선순위가 높고, 법적 실현가능성 점수도 같은 경우에는 효과성 점수, 효과성 점수도 같은 경우에는 행정적 실현가능성 점수, 행정적 실현가능성 점수도 같은 경우에는 기술적 실현가능성 점수가 높은 대안 순으로 우선순위를 정한다.

	2순위	4순위
①	ㄱ	ㄴ
②	ㄴ	ㄹ
③	ㄹ	ㄴ
④	ㄹ	ㄷ
⑤	ㄹ	ㅁ

26 다음 글의 내용으로 적절한 것을 〈보기〉에서 모두 고르면?

육조는 조선시대에 국가의 정무를 나누어 맡아보던 이조, 호조, 예조, 병조, 형조, 공조에 대한 총칭이다. 별칭으로 육부 또는 육관으로 불리었다. 육조의 기능을 보면 이조는 주로 인사를 담당하였으며, 호조는 재정·경제와 호적 관리를, 예조는 과거 관리 및 일반 의례를 담당했고, 병조는 군제와 군사를, 형조는 형벌 및 재판과 노비문제를, 공조는 도로, 교량, 도량형 등을 관리했다.
육조는 각 조마다 정2품의 판서 1인, 종2품의 참판 1인, 정3품의 참의 1인, 정5품의 정랑이 2인에서 4인, 정6품의 좌랑이 2인에서 4인 등으로 구성되었다. 사무운영에서 일상적 업무처리는 정랑·좌랑이, 중대사 및 돌발적인 업무는 판서·참판·참의 등 당상관(정3품 이상)이 중심이 되어 처리했다.
육조의 서열은 1418년까지는 이, 병, 호, 예, 형, 공조의 순서였고, 이후에는 이, 호, 예, 병, 형, 공조의 순서가 되었다. 즉, 조선 세종 이후 병조가 약화되고 재무를 다루던 호조와 의례를 다루던 예조가 강화되었다. 육조는 왕권 및 통치 구조와 연관되면서 수시로 그 세력이 조절되었지만, 법제적으로는 국정의 가장 중심이 되는 기관이었다. 육조의 정랑·좌랑은 임기를 마치면 승진되는 특혜를 받았으며, 이, 예, 병조의 정랑·좌랑은 문관만 재직할 수 있도록 되어 있었다.

〈보기〉

ㄱ. 조선시대에는 관료의 채용 관련 업무와 관료의 승진·평가업무를 한 부서에서 전담하지 않았다.
ㄴ. 조선시대 군제와 군사를 담당하는 병조는 무관의 고유 업무 영역이었다.
ㄷ. 조선시대 육조에는 18명의 당상관이 있었으며, 육관의 서열이 정해져 있었다.
ㄹ. 조선초기에 비해 조선후기에는 실학사상의 영향으로 호조의 역할이 강화되었다.
ㅁ. 조선시대 당상관의 경우에는 임기제로 운영되고 있었다.

① ㄱ, ㄴ
② ㄱ, ㄷ
③ ㄴ, ㄷ
④ ㄴ, ㄹ
⑤ ㄹ, ㅁ

27 갑 ~ 정이 공을 막대기로 쳐서 구멍에 넣는 경기를 하였다. 다음 규칙과 경기결과를 토대로 판단할 때, 〈보기〉에서 옳은 것을 모두 고르면?

〈규칙〉

- 경기 참가자는 시작점에 있는 공을 막대기로 쳐서 구멍 안에 넣어야 한다. 참가자에게는 최대 3회의 기회가 주어지며, 공을 넣거나 3회의 기회를 다 사용하면 한 라운드가 종료된다.
- 첫 번째 시도에서 공을 넣으면 5점, 두 번째 시도에서 공을 넣으면 2점, 세 번째 시도에서 공을 넣으면 0점을 얻게 되며, 세 번째 시도에서도 공을 넣지 못하면 −3점을 얻게 된다.
- 총 2라운드를 진행하여 각 라운드에서 획득한 점수를 합산하여 높은 점수를 획득한 참가자 순서대로 우승, 준우승, 3등, 4등으로 결정한다.
- 만일 경기결과 동점이 나올 경우, 1라운드 고득점 순으로 동점자의 순위를 결정한다.

〈경기결과〉

다음은 네 명이 각 라운드에서 공을 넣기 위해 시도한 횟수를 표시하고 있다.

구분	1라운드	2라운드
갑	3회	3회
을	2회	3회
병	2회	2회
정	1회	3회

〈보기〉

ㄱ. 갑은 다른 선수의 경기결과에 따라 3등을 할 수 있다.
ㄴ. 을은 다른 선수의 경기결과에 따라 준우승을 할 수 있다.
ㄷ. 병이 우승했다면 1라운드와 2라운드를 합쳐서 네 명이 구멍 안에 넣은 공은 최소 5개 이상이다.
ㄹ. 정이 우승했다면 획득한 점수는 5점이다.

① ㄱ, ㄷ
② ㄴ, ㄷ
③ ㄱ, ㄹ
④ ㄱ, ㄴ, ㄹ
⑤ ㄴ, ㄷ, ㄹ

28 **다음 글과 상황을 근거로 판단할 때, 빈칸 ㉠, ㉡에 해당하는 수를 바르게 짝지은 것은?**

- 행정구역분류코드는 다섯 자리 숫자로 구성되어 있다.
- 행정구역분류코드의 '처음 두 자리'는 광역자치단체인 시·도를 의미하는 고유한 값이다.
- '그 다음 두 자리'는 광역자치단체인 시·도에 속하는 기초자치단체인 시·군·구를 의미하는 고유한 값이다. 단, 광역자치단체인 시에 속하는 기초자치단체는 군·구이다.
- '마지막 자리'에는 해당 시·군·구가 기초자치단체인 경우 0, 자치단체가 아닌 경우 0이 아닌 임의의 숫자를 부여한다.
- 광역자치단체인 시에 속하는 구는 기초자치단체이며, 기초자치단체인 시에 속하는 구는 자치단체가 아니다.

〈상황〉

K시의 A구와 B구 중 B구의 행정구역분류코드의 첫 네 자리는 1003이며, 다섯 번째 자리는 알 수 없다. 갑은 K시가 광역자치단체인지 기초자치단체인지 모르는 상황에서, A구의 행정구역분류코드는 K시가 광역자치단체라면 ___㉠___, 기초자치단체라면 ___㉡___ 이/가 가능하다고 판단하였다.

	㉠	㉡
①	10020	10021
②	10020	10033
③	10033	10034
④	10050	10027
⑤	20030	10035

29 **다음 글을 근거로 판단할 때, ㉠에 해당하는 수는?**

갑과 을은 같은 층의 서로 다른 사무실에서 근무하고 있다. 각 사무실은 일직선 복도의 양쪽 끝에 위치하고 있으며, 두 사람은 복도에서 항상 자신만의 일정한 속력으로 걷는다.
갑은 약속한 시각에 을에게 서류를 직접 전달하기 위해 자신의 사무실을 나섰다. 갑은 을의 사무실에 도착하여 서류를 전달하고 곧바로 자신의 사무실로 돌아올 계획이었다.
한편 갑을 기다리고 있던 을에게 갑의 사무실 쪽으로 가야 할 일이 생겼다. 그래서 을은 갑이 도착하기로 약속한 시각보다 ___㉠___분 일찍 자신의 사무실을 나섰다. 을은 출발한 지 4분 뒤 복도에서 갑을 만나 서류를 받았다. 서류 전달 후 곧바로 사무실로 돌아온 갑은 원래 예상했던 시각보다 2분 일찍 사무실로 복귀한 사실을 알게 되었다.

① 2　　② 3
③ 4　　④ 5
⑤ 6

30 다음 글을 근거로 판단할 때, 〈보기〉에서 옳은 것을 모두 고르면?

• K국은 매년 X를 100톤 수입한다. K국이 X를 수입할 수 있는 국가는 A~C국 3개국이며, K국은 이 중 한 국가로부터 X를 전량 수입한다.

• X의 거래조건은 다음과 같다.

국가	1톤당 단가	관세율	1톤당 물류비
A국	12달러	0%	3달러
B국	10달러	50%	5달러
C국	20달러	20%	1달러

• 1톤당 수입비용은 다음과 같다.
(1톤당 수입비용)=(1톤당 단가)+[(1톤당 단가)×(관세율)]+(1톤당 물류비)

• 특정 국가와 FTA를 체결하면 그 국가에서 수입하는 X에 대한 관세율이 0%가 된다.

• K국은 지금까지 FTA를 체결한 A국으로부터만 X를 수입했다. 그러나 최근 A국으로부터 X의 수입이 일시 중단되었다.

〈보기〉

ㄱ. K국이 B국과 FTA를 체결한다면, 기존에 A국에서 수입하던 것과 동일한 비용으로 X를 수입할 수 있다.

ㄴ. C국이 A국과 동일한 1톤당 단가를 제시하였다면, K국은 기존에 A국에서 수입하던 것보다 저렴한 비용으로 C국으로부터 X를 수입할 수 있다.

ㄷ. A국으로부터 X의 수입이 다시 가능해졌으나 1톤당 6달러의 보험료가 A국으로부터의 수입비용에 추가된다면, K국은 A국보다 B국에서 X를 수입하는 것이 수입비용 측면에서 더 유리하다.

① ㄱ
② ㄴ
③ ㄷ
④ ㄱ, ㄴ
⑤ ㄱ, ㄷ

코레일 한국철도공사 신입사원 필기시험

제7회 고난도 모의고사

모바일 OMR

문항 수 : 30문항
응시시간 : 30분

정답 및 해설 p.33

01 다음 글의 빈칸에 들어갈 내용으로 가장 적절한 것은?

> 알레르기는 도시화와 산업화가 진행되는 지역에서 매우 빠르게 증가하고 있는데, 알레르기의 발병 원인에 대한 20세기의 지배적 이론은 알레르기가 병원균의 침입에 의해 발생하는 감염성 질병이라는 것이다. 하지만 1989년 영국 의사 H는 이 전통적인 이론에 맞서 다음 가설을 제시했다. ______________________
> H는 1958년 3월 둘째 주에 태어난 17,000명 이상의 영국 어린이를 대상으로 그들이 23세가 될 때까지 수집한 개인 정보 데이터베이스를 분석하여, 이 가설을 뒷받침하는 증거를 찾았다. 이들의 가족 관계, 사회적 지위, 경제력, 거주 지역, 건강 등의 정보를 비교 분석한 결과, 두 개 항목이 꽃가루 알레르기와 상관관계를 가졌다. 첫째, 함께 자란 형제자매의 수이다. 외동으로 자란 아이의 경우 형제가 서넛인 아이에 비해 꽃가루 알레르기에 취약했다. 둘째, 가족 관계에서 차지하는 서열이다. 동생이 많은 아이보다 손위 형제가 많은 아이가 알레르기에 걸릴 확률이 낮았다.
> H의 주장에 따르면 가족 구성원이 많은 집에 사는 아이들은 가족 구성원, 특히 손위 형제들이 집안으로 끌고 들어오는 온갖 병균에 의한 잦은 감염 덕분에 장기적으로는 알레르기 예방에 오히려 유리하다. H는 유년기에 겪은 이런 감염이 꽃가루 알레르기를 비롯한 알레르기성 질환으로부터 아이들을 보호해 왔다고 생각했다.

① 알레르기는 유년기에 병원균 노출의 기회가 적을수록 발생 확률이 높아진다.
② 알레르기는 가족 관계에서 서열이 높은 가족 구성원에게 더 많이 발생한다.
③ 알레르기는 성인보다 유년기의 아이들에게 더 많이 발생한다.
④ 알레르기는 도시화에 따른 전염병의 증가로 인해 유발된다.
⑤ 알레르기는 형제가 많을수록 발생 확률이 낮아진다.

02 다음 글을 읽고 알 수 있는 내용으로 가장 적절한 것은?

> 인조가 남한산성에서 청군에 포위되어 있을 때, 신하들은 척화론과 주화론으로 나뉘어 서로 대립했다. 척화론을 주장한 김상헌은 청에 항복하는 것은 있을 수 없는 일이라며 끝까지 저항하자고 했다. 그는 중화인 명을 버리고 오랑캐와 화의를 맺는 일은 군신의 의리를 버리는 것이라고 말했다. 그와 달리 주화론을 주장한 최명길은 "나아가 싸워 이길 수도 없고 물러나 지킬 수도 없으면 타협하는 수밖에 없다."라고 했다. 그는 명을 섬겨야 한다는 김상헌의 주장에는 동의하지만, 그보다 나라를 보존하는 것이 우선이라고 말했다. 나라가 없어지면 명을 섬기는 것도 불가능하므로 일단 항복한 후 후일을 기약하자는 것이었다.
> 주화론과 척화론 사이에서 고심하던 인조는 결국 최명길의 입장을 받아들여 청에 항복하는 길을 선택했다. 청군이 물러난 후에 척화론자들은 국왕이 항복의 수모를 당한 것이 모두 주화론자들 탓이라며 비난했다. 그들은 주화론자들을 배신자라고 공격하는 한편 김상헌을 절개 있는 인물이라고 추켜세웠다.
> 인조 때에는 척화론을 주장했던 사람들이 정국을 주도하지 못했기 때문에 주화론을 내세웠던 사람들이 정계에서 쫓겨나가는 일은 벌어지지 않았다. 그러나 인조의 뒤를 이은 효종이 청에 복수하겠다는 북벌론을 내세우고, 예전에 척화론을 주장했던 자들을 중용하면서 최명길의 편에 섰던 사람들의 입지가 좁아졌다. 효종에 의해 등용되어 정계에 진출할 수 있었던 송시열은 인조가 남한산성에 피신해 있을 때 주화론을 주장했던 사람들과 그 후손들을 정계에서 배제해야 한다고 했다. 송시열 사후에 나타난 노론 세력은 최명길의 주장에 동조했던 사람들의 후손이 요직에 오르지 못하게 막았다. 이는 송시열의 뜻에 따른 것이었다. 이로써 김상헌의 가문인 안동 김씨들은 정계의 요직을 차지할 수 있었다.

① 최명길은 중화 중심의 세계관에서 벗어나야 한다는 생각에서 주화론을 주장했다.
② 효종은 송시열의 주장에 따라 청군의 항복 요구를 받아들이지 않기로 결정했다.
③ 김상헌은 명에 대한 군신의 의리를 지켜야 한다고 주장하면서 주화론에 맞섰다.
④ 인조는 청에 항복한 후 척화론을 받아들여 주화론자들을 정계에서 내쫓았다.
⑤ 노론 세력은 주화론을 받아들여야 한다고 인조를 설득했으나 뜻을 이루지 못했다.

03 다음 글의 밑줄 친 ㉠에 해당하는 내용으로 가장 적절한 것은?

K시에 거주하면서 1세, 2세, 4세의 세 자녀를 기르는 갑은 육아를 위해 집에서 15km 떨어진 키즈 카페인 B카페에 자주 방문한다. B카페는 지역 유일의 키즈 카페라서 언제나 50여 구획의 주차장이 꽉 찰 정도로 성업 중이다. 최근 자동차를 교체하게 된 갑은 친환경 추세에 부응하여 전기차로 구매하였는데, B카페는 전기차 충전 시설이 없었다. 세 자녀를 돌보느라 거주지에서의 자동차 충전 시기를 놓치는 때가 많은 갑은 이러한 불편함을 호소하며 B카페에 전기차 충전 시설 설치를 요청하였다. 하지만 B카페는 충전 시설을 설치하고 싶지만 비용이 문제라서 K시의 환경 친화적 자동차의 보급 및 이용 활성화를 위한 조례(이하 '조례')에 따른 지원금이라도 받아야 간신히 설치할 수 있는 상황인데, 다음 조문에서 보듯이 B카페는 그에 해당하지 않는다고 설명하였다.

환경 친화적 자동차의 보급 및 이용 활성화를 위한 조례
충전시설 설치대상(제9조)
① 주차단위구획 100개 이상을 갖춘 다음 각 호의 시설은 전기자동차 충전시설을 설치하여야 한다.
 1. 판매・운수・숙박・운동・위락・관광・휴게・문화시설
 2. 500세대 이상의 아파트, 근린생활시설, 기숙사
② 시장은 제1항의 설치대상에 대하여는 설치비용의 반액을 지원하여야 한다.
③ 시장은 제1항의 설치대상에 해당하지 않는 사업장에 대하여도 전기자동차 충전시설의 설치를 권고할 수 있다.

갑은 영유아와 같이 보호가 필요한 이들이 많이 이용하는 키즈 카페 등과 같은 사업장에도 전기차 충전 시설의 설치를 지원해 줄 수 있는 근거를 조례에 마련해 달라는 민원을 제기하였다. 갑의 민원을 검토한 K시 의회는 관련 규정의 보완이 필요하다고 인정하여, ㉠ 조례 제9조를 개정하였고, B카페는 이에 근거한 지원금을 받아 전기차 충전 시설을 설치하게 되었다.

① 제1항 제3호로 "다중이용시설(극장, 음식점, 카페, 주점 등 불특정다수인이 이용하는 시설을 말한다)"을 신설
② 제1항 제3호로 "교통약자(장애인・고령자・임산부・영유아를 동반한 사람, 어린이 등 일상생활에서 이동에 불편을 느끼는 사람을 말한다)를 위한 시설"을 신설
③ 제4항으로 "시장은 제2항에 따른 지원을 할 때 교통약자(장애인・고령자・임산부・영유아를 동반한 사람, 어린이 등 일상생활에서 이동에 불편을 느끼는 사람을 말한다)를 위한 시설을 우선적으로 지원하여야 한다."를 신설
④ 제4항으로 "시장은 제3항의 권고를 받아들이는 사업장에 대하여는 설치비용의 60퍼센트를 지원하여야 한다."를 신설
⑤ 제4항으로 "시장은 전기자동차 충전시설의 의무 설치대상으로서 조기 설치를 희망하는 사업장에는 설치비용의 전액을 지원할 수 있다."를 신설

04 다음 글의 실험 결과에 대한 판단으로 적절한 것을 〈보기〉에서 모두 고르면?

박쥐 X가 잡아먹을 수컷 개구리의 위치를 찾기 위해 사용하는 방법에는 두 가지가 있다. 하나는 수컷 개구리의 울음소리를 듣고 위치를 찾아내는 '음탐지' 방법이다. 다른 하나는 X가 초음파를 사용하여 울음소리를 낼 때 커졌다 작아졌다 하는 울음주머니의 움직임을 포착하여 위치를 찾아내는 '초음파탐지' 방법이다. 울음주머니의 움직임이 없으면 이 방법으로 수컷 개구리의 위치를 찾을 수 없다.

〈실험〉

한 과학자가 수컷 개구리를 모방한 두 종류의 로봇개구리를 제작했다. 로봇개구리 A는 수컷 개구리의 울음소리를 내고, 커졌다 작아졌다 하는 울음주머니도 가지고 있다. 로봇개구리 B는 수컷 개구리의 울음소리만 내고, 커졌다 작아졌다 하는 울음주머니는 없다. 같은 수의 A 또는 B를 크기는 같지만 서로 다른 환경의 세 방 안에 같은 위치에 두었다. 세 방의 환경은 다음과 같다.

- 방 1 : 로봇개구리 소리만 들리는 환경
- 방 2 : 로봇개구리 소리뿐만 아니라, 로봇개구리가 있는 곳과 다른 위치에서 로봇개구리 소리와 같은 소리가 추가로 들리는 환경
- 방 3 : 로봇개구리 소리뿐만 아니라, 로봇개구리가 있는 곳과 다른 위치에서 로봇개구리 소리와 전혀 다른 소리가 추가로 들리는 환경

각 방에 같은 수의 X를 넣고 실제로 로봇개구리를 잡아먹기 위해 공격하는 데 걸리는 평균 시간을 측정했다. X가 로봇개구리의 위치를 빨리 알아낼수록 공격하는 데 걸리는 시간은 짧다.

〈실험 결과〉

- 방 1 : A를 넣은 경우는 3.4초였고 B를 넣은 경우는 3.3초로 둘 사이에 유의미한 차이는 없었다.
- 방 2 : A를 넣은 경우는 8.2초였고 B를 넣은 경우는 공격하지 않았다.
- 방 3 : A를 넣은 경우는 3.4초였고 B를 넣은 경우는 3.3초로 둘 사이에 유의미한 차이는 없었다.

〈보기〉

ㄱ. 방 1과 2의 실험 결과는 X가 음탐지 방법이 방해를 받는 환경에서는 초음파탐지 방법을 사용한다는 가설을 강화한다.
ㄴ. 방 2와 3의 실험 결과는 X가 소리의 종류를 구별할 수 있다는 가설을 강화한다.
ㄷ. 방 1과 3의 실험 결과는 수컷 개구리의 울음소리와 전혀 다른 소리가 들리는 환경에서는 X가 초음파탐지 방법을 사용한다는 가설을 강화한다.

① ㄱ
② ㄷ
③ ㄱ, ㄴ
④ ㄴ, ㄷ
⑤ ㄱ, ㄴ, ㄷ

05 다음 글을 읽고 추론할 수 있는 것은?

나균은 1,600개의 제 기능을 하는 정상 유전자와 1,100개의 제 기능을 하지 못하는 화석화된 유전자를 가지고 있다. 이에 반해 분류학적으로 나균과 가까운 종인 결핵균은 4,000개의 정상 유전자와 단 6개의 화석화된 유전자를 가지고 있다. 이는 화석화된 유전자의 비율이 결핵균보다 나균에서 매우 높다는 것을 보여준다. 왜 이런 차이가 날까?

결핵균과 달리 나균은 오로지 숙주세포 안에서만 살 수 있기 때문에 수많은 대사과정을 숙주에 의존한다. 숙주세포의 유전자들이 나균의 유전자가 수행해야 하는 온갖 일을 도맡아 해주다 보니, 나균이 가지고 있던 많은 유전자의 기능이 필요 없게 되었다. 이에 따라 세포 내에 기생하는 기생충과 병균처럼 나균에서도 유전자 기능의 대량 상실이 일어나게 되었다.

유전자의 화석화는 후손의 진화 방향에 중요한 영향을 미친다. 기능을 상실하기 시작한 유전자는 복합적인 결함을 일으키기 때문에, 한번 잃은 기능은 돌이킬 수 없게 된다. 즉, 유전자 기능의 상실은 일방통행이다. 유전자의 화석화와 기능 상실은 특정 계통의 진화 방향에 제약을 가하는 것이다. 이는 아주 오랜 시간이 흘러 새로운 환경에 적응하기 위해 화석화된 유전자의 기능이 필요하다고 하더라도 이 유전자의 기능을 잃어버린 종은 그 기능을 다시 회복할 수 없다는 것을 의미한다.

① 결핵균은 과거에 숙주세포 없이는 살 수 없었을 것이다.
② 현재의 나균과 달리 기생충에서는 유전자의 화석화가 일어나지 않았을 것이다.
③ 숙주세포 유전자의 화석화는 나균 유전자의 소멸과 밀접한 관련이 있을 것이다.
④ 어떤 균의 화석화된 유전자는 이 균이 새로운 환경에 적응하는 데 기능할 것이다.
⑤ 화석화된 나균 유전자의 대부분은 나균이 숙주세포에 의존하는 대사과정과 관련된 유전자일 것이다.

06 다음 글의 내용이 참일 때, 반드시 참인 것을 〈보기〉에서 모두 고르면?

인접한 지방자치단체인 ○○군을 △△시에 통합하는 안건은 △△시의 5개 구인 A, B, C, D, E 중 3개 구 이상의 찬성으로 승인된다. 안건에 대한 입장은 찬성하거나 찬성하지 않거나 둘 중 하나이다. 각 구의 입장은 다음과 같다.

• A가 찬성한다면 B와 C도 찬성한다.
• C는 찬성하지 않는다.
• D가 찬성한다면 A와 E 중 한 개 이상의 구는 찬성한다.

〈보기〉

ㄱ. B가 찬성하지 않는다면, 안건은 승인되지 않는다.
ㄴ. B가 찬성하는 경우 E도 찬성한다면, 안건은 승인된다.
ㄷ. E가 찬성하지 않는다면, D도 찬성하지 않는다.

① ㄱ
② ㄴ
③ ㄱ, ㄷ
④ ㄴ, ㄷ
⑤ ㄱ, ㄴ, ㄷ

07 다음 글의 실험 결과가 강화하는 것을 〈보기〉에서 모두 고르면?

> 한 연구진은 자극 X가 뇌에 미치는 영향을 밝히기 위한 실험을 수행하였다. 그들은 자극 X가 있는 환경에서 성장한 동물과 자극 X가 없는 환경에서 성장한 동물을 비교했을 때 뇌에 차이가 있을 것이라고 추측했다. 실험을 위해 동일한 조건의 연구용 쥐 100마리를 절반씩 나누어 각각 A와 B그룹으로 배정하였다. A그룹의 쥐는 자극 X에 노출된 반면, B그룹의 쥐는 자극 X에 노출되지 않았다. 자극 X를 제외한 다른 조건은 두 그룹에서 동일하였다. 일정 기간이 지나고 두 그룹 쥐의 뇌에 대해서 부위별로 무게 측정과 화학 분석이 이루어졌다. 그 결과 A그룹의 쥐는 B그룹의 쥐와 다른 점이 있다.
> 두 그룹에서 나타난 가장 두드러진 차이점은 전체 뇌 무게에 대한 대뇌피질의 무게 비율이었다. 대뇌피질은 경험에 반응하고 운동, 기억, 학습, 감각적 입력을 관장하는 뇌의 한 부위이다. A그룹 쥐의 대뇌피질은 B그룹 쥐의 대뇌피질보다 더 무겁고 더 치밀했지만, 뇌의 나머지 부위의 무게에는 차이가 없었다.
> 또한 B그룹의 쥐의 뇌보다 A그룹의 쥐의 뇌에서는 크기가 큰 신경세포뿐만 아니라 신경교세포도 더 많이 발견되었다. 신경교세포는 뇌의 신경세포를 성장시켜 크기를 키우는 역할을 하는 세포이다. 세포의 DNA에 대한 RNA의 비율은 세포가 성장하지 않을 때보다 세포가 성장하여 크기가 커질 때 높아진다. 두 그룹의 쥐의 뇌를 분석한 결과, DNA에 대한 RNA의 비율이 높아진 뇌 신경세포가 B그룹보다 A그룹에 더 많이 있다는 사실이 확인되었다. A그룹의 쥐의 뇌에서는 신경전달물질 α가 더 많이 분비되었는데, 신경전달물질 α의 양은 A그룹 쥐의 뇌보다 B그룹 쥐의 뇌에서 약 30% 이상 더 적은 것으로 확인되었다.

〈보기〉

ㄱ. 자극 X가 있으면 없을 때보다 신경교세포의 수와 신경전달물질 α의 분비량이 많아진다.
ㄴ. 자극 X가 있으면 없을 때보다 전체 뇌 무게에 대한 대뇌피질의 무게 비율이 높아지고 대뇌피질이 촘촘해진다.
ㄷ. 자극 X가 없으면 있을 때보다 뇌 신경세포의 크기와 수가 늘어난다.

① ㄱ
② ㄷ
③ ㄱ, ㄴ
④ ㄴ, ㄷ
⑤ ㄱ, ㄴ, ㄷ

08 다음 대화의 밑줄 친 ㉠에 따라 계획안을 수정한 내용으로 적절하지 않은 것은?

갑 : 지금부터 회의를 시작하겠습니다. 이 자리는 '보고서 작성법 특강'의 개최계획 검토를 위한 자리입니다. 특강을 성공적으로 개최하기 위해서 어떻게 해야 하는지 의견을 자유롭게 말씀해 주시기 바랍니다.

을 : 특강 참석 대상을 명확하게 정하고 그에 따라 개최 일시가 조정되었으면 좋겠습니다. 주중에 계속 근무하는 현직인 경우, 아무래도 주말에는 특강 참석률이 저조합니다. 특강을 평일에 개최하되 참석 시간을 근무시간으로 인정해 준다면 참석률이 높아질 것 같습니다.

병 : 공기업에 취업하기 위해 준비하고 있는 취업준비생들에게는 서울이 더 낫겠지만, K공기업에 재직중인 직원들에게는 광주광역시가 접근성이 더 좋습니다. 특강 참석 대상이 누구인가에 따라 장소를 조정할 필요가 있습니다.

정 : 주제가 너무 막연하게 표현되어 있습니다. 보고서의 형식이나 내용은 누구에게 보고하느냐에 따라 크게 달라집니다. 보고 대상이 명시적으로 드러날 수 있도록 주제를 더 구체적으로 표현하면 좋겠습니다.

무 : 특강과 관련된 정보가 부족합니다. 강의에 관심이 있는 사람이라면 별도 비용이 있는지, 있다면 구체적으로 금액은 어떠한지 등이 궁금할 겁니다.

갑 : 얼마 전에 비슷한 특강이 서울에서 개최되었으니 이번 특강은 K공기업에 재직중인 직원들을 대상으로 진행하도록 하겠습니다. 참고로 특강 수강 비용은 무료입니다. ㉠ 오늘 회의에서 논의된 내용을 반영하여 특강 계획을 수정하도록 하겠습니다. 감사합니다.

〈계획안〉

보고서 작성법 특강
- 주제 : 보고서 작성 기법
- 일시 : 2024. 2. 11.(토) 10:00 ~ 12:00
- 장소 : 광주광역시 K공기업 본사 5층 대회의실
- 대상 : K공기업 직원 및 공기업 취업을 꿈꾸는 누구나

① 주제를 '효율적 정보 제시를 위한 보고서 작성 기법'으로 변경한다.
② 일시를 '2024. 2. 15.(수) 10:00 ~ 12:00(특강 참여 시 근무시간으로 인정)'으로 변경한다.
③ 장소를 'K공기업 본사 6동 대회의실'로 변경한다.
④ 대상을 '보고서 작성 능력을 키우고 싶은 K공기업 직원'으로 변경한다.
⑤ 특강을 듣기 위한 별도 부담 비용이 없다고 안내하는 항목을 추가한다.

09 다음 글의 논지로 가장 적절한 것은?

> 사람들은 보통 질병이라고 하면 병균이나 바이러스를 떠올리고, 병에 걸리는 것을 개인적 요인 때문이라고 생각하곤 한다. 어떤 사람이 바이러스에 노출되었다면 그 사람이 평소에 위생 관리를 철저히 하지 않았기 때문이라고 여기는 것이다. 이는 발병 책임을 전적으로 질병에 걸린 사람에게 묻는 생각이다. 꾸준히 건강을 관리하지 않은 사람이나 비만, 허약 체질인 사람이 더 쉽게 병균에 노출된다고 생각하는 경향도 강하다. 그러나 발병한 사람들 전체를 고려하면, 성별, 계층, 직업 등의 사회적 요인에 따라 건강 상태나 질병 종류 및 그 심각성 등이 다르게 나타난다. 따라서 어떤 질병의 성격을 파악할 때 질병의 발생이 개인적 요인뿐만 아니라 계층이나 직업 등의 요인과도 관련될 수 있음을 고려해야 한다.
> 질병에 대처할 때도 사회적 요인을 고려해야 한다. 물론 어떤 사람들에게는 질병으로 인한 고통과 치료에 대한 부담이 가장 심각한 문제일 수 있다. 그러나 또 다른 사람들에게는 질병에 대한 사회적 편견과 낙인이 오히려 더 심각한 문제일 수 있다. 그들에게는 그러한 편견과 낙인이 더 큰 고통을 안겨 주기 때문이다. 질병이 나타나는 몸은 개인적 영역이면서 동시에 가족이나 직장과도 연결된 사회적인 것이다. 질병의 치료 역시 개인의 문제만으로 그치지 않고 가족과 사회의 문제로 확대되곤 한다. 나의 질병은 내 삶의 위기이자 가족의 근심거리가 되며 나아가 회사와 지역사회에도 긴장을 조성하기 때문이다. 요컨대 질병의 치료가 개인적 영역을 넘어서서 사회적 영역과 관련될 수밖에 없다는 것은 질병의 대처 과정에서 사회적 요인을 반드시 고려해야 한다는 점을 잘 보여준다.

① 병균이나 바이러스로 인한 신체적 이상 증상은 가정이나 지역사회에 위기를 야기할 수 있기에 중요한 사회적 문제이다.

② 한 사람의 몸은 개인적 영역인 동시에 사회적 영역이기에 발병의 책임을 질병에 걸린 사람에게만 묻는 것은 적절하지 않다.

③ 질병으로 인한 신체적 고통보다 질병에 대한 사회적 편견으로 인한 고통이 더 크므로 이에 대한 사회적 대책이 필요하다.

④ 질병의 성격을 파악하고 질병에 대처하기 위해서는 사회적인 측면을 고려해야 한다.

⑤ 질병의 치료를 위해서는 개인적 차원보다 사회적 차원의 노력이 더 중요하다.

10 다음 중 A, B진영의 진술 내용으로 적절하지 않은 것은?

> 우리 은하와 비교적 멀리 떨어져 있는 은하들이 모두 우리 은하로부터 점점 더 멀어지고 있다는 사실이 확인되었다. 이 사실을 두고 우주의 기원과 구조에 대해 서로 다른 견해를 가진 두 진영이 다음과 같이 논쟁하였다.
>
> A진영 : 우주는 시간적으로 무한히 오래되었다. 우주가 팽창하는 것은 사실이다. 그렇다고 우리 견해가 틀렸다고 볼 필요는 없다. 우주는 팽창하지만 전체적으로 항상성을 유지한다. 은하와 은하가 멀어질 때 그 사이에서 물질이 연속적으로 생성되어 새로운 은하들이 계속 형성되기 때문이다. 비록 우주는 약간씩 변화가 있겠지만, 우주 전체의 평균 밀도는 일정하게 유지된다. 만일 은하 사이에서 새로 생성되는 은하를 관측한다면, 우리의 가설을 입증할 수 있다. 반면 우주가 자그마한 씨앗으로부터 대폭발에 의해 생겨났다는 주장은 터무니없다. 이처럼 방대한 우주의 물질과 구조가 어떻게 그토록 작은 점에 모여 있을 수 있겠는가?
>
> B진영 : A의 주장은 터무니없다. 은하 사이에서 새로운 은하가 생겨난다면 도대체 그 물질은 어디서 온 것이라는 말인가? 은하들이 우리 은하로부터 점점 더 멀어지고 있다는 사실은 오히려 우리 견해가 옳다는 것을 입증할 뿐이다. 팽창하는 우주를 거꾸로 돌린다면 우주가 시공간적으로 한 점에서 시작되었다는 결론을 얻을 수 있다. 만일 우주 안의 모든 물질과 구조가 한 점에 있었다면 초기 우주는 현재와 크게 달랐을 것이다. 대폭발 이후 우주의 물질들은 계속 멀어지고 있으며 우주의 밀도는 계속 낮아지고 있다. 대폭발 이후 방대한 전자기파가 방출되었는데, 만일 우리가 이를 관측한다면, 우리의 견해가 입증될 것이다.

① A에 따르면 물질의 총 질량이 보존되지 않는다.
② A에 따르면 우주는 시작이 없고, B에 따르면 우주는 시작이 있다.
③ A에 따르면 우주는 국소적인 변화는 있으나 전체적으로는 변화가 없다.
④ A와 B는 인접한 은하들 사이의 평균 거리가 커진다는 것을 받아들인다.
⑤ A와 B 모두 자신의 주장을 경험적으로 입증하기 위한 방법을 제안하고 있다.

11 다음은 자동차 변속기의 부문별 경쟁력점수를 국가별로 비교한 자료이다. 이에 대한 설명으로 옳지 않은 것을 〈보기〉에서 모두 고르면?

〈자동차 변속기 경쟁력점수의 국가별 비교〉

(단위 : 점)

부문 \ 국가	A	B	C	D	E
변속감	98	93	102	80	79
내구성	103	109	98	95	93
소음	107	96	106	97	93
경량화	106	94	105	85	95
연비	105	96	103	102	100

※ 각국의 전체 경쟁력점수는 각 부문 경쟁력점수의 총합으로 구한다.

〈보기〉

ㄱ. 전체 경쟁력점수는 E국보다 D국이 더 높다.
ㄴ. 경쟁력점수가 가장 높은 부문과 가장 낮은 부문의 차이가 가장 큰 국가는 D이고, 가장 작은 국가는 C이다.
ㄷ. C국을 제외한다면 각 부문에서 경쟁력점수가 가장 높은 국가와 가장 낮은 국가의 차이가 가장 큰 부문은 내구성이고, 가장 작은 부문은 변속감이다.
ㄹ. 내구성 부문에서 경쟁력점수가 가장 높은 국가와 경량화 부문에서 경쟁력점수가 가장 낮은 국가는 동일하다.
ㅁ. 전체 경쟁력점수는 모든 국가 중에서 A국이 가장 높다.

① ㄱ, ㄴ, ㄷ
② ㄱ, ㄷ, ㄹ
③ ㄱ, ㄷ, ㅁ
④ ㄴ, ㄹ, ㅁ
⑤ ㄷ, ㄹ, ㅁ

12 다음은 조선시대 함평 현감의 재임기간 및 출신에 대한 자료이다. 이에 대한 설명으로 옳지 않은 것은?

〈함평 현감의 재임기간별 인원〉

(단위 : 명)

재임기간	인원
1개월 미만	2
1개월 이상 3개월 미만	8
3개월 이상 6개월 미만	19
6개월 이상 1년 미만	50
1년 이상 1년 6개월 미만	30
1년 6개월 이상 2년 미만	21
2년 이상 3년 미만	22
3년 이상 4년 미만	14
4년 이상	5
합계	171

〈함평 현감의 출신별 인원〉

(단위 : 명)

구분	문과	무과	음사(陰仕)	합계
인원	84	50	37	171

① 함평 현감 중 재임기간이 1년 미만인 현감의 비율은 전체의 50% 이하이다.
② 재임기간이 6개월 이상인 함평 현감 중에는 문과 출신자가 가장 많다.
③ 함평 현감의 출신별 통계를 보면 음사 출신자는 전체의 20%를 초과한다.
④ 재임기간이 3년 미만인 함평 현감 중에는 음사 출신자가 반드시 있다.
⑤ 재임기간이 1년 6개월 미만인 함평 현감 중 적어도 24명 이상이 문과 출신이다.

13 다음은 인공지능(AI)의 동물 식별 능력을 조사한 결과이다. 이에 대한 설명으로 옳은 것을 〈보기〉에서 모두 고르면?

〈AI의 동물 식별 능력 조사 결과〉

(단위 : 마리)

실제 \ AI 식별 결과	개	여우	돼지	염소	양	고양이	합계
개	457	10	32	1	0	2	502
여우	12	600	17	3	1	2	635
돼지	22	22	350	2	0	3	399
염소	4	3	3	35	1	2	48
양	0	0	1	1	76	0	78
고양이	3	6	5	2	1	87	104
합계	498	641	408	44	79	96	1,766

〈보기〉

ㄱ. AI가 돼지로 식별한 동물 중 실제 돼지가 아닌 비율은 10% 이상이다.
ㄴ. 실제 여우 중 AI가 여우로 식별한 비율은 실제 돼지 중 AI가 돼지로 식별한 비율보다 낮다.
ㄷ. 전체 동물 중 AI가 실제와 동일하게 식별한 비율은 85% 이상이다.
ㄹ. 실제 염소를 AI가 고양이로 식별한 수보다 양으로 식별한 수가 많다.

① ㄱ, ㄴ
② ㄱ, ㄷ
③ ㄴ, ㄷ
④ ㄱ, ㄷ, ㄹ
⑤ ㄴ, ㄷ, ㄹ

14 다음 표는 K회사 구내식당의 월별 이용자 수 및 매출액에 대한 자료이고, 보고서는 K회사 구내식당 가격인상에 대한 내부검토 자료이다. '2025년 1월의 이용자 수 예측'에 대한 그래프로 옳은 것은?

〈2024년 K회사 구내식당의 월별 이용자 수 및 매출액〉

(단위 : 명, 천 원)

구분	특선식		일반식		총매출액
	이용자 수	매출액	이용자 수	매출액	
7월	901	5,406	1,292	5,168	10,574
8월	885	5,310	1,324	5,296	10,606
9월	914	5,484	1,284	5,136	10,620
10월	979	5,874	1,244	4,976	10,850
11월	974	5,844	1,196	4,784	10,628
12월	952	5,712	1,210	4,840	10,552

※ 총매출액은 특선식 매출액과 일반식 매출액의 합이다.

〈보고서〉

2024년 12월 현재 회사 구내식당은 특선식(6,000원)과 일반식(4,000원)의 두 가지 메뉴를 판매하고 있다. 2024년 11월부터 구내식당 총매출액이 감소하고 있어 지난 2년 동안 동결되었던 특선식과 일반식 중 한 가지 메뉴의 가격을 2025년 1월부터 1,000원 인상할지를 검토하였다.
메뉴 가격에 변동이 없을 경우, 일반식 이용자와 특선식 이용자의 수가 모두 2024년 12월에 비해 감소하여 2025년 1월의 총매출액은 2024년 12월보다 감소할 것으로 예측된다.
특선식 가격만을 1,000원 인상하여 7,000원으로 할 경우, 특선식 이용자 수는 2024년 7월 이후 최저치 이하로 감소하지만, 가격 인상의 영향 등으로 총매출액은 2024년 10월 이상으로 증가할 것으로 예측된다.
일반식 가격만을 1,000원 인상하여 5,000원으로 할 경우, 일반식 이용자 수는 2024년 12월 대비 10% 이상 감소하며, 특선식 이용자 수는 2024년 10월보다 증가하지는 않으리라 예측된다.

①
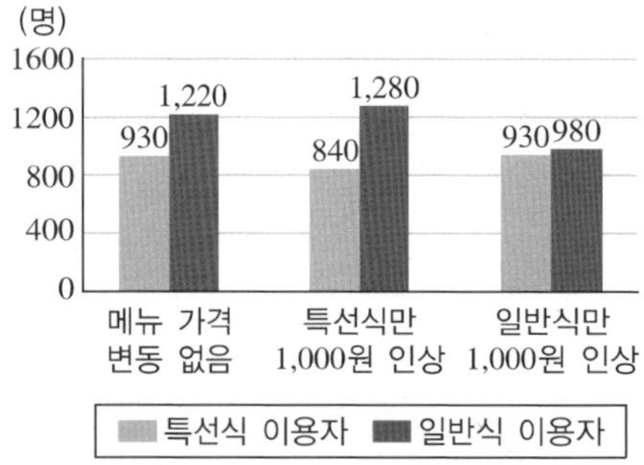

②
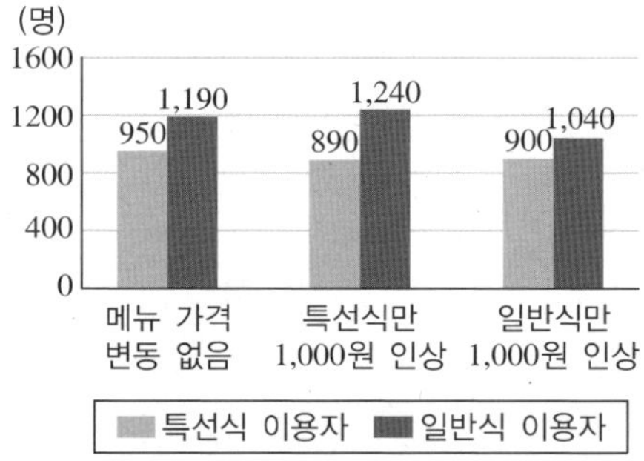

③ 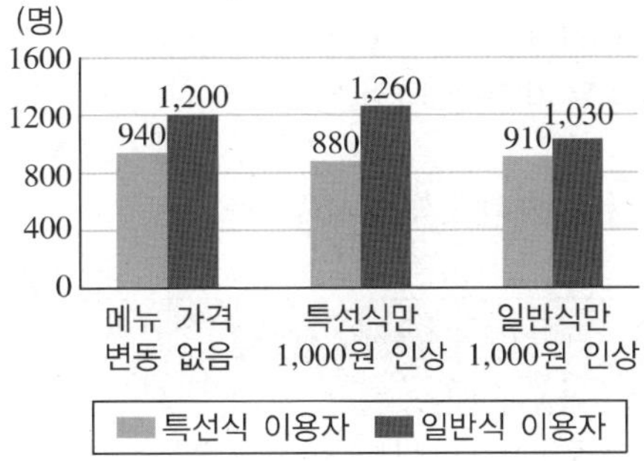

④ 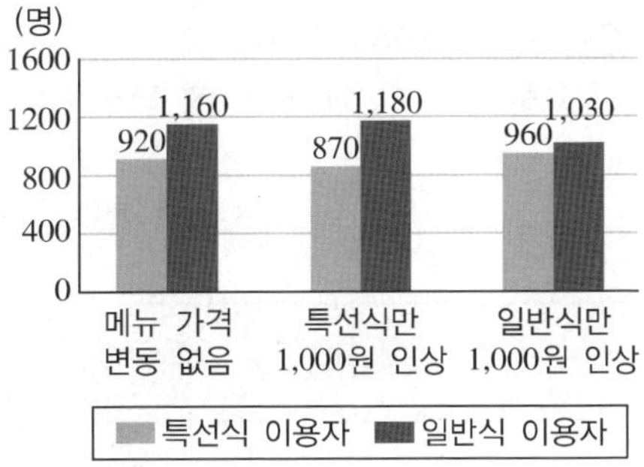

⑤ 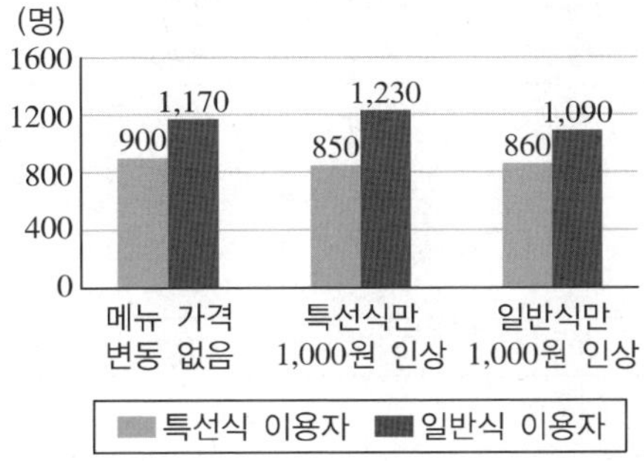

15 다음 〈조건〉을 통해 유추할 수 있는 乙의 나이로 가능한 것은?

〈조건〉

- 甲과 乙은 부부이다. a는 甲의 동생, b, c는 아들과 딸이다.
- 甲은 乙과 동갑이거나 나이가 많다.
- a, b, c 나이의 곱은 2,450이다.
- a, b, c 나이의 합은 46이다.
- a는 19 ~ 34세이다.
- 甲과 乙의 나이 합은 아들과 딸의 나이 합의 4배이다.

① 46세 ② 45세
③ 44세 ④ 43세
⑤ 42세

16 다음은 윗사람과의 커뮤니케이션 상황에 따른 커뮤니케이션 매체 선택에 대한 설문조사 결과이다. 〈조건〉을 참고하여 A, C, D, F, x에 해당하는 내용을 순서대로 바르게 나열한 것은?

〈커뮤니케이션 상황에 따른 커뮤니케이션 매체 선택〉

(단위 : %, 명)

구분			커뮤니케이션 매체				응답자 수
			A	B	C	기타	
커뮤니케이션 상황	D	1차 선택	4.1	42.1	47.2	6.6	1,011
		2차 선택	14.6	52.0	24.0	9.4	821
	E	1차 선택	3.0	41.2	49.4	6.4	1,011
		2차 선택	17.5	49.0	23.2	10.3	811
	F	1차 선택	4.4	79.6	11.9	4.1	1,011
		2차 선택	42.8	20.7	21.8	14.7	647
	명절인사	1차 선택	4.5	x	y	3.2	1,011
		2차 선택	14.7	39.8	24.3	21.2	815

※ 커뮤니케이션 매체(A, B, C)의 종류 : 전화, 문자메시지, 면 대 면

※ 커뮤니케이션 상황(D, E, F)의 종류 : 부탁, 사과, 약속변경

〈조건〉

- 1차 선택에 따르면 부탁할 때 전화나 문자메시지보다 면 대 면을 더 많이 이용한다.
- 약속변경을 할 때 1차 선택에서는 전화를, 2차 선택에서는 문자메시지를 가장 많이 이용한다.
- 명절인사를 할 때 B를 1차 선택한 사람은 461명이다.
- 1차 선택에 따르면 사과할 때 문자메시지의 사용비율은 모든 매체와 상황의 조합 중에서 가장 낮다.

	A	C	D	F	x
①	면 대 면	문자메시지	약속변경	사과	44.2
②	문자메시지	면 대 면	부탁	약속변경	45.6
③	전화	문자메시지	사과	약속변경	45.6
④	전화	면 대 면	부탁	사과	45.6
⑤	문자메시지	면 대 면	약속변경	부탁	44.2

17 다음은 세 지역에서 평상시와 황사 발생 시의 미생물 밀도를 미생물 종류별로 조사한 자료이다. 이에 대한 설명으로 옳은 것을 〈보기〉에서 모두 고르면?

〈평상시와 황사 발생 시의 미생물 밀도〉

구분		미생물 밀도(개체/mm^3)	
		평상시	황사 발생 시
A지역	미생물 X	270	1,800
	미생물 Y	187	2,720
	미생물 Z	153	2,120
B지역	미생물 X	40	863
	미생물 Y	45	1,188
	미생물 Z	38	1,060
C지역	미생물 X	98	1,340
	미생물 Y	86	1,620
	미생물 Z	77	1,510

〈보기〉

ㄱ. 미생물 종류에 관계없이 평상시 미생물 밀도가 가장 낮은 지역이 황사 발생 시에도 미생물 밀도가 가장 낮다.

ㄴ. 지역에 관계없이 미생물 X는 다른 미생물에 비해 평상시와 황사 발생 시 밀도 차이가 가장 크다.

ㄷ. 황사 발생 시 미생물 Y의 밀도를 평상시와 비교해 볼 때, 증가율이 가장 큰 곳은 B지역이다.

ㄹ. 황사 발생 시에는 지역과 미생물의 종류에 관계없이 평상시보다 미생물 밀도가 높다.

① ㄱ, ㄴ　　② ㄱ, ㄷ

③ ㄷ, ㄹ　　④ ㄱ, ㄴ, ㄹ

⑤ ㄱ, ㄷ, ㄹ

18 다음은 18세기 후반 도(道)와 군(郡)의 리(里) 평균호(戶)수에 대한 자료이다. 이에 대한 설명으로 옳은 것은?

〈18세기 후반 4개 도의 리수와 리 평균호수 현황〉

(단위 : 개, 호)

연도	구분 \ 도	A	B	C	D
1759년	리수	910	4,764	1,458	1,205
	리 평균호수	61	44	55	99
1789년	리수	955	7,477	1,549	1,411
	리 평균호수	59	29	53	89

〈1759년 도별 군의 리 평균호수 분포〉

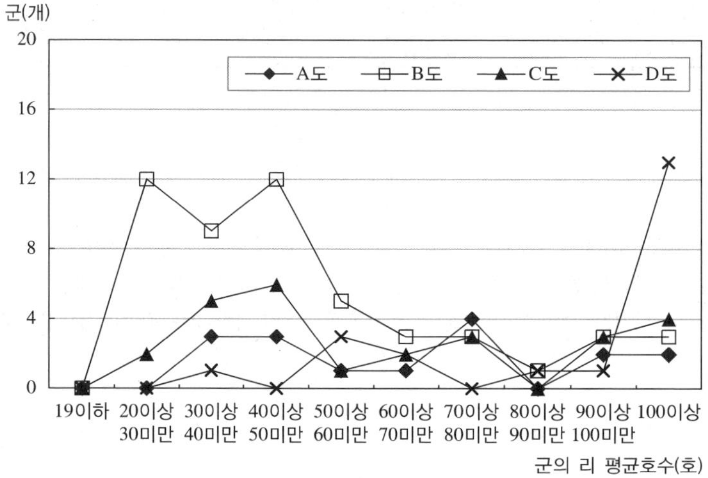

〈1789년 도별 군의 리 평균호수 분포〉

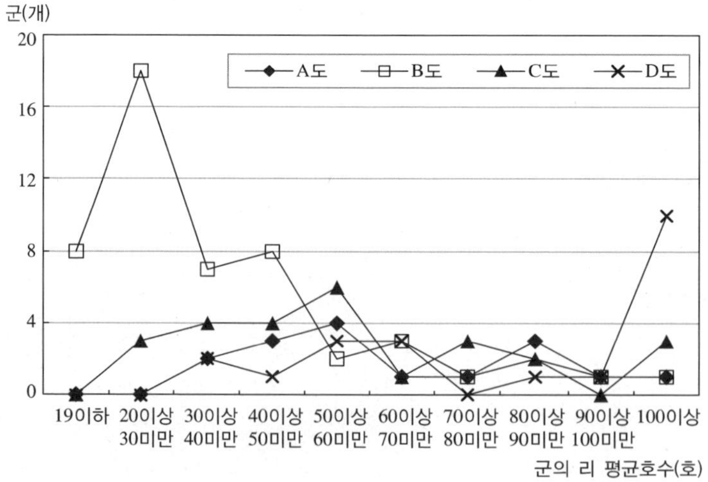

※ $[\text{도(군)의 리 평균호수}] = \dfrac{[\text{도(군)의 호수}]}{[\text{도(군)의 리수}]}$

① 1759년 대비 1789년에 도의 리 평균호수 감소율이 가장 작은 도는 D도이다.
② 1759년에 비해 1789년 A도의 호수는 증가하였다.
③ 군의 리 평균호수가 90호 이상인 군이 가장 많은 도는 1759년과 1789년 모두 B도이다.
④ 1759년 D도의 호당 인구를 4명으로 가정하면, 당시 D도의 총인구는 40만 명 미만이다.
⑤ 1789년 C도에서 군의 리 평균호수가 50호 미만인 군은 17개이다.

19 다음은 K국 국회의원선거의 당선자 수에 대한 자료이다. 이에 대한 설명으로 옳은 것을 〈보기〉에서 모두 고르면?

〈K국 국회의원선거의 당선자 수〉

(단위 : 명)

권역 \ 정당	A	B	C	D	E	합계
가	48	(　)	0	1	7	65
나	2	(　)	(　)	0	0	(　)
기타	55	98	2	1	4	160
전체	105	110	25	2	11	253

※ K국의 정당은 A～E만 존재한다.

〈보기〉

ㄱ. E정당 전체 당선자 중 가권역 당선자가 차지하는 비중은 60% 이상이다.
ㄴ. 당선자 수의 합은 가권역이 나권역의 3배 이상이다.
ㄷ. C정당 전체 당선자 중 나권역 당선자가 차지하는 비중은 A정당 전체 당선자 중 가권역 당선자가 차지하는 비중의 2배 이상이다.
ㄹ. B정당 당선자 수는 나권역이 가권역보다 많다.

① ㄱ, ㄴ　　② ㄱ, ㄷ
③ ㄴ, ㄷ　　④ ㄴ, ㄹ
⑤ ㄷ, ㄹ

20 K씨는 가방 가게를 운영하고 있다. K씨는 현재 가방 보유량에 매일 일정 수의 가방을 구입하여 60일 동안 매일 일정한 양을 판매할 예정이었다. 그런데 1일 구입량을 20% 감소시켰더니 40일 동안 판매를 할 수 있었다. 이때, K씨가 60일 동안 가방을 판매하기 위해서 1일 판매량을 몇 % 감소해야 하는가?(단, 재고량은 없는 것으로 한다)

① $\frac{100}{3}$　　② 25
③ $\frac{1}{7}$　　④ $\frac{2}{7}$
⑤ $\frac{50}{3}$

21 다음은 2024년 1월 첫 주 K편의점의 간편식 A～F의 판매량에 대한 자료이다. 〈조건〉을 토대로 간편식 B, E의 판매량을 바르게 나열한 것은?

〈간편식 A～F의 판매량〉

(단위 : 개)

간편식	A	B	C	D	E	F	평균
판매량	95	(　)	(　)	(　)	(　)	43	70

〈조건〉

• A와 C의 판매량은 같다.
• B와 D의 판매량은 같다.
• E의 판매량은 D보다 23개 적다.

	B	E
①	70	47
②	70	57
③	83	47
④	83	60
⑤	85	62

22 다음 글에 근거하여 〈보기 2〉에서 제시된 내용이 나타날 수 있는 상황을 〈보기 1〉에서 골라 바르게 연결한 것은?

> 제○○조 국회는 재적의원 4분의 1 이상의 조사 요구가 있는 때에는 특별위원회 또는 상임위원회로 하여금 국정의 특정 사안에 관하여 조사를 시행하게 한다.
> 제○○조 의장은 조사요구서가 제출되면 지체 없이 본회의에 보고하고, 교섭단체 대표의원들과 협의하여 조사위원회를 구성한다. 조사위원회의 위원은 각 교섭단체 소속 의원수의 비율에 따라 의장이 선임한다.
> 제○○조 국회가 폐회 또는 휴회 중일 때에는 조사요구서에 의하여 국회의 집회 또는 재개의 요구가 있는 것으로 본다.
> 제○○조 조사위원회는 조사계획서를 본회의에 제출하여 승인을 얻어 조사를 시행한다.
> 제○○조 본회의는 조사계획서를 검토한 다음 의결로 이를 승인하거나 반려한다.
> 제○○조 본회의에서는 재적의원 과반수의 출석과 출석의원 과반수의 찬성으로 의결한다.
> 제○○조 위원회가 감사 또는 조사와 관련된 서류제출요구를 하는 경우에는 재적위원 3분의 1 이상의 요구가 있어야 한다.

〈보기 1〉

- 상황 1 : 국회 내에서 여당, 제1야당, 제2야당이 각각 65%, 20%, 15%의 의석을 차지하고 있다.
- 상황 2 : 국회 내에서 여당, 제1야당, 제2야당이 각각 35%, 55%, 10%의 의석을 차지하고 있다.
- 상황 3 : 국회 내에서 여당, 제1야당, 제2야당이 각각 80%, 15%, 5%의 의석을 차지하고 있다.

※ 단, 국회의원들은 항상 소속정당의 당론에 따르고, 무효표와 기권은 없으며 3당이 모두 교섭단체를 구성하고 있다.

〈보기 2〉

가. 여당만 반대하는 경우 국정조사위원회가 구성될 수 없다.
나. 제1야당만 찬성하는 경우 본회의에서 조사계획서가 반려될 수 있다.
다. 여당만 반대하는 경우 조사계획서가 반려될 수 있다.
라. 여당만 반대하는 경우 국회가 폐회 중일 때에도 위원회 활동을 위하여 국회를 재개할 수 있다.
마. 제1야당의 요구만으로 조사를 위한 서류제출요구를 할 수 있다.

① 가 – 상황 1, 2
② 나 – 상황 2, 3
③ 다 – 상황 1, 2
④ 라 – 상황 1, 2
⑤ 마 – 상황 2, 3

23 다음 글을 근거로 판단할 때 옳은 것은?

제○○조

① 영화업자는 제작 또는 수입한 영화(예고편영화를 포함한다)에 대하여 그 상영 전까지 영상물등급위원회로부터 상영등급을 분류받아야 한다. 다만, 다음 각 호의 어느 하나에 해당하는 영화에 대하여는 그러하지 아니하다.

1. 대가를 받지 아니하고 청소년이 포함되지 아니한 특정인에 한하여 상영하는 단편영화
2. 영화진흥위원회가 추천하는 영화제에서 상영하는 영화

② 제1항의 규정에 의한 영화의 상영등급은 영화의 내용 및 영상 등의 표현 정도에 따라 다음 각 호와 같이 분류한다. 다만, 예고편영화는 제1호 또는 제4호로 분류하고 청소년 관람불가 예고편영화는 청소년 관람불가 영화의 상영 전후에만 상영할 수 있다.

1. 전체관람가 : 모든 연령에 해당하는 자가 관람할 수 있는 영화
2. 12세 이상 관람가 : 12세 이상의 자가 관람할 수 있는 영화
3. 15세 이상 관람가 : 15세 이상의 자가 관람할 수 있는 영화
4. 청소년 관람불가 : 청소년은 관람할 수 없는 영화

③ 누구든지 제1항 및 제2항의 규정을 위반하여 상영등급을 분류받지 아니한 영화를 상영하여서는 안 된다.

④ 누구든지 제2항 제2호 또는 제3호의 규정에 의한 상영등급에 해당하는 영화의 경우에는 해당 영화를 관람할 수 있는 연령에 도달하지 아니한 자를 입장시켜서는 안 된다. 다만, 부모 등 보호자를 동반하여 관람하는 경우에는 그러하지 아니하다.

⑤ 누구든지 제2항 제4호의 규정에 의한 상영등급에 해당하는 영화의 경우에는 청소년을 입장시켜서는 안 된다.

① 예고편영화는 12세 이상 관람가 상영등급을 받을 수 있다.
② 청소년 관람불가 영화의 경우, 청소년은 부모와 함께 영화관에 입장하여 관람할 수 있다.
③ 영화업자는 초청한 노인을 대상으로 상영등급을 분류받지 않은 단편영화를 무료로 상영할 수 있다.
④ 영화업자는 청소년 관람불가 예고편영화를 15세 이상 관람가 영화의 상영 직전에 상영할 수 있다.
⑤ 상영등급 분류를 받지 않은 영화의 경우, 영화업자는 영화진흥위원회가 추천한 △△영화제에서 상영할 수 없다.

24 다음 자료를 토대로 판단할 때 기초생활수급자로 선정할 수 없는 사람은?

가. 기초생활수급자 선정기준

- 부양의무자가 없거나 부양의무자가 있어도 부양능력이 없거나 또는 부양을 받을 수 없는 자로서 소득인정액이 최저생계비 이하인 자

※ 부양능력 있는 부양의무자가 있어도 부양을 받을 수 없는 경우란 부양의무자가 교도소 등에 수용되거나 병역법에 의해 징집·소집되어 실질적으로 부양을 할 수 없는 경우와 가족관계 단절 등을 이유로 부양을 거부하거나 기피하는 경우 등을 가리킨다.

나. 매월 소득인정액 기준

- (소득인정액)=(소득평가액)+(재산의 소득환산액)
- (소득평가액)=(실제소득)−(가구특성별 지출비용)

1) 실제소득 : 근로소득, 사업소득, 재산소득

2) 가구특성별 지출비용 : 경로연금, 장애수당, 양육비, 의료비, 중·고교생 입학금 및 수업료

다. 가구별 매월 최저생계비

(단위 : 만 원)

1인	2인	3인	4인	5인	6인
42	70	94	117	135	154

라. 부양의무자의 범위

- 수급권자의 배우자, 수급권자의 1촌의 직계혈족 및 그 배우자, 수급권자와 생계를 같이 하는 2촌 이내의 혈족

① 유치원생 아들 둘과 함께 사는 A는 재산의 소득환산액이 12만 원이고, 구멍가게에서 월 100만 원의 수입을 얻고 있으며, 양육비로 월 20만 원씩 지출하고 있다.

② 부양능력이 있는 근로소득 월 60만 원의 조카와 살고 있는 B는 실제소득 없이 재산의 소득환산액이 36만 원이며, 의료비로 월 30만 원을 지출한다.

③ 중학생이 된 두 딸을 혼자 키우고 있는 C는 재산의 소득환산액이 24만 원이며, 근로소득으로 월 80만 원이 있지만, 두 딸의 수업료로 각각 월 11만 원씩 지출하고 있다.

④ 외아들을 잃은 D는 어린 손자 두 명과 부양능력이 있는 며느리와 함께 살고 있다. D는 근로소득이 월 80만 원, 재산의 소득환산액이 48만 원이며, 의료비로 월 15만 원을 지출하고 있다.

⑤ 군대 간 아들 둘과 함께 사는 고등학생 딸을 둔 E는 재산의 소득환산액이 36만 원이며, 월 평균 60만 원의 근로소득을 얻고 있지만, 딸의 수업료로 월 30만 원을 지출하고 있다.

25 다음 글과 상황을 근거로 판단할 때, 〈보기〉에서 옳은 것을 모두 고르면?

• 지방자치단체는 공립 박물관·미술관을 설립하려는 경우 ㅁㅁ부로부터 설립타당성에 관한 사전평가(이하 사전평가)를 받아야 한다.
• 사전평가는 연 2회(상반기, 하반기) 진행한다.
  – 신청기한 : 1월 31일(상반기), 7월 31일(하반기)
  – 평가기간 : 2월 1일 ~ 4월 30일(상반기)
    8월 1일 ~ 10월 31일(하반기)
• 사전평가 결과는 '적정' 또는 '부적정'으로 판정한다.
• 지방자치단체가 동일한 공립 박물관·미술관 설립에 대해 3회 연속으로 사전평가를 신청하여 모두 '부적정'으로 판정받았다면, 그 박물관·미술관 설립에 대해서는 향후 1년간 사전평가 신청이 불가능하다.
• 사전평가 결과 '적정'으로 판정되는 경우, 지방자치단체는 부지매입비를 제외한 건립비의 최대 40%를 국비로 지원받을 수 있다.

〈상황〉

다음은 지방자치단체 A ~ C가 설립하려는 공립 박물관·미술관과 건립비를 나타낸 자료이다.

지방자치단체	설립 예정 공립 박물관·미술관	건립비(원)	
		부지매입비	건물건축비
A	갑미술관	30억	70억
B	을박물관	40억	40억
C	병박물관	10억	80억

〈보기〉

ㄱ. 갑미술관을 국비 지원 없이 설립하기로 했다면, A는 사전평가를 거치지 않고도 갑미술관을 설립할 수 있다.
ㄴ. 을박물관이 사전평가에서 '적정'으로 판정될 경우, B는 최대 32억 원까지 국비를 지원받을 수 있다.
ㄷ. 병박물관이 2023년 하반기, 2024년 상반기, 2024년 하반기 사전평가에서 모두 '부적정'으로 판정된 경우, C는 병박물관에 대한 2025년 상반기 사전평가를 신청할 수 없다.

① ㄱ
② ㄷ
③ ㄱ, ㄴ
④ ㄴ, ㄷ
⑤ ㄱ, ㄴ, ㄷ

26 뇌물수수 혐의자 A ~ D에 대한 다음 〈조건〉 중 하나만 참일 때, 이들 가운데 뇌물을 받은 사람의 수는?

〈조건〉

- A가 뇌물을 받았다면, B는 뇌물을 받지 않았다.
- A와 C와 D 중 적어도 한 명은 뇌물을 받았다.
- B와 C 중 적어도 한 명은 뇌물을 받지 않았다.
- B와 C 중 한 명이라도 뇌물을 받았다면, D도 뇌물을 받았다.

① 없음
② 1명
③ 2명
④ 3명
⑤ 4명

27 다음 글을 근거로 판단할 때, 올바른 우편번호의 첫자리와 끝자리 숫자의 합은?

다섯 자리 자연수로 된 우편번호가 있다. 갑과 을은 실수로 '올바른 우편번호'에 숫자 2를 하나 추가하여 여섯 자리로 표기하였다. 갑은 올바른 우편번호의 끝자리 뒤에 2를 추가하였고, 을은 올바른 우편번호의 첫자리 앞에 2를 추가하였다. 그 결과 갑이 잘못 표기한 우편번호 여섯 자리 수는 을이 잘못 표기한 우편번호 여섯 자리 수의 3배가 되었다.

올바른 우편번호와 갑과 을이 잘못 표기한 우편번호는 다음과 같다.

- 올바른 우편번호 : □□□□□
- 갑이 잘못 표기한 우편번호 : □□□□□2
- 을이 잘못 표기한 우편번호 : 2□□□□□

① 11
② 12
③ 13
④ 14
⑤ 15

※ 다음 글을 읽고 이어지는 질문에 답하시오. [28~29]

독립운동가 김우전 선생은 일제강점기 광복군으로 활약한 인물로, 광복군의 무전통신을 위한 한글 암호를 만든 것으로 유명하다. 1922년 평안북도 정주 태생인 선생은 일본에서 대학에 다니던 중 재일학생 민족운동 비밀결사단체인 '조선민족 고유문화유지계몽단'에 가입했다. 1944년 1월 일본군에 징병돼 중국으로 파병됐지만 같은 해 5월 말 부대를 탈출해 광복군에 들어갔다.
1945년 3월 미 육군 전략정보처는 일본이 머지않아 패망할 것으로 보아 한반도 진공작전을 계획하고 중국에서 광복군과 함께 특수훈련을 하고 있었다. 이 시기에 선생은 한글 암호인 W-K(우전킴) 암호를 만들었다. W-K 암호는 한글의 자음과 모음, 받침을 구분하여 만들어진 암호체계이다. 자음과 모음을 각각 두 자리 숫자로, 받침은 자음을 나타내는 두 자리 숫자의 앞에 '00'을 붙여 네 자리로 표시한다.
W-K 암호체계에서 자음은 '11 ~ 29'에, 모음은 '30 ~ 50'에 순서대로 대응된다. 받침은 자음 중 ㄱ ~ ㅎ을 이용하여 '0011'부터 '0024'에 순서대로 대응된다. 예를 들어 '김'은 W-K 암호로 변환하면 'ㄱ'은 11, 'ㅣ'는 39, 받침 'ㅁ'은 0015이므로 '11390015'가 된다. 같은 방식으로 '1334001114390016'은 '독립'으로, '1340243000121334001114390016153000121742'는 '대한독립만세'로 해독된다. 모든 숫자를 붙여 쓰기 때문에 상당히 길지만 네 자리씩 끊어 읽으면 된다.
하지만 어렵사리 만든 W-K 암호는 결국 쓰이지 못했다. 작전 준비가 한창이던 1945년 8월 일본이 갑자기 항복했기 때문이다. 이 암호에 대한 기록은 비밀에 부쳐져 미국 국가기록원에 소장되었다가 1988년 비밀이 해제되어 세상에 알려졌다.

※ W-K 암호체계에서 자음의 순서는 ㄱ, ㄴ, ㄷ, ㄹ, ㅁ, ㅂ, ㅅ, ㅇ, ㅈ, ㅊ, ㅋ, ㅌ, ㅍ, ㅎ, ㄲ, ㄸ, ㅃ, ㅆ, ㅉ이고, 모음의 순서는 ㅏ, ㅑ, ㅓ, ㅕ, ㅗ, ㅛ, ㅜ, ㅠ, ㅡ, ㅣ, ㅐ, ㅒ, ㅔ, ㅖ, ㅘ, ㅙ, ㅚ, ㅝ, ㅞ, ㅟ, ㅢ이다.

28 다음 중 윗글을 근거로 판단할 때 〈보기〉에서 적절한 것을 모두 고르면?

〈보기〉

ㄱ. 김우전 선생은 일본군에 징병되었을 때 무전통신을 위해 W-K 암호를 만들었다.
ㄴ. W-K 암호체계에서 한글 단어를 변환한 암호문의 자릿수는 4의 배수이다.
ㄷ. W-K 암호체계에서 '183000152400'은 한글 단어로 해독할 수 없다.
ㄹ. W-K 암호체계에서 한글 '궤'는 '11363239'로 변환된다.

① ㄱ, ㄴ
② ㄴ, ㄷ
③ ㄷ, ㄹ
④ ㄱ, ㄴ, ㄹ
⑤ ㄱ, ㄷ, ㄹ

29 다음 중 윗글과 〈조건〉을 근거로 판단할 때, '3 · 1운동!'을 바르게 변환한 것은?

〈조건〉

숫자와 기호를 표현하기 위하여 W-K 암호체계에 다음의 규칙이 추가되었다.

- 1 ~ 9의 숫자는 차례대로 '51 ~ 59', 0은 '60'으로 변환하고, 끝에 '00'을 붙여 네 자리로 표시한다.
- 온점(.)은 '70', 가운뎃점(·)은 '80', 느낌표(!)는 '66', 물음표(?)는 '77'로 변환하고, 끝에 '00'을 붙여 네 자리로 표시한다.

① 53008000510018360012133400186600
② 53008000510018360012133500186600
③ 53007000510018360012133400187700
④ 537000511836001213340017660
⑤ 538000511836001213350017770

30 다음 글을 근거로 판단할 때 옳지 않은 것은?

제○○조

① 정보공개심의회(이하 '심의회'라 한다)는 다음 각 호의 구분에 따라 10인 이내의 위원으로 구성한다.
  1. 내부 위원 : 위원장 1인(○○실장)과 각 부서의 정보공개담당관 중 지명된 3인
  2. 외부 위원 : 관련분야 전문가 중에서 총 위원수의 3분의 1 이상 위촉
② 위원은 특정 성별이 다른 성별의 2분의 1 이하가 되지 않도록 한다.
③ 위원장을 비롯한 내부 위원의 임기는 그 직위에 재직하는 기간으로 하며, 외부 위원의 임기는 2년으로 하되 2회에 한하여 연임할 수 있다.
④ 심의회는 위원장이 소집하고, 회의는 위원장을 포함한 재적위원 3분의 2 이상의 출석으로 개의하고 출석위원 3분의 2 이상의 찬성으로 의결한다.
⑤ 위원은 부득이한 이유로 참석할 수 없는 경우에는 서면으로 의견을 제출할 수 있다. 이 경우 해당 위원은 심의회에 출석한 것으로 본다.

① 외부 위원의 최대 임기는 6년이다.
② 정보공개심의회는 최소 6명의 위원으로 구성된다.
③ 정보공개심의회 내부 위원이 모두 여성일 경우, 정보공개심의회는 7명의 위원으로 구성될 수 있다.
④ 정보공개심의회가 8명의 위원으로 구성되면, 위원 3명의 찬성으로 의결되는 경우가 있다.
⑤ 위원장을 포함한 위원 5명이 직접 출석하여 이들 모두 안건에 찬성하고, 위원 2명이 부득이한 이유로 서면으로 의견을 제출한 경우, 제출된 서면 의견에 상관없이 해당 안건은 찬성으로 의결된다.

코레일 한국철도공사 신입사원 필기시험

제8회 고난도 모의고사

모바일 OMR

문항 수 : 30문항
응시시간 : 30분

정답 및 해설 p.39

01 다음 글의 중심 내용으로 가장 적절한 것은?

화이트(H. White)는 19세기의 역사 관련 저작들에서 역사가 어떤 방식으로 서술되어 있는지를 연구했다. 그는 특히 '이야기식 서술'에 주목했는데, 이것은 역사적 사건의 경과과정이 의미를 지닐 수 있도록 서술하는 양식이다. 그는 역사적 서술의 타당성이 문학적 장르 내지는 예술적인 문체에 의해 결정된다고 보았다. 이러한 주장에 따르면 역사적 서술의 타당성은 결코 논증에 의해 결정되지 않는다. 왜냐하면 논증은 지나간 사태에 대한 모사로서의 역사적 진술의 '옳고 그름'을 사태 자체에 놓여 있는 기준에 의거해서 따지기 때문이다. 이야기식 서술을 통해 사건들은 서로 관련되면서 무정형적 역사의 흐름으로부터 벗어난다. 이를 통해 역사의 흐름은 발단 – 중간 – 결말로 인위적으로 구분되어 인식 가능한 전개과정의 형태로 제시된다. 문학 이론적으로 이야기하자면, 사건 경과에 부여되는 질서는 '구성(Plot)'이며, 이야기식 서술을 만드는 방식은 '구성화(Emplotment)'이다. 이러한 방식을 통해 사건은 원래 가지고 있지 않던 발단 – 중간 – 결말이라는 성격을 부여받는다. 또 사건들은 일종의 전형에 따라 정돈되는데, 이러한 전형은 역사가의 문화적인 환경에 의해 미리 규정되어 있거나 경우에 따라서는 로맨스·희극·비극·풍자극과 같은 문학적 양식에 기초하고 있다. 따라서 이야기식 서술은 역사적 사건의 경과 과정에 특정한 문학적 형식을 부여할 뿐만 아니라 의미도 함께 부여한다. 우리는 이야기식 서술을 통해서야 비로소 이러한 역사적 사건의 경과 과정을 인식할 수 있게 된다는 말이다. 사건들 사이에서 만들어지는 관계는 사건들 자체에 내재하는 것이 아니다. 그것은 사건에 대해 사고하는 역사가의 머릿속에만 존재한다.

① 역사의 의미는 절대적인 것이 아니라 현재 시점에서 새롭게 규정되는 것이다.
② 역사가가 속한 문화적인 환경은 역사와 문학의 기술 내용과 방식을 규정한다.
③ 이야기식 역사 서술이란 사건들 사이에 내재하는 인과적 연관을 찾아내는 작업이다.
④ 이야기식 역사 서술은 문학적 서술 방식을 원용하여 역사적 사건의 경과 과정에 의미를 부여한다.
⑤ 역사적 사건에서 객관적으로 드러나는 발단에서 결말까지의 일정한 과정을 서술하는 일이 역사가의 임무이다.

02 다음 글의 내용으로 적절하지 않은 것은?

> 생성예술은 사이버네틱스와 시스템이론을 이용한 현대예술 형식이다. 생성예술은 본질적으로 '작품'이란 완성된 최종적 결과물이어야 한다는 전통적 예술 관념에 저항한다. 생성예술에서 작가는 생물 발생과 진화의 생성 시스템에 내재된 창발(創發), 진화, 자기 조직화의 개념을 창작에 직・간접적으로 반영한다. 생성예술은 인공적이거나 자연적인 시스템을 사용한다. 때문에 생성예술의 작가는 직접 작품을 완성하는 것보다 과정으로서의 작품을 창작하기 위한 시스템의 설계에 더 큰 관심을 둔다. 일단 작가가 생성 시스템을 설계하면, 그 시스템의 작동에 따라 작품은 스스로 만들어진다. 생성예술에서는 작품이 자동적으로 만들어져 가는 과정 자체가 창작활동의 핵심적 요소이다. 생성예술의 작가는 작품이 창작되는 전 과정을 모두 예상하기는 힘들며, 생성예술 작품은 작가의 성향이나 의도가 아닌 창작과정에 주어지는 조건으로부터 많은 영향을 받는다. 생성예술에서 작품이 만들어지는 과정은 작가가 설계한 생성 시스템에서 시작되지만, 그것이 작동하면 스스로 작품요소가 선택되고, 선택된 작품요소들이 혼성・개선되면서 창발적으로 새로운 작품요소를 만들어낸다. 이런 과정은 흡사 생명체가 발생하고 진화하는 과정과 유사하다. 생성예술은 예상치 못하게 끊임없이 변하는 과정을 통해 예술작품을 만들어간다. 이러한 과정 자체는 무작위적인 우연의 연속이다. 이처럼 창작과정에서 무작위적 우연이 배제될 수 없기 때문에 생성예술에서 작가 개인의 미학적 의도를 해석해 낼 수 없다.

① 생성예술에서는 무작위적 우연이 개입되어 작품을 만들어간다.
② 생성예술에서는 완성된 최종 결과물이 곧 작가의 창작의도이다.
③ 생성예술에서는 작품의 완성보다 작품이 만들어지는 과정이 창작활동의 핵심으로 이해된다.
④ 생성예술에서 작품요소가 선택되고 혼성・개선되는 과정 중간에 작가는 직접 개입하지 않는다.
⑤ 생성예술에서 작가가 시스템을 설계하면, 그 시스템은 생명체가 발생하고 진화하는 것처럼 스스로 작품을 조직해 나간다.

03 다음 글의 내용으로 가장 적절한 것은?

> 나는 이 책의 제목을 『과학기술의 허세(The Technological Bluff)』라고 정했다. 이 제목에 대해 대부분의 사람들은 가차 없이 부정적인 평가를 내릴 것이다. 과학기술은 허세가 허용되지 않는 영역이라는 생각이 일반적이기 때문이다. 과학기술에서는 모든 것이 분명하다. 할 수 있거나 할 수 없거나 둘 중 하나인 것이다. 또 지금까지 과학기술은 약속을 지켜왔다. 사람들이 달 위를 걸을 수 있을 것이란 말이 나온 후 얼마 안 되어 그대로 되었다. 인공심장을 달 수 있게 될 것이라 하더니, 결국 인공심장이 이식되어 작동하고 있다. 도대체 뭐가 허세란 말인가?
>
> 이러한 혼란은 'Technology'란 말이 '기술'이란 뜻으로 쓰이기도 하지만 '기술에 대한 담론'이라는 뜻으로 쓰일 수도 있기 때문에 생기는 것이다. 내가 말하려는 것은 정확히 말해 과학기술의 허세가 아니라 과학기술 담론의 허세이다. 나는 과학기술이 약속한 것을 이룩하지 못한다거나 과학기술자들이 허풍쟁이라는 것을 보이려는 것이 아니다. 이 책에서 다루는 것은 과학기술담론의 허세, 즉 우리를 둘러싸고 있는 과학기술에 대한 담론들의 엄청난 허세, 과학기술에 대해서라면 무엇이든 믿게 만들고 나아가 우리의 과학기술에 대한 태도를 완전히 바꾸어 놓는 그런 허세이다. 정치인들의 허세, 미디어의 허세, 과학기술 활동은 하지 않고 그것에 대해서 말만 하는 과학기술자들의 허세, 광고의 허세, 경제 모델들의 허세가 이에 해당한다.
>
> 이 허세의 핵심은 모든 것을 과학기술 발전의 차원으로 이해하고 재구성하는 것이다. 과학기술 발전은 너무나 다양한 가능성을 제시하기 때문에 다른 것을 생각할 겨를이 없다. 과학기술에 대한 담론에서의 허세는 과학기술에 대한 정당화가 아니라 그것의 엄청난 힘을 맹신하여 보편적 적용 가능성과 무오류성을 과시하는 것이다.
>
> 내가 허세라고 부르는 이유는 세 가지로 정리된다. 첫째, 비용이나 위험에 대한 고려 없이 너무나 많은 성공과 업적을 과학기술의 덕으로 돌리기 때문이다. 둘째, 집단적인 문제가 되었건 개인적인 문제가 되었건 과학기술을 모든 문제에 대한 유일한 해결책으로 여기기 때문이다. 셋째, 모든 사회에서 과학기술을 진보와 발전의 유일한 토대로 인식하기 때문이다.

① 과학기술 분야에서는 할 수 있는 것과 할 수 없는 것의 구별이 분명하지 않다.
② 대부분의 사람들은 과학기술에 허세가 개입될 여지가 많이 있다고 생각한다.
③ 'Technology'란 말이 '기술'이란 뜻으로 쓰일 때에 과학기술의 허세가 나타난다.
④ 과학기술에 대한 담론에서는 과학기술의 보편적 적용 가능성을 주장하지 않는다.
⑤ 과학기술을 개인이나 집단의 문제에 대한 해결책의 하나로 보는 것은 허세가 아니다.

04 다음 글의 내용을 가장 잘 요약한 것은?

> 유럽연합(EU)의 기원은 1951년 독일, 프랑스, 이탈리아 및 베네룩스 3국이 창설한 유럽석탄철강공동체(ECSC)이다. ECSC는 당시 가장 중요한 자원의 하나였던 석탄과 철강이 국제 분쟁의 주요 요인이 되면서 자유로운 교류의 필요성이 대두됨에 따라 관련 국가들이 체결한 관세동맹이었다. 이 관세동맹을 통해 다른 산업분야에서도 상호의존이 심화되었으며, 그에 따라 1958년에 원자력 교류 동맹체인 유럽원자력공동체(EURATOM)와 여러 산업 부문들을 포괄하는 유럽경제공동체(EEC)가 설립되었다. 그 후 1967년에는 이 세 공동체가 통합하여 공동시장을 목표로 하는 유럽공동체(EC)로 발전하였다. 이어 1980년대에 경제위기로 인한 경색이 나타나기도 했으나, 1991년에는 거의 모든 산업 분야를 아울러 단일시장을 지향하는 유럽연합(EU) 조약이 체결되었다. 이러한 과정과 효과가 비경제적 부문으로 확산되어 1997년 암스테르담 조약과 2001년 니스 조약 체결을 통해 유럽은 정치적 공동체를 지향하게 되었다. 비록 2004년 유럽헌법제정조약을 통하여 국가를 대체하게 될 새로운 단일 정치체제를 수립하려던 시도는 일부 회원국 내에서의 비준 반대로 인해 실패로 돌아갔지만, 상당수의 전문가들은 장기적으로는 유럽지역이 하나의 연방체제를 구성하는 정치공동체가 될 것이라고 예측하고 있다.

① 국제관계에서 국가가 하나의 행위자로서 자신의 국익을 추구하듯이 유럽지역은 개별 국가의 이익보다 유럽 자체의 이익에 중점을 두었다.

② 유럽통합은 자본주의에서 나타나는 위기를 부분적으로 해결하려는 지배계급의 시도이며, 유럽연합은 이들의 이익을 대변하는 장치인 국가의 연합체이다.

③ 국제관계는 국가를 독점적으로 대표하는 정부들의 협상에 의해 결정되며, 유럽통합과 관련해 각국 정부는 유럽체제라는 구조에 의해 결정된 국익을 기능적으로 대변한다.

④ 처음부터 유럽의 지역 경제 통합의 배경에는 자유 무역을 저해하는 보호주의 발생 방지라는 정치적 성격이 있었다는 점에서 유럽의 정치공동체화는 충분히 예견될 수 있었다.

⑤ 유럽 지역통합 과정은 산업발전의 파급효과에 따른 국가 간 상호의존도 강화가 지역 경제 통합을 이끌어 내고 이를 바탕으로 해당 지역의 정치 통합으로 이어지는 모습을 보여주고 있다.

※ 다음 글을 읽고 이어지는 질문에 답하시오. [5~6]

미국의 일부 주에서 판사는 형량을 결정하거나 가석방을 허가하는 판단의 보조 자료로 양형 보조 프로그램 X를 활용한다. X는 유죄가 선고된 범죄자를 대상으로 그 사람의 재범 확률을 추정하여 그 결과를 최저 위험군을 뜻하는 1에서 최고 위험군을 뜻하는 10까지의 위험 지수로 평가한다.

2016년 A는 X를 활용하는 플로리다 주 법정에서 선고받았던 7천여 명의 초범들을 대상으로 X의 예측 결과와 석방 후 2년간의 실제 재범 여부를 조사했다. 이 조사 결과를 토대로 한 ㉠ A의 주장은 X가 흑인과 백인을 차별한다는 것이다. 첫째 근거는 백인의 경우 위험 지수 1로 평가된 사람이 가장 많고 10까지 그 비율이 차츰 감소한 데 비하여 흑인의 위험 지수는 1부터 10까지 고르게 분포되었다는 관찰 결과이다. 즉, 고위험군으로 분류된 사람의 비율이 백인보다 흑인이 더 크다는 것이었다. 둘째 근거는 예측의 오류와 관련된 것이다. 2년 이내 재범을 ___(가)___ 사람 중에서 ___(나)___으로 잘못 분류되었던 사람의 비율은 흑인의 경우 45%인 반면 백인은 23%에 불과했고, 2년 이내 재범을 ___(다)___ 사람 중에서 ___(라)___으로 잘못 분류되었던 사람의 비율은 흑인의 경우 28%인 반면 백인은 48%로 훨씬 컸다. 종합하자면 재범을 저지른 사람이든 그렇지 않은 사람이든, 흑인은 편파적으로 고위험군으로 분류된 반면 백인은 편파적으로 저위험군으로 분류된 것이다.

X를 개발한 B는 A의 주장을 반박하는 논문을 발표하였다. B는 X의 목적이 재범 가능성에 대한 예측의 정확성을 높이는 것이며, 그 정확성에는 인종 간에 차이가 나타나지 않는다고 주장했다. B에 따르면, 예측의 정확성을 판단하는 데 있어 중요한 것은 고위험군으로 분류된 사람 중 2년 이내 재범을 저지른 사람의 비율과 저위험군으로 분류된 사람 중 2년 이내 재범을 저지르지 않은 사람의 비율이다. B는 전자의 비율이 백인 59%, 흑인 63%, 후자의 비율이 백인 71%, 흑인 65%라고 분석하고, 이 비율들은 인종 간에 유의미한 차이를 드러내지 않는다고 주장했다. 또 B는 X에 의해서 고위험군 혹은 저위험군으로 분류되기 이전의 흑인과 백인의 재범률, 즉 흑인의 기저재범률과 백인의 기저재범률 간에는 이미 상당한 차이가 있었으며, 이런 차이가 A가 언급한 예측의 오류 차이를 만들어 냈다고 설명한다. 결국 ㉡ B의 주장은 X가 편파적으로 흑인과 백인의 위험 지수를 평가하지 않는다는 것이다.

하지만 기저재범률의 차이로 인종 간 위험 지수의 차이를 설명하여, X가 인종차별적이라는 주장을 반박하는 것은 잘못이다. 기저재범률에는 미국 사회의 오래된 인종차별적 특징, 즉 흑인이 백인보다 범죄자가 되기 쉬운 사회 환경이 반영되어 있기 때문이다. 처음 범죄를 저질러서 재판을 받아야 하는 흑인을 생각해 보자. 그의 위험 지수를 판정할 때 사용되는 기저재범률은 그와 전혀 상관없는 다른 흑인들이 만들어 낸 것이다. 그런 기저재범률이 전혀 상관없는 사람의 형량이나 가석방 여부에 영향을 주는 것은 잘못이다. 더 나아가 이런 식으로 위험 지수를 평가받아 형량이 정해진 흑인들은 더 오랜 기간 교도소에 있게 될 것이며, 향후 재판받을 흑인들의 위험 지수를 더욱 높이는 결과를 가져오게 될 것이다. 따라서 ㉢ X의 지속적인 사용은 미국 사회의 인종차별을 고착화한다.

05 다음 중 윗글의 빈칸 (가) ~ (라)에 들어갈 말을 바르게 나열한 것은?

	(가)	(나)	(다)	(라)
①	저지르지 않은	고위험군	저지른	저위험군
②	저지르지 않은	고위험군	저지른	고위험군
③	저지르지 않은	저위험군	저지른	저위험군
④	저지른	고위험군	저지르지 않은	저위험군
⑤	저지른	저위험군	저지르지 않은	고위험군

06 다음 중 윗글의 밑줄 친 ㉠ ~ ㉢에 대한 평가로 적절한 것을 〈보기〉에서 모두 고르면?

〈보기〉

ㄱ. 강력 범죄자 중 위험 지수가 10으로 평가된 사람의 비율이 흑인과 백인 사이에 차이가 없다면, ㉠은 강화된다.

ㄴ. 흑인의 기저재범률이 높을수록 흑인에 대한 X의 재범 가능성 예측이 더 정확해진다면, ㉡은 약화된다.

ㄷ. X가 특정 범죄자의 재범률을 평가할 때 사용하는 기저재범률이 동종 범죄를 저지른 사람들로부터 얻은 것이라면, ㉢은 강화되지 않는다.

① ㄱ
② ㄷ
③ ㄱ, ㄴ
④ ㄴ, ㄷ
⑤ ㄱ, ㄴ, ㄷ

07 다음 중 (가) ~ (다)에 대한 평가로 적절한 것을 〈보기〉에서 모두 고르면?

(가) 기술의 발전 덕분에 더 풍요로운 세계를 만들 수 있다. 원료, 자본, 노동 같은 생산요소의 투입량을 줄이면서 산출량은 더 늘릴 수 있는 세계 말이다. 디지털 기술의 발전은 경외감을 불러일으키는 개선과 풍요의 엔진이 된다. 반면 그것은 시간이 흐를수록 부, 소득, 생활수준, 발전 기회 등에서 점점 더 큰 격차를 만드는 엔진이기도 하다. 즉, 기술의 발전은 경제적 풍요와 격차를 모두 가져온다.

(나) 기술의 발전에 따른 풍요가 더 중요한 현상이며, 격차도 풍요라는 기반 위에 있기 때문에 모든 사람의 삶이 풍요로워지는 데 초점을 맞추어야 한다. 고도로 숙련된 노동자와 나머지 사람들과의 격차가 벌어지고 있다는 것을 인정하지만, 모든 사람들의 경제적 삶이 나아지고 있기에 누군가의 삶이 다른 사람보다 더 많이 나아지고 있다는 사실에 관심을 둘 필요가 없다.

(다) 중산층들이 과거에 비해 경제적으로 더 취약해졌기 때문에 기술의 발전에 따른 풍요보다 격차에 초점을 맞추어야 한다. 실제로 주택, 보건, 의료 등과 같이 그들의 삶에서 중요한 항목에 들어가는 비용의 증가율은 시간이 흐르면서 가계 소득의 증가율에 비해 훨씬 더 높아지고 있다. 설상가상으로 소득 분포의 밑바닥에 속한 가정에서 태어난 아이가 상층으로 이동할 기회는 점점 더 줄어들고 있다.

〈보기〉

ㄱ. 현재의 정보기술은 덜 숙련된 노동자보다 숙련된 노동자를 선호하고, 노동자보다 자본가에게 돌아가는 수익을 늘린다는 사실은 (가)의 논지를 약화한다.

ㄴ. 기술의 발전이 전 세계의 가난한 사람들에게도 도움을 주며, 휴대전화와 같은 혁신사례들이 모든 사람들의 소득과 기타 행복의 수준을 개선한다는 연구결과는 (나)의 논지를 강화한다.

ㄷ. 기술의 발전이 가져온 경제적 풍요가 엄청나게 벌어진 격차를 보상할 만큼은 아니라는 것을 보여주는 자료는 (다)의 논지를 약화한다.

① ㄱ
② ㄴ
③ ㄱ, ㄷ
④ ㄴ, ㄷ
⑤ ㄱ, ㄴ, ㄷ

08 다음 글의 밑줄 친 ㉠의 내용으로 가장 적절한 것은?

2024년 7월 2일이 출산 예정일이었던 갑은 2024년 6월 28일 아이를 출산하여, 2024년 7월 10일에 K구 건강관리센터 산모·신생아 건강관리 서비스를 신청하였다. 2024년 1월 1일에 K구에 주민등록이 된 이후 갑은 주민등록지를 변경하지 않았으며, 실제로 K구에 거주하였다. 갑의 신청을 검토한 K구는 K구 산모·신생아 건강관리 지원에 관한 조례(이하 "조례"라 한다)와 K구 건강관리센터 운영규정(이하 "운영규정"이라 한다)이 불일치한다는 문제를 발견하였다. 이에 ㉠ 운영규정과 조례 중 무엇도 위반하지 않고 갑이 30만 원 이하의 본인 부담금만으로 해당 서비스를 이용할 수 있도록 조례 또는 운영규정을 일부 개정하였다.

K구 산모·신생아 건강관리 지원에 관한 조례
산모·신생아 건강관리 지원(제8조)
① 구청장은 출산 예정일 또는 출산일을 기준으로 6개월 전부터 계속하여 K구에 주민등록을 두고 있는 산모와 출산 예정일 또는 출산일을 기준으로 1년 전부터 계속하여 K구를 국내 체류지로 하여 외국인 등록을 하고 K구에 체류하는 외국인 산모에게 산모·신생아 건강관리 서비스를 제공할 수 있다.
② 구청장은 제1항에 따른 서비스의 본인 부담금을 이용금액 기준에 따라 30만 원 한도 내에서 서비스 수급자에게 부과할 수 있다.

K구 건강관리센터 운영규정
산모·신생아 건강관리 지원(제21조)
① 다음 각 호의 어느 하나에 해당하는 사람은 산모·신생아 건강관리 서비스를 이용할 수 있다.
1. 출산일을 기준으로 6개월 전부터 계속하여 K구에 주민등록을 두고 실제로 K구에 거주하고 있는 산모
2. 출산일을 기준으로 6개월 전부터 K구를 국내 체류지로 하여 외국인 등록을 하고 실제로 K구에 체류하고 있는 외국인 산모

② 제1항에 따른 서비스를 이용하는 경우 서비스 수급자에게 본인 부담금이 부과될 수 있다. 그 산정은 K구 산모·신생아 건강관리 지원에 관한 조례의 기준에 따른다.

① 조례 제8조 제1항의 '1년'을 '6개월'로 개정한다.
② 운영규정 제21조 제1항의 '실제로 K구에 거주하고'와 '실제로 K구에 체류하고'를 삭제한다.
③ 운영규정 제21조 제2항의 '본인 부담금'을 '30만 원 이하의 본인 부담금'으로 개정한다.
④ 운영규정 제21조 제1항의 '출산일'을 모두 '출산 예정일 또는 출산일'로 개정한다.
⑤ 운영규정 제21조 제3항과 조례 제8조 제3항으로 '신청일은 출산일 기준 10일을 경과할 수 없다.'를 신설한다.

09 다음 글의 빈칸에 들어갈 내용으로 가장 적절한 것은?

어떤 사람이 오존층을 파괴하는 냉각제를 사용하는 경우를 고려해보자. 오존층 파괴로 인해 무수히 많은 사람이 해악을 입었다고 하더라도, 이 한 사람의 행위가 어떤 특정 개인에게 미친 해악은 매우 미미하다고 말할 수 있을 것이다. 이때 그 사람은 그다지 죄책감을 느끼지 않을 수 있고, 자신에게 도덕적 책임이 있다는 것을 쉽게 인정하지 않을 수 있다. 이는 다음과 같은 사례를 통해 잘 설명된다.

〈사례〉

가난한 마을에 갑훈을 포함한 산적 100명이 들이닥쳐 약탈을 저질렀다. 을훈을 포함한 주민 100명에게는 각각 콩 100알씩이 있었는데 산적들은 각자 주민 한 명을 맡아 그 사람의 콩을 몽땅 빼앗았다. 그 결과 모든 주민이 굶주리게 되었다. 이때 을훈의 콩을 빼앗은 상대가 갑훈이었다. 각자가 특정 개인에게 큰 해악을 입혔다는 사실에 죄책감을 느낀 산적들은 두 번째 약탈에서는 방법을 바꾸기로 하였다. 갑훈을 포함한 산적 100명은 이번에는 각자가 을훈을 포함한 모든 주민 100명에게서 각각 콩 한 알씩만 빼앗기로 했다. 콩 한 알의 손실은 미미한 해악에 지나지 않으므로 이번에는 어떤 산적도 특정 주민에게 큰 고통을 준 것은 아니었다. 결과적으로 모든 주민은 이번에도 굶주리게 되었지만, 산적들은 별로 죄책감을 느끼지 않았다.

하지만 이른바 '공범 원리'를 받아들이는 사람들은 타인의 악행에 가담한 경우 결과에 얼마나 영향을 주었는지와 무관하게 도덕적 책임이 있다고 주장한다. 냉각제의 집단적 사용에서 한 사람의 가담 여부가 특정 개인에게 단지 미미한 해악만을 보탠 것이라서 별로 죄책감이 느껴지지 않는다고 하더라도, 그 사람은 단지 그 해악의 공범이라는 이유만으로 그에 따른 도덕적 책임을 져야 한다는 것이다. 그러므로 '공범 원리'에 따른다면, ____________________

① 갑훈은 두 번째 저지른 약탈 행위에 대해서 더 큰 죄책감을 느껴야 한다.
② 전체 해악의 크기가 커질수록 해악에 가담한 사람들의 도덕적 책임도 커진다.
③ 첫 번째 약탈과 두 번째 약탈에서 갑훈이 을훈에게 입힌 해악에는 차이가 없다.
④ 갑훈에게 도덕적 책임이 있다는 점에서 첫 번째 약탈과 두 번째 약탈은 차이가 없다.
⑤ 두 차례의 약탈에서 갑훈이 빼앗은 전체 콩알의 수가 같기 때문에 갑훈이 져야 할 도덕적 책임에는 차이가 없다.

10 다음 밑줄 친 ㉠~㉤ 중 문맥에 맞지 않는 곳을 수정하려고 할 때, 가장 적절한 것은?

'단일환자방식'은 숫자가 아닌 문자를 암호화하는 가장 기본적인 방법이다. 이는 문장에 사용된 문자를 일정한 규칙에 따라 일대일 대응으로 재배열하여 문장을 암호화하는 방법이다. 예를 들어 철수가 이 방법에 따라 영어 문장 'I LOVE YOU'를 암호화하여 암호문으로 만든다고 해보자. 철수는 먼저 알파벳을 일대일 대응으로 재배열하는 규칙을 정하고, 그 규칙에 따라 'I LOVE YOU'를 'Q RPDA LPX'와 같이 암호화하게 될 것이다. 이때 철수가 사용한 규칙에는 ㉠ 'I를 Q로 변경한다', 'L을 R로 변경한다' 등이 포함되어 있는 셈이다.
우리가 단일환자방식에 따라 암호화한 영어 문장을 접한다고 해보자. 그 암호문을 어떻게 해독할 수 있을까? ㉡ 우리가 그 암호문에 단일환자방식의 암호화 규칙이 적용되어 있다는 것을 알고 있다면 문제가 쉽게 해결될 수도 있다. 알파벳의 사용 빈도를 파악하여 일대일 대응의 암호화 규칙을 추론해 낼 수 있기 때문이다.
이제 통계 자료를 통해 영어에서 사용되는 알파벳의 사용 빈도를 조사해 보니 E가 12.51%로 가장 많이 사용되었고 그 다음 빈도는 T, A, O, I, N, S, R, H의 순서라는 것이 밝혀졌다고 하자. ㉢ 물론 이러한 통계 자료를 확보했다고 해도 암호문이 한두 개밖에 없다면 암호화 규칙을 추론하기는 힘들 것이다. 그러나 암호문을 많이 확보하면 할수록 암호문을 해독할 수 있는 가능성이 높아질 것이다.
이제 누군가가 어떤 영자 신문에 포함되어 있는 모든 문장을 단일환자방식의 암호화 규칙 α에 따라 암호문들로 만들었다고 해보자. 그 신문 전체에 사용된 알파벳 수는 충분히 많기 때문에 우리는 암호문들에 나타난 알파벳 빈도의 순서에 근거하여 규칙 α가 무엇인지 추론할 수 있다. ㉣ 만일 규칙 α가 앞서 예로 든 철수가 사용한 규칙과 동일하다면, 암호문들에 가장 많이 사용된 알파벳은 E일 가능성이 높을 것이다. 그런데 조사 결과 암호문들에는 영어 알파벳 26자가 모두 사용되었는데 그중 W가 25,021자로 가장 많이 사용되었고, 이후의 빈도는 P, F, C, H, Q, T, N의 순서라는 것이 밝혀졌다. 따라서 우리는 철수가 정한 규칙은 규칙 α가 아니라고 추론할 수 있다. 또한 규칙 α에 대해 추론하면서 암호문들을 해독할 수 있다. 예를 들어 ㉤ 암호문 'H FPW HP'는 'I ATE IT'를 암호화한 것이라는 사실을 알 수 있게 될 것이다.

① ㉠을 "Q를 I로 변경한다', 'R을 L로 변경한다"로 수정한다.
② ㉡을 '우리가 그 암호문에 단일환자방식의 암호화 규칙이 적용되어 있지 않다고 생각한다 해도 문제는 쉽게 해결될 수 있다'로 수정한다.
③ ㉢을 '이러한 통계 자료를 확보하게 되면 자동적으로 암호화 규칙을 추론할 수 있게 될 것이다'로 수정한다.
④ ㉣을 '만일 규칙 α가 앞서 철수가 사용한 규칙과 동일하다면, 암호문들에 가장 많이 사용된 알파벳은 A일 가능성이 높을 것이다'로 수정한다.
⑤ ㉤을 '암호문 'I ATE IT'는 'H FPW HP'를 암호화한 것이라는 사실을 알 수 있게 될 것이다'로 수정한다.

11 다음은 추락사고가 발생한 항공기 800대의 사고 발생시점과 사고 원인을 정리한 자료이다. 이에 대한 설명으로 옳은 것을 〈보기〉에서 모두 고르면?

〈항공기 추락사고의 사고 발생시점과 사고 원인〉

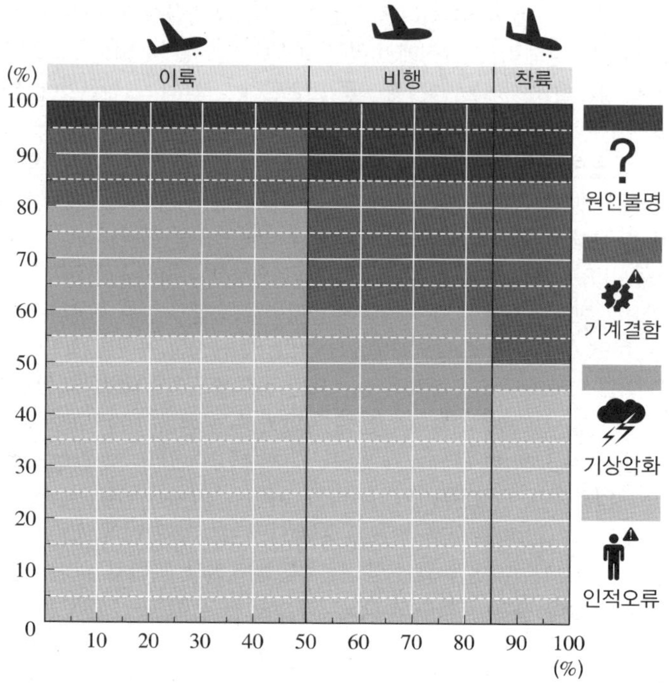

※ 사고 발생시점은 이륙, 비행, 착륙 중 하나이며, 사고 원인은 인적오류, 기상악화, 기계결함, 원인불명 중 하나이다.

〈보기〉

ㄱ. 이륙 중에 인적오류로 추락한 항공기 수는 착륙 중에 원인불명으로 추락한 항공기 수의 12배 이상이다.
ㄴ. 비행 중에 원인불명으로 추락한 항공기 수는 착륙 중에 기계결함으로 추락한 항공기 수보다 많다.
ㄷ. 비행 중에 인적오류로 추락한 항공기 수는 이륙 중에 기계결함으로 추락한 항공기 수보다 56대 더 많다.
ㄹ. 기계결함으로 추락한 항공기 수는 추락사고가 발생한 항공기 수의 20% 이상이다.

① ㄱ, ㄴ
② ㄱ, ㄷ
③ ㄱ, ㄹ
④ ㄴ, ㄷ
⑤ ㄷ, ㄹ

12 다음은 K기업 지원자의 인턴 및 해외연수 경험과 합격여부에 대한 자료이다. 이에 대한 설명으로 옳은 것을 〈보기〉에서 모두 고르면?

〈K기업 지원자의 인턴 및 해외연수 경험과 합격여부〉

(단위 : 명, %)

인턴 경험	해외연수 경험	합격여부		합격률
		합격	불합격	
있음	있음	53	414	11.3
	없음	11	37	22.9
없음	있음	0	16	0.0
	없음	4	139	2.8

※ 1) $[\text{합격률(\%)}]=\frac{\text{(합격자 수)}}{\text{(합격자 수)}+\text{(불합격자 수)}}\times 100$

2) 합격률은 소수점 둘째 자리에서 반올림한다.

〈보기〉

ㄱ. 해외연수 경험이 있는 지원자가 해외연수 경험이 없는 지원자보다 합격률이 높다.
ㄴ. 인턴 경험이 있는 지원자가 인턴 경험이 없는 지원자보다 합격률이 높다.
ㄷ. 인턴 경험과 해외연수 경험이 모두 있는 지원자 합격률은 인턴 경험만 있는 지원자 합격률의 2배 이상이다.
ㄹ. 인턴 경험과 해외연수 경험이 모두 없는 지원자와 인턴 경험만 있는 지원자 간의 합격률 차이는 30%p보다 크다.

① ㄱ, ㄴ
② ㄱ, ㄷ
③ ㄴ, ㄷ
④ ㄱ, ㄴ, ㄹ
⑤ ㄴ, ㄷ, ㄹ

13 다음은 공공기관 신규채용 합격자 현황에 대한 자료이다. 이를 이용하여 작성한 그래프로 옳지 않은 것은?

〈공공기관 신규채용 합격자 현황〉

(단위 : 명)

합격자 \ 연도	2019년	2020년	2021년	2022년	2023년
전체	17,601	19,322	20,982	22,547	33,832
여성	7,502	7,664	8,720	9,918	15,530

〈공공기관 유형별 신규채용 합격자 현황〉

(단위 : 명)

유형	합격자 \ 연도	2019년	2020년	2021년	2022년	2023년
공기업	전체	4,937	5,823	5,991	6,805	9,070
	여성	1,068	1,180	1,190	1,646	2,087
준정부기관	전체	5,055	4,892	6,084	6,781	9,847
	여성	2,507	2,206	2,868	3,434	4,947
기타공공기관	전체	7,609	8,607	8,907	8,961	14,915
	여성	3,927	4,278	4,662	4,838	8,496

※ 공공기관은 공기업, 준정부기관, 기타공공기관으로만 구성된다.

① 공공기관 유형별 신규채용 합격자 현황

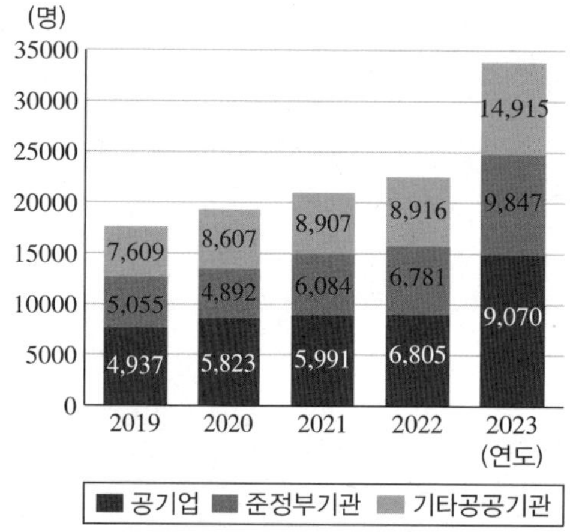

② 2021년 공공기관 유형별 신규채용 남성 합격자 현황

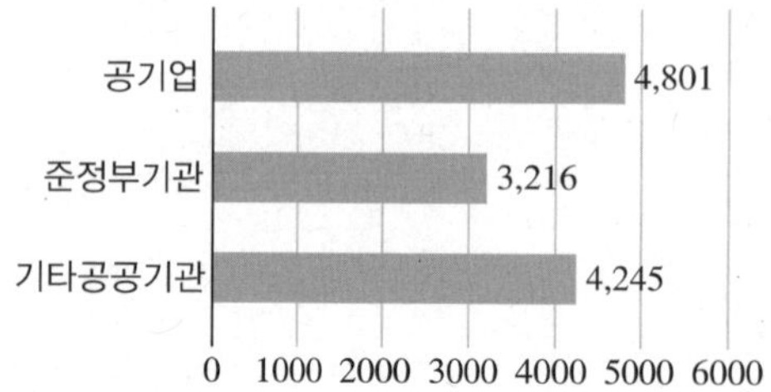

③ 공공기관 유형별 신규채용 합격자 중 여성 비중

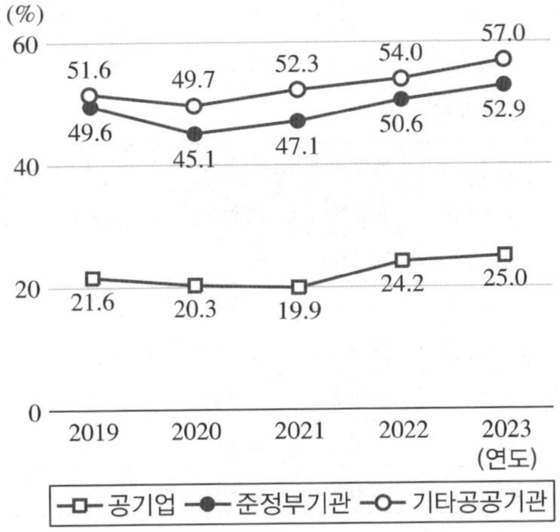

④ 공공기관 신규채용 합격자의 전년 대비 증가율

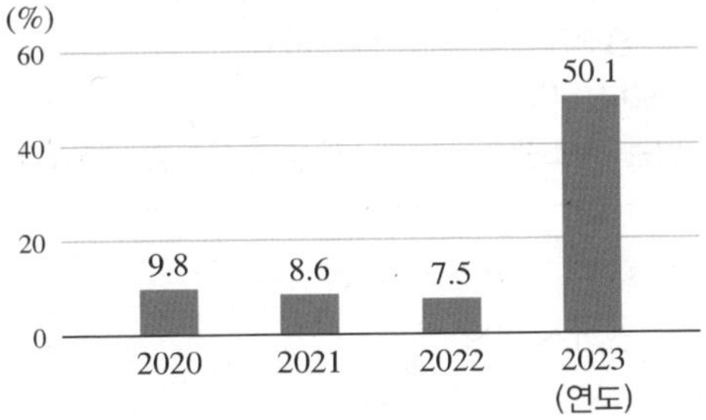

⑤ 2023년 공공기관 신규채용 합격자의 공공기관 유형별 구성비

(단위 : %)

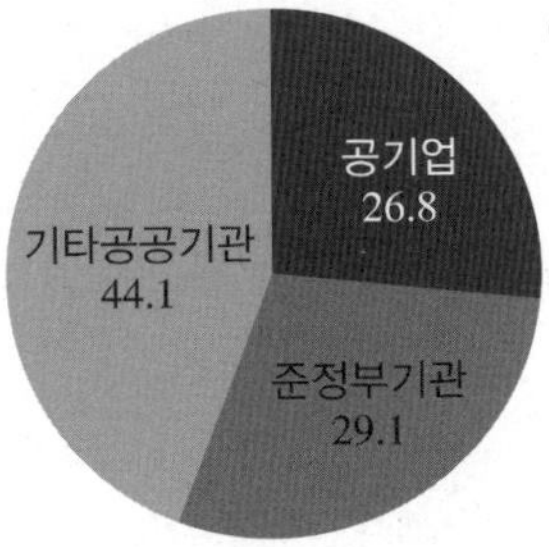

14 다음은 6개국의 국방비와 연구개발투자 현황을 나타낸 자료이다. 〈조건〉을 참고하여 A ~ E에 해당하는 국가를 바르게 나열한 것은?

〈6개국 국방비와 연구개발투자 현황〉

구분 / 연도 / 국가	국민1인당 국방비($)		국방비(백만 $)		연구개발비(백만 $)		연구개발비율(%)	
	2022년	2023년	2022년	2023년	2022년	2023년	2022년	2023년
미국	1,078	1,128	287,300	296,200	38,700	40,800	13.5	13.8
A	357	310	4,560	4,040	108	90	2.4	2.2
B	358	440	140,850	218,940	15,600	21,894	11.1	10.0
C	601	583	33,890	32,608	4,026	3,986	11.9	12.2
D	575	553	26,538	24,257	3,053	3,145	11.5	13.0
E	341	328	22,871	20,154	1,299	1,286	5.7	6.4

〈조건〉

- 영국과 프랑스는 2022년에 비해 2023년에 국민 1인당 국방비가 감소하였으나, 연구개발비율은 증가하였다.
- 러시아와 미국은 2022년에 비해 2023년에 국방비와 연구개발비 모두 증가하였다.
- 스위스와 독일은 연구개발비율이 다른 네 개 국가들보다 낮다.
- 영국과 독일은 2022년에 비해 2023년에 연구개발비는 감소했으나, 연구개발비율은 증가하였다.

	A	B	C	D	E
①	독일	러시아	프랑스	영국	스위스
②	스위스	러시아	프랑스	영국	독일
③	러시아	독일	프랑스	영국	스위스
④	스위스	러시아	영국	프랑스	독일
⑤	러시아	스위스	영국	프랑스	독일

15 다음은 K국의 월별 최대전력수요와 전력수급현황에 대한 자료이다. 이에 대한 설명으로 옳은 것은?

〈K국의 월별 최대전력수요〉

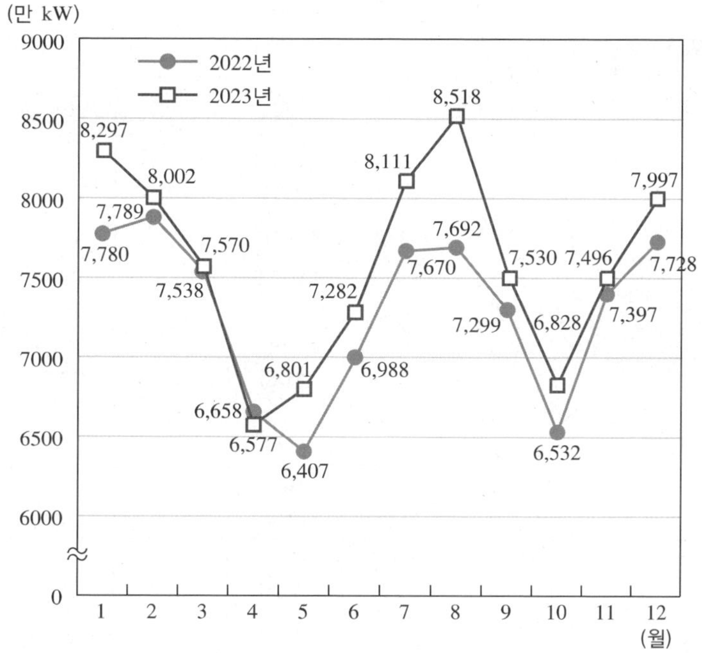

〈K국의 전력수급현황〉

(단위 : 만 kW)

구분 \ 시기	2022년 2월	2023년 8월
최대전력수요	7,879	8,518
전력공급능력	8,793	9,240

※ (공급예비력)=(전력공급능력)−(최대전력수요)

※ $[\text{공급예비율}(\%)]=\frac{(\text{공급예비력})}{(\text{최대전력수요})}\times 100$

① 공급예비력은 2022년 2월이 2023년 8월보다 작다.

② 공급예비율은 2022년 2월이 2023년 8월보다 낮다.

③ 2023년 1 ~ 12월 동안 최대전력수요의 월별 증감방향은 2022년과 동일하다.

④ 2023년 최대전력수요의 전년 동월 대비 증가율이 가장 높은 달은 1월이다.

⑤ 해당 연도 1 ~ 12월 중 최대전력수요가 가장 큰 달과 가장 작은 달의 최대전력수요 차이는 2022년이 2023년보다 작다.

16 다음은 5개국의 발전원별 발전량 및 비중에 대한 자료이다. 이에 대한 설명으로 옳지 않은 것은?

〈5개국의 발전원별 발전량 및 비중〉

(단위 : TWh, %)

국가	연도	원자력	화력			수력	신재생 에너지	전체
			석탄	LNG	유류			
독일	2022년	140.6 (22.2)	273.5 (43.2)	90.4 (14.3)	8.7 (1.4)	27.4 (4.3)	92.5 (14.6)	633.1 (100.0)
	2023년	91.8 (14.2)	283.7 (43.9)	63.0 (9.7)	6.2 (1.0)	24.9 (3.8)	177.3 (27.4)	646.9 (100.0)
미국	2022년	838.9 (19.2)	1,994.2 (45.5)	1,017.9 (23.2)	48.1 (1.1)	286.3 (6.5)	193.0 (4.4)	4,378.4 (100.0)
	2023년	830.3 (19.2)	1,471.0 (34.1)	1,372.6 (31.8)	38.8 (0.9)	271.1 (6.3)	333.3 ( )	4,317.1 (100.0)
프랑스	2022년	428.5 (75.3)	26.3 (4.6)	23.8 (4.2)	5.5 (1.0)	67.5 (11.9)	17.5 (3.1)	569.1 (100.0)
	2023년	437.4 ( )	12.2 (2.1)	19.8 (3.5)	2.2 (0.4)	59.4 (10.4)	37.5 (6.6)	568.5 (100.0)
영국	2022년	62.1 (16.3)	108.8 (28.5)	175.3 (45.9)	5.0 (1.3)	6.7 (1.8)	23.7 (6.2)	381.6 (100.0)
	2023년	70.4 (20.8)	76.7 (22.6)	100.0 (29.5)	2.1 (0.6)	9.0 (2.7)	80.9 ( )	339.1 (100.0)
일본	2022년	288.2 (25.1)	309.5 (26.9)	318.6 (27.7)	100.2 (8.7)	90.7 (7.9)	41.3 (3.6)	1,148.5 (100.0)
	2023년	9.4 (0.9)	343.2 (33.0)	409.8 (39.4)	102.5 (9.8)	91.3 (8.8)	85.1 (8.2)	1,041.3 (100.0)

※ 발전원은 원자력, 화력, 수력, 신재생 에너지로만 구성된다.

① 2023년 프랑스의 전체 발전량 중 원자력 발전량의 비중은 75% 이하이다.
② 영국의 전체 발전량 중 신재생 에너지 발전량의 비중은 2022년 대비 2023년에 15% 이상 증가하였다.
③ 2022년 석탄 발전량은 미국이 일본의 6배 이상이다.
④ 2022년 대비 2023년 전체 발전량이 증가한 국가는 독일뿐이다.
⑤ 2022년 대비 2023년 각 국가에서 신재생 에너지의 발전량과 비중은 모두 증가하였다.

17 다음은 프로야구 선수 Y의 타격기록에 대한 자료이다. 이에 대한 설명으로 옳은 것을 〈보기〉에서 모두 고르면?

〈프로야구 선수 Y의 타격기록〉

연도	소속구단	타율	출전경기수	타수	안타수	홈런수	타점	4사구수	장타율
2009년	A	0.341	106	381	130	23	90	69	0.598
2010년	A	0.300	123	427	128	19	87	63	0.487
2011년	A	0.313	125	438	137	20	84	83	0.532
2012년	A	0.346	126	436	151	28	87	88	0.624
2013년	A	0.328	126	442	145	30	98	110	0.627
2014년	A	0.342	126	456	156	27	89	92	0.590
2015년	B	0.323	131	496	160	21	105	87	0.567
2016년	C	0.313	117	432	135	15	92	78	0.495
2017년	C	0.355	124	439	156	14	92	81	0.510
2018년	A	0.276	132	391	108	14	50	44	0.453
2019년	A	0.329	133	490	161	33	92	55	0.614
2020년	A	0.315	133	479	151	28	103	102	0.553
2021년	A	0.261	124	394	103	13	50	67	0.404
2022년	A	0.303	126	413	125	13	81	112	0.477
2023년	A	0.337	123	442	149	22	72	98	0.563

〈보기〉

ㄱ. 2014 ~ 2018년 중 Y선수의 장타율이 높을수록 4사구수도 많았다.
ㄴ. 2013 ~ 2023년 중 Y선수의 타율이 0.310 이하인 해는 4번 있었다.
ㄷ. Y선수가 C구단에 소속된 기간 동안 기록한 평균 타점은 나머지 기간 동안 기록한 평균 타점보다 많았다.
ㄹ. 2009 ~ 2015년 중 Y선수는 출전경기수가 가장 많은 해에 가장 많은 홈런수와 가장 많은 타점을 기록했다.

① ㄱ, ㄴ
② ㄱ, ㄷ
③ ㄴ, ㄷ
④ ㄴ, ㄹ
⑤ ㄷ, ㄹ

18 다음은 소프트웨어 경쟁력 종합점수 산출을 위한 영역별 가중치와 소프트웨어 경쟁력 종합순위 1 ~ 10위 국가의 영역별 순위 및 원점수에 대한 자료이다. 이에 대한 설명으로 옳지 않은 것은?

〈소프트웨어 경쟁력 종합점수 산출을 위한 영역별 가중치〉

영역	환경	인력	혁신	성과	활용
가중치	0.15	0.20	0.25	0.15	0.25

〈소프트웨어 경쟁력 평가대상 국가 중 종합순위 1 ~ 10위 국가의 영역별 순위 및 원점수〉

(단위 : 점)

종합 순위	종합 점수	국가	환경		인력		혁신		성과		활용	
			순위	원점수	순위	원점수	순위	원점수	순위	원점수	순위	원점수
1	72.41	미국	1	67.1	1	89.6	1	78.5	2	54.8	2	66.3
2	47.04	중국	28	20.9	8	35.4	2	66.9	18	11.3	1	73.6
3	41.48	일본	6	50.7	10	34.0	3	44.8	19	10.5	7	57.2
4	( )	호주	5	51.6	6	37.9	7	33.1	22	9.2	3	62.8
5	( )	캐나다	17	37.7	15	29.5	4	42.9	16	13.3	6	57.6
6	38.35	스웨덴	9	42.6	5	38.9	8	28.1	3	26.5	10	52.7
7	38.12	영국	12	40.9	3	46.3	12	20.3	6	23.3	8	56.6
8	( )	프랑스	11	41.9	2	53.6	11	22.5	15	13.8	11	49.3
9	( )	핀란드	10	42.5	14	30.5	10	22.6	4	24.9	4	59.4
10	( )	한국	2	62.9	19	27.5	5	41.5	25	6.7	21	41.1

※ 점수가 높을수록 순위가 높다.
※ (영역점수)=(영역 원점수)×(영역 가중치)
※ 종합점수는 5개 영역점수의 합이다.

① 종합순위가 한국보다 낮은 국가 중에 성과 영역 원점수가 한국의 8배 이상인 국가가 있다.
② 종합순위 3 ~ 10위 국가의 종합점수 합은 320점 이하이다.
③ 소프트웨어 경쟁력 평가대상 국가는 28개국 이상이다.
④ 한국은 5개 영역점수 중 혁신 영역점수가 가장 높다.
⑤ 일본의 활용 영역 원점수가 중국의 활용 영역 원점수로 같아지면 국가별 종합순위는 바뀐다.

19 스마트폰을 판매하는 K대리점의 3월 전체 개통 건수는 400건이었다. 4월의 남성 고객의 개통 건수는 3월보다 10% 감소했고, 여성 고객의 개통 건수는 3월보다 15% 증가하여 4월 전체 개통 건수는 3월보다 5% 증가했다. 이때, 4월 여성 고객의 개통 건수는?

① 276건
② 279건
③ 282건
④ 285건
⑤ 288건

20 다음은 A ~ D국가의 국내총생산, 1인당 국내총생산, 1인당 이산화탄소 배출량에 대한 자료이다. 이산화탄소 총배출량이 가장 적은 국가부터 순서대로 바르게 나열한 것은?

〈국가별 국내총생산, 1인당 국내총생산, 1인당 이산화탄소 배출량〉

(단위 : 달러, 톤CO2eq.)

구분 / 국가	국내총생산	1인당 국내총생산	1인당 이산화탄소 배출량
A	20조 4,941억	62,795	16.6
B	4조 9,709억	39,290	9.1
C	1조 6,194억	31,363	12.4
D	13조 6,082억	9,771	7.0

※ $(\text{1인당 국내총생산})=\frac{(\text{국내총생산})}{(\text{총인구})}$

※ $(\text{1인당 이산화탄소 배출량})=\frac{(\text{이산화탄소 총배출량})}{(\text{총인구})}$

① A－C－B－D
② A－D－C－B
③ C－A－D－B
④ C－B－A－D
⑤ D－B－C－A

21 다음 글을 근거로 판단할 때 〈보기〉에서 옳지 않은 것을 모두 고르면?

> **보물 및 국보의 지정(제1조)**
> ① 문화재청장은 문화재위원회의 심의를 거쳐 유형문화재 중 중요한 것을 보물로 지정할 수 있다.
> ② 문화재청장은 제1항의 보물에 해당하는 문화재 중 인류문화의 관점에서 볼 때, 그 가치가 크고 유례가 드문 것을 문화재위원회의 심의를 거쳐 국보로 지정할 수 있다.
>
> **중요무형문화재의 지정(제2조)**
> ① 문화재청장은 문화재위원회의 심의를 거쳐 무형문화재 중 중요한 것을 중요무형문화재로 지정할 수 있다.
> ② 문화재청장은 제1항에 따라 중요무형문화재를 지정하는 경우 해당 중요무형문화재의 보유자(보유단체를 포함한다. 이하 같다)를 인정하여야 한다.
> ③ 문화재청장은 제2항에 따라 인정한 보유자 외에 해당 중요무형문화재의 보유자를 추가로 인정할 수 있다.
> ④ 문화재청장은 제2항과 제3항에 따라 인정된 중요무형문화재의 보유자가 기능 또는 예능의 전수(傳授) 교육을 정상적으로 실시하기 어려운 경우 문화재위원회의 심의를 거쳐 명예보유자로 인정할 수 있다. 이 경우 중요무형문화재의 보유자가 명예보유자로 인정되면 그때부터 중요무형문화재 보유자의 인정은 해제된 것으로 본다.
>
> **보호물 또는 보호구역의 지정(제3조)**
> ① 문화재청장은 제1조에 따른 지정을 할 때 문화재 보호를 위하여 특히 필요하면 이를 위한 보호물 또는 보호구역을 지정할 수 있다.
> ② 문화재청장은 인위적 또는 자연적 조건의 변화 등으로 인하여 조정이 필요하다고 인정하면 제1항에 따라 지정된 보호물 또는 보호구역을 조정할 수 있다.

〈보기〉

> ㄱ. 중요무형문화재 가운데 인류문화의 관점에서 볼 때, 그 가치가 크고 유례가 드물면 국보가 될 수 있다.
> ㄴ. 중요무형문화재가 발생한 지역의 보호가 특별히 필요한 경우 해당 지역을 보호구역으로 지정할 수 있다.
> ㄷ. 중요무형문화재 보유자는 전수교육을 정상적으로 실시할 수 있는 때에도 일정한 연령이 되면 명예보유자가 되고 중요무형문화재 보유자의 인정은 해제된다.
> ㄹ. 문화재청장은 해당 중요무형문화재를 최고의 가치로 실현할 수 있는 사람을 선정하여 종목당 한 사람 또는 한 단체만을 중요무형문화재 보유자 또는 보유단체로 인정한다.

① ㄱ, ㄷ
② ㄴ, ㄹ
③ ㄱ, ㄴ, ㄷ
④ ㄴ, ㄷ, ㄹ
⑤ ㄱ, ㄴ, ㄷ, ㄹ

22 다음은 K국 A ~ E지역의 산사태 위험인자 현황에 대한 자료이다. 평가 방법에 근거하여 산사태 위험점수가 가장 높은 지역과 가장 낮은 지역을 바르게 나열한 것은?

〈A ~ E지역의 산사태 위험인자 현황〉

지역 / 위험인자	A	B	C	D	E
경사길이(m)	180	220	150	80	40
모암	화성암	퇴적암	변성암 (편마암)	변성암 (천매암)	변성암 (편마암)
경사위치	중하부	중상부	중하부	상부	중상부
사면형	상승사면	복합사면	하강사면	복합사면	평형사면
토심(cm)	160	120	70	110	80
경사도(°)	30	20	25	35	55

〈평가 방법〉

• 산사태 위험인자의 평가점수는 다음과 같다.

평가점수 / 위험인자	0점	10점	20점	30점
경사길이(m)	50 미만	50 이상 100 미만	100 이상 200 미만	200 이상
모암	퇴적암	화성암	변성암 (천매암)	변성암 (편마암)
경사위치	하부	중하부	중상부	상부
사면형	상승사면	평형사면	하강사면	복합사면
토심(cm)	20 미만	20 이상 100 미만	100 이상 150 미만	150 이상
경사도(°)	40 이상	30 이상 40 미만	25 이상 30 미만	25 미만

• 개별 지역의 산사태 위험점수는 6개 위험인자에 대한 평가점수의 합이다.

	가장 높은 지역	가장 낮은 지역
①	B	A
②	B	E
③	D	A
④	D	C
⑤	D	E

23 다음 글을 근거로 판단할 때 옳은 것은?

진흥기금의 징수(제○○조)

① 영화위원회(이하 "위원회"라 한다)는 영화의 발전 및 영화・비디오물산업의 진흥을 위하여 영화상영관에 입장하는 관람객에 대하여 입장권 가액의 100분의 5의 진흥기금을 징수한다. 다만, 직전 연도에 제△△조 제1호에 해당하는 영화를 연간 상영일수의 100분의 60 이상 상영한 영화상영관에 입장하는 관람객에 대해서는 그러하지 아니하다.

② 영화상영관 경영자는 관람객으로부터 제1항의 규정에 따른 진흥기금을 매월 말일까지 징수하여 해당 금액을 다음 달 20일까지 위원회에 납부하여야 한다.

③ 위원회는 영화상영관 경영자가 제2항에 따라 관람객으로부터 수납한 진흥기금을 납부기한까지 납부하지 아니하였을 때에는 체납된 금액의 100분의 3에 해당하는 금액을 가산금으로 부과한다.

④ 위원회는 제2항에 따른 진흥기금 수납에 대한 위탁수수료를 영화상영관 경영자에게 지급한다. 이 경우 수수료는 제1항에 따른 진흥기금 징수액의 100분의 3을 초과할 수 없다.

전용상영관에 대한 지원(제△△조)

위원회는 청소년 관객의 보호와 영화예술의 확산 등을 위하여 다음 각 호의 어느 하나에 해당하는 영화를 연간 상영일수의 100분의 60 이상 상영하는 영화상영관을 지원할 수 있다.

1. 애니메이션영화・단편영화・예술영화・독립영화
2. 제1호에 해당하지 않는 청소년관람가영화
3. 제1호 및 제2호에 해당하지 않는 국내영화

① 영화상영관 A에서 직전 연도에 연간 상영일수의 100분의 60 이상 청소년관람가 애니메이션영화를 상영한 경우 진흥기금을 징수한다.

② 영화상영관 경영자 B가 8월분 진흥기금 60만 원을 같은 해 9월 18일에 납부하는 경우, 가산금을 포함하여 총 61만 8천 원을 납부하여야 한다.

③ 관람객 C가 입장권 가액과 그 진흥기금을 합하여 영화상영관에 지불하는 금액이 12,000원이라고 할 때, 지불 금액 중 진흥기금은 600원이다.

④ 연간 상영일수가 매년 200일인 영화상영관 D에서 직전 연도에 단편영화를 40일, 독립영화를 60일 상영했다면 진흥기금을 징수하지 않는다.

⑤ 영화상영관 경영자 E가 7월분 진흥기금과 그 가산금을 합한 금액인 103만 원을 같은 해 8월 30일에 납부한 경우, 위원회는 E에게 최대 3만 원의 수수료를 지급할 수 있다.

24 세 상품 A ~ C에 대한 선호도 조사를 실시했다. 조사에 응한 사람이 가장 좋아하는 상품부터 1 ~ 3순위를 부여했다. 조사 결과가 다음 〈조건〉과 같을 때 C에 3순위를 부여한 사람의 수는?(단, 두 상품에 같은 순위를 표시할 수는 없다)

〈조건〉

- 조사에 응한 사람은 20명이다.
- A를 B보다 선호한 사람은 11명이다.
- B를 C보다 선호한 사람은 14명이다.
- C를 A보다 선호한 사람은 6명이다.
- C에 1순위를 부여한 사람은 없다.

① 4명
② 5명
③ 6명
④ 7명
⑤ 8명

25 다음 〈조건〉을 근거로 판단할 때, 〈보기〉에서 옳은 것을 모두 고르면?

〈조건〉

- 한글 단어의 단어점수는 그 단어를 구성하는 자음으로만 결정된다.
- 단어점수는 각기 다른 자음의 자음점수를 모두 더한 값을 그 단어를 구성하는 자음 종류의 개수로 나눈 값이다.
- 자음점수는 그 자음이 단어에 사용된 횟수만큼 2를 거듭제곱한 값이다. 단, 사용되지 않는 자음의 자음점수는 0이다.
- 예를 들어 글자 수가 4개인 셋방살이는 ㅅ 3개, ㅇ 2개, ㅂ 1개, ㄹ 1개의 자음으로 구성되므로 단어점수는 $(2^3+2^2+2^1+2^1)\div 4$의 값인 4점이다.

※ 의미가 없는 글자의 나열도 단어로 인정한다.

〈보기〉

ㄱ. '각기'는 '논리'보다 단어점수가 더 높다.
ㄴ. 단어의 글자 수가 달라도 단어점수가 같을 수 있다.
ㄷ. 글자 수가 4개인 단어의 단어점수는 250점을 넘을 수 없다.

① ㄴ
② ㄷ
③ ㄱ, ㄴ
④ ㄱ, ㄷ
⑤ ㄱ, ㄴ, ㄷ

26 다음 〈조건〉을 근거로 판단할 때, 아기 돼지 삼형제에 해당하는 집을 바르게 짝지은 것은?

〈조건〉

- 아기 돼지 삼형제는 엄마 돼지로부터 독립하여 벽돌집, 나무집, 지푸라기집 중 각각 다른 한 채씩을 선택하여 짓는다.
- 벽돌집을 지을 때에는 벽돌만 필요하지만, 나무집은 나무와 지지대가, 지푸라기집은 지푸라기와 지지대가 재료로 필요하다. 지지대에 소요되는 비용은 집의 면적과 상관없이 나무집의 경우 20만 원, 지푸라기집의 경우 5만 원이다.
- 재료의 1개당 가격 및 집의 면적 $1m^2$당 필요 개수는 다음과 같다.

구분	벽돌	나무	지푸라기
1개당 가격(원)	6,000	3,000	1,000
$1m^2$당 필요 개수(개)	15	20	30

- 첫째 돼지 집의 면적은 둘째 돼지 집의 2배이고, 셋째 돼지 집의 3배이다. 삼형제 집의 면적의 총합은 $11m^2$이다.
- 모두 집을 짓고 나니, 둘째 돼지 집을 짓는 재료 비용이 가장 많이 들었다.

	첫째	둘째	셋째
①	벽돌집	나무집	지푸라기집
②	벽돌집	지푸라기집	나무집
③	나무집	벽돌집	지푸라기집
④	지푸라기집	벽돌집	나무집
⑤	지푸라기집	나무집	벽돌집

27 다음 글과 사례를 읽고 바르게 추론한 것은?

유권자가 선거에서 정당에 대한 막연한 선호나 후보자의 이미지가 아니라 쟁점에 대한 의견을 토대로 하는 투표를 '쟁점투표'라고 한다. 쟁점투표가 가능하기 위해서는 몇 가지 전제조건이 충족되어야 한다. 우선 후보자들이 어떤 쟁점에 대해 뚜렷한 의견의 차이를 보여줘야 한다. 다음으로 유권자들은 그 쟁점에 대해 후보자들의 의견이 어떤 차이를 가지고 있는가를 명확히 알고 있어야 한다. 그러나 유권자가 쟁점투표를 하더라도 어떻게 투표할지를 결정하는가에 대해서는 두 가지 다른 관점이 있다.

먼저 관점 I 에 의하면 유권자는 자신과 가장 가까운 견해를 가진 후보자에게 한 표를 던진다. 예를 들어 사형제도에 대한 의견을 직선에 표시할 때 '적극반대'를 −5로, '적극찬성'을 +5로 놓는다고 가정한다. 0은 중도적 입장이며 숫자간 간격은 동일하다. 이때 유권자는 사형제도에 대한 자신과 후보자들의 입장을 직선(−5부터 +5 사이)에 위치시킬 수 있으며 직선상에서 자신과 가장 가까운 거리에 있는 의견을 가진 후보자를 선택한다.

반면, 관점 II 에 의하면 유권자는 제일 먼저 후보자가 자신과 의견이 같은지의 여부(찬성 혹은 반대)를 구별하고 다른 입장을 가진 후보자를 제외하는 절차를 거친다. 그 다음에 자신과 같은 의견을 가진 후보 중 그 쟁점에 대해 가장 명확하고 극단적인 입장을 가진 후보자를 선택한다.

〈사례〉

유권자 A는 호주제가 존속되기를 희망하지만 그 희망은 그다지 강한 것은 아니다(+1). 반면, 유권자 B는 호주제가 폐지되기를 바라고 있다(−4). 선거에 출마한 후보자 갑은 호주제는 존속되어야 한다고 주장하며(+4), 후보자 을은 호주제의 존속을 강력히 주장한다(+5). 후보자 병은 호주제가 완전히 폐지되어야 한다고 주장하며(−5), 후보자 정은 호주제가 폐지되어야 하지만 좀 더 검토가 필요하다는 온건한 주장을 한다(−1).

① 관점 I 에 의하면 A와 B 모두 정을 선택한다.
② 관점 I 에 의하면 A는 갑을 선택하고 B는 을을 선택한다.
③ 관점 II 에 의하면 A는 갑을 선택하고 B는 병을 선택한다.
④ A는 관점 I 에 의하면 정을 선택하지만 관점 II 에 의하면 을을 선택한다.
⑤ B는 관점 I 에 의하면 병을 선택하지만 관점 II 에 의하면 정을 선택한다.

28 다음 〈조건〉을 토대로 기존의 승점제와 새로운 승점제를 적용할 때, K팀의 순위가 바르게 짝지어진 것은?

〈조건〉

- 대회에 참가하는 팀은 총 13팀이다.
- 각 팀은 다른 모든 팀과 한 번씩 경기를 한다.
- K팀의 최종성적은 5승 7패이다.
- K팀과의 경기를 제외한 12팀 간의 경기는 모두 무승부이다.
- 기존의 승점제는 승리 시 2점, 무승부 시 1점, 패배 시 0점을 부여한다.
- 새로운 승점제는 승리 시 3점, 무승부 시 1점, 패배 시 0점을 부여한다.

	기존의 승점제	새로운 승점제
①	8위	1위
②	8위	8위
③	13위	1위
④	13위	5위
⑤	13위	13위

29 어느 회사의 시설과에 A ~ F의 총 6명의 직원이 있다. 이들 가운데 반드시 4명의 직원으로만 팀을 구성하여 회의에 참석해 달라는 요청이 있었다. 만일 E가 불가피한 사정으로 그 회의에 참석할 수 없게 된 상황에서 다음 〈조건〉을 모두 충족시켜야만 한다면 몇 개의 팀이 구성될 수 있는가?

〈조건〉

- A 또는 B는 반드시 참석해야 한다. 하지만 A, B가 함께 참석할 수 없다.
- D 또는 E는 반드시 참석해야 한다. 하지만 D, E가 함께 참석할 수 없다.
- 만일 C가 참석하지 않게 된다면 D도 참석할 수 없다.
- 만일 B가 참석하지 않게 된다면 F도 참석할 수 없다.

① 0개
② 1개
③ 2개
④ 3개
⑤ 4개

30 다음 글을 근거로 판단할 때, 〈보기〉에서 옳은 것을 모두 고르면?

갑은 결혼 준비를 위해 스튜디오 업체(A, B), 드레스 업체(C, D), 메이크업 업체(E, F)의 견적서를 각각 받았는데, 최근 생긴 B업체만 정가에서 10% 할인한 가격을 제시하였다. 다음은 각 업체가 제시한 가격의 총액을 계산한 결과이다(단, A～F 각 업체의 가격은 모두 상이하다).

스튜디오	드레스	메이크업	총액
A	C	E	76만 원
이용 안 함	C	F	58만 원
A	D	E	100만 원
이용 안 함	D	F	82만 원
B	D	F	127만 원

〈보기〉

ㄱ. A업체 가격이 26만 원이라면, E업체 가격이 F업체 가격보다 8만 원 비싸다.
ㄴ. B업체의 할인 전 가격은 50만 원이다.
ㄷ. C업체 가격이 30만 원이라면, E업체 가격은 28만 원이다.
ㄹ. D업체 가격이 C업체 가격보다 26만 원 비싸다.

① ㄱ
② ㄴ
③ ㄷ
④ ㄴ, ㄷ
⑤ ㄷ, ㄹ

코레일 한국철도공사 신입사원 필기시험		
# 제9회 고난도 모의고사	모바일 OMR	문항 수 : 30문항 응시시간 : 30분

정답 및 해설 p.44

01 다음 글을 토대로 할 때, 흄이 반대하는 주장은?

> 의무와 합의의 관계에 대한 데이비드 흄의 생각이 시험대에 오르는 일이 발생했다. 흄은 집을 한 채 갖고 있었는데, 이 집을 자신의 친구에게 임대해 주었고, 그 친구는 이 집을 다시 다른 사람에게 임대했다. 이렇게 임대받은 사람은 집을 수리해야겠다고 생각했고, 흄과 상의도 없이 사람을 불러 일을 시켰다. 집을 수리한 사람은 일을 끝낸 뒤 흄에게 청구서를 보냈다. 흄은 집수리에 합의한 적이 없다는 이유로 지불을 거절했다. 그는 집을 수리할 사람을 부른 적이 없었다. 사건은 법정 공방으로 이어졌다. 집을 수리한 사람은 흄이 합의한 적이 없다는 사실을 인정했다. 그러나 집은 수리해야 하는 상태였기에 수리를 마쳤다고 그는 말했다. 집을 수리한 사람은 단순히 '그 일은 꼭 필요했다.'고 주장했다. 흄은 "그런 논리라면, 에든버러에 있는 집을 전부 돌아다니면서 수리할 곳이 있으면 집주인과 합의도 하지 않은 채 수리를 해놓고 지금처럼 자기는 꼭 필요한 일을 했으니 집수리 비용을 달라고 하지 않겠는가."라고 주장했다.

① 공정한 절차를 거쳐 집수리에 대한 합의에 이르지 못했다면 집수리 비용을 지불할 의무는 없다.
② 집수리에 대한 합의가 없었다면 필요한 집수리를 했더라도 집수리 비용을 지불할 의무는 없다.
③ 집수리에 대한 합의가 있었더라도 필요한 집수리를 하지 않았다면, 집수리 비용을 지불할 의무는 없다.
④ 집수리에 대한 합의가 있었고 필요한 집수리를 했다면, 집수리 비용을 지불할 의무가 생겨난다.
⑤ 집수리에 대한 합의가 없었더라도 필요한 집수리를 했다면, 집수리 비용을 지불할 의무가 생겨난다.

02 다음 글을 읽고 알 수 있는 내용으로 가장 적절한 것은?

세종이 즉위한 이듬해 5월에 대마도의 왜구가 충청도 해안에 와서 노략질하는 일이 벌어졌다. 이 왜구는 황해도 해주 앞바다에도 나타나 조선군과 교전을 벌인 후 명의 땅인 요동반도 방향으로 북상했다. 세종에게 왕위를 물려주고 상왕으로 있던 태종은 이종무에게 "북상한 왜구가 본거지로 되돌아가기 전에 대마도를 정벌하라!"라고 명했다. 이에 따라 이종무는 군사를 모아 대마도 정벌에 나섰다.

남북으로 긴 대마도에는 섬을 남과 북의 두 부분으로 나누는 중간에 아소만이라는 곳이 있는데, 이 만의 초입에 두지포라는 요충지가 있었다. 이종무는 이곳을 공격한 후 귀순을 요구하면 대마도주가 응할 것이라 보았다. 그는 6월 20일 두지포에 상륙해 왜인 마을을 불사른 후 계획대로 대마도주에게 서신을 보내 귀순을 요구했다. 하지만 대마도주는 이에 반응을 보이지 않았다. 분노한 이종무는 대마도주를 사로잡아 항복을 받아내기로 하고, 니로라는 곳에 병력을 상륙시켰다. 하지만 그곳에서 조선군은 매복한 적의 공격으로 크게 패했다. 이에 이종무는 군사를 거두어 거제도 견내량으로 돌아왔다.

이종무가 견내량으로 돌아온 다음 날, 태종은 요동반도로 북상했던 대마도의 왜구가 그곳으로부터 남하하던 도중 충청도에서 조운선을 공격했다는 보고를 받았다. 이 사건이 일어난 지 며칠 지나지 않았음을 알게 된 태종은 왜구가 대마도에 당도하기 전에 바다에서 격파해야 한다고 생각하고, 이종무에게 그들을 공격하라고 명했다. 그런데 이 명령이 내려진 후에 새로운 보고가 들어왔다. 대마도의 왜구가 요동반도에 상륙했다가 크게 패배하는 바람에 살아남은 자가 겨우 300여 명에 불과하다는 것이었다. 이 보고를 접한 태종은 대마도주가 거느린 병사가 많이 죽어 그 세력이 꺾였으니 그에게 다시금 귀순을 요구하면 응할 것으로 판단했다. 이에 그는 이종무에게 내린 출진 명령을 취소하고, 측근 중 적임자를 골라 대마도주에게 귀순을 요구하는 사신으로 보냈다. 이 사신을 만난 대마도주는 고심 끝에 조선에 귀순하기로 했다.

① 조선군이 대마도주를 사로잡기 위해 상륙하였다가 패배한 곳은 견내량이다.
② 조선이 왜구의 본거지인 대마도를 공격하기로 하자 명의 군대도 대마도까지 가서 정벌에 참여하였다.
③ 이종무는 세종이 대마도에 보내는 사절단에 포함되어 대마도를 여러 차례 방문하였다.
④ 태종은 대마도 정벌을 준비하였지만, 세종의 반대로 뜻을 이루지 못하였다.
⑤ 해주 앞바다에 나타나 조선군과 싸운 대마도의 왜구가 요동반도를 향해 북상한 뒤 이종무의 군대가 대마도로 건너갔다.

03 다음 자료에 대한 판단으로 옳은 것을 〈보기〉에서 모두 고르면?

우리 몸에는 세 종류의 중요한 근육이 있는데 이것들은 서로 다른 두 기준에 따라 각각 두 종류로 분류될 수 있다. 두 기준은 근육을 구성하는 근섬유에 줄무늬가 있는지의 여부와 근육의 움직임을 우리가 의식적으로 통제할 수 있는지의 여부이다.

세 종류의 중요한 근육 중 뼈대근육은 우리가 의식적으로 통제하여 사용할 수 있기 때문에 수의근이라고 하며 뼈에 부착되어 있다. 이 근육에 있는 근섬유에는 줄무늬가 있어서 줄무늬근으로 분류된다. 뼈대근육은 달리기, 들어 올리기와 같은 신체적 동작을 일으킨다. 우리가 신체적 운동을 통해 발달시키고자 하는 근육이 바로 뼈대근육이다.

뼈대근육과 다른 종류로서 내장근육이 있는데, 이 근육은 소화기관, 혈관, 기도에 있는 근육으로서 의식적인 통제하에 있는 것이 아니다. 내장근육에 있는 근섬유에는 줄무늬가 없어서 민무늬근으로 분류된다. 위나 다른 소화기관에 있는 근육은 꿈틀운동을 일으킨다. 혈관에 있는 근육은 혈관의 직경을 변화시켜서 피의 흐름을 촉진시킨다. 기도에 있는 근육은 기도의 직경을 변화시켜서 공기의 움직임을 촉진시킨다.

심장근육은 심장에서만 발견되는데 심장근육에 있는 근섬유에는 줄무늬가 있다. 심장근육은 심장벽을 구성하고 있고 심장을 수축시키는 역할을 하는데, 이 근육은 우리가 의식적으로 통제할 수 있는 것이 아니기 때문에 불수의근으로 분류된다. 지금까지 기술한 내용을 정리하면 다음과 같다.

〈근육의 종류와 특징〉

기준 \ 종류	뼈대근육	내장근육	심장근육
A	㉠	㉡	㉢
B	㉣	㉤	㉥

〈보기〉

ㄱ. ㉡과 ㉢이 같은 특징이라면, A에는 근섬유에 줄무늬가 있는지를 따지는 기준이 들어간다.
ㄴ. ㉣과 ㉥이 다른 특징이라면, B에는 근육의 움직임을 의식적으로 통제할 수 있는지를 따지는 기준이 들어간다.
ㄷ. ㉠에 '수의근'이 들어간다면, ㉤에는 '민무늬근'이 들어가야 한다.

① ㄱ
② ㄷ
③ ㄱ, ㄴ
④ ㄴ, ㄷ
⑤ ㄱ, ㄴ, ㄷ

04 다음 글을 읽고 알 수 있는 내용으로 가장 적절한 것은?

> 1883년에 조선과 일본이 맺은 조일통상장정 제41관에는 "일본인이 조선의 전라도, 경상도, 강원도, 함경도 연해에서 어업 활동을 할 수 있도록 허용한다."라는 내용이 있다. 당시 양측은 이 조항에 적시되지 않은 지방 연해에서 일본인이 어업 활동을 하는 것은 금하기로 했다. 이 장정 체결 직후에 일본은 자국의 각 부·현에 조선해통어조합을 만들어 조선 어장에 대한 정보를 제공하기 시작했다. 이러한 지원으로 조선 연해에서 조업하는 일본인이 늘었는데, 특히 제주도에는 일본인들이 많이 들어와 전복을 마구 잡는 바람에 주민들의 전복 채취량이 급감했다. 이에 제주목사는 1886년 6월에 일본인의 제주도 연해 조업을 금했다. 일본은 이 조치가 조일통상장정 제41관을 위반한 것이라며 항의했고, 조선도 이를 받아들여 조업 금지 조치를 철회하게 했다. 이후 조선은 일본인이 아무런 제약 없이 어업 활동을 하게 해서는 안 된다고 여기게 되었으며, 일본과 여러 차례 협상을 벌여 1889년에 조일통어장정을 맺었다.
> 조일통어장정에는 일본인이 조일통상장정 제41관에 적시된 지방의 해안선으로부터 3해리 이내 해역에서 어업 활동을 하고자 할 때는 조업하려는 지방의 관리로부터 어업준단을 발급받아야 한다는 내용이 있다. 어업준단의 유효기간은 발급일로부터 1년이었으며, 이를 받고자 하는 자는 소정의 어업세를 먼저 내야 했다. 이 장정 체결 직후에 일본은 조선해통어조합연합회를 만들어 자국민의 어업준단 발급 신청을 지원하게 했다. 이후 일본은 1908년에 '어업에 관한 협정'을 강요해 맺었다. 여기에는 앞으로 한반도 연해에서 어업 활동을 하려는 일본인은 대한제국 어업 법령의 적용을 받도록 한다는 조항이 있다. 대한제국은 이듬해에 한반도 해역에서 어업을 영위하고자 하는 자는 먼저 어업 면허를 취득해야 한다는 내용의 어업법을 공포했고, 일본은 자국민도 이 법의 적용을 받게 해야 한다는 입장을 관철했다. 일본은 1902년에 조선해통어조합연합회를 없애고 조선해수산조합을 만들었는데, 이 조합은 어업법 공포 후 일본인의 어업 면허 신청을 대행하는 등의 일을 했다.

① 조선해통어조합은 '어업에 관한 협정'에 따라 일본인의 어업 면허 신청을 대행하는 업무를 보았다.

② 조일통어장정에는 제주도 해안선으로부터 3해리 밖에서 조선인이 어업 활동을 하는 것을 모두 금한다는 조항이 있다.

③ 조선해통어조합연합회가 만들어져 활동하던 당시에 어업준단을 발급받고자 하는 일본인은 어업세를 내도록 되어 있었다.

④ 조일통상장정에는 조선해통어조합연합회를 조직해 일본인이 한반도 연해에서 조업할 수 있도록 지원한다는 내용이 있다.

⑤ 한반도 해역에서 조업하는 일본인은 조일통상장정 제41관에 따라 조선해통어조합으로부터 어업 면허를 발급받아야 하였다.

05 다음 〈보기〉 중 갑 ~ 정의 주장에 대한 분석으로 적절한 것을 모두 고르면?

북미 지역의 많은 불임 여성들이 체외수정을 시도하고 있다. 그런데 젊은 여성들의 난자를 사용한 체외수정의 성공률이 높기 때문에 젊은 여성의 난자에 대한 선호도가 높다. 처음에는 젊은 여성들이 자발적으로 난자를 기증하였지만, 이러한 자발적인 기증만으로는 수요를 감당할 수가 없게 되었다. 이 시점에 난자 제공에 대한 금전적 대가 지불에 대해 논란이 제기되었다.

갑 : 난자 기증은 상업적이 아닌 이타주의적인 이유에서만 이루어져야 한다. 난자만이 아니라 정자를 매매하거나 거래하는 것도 불법화해야 한다는 데 동의한다. 물론 상업적인 대리모도 금지해야 한다.

을 : 인간은 각자 본연의 가치가 있으므로 시장에서 값을 매길 수 없다. 또한 인간관계를 상업화하거나 난자 등과 같은 신체의 일부를 금전적인 대가 지불의 대상으로 만들어선 안 된다.

병 : 불임 부부가 아기를 가질 기회를 박탈해선 안 된다. 그런데 젊은 여성들이 자발적으로 난자를 기증하는 것을 기대하기가 어렵다. 난자 기증은 여러 가지 부담을 감수해야 하기에 보상 없이 이루어지기에는 한계가 있다. 결과적으로 난자 제공에 대한 금전적 대가 지불을 허용하지 않을 경우에 난자를 얻을 수 없을 것이고, 불임 여성들은 원하는 아기를 가질 수 없게 될 것이다.

정 : 난자 기증은 정자 기증과 근본적으로 다르다. 난자를 채취하는 것은 정자를 얻는 것보다 훨씬 복잡하고 어려운 일이며 위험을 감수해야 할 경우도 있다. 예컨대, 과배란을 유도하기 위해 여성들은 한 달 이상 매일 약을 먹어야 한다. 그 다음에는 가늘고 긴 바늘을 난소에 찔러 난자를 뽑아 내는 과정을 거쳐야 한다. 한 여성 경험자는 난소에서 난자를 뽑아 낼 때마다 '누가 그 부위를 발로 차는 것 같은' 느낌을 받았다고 보고하였다. 이처럼 난자 제공은 고통과 위험을 감수해야 하는 일이다.

〈보기〉

ㄱ. 을은 갑의 주장을 지지한다.
ㄴ. 정의 주장은 병의 주장을 지지하는 근거로 사용될 수 있다.
ㄷ. 난자 제공에 대한 금전적 대가 지불에 대해서 을의 입장과 병의 입장은 양립불가능하다.

① ㄱ
② ㄷ
③ ㄱ, ㄴ
④ ㄴ, ㄷ
⑤ ㄱ, ㄴ, ㄷ

06 다음 글의 내용이 참일 때, 〈보기〉 중 반드시 참인 것을 모두 고르면?

K기업에 새로 채용된 갑진, 을현, 병천은 기획팀, 재무팀, 영업팀에 한 명씩 배치되는 것으로 정해졌다. 가인, 나운, 다은, 라연은 배치 결과를 궁금해 하며 다음과 같이 예측했는데, 이 중 한 명의 예측만 틀렸음이 밝혀졌다.

가인 : 을현은 기획팀에, 병천은 영업팀에 배치될 거야.
나운 : 을현이 기획팀에 배치되면, 갑진은 재무팀에 배치될 거야.
다은 : 을현이 기획팀에 배치되지 않으면, 병천이 기획팀에 배치될 거야.
라연 : 갑진은 재무팀에, 병천은 기획팀에 배치될 거야.

〈보기〉

ㄱ. 갑진은 재무팀에 배치된다.
ㄴ. 을현은 기획팀에 배치된다.
ㄷ. 라연의 예측은 틀렸다.

① ㄱ
② ㄴ
③ ㄱ, ㄷ
④ ㄴ, ㄷ
⑤ ㄱ, ㄴ, ㄷ

07 다음 〈보기〉 중 논쟁을 분석한 내용으로 적절한 것을 모두 고르면?

> A : 종 차별주의란 인간 종이 다른 생물 종과 생김새가 다르다는 이유만으로 특별한 대우를 받아야 한다는 주장이다. 이런 종 차별주의가 옳지 않다는 주장은 모든 종을 동등하게 대우해야 한다는 종 평등주의가 옳다는 말과 같다. 하지만 종 평등주의는 너무나 비상식적인 견해이다.
>
> B : 종 차별주의를 거부하는 것과 종 평등주의를 받아들이는 것은 별개이다. 모든 생명체를 동등하게 대우해야 한다는 종 평등주의는 이웃 사람을 죽이는 것이 그른 만큼 양배추를 뽑아 버리는 것도 그르다는 것을 암시한다. 그러나 양배추는 신경계와 뇌가 없으므로 어떠한 경험을 할 수도 어떠한 의식을 가질 수도 없다. 그런 양배추를 뽑아 버리는 것이, 의식을 가지고 높은 수준의 경험을 누리는 이웃 사람을 죽이는 행위와 같을 수 없다. 종 차별주의에 대한 거부는 생김새가 아닌 의식에 의한 차별적 대우를 부정하지 않는다.
>
> C : 의식에 의한 차별이 정당하다는 주장이 옳다면, 각 인간이 가진 가치도 달라야 한다. 인간마다 의식적 경험의 정도가 다르기 때문이다. 그러나 모든 인간이 동일한 존엄성과 무한한 생명 가치를 가진다는 것은 거부할 수 없는 윤리의 대전제이다. 따라서 의식을 이용하여 종 사이의 차별을 정당화한다면 이런 윤리의 대전제를 부정할 수밖에 없다.

〈보기〉

> ㄱ. A는 종 차별주의와 종 평등주의가 서로 모순된다고 보지만 B는 그렇지 않다.
> ㄴ. B와 C는 모든 인간이 동일한 존엄성과 무한한 생명 가치를 가진다는 견해에 동의한다.
> ㄷ. C는 인간과 인간이 아닌 것 사이의 차별적 대우를 정당화하는 근거가 있다는 것에 동의하지만, A는 그렇지 않다.

① ㄱ　　② ㄴ
③ ㄱ, ㄷ　　④ ㄴ, ㄷ
⑤ ㄱ, ㄴ, ㄷ

08 다음 대화의 밑줄 친 ㉠에 따라 계획안을 수정한 내용으로 적절하지 않은 것은?

갑 : 나눠드린 'K시 공공 건축 교육 과정' 계획안을 다 보셨죠? 이제 계획안을 어떻게 수정하면 좋을지 각자의 의견을 자유롭게 말씀해 주십시오.

을 : 코로나19 상황을 고려해 대면 교육보다 온라인 교육이 좋겠습니다. 그리고 방역 활동에 모범을 보이는 차원에서 온라인 강의로 진행한다는 점을 강조하는 것이 좋겠습니다. 온라인 강의는 편안한 시간에 접속하여 수강하게 하고, 수강 가능한 기간을 명시해야 합니다. 게다가 온라인으로 진행하면 교육 대상을 K시 시민만이 아닌 모든 희망자로 확대하는 장점이 있습니다.

병 : 좋은 의견입니다. 여기에 덧붙여 교육 대상을 공공 건축 업무 관련 공무원과 일반 시민으로 구분하는 것이 좋겠습니다. 관련 공무원과 일반 시민은 기반 지식에서 차이가 커 같은 내용으로 교육하기에 적합하지 않습니다. 업무와 관련된 직무 교육 과정과 일반 시민 수준의 교양 교육 과정으로 따로 운영하는 것이 좋겠습니다.

을 : 교육 과정 분리는 좋습니다만, 공무원의 직무 교육은 참고할 자료가 많아 온라인 교육이 비효율적입니다. 직무 교육 과정은 다음에 논의하고, 이번에는 시민 대상 교양 과정으로만 진행하는 것이 좋겠습니다. 그리고 K시의 유명 공공 건축물을 활용해서 K시를 홍보하고 관심을 끌 수 있는 주제의 강의가 있으면 좋겠습니다.

병 : 그게 좋겠네요. 마지막으로 덧붙이면 신청 방법이 너무 예전 방식입니다. 시 홈페이지에서 신청 게시판을 찾아가는 방법을 안내할 필요는 있지만, 요즘 같은 모바일 시대에 이것만으로는 부족합니다. K시 공식 어플리케이션에서 바로 신청서를 작성하고 제출할 수 있도록 하면 좋겠습니다.

갑 : ㉠ <u>오늘 회의에서 나온 의견</u>을 반영하여 계획안을 수정하도록 하겠습니다. 감사합니다.

〈계획안〉

K시 공공 건축 교육 과정

- 강의 주제 : 공공 건축의 미래 / K시의 조경
- 일시 : 7. 12.(월) 19:00 ~ 21:00 / 7. 14.(수) 19:00 ~ 21:00
- 장소 : K시 청사 본관 5층 대회의실
- 대상 : K시 공공 건축에 관심 있는 K시 시민 누구나
- 신청 방법 : K시 홈페이지 → '시민참여' → '교육' → '공공 건축 교육 신청 게시판'에서 신청서 작성

① 강의 주제에 '건축가협회 선정 K시의 유명 공공 건축물 TOP3'를 추가한다.
② 일시 항목을 '기간 : 7. 12.(월) 06:00 ~ 7. 16.(금) 24:00'으로 바꾼다.
③ 장소 항목을 '교육방식 : 코로나19 확산 방지를 위해 온라인 교육으로 진행'으로 바꾼다.
④ 대상을 'K시 공공 건축에 관심 있는 사람 누구나'로 바꾼다.
⑤ 신청 방법을 'K시 공식 어플리케이션을 통한 K시 공공 건축 교육 과정 간편 신청'으로 바꾼다.

09 다음 대화의 빈칸에 들어갈 내용으로 가장 적절한 것은?

갑 : 아시는 바와 같이 코로나19로 인한 위기 상황 속에서 어려움을 겪는 국민의 생계를 지원하기 위해 정부가 지난 5월에 전 국민을 대상으로 긴급재난지원금을 지급했습니다. 그런데 정부는 코로나19로 영업이 어려워진 소상공인 및 자영업자, 생계가 어려운 가구 등을 대상으로 지원금을 다시금 지급하기로 8월에 결정했습니다. 이 소식을 듣고 지원금 수령 가능 여부를 문의하는 민원인들이 많습니다. 문구점을 운영하는 A씨는 소상공인 및 자영업자에게 주는 지원금을 신청할 수 있는지 문의했습니다.

을 : 이번에는 소상공인 및 자영업자의 일부, 생계 위기 가구 등에 지원금을 주게 되어 있습니다. 사회적 거리두기 2단계의 실시로 출입이 금지된 집합금지 및 집합제한업종의 자영업자는 특별한 증빙서류 없이 소상공인 및 자영업자 대상 지원금을 받을 수 있습니다. 또 사회적 거리두기 2.5단계부터 운영이 제한된 수도권의 카페나 음식점 등도 집합제한업종에 해당하여 지원금을 받을 수 있습니다. 집합금지 및 집합제한업종에 속하지 않더라도 연 매출 4억 원 이하라는 사실을 증명할 수 있는 자료와 함께 코로나19 확산으로 매출이 감소했음을 증빙하는 자료를 제출하면 지원금을 받을 수도 있습니다. A씨가 운영하는 가게가 집합금지 및 집합제한업종에 해당하는지 확인하셨습니까?

갑 : 네, A씨가 운영하는 문구점은 집합금지 및 집합제한업종에 해당하지 않는 것으로 확인되었습니다.

을 : 그렇다면 제가 말씀드린 내용을 바탕으로 A씨에게 적절한 답변을 해주시기 바랍니다.

갑 : 잘 알겠습니다. 민원인 A씨에게 ____________________고 말씀 드리겠습니다.

① 문구점은 일반 업종에 해당하지 않으므로 긴급재난지원금을 신청할 수 없다
② 지난 5월에 긴급재난지원금을 받았다는 사실을 증명하는 서류를 제출해야 한다
③ 문구점은 집합금지 및 집합제한업종에 해당하지 않는 것으로 확인되었기 때문에 지원금을 받을 수 없다
④ 사회적 거리두기 2.5단계부터 운영이 제한되거나 금지된 업종이 아니면 긴급재난지원금을 받을 수 없다
⑤ 연 매출 4억 원에 미치지 못하고 코로나19로 매출이 감소한 자영업자라면 증빙서류를 갖추어 신청할 수 있다

10 다음 글의 밑줄 친 주장을 강화하는 사례로 가장 적절한 것은?

> 어떤 집단의 특성을 드러내고, 집단들 사이의 특성을 비교하기 위해 흔히 사용되고 있는 것이 평균값이다. 이는 우리가 일상적으로 '평균 연령', '평균 신장', '평균 점수' 등의 용어를 자주 사용하고 있는 데서 잘 드러난다. 예를 들어 우리는 어떤 지역 사람들의 평균 수명이 다른 지역 사람들의 평균 수명보다 월등하게 높다는 것을 이유로 '장수마을'이라는 명칭을 붙이기도 하고, 이 지역 사람들은 대체로 오래 살 것이라 생각한다. 이렇게 평균값을 사용하여 어떤 집단의 특성을 드러내는 것은 편리하고 유용한 방식이라고 할 수 있다. 그러나 <u>어떤 속성에 대한 평균값만으로 그 속성에 관한 집단의 실상을 드러내는 데는 한계가 있다</u>.

① A지역 사람들은 대학진학률이 높지만, B지역 사람들은 취업률이 높다.
② C지역의 평균 소득은 매우 높지만, 그 지역 사람들 대부분은 빈곤하다.
③ D지역 사람들의 평균 신장은 크지만, 그 지역 사람들 대부분은 뚱뚱하지 않다.
④ E지역 사람들의 평균 수명은 짧지만, F지역 사람들의 평균 수명은 그렇지 않다.
⑤ G지역의 평균 기온은 25도 내외지만, 그 지역 사람들 대부분은 수영을 하지 못한다.

11 고등학생들을 대상으로 가장 좋아하는 색깔을 조사했더니 빨간색, 파란색, 검은색이 차지하는 비율이 2 : 3 : 5이다. 학생 2명을 임의로 선택할 때, 좋아하는 색이 다를 확률은?(단, 조사 인원은 충분히 많다)

① $\frac{27}{50}$
② $\frac{29}{50}$
③ $\frac{31}{50}$
④ $\frac{33}{50}$
⑤ $\frac{37}{50}$

12 다음은 K국에 운항하는 항공사의 운송실적 및 피해구제 현황에 대한 자료이다. 이를 이용하여 작성한 그래프로 옳지 않은 것은?

〈2022년과 2023년 국적항공사의 노선별 운송실적〉

(단위 : 천 명)

국적항공사 \ 노선 / 연도		국내선 2022년	국내선 2023년	국제선 2022년	국제선 2023년
대형항공사	태양항공	7,989	6,957	18,925	20,052
	무지개항공	5,991	6,129	13,344	13,727
저비용항공사	알파항공	4,106	4,457	3,004	3,610
	에어세종	0	0	821	1,717
	청렴항공	3,006	3,033	2,515	2,871
	독도항공	4,642	4,676	5,825	7,266
	참에어	3,738	3,475	4,859	5,415
	동해항공	2,935	2,873	3,278	4,128
합계		32,407	31,600	52,571	58,786

〈2022년 피해유형별 항공사의 피해구제 접수 건수 비율〉

(단위 : %)

항공사 \ 피해유형	취소환불 위약금	지연결항	정보제공 미흡	수하물 지연 파손	초과판매	기타	합계
국적항공사	57.14	22.76	5.32	6.81	0.33	7.64	100.00
외국적항공사	49.06	27.77	6.89	6.68	1.88	7.72	100.00

〈2023년 피해유형별 항공사의 피해구제 접수 건수〉

(단위 : 건)

항공사 \ 피해유형		취소환불 위약금	지연결항	정보제공 미흡	수하물 지연 파손	초과판매	기타	합계	전년 대비 증가
대형 항공사	태양항공	31	96	0	7	0	19	153	13
	무지개항공	20	66	0	5	0	15	106	−2
저비용항공사	알파항공	9	9	0	1	0	4	23	−6
	에어세종	19	10	2	1	0	12	44	7
	청렴항공	12	33	3	4	0	5	57	16
	독도항공	34	25	3	9	0	27	98	−35
	참에어	33	38	0	6	0	8	85	34
	동해항공	19	32	1	10	0	10	72	9
국적항공사		177	309	9	43	0	100	638	36
외국적항공사		161	201	11	35	0	78	486	7

① 2022년 피해유형별 외국적항공사의 피해구제 접수 건수 대비 국적항공사의 피해구제 접수 건수 비

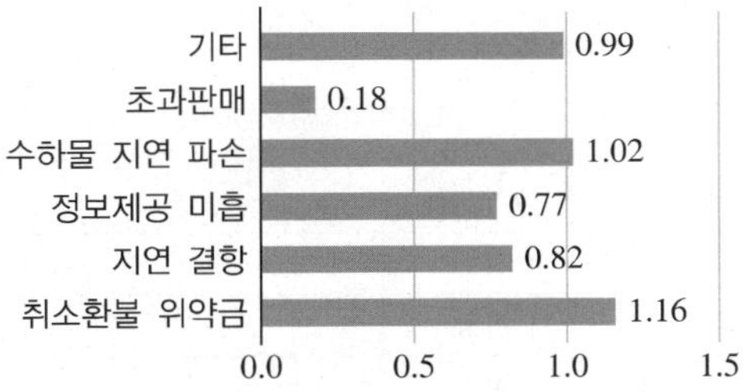

② 2022년 국적항공사별 피해구제 접수 건수 비중

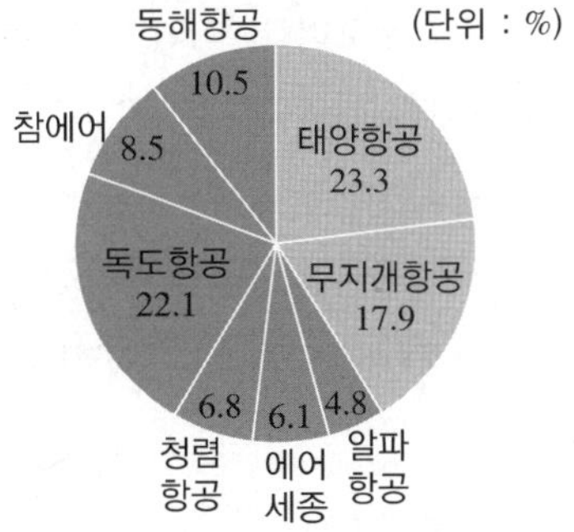

③ 2022년 피해유형별 국적항공사의 피해구제 접수 건수

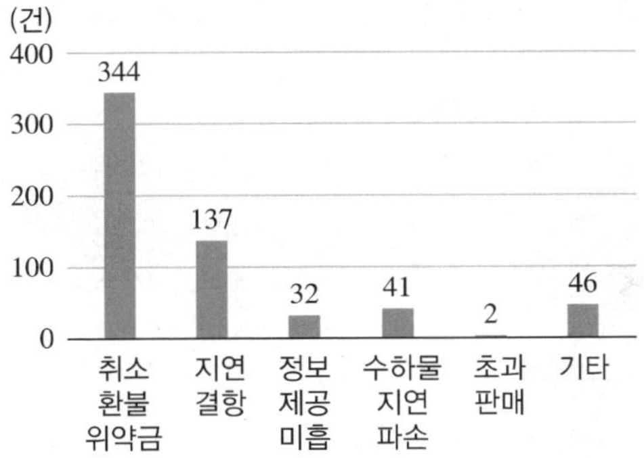

④ 2022년 대비 2023년 저비용 국적항공사의 전체 노선 운송실적 증가율

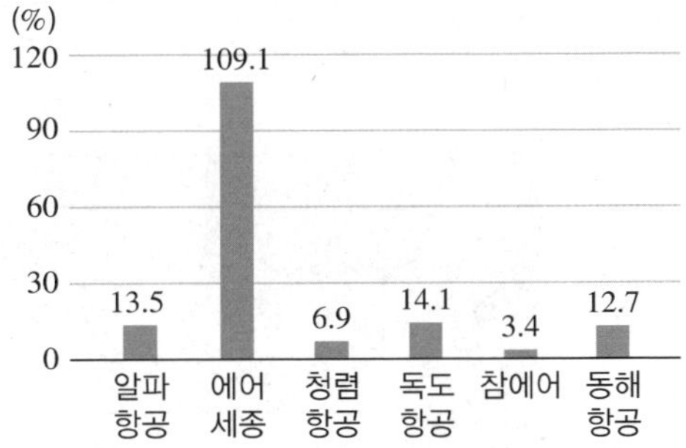

⑤ 대형 국적항공사의 전체 노선 운송실적 대비 피해구제 접수 건수 비

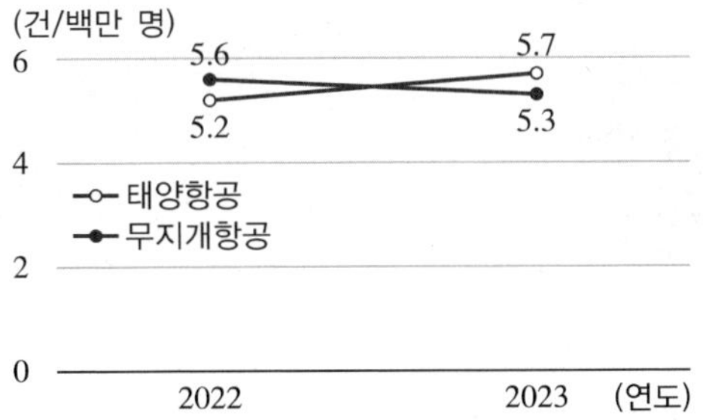

13 다음 표는 K국 하수처리장의 1일 하수처리용량 및 지역등급별 방류수 기준이고, 그림은 지역등급 및 36개 하수처리장 분포이다. 이에 대한 설명으로 옳은 것을 〈보기〉에서 모두 고르면?

〈하수처리장 1일 하수처리용량 및 지역등급별 방류수 기준〉

(단위 : mg/L)

항목 / 1일 하수처리용량	지역등급	생물학적 산소요구량	화학적 산소요구량	총질소	총인
500m³ 이상	Ⅰ	5 이하	20 이하	20 이하	0.2 이하
	Ⅱ	5 이하	20 이하	20 이하	0.3 이하
	Ⅲ	10 이하	40 이하	20 이하	0.5 이하
	Ⅳ	10 이하	40 이하	20 이하	2.0 이하
50m³ 이상 500m³ 미만	Ⅰ ~ Ⅳ	10 이하	40 이하	20 이하	2.0 이하
50m³ 미만	Ⅰ ~ Ⅳ	10 이하	40 이하	40 이하	4.0 이하

〈지역등급 및 하수처리장 분포〉

〈보기〉

ㄱ. 방류수의 생물학적 산소요구량 기준이 5mg/L 이하인 하수처리장 수는 5개이다.

ㄴ. 1일 하수처리용량 500m³ 이상인 하수처리장 수는 1일 하수처리용량 50m³ 미만인 하수처리장 수의 1.5배 이상이다.

ㄷ. Ⅱ등급 지역에서 방류수의 총인 기준이 0.3mg/L 이하인 하수처리장의 1일 하수처리용량 합은 최소 1,000m³이다.

ㄹ. 방류수의 총질소 기준이 20mg/L 이하인 하수처리장 수는 방류수의 화학적 산소요구량 기준이 20mg/L 이하인 하수처리장 수의 5배 이상이다.

① ㄱ, ㄴ
② ㄱ, ㄷ
③ ㄴ, ㄹ
④ ㄱ, ㄷ, ㄹ
⑤ ㄴ, ㄷ, ㄹ

14 다음은 루마니아, 불가리아, 세르비아, 체코, 헝가리 5개국의 GDP 대비 산업 생산액 비중에 대한 자료이다. 〈조건〉을 참고하여 B, E에 해당하는 국가를 바르게 나열한 것은?

〈국가별 GDP 대비 산업 생산액 비중〉

(단위 : %)

산업 / 국가	농업	제조업	서비스업	합계
A	14	54	32	100
B	5	35	60	100
C	4	36	60	100
D	3	29	68	100
E	1	25	74	100

〈조건〉

- 세르비아와 루마니아 각국의 GDP 대비 제조업 생산액 비중을 합하면 헝가리의 GDP 대비 제조업 생산액 비중과 같다.
- 세르비아와 불가리아 각국의 GDP 대비 농업 생산액 비중을 합하면 체코의 GDP 대비 농업 생산액 비중과 같다.

	B	E
①	체코	세르비아
②	세르비아	불가리아
③	불가리아	세르비아
④	불가리아	루마니아
⑤	체코	루마니아

15 다음은 OECD 회원국 중 5개국의 2023년 가정용, 산업용 전기요금 지수를 나타낸 자료이다. 이에 대한 설명으로 옳은 것을 〈보기〉에서 모두 고르면?

〈OECD 회원국 중 5개국의 가정용, 산업용 전기요금 지수〉

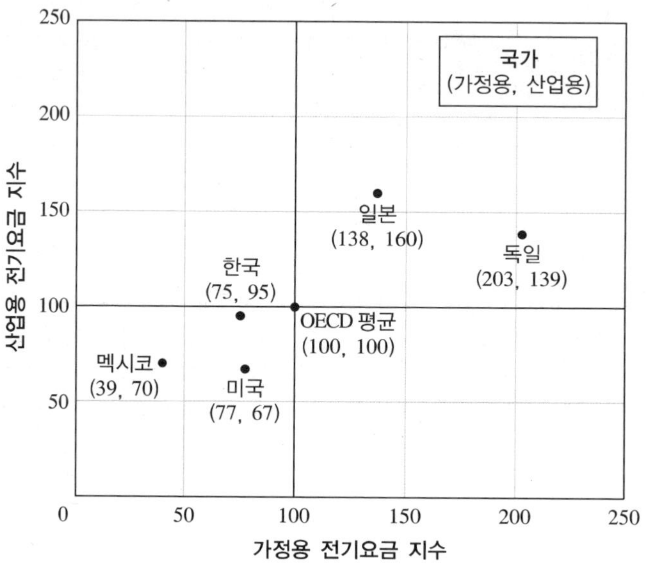

※ OECD 각 국가의 전기요금은 100kWh당 평균 금액($)이다.

※ [가정용(산업용) 전기요금 지수]$=\frac{\text{[해당 국가의 가정용(산업용) 전기요금]}}{\text{[OECD 평균 가정용(산업용) 전기요금]}}\times100$

※ 2023년 한국의 가정용, 산업용 전기요금은 100kWh당 각각 $120, $95이다.

〈보기〉

ㄱ. 산업용 전기요금은 일본이 가장 비싸고 가정용 전기요금은 독일이 가장 비싸다.
ㄴ. OECD 평균 전기요금은 가정용이 산업용의 1.5배 이상이다.
ㄷ. 가정용 전기요금이 한국보다 비싼 국가는 산업용 전기요금도 한국보다 비싸다.
ㄹ. 일본은 산업용 전기요금이 가정용 전기요금보다 비싸다.

① ㄱ, ㄴ
② ㄱ, ㄷ
③ ㄴ, ㄹ
④ ㄷ, ㄹ
⑤ ㄱ, ㄴ, ㄹ

16 다음은 1930년 각 도의 경작유형별 춘궁농가 호수와 춘궁농가 비율을 나타낸 자료이다. 이에 대한 설명으로 옳은 것을 〈보기〉에서 모두 고르면?

〈1930년 각 도의 경작유형별 춘궁농가 호수와 춘궁농가 비율〉

(단위 : 호, %)

구분	춘궁농가				춘궁농가 비율			
	경작유형			전체	경작유형			전체
	자작농	자소작농	소작농		자작농	자소작농	소작농	
경기도	2,407	22,233	97,001	121,641	13.1	33.3	69.8	54.3
충청북도	3,564	17,891	54,435	75,890	19.9	40.3	76.3	56.8
충청남도	4,438	24,104	83,764	112,306	30.9	45.2	89.6	69.7
경상북도	13,477	47,129	84,289	144,895	20.0	36.1	57.8	42.1
경상남도	8,354	33,892	87,626	129,872	21.2	37.2	63.1	48.2
전라북도	3,098	23,191	110,469	136,758	28.7	42.6	71.5	62.2
전라남도	14,721	52,028	103,588	170,337	23.2	46.9	81.2	56.4
황해도	4,159	22,017	75,511	101,687	12.2	34.0	63.0	46.5
평안남도	4,733	17,209	33,557	55,499	14.3	28.0	58.4	36.5
평안북도	3,279	9,001	36,015	48,295	8.8	19.4	42.1	28.5
강원도	10,363	26,885	45,895	83,143	20.5	37.9	76.9	45.9
함경남도	15,003	22,383	21,950	59,336	20.7	42.2	72.3	38.1
함경북도	4,708	5,507	3,411	13,626	10.5	35.6	55.2	20.5
전국	92,304	323,470	837,511	1,253,285	18.4	37.5	68.1	48.3

※ $[\text{춘궁농가 비율}(\%)] = \frac{(\text{춘궁농가 호수})}{(\text{농가 호수})} \times 100$

※ $[\text{경작유형별 춘궁농가 비율}(\%)] = \frac{(\text{해당 유형 춘궁농가 호수})}{(\text{해당 유형 농가 호수})} \times 100$

※ 1930년 당시 제주도는 행정구역상 전라남도에 소속되었다.

〈보기〉

ㄱ. 춘궁농가 비율이 가장 높은 도는 충청남도였으며, 가장 낮은 도는 함경북도였다.
ㄴ. 모든 도에서 경작유형별 춘궁농가 비율은 소작농이 가장 높았다.
ㄷ. 경상북도는 전라남도에 비해 농가 호수가 더 많았다.
ㄹ. 경상도 춘궁농가 호수의 합은 전라도 춘궁농가 호수의 합보다 컸다.
ㅁ. 전국 농가의 절반 이상이 춘궁농가였다.

① ㄱ, ㄴ, ㄷ
② ㄱ, ㄴ, ㄹ
③ ㄱ, ㄷ, ㄹ
④ ㄴ, ㄹ, ㅁ
⑤ ㄷ, ㄹ, ㅁ

17 다음은 K국의 반려동물 사료 유형별 특허 출원건수에 대한 자료이다. 이에 대한 설명으로 옳은 것을 〈보기〉에서 모두 고르면?

〈반려동물 사료 유형별 특허 출원건수〉

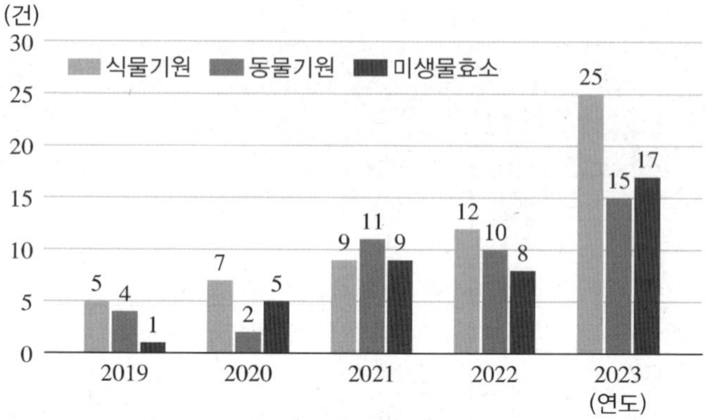

※ 반려동물 사료 유형은 식물기원, 동물기원, 미생물효소로만 구분한다.

〈보기〉

ㄱ. 2019 ~ 2023년 동안의 특허 출원건수 합이 가장 작은 사료 유형은 미생물효소이다.
ㄴ. 연도별 전체 특허 출원건수 대비 각 사료 유형의 특허 출원건수 비율은 식물기원이 매년 가장 높다.
ㄷ. 2023년 특허 출원건수의 전년 대비 증가율이 가장 높은 사료 유형은 식물기원이다.

① ㄱ
② ㄷ
③ ㄱ, ㄴ
④ ㄱ, ㄷ
⑤ ㄴ, ㄷ

18 다음은 A～J지역의 지역발전 지표에 대한 자료이다. 〈조건〉을 토대로 할 때 (가)～(라)에 들어갈 수 있는 값을 바르게 나열한 것은?

〈A～J지역의 지역발전 지표〉

(단위 : %, 개)

지표 / 지역	재정 자립도	시가화 면적 비율	10만 명당 문화시설수	10만 명당 체육시설수	주택 노후화율	주택 보급률	도로 포장률
A	83.8	61.2	4.1	111.1	17.6	105.9	92.0
B	58.5	24.8	3.1	(다)	22.8	93.6	98.3
C	65.7	35.7	3.5	103.4	13.5	91.2	97.4
D	48.3	25.3	4.3	128.0	15.8	96.6	100.0
E	(가)	20.7	3.7	133.8	12.2	100.3	99.0
F	69.5	22.6	4.1	114.0	8.5	91.0	98.1
G	37.1	22.9	7.7	110.2	20.5	103.8	91.7
H	38.7	28.8	7.8	102.5	19.9	(라)	92.5
I	26.1	(나)	6.9	119.2	33.7	102.5	89.6
J	32.6	21.3	7.5	113.0	26.9	106.1	87.9

〈조건〉

- 재정자립도가 E보다 높은 지역은 A, C, F이다.
- 시가화 면적 비율이 가장 낮은 지역은 주택노후화율이 가장 높은 지역이다.
- 10만 명당 문화시설수가 가장 적은 지역은 10만 명당 체육시설수가 네 번째로 많은 지역이다.
- 주택보급률이 도로포장률보다 낮은 지역은 B, C, D, F이다.

	(가)	(나)	(다)	(라)
①	58.6	20.9	100.9	92.9
②	60.8	19.8	102.4	92.5
③	63.5	20.1	115.7	92.0
④	65.2	20.3	117.1	92.6
⑤	65.8	20.6	118.7	93.7

19 원가가 2,000원인 제품에 15%의 마진을 붙여 정가로 판매하였다. 총 판매된 제품은 160개이고 그중 8개 제품에 하자가 발견되어 판매가격의 두 배를 보상금으로 지불했을 때, 얻은 이익은 총 얼마인가?

① 10,800원
② 11,200원
③ 18,200원
④ 24,400원
⑤ 29,600원

20 다음은 가구 A ~ L의 2024년 1월 주거비와 식비, 필수생활비에 대한 자료이다. 이에 대한 설명으로 옳은 것은?

〈그림 1〉 가구 A ~ L의 주거비와 식비

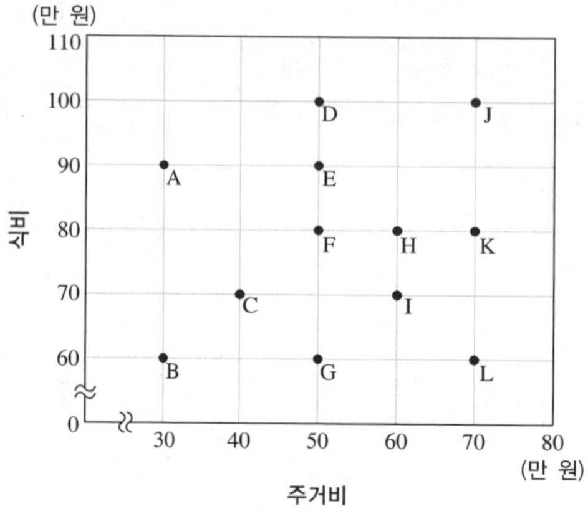

〈그림 2〉 가구 A ~ L의 식비와 필수생활비

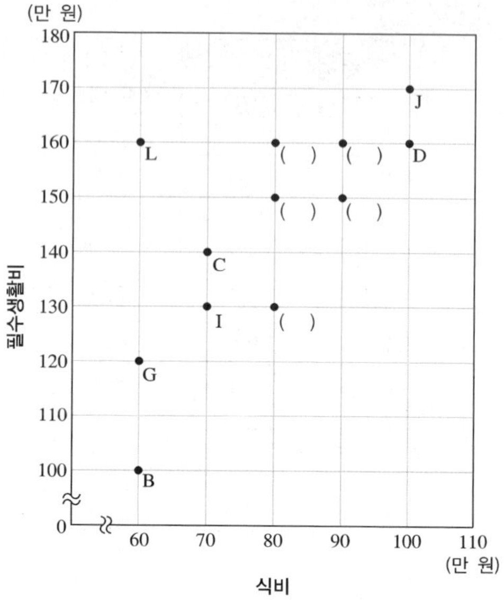

※ (필수생활비)=(주거비)+(식비)+(의복비)

① 의복비는 가구 A가 가구 B보다 작다.
② 의복비가 0원인 가구는 1곳이다.
③ 주거비가 40만 원 이하인 가구의 의복비는 각각 10만 원 이상이다.
④ 식비 하위 3개 가구 의복비의 합은 60만 원 이상이다.
⑤ 식비가 80만 원이면서 필수생활비가 130만 원인 가구는 K이다.

21 다음 글과 상황을 근거로 판단할 때 옳은 것은?

민사소송의 1심을 담당하는 법원으로는 지방법원과 지방법원지원(이하 "그 지원"이라 한다)이 있다. 지방법원과 그 지원이 재판을 담당하는 관할구역은 지역별로 정해져 있는데, 피고의 주소지를 관할하는 지방법원 또는 그 지원이 재판을 담당한다. 다만, 금전지급청구소송은 원고의 주소지를 관할하는 지방법원 또는 그 지원도 재판할 수 있다.

한편, 지방법원이나 그 지원의 재판사무의 일부를 처리하기 위해서 그 관할구역 안에 시법원 또는 군법원(이하 "시·군법원"이라 한다)이 설치되어 있는 경우가 있다. 시·군법원은 지방법원 또는 그 지원이 재판하는 사건 중에서 소송물가액이 3,000만 원 이하인 금전지급청구소송을 전담하여 재판한다. 즉, 이러한 소송의 경우 원고 또는 피고의 주소지를 관할하는 시·군법원이 있으면 지방법원과 그 지원은 재판할 수 없고 시·군법원만이 재판한다.

※ 소송물가액 : 원고가 승소하면 얻게 될 경제적 이익을 화폐 단위로 평가한 것

〈상황〉

• 갑은 을에게 빌려준 돈을 돌려받기 위해 소송물가액 3,000만 원의 금전지급청구의 소(이하 "A청구"라 한다)와 을에게서 구입한 소송물가액 1억 원의 고려청자 인도청구의 소(이하 "B청구"라 한다)를 각각 1심 법원에 제기하려고 한다.
• 갑의 주소지는 김포시이고 을의 주소지는 양산시이다. 이들 주소지와 관련된 법원명과 그 관할구역은 다음과 같다.

법원명	관할구역
인천지방법원	인천광역시
인천지방법원 부천지원	부천시, 김포시
김포시법원	김포시
울산지방법원	울산광역시, 양산시
양산시법원	양산시

① 인천지방법원 부천지원은 A청구를 재판할 수 있다.
② 인천지방법원은 A청구를 재판할 수 있다.
③ 양산시법원은 B청구를 재판할 수 있다.
④ 김포시법원은 B청구를 재판할 수 있다.
⑤ 울산지방법원은 B청구를 재판할 수 있다.

22 다음 글을 근거로 판단할 때, 〈보기〉 중 옳은 것을 모두 고르면?

> □ 증여세의 납세의무자는 누구이며 부과대상은 무엇입니까?
> - 증여세는 타인으로부터 재산을 무상으로 받은 사람, 즉 수증자가 원칙적으로 납세의무를 부담합니다.
> - 법인 아닌 사단・재단, 비영리법인은 증여세 납세의무를 부담합니다. 다만, 증여받은 재산에 대해 법인세가 과세되는 영리법인은 증여세 납부의무가 없습니다.
> - 수증자가 국내거주자이면 증여받은 '국내외 모든 재산', 수증자가 국외거주자이면 증여받은 '국내소재 재산, 국외 예금과 국외 적금'이 증여세 부과대상입니다.
>
> □ 증여자가 예외적으로 수증자와 함께 납세의무를 부담하는 경우도 있습니까?
> - 수증자가 국외거주자인 경우, 증여자는 연대납세의무를 부담합니다.
> - 수증자가 다음 중 어느 하나에 해당하는 경우에도 증여자는 연대납세의무를 부담합니다.
>   - 수증자의 주소 또는 거소가 분명하지 아니한 경우로서 조세채권의 확보가 곤란한 경우
>   - 수증자가 증여세를 납부할 능력이 없다고 인정되는 경우로서 체납처분을 하여도 조세채권의 확보가 곤란한 경우

〈보기〉

ㄱ. 갑이 국내거주자 장남에게 자신의 강릉 소재 빌딩(시가 10억 원 상당)을 증여한 경우, 갑은 원칙적으로 증여세를 납부할 의무가 있다.
ㄴ. 을이 평생 모은 재산 10억 원을 국내소재 사회복지법인 병(비영리법인)에게 기부한 경우, 병은 증여세를 납부할 의무가 있다.
ㄷ. 정이 자신의 국외 예금(10억 원 상당)을 해외에 거주하고 있는 아들에게 증여한 경우, 정은 연대납세의무를 진다.
ㄹ. 무로부터 10억 원을 증여받은 국내거주자 기가 현재 파산상태로 인해 체납처분을 하여도 조세채권의 확보가 곤란한 경우, 기는 증여세 납부의무가 없다.

① ㄱ, ㄴ　　② ㄱ, ㄷ
③ ㄴ, ㄷ　　④ ㄴ, ㄹ
⑤ ㄷ, ㄹ

23 다음 글의 대화 내용이 참일 때, 갑수보다 반드시 나이가 적은 사람을 모두 고르면?

갑수, 을수, 병수, 철희, 정희 다섯 사람은 외국어 학습 모임에서 서로 처음 만났다. 이후 모임을 여러 차례 갖게 되었지만 그들의 관계는 형식적인 관계 이상으로는 발전하지 않았다. 이 모임에서 주도적인 역할을 하고 있는 갑수는 서로 더 친하게 지냈으면 좋겠다는 생각에 뒤풀이를 갖자고 제안했다. 갑수의 제안에 모두 동의했다. 그들은 인근 맥줏집을 찾아갔다. 그 자리에서 그들이 제일 먼저 한 일은 서로의 나이를 묻는 것이었다.
먼저 갑수가 정희에게 말했다. “정희씨, 나이가 몇 살이에요?” 정희는 잠시 머뭇거리더니 다음과 같이 말했다. “나이 묻는 것은 실례인 거 아시죠? 저는요, 갑수씨 나이는 알고 있거든요. 어쨌든 갑수씨보다는 나이가 적어요.” 그리고는 “그럼 을수씨 나이는 어떻게 되세요?”라고 을수에게 물었다. 을수는 “정희씨, 저는 정희씨와 철희씨보다는 나이가 많지 않아요.”라고 했다.
그때 병수가 대뜸 갑수에게 말했다. “그런데 저는 정작 갑수씨 나이가 궁금해요. 우리들 중에서 리더 역할을 하고 있잖아요. 진짜 나이가 어떻게 되세요?” 갑수가 “저요? 음, 많아야 병수씨 나이죠.”라고 하자, “아, 그렇군요. 그럼 제가 대장해도 될까요? 하하…….”라고 병수가 너털웃음을 웃으며 대꾸했다.
이때, “그럼 그렇게 하세요. 오늘 술값은 리더가 내시는 거 아시죠?”라고 정희가 끼어들었다. 그리고 “그런데 철희씨는 좀 어려 보이는데, 몇 살이에요?”라고 물었다. 철희는 다소 수줍은 듯이 고개를 숙였다. 그리고는 “저는 병수씨와 한 살 차이밖에 나지 않아요. 보기보다 나이가 많죠?”라고 대답했다.

① 정희
② 철희, 을수
③ 정희, 을수
④ 철희, 정희
⑤ 철희, 정희, 을수

※ 다음 글을 읽고 이어지는 질문에 답하시오. [24~25]

- 국가는 지방자치단체인 시・군・구의 인구, 지리적 여건, 생활권・경제권, 발전가능성 등을 고려하여 통합이 필요한 지역에 대하여는 지방자치단체 간 통합을 지원해야 한다.
- △△위원회(이하 '위원회')는 통합대상 지방자치단체를 발굴하고 통합방안을 마련한다. 지방자치단체의 장, 지방의회 또는 주민은 인근 지방자치단체와의 통합을 위원회에 건의할 수 있다. 단, 주민이 건의하는 경우에는 해당 지방자치단체의 주민투표권자 총수의 50분의 1 이상의 연서(連書)가 있어야 한다. 지방자치단체의 장, 지방의회 또는 주민은 위원회에 통합을 건의할 때 통합대상 지방자치단체를 관할하는 특별시장・광역시장 또는 도지사(이하 '시・도지사')를 경유해야 한다. 이 경우 시・도지사는 접수받은 통합건의서에 의견을 첨부하여 지체 없이 위원회에 제출해야 한다. 위원회는 위의 건의를 참고하여 시・군・구 통합방안을 마련해야 한다.
- ㅁㅁ부 장관은 위원회가 마련한 시・군・구 통합방안에 따라 지방자치단체 간 통합을 해당 지방자치단체의 장에게 권고할 수 있다. ㅁㅁ부 장관은 지방자치단체 간 통합권고안에 관하여 해당 지방의회의 의견을 들어야 한다. 그러나 ㅁㅁ부 장관이 필요하다고 인정하여 해당 지방자치단체의 장에게 주민투표를 요구하여 실시한 경우에는 그렇지 않다. 지방자치단체의 장은 시・군・구 통합과 관련하여 주민투표의 실시 요구를 받은 때에는 지체 없이 이를 공표하고 주민투표를 실시해야 한다.
- 지방의회 의견청취 또는 주민투표를 통하여 지방자치단체의 통합의사가 확인되면 '관계지방자치단체(통합대상 지방자치단체 및 이를 관할하는 특별시・광역시 또는 도)'의 장은 명칭, 청사 소재지, 지방자치단체의 사무 등 통합에 관한 세부사항을 심의하기 위하여 공동으로 '통합추진공동위원회'를 설치해야 한다.
- 통합추진공동위원회의 위원은 관계지방자치단체의 장 및 그 지방의회가 추천하는 자로 한다. 통합추진공동위원회를 구성하는 각각의 관계지방자치단체 위원 수는 다음에 따라 산정한다. 단, 그 결과값이 자연수가 아닌 경우에는 소수점 이하의 수를 올림한 값을 관계지방자치단체 위원 수로 한다.

  (관계지방자치단체 위원 수)=[(통합대상 지방자치단체 수)×6+(통합대상 지방자치단체를 관할하는 특별시・광역시 또는 도의 수)×2+1]÷(관계지방자치단체 수)

- 통합추진공동위원회의 전체 위원 수는 위에 따라 산출된 관계지방자치단체 위원 수에 관계지방자치단체 수를 곱한 값이다.

24 다음 중 윗글을 근거로 판단할 때 가장 적절한 것은?

① ㅁㅁ부 장관이 요구하여 지방자치단체의 통합과 관련한 주민투표가 실시된 경우에는 통합권고안에 대해 지방의회의 의견을 청취하지 않아도 된다.

② 지방의회가 의결을 통해 다른 지방자치단체와의 통합을 추진하고자 한다면 통합건의서는 시・도지사를 경유하지 않고 △△위원회에 직접 제출해야 한다.

③ 주민투표권자 총수가 10만 명인 지방자치단체의 주민들이 다른 인근 지방자치단체와의 통합을 △△위원회에 건의하고자 할 때, 주민 200명의 연서가 있으면 가능하다.

④ 통합추진공동위원회의 위원은 ㅁㅁ부 장관과 관계지방자치단체의 장이 추천하는 자로 한다.

⑤ 지방자치단체의 장은 해당 지방자치단체의 통합을 △△위원회에 건의할 때, 지방의회의 의결을 거쳐야 한다.

25 다음 중 윗글과 상황을 근거로 판단할 때, '통합추진공동위원회'의 전체 위원 수는?

〈상황〉

갑도가 관할하는 지방자치단체인 A군과 B군, 을도가 관할하는 지방자치단체인 C군, 그리고 병도가 관할하는 지방자치단체인 D군은 관련 절차를 거쳐 하나의 지방자치단체로 통합을 추진하고 있다. 현재 관계지방자치단체장은 공동으로 '통합추진공동위원회'를 설치하고자 한다.

① 42명
② 35명
③ 32명
④ 31명
⑤ 28명

26 다음 글과 상황을 근거로 판단할 때, 2024년 포획·채취 금지 고시의 대상이 되는 수산자원은?

매년 A~H지역에서 포획·채취 금지가 고시되는 수산자원은 다음 기준에 따른다.

수산자원	금지기간	금지지역
대구	5월 1일~7월 31일	A, B
전어	9월 1일~12월 31일	E, F, G
꽃게	6월 1일~7월 31일	A, B, C
소라	3월 1일~5월 31일	E, F
	5월 1일~6월 30일	D, G
새조개	3월 1일~3월 31일	H

〈상황〉

정부는 경제상황을 고려해서 2024년에 한하여 다음 중 어느 하나에 해당하는 경우, 기준에 따른 포획·채취 금지 고시의 대상에서 제외한다.

- 소비장려 수산자원 : 전어
- 소비촉진기간 : 4월 1일~7월 31일
- 지역경제활성화 지역 : C, D, E, F

① 대구
② 전어
③ 꽃게
④ 소라
⑤ 새조개

27 다음 대화의 빈칸 ㉠, ㉡에 해당하는 수를 바르게 짝지은 것은?

> 갑과장 : 우리 부서 전 직원 57명으로 구성되는 혁신조직을 출범시켰으면 합니다.
> 을대리 : 조직은 어떻게 구성할까요?
> 갑과장 : 5 ~ 7명으로 구성된 10개의 소조직을 만들되, 5명, 6명, 7명 소조직이 각각 하나 이상 있었으면 합니다. 단, 각 직원은 하나의 소조직에만 소속되어야 합니다.
> 을대리 : 그렇게 할 경우 5명으로 구성되는 소조직은 최소 ___㉠___개, 최대 ___㉡___개가 가능합니다.

	㉠	㉡
①	1	5
②	3	5
③	3	6
④	4	6
⑤	4	7

28 다음 〈조건〉을 근거로 판단할 때, 〈보기〉 중 옳은 것을 모두 고르면?

〈조건〉

- 갑과 을은 책의 쪽 번호를 이용한 점수 게임을 한다.
- 책을 임의로 펼쳐서 왼쪽 면 쪽 번호의 각 자리 숫자를 모두 더하거나 모두 곱해서 나오는 결과와 오른쪽 면 쪽 번호의 각 자리 숫자를 모두 더하거나 모두 곱해서 나오는 결과 중에 가장 큰 수를 본인의 점수로 한다.
- 점수가 더 높은 사람이 승리하고, 같은 점수가 나올 경우 무승부가 된다.
- 갑과 을이 가진 책의 시작 면은 1쪽이고, 마지막 면은 378쪽이다. 책을 펼쳤을 때 왼쪽 면이 짝수, 오른쪽 면이 홀수 번호이다.
- 시작 면이나 마지막 면이 나오게 책을 펼치지는 않는다.

※ 쪽 번호가 없는 면은 존재하지 않는다.
※ 두 사람은 항상 서로 다른 면을 펼친다.

〈보기〉

ㄱ. 갑이 98쪽과 99쪽을 펼치고, 을은 198쪽과 199쪽을 펼치면 을이 승리한다.
ㄴ. 갑이 120쪽과 121쪽을 펼치고, 을은 210쪽과 211쪽을 펼치면 무승부이다.
ㄷ. 갑이 369쪽을 펼치면 반드시 승리한다.
ㄹ. 을이 100쪽을 펼치면 승리할 수 없다.

① ㄱ, ㄴ
② ㄱ, ㄷ
③ ㄱ, ㄹ
④ ㄴ, ㄷ
⑤ ㄴ, ㄹ

29 다음 글을 근거로 판단할 때, 갑~무 중 가장 많은 지원금을 받는 신청자는?

K국은 신재생에너지 보급 사업 활성화를 위하여 신재생에너지 설비에 대한 지원 내용을 공고하였다. 지원 기준과 지원 신청 현황은 다음과 같다.

〈지원 기준〉

구분		용량(성능)	지원금 단가
태양광	단독주택	2kW 이하	kW당 80만 원
		2kW 초과 3kW 이하	kW당 60만 원
	공동주택	30kW 이하	kW당 80만 원
태양열	평판형・진공관형	$10m^2$ 이하	m^2당 50만 원
		$10m^2$ 초과 $20m^2$ 이하	m^2당 30만 원
지열	수직밀폐형	10kW 이하	kW당 60만 원
		10kW 초과	kW당 50만 원
연료전지	인산형 등	1kW 이하	kW당 2,100만 원

- 지원금은 '[용량(성능)]×(지원금 단가)'로 산정한다.
- 국가 및 지방자치단체 소유 건물은 지원 대상에서 제외한다.
- 전월 전력사용량이 450kWh 이상인 건물은 태양열 설비 지원 대상에서 제외한다.
- 용량(성능)이 지원 기준의 범위를 벗어나는 신청은 지원 대상에서 제외한다.

〈지원 신청 현황〉

신청자	설비 종류	용량(성능)	건물 소유자	전월 전력사용량	비고
갑	태양광	8kW	개인	350kWh	공동주택
을	태양열	$15m^2$	개인	550kWh	진공관형
병	태양열	$5m^2$	국가	400kWh	평판형
정	지열	15kW	개인	200kWh	수직밀폐형
무	연료전지	3kW	개인	500kWh	인산형

① 갑
② 을
③ 병
④ 정
⑤ 무

30 다음 글과 상황을 근거로 판단할 때, 갑이 선택할 사업과 받을 수 있는 지원금을 바르게 짝지은 것은?

K공사는 집수리지원사업인 A와 B를 운영하고 있다. 신청자는 하나의 사업을 선택하여 지원받을 수 있다. 수리 항목은 외부(방수, 지붕, 담장, 쉼터)와 내부(단열, 설비, 창호)로 나누어진다.

〈사업 A의 지원기준〉

- 외부는 본인부담 10%를 제외한 나머지 소요비용을 1,250만 원 한도 내에서 전액 지원
- 내부는 지원하지 않음

〈사업 B의 지원기준〉

- 담장과 쉼터는 둘 중 하나의 항목만 지원하며, 각각 300만 원과 50만 원 한도 내에서 소요비용 전액 지원
- 담장과 쉼터를 제외한 나머지 항목은 내·외부와 관계없이 본인부담 50%를 제외한 나머지 소요비용을 1,200만 원 한도 내에서 전액 지원

〈상황〉

갑은 본인 집의 창호와 쉼터를 수리하고자 한다. 소요비용은 각각 500만 원과 900만 원이다. 갑은 사업 A와 B 중 지원금이 더 많은 사업을 선택하여 신청하려고 한다.

	사업	지원금
①	A	1,250만 원
②	A	810만 원
③	B	1,250만 원
④	B	810만 원
⑤	B	300만 원

코레일 한국철도공사 신입사원 필기시험

제10회 고난도 모의고사

모바일 OMR

문항 수 : 30문항
응시시간 : 30분

정답 및 해설 p.49

01 다음 글의 빈칸에 들어갈 내용으로 가장 적절한 것은?

> 기분관리 이론은 사람들의 기분과 선택 행동의 관계에 대해 설명하기 위한 이론이다. 이 이론의 핵심은 사람들이 현재의 기분을 최적 상태로 유지하려고 한다는 것이다. 따라서 기분관리 이론은 흥분 수준이 최적 상태보다 높을 때는 사람들이 이를 낮출 수 있는 수단을 선택한다고 예측한다. 반면에 흥분 수준이 낮을 때는 이를 회복시킬 수 있는 수단을 선택한다고 예측한다. 예를 들어, 음악 선택의 상황에서 전자의 경우에는 차분한 음악을 선택하고 후자의 경우에는 흥겨운 음악을 선택한다는 것이다. 기분조정 이론은 기분관리 이론이 현재 시점에만 초점을 맞추고 있다는 점을 지적하고 이를 보완하고자 한다. 기분조정 이론을 음악 선택의 상황에 적용하면, '____________________'고 예측할 수 있다.
> 연구자 A는 음악 선택 상황을 통해 기분조정 이론을 검증하기 위한 실험을 했다. 그는 실험 참가자들을 두 집단으로 나누고 집단 1에게는 한 시간 후 재미있는 놀이를 하게 된다고 말했고, 집단 2에게는 한 시간 후 심각한 과제를 하게 된다고 말했다. 집단 1은 최적 상태 수준에서 즐거워했고, 집단 2는 최적 상태 수준을 벗어날 정도로 기분이 가라앉았다. 이때 연구자 A는 참가자들에게 기다리는 동안 음악을 선택하게 했다. 그랬더니 집단 1은 다소 즐거운 음악을 선택한 반면, 집단 2는 과도하게 흥겨운 음악을 선택했다. 그런데 30분이 지나고 각 집단이 기대하는 일을 하게 될 시간이 다가오자 두 집단 사이에는 뚜렷한 차이가 나타났다. 집단 1의 선택에는 큰 변화가 없었으나, 집단 2는 기분을 가라앉히는 차분한 음악을 선택하는 쪽으로 변하는 경향을 보인 것이다. 이러한 선택의 변화는 기분조정 이론을 뒷받침하는 것으로 간주되었다.

① 사람들은 현재의 기분을 지속하는 데 도움이 되는 음악을 선택한다.
② 사람들은 다음에 올 상황을 고려해 흥분을 유발할 수 있는 음악을 선택한다.
③ 사람들은 다음에 올 상황에 맞추어 현재의 기분을 조정하는 음악을 선택한다.
④ 사람들은 현재의 기분과는 상관없이 자신이 평소 선호하는 음악을 선택한다.
⑤ 사람들은 현재의 기분이 즐거운 경우에는 그것을 조정하기 위해 그와 반대되는 기분을 자아내는 음악을 선택한다.

02 다음 글의 내용으로 적절하지 않은 것은?

조선 정치사 연구에서 흥미로운 문제 가운데 하나는 조선왕조의 장기적인 존속에 대한 설명이다. 신유학을 지배이념으로 채택한 조선은 그 중반에 7년간에 걸쳐 일본과의 전쟁(임진왜란), 두 차례에 걸친 청국의 침입(정묘호란, 병자호란)에도 체제 재건에 성공하여 500여 년 동안이나 지속되었던 국가이다. 이 때문에 오랫동안 조선 사회가 지속되었던 것을 어떻게 이해해야 하는가를 두고 일찍부터 많은 연구자들이 관심을 가져왔다. 처음 여기에 주목한 연구자는 안확(1886 ~ 1946)이었는데, 그는 그 원인으로 정당의 형성과 공론정치를 들었다. 그는 "군주권이 발전하였으나 서양 전제시대와 달라서 다소의 민권이 있었다. 특히, 양반관료층을 중심으로 한 정당이 공론과 쟁의를 일으키는 기풍을 가지고 있었기에 군주권이 감히 무제한으로 신장치 못하는지라. 그러므로 반동이 일어남이 없었다."고 하였다. 그러면서도 동시에 그는 "정조(正祖) 때부터 공론이 억제되고 이로 인해 반동이 일어났다. 정조 이후 120년간은 실상 독재 정치의 전성기인 동시에 공론의 쇠퇴를 가져와 신시대를 간절히 바라는 사조가 밑으로 흘렀다."고 지적하였다. 이와 같은 안확의 견해는 조선 시대 '공론정치'의 의의와 그 변천 과정에 대한 선구적인 분석으로 평가되었다. 한편, 서구학계에서는 조선 사회가 국왕과 양반 관료층이 권력을 분점하여 세력 균형을 이루는 중앙집권적 관료제를 유지함으로써 500여 년 동안 장기적으로 지속할 수 있었다는 해석을 내놓았다.

① 서구학계는 군주와 관료 사이의 권력 분산이 조선을 오랫동안 존속시켰다고 보았다.
② 안확은 조선의 장기적인 지속에 정쟁이 긍정적 역할을 수행하였다고 보았다.
③ 안확은 조선의 장기적인 지속에 군주권의 전제성이 긍정적으로 작용했다고 파악하였다.
④ 안확은 조선의 공론정치가 군주권의 무제한적 성장을 제한했다고 보았다.
⑤ 안확에 따르면 정조 이후의 정치적 반동이 일어났던 원인은 공론의 억제에 있었다.

03 다음 글의 내용으로 가장 적절한 것은?

> 조선시대의 신분제도는 기본적으로 양천제(良賤制)였다. 조선은 국역(國役)을 지는 양인을 보다 많이 확보하기 위해 양천제의 법제화를 적극 추진해 나갔다. 양천제에서 천인은 공민(公民)이 아니었으므로 벼슬할 수 있는 권리가 박탈되었다. 뿐만 아니라 양인・천인 모두가 지게 되어 있는 역(役)의 경우 천인에게 부과된 역은 징벌의 의미를 띤 신역(身役)의 성격으로 남녀 노비 모두에게 부과되었다. 그에 반해 양인이 지는 역은 봉공(奉公)의 의무라는 국역(國役)의 성격을 지닌 것으로 남자에게만 부과되었다.
>
> 한편 양인 내에는 다양한 신분계층이 존재하였다. 그중에서도 양반과 중인, 향리, 서얼 등을 제외한 대부분의 사람들은 상민(常民)이라고 불렸다. 상민은 보통 사람이란 뜻이다. 상민은 어떤 독자적인 신분 결정 요인에 의해 구별된 범주가 아니라 양인 중에서 다른 계층을 제외한 잔여 범주라고 할 수 있다. 따라서 후대로 갈수록 양인의 계층 분화가 진행됨에 따라 상민의 성격은 더욱 분명해졌고 그 범위는 축소되었다. 그럼에도 불구하고 상민은 조선시대 신분제 아래에서 가장 많은 인구를 포괄하는 주요 신분 범주 중 하나였다.
>
> 상민은 특히 양반과 대칭되는 개념으로 사용되기 시작하였는데 반상(班常)이란 표현은 이런 의미를 포함하고 있다. 상민을 천하게 부를 때에 '상놈(常漢)'이라고 한 것도 양반과의 대칭을 염두에 둔 표현이라고 할 수 있다. 상민은 현실적으로 피지배 신분의 위치에 있었지만 법적으로는 양인의 일원으로서 양반과 동등한 권리를 가지고 있었다. 정치적으로 상민은 양반처럼 과거에 응시하여 관직에 나아갈 수 있었고 관학에서 교육받을 수 있는 권리를 가지고 있었다. 사회・경제적으로 거주 이전의 자유나 토지 소유 등 재산권 행사에 있어서도 상민과 양반의 차별은 없었다. 이는 상민이 양인의 일원이기 때문에 가능한 것이었다.
>
> 그러나 양천제가 시행되었다고 해서 양인 내부의 계층이동이 자유로웠다거나, 대대로 벼슬해 온 양반들의 특권이 부정된 것은 아니었다. 상민은 양인으로서 법제적 권리는 가지고 있었지만 그것을 누리지는 못하였다. 상민이 가진 양인으로서의 권리는 현실에서 구현되기 어려운 경우가 대부분이었다. 상민은 그러한 권리를 누릴 만한 경제적 여건이 되지 않았고, 이를 효과적으로 관철시킬 만한 정치적 권력이나 사회적 권위를 갖기 어려웠기 때문이다.

① '상놈'은 법제적 신분으로는 천인이 아니지만 역의 편제상으로는 천인이었다.

② 양천제에서 남성은 모두 역을 부담하였지만 여성이 모두 역을 부담하였던 것은 아니다.

③ 조선후기의 상민은 조선전기의 상민보다 그 범위가 축소되었지만 전기에 비해 많은 인구를 포괄하였다.

④ 양인의 권리는 양인 내 신분계층의 경제적 여건과 정치적 권력, 사회적 권위를 고려하여 법제화되었다.

⑤ 양천제를 강화하기 위한 국가적 노력에도 불구하고 양인 내의 법제적 차별과 현실적 차별은 존재하였다.

04 다음 글을 읽고 추론할 수 있는 내용으로 가장 적절한 것은?

> 1883년 조선 정부는 만성적인 재정난을 타개하기 위해 엽전 5문에 해당하는 당오전(當五錢)을 발행했다. 그러나 당오전의 발행은 현물 가격을 폭등시켰고 당오전의 실질가치는 명목가치에 미치지 못했다. 그럼에도 정부는 이러한 당오전의 발행량을 크게 증가시킴으로써 통화 팽창을 야기했다. 세납을 통해 회수된 당오전이 인플레이션으로 통화 가치가 하락했기 때문에 정부의 재정 수입은 그만큼 감소되었다. 그러자 정부는 1889년 당오전을 엽전 1문과 같은 가치로 통용시켰지만 당오전의 가치가 너무 낮아 통용상의 불편함이 커졌다. 이 때문에 정부는 1894년 신식화폐발행장정을 도입하여 과세의 금납화(金納化)와 은본위제를 표방하는 화폐 개혁을 단행하였다. 오냥 은화를 법정화폐로 지정하고, 백동화, 적동화, 황동화를 그 보조화로 발행했다. 그러나 은화의 발행량 부족으로 정부는 1899년 엽전 25문에 해당하는 백동화를 경인지방에서 주요 유통 화폐로 사용했고, 재정난을 해결하기 위해 주조 단가가 낮은 백동화를 남발하였다. 이로 인해 다시 인플레이션이 발생했고, 더욱이 국제 동화 시세가 폭등하자 구리로 만든 엽전의 지금가치*가 높아지는 반면 니켈 합금으로 만든 백동화의 실질가치는 폭락했다.
> 한편 일본 정부가 이미 1897년 대한제국에 제일은행을 설립하여 독자적 은행권을 발행하자 일본 제일은행권이 한국 화폐보다 더 신용을 얻게 되었다. 이는 한국의 금융 질서가 일본에 종속되는 결과를 초래했다. 설상가상으로 1902년 국제 은 가격은 폭락했고 법정화폐인 오냥 은화의 가치도 떨어지자 백동화의 가치가 지금가치에 가깝게 폭락했다. 화폐 가치의 하락은 인플레이션을 확대시켰고 화폐보유자의 자산 손실로 이어졌다. 그런데도 한국 정부는 경인지방 외부에서도 인건비와 조달비에 백동화를 사용함으로써 백동화의 유통지역을 점차 확대시키는 결과를 낳았다. 납세자들은 의도적으로 낮은 시세의 백동화로 세금을 납부하려 했으며, 심지어 백동화 유통지역이 아닌 지역의 납세자까지도 백동화로 세금을 납부하려 했다. 그러자 정부는 백동화 유통지역에서만 백동화로 세금을 납부하게 하고 엽전 유통지역에서는 엽전으로 세금을 납부하게 했다.
>
> * 지금가치(地金價値) : 주조비용에 해당하는 가치

① 새로운 화폐의 유통 확대를 위해 일관된 통화증대 정책을 추진했다.
② 국제 금은시세의 변동에 대처하기 위해 신식화폐발행장정을 시행했다.
③ 통화 유통 구역의 분할은 시장권의 분할을 초래하고 상업발전을 저해했다.
④ 엽전으로 세금을 납부하도록 하는 조처는 정부의 재정손실을 막기 위한 것이다.
⑤ 인플레이션에서 오는 재정손실을 줄이기 위해 세납 화폐를 통일시키고자 했다.

05 다음 〈보기〉 중 논쟁에 대한 분석으로 적절한 것을 모두 고르면?

갑과 을은 위원회의 운영에 관한 규정 제8조에 대한 해석을 놓고 논쟁하고 있다. 그 조문은 다음과 같다.

> **위원장 및 위원(제8조)**
> ① 위원장은 위촉된 위원들 중에서 투표로 선출한다.
> ② 위원장과 위원은 한 차례만 연임할 수 있다.
> ③ 위원장의 사임 등으로 보선된 위원장의 임기는 전임 위원장 임기의 남은 기간으로 한다.

〈논쟁〉

- 쟁점 1 : A는 위원을 한 차례 연임하던 중 그 임기의 마지막 해에 위원장으로 선출되어, 2년에 걸쳐 위원장으로 활동하고 있다. 이에 대해 갑은 A가 규정을 어기고 있다고 주장하지만, 을은 그렇지 않다고 주장한다.
- 쟁점 2 : B가 위원장을 한 차례 연임하여 활동하던 중에 연임될 때의 투표 절차가 적법하지 않다는 이유로 위원장의 직위가 해제되었는데, 이후의 보선에 B가 출마하였다. 이에 대해 갑은 B가 선출되면 규정을 어기게 된다고 주장하지만, 을은 그렇지 않다고 주장한다.
- 쟁점 3 : C는 위원장을 한 차례 연임하였고, 다음 위원장으로 선출된 D는 임기 만료 직전에 사퇴하였는데, 이후의 보선에 C가 출마하였다. 이에 대해 갑은 C가 선출되면 규정을 어기게 된다고 주장하지만, 을은 그렇지 않다고 주장한다.

〈보기〉

ㄱ. 쟁점 1과 관련하여 갑은 위원으로서의 임기가 종료되면 위원장으로서의 자격도 없는 것으로 생각하지만, 을은 위원장이 되는 경우에는 그 임기나 연임 제한이 새롭게 산정된다고 생각하기 때문이라고 하면 갑과 을 사이의 주장 불일치를 설명할 수 있다.

ㄴ. 쟁점 2와 관련하여 갑은 위원장이 부적법한 절차로 당선되었더라도 그것이 연임 횟수에 포함된다고 생각하지만, 을은 그렇지 않다고 생각하기 때문이라고 하면 갑과 을 사이의 주장 불일치를 설명할 수 있다.

ㄷ. 쟁점 3과 관련하여 위원장 연임 제한의 의미가 '단절되는 일 없이 세 차례 연속하여 위원장이 되는 것만을 막는다.'는 것으로 확정된다면 갑의 주장은 옳고, 을의 주장은 그르다.

① ㄱ
② ㄷ
③ ㄱ, ㄴ
④ ㄴ, ㄷ
⑤ ㄱ, ㄴ, ㄷ

06 다음 글이 참일 때, 〈보기〉 중 반드시 참인 것을 모두 고르면?

> K기술원 해수자원화기술 연구센터는 세계 최초로 해수전지 원천 기술을 개발한 바 있다. 연구센터는 해수전지 상용화를 위한 학술대회를 열었는데 학술대회로 연구원들이 자리를 비운 사이 누군가 해수전지 상용화를 위한 핵심 기술이 들어 있는 기밀 자료를 훔쳐 갔다. 경찰은 수사 끝에 바다, 다은, 은경, 경아를 용의자로 지목해 학술대회 당일의 상황을 물으며 이들을 심문하였고, 답변은 다음과 같았다.
>
> 바다 : 학술대회에서 발표된 상용화 아이디어 중 적어도 하나는 학술대회에 참석한 모든 사람들의 관심을 받았어요. 다은은 범인이 아니에요.
> 다은 : 학술대회에 참석한 사람들은 누구나 학술대회에서 발표된 하나 이상의 상용화 아이디어에 관심을 가졌어요. 범인은 은경이거나 경아예요.
> 은경 : 학술대회에 참석한 몇몇 사람은 학술대회에서 발표된 상용화 아이디어 중 적어도 하나에 관심이 있었어요. 경아는 범인이 아니에요.
> 경아 : 학술대회에 참석한 모든 사람들이 어떤 상용화 아이디어에도 관심이 없었어요. 범인은 바다예요.
>
> 수사 결과 이들은 각각 참만을 말하거나 거짓만을 말한 것으로 드러났다. 그리고 네 명 중 한 명만 범인이었다는 것이 밝혀졌다.

〈보기〉

ㄱ. 바다와 은경의 말이 모두 참일 수 있다.
ㄴ. 다은과 은경의 말이 모두 참인 것은 가능하지 않다.
ㄷ. 용의자 중 거짓말한 사람이 단 한 명이면, 은경이 범인이다.

① ㄱ　② ㄴ
③ ㄱ, ㄷ　④ ㄴ, ㄷ
⑤ ㄱ, ㄴ, ㄷ

07 다음 〈보기〉 중 밑줄 친 ㉠을 지지하는 것을 모두 고르면?

카나리아의 수컷과 암컷은 해부학적으로 동일한 구조의 발성기관을 가지고 있다. 또 새끼 때 모든 카나리아는 종 특유의 지저귀는 소리를 들으며 자란다. 그러나 성체가 되면 수컷만이 종 특유의 소리로 지저귄다. 수컷 카나리아는 다른 수컷들과 경쟁하거나 세력권을 주장할 때 이 소리를 낸다. 수컷은 암컷을 유혹할 때도 이 소리를 내는데, 이는 암컷이 종 특유의 소리를 내지는 못해도 그것을 알고 있음을 시사한다.
아비의 울음소리를 들으며 자라던 어린 카나리아는 둥지를 떠나 서식지를 이동하면서 다른 종의 새들과도 만나게 된다. 둥지를 떠난 후에도 어린 카나리아는 한동안 그들 종 특유의 울음소리를 내지 못할 뿐만 아니라 지저귀지도 않는다. 그러나 이듬해 봄이 가까워 오고 낮이 차츰 길어지면서 어린 수컷 카나리아의 몸에서는 수컷에만 있는 기관 A가 발달해 커지기 시작하고, 기관 A에서 분비되는 물질 B의 분비량도 증가한다. 이로 인해 수컷의 몸에서 물질 B의 혈중 농도가 높아지고, 그에 따라 수컷은 지저귀는 소리를 내려고 하기 시작한다. 수컷 카나리아가 처음 내는 소리는 종 특유의 울음소리가 아니다. 그러나 다른 수컷들에게서 그 소리를 배울 수 없는 상황에서도 수컷 카나리아가 내는 소리는 종 특유의 소리에 점점 가까워지고 결국 종 특유의 소리가 된다.
과학자들은 왜 카나리아의 수컷만 종 특유의 소리로 지저귀는지를 연구하였다. 그리고 ㉠ <u>그 이유가 수컷의 몸에서만 분비되는 물질 B가 종 특유의 소리를 내는 데 필요한 뇌의 특정 부분을 발달시키기 때문이라는 것</u>을 알아냈다.

〈보기〉

ㄱ. 봄이 시작될 무렵부터 조금씩 양을 늘려가면서 어린 암컷 카나리아에게 물질 B를 주사하였더니 결국 종 특유의 소리로 지저귀게 되었다.
ㄴ. 어린 수컷 카나리아의 뇌에 물질 B의 효과를 억제하는 성분의 약물을 꾸준히 투여하였더니 성체가 되어도 종 특유의 울음소리를 내지 못하였다.
ㄷ. 둥지를 떠나기 직전에 어린 수컷 카나리아의 기관 A를 제거하였지만 다음 봄에는 종 특유의 소리로 지저귈 수 있었다.

① ㄱ
② ㄷ
③ ㄱ, ㄴ
④ ㄴ, ㄷ
⑤ ㄱ, ㄴ, ㄷ

※ 다음 글을 읽고 이어지는 질문에 답하시오. [8~9]

인간은 지구상의 생명이 대량 멸종하는 사태를 맞이하고 있지만, 다른 한편으로는 실험실에서 인공적으로 새로운 생명체를 창조하고 있다. 이런 상황에서, 자연적으로 존재하는 종을 멸종으로부터 보존해야 한다는 생물 다양성의 보존 문제를 어떤 시각으로 바라보아야 할까? A는 생물 다양성을 보존해야 한다고 주장한다. 이를 위해 A는 다음과 같은 도구적 정당화를 제시한다. 우리는 의학적, 농업적, 경제적, 과학적 측면에서 이익을 얻기를 원한다. '생물 다양성 보존'은 이를 위한 하나의 수단으로 간주될 수 있다. 바로 그 수단이 우리가 원하는 이익을 얻는 최선의 수단이라는 것이 A의 첫 번째 전제이다. 그리고 ___(가)___는 것이 A의 두 번째 전제이다. 이 전제들로부터 우리에게는 생물 다양성을 보존할 의무와 필요성이 있다는 결론이 나온다.

이에 대해 B는 생물 다양성 보존이 우리가 원하는 이익을 얻는 최선의 수단이 아님을 지적한다. 특히 합성 생물학은 자연에 존재하는 DNA, 유전자, 세포 등을 인공적으로 합성하고 재구성해 새로운 생명체를 창조하는 것을 목표로 한다. B는 우리가 원하는 이익을 얻고자 한다면, 자연적으로 존재하는 생명체들을 대상으로 보존에 애쓰는 것보다는 합성 생물학을 통해 원하는 목표를 더 합리적이고 체계적으로 성취할 수 있을 것이라고 주장한다. 인공적인 생명체의 창조가 우리가 원하는 이익을 얻는 더 좋은 수단이므로, 생물 다양성 보존을 지지하는 도구적 정당화는 설득력을 잃는다는 것이다. 그래서 B는 A가 제시하는 도구적 정당화에 근거하여 생물 다양성을 보존하자고 주장하는 것은 옹호될 수 없다고 말한다.

한편 C는 모든 종은 보존되어야 한다고 주장하면서 생물 다양성 보존을 옹호한다. C는 대상의 가치를 평가할 때 그 대상이 갖는 도구적 가치와 내재적 가치를 구별한다. 대상의 도구적 가치란 그것이 특정 목적을 달성하는 데 얼마나 쓸모가 있느냐에 따라 인정되는 가치이며, 대상의 내재적 가치란 그 대상이 그 자체로 본래부터 갖고 있다고 인정되는 고유한 가치를 말한다. C에 따르면 생명체는 단지 도구적 가치만을 갖는 것이 아니다. 생명체를 오로지 도구적 가치로만 평가하는 것은 생명체를 그저 인간의 목적을 위해 이용되는 수단으로 보는 인간 중심적 태도이지만, C는 그런 태도는 받아들일 수 없다고 본다. 생명체의 내재적 가치 또한 인정해야 한다는 것이다. 그 생명체들이 속한 종 또한 그 쓸모에 따라서만 가치가 있는 것이 아니다. 그리고 내재적 가치를 지니는 것은 모두 보존되어야 한다. 이로부터 모든 종은 보존되어야 한다는 결론에 다다른다. 왜냐하면 ___(나)___ 때문이다.

08 다음 중 윗글의 빈칸 (가), (나)에 들어갈 내용을 바르게 나열한 것은?

① (가) : 어떤 것이 우리가 원하는 이익을 얻는 최선의 수단이라면 우리에게는 그것을 실행할 의무와 필요성이 있다
(나) : 생명체의 내재적 가치는 종의 다양성으로부터 비롯되기

② (가) : 어떤 것이 우리가 원하는 이익을 얻는 최선의 수단이 아니라면 우리에게는 그것을 실행할 의무와 필요성이 없다
(나) : 생명체의 내재적 가치는 종의 다양성으로부터 비롯되기

③ (가) : 어떤 것이 우리가 원하는 이익을 얻는 최선의 수단이라면 우리에게는 그것을 실행할 의무와 필요성이 있다
(나) : 모든 종은 그 자체가 본래부터 고유의 가치를 지니기

④ (가) : 어떤 것이 우리가 원하는 이익을 얻는 최선의 수단이 아니라면 우리에게는 그것을 실행할 의무와 필요성이 없다
(나) : 모든 종은 그 자체가 본래부터 고유의 가치를 지니기

⑤ (가) : 우리에게 이익을 제공하는 수단 가운데 생물 다양성의 보존보다 더 나은 수단은 없다
(나) : 모든 종은 그 자체가 본래부터 고유의 가치를 지니기

09 **다음 〈보기〉 중 윗글에 대한 분석으로 적절한 것을 모두 고르면?**

〈보기〉

ㄱ. A는 생물 다양성을 보존해야 한다고 주장하지만, B는 보존하지 않아도 된다고 주장한다.
ㄴ. B는 A의 두 전제가 참이더라도 A의 결론이 반드시 참이 되지는 않는다고 비판한다.
ㄷ. 자연적으로 존재하는 생명체가 도구적 가치를 가지느냐에 대한 A와 C의 평가는 양립할 수 있다.

① ㄱ
② ㄷ
③ ㄱ, ㄴ
④ ㄴ, ㄷ
⑤ ㄱ, ㄴ, ㄷ

10 **다음 글을 읽고 철학자의 주장으로부터 추론할 수 없는 것은?**

어떤 고대 그리스 철학자는 눈, 우박, 얼음의 생성에 대해 다음과 같이 주장했다. 특정한 구름이 바람에 의해 강력하고 지속적으로 압축될 때 그 구름에 구멍이 있다면, 작은 물 입자들이 구멍을 통해서 구름 밖으로 배출된다. 그리고 배출된 물은 하강하여 더 낮은 지역에 있는 구름 내부의 극심한 추위 때문에 동결되어 눈이 된다. 또는 습기를 포함하고 있는 구름들이 옆에 나란히 놓여서 서로 압박할 때, 이를 통해 압축된 구름 속에서 물이 동결되어 배출되면서 눈이 된다. 구름은 물을 응고시켜서 우박을 만드는데, 특히 봄에 이런 현상이 빈번하게 생긴다.
얼음은 물에 있던 둥근 모양의 입자가 밀려나가고 이미 물 안에 있던 삼각형 모양의 입자들이 함께 결합하여 만들어진다. 또는 밖으로부터 들어온 삼각형 모양의 물 입자가 함께 결합하여 둥근 모양의 물 입자를 몰아내고 물을 응고시킬 수도 있다.

① 구름의 압축은 바람에 의해 발생하는 경우도 있고, 구름들의 압박에 의해 발생하는 경우도 있다.
② 날씨가 추워지면 둥근 모양의 물 입자가 삼각형 모양의 물 입자로 변화한다.
③ 물에는 둥근 모양의 입자뿐 아니라 삼각형 모양의 입자도 있다.
④ 봄에는 구름이 물을 응고시키는 경우가 자주 발생한다.
⑤ 얼음에는 삼각형 모양의 물 입자들이 결합되어 있다.

11 다음은 전분기 대비 2분기의 권역별 지역경제 동향을 부문별로 정리한 자료이다. 이에 대한 보고서의 내용 중 자료와 부합하지 않는 부문은?

〈전분기 대비 2분기의 권역별 지역경제 동향〉

부문 \ 권역	수도권	동남권	충청권	호남권	대경권	강원권	제주권
제조업 생산	▲	−	▲	▲	▲	−	▽
서비스업 생산	−	▽	−	▽	−	−	▲
소비	▲	▽	−	−	−	−	−
설비투자	▲	−	▲	▲	▲	−	−
건설투자	−	▲	▽	▽	−	▽	▽
수출	▲	▽	▲	▲	▲	▲	−

※ 전분기 대비 경제동향은 ▲(증가), −(보합), ▽(감소)로만 구분된다.

〈보고서〉

제조업 생산은 수도권과 충청권, 호남권, 대경권이 '증가'이고, 동남권 및 강원권이 '보합', 제주권이 '감소'였다. 서비스업 생산은 제주권이 '증가'이고, 동남권과 호남권이 '감소'인 가운데 나머지 권역이 '보합'이었다. 소비는 수도권이 '증가'이고 동남권이 '감소'였으며, 나머지 권역의 소비는 모두 '보합'이었다. 설비투자는 수도권과 충청권, 호남권, 대경권이 '증가'이고 나머지 권역이 '보합'이었다. 건설투자는 동남권만 '증가'인 반면, 수출은 동남권을 제외한 모든 권역이 '증가'였다.

① 제조업 생산
② 서비스업 생산
③ 소비
④ 건설투자
⑤ 수출

12 다음은 A ~ G지역의 재활용품 수거에 대한 자료이다. 이에 대한 설명으로 옳지 않은 것을 〈보기〉에서 모두 고르면?

〈수거된 재활용품의 유형별 비율〉

유형 \ 지역	A	B	C	D	E	F	G
종이류	70.6	58.2	25.0	40.4	19.0	26.1	25.5
병류	9.9	6.8	6.5	21.6	44.7	11.6	17.4
고철류	8.3	25.7	58.1	13.8	24.8	11.9	25.9
캔류	2.7	2.6	1.7	6.8	4.4	4.5	7.9
플라스틱류	6.2	5.0	3.2	11.4	5.5	6.9	8.3
기타	2.3	1.7	5.5	6.0	1.6	39.0	15.0
전체	100.0	100.0	100.0	100.0	100.0	100.0	100.0

〈재활용품 수거량과 인구특성〉

항목 \ 지역	A	B	C	D	E	F	G
재활용품 수거량(톤/일)	88.8	81.8	70.8	62.9	45.3	21.5	21.0
1인당 재활용품 수거량 (g/일)	328.1	375.8	362.5	252.8	323.7	244.4	232.9
인구(천 명)	270.6	217.7	195.4	248.7	140.0	87.8	90.0
인구밀도(명/km^2)	970.0	664.6	584.0	681.4	415.6	161.0	118.6
1차산업 인구구성비(%)	6.5	5.7	13.3	8.4	14.3	37.9	42.0
2차산업 인구구성비(%)	21.6	14.3	23.9	23.6	15.4	11.4	13.8
3차산업 인구구성비(%)	71.9	80.0	62.8	68.0	70.3	50.7	44.2

〈보기〉

ㄱ. 2차산업 인구구성비가 높은 지역일수록 수거된 재활용품 중 고철류 비율이 높다.
ㄴ. 3차산업 인구구성비가 높은 지역일수록 재활용품 수거량이 많다.
ㄷ. 인구밀도가 높은 상위 3개 지역과 수거된 재활용품 중 종이류 비율이 높은 상위 3개 지역은 동일하다.
ㄹ. 1인당 재활용품 수거량이 가장 적은 지역은 수거된 재활용품 중 종이류 비율이 가장 높다.

① ㄱ, ㄴ
② ㄷ, ㄹ
③ ㄱ, ㄴ, ㄷ
④ ㄱ, ㄴ, ㄹ
⑤ ㄴ, ㄷ, ㄹ

13 다음은 K국 관세청의 민원 상담 현황과 상담내용 A, B의 민원인별 상담건수 구성비를 나타낸 자료이다. 이를 근거로 A, B에 들어갈 단어를 바르게 나열한 것은?

〈2023년 민원 상담 현황〉

(단위 : 건)

상담내용 \ 민원인	관세사	무역업체	개인	세관	선사 / 항공사	기타	합계
전산처리	24,496	63,475	48,658	1,603	4,851	4,308	147,391
수입	24,857	5,361	4,290	7,941	400	664	43,513
사전검증	22,228	5,179	1,692	241	2,247	3,586	35,173
징수	9,948	5,482	3,963	3,753	182	476	23,804
요건신청	4,944	12,072	380	37	131	251	17,815
수출	6,678	4,196	3,053	1,605	424	337	16,293
화물	3,846	896	36	3,835	2,619	3,107	14,339
환급	3,809	1,040	79	1,815	13	101	6,857

〈2023년 상담내용 A, B의 민원인별 상담건수 구성비〉

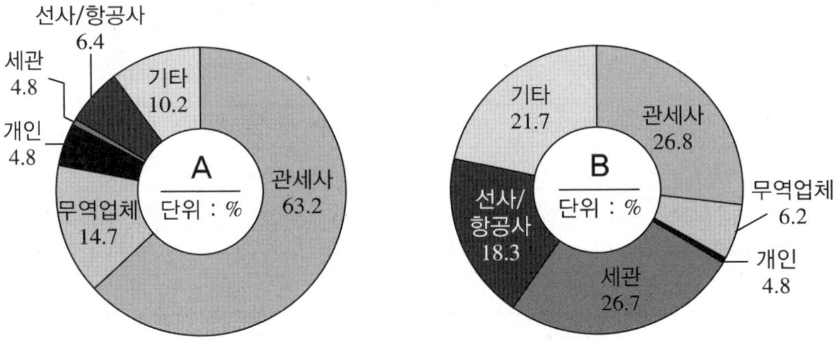

	A	B
①	수입	요건신청
②	사전검증	화물
③	사전검증	환급
④	환급	요건신청
⑤	환급	화물

14 다음은 각국의 선거제도유형, 정부형태 및 분권화지표를 조사한 자료이다. 이에 대한 설명으로 옳지 않은 것을 〈보기〉에서 모두 고르면?

〈각국의 선거제도유형, 정부형태 및 분권화지표〉

국가	선거제도유형	정부형태	분권화지표
A	소선거구제	단일정부	0.09
B	소선거구제	연방정부	0.19
C	중선거구제	단일정부	0.13
D	중선거구제	단일정부	0.15
E	중선거구제	연방정부	0.20
F	중선거구제	연방정부	0.21
G	대선거구제	단일정부	0.18
H	대선거구제	단일정부	0.23
I	대선거구제	연방정부	0.26
J	비례대표제	단일정부	0.28
K	비례대표제	연방정부	0.45
L	비례대표제	연방정부	0.31
M	비례대표제	연방정부	0.35

※ $(\text{분권화지표}) = \frac{(\text{지방정부의 지출액})}{(\text{지방정부의 지출액}) + (\text{중앙정부의 지출액})}$

※ 분권화지표 값이 클수록 분권화가 더 잘 되어 있다.

※ 선거구의 크기는 소선거구제<중선거구제<대선거구제<비례대표제 순이다.

〈보기〉

ㄱ. 단일정부 국가 중에서 선거구의 크기가 큰 선거제도를 채택한 국가일수록 분권화가 더 잘 되어 있다.

ㄴ. 비례대표제를 채택한 단일정부 국가가 대선거구제를 채택한 연방정부 국가보다 분권화가 더 잘 되어 있다.

ㄷ. 소선거구제를 채택한 모든 국가가 대선거구제를 채택한 모든 국가보다 분권화지표 값이 작다.

ㄹ. 선거제도유형에 관계없이 모든 연방정부 국가가 모든 단일정부 국가보다 분권화지표 값이 크다.

ㅁ. 비례대표제를 채택한 국가가 대선거구제를 채택한 국가보다 지방정부 지출액이 많다.

① ㄱ, ㄴ, ㄷ

② ㄱ, ㄷ, ㄹ

③ ㄴ, ㄷ, ㅁ

④ ㄴ, ㄹ, ㅁ

⑤ ㄷ, ㄹ, ㅁ

15 다음은 연말 기준 K국의 국가채무 및 GDP에 대한 자료이다. 이에 대한 설명으로 옳은 것을 〈보기〉에서 모두 고르면?

〈GDP 대비 국가채무 및 적자성채무 비율 추이〉

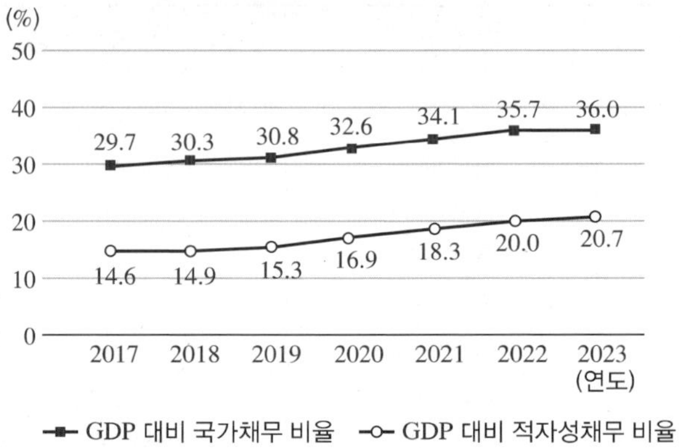

※ (국가채무)=(적자성채무)+(금융성채무)

〈GDP 추이〉

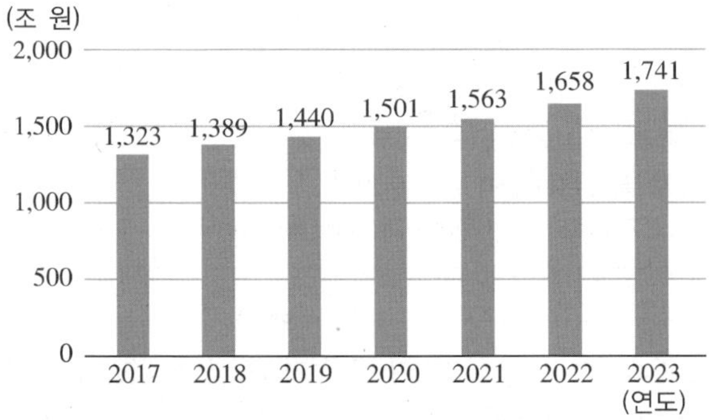

〈보기〉

ㄱ. 2023년 국가채무는 2017년의 1.5배 이상이다.
ㄴ. GDP 대비 금융성채무 비율은 매년 증가한다.
ㄷ. 적자성채무는 2022년부터 300조 원 이상이다.
ㄹ. 금융성채무는 매년 국가채무의 50% 이상이다.

① ㄱ, ㄴ
② ㄱ, ㄷ
③ ㄴ, ㄹ
④ ㄱ, ㄷ, ㄹ
⑤ ㄴ, ㄷ, ㄹ

16 다음은 정부지원 과제의 연구책임자 현황에 대한 자료이다. 이에 대한 설명으로 옳지 않은 것은?

〈연령대 및 성별 연구책임자 분포〉

(단위 : 명, %)

연령대	2021년			2022년			2023년		
	연구 책임자 수	남자	여자	연구 책임자 수	남자	여자	연구 책임자 수	남자	여자
21 ~ 30세	88 (0.4)	64 (0.4)	24 (1.3)	187 (0.9)	97 (0.5)	90 (4.1)	415 (1.9)	164 (0.9)	251 (10.7)
31 ~ 40세	3,708 (18.9)	3,107 (17.5)	601 (32.0)	4,016 (18.9)	3,372 (17.7)	644 (29.1)	4,541 (21.1)	3,762 (19.7)	779 (33.3)
41 ~ 50세	10,679 (54.4)	9,770 (55.0)	909 (48.4)	11,074 (52.2)	10,012 (52.7)	1,062 (48.0)	10,791 (50.3)	9,813 (51.3)	978 (41.8)
51 ~ 60세	4,334 (22.1)	4,046 (22.8)	288 (15.4)	5,075 (23.9)	4,711 (24.8)	364 (16.4)	4,958 (23.1)	4,659 (24.3)	299 (12.8)
61세 이상	824 (4.2)	770 (4.3)	54 (2.9)	875 (4.1)	821 (4.3)	54 (2.4)	768 (3.6)	736 (3.8)	32 (1.4)
합계	19,633 (100.0)	17,757 (100.0)	1,876 (100.0)	21,227 (100.0)	19,013 (100.0)	2,214 (100.0)	21,473 (100.0)	19,134 (100.0)	2,339 (100.0)

〈2023년 전공별 연구책임자 현황〉

(단위 : 명, %)

연구책임자 전공	전체		남자		여자	
	연구책임자 수	비율	연구책임자 수	비율	연구책임자 수	비율
이학	3,534	16.5	2,833	14.8	701	30.0
공학	12,143	56.5	11,680	61.0	463	19.8
농학	1,453	6.8	1,300	6.8	153	6.5
의학	1,548	7.2	1,148	6.0	400	17.1
인문사회	2,413	11.2	1,869	9.8	544	23.3
기타	382	1.8	304	1.6	78	3.3
합계	21,473	100.0	19,134	100.0	2,339	100.0

① 31 ~ 40세의 연구책임자 수와 51 ~ 60세의 연구책임자 수의 차이는 2021년이 2023년보다 크다.
② 2023년 41 ~ 60세의 여자 연구책임자 중 적어도 193명 이상이 이학 또는 인문사회 전공이다.
③ 2021 ~ 2023년 사이 전체 연구책임자 수는 지속적으로 증가하였다.
④ 2022 ~ 2023년 사이 21 ~ 30세의 연구책임자 수는 여자가 남자보다 더 많이 증가하였다.
⑤ 2023년 공학 전공인 남자 연구책임자의 경우 41 ~ 50세의 남자가 적어도 2,359명 이상이다.

17 다음은 직원 갑 ~ 무에 대한 평가자 A ~ E의 직무평가 점수이다. 이에 대한 설명으로 옳은 것을 〈보기〉에서 모두 고르면?

〈직원 갑 ~ 무에 대한 평가자 A ~ E의 직무평가 점수〉

(단위 : 점)

평가자 직원	A	B	C	D	E	종합점수
갑	91	87	( )	89	95	89.0
을	89	86	90	88	( )	89.0
병	68	76	( )	74	78	( )
정	71	72	85	74	( )	77.0
무	71	72	79	85	( )	78.0

※ 직원별 종합점수는 해당 직원이 평가자 A ~ E로부터 부여받은 점수 중 최댓값과 최솟값을 제외한 점수의 평균이다.
※ 각 직원은 평가자 A ~ E로부터 각각 다른 점수를 부여받았다.
※ 모든 평가자는 1 ~ 100점 중 1점 단위로 점수를 부여하였다.

〈보기〉

ㄱ. 을에 대한 직무평가 점수는 평가자 E가 가장 높다.
ㄴ. 병의 종합점수로 가능한 최댓값과 최솟값의 차이는 5점 이상이다.
ㄷ. 평가자 C의 갑에 대한 직무평가 점수는 갑의 종합점수보다 높다.
ㄹ. 갑 ~ 무의 종합점수 산출 시 부여한 직무평가 점수가 한 번도 제외되지 않은 평가자는 없다.

① ㄱ
② ㄱ, ㄹ
③ ㄴ, ㄷ
④ ㄱ, ㄴ, ㄹ
⑤ ㄴ, ㄷ, ㄹ

18 서울에 사는 A씨는 여름휴가를 맞이하여 남해로 가족여행을 떠났다. 다음 〈조건〉을 고려할 때, 구간단속구간의 제한 속도는 얼마인가?

〈조건〉

- 서울에서 남해까지 거리는 390km이며, 30km 구간단속구간이 있다.
- 일반구간에서 시속 80km/h를 유지하며 운전하였다.
- 구간단속구간에서는 제한 속도를 유지하며 운전하였다.
- 한 번도 쉬지 않았으며, 출발한 지 5시간 만에 남해에 도착하였다.

① 60km/h
② 65km/h
③ 70km/h
④ 75km/h
⑤ 80km/h

19 다음은 6개 기관에서 제시한 2025년 경제 전망을 나타낸 자료이다. 보고서를 토대로 A ~ F에 해당하는 기관을 바르게 짝지은 것은?

〈기관별 2025년 경제 전망〉

(단위 : %)

기관	경제 성장률	민간소비 증가율	설비투자 증가율	소비자물가 상승률	실업률
A	4.5	4.1	6.5	3.5	3.5
B	4.2	4.1	8.5	3.2	3.6
C	4.1	3.8	7.6	3.2	3.7
D	4.1	3.9	5.2	3.1	3.7
E	3.8	3.6	5.1	2.8	3.5
F	5.0	4.0	7.0	3.0	3.4

〈보고서〉

가기관과 나기관은 2025년 실업률을 동일하게 전망하였으나, 가기관이 나기관보다 소비자물가 상승률을 높게 전망하였다. 한편, 마기관은 나기관보다 민간소비 증가율이 0.5%p 더 높을 것으로 전망하였으며, 다기관은 경제 성장률을 6개 기관 중 가장 높게 전망하였다. 설비투자 증가율을 7% 이상으로 전망한 기관은 다, 라, 마 3개 기관이었다.

	A	B	C	D	E	F
①	가	라	마	나	바	다
②	가	마	다	라	나	바
③	가	마	라	바	나	다
④	다	라	나	가	바	마
⑤	마	라	가	나	바	다

20 다음은 갑국의 사회간접자본(SOC) 투자규모에 대한 자료이다. 이에 대한 설명으로 옳지 않은 것은?

〈갑국의 사회간접자본(SOC) 투자규모〉

(단위 : 조 원, %)

구분 \ 연도	2019년	2020년	2021년	2022년	2023년
SOC 투자규모	20.5	25.4	25.1	24.4	23.1
총지출 대비 SOC 투자규모 비중	7.8	8.4	8.6	7.9	6.9

① 2023년 총지출은 300조 원 이상이다.

② 2020년 'SOC 투자규모'의 전년 대비 증가율은 30% 이하이다.

③ 2020 ~ 2023년 동안 'SOC 투자규모'가 전년에 비해 가장 큰 비율로 감소한 해는 2023년이다.

④ 2020 ~ 2023년 동안 'SOC 투자규모'와 '총지출 대비 SOC 투자규모 비중'의 전년 대비 증감방향은 동일하다.

⑤ 2024년 'SOC 투자규모'의 전년 대비 감소율이 2023년과 동일하다면, 2024년 'SOC 투자규모'는 20조 원 이상이다.

21 다음 글을 근거로 판단할 때, 갑이 통합력에 투입해야 하는 노력의 최솟값은?

- 업무역량은 기획력, 창의력, 추진력, 통합력의 4가지 부문으로 나뉜다.
- 부문별 업무역량 값을 수식으로 나타내면 다음과 같다.

(부문별 업무역량 값)=[(해당 업무역량 재능)×4]+[(해당 업무역량 노력)×3]

※ 재능과 노력의 값은 음이 아닌 정수이다.

- 갑의 부문별 업무역량의 재능은 다음과 같다.

기획력	창의력	추진력	통합력
90	100	110	60

- 갑은 통합력의 업무역량 값을 다른 어떤 부문의 값보다 크게 만들고자 한다. 단, 갑이 투입 가능한 노력은 총 100이며 갑은 가능한 노력을 남김없이 투입한다.

① 67

② 68

③ 69

④ 70

⑤ 71

22 다음은 K국의 3월 1 ~ 15일 기상상황과 드론 비행 및 촬영 허가신청 결과에 대한 자료이다. 〈조건〉을 토대로 할 때 〈보기〉 중 옳은 것을 모두 고르면?

〈기상상황과 드론 비행 및 촬영 허가신청 결과〉

항목 / 날짜	기상상황			허가신청 결과	
	지자기지수	풍속(m/s)	날씨	비행	촬영
3월 1일	1	3	🌧	불허	불허
3월 2일	2	2	☀	불허	불허
3월 3일	3	3	☁	허가	허가
3월 4일	4	1	🌧	허가	허가
3월 5일	5	7	☁	허가	허가
3월 6일	5	12	☁	허가	허가
3월 7일	5	5	☀	허가	허가
3월 8일	4	3	☀	허가	허가
3월 9일	6	6	☀	허가	허가
3월 10일	3	4	☁	허가	불허
3월 11일	4	3	☁	허가	불허
3월 12일	2	2	☀	허가	허가
3월 13일	2	13	☀	허가	허가
3월 14일	3	5	🌧	허가	허가
3월 15일	1	3	☀	허가	허가

〈조건〉

- 기상상황 항목별 드론 비행 및 촬영 기준

항목 / 구분	비행	촬영
지자기지수	5 미만	10 미만
풍속(m/s)	10 미만	5 미만
날씨	☀ 또는 ☁	☀ 또는 ☁

- 기상상황 항목별 비행 기준을 모두 충족하고 비행 허가신청 결과가 '허가'일 때, 비행에 적합하다.
- 기상상황 항목별 촬영 기준을 모두 충족하고 촬영 허가신청 결과가 '허가'일 때, 촬영에 적합하다.
- 기상상황 항목별 비행 및 촬영 기준을 모두 충족하고 비행 및 촬영 허가신청 결과가 모두 '허가'일 때, 항공촬영에 적합하다.

〈보기〉

ㄱ. 비행에 적합한 날은 총 6일이다.
ㄴ. 촬영에 적합한 날은 총 5일이다.
ㄷ. 항공촬영에 적합한 날은 총 4일이다.

① ㄱ
② ㄷ
③ ㄱ, ㄴ
④ ㄱ, ㄷ
⑤ ㄴ, ㄷ

23 K국 내에 있던 B국 국적의 갑은 살인혐의로 K국의 형사당국에 의해 체포되어 수감되었다. 다음 글은 K, B 양국이 모두 가입하고 있는 조약의 일부이다. 이때 K국의 행위 중 조약상 절차 위반에 해당하지 않는 것은?

> 파견국의 국민에 관련된 영사기능의 수행을 용이하게 할 목적으로 다음의 규정이 적용된다.
> (가) 영사관원은 파견국의 국민과 자유로이 통신할 수 있으며 또한 접촉할 수 있다. 파견국의 국민은 파견국 영사관원과의 통신 및 접촉에 관하여 동일한 자유를 가진다.
> (나) 파견국의 영사관할구역 내에서 파견국의 국민이 체포되는 경우, 재판에 회부되기 전에 구금 또는 유치되는 경우, 또는 기타의 방법으로 구속되는 경우에 해당 국민이 그 사실을 파견국의 영사기관에 통보할 것을 접수국에게 요청하면 접수국의 권한 있는 당국은 지체 없이 통보하여야 한다. 체포, 구금, 유치 또는 구속되어 있는 자가 영사기관에 보내는 모든 통신은 동 당국에 의하여 지체 없이 전달되어야 한다. 동 당국은 본 규정에 따른 영사를 만날 수 있는 권리를 포함한 그의 권리를 당사자에게 지체 없이 통보하여야 한다.
> (다) 영사관원은 구금, 유치 또는 구속되어 있는 파견국의 국민을 방문하고 동 국민과 면담하고 교신하며, 그의 법적 대리를 주선할 권리를 가진다.

① K국 주재 B국 영사관원이 갑을 위해 소송대리인을 주선하는 것을 제한하는 행위
② 갑에게 K국 주재 B국 영사관원을 만날 수 있는 권리가 있음을 통보하지 아니한 행위
③ K국 주재 B국 영사관원이 갑을 만나기 위해 교도소를 방문하는 것을 금지한 행위
④ 구금상태를 통보하는 것에 대한 갑의 요청이 없었기 때문에 이를 K국 주재 B국 영사관에 통보하지 않은 행위
⑤ 갑이 교도소에서 자신의 구금상태를 알리고 도움을 요청하기 위해 K국 주재 B국 영사관에 보낸 편지를 송부하지 않은 행위

24 다음 글과 상황을 근거로 판단할 때 옳은 것은?

제○○조

① 다음 각 호의 어느 하나에 해당하는 사람은 주민등록지의 시장(특별시장・광역시장은 제외하고 특별자치도지사는 포함한다. 이하 같다)・군수 또는 구청장에게 주민등록번호(이하 '번호'라 한다)의 변경을 신청할 수 있다.

1. 유출된 번호로 인하여 생명・신체에 위해를 입거나 입을 우려가 있다고 인정되는 사람
2. 유출된 번호로 인하여 재산에 피해를 입거나 입을 우려가 있다고 인정되는 사람
3. 성폭력피해자, 성매매피해자, 가정폭력피해자로서 유출된 번호로 인하여 피해를 입거나 입을 우려가 있다고 인정되는 사람

② 제1항의 신청 또는 제5항의 이의신청을 받은 주민등록지의 시장・군수・구청장(이하 '시장 등'이라 한다)은 ○○부의 주민등록번호변경위원회(이하 '변경위원회'라 한다)에 번호변경 여부에 관한 결정을 청구해야 한다.

③ 주민등록지의 시장 등은 변경위원회로부터 번호변경 인용결정을 통보받은 경우에는 신청인의 번호를 다음 각 호의 기준에 따라 지체 없이 변경하고 이를 신청인에게 통지해야 한다.

1. 번호의 앞 6자리(생년월일) 및 뒤 7자리 중 첫째 자리는 변경할 수 없음
2. 제1호 이외의 나머지 6자리는 임의의 숫자로 변경함

④ 제3항의 번호변경 통지를 받은 신청인은 주민등록증, 운전면허증, 여권, 장애인등록증 등에 기재된 번호의 변경을 위해서는 그 번호의 변경을 신청해야 한다.

⑤ 주민등록지의 시장 등은 변경위원회로부터 번호변경 기각결정을 통보받은 경우에는 그 사실을 신청인에게 통지해야 하며, 신청인은 통지를 받은 날부터 30일 이내에 그 시장 등에게 이의신청을 할 수 있다.

〈상황〉

갑은 주민등록번호 유출로 인해 재산상 피해를 입게 되자 주민등록번호 변경신청을 하였다. 갑의 주민등록지는 K광역시 B구이고, 주민등록번호는 980101-23456□□이다.

① K광역시장이 주민등록번호변경위원회에 갑의 주민등록번호 변경 여부에 관한 결정을 청구해야 한다.
② 주민등록번호변경위원회는 번호변경 인용결정을 하면서 갑의 주민등록번호를 다른 번호로 변경할 수 있다.
③ 주민등록번호변경위원회의 번호변경 인용결정이 있는 경우, 갑의 주민등록번호는 980101-45678□□으로 변경될 수 있다.
④ 갑의 주민등록번호가 변경된 경우, 갑이 운전면허증에 기재된 주민등록번호를 변경하기 위해서는 변경신청을 해야 한다.
⑤ 갑은 번호변경 기각결정을 통지받은 날부터 30일 이내에 주민등록번호변경위원회에 이의신청을 할 수 있다.

25 다음은 인터넷 쇼핑몰 이용약관의 주요내용에 대한 자료이다. 〈보기〉에서 (가) ~ (라)를 구입한 쇼핑몰을 바르게 연결한 것은?

〈인터넷 쇼핑몰별 이용약관의 주요내용〉

쇼핑몰	주문 취소	환불	배송비	포인트 적립
A	주문 후 7일 이내 취소 가능	10% 환불수수료+송금수수료 차감	무료	구입금액의 3%
B	주문 후 10일 이내 취소 가능	환불수수료+송금수수료 차감	20만 원 이상 무료	구입금액의 5%
C	주문 후 7일 이내 취소 가능	환불수수료+송금수수료 차감	1회 이용 시 1만 원	없음
D	주문 후 당일에만 취소 가능	환불수수료+송금수수료 차감	5만 원 이상 무료	없음
E	취소 불가능	고객 귀책사유에 의한 환불 시에만 10% 환불수수료	1만 원 이상 무료	구입금액의 10%
F	취소 불가능	원칙적으로 환불 불가능 (사업자 귀책사유일 때만 환불 가능)	100g당 2,500원	없음

〈보기〉

ㄱ. 철수는 부모님의 선물로 (가)를 구입하였는데, 판매자의 업무착오로 배송이 지연되어 판매자에게 전화로 환불을 요구하였다. 판매자는 판매금액 그대로를 통장에 입금해 주었고 구입 시 발생한 포인트도 유지하여 주었다.

ㄴ. 영희는 (나)를 구매할 때 배송료를 고려하여 한 가지씩 여러 번에 나누어 구매하기보다는 가능한 한 한꺼번에 주문하곤 하였다.

ㄷ. 인터넷 사이트에서 (다)를 20,000원에 주문한 민수는 다음날 같은 물건을 18,000원에 파는 가게를 발견하고 전날 주문한 물건을 취소하려 했지만 취소가 되지 않아 곤란을 겪은 적이 있다.

ㄹ. (라)를 10만 원에 구매한 철호는 도착한 물건의 디자인이 마음에 들지 않아 환불 및 송금수수료와 배송료를 감수하는 손해를 보면서도 환불할 수밖에 없었다.

	(가)	(나)	(다)	(라)
①	E	B	C	D
②	F	E	D	B
③	E	D	F	C
④	F	C	E	B
⑤	B	A	D	C

26 다음 글과 상황을 근거로 판단할 때, 〈보기〉 중 옳은 것을 모두 고르면?

> ㅁㅁ부서는 매년 △△사업에 대해 사업자 자격 요건 재허가 심사를 실시한다.
> • 기본심사 점수에서 감점 점수를 뺀 최종심사 점수가 70점 이상이면 '재허가', 60점 이상 70점 미만이면 '허가 정지', 60점 미만이면 '허가 취소'로 판정한다.
>   – 기본심사 점수 : 100점 만점으로, ㉮~㉱의 4가지 항목(각 25점 만점) 점수의 합으로 한다. 단, 점수는 자연수이다.
>   – 감점 점수 : 과태료 부과의 경우 1회당 2점, 제재 조치의 경우 경고 1회당 3점, 주의 1회당 1.5점, 권고 1회당 0.5점으로 한다.

〈상황〉

2023년 사업자 A~C의 기본심사 점수 및 감점 사항은 다음과 같다.

사업자	기본심사 항목별 점수			
	㉮	㉯	㉰	㉱
A	20	23	17	( )
B	18	21	18	( )
C	23	18	21	16

사업자	과태료 부과횟수	제재 조치 횟수		
		경고	주의	권고
A	3	–	–	6
B	5	–	3	2
C	4	1	2	–

〈보기〉

ㄱ. A의 ㉱ 항목 점수가 15점이라면 A는 재허가를 받을 수 있다.
ㄴ. B의 허가가 취소되지 않으려면 B의 ㉱ 항목 점수가 19점 이상이어야 한다.
ㄷ. C가 2023년에 과태료를 부과받은 적이 없다면 판정 결과가 달라진다.
ㄹ. 기본심사 점수와 최종심사 점수 간의 차이가 가장 큰 사업자는 C이다.

① ㄱ
② ㄴ
③ ㄱ, ㄴ
④ ㄴ, ㄷ
⑤ ㄷ, ㄹ

27 다음 글을 근거로 판단할 때, 적절하지 않은 것은?

> 훈민정음이란 우리말의 표기체계인 한글의 본래 이름이다. 한글의 제자원리에 대해 훈민정음 〈제자해(制字解)〉에는 "정음 28자는 각각 그 모양을 본떠 만들었다."고 기술되어 있는데, 이것을 『주역』의 천지인(天地人) 삼재(三才)와 음양오행원리로 설명할 수 있다. 즉, 중성의 기본 모음자 'ㆍ'는 하늘의 둥근 모양을, 'ㅡ'는 땅의 평평한 모양을, 'ㅣ'는 사람이 서 있는 모양을 각각 본뜬 것이다. 하늘과 땅이 한 번 더 분화하면 사계절 모음이 나온다. 입안을 자연스레 오므리면 하늘 소리 'ㆍ'가, 입술을 둥글게 오므리면 겨울소리 'ㅗ'가 되고, 환하게 펴면 봄소리 'ㅏ'가 되니, 모두 양에 해당한다. 땅소리 'ㅡ'를 쭉 내밀면 여름소리 'ㅜ'가 되고, 어둡게 하면 가을소리 'ㅓ'가 되니, 모두 음에 해당한다. 음양오행 상으로 봄은 목, 여름은 화, 가을은 금, 겨울은 수이다.
> 자음 역시 오행설의 원리에 따라 만든 것이다. 기본 자음을 각각 오행에 대입하였으며, 나머지 자음은 이 기본자에 획을 더하여 만든 것이다. 오음(五音)은 오행의 상생순서에 따라 나온다. 축축하고 둥근 목구멍에서 물소리[水] 'ㅇ'이 나오면 뒤이어 혀뿌리에서 힘찬 나무소리[木] 'ㄱ'이 나오고, 이어서 혓바닥을 나불대는 불소리[火] 'ㄴ'이 나오면, 입술이 합해져서 흙소리[土] 'ㅁ'이 된다. 마지막으로 이빨에 부딪혀나는 쇳소리[金] 'ㅅ'이 된다.

① 기본 자음은 ㄱ, ㄴ, ㅁ, ㅅ, ㅇ이다.
② 중성의 기본 모음자는 삼재에 근거하여 만든 것이다.
③ 오행의 상생순서는 수 → 목 → 화 → 토 → 금이다.
④ 자음 ㅇ과 모음 ㅓ는 계절상으로 겨울에 해당한다.
⑤ 한글 자음은 자음의 기본자와 그 기본자에 획을 더한 것으로 구성되어 있다.

28 다음 글을 근거로 판단할 때, 7월 1일부터 6일까지 지역 농산물 유통센터에서 판매된 갑의 수박 총 판매액은?

> • K시는 농산물의 판매를 촉진하기 위하여 지역 농산물 유통센터를 운영하고 있다. 해당 유통센터는 농산물을 수확 당일 모두 판매하는 것을 목표로 운영하며, 당일 판매하지 못한 농산물은 판매가에서 20%를 할인하여 다음 날 판매한다.
> • 농부 갑은 7월 1일부터 5일까지 매일 수확한 수박 100개씩을 수확 당일 K시 지역 농산물 유통센터에 공급하였다.
> • 갑으로부터 공급받은 수박의 당일 판매가는 개당 1만 원이며, 매일 판매된 수박 개수는 다음과 같았다. 단, 수확 당일 판매되지 않은 수박은 다음 날 모두 판매되었다.

날짜(일)	1	2	3	4	5	6
판매된 수박(개)	80	100	110	100	100	10

① 482만 원
② 484만 원
③ 486만 원
④ 488만 원
⑤ 490만 원

29 **다음 글과 대화를 근거로 판단할 때, 빈칸에 들어갈 내용으로 가장 적절한 것은?**

정은 다음과 같은 사실을 알고 있다.
- 이번 주 개업한 K식당은 평일 '점심(12시)'과 '저녁(18시)'으로만 구분해 운영되며, 해당 시각 이전에 예약할 수 있다.
- 갑~병은 K식당에 이번 주 월요일부터 수요일까지 서로 겹치지 않게 예약하고 각자 한 번씩 다녀왔다.

〈대화〉

갑 : 나는 이번 주 을의 방문후기를 보고 예약했어. 음식이 정말 훌륭하더라!
을 : 그렇지? 나도 나중에 들었는데 병은 점심 할인도 받았대. 나도 다음에는 점심에 가야겠어.
병 : 월요일은 개업일이라 사람이 많을 것 같아서 피했어. ________________
정 : 너희 모두의 말을 다 들어보니, 각자 식당에 언제 갔는지를 정확하게 알겠다!

① 을이 다녀온 바로 다음날 점심을 먹었지.
② 갑이 먼저 점심 할인을 받고 나에게 알려준 거야.
③ 갑이 우리 중 가장 늦게 갔었구나.
④ 월요일에 갔던 사람은 아무도 없구나.
⑤ 같이 가려고 했더니 이미 다들 먼저 다녀왔더군.

30 **다음 글을 근거로 판단할 때, 빈칸에 들어갈 수는?**

갑 : 그저께 나는 만 21살이었는데, 올해 안에 만 23살이 될 거야.
을 : 올해가 몇 년이지?
갑 : 올해는 2022년이야.
을 : 그러면 네 주민등록번호 앞 6자리의 각 숫자를 모두 곱하면 ______이구나.
갑 : 그래, 맞아!

① 0
② 81
③ 486
④ 648
⑤ 2,916

코레일 한국철도공사 신입사원 필기시험

제11회 고난도 모의고사

모바일 OMR

문항 수 : 30문항
응시시간 : 30분

정답 및 해설 p.55

01 다음 글의 논지로 가장 적절한 것은?

> 최근 다도해 지역을 해양사의 관점에서 새롭게 주목하는 논의가 많아졌다. 그들은 주로 다도해 지역의 해로를 통한 국제 교역과 사신의 왕래 등을 거론하면서 해로와 포구의 기능과 해양 문화의 개방성을 강조하고 있다. 한편 다도해는 오래전부터 유배지로 이용되었다는 사실이 자주 언급됨으로써 그동안 우리에게 고립과 단절의 이미지로 강하게 남아 있다. 이처럼 다도해는 개방성의 측면과 고립성의 측면에서 모두 조명될 수 있다. 이는 섬이 바다에 의해 격리되는 한편 그 바다를 통해 외부 세계와 연결되기 때문이다.
> 다도해의 문화적 특징을 말할 때 흔히 육지에 비해 옛 모습의 문화가 많이 남아 있다는 점이 거론된다. 섬이 단절된 곳이므로 육지에서는 이미 사라진 문화가 섬에는 아직 많이 남아 있다고 여기는 것이다. 또한, 섬이라는 특수성 때문에 무속이 성하고 마을굿도 풍성하다고 생각하는 이들도 있다. 이런 견해는 다도해를 고립되고 정체된 곳이라고 생각하는 관점과 통한다. 실제로는 육지에도 무당과 굿당이 많은데도 관념적으로 섬을 특별하게 여기는 것이다.
> 이런 관점에서 '진도 다시래기'와 같은 축제식 장례 풍속을 다도해 토속 문화의 대표적인 사례로 드는 경우도 있다. 지금도 진도나 신안 등지에 가면 상가(喪家)에서 노래하고 춤을 추며 굿을 하는 것을 볼 수 있는데, 이런 모습은 고대 역사서의 기록과 흡사하므로 그 풍속이 고풍스러운 것은 분명하다. 하지만 기존 연구에서 밝혀졌듯이 진도 다시래기가 지금의 모습을 갖추게 된 데는 육지의 남사당패와 같은 유희 유랑 집단에서 유입된 요소들의 영향도 적지 않다. 이런 연구 결과도 다도해의 문화적 특징을 일방적인 관점에서 접근해서는 안 된다는 점을 시사해 준다.

① 유배지로서의 다도해 역사를 제대로 이해해야 한다.
② 옛 모습이 많이 남아 있는 다도해의 문화를 잘 보존해야 한다.
③ 다도해의 문화적 특징을 논의할 때 개방성의 측면을 간과해서는 안 된다.
④ 다도해의 관념적 측면을 소홀히 해서는 그 풍속을 제대로 이해하기 어렵다.
⑤ 다도해의 토속 문화를 제대로 이해하기 위해서는 고전의 기록을 잘 살펴봐야 한다.

02 다음 글의 내용으로 가장 적절한 것은?

> 비정규직 근로자들이 늘어나면서 '프레카리아트'라고 불리는 새로운 계급이 형성되고 있다. 프레카리아트란 '불안한(precarious)'이라는 단어와 '무산계급(proletariat)'이라는 단어를 합친 용어로 불안정한 고용 상태에 놓여 있는 사람들을 의미한다. 프레카리아트에 속한 사람들은 직장 생활을 하다가 쫓겨나 실업자가 되었다가 다시 직장에 복귀하기를 반복한다. 이들은 고용 보장, 직무 보장, 근로안전 보장 등 노동 보장을 받지 못하며, 직장 소속감도 없을 뿐만 아니라, 자신의 직업에 대한 전망이나 직업 정체성도 결여되어있다. 프레카리아트는 분노, 무력감, 걱정, 소외를 경험할 수밖에 없는 '위험한 계급'으로 전락한다. 이는 의미 있는 삶의 길이 막혀 있다는 좌절감과 상대적 박탈감, 계속된 실패의 반복 때문이다. 이러한 사람들이 늘어나면 자연히 갈등, 폭력, 범죄와 같은 사회적 병폐들이 성행하여 우리 사회는 점점 더 불안해지게 된다.
> 프레카리아트와 비슷하지만 약간 다른 노동자 집단이 있다. 이른바 '긱 노동자'이다. '긱(gig)'이란 기업들이 필요에 따라 단기 계약 등을 통해 임시로 인력을 충원하고 그때그때 대가를 지불하는 것을 의미한다. 예를 들어 방송사에서는 드라마를 제작할 때마다 적합한 사람들을 섭외하여 팀을 꾸리고 작업에 착수한다. 긱 노동자들은 고용주가 누구든 간에 자신이 보유한 고유의 직업 역량을 고용주에게 판매하면서 자신의 직업을 독립적인 '프리랜서' 또는 '개인 사업자' 형태로 인식한다. 정보통신 기술의 발달은 긱을 더욱더 활성화한다. 정보통신 기술을 이용하면 긱 노동자의 모집이 아주 쉬워진다. 기업은 사업 아이디어만 좋으면 인터넷을 이용하여 필요한 긱 노동자를 모집할 수 있다. 기업이 긱을 잘 활용하면 경쟁력을 높여 정규직 위주의 기존 기업들을 앞서나갈 수 있다.

① 긱 노동자가 자신의 직업 형태에 대해 갖는 인식은 자신을 고용한 기업에 따라 달라지지 않는다.
② 정보통신 기술의 발달은 프레카리아트 계급과 긱 노동자 집단을 확산시킨다.
③ 긱 노동자 집단이 확산되면 프레카리아트 계급은 축소된다.
④ '위험한 계급'이 겪는 부정적인 경험이 적은 프레카리아트일수록 정규직 근로자로 변모할 가능성이 크다.
⑤ 비정규직 근로자에 대한 노동 보장의 강화는 프레카리아트 계급을 축소시키고 긱 노동자 집단을 확산시킨다.

03 다음 글의 ㉠~㉤에 대한 설명으로 가장 적절한 것은?

세균은 산소에 대한 요구성과 내성에 따라 구분된다. '절대 호기성 세균'은 산소에 대한 내성이 있고 대사 과정에서 산소 호흡을 하기 때문에 산소의 농도가 높은 곳에서 잘 자랄 수 있다. 반면에 '미세 호기성 세균'은 산소 호흡을 하지만 산소에 대한 내성이 '절대 호기성 세균'보다 낮아서 '절대 호기성 세균'이 살아가는 환경의 산소 농도보다 낮은 농도의 산소에서만 살 수 있다. 두 종류의 세균은 모두 산소를 이용하는 호흡이 필수적이므로 산소가 없거나 너무 낮은 농도에서는 살 수 없다. '통성 세균'은 산소에 대한 내성이 있고, 산소가 있는 곳에서는 산소 호흡을 하고 산소가 없거나 너무 낮은 농도에서는 산소 호흡 대신 발효 과정을 통해 에너지를 만들어낼 수 있기 때문에 산소가 있는 환경과 없는 환경 모두에서 자랄 수 있다. 그러나 산소 호흡이 발효 과정보다 많은 에너지를 만들어내기 때문에 산소 농도가 높은 환경에서 더 잘 자란다. '혐기성 세균'은 산소 호흡을 할 수 없는 세균으로 발효 과정만을 통해 에너지를 만들어낸다. '혐기성 세균'은 산소에 대한 내성을 가지고 있어 산소가 있어도 자랄 수 있는 '내기 혐기성 세균'과 산소에 대한 내성이 없어 일정 농도 이상의 산소에 노출되면 사멸하는 '절대 혐기성 세균'으로 나뉜다. '내기 혐기성 세균'의 생장은 산소 농도와는 무관하다.
티오글리콜레이트 배양액을 담고 있는 시험관에서 배양액의 위쪽은 공기와 접하고 있어 산소가 충분하다. 시험관 배양액의 산소 농도는 시험관 아래쪽으로 갈수록 감소하며, 시험관의 맨 아래쪽에는 산소가 거의 없다. 아래 그림은 티오글리콜레이트 배양액을 담고 있는 5개의 시험관(㉠~㉤)에 '절대 호기성 세균', '미세 호기성 세균', '통성 세균', '내기 혐기성 세균', '절대 혐기성 세균' 중 하나를 배양한 결과를 나타내며, 각 시험관에는 서로 다른 세균이 배양되었다. 그림에서 검은색 점 각각은 살아있는 하나의 세균을 나타낸다.

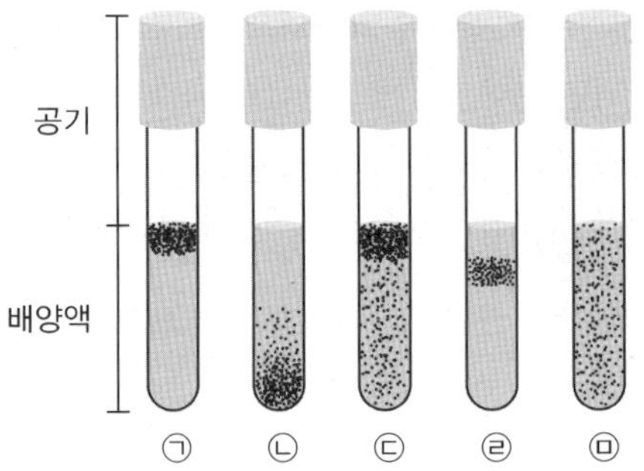

① ㉠은 '통성 세균'이 자란 시험관이다.
② ㉡에서 자란 세균은 발효 과정으로 에너지를 만들어 낸다.
③ ㉢에서 자란 세균은 산소에 대한 내성이 없다.
④ ㉣에서 자란 세균은 산소 호흡을 할 수 없다.
⑤ ㉣과 ㉤은 모두 '혐기성 세균'이 자란 시험관이다.

04 다음 글에 대한 내용으로 적절하지 않은 것은?

인간에 대한 혐오의 감정을 긍정적으로 바라보는 인식을 바탕으로, 이를 사회 안정의 도구로 활용해야 한다거나 법적 판단의 근거로 삼아야 한다는 주장은 영미법의 오래된 역사에서 그리 낯설지 않다. 그러나 혐오의 감정이 특정 개인과 집단을 배척하기 위한 강력한 무기로 이용되었다는 사실을 고려하면 이러한 주장이 얼마나 그릇된 것인지 이해할 수 있다.

일반적으로 우리는 분비물이나 배설물, 악취 등에 대해 그리고 시체와 같이 부패하고 퇴화하는 것들에 대해 혐오의 감정을 갖는다. 인간은 타자를 공격하는 데 이러한 오염물의 이미지를 사용한다. 이때 혐오는 특정 집단을 오염물인 것처럼 취급하고 자신은 오염되지 않은 쪽에 속함으로써 얻게 되는 심리적인 우월감 및 만족감과 연결되어 있다. 역사적으로 볼 때 이런 과정을 거쳐 오염물로 취급된 집단 중 하나가 유대인이다. 중세 이후 반유대주의 세력이 유대인에게 부여한 부정적 이미지는 점액성, 악취, 부패, 불결함과 같은 혐오스러운 것들과 결부되어 있다. 히틀러는 유대인을 깨끗하고 건강한 독일 민족의 몸속에 숨겨진, 썩어 가는 시체 속의 구더기라고 표현했다. 혐오스러운 적대자를 설정함으로써 자신의 야욕을 달성하려 했던 것이다. 불행하게도 대다수의 독일인은 이러한 야만적인 정치적 선동에 동의를 표했다. 심지어 유대인을 암세포, 종양, 세균 등으로 묘사하면서 이들을 비인간적 존재로 전락시키는 의학적 담론이 유행하기도 했다. 비인간적으로 묘사되는 유대인의 이미지는 나치가 만든 허상이었음에도 불구하고, 유대인과 연관된 혐오의 이미지는 아이들이 보는 당대의 동화 속에 담겨 있을 정도로 널리 퍼져 있었다.

① 혐오는 정치적 선동의 도구로 이용되지 않았다.
② 개인뿐만 아니라 집단도 혐오의 대상이 될 수 있다.
③ 혐오의 대상이 되는 집단은 비인간적으로 묘사되기도 한다.
④ 혐오의 감정을 법적 판단의 근거로 삼아야 한다는 입장이 있었다.
⑤ 인간에 대한 혐오의 감정은 타자를 혐오함으로써 주체가 얻을 수 있는 심리적인 만족감과 연관되어 있다.

05 다음 글의 밑줄 친 ㉠이 참일 때, 참일 수 있는 주장은?

12세기 이후 유럽의 대학에서 아리스토텔레스를 연구하는 사람들이 많아지면서 당시 기독교 교리와 위배되는 생각들이 공공연히 주장되기 시작했다. 이에 위기를 느낀 파리 주교 에티엔 탕피에는 1277년에 아리스토텔레스의 견해로 알려진 219개 항목이 대학에서 교육되는 것을 금지했다. 그중 ㉠ <u>다섯 항목</u>은 다음과 같다.

- 논리적으로 불가능한 일은 절대적으로 불가능하다.
- 신이라도 여러 개의 세계를 만들 수 없다.
- 아무 것도 없는 상태에서는 어떤 것도 생겨날 수 없고 신이라도 무로부터 세계를 창조할 수는 없다.
- 부모의 도움 없이 오직 신의 힘만으로 사람을 만들어낼 수 없다.
- 우리는 자명하게 참인 것이나 그런 참으로부터 입증될 수 있는 것만을 믿어야 한다.

① 영희는 자기 자신보다 키가 크다.
② 충분히 많은 사람들이 믿으면 둥근 삼각형이 존재한다고 믿어도 된다.
③ 우리가 사는 세계는 약 137억 년 전 아무 것도 없는 상태에서 빅뱅을 통해 생겨났다.
④ 신은 우리가 사는 세계와 비슷하지만 세부 특징이 조금 다른 세계를 여러 개 만들 수 있다.
⑤ 정자와 난자를 체외수정시켜 탄생한 시험관 아기는 다른 사람과 아무런 차이가 없는 사람이다.

06 다음 글에 나타난 대한민국 정부와 일본 정부의 주장으로 적절하지 않은 것은?

> 대한민국 정부와 일본 정부는 독도 문제와 관련해서 수많은 논쟁을 해왔다. 그동안 대한민국 정부는 독도 영유권에 관한 일본 정부의 견해를 신중히 검토하였다. 그러나 일본 정부가 역사적 사실로서 각종 문헌과 사적을 이용한 것은 다 부정확하고, 또 독도소유에 대한 국제법상의 여러 조건을 충족시켰다는 일본 정부의 주장도 역시 전혀 근거가 없다. 우선 울릉도나 독도를 가리키는 '우산국, 우산, 울릉'에 대한 오해와 왜곡이 풀려야 한다. 따라서 대한민국 정부는 아래의 증거를 들어 일본 정부가 제시한 의견이 독단적인 억측에 기초하고 있다는 것을 말하고자 한다.
> 우산도와 울릉도가 두 개의 섬이라는 것을 구구하게 설명할 필요가 없다. 그러나 다시 한 번 오해가 없도록 명확하게 하기 위해 이제 『세종실록지리지(世宗實錄地理志)』와 『신증동국여지승람(新增東國輿地勝覽)』에 수록된 다음의 기사를 인용하고자 한다. "우산과 울릉의 두 섬이 울진현의 정동쪽 바다 가운데 위치하고 또 이 두 섬이 거리가 그리 멀지 않기 때문에 일기가 청명한 때는 이 두 섬 서로가 바라볼 수 있다." 여기에서 인용된 우산도와 울릉도 두 섬은 울진현의 정동쪽 바다에 위치한 별개의 섬이다. 이 두 섬은 떨어져 있으나 과히 멀지 않기 때문에 일기가 청명할 때는 서로 바라볼 수 있다고 기록되어 있다.
> 일본 정부는 이와 같이 명확히 인정된 사실을 솔직하게 인정하지 않고 도리어 이 사실을 부인할 속셈으로 위 책의 본문에 기록되어 있는 다음 구절만을 맹목적으로 인용하고 있다. 즉, 『세종실록지리지』에 기록되어 있는 "신라 때 칭하기를 우산국을 일러 울릉도"라고 한 대목과 『신증동국여지승람』에 기록되어 있는 "일설(一說)에 우산과 울릉은 본디 하나의 섬"이라고 한 대목이 그것이다. 그러나 『세종실록지리지』의 기사는 울릉도와 그 부속 도서를 포함하는 신라 시대의 우산국을 의미하는 것이지 우산도를 말하는 것이 아니다. 그리고 『신증동국여지승람』에서 말한 것은 막연한 일설에 지나지 않는다. 따라서 이 인용문들은 『세종실록지리지』와 『신증동국여지승람』이 편찬되었던 당시 두 섬이 두 개의 명칭으로 확인된 사실에 결코 영향을 미치지 못한다.

① 대한민국 정부 : 우산도와 독도는 별개의 섬이다.
② 대한민국 정부 : 울릉도와 우산도는 별개의 섬이다.
③ 일본 정부 : 우산국과 우산도는 같은 섬이다.
④ 일본 정부 : 우산국과 울릉도는 같은 섬이다.
⑤ 일본 정부 : 울릉도와 우산도는 같은 섬이다.

07 다음 글의 논쟁에 대한 분석으로 적절한 것을 〈보기〉에서 모두 고르면?

갑과 을은 K국의 손해사정을 업으로 하는 법인 A, B의 보험업법 위반 여부에 대해 논쟁하고 있다. 이 논쟁은 보험업법의 일부 규정 속 손해사정사가 상근인지 여부, 그리고 각 법인의 손해사정사가 상근인지 여부가 불분명함에서 비롯되었다. 해당 법의 일부 조항은 다음과 같다.

보험업법

손해사정업의 영업기준(제○○조)

① 손해사정을 업으로 하려는 법인은 2명 이상의 상근 손해사정사를 두어야 한다. 이 경우 총리령으로 정하는 손해사정사의 구분에 따라 수행할 업무의 종류별로 1명 이상의 상근 손해사정사를 두어야 한다.

② 제1항에 따른 법인이 지점 또는 사무소를 설치하려는 경우에는 각 지점 또는 사무소별로 총리령으로 정하는 손해사정사의 구분에 따라 수행할 업무의 종류별로 1명 이상의 손해사정사를 두어야 한다.

〈논쟁〉

- 쟁점 1 : 법인 A는 총리령으로 정하는 손해사정사의 구분에 따른 업무의 종류가 4개이고 각 종류마다 2명의 손해사정사를 두고 있는데, 갑은 법인 A가 보험업법 제○○조 제1항을 어기고 있다고 주장하지만 을은 그렇지 않다고 주장한다.
- 쟁점 2 : 법인 B의 지점 및 사무소 각각은 총리령으로 정하는 손해사정사의 구분에 따른 업무의 종류가 2개씩이고 각 종류마다 1명의 손해사정사를 두고 있는데, 갑은 법인 B가 보험업법 제○○조 제2항을 어기고 있다고 주장하지만 을은 그렇지 않다고 주장한다.

〈보기〉

ㄱ. 쟁점 1과 관련하여 법인 A에는 비상근 손해사정사가 2명 근무하고 있지만 이들이 수행하는 업무의 종류가 다르다는 사실이 밝혀진다면 갑의 주장은 옳지만 을의 주장은 옳지 않다.

ㄴ. 쟁점 2와 관련하여 법인 B의 지점에 근무하는 손해사정사가 비상근일 경우에, 갑은 제○○조 제2항의 '손해사정사'가 반드시 상근이어야 한다고 생각하지만 을은 비상근이어도 무방하다고 생각한다는 사실은 법인 B에 대한 갑과 을 사이의 주장 불일치를 설명할 수 있다.

ㄷ. 법인 A 및 그 지점 또는 사무소에 근무하는 손해사정사와 법인 B 및 그 지점 또는 사무소에 근무하는 손해사정사가 모두 상근이라면, 을의 주장은 쟁점 1과 쟁점 2 모두에서 옳지 않다.

① ㄱ
② ㄴ
③ ㄱ, ㄷ
④ ㄴ, ㄷ
⑤ ㄱ, ㄴ, ㄷ

08 다음 밑줄 친 ㉠~㉤ 중 글의 흐름에 맞지 않는 곳을 수정할 때, 가장 적절한 것은?

> 에르고딕 이론에 따르면 그룹의 평균을 활용해 개인에 대한 예측치를 이끌어낼 수 있는데, 이를 위해서는 다음의 두 가지 조건을 먼저 충족해야 한다. 첫째는 그룹의 모든 구성원이 ㉠ 질적으로 동일해야 하며, 둘째는 그 그룹의 모든 구성원이 미래에도 여전히 동일해야 한다는 것이다. 특정 그룹이 이 두 가지 조건을 충족하면 해당 그룹은 '에르고딕'으로 인정되면서, ㉡ 그룹의 평균적 행동을 통해 해당 그룹에 속해 있는 개인에 대한 예측을 이끌어 낼 수 있다.
>
> 그런데 이 이론에 대해 심리학자 몰레나는 다음과 같은 설명을 덧붙였다. "그룹 평균을 활용해 개인을 평가하는 것은 인간이 모두 동일하고 변하지 않는 냉동 클론이어야만 가능하겠지요? 그런데 인간은 냉동 클론이 아닙니다." 그런데도 등급화와 유형화 같은 평균주의의 결과물들은 정책 결정의 과정에서 중요한 근거로 쓰였다. 몰레나는 이와 같은 위험한 가정을 '에르고딕 스위치'라고 명명했다. 이는 평균주의의 유혹에 속아 집단의 평균에 의해 개인을 파악함으로써 ㉢ 실재하는 개인적 특성을 모조리 무시하게 되는 것을 의미한다.
>
> 지금 타이핑 실력이 뛰어나지 않은 당신이 타이핑 속도의 변화를 통해 오타를 줄이고 싶어 한다고 가정해 보자. 평균주의식으로 접근할 경우 여러 사람의 타이핑 실력을 측정한 뒤에 평균 타이핑 속도와 평균 오타 수를 비교하게 된다. 그 결과 평균적으로 타이핑 속도가 더 빠를수록 오타 수가 더 적은 것으로 나타났다고 하자. 이때 평균주의자는 당신이 타이핑의 오타 수를 줄이고 싶다면 ㉣ 타이핑을 더 빠른 속도로 해야 한다고 말할 것이다. 바로 여기가 '에르고딕 스위치'에 해당하는 지점인데, 사실 타이핑 속도가 빠른 사람들은 대체로 타이핑 실력이 뛰어난 편이며 그만큼 오타 수는 적을 수밖에 없다. 더구나 ㉤ 타이핑 실력이라는 요인이 통제된 상태에서 도출된 평균치를 근거로 당신에게 내린 처방은 적절하지 않을 가능성이 높다.

① ㉠을 '질적으로 다양해야 하며'로 고친다.
② ㉡을 '개인의 특성을 종합하여 집단의 특성에 대한 예측'으로 고친다.
③ ㉢을 '실재하는 그룹 간 편차를 모조리 무시'로 고친다.
④ ㉣을 '타이핑을 더 느린 속도로 해야 한다'로 고친다.
⑤ ㉤을 '타이핑 실력이라는 요인이 통제되지 않은 상태에서'로 고친다.

09 다음 글의 빈칸에 들어갈 내용으로 가장 적절한 것은?

> 갑 : 안녕하십니까. 저는 시청 토목정책과에 근무하는 갑이라고 합니다. 부정 청탁을 받은 때는 신고해야 한다고 들었습니다.
>
> 을 : 예, 부정청탁 및 금품등 수수의 금지에 관한 법률(이하 '청탁금지법')에서는 공직자가 부정 청탁을 받았을 때는 명확히 거절 의사를 표현해야 하고, 그랬는데도 상대방이 이후에 다시 동일한 부정 청탁을 해온다면 소속 기관의 장에게 신고해야 한다고 규정합니다.
>
> 갑 : '금품 등'에는 접대와 같은 향응도 포함되지요?
>
> 을 : 물론이지요. 청탁금지법에 따르면 공직자는 동일인으로부터 명목에 상관없이 1회 100만 원 혹은 매 회계연도에 300만 원을 초과하는 금품이나 접대를 받을 수 없습니다. 직무 관련성이 있는 경우에는 100만 원 이하라도 대가성 여부와 관계없이 처벌을 받습니다.
>
> 갑 : '동일인'이라 하셨는데, 여러 사람이 청탁을 하는 경우는 어떻게 되나요?
>
> 을 : 받는 사람을 기준으로 하여 따지게 됩니다. 한 공직자에게 여러 사람이 동일한 부정 청탁을 하며 금품을 제공하려 하였을 때에도 이들의 출처가 같다고 볼 수 있다면 '동일인'으로 해석됩니다. 또한 여러 행위가 계속성 또는 시간적 · 공간적 근접성이 있다고 판단되면, 합쳐서 1회로 간주될 수 있습니다.
>
> 갑 : 실은 연초에 있었던 지역 축제 때 저를 포함한 우리 시청 직원 90명은 행사에 참여한다는 차원으로 장터에 들러 1인당 8천 원씩을 지불하고 식사를 했는데, 이후에 그 식사는 X회사 사장인 A의 축제 후원금이 1인당 1만 2천 원씩 들어간 것이라는 사실을 알게 되었습니다. 이에 대하여는 결국 대가성 있는 접대도 아니고 직무 관련성도 없는 것으로 확정되었으며, 추가된 식사비도 축제 주최 측에 돌려주었습니다. 그리고 이달 초에는 Y회사의 임원인 B가 관급 공사 입찰을 도와달라고 청탁하면서 100만 원을 건네려 하길래 거절한 적이 있습니다. 그런데 어제는 고교 동창인 C가 찾아와 X회사 공장 부지의 용도 변경에 힘써 달라며 200만 원을 주려고 해서 단호히 거절하였습니다.
>
> 을 : 그러셨군요. 말씀하신 것을 바탕으로 설명 드리겠습니다. ______________________

① X회사로부터 받은 접대는 시간적 · 공간적 근접성으로 보아 청탁금지법을 위반한 향응을 받은 것이 됩니다.

② Y회사로부터 받은 제안의 내용은 청탁금지법상의 금품이라고는 할 수 없지만 향응에는 포함될 수 있습니다.

③ 청탁금지법상 A와 C는 동일인으로서 부정 청탁을 한 것이 됩니다.

④ 직무 관련성이 없다면 B와 C가 제시한 금액은 청탁금지법상의 허용 한도를 벗어나지 않습니다.

⑤ 현재는 청탁금지법상 C의 청탁을 신고할 의무가 생기지 않지만, C가 같은 청탁을 다시 한다면 신고해야 합니다.

10 다음 글을 읽고 추론할 수 있는 것은?

> 국제표준도서번호(ISBN)는 전세계에서 출판되는 각종 도서에 부여하는 고유한 식별 번호이다. 2007년부터는 13자리의 숫자로 구성된 ISBN인 ISBN−13이 부여되고 있지만, 2006년까지 출판된 도서에는 10자리의 숫자로 구성된 ISBN인 ISBN−10이 부여되었다.
> ISBN−10은 네 부분으로 되어 있다. 첫 번째 부분은 책이 출판된 국가 또는 언어 권역을 나타내며 1 ~ 5자리를 가질 수 있다. 예를 들면 대한민국은 89, 영어권은 0, 프랑스어권은 2, 중국은 7 그리고 부탄은 99936을 쓴다. 두 번째 부분은 국가별 ISBN 기관에서 그 국가에 있는 각 출판사에 할당한 번호를 나타낸다. 세 번째 부분은 출판사에서 그 책에 임의로 붙인 번호를 나타낸다. 마지막 네 번째 부분은 확인 숫자이다. 이 숫자는 0에서 10까지의 숫자 중 하나가 되는데, 10을 써야 할 때는 로마 숫자인 X를 사용한다. 부여된 ISBN−10이 유효한 것이라면 이 ISBN−10의 열 개 숫자에 각각 순서대로 10, 9, …, 2, 1의 가중치를 곱해서 각 곱셈의 값을 모두 더한 값이 반드시 11로 나누어 떨어져야 한다. 예를 들어 어떤 책에 부여된 ISBN−10인 '89 − 89422 − 42 − 6'이 유효한 것인지 검사해 보자. $(8\times10)+(9\times9)+(8\times8)+(9\times7)+(4\times6)+(2\times5)+(2\times4)+(4\times3)+(2\times2)+(6\times1)=352$이고, 이 값은 11로 나누어 떨어지기 때문에 이 ISBN−10은 유효한 번호이다. 만약 어떤 ISBN−10의 숫자 중 어느 하나를 잘못 입력했다면 서점에 있는 컴퓨터는 즉시 오류 메시지를 화면에 보여줄 것이다.

① ISBN−10의 첫 번째 부분에 있는 숫자가 같으면 같은 나라에서 출판된 책이다.
② 임의의 책의 ISBN−10에 숫자 3자리를 추가하면 그 책의 ISBN−13을 얻는다.
③ ISBN−10이 '0 − 285 − 00424 − 7'인 책은 해당 출판사에서 424번째로 출판한 책이다.
④ ISBN−10의 첫 번째 부분에 있는 숫자가 같은 서로 다른 두 권의 책은 동일한 출판사에서 출판된 책이다.
⑤ 확인 숫자 앞의 아홉 개의 숫자에 정해진 가중치를 곱하여 합한 값이 11의 배수인 ISBN−10이 유효하다면 그 확인 숫자는 반드시 0이어야 한다.

11 다음은 2023년 우리나라 17개 지역의 도시재생사업비이다. 이에 대한 설명으로 옳은 것을 〈보기〉에서 모두 고르면?

〈지역별 도시재생사업비〉

(단위 : 억 원)

지역	사업비
서울	160
부산	240
대구	200
인천	80
광주	160
대전	160
울산	120
세종	0
경기	360
강원	420
충북	300
충남	320
전북	280
전남	320
경북	320
경남	440
제주	120
전체	( )

〈보기〉

ㄱ. 부산보다 사업비가 많은 지역은 8개이다.
ㄴ. 사업비 상위 2개 지역의 사업비 합은 사업비 하위 4개 지역의 사업비 합의 2배 이상이다.
ㄷ. 사업비가 전체 사업비의 10% 이상인 지역은 2개이다.

① ㄱ
② ㄷ
③ ㄱ, ㄴ
④ ㄴ, ㄷ
⑤ ㄱ, ㄴ, ㄷ

12 다음은 K시 청년의 희망직업 취업 여부에 대한 조사 결과이다. 제시된 표 이외에 보고서를 작성하기 위해 추가로 필요한 자료를 〈보기〉에서 모두 고르면?

〈전공계열별 희망직업 취업 현황〉

(단위 : 명, %)

구분 \ 전공계열	전체	인문사회계열	이공계열	의약/교육/예체능계열
취업자 수	2,988	1,090	1,054	844
희망직업 취업률	52.3	52.4	43.0	63.7
희망직업 외 취업률	47.7	47.6	57.0	36.3

〈보고서〉

K시의 취업한 청년 2,988명을 대상으로 조사한 결과 52.3%가 희망직업에 취업했다고 응답하였다. 전공계열별로 살펴보면 의약/교육/예체능계열, 인문사회계열, 이공계열 순으로 희망직업 취업률이 높게 나타났다. 전공계열별로 희망직업을 선택한 동기를 살펴보면 이공계열과 의약/교육/예체능계열의 경우 '전공분야'라고 응답한 비율이 각각 50.3%와 49.9%였고, 인문사회계열은 그 비율이 33.3%였다. 전공계열별 희망직업의 선호도 분포를 분석한 결과, 인문사회계열은 '경영', 이공계열은 '연구직', 그리고 의약/교육/예체능계열은 '보건·의료·교육'에 대한 선호도가 가장 높았다.

한편, 전공계열별로 희망직업에 취업한 청년과 희망직업 외에 취업한 청년의 직장만족도를 살펴보면 차이가 가장 큰 계열은 이공계열로 0.41점이었다.

〈보기〉

ㄱ. 구인·구직 추이

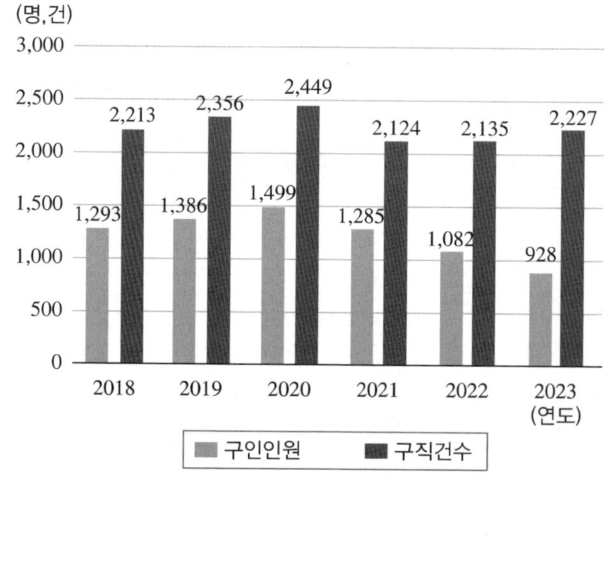

ㄴ. 전공계열별 희망직업 선호도 분포

(단위 : %)

희망직업 \ 전공계열	전체	인문사회계열	이공계열	의약/교육/예체능계열
경영	24.2	47.7	15.4	5.1
연구직	19.8	1.9	52.8	1.8
보건・의료・교육	33.2	28.6	14.6	62.2
예술・스포츠	10.7	8.9	4.2	21.2
여행・요식	8.7	12.2	5.5	8.0
생산・농림어업	3.4	0.7	7.5	1.7

ㄷ. 전공계열별 희망직업 선택 동기 구성비

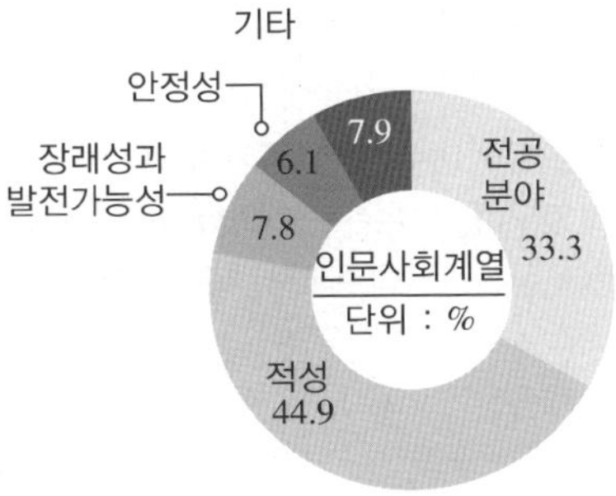

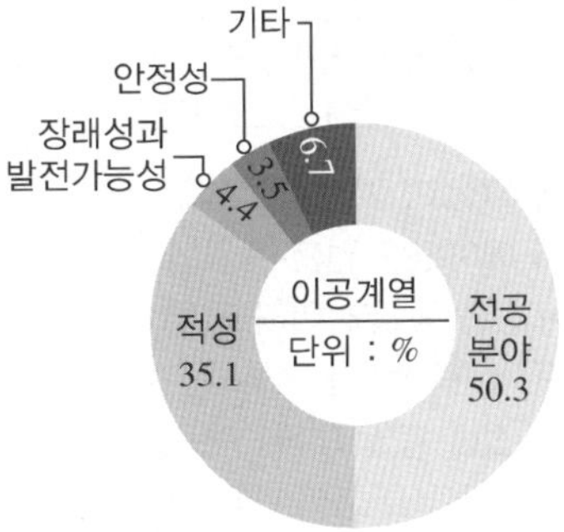

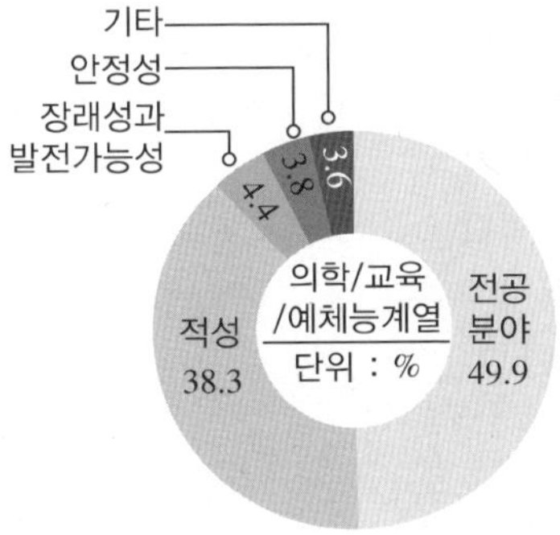

ㄹ. 희망직업 취업여부에 따른 항목별 직장 만족도(5점 만점)

(단위 : 점)

희망직업 취업여부 \ 항목	업무내용	소득	고용안정
전체	3.72	3.57	3.28
희망직업 취업	3.83	3.70	3.35
희망직업 외 취업	3.59	3.42	3.21

① ㄱ, ㄷ
② ㄱ, ㄹ
③ ㄴ, ㄷ
④ ㄱ, ㄴ, ㄹ
⑤ ㄴ, ㄷ, ㄹ

13 다음은 냉장고, 세탁기, 에어컨, 오디오, TV 5개 제품의 생산 및 내수 현황을 나타낸 자료이다. 〈조건〉을 참고하여 A ~ E에 해당하는 제품을 순서대로 바르게 나열한 것은?

〈5개 제품의 생산 및 내수 현황〉

(단위 : 만 대)

제품 \ 구분	생산		내수	
	2023년 5월	2024년 5월	2023년 5월	2024년 5월
A	347	397	163	215
B	263	293	133	163
C	385	359	103	158
D	150	157	72	77
E	161	59	151	126

〈조건〉

- 2024년 5월에 냉장고, 세탁기, TV는 전년 동월에 비해 생산과 내수 모두 증가하였다.
- 2024년 5월에 에어컨은 전년 동월에 비해 생산은 감소하였으나 내수는 증가하였다.
- 2024년 5월에 전년 동월에 비해 생산이 증가한 제품 가운데 생산증가대수 대비 내수증가대수의 비율이 가장 낮은 제품은 세탁기이다.
- 2024년 5월에 전년 동월 대비 생산 증가율이 가장 높은 제품은 TV이다.

	A	B	C	D	E
①	냉장고	TV	에어컨	세탁기	오디오
②	냉장고	TV	오디오	에어컨	세탁기
③	세탁기	TV	오디오	냉장고	에어컨
④	TV	세탁기	에어컨	냉장고	오디오
⑤	TV	냉장고	에어컨	세탁기	오디오

14 다음은 K국 체류외국인 수 및 체류외국인 범죄건수에 대한 자료이다. 이에 대한 설명으로 옳은 것을 〈보기〉에서 모두 고르면?

〈체류외국인 수 및 체류외국인 범죄건수〉

(단위 : 명, 건)

구분 \ 연도	2019년	2020년	2021년	2022년	2023년
체류외국인 수	1,168,477	1,261,415	1,395,077	1,445,103	1,576,034
합법체류외국인 수	990,522	1,092,900	1,227,297	1,267,249	1,392,928
불법체류외국인 수	177,955	168,515	167,780	177,854	183,106
체류외국인 범죄건수	21,235	19,445	25,507	22,914	24,984
합법체류외국인 범죄건수	18,645	17,538	23,970	21,323	22,951
불법체류외국인 범죄건수	2,590	1,907	1,537	1,591	2,033

〈보기〉

ㄱ. 매년 불법체류외국인 수는 체류외국인 수의 10% 이상이다.
ㄴ. 불법체류외국인 범죄건수의 전년 대비 증가율이 가장 높은 해에 합법체류외국인 범죄건수의 전년 대비 증가율도 가장 높다.
ㄷ. 체류외국인 범죄건수가 전년에 비해 감소한 해에는 합법체류외국인 범죄건수와 불법체류외국인 범죄건수도 각각 전년에 비해 감소하였다.
ㄹ. 매년 합법체류외국인 범죄건수는 체류외국인 범죄건수의 80% 이상이다.

① ㄱ, ㄹ
② ㄴ, ㄷ
③ ㄴ, ㄹ
④ ㄱ, ㄴ, ㄷ
⑤ ㄱ, ㄷ, ㄹ

15 다음은 2023년 말 총자산, 부동산자산, 예금자산, 가구당 총자산의 항목별 상위 7개 동(洞) 자산규모를 나타낸 자료이다. 이에 대한 설명으로 옳지 않은 것을 〈보기〉에서 모두 고르면?

〈항목별 상위 7개 동의 자산규모〉

구분 / 순위	총자산(조 원)		부동산자산(조 원)		예금자산(조 원)		가구당 총자산(억 원)	
	동명	규모	동명	규모	동명	규모	동명	규모
1	여의도동	24.9	대치동	17.7	여의도동	9.6	을지로동	51.2
2	대치동	23.0	서초동	16.8	태평로동	7.0	여의도동	26.7
3	서초동	22.6	압구정동	14.3	을지로동	4.5	압구정동	12.8
4	반포동	15.6	목동	13.7	서초동	4.3	도곡동	9.2
5	목동	15.5	신정동	13.6	역삼동	3.9	잠원동	8.7
6	도곡동	15.0	반포동	12.5	대치동	3.1	이촌동	7.4
7	압구정동	14.4	도곡동	12.3	반포동	2.5	서초동	6.4

※ 총자산은 부동산자산, 예금자산, 증권자산의 합이다.

〈보기〉

ㄱ. 압구정동의 가구수는 여의도동의 가구수보다 많다.
ㄴ. 이촌동의 가구수는 2만 이상이다.
ㄷ. 대치동의 증권자산은 서초동의 증권자산보다 많다.
ㄹ. 여의도동의 증권자산은 최소 4조 원 이상이다.
ㅁ. 총자산 대비 부동산자산의 비율은 도곡동이 목동보다 높다.

① ㄱ, ㄴ
② ㄱ, ㄷ
③ ㄴ, ㅁ
④ ㄴ, ㄷ, ㄹ
⑤ ㄴ, ㄹ, ㅁ

16 다음은 K국의 학교급별 여성 교장 수와 비율을 1980년부터 5년마다 조사한 자료이다. 이에 대한 설명으로 옳은 것은?

〈학교급별 여성 교장 수와 비율〉

(단위 : 명, %)

조사연도 \ 학교급/구분	초등학교		중학교		고등학교	
	여성 교장 수	비율	여성 교장 수	비율	여성 교장 수	비율
1980년	117	1.8	66	3.6	47	3.4
1985년	122	1.9	98	4.9	60	4.0
1990년	159	2.5	136	6.3	64	4.0
1995년	222	3.8	181	7.6	66	3.8
2000년	490	8.7	255	9.9	132	6.5
2005년	832	14.3	330	12.0	139	6.4
2010년	1,701	28.7	680	23.2	218	9.5
2015년	2,058	34.5	713	24.3	229	9.9
2020년	2,418	40.3	747	25.4	242	10.4

※ [학교급별 여성 교장 비율(%)]$=\frac{\text{(학교급별 여성 교장 수)}}{\text{(학교급별 전체 교장 수)}}\times 100$

※ 교장이 없는 학교는 없으며, 각 학교의 교장은 1명이다.

① 2000년 이후 중학교 여성 교장 비율은 매년 증가한다.

② 초등학교 수는 2020년이 1980년보다 많다.

③ 고등학교 남성 교장 수는 1985년이 1990년보다 많다.

④ 1995년 초등학교 수는 같은 해 중학교 수와 고등학교 수의 합보다 많다.

⑤ 초등학교 여성 교장 수는 2020년이 2000년의 5배 이상이다.

17 다음은 산불 건수 및 산불 가해자 검거 현황과 산불 원인별 가해자 검거 현황에 대한 자료이다. 〈보기〉 중 옳은 것을 모두 고르면?

〈산불 건수 및 산불 가해자 검거 현황〉

(단위 : 건, %)

구분 연도	산불 건수	가해자 검거 건수	검거율
2014년	277	131	47.3
2015년	197	73	(　)
2016년	296	137	46.3
2017년	492	167	33.9
2018년	623	240	38.5
2019년	391	(　)	(　)
2020년	692	305	(　)
2021년	496	231	46.6
2022년	653	239	36.6
2023년	620	246	39.7
합계	(　)	1,973	(　)

〈2023년 산불 원인별 산불 건수 및 가해자 검거 현황〉

(단위 : 건, %)

구분 산불 원인	산불 건수	가해자 검거 건수	검거율
입산자 실화	(　)	32	(　)
논밭두렁 소각	49	45	(　)
쓰레기 소각	65	(　)	(　)
담뱃불 실화	75	17	22.7
성묘객 실화	9	6	(　)
어린이 불장난	1	1	100.0
건축물 실화	54	33	61.1
기타	150	52	34.7
전체	(　)	246	39.7

※ 산불 1건은 1개의 산불 원인으로만 분류한다.

※ 가해자 검거 건수는 해당 산불 발생 연도를 기준으로 집계한다.

※ $[검거율(\%)]=\frac{(가해자\ 검거\ 건수)}{(산불\ 건수)}\times 100$

〈보기〉

ㄱ. 2014 ~ 2023년 연평균 산불 건수는 500건 이하이다.

ㄴ. 산불 건수가 가장 많은 연도의 검거율은 산불 건수가 가장 적은 연도의 검거율보다 높다.

ㄷ. 2023년에는 기타를 제외하고 산불 건수가 적은 산불 원인일수록 검거율이 높다.

ㄹ. 2023년 전체 산불 건수 중 입산자 실화가 원인인 산불 건수의 비율은 35%이다.

① ㄱ, ㄴ
② ㄴ, ㄹ
③ ㄷ, ㄹ
④ ㄱ, ㄴ, ㄷ
⑤ ㄱ, ㄴ, ㄹ

18 다음은 시스템반도체 중 인공지능반도체의 세계 시장규모 현황 및 전망 자료이다. 이에 대한 설명으로 옳은 것을 〈보기〉에서 모두 고르면?

〈시스템반도체 중 인공지능반도체의 세계 시장규모 현황 및 전망〉

(단위 : 억 달러, %)

구분 \ 연도	2021년	2022년	2023년	2024년	2025년	2026년	2027년
시스템반도체	2,500	2,310	2,686	2,832	(　)	3,525	(　)
인공지능반도체	70	185	325	439	657	927	1,179
비중	2.8	8.0	(　)	15.5	19.9	26.3	31.3

〈보기〉

ㄱ. 인공지능반도체 비중은 매년 증가한다.
ㄴ. 2027년 시스템반도체 시장규모는 2021년보다 1,000억 달러 이상 증가한다.
ㄷ. 2022년 대비 2025년의 시장규모 증가율은 인공지능반도체가 시스템반도체의 5배 이상이다.

① ㄷ
② ㄱ, ㄴ
③ ㄱ, ㄷ
④ ㄴ, ㄷ
⑤ ㄱ, ㄴ, ㄷ

19 다음은 도지사 선거 후보자 A와 B의 TV토론회 전후 가～마 지역 유권자의 지지율에 대한 자료이다. 이 중 한 지역의 지지율 변화에 대해 〈보기〉와 같이 분석하였을 때, 〈보기〉에서 설명하는 지역은 어디인가?

〈도지사 선거 후보자 TV 토론회 전후 지지율〉

(단위 : %)

후보자 / 지역	TV 토론회 전		TV 토론회 후	
	A	B	A	B
가	38	52	50	46
나	28	40	39	41
다	31	59	37	36
라	35	49	31	57
마	29	36	43	41

※ 도지사 선거 후보자는 A와 B뿐이다.
※ 응답자는 'A후보자 지지', 'B후보자 지지', '지지 후보자 없음' 중 하나만 응답하고, 무응답은 없다.

〈보기〉

도지사 선거 후보자 TV 토론회를 진행하기 전과 후에 실시한 이 지역의 여론조사 결과, 도지사 후보자 지지율 변화는 다음과 같다. TV 토론회 전에는 B후보자에 대한 지지율이 A후보자보다 10%p 이상 높게 집계되어 B후보자가 선거에 유리한 것으로 보였으나, TV 토론회 후에는 지지율 양상에 변화가 있는 것으로 분석된다. TV 토론회 후 '지지 후보자 없음'으로 응답한 비율이 줄어 TV 토론회가 그동안 어떤 후보자에 투표할지 고민하던 유권자의 선택에 영향을 미친 것으로 판단된다. 또한, A후보자에 대한 지지율 증가폭이 B후보자보다 큰 것으로 나타나 TV 토론회를 통해 A후보자의 강점이 더 잘 드러났던 것으로 분석된다. 그러나 TV 토론회 후 두 후보자간 지지율 차이가 3%p 이내에 불과하여 이 지역에서 선거의 결과는 예측하기 어렵다.

① 가
② 나
③ 다
④ 라
⑤ 마

20 다음은 제품 A～E의 제조원가에 대한 자료이다. 이 중 매출액이 가장 적은 제품은?

〈제품 A～E의 고정원가, 변동원가율, 제조원가율〉

(단위 : 원, %)

구분 제품	고정원가	변동원가율	제조원가율
A	60,000	40	25
B	36,000	60	30
C	33,000	40	30
D	50,000	20	10
E	10,000	50	10

※ (제조원가)=(고정원가)+(변동원가)

※ [고정원가율(%)]=$\frac{(\text{고정원가})}{(\text{제조원가})}\times 100$

※ [변동원가율(%)]=$\frac{(\text{변동원가})}{(\text{제조원가})}\times 100$

※ [제조원가율(%)]=$\frac{(\text{제조원가})}{(\text{매출액})}\times 100$

① A ② B
③ C ④ D
⑤ E

21 다음 글과 상황을 근거로 판단할 때 옳은 것은?

> 발명에 대해 특허권이 부여되기 위해서는 다음의 두 가지 요건 모두를 충족해야 한다.
> 첫째, 발명은 지금까지 세상에 없는 새로운 것, 즉 신규성이 있는 발명이어야 한다. 이미 누구나 알고 있는 발명에 대해서 독점권인 특허권을 부여하는 것은 부당하기 때문이다. 이때 발명이 신규인지 여부는 특허청에의 특허출원 시점을 기준으로 판단한다. 따라서 신규의 발명이라도 그에 대한 특허출원 전에 발명 내용이 널리 알려진 경우라든지, 반포된 간행물에 게재된 경우에는 특허출원 시점에는 신규성이 상실되었기 때문에 특허권이 부여되지 않는다. 그러나 발명자가 자발적으로 위와 같은 신규성을 상실시키는 행위를 하고 그날로부터 12개월 이내에 특허를 출원하면 신규성이 상실되지 않은 것으로 취급된다. 이를 '신규성의 간주'라고 하는데, 신규성을 상실시킨 행위를 한 발명자가 특허출원한 경우에만 신규성이 있는 것으로 간주된다.
> 둘째, 여러 명의 발명자가 독자적인 연구를 하던 중 우연히 동일한 발명을 완성하였다면, 발명의 완성 시기에 관계없이 가장 먼저 특허청에 특허출원한 발명자에게만 특허권이 부여된다. 이처럼 가장 먼저 출원한 발명자에게만 특허권이 부여되는 것을 '선출원주의'라고 한다. 따라서 특허청에 선출원된 어떤 발명이 신규성 상실로 특허권이 부여되지 못한 경우, 동일한 발명에 대한 후출원은 선출원주의로 인해 특허권이 부여되지 않는다.

> 〈상황〉
>
> - 발명자 갑, 을, 병은 각각 독자적인 연구개발을 수행하여 동일한 K발명을 완성하였다.
> - 갑은 2023. 3. 1. K발명을 완성하였지만 그 발명 내용을 비밀로 유지하다가 2023. 9. 2. 특허출원을 하였다.
> - 을은 2023. 4. 1. K발명을 완성하자 2023. 6. 1. 간행되어 반포된 학술지에 그 발명 내용을 논문으로 게재한 후, 2023. 8. 1. 특허출원을 하였다.
> - 병은 2023. 7. 1. K발명을 완성하자마자 바로 당일에 특허출원을 하였다.

① 갑이 특허권을 부여받는다.
② 을이 특허권을 부여받는다.
③ 병이 특허권을 부여받는다.
④ 갑, 을, 병이 모두 특허권을 부여받는다.
⑤ 갑, 을, 병 중 어느 누구도 특허권을 부여받지 못한다.

22 다음 글을 근거로 판단할 때, 〈보기〉에서 옳은 것을 모두 고르면?

> 제○○조
> ① 개발부담금을 징수할 수 있는 권리(개발부담금 징수권)와 개발부담금의 과오납금을 환급받을 권리(환급청구권)는 행사할 수 있는 시점부터 5년간 행사하지 아니하면 소멸시효가 완성된다.
> ② 제1항에 따른 개발부담금 징수권의 소멸시효는 다음 각 호의 어느 하나의 사유로 중단된다.
> 1. 납부고지
> 2. 납부독촉
> 3. 교부청구
> 4. 압류
>
> ③ 제2항에 따라 중단된 소멸시효는 다음 각 호의 어느 하나에 해당하는 기간이 지난 시점부터 새로이 진행한다.
> 1. 고지한 납부기간
> 2. 독촉으로 재설정된 납부기간
> 3. 교부청구 중의 기간
> 4. 압류해제까지의 기간
>
> ④ 제1항에 따른 환급청구권의 소멸시효는 환급청구권 행사로 중단된다.
> ※ 개발부담금이란 개발이익 중 국가가 부과·징수하는 금액을 말한다.
> ※ 소멸시효는 일정한 기간 권리자가 권리를 행사하지 않으면 권리가 소멸하는 것을 말한다.

〈보기〉

ㄱ. 개발부담금 징수권의 소멸시효는 고지한 납부기간이 지난 시점부터 중단된다.
ㄴ. 국가가 개발부담금을 징수할 수 있는 때로부터 3년간 징수하지 않으면 개발부담금 징수권의 소멸시효가 완성된다.
ㄷ. 국가가 개발부담금을 징수할 수 있는 날로부터 2년이 경과한 후 납부의무자에게 납부고지하면, 개발부담금 징수권의 소멸시효가 중단된다.
ㄹ. 납부의무자가 개발부담금을 기준보다 많이 납부한 경우, 그 환급을 받을 수 있는 때로부터 환급청구권을 3년간 행사하지 않으면 소멸시효가 완성된다.

① ㄱ
② ㄷ
③ ㄱ, ㄹ
④ ㄴ, ㄷ
⑤ ㄴ, ㄹ

23 다음 글을 근거로 판단할 때, 2024년에 국가인증 농가로 선정할 곳을 모두 고르면?

- K공사에서는 2024년 고품질 · 안전 농식품 생산을 선도하는 국가인증 농가를 3곳 선정하려고 한다. 선정 기준은 다음과 같다.
  - 친환경인증을 받으면 30점, 전통식품인증을 받으면 40점을 부여한다. 단, 두 인증을 모두 받은 경우 전통식품인증 점수만을 인정한다.
  - (나)와 (다)지역 농가에는 친환경인증 또는 전통식품인증 유무에 의한 점수와 도농교류 활성화 점수 합의 10%를 가산점으로 부여한다.
  - 친환경인증 또는 전통식품인증 유무에 의한 점수, 도농교류 활성화 점수, 가산점을 합산하여 점수가 높은 순으로 선정한다.
  - 도농교류 활성화 점수가 50점 미만인 농가는 선정하지 않는다.
  - 동일 지역의 농가를 2곳 이상 선정할 수 없다.
- 2024년 선정후보 농가(A ~ F) 현황은 다음과 같다.

농가	친환경 인증 유무	전통식품 인증 유무	도농교류 활성화 점수	지역
A	○	○	80	(가)
B	×	○	60	(가)
C	×	○	55	(나)
D	○	○	40	(다)
E	○	×	75	(라)
F	○	○	70	(라)

① A, C, F
② A, D, E
③ A, E, F
④ B, C, E
⑤ B, D, F

24 다음 글을 근거로 판단할 때, 갑이 구매하려는 두 상품의 무게로 옳은 것은?

K마트에서는 쌀 상품 A ~ D를 판매하고 있다. 상품 무게는 A가 가장 무겁고, B, C, D 순서대로 무게가 가볍다. 무게 측정을 위해 서로 다른 두 상품을 저울에 올린 결과, 각각 35kg, 39kg, 44kg, 45kg, 50kg, 54kg으로 측정되었다. 갑은 가장 무거운 상품과 가장 가벼운 상품을 제외하고 두 상품을 구매하기로 하였다.
※ 상품 무게(kg)의 값은 정수이다.

① 19kg, 25kg
② 19kg, 26kg
③ 20kg, 24kg
④ 21kg, 25kg
⑤ 22kg, 26kg

25 다음 글과 상황을 근거로 판단할 때, 수질검사빈도와 수질기준을 모두 충족한 검사지점을 모두 고르면?

수질검사빈도와 수질기준(ㅁㅁ법 제ㅇㅇ조)

① 기초자치단체의 장인 시장·군수·구청장은 다음 각 호의 구분에 따라 지방상수도의 수질검사를 실시하여야 한다.

1. 정수장에서의 검사

가. 냄새, 맛, 색도, 탁도(濁度), 잔류염소에 관한 검사 : 매일 1회 이상

나. 일반세균, 대장균, 암모니아성 질소, 질산성 질소, 과망간산칼륨 소비량 및 증발잔류물에 관한 검사 : 매주 1회 이상. 단, 일반세균, 대장균을 제외한 항목 중 지난 1년간 검사를 실시한 결과, 수질기준의 10퍼센트를 초과한 적이 없는 항목에 대하여는 매월 1회 이상

2. 수도꼭지에서의 검사

가. 일반세균, 대장균, 잔류염소에 관한 검사 : 매월 1회 이상

나. 정수장별 수도관 노후지역에 대한 일반세균, 대장균, 암모니아성 질소, 동, 아연, 철, 망간, 잔류염소에 관한 검사 : 매월 1회 이상

3. 수돗물 급수과정별 시설(배수지 등)에서의 검사

일반세균, 대장균, 암모니아성 질소, 동, 수소이온 농도, 아연, 철, 잔류염소에 관한 검사 : 매 분기 1회 이상

② 수질기준은 다음과 같다.

항목	기준	항목	기준
대장균	불검출/100mL	일반세균	100 CFU/mL 이하
잔류염소	4mg/L 이하	질산성 질소	10mg/L 이하

〈상황〉

K시장은 ㅁㅁ법 제ㅇㅇ조에 따라 수질검사를 실시하고 있다. K시 관할의 검사지점(A ~ E)은 이전 검사에서 매번 수질기준을 충족하였고, 이번 수질검사에서 다음과 같은 결과를 보였다.

검사지점	검사대상	검사결과	검사빈도
정수장 A	잔류염소	2mg/L	매일 1회
정수장 B	질산성 질소	11mg/L	매일 1회
정수장 C	일반세균	70 CFU/mL	매월 1회
수도꼭지 D	대장균	불검출/100mL	매주 1회
배수지 E	잔류염소	2mg/L	매주 1회

※ 제시된 검사대상 외의 수질검사빈도와 수질기준은 모두 충족한 것으로 본다.

① A, D
② B, D
③ A, D, E
④ A, B, C, E
⑤ A, C, D, E

※ 다음 글을 읽고 이어지는 질문에 답하시오. [26~27]

개정 근로기준법이 적용되면서 일명 '52시간 근무제'에 사람들이 큰 관심을 보였다. 하지만 개정 근로기준법에는 1주 최대 근로시간을 52시간으로 규정하는 조문이 명시적으로 추가된 것이 아니다. 다만, 기존 근로기준법에 '1주'란 휴일을 포함한 7일을 말한다'는 문장 하나가 추가되었을 뿐이다. 이 문장이 말하는 바는 상식처럼 보이는데, 이를 추가해서 어떻게 52시간 근무제를 확보할 수 있었을까?
월요일에서 금요일까지 1일 8시간씩 소정근로시간 동안 일하는 근로자를 생각해보자. 여기서 '소정근로시간'이란 근로자가 사용자와 합의하여 정한 근로시간을 말한다. 사실 기존 근로기준법에서도 최대 근로시간은 52시간으로 규정되어 있는 것처럼 보인다. 1일의 최대 소정근로시간이 8시간, 1주의 최대 소정근로시간이 40시간이고, 연장근로는 1주에 12시간까지만 허용되어 있으므로, 이를 단순 합산하면 총 52시간이 되기 때문이다. 그러나 기존 근로기준법에서는 최대 근로시간이 68시간이었다. 이는 휴일근로의 성격을 무엇으로 보느냐에 달려 있다. 기존 근로기준법에서 휴일근로는 소정근로도 아니고 연장근로도 아닌 것으로 간주되었다. 그래서 소정근로 40시간과 연장근로 12시간을 시키고 나서 추가로 휴일근로를 시키더라도 법 위반이 아니었다.
그런데 일요일은 휴일이지만, 토요일은 휴일이 아니라 근로의무가 없는 휴무일이기에 특별한 규정이 없는 한 근로를 시킬 수가 없다. 따라서 기존 근로기준법하에서 더 근로를 시키고 싶던 기업들은 단체협약 등으로 '토요일을 휴일로 한다'는 특별규정을 두는 일종의 꼼수를 쓰는 경우가 많았다. 이렇게 되면 토요일과 일요일, 2일 간 휴일근로를 추가로 시킬 수 있기에 최대 근로시간이 늘어나게 된다. 이것이 기존 판례의 입장이었다.
개정 근로기준법과 달리 왜 기존 판례는 ______________________ 이는 연장근로를 소정근로의 연장으로 보았고, 1주의 최대 소정근로시간을 정할 때 기준이 되는 1주를 5일에 입각하여 보았기 때문이다. 즉, 1주 중 소정근로일을 월요일부터 금요일까지의 5일로 보았기에 이 기간에 하는 근로만이 근로기준법상 소정근로시간의 한도에 포함된다고 본 것이다. 다만 이 입장에 따르더라도, 연장근로가 아닌 한 1일의 근로시간은 8시간을 초과할 수 없다고 기존 근로기준법에 규정되어 있기 때문에, 이미 52시간을 근로한 근로자에게 휴일에 1일 8시간을 넘는 근로를 시킬 수 없다. 그 결과 휴일근로로 가능한 시간은 16시간이 되어, 1주 68시간이 최대 근로시간이 된 것이다.

26 다음 중 윗글의 빈칸에 들어갈 내용으로 가장 적절한 것은?

① 휴일근로가 연장근로가 아니라고 보았을까?
② 토요일에 연장근로를 할 수 있다고 보았을까?
③ 1주의 최대 소정근로시간을 40시간으로 인정하였을까?
④ 1일의 최대 소정근로시간은 8시간을 초과할 수 없다고 보았을까?
⑤ 휴일에는 근로자의 합의가 없는 한 연장근로를 할 수 없다고 보았을까?

27 다음 중 윗글의 내용을 바르게 적용한 사람을 〈보기〉에서 모두 고르면?

〈보기〉

갑 : 개정 근로기준법에 의하면, 1주 중 3일 동안 하루 15시간씩 일한 사람의 경우, 총 근로시간이 45시간으로 52시간보다 적으니 법에 어긋나지 않아.

을 : 개정 근로기준법에 의하면, 월요일부터 목요일까지 매일 10시간씩 일한 사람의 경우, 금요일에 허용되는 최대 근로시간은 12시간이야.

병 : 기존 근로기준법에 의하면, 일요일 12시간을 일했으면 12시간 전부가 휴일근로시간이지 연장근로시간이 아니야.

① 갑
② 을
③ 갑, 병
④ 을, 병
⑤ 갑, 을, 병

28 다음 글을 근거로 판단할 때, 〈보기〉에서 옳은 것을 모두 고르면?

K국은 CO_2 배출량 감소를 위해 전기와 도시가스 사용을 줄이는 가구를 대상으로 CO_2 배출 감소량에 비례하여 현금처럼 사용할 수 있는 포인트를 지급하는 제도를 시행하고 있다. 전기는 5kWh, 도시가스는 $1m^3$를 사용할 때 각각 2kg의 CO_2가 배출되며, 전기 1kWh당 사용 요금은 20원, 도시가스 $1m^3$당 사용 요금은 60원이다.

〈보기〉

ㄱ. 매월 전기 요금과 도시가스 요금을 각각 1만 2천 원씩 부담하는 가구는 전기 사용으로 인한 월 CO_2 배출량이 도시가스 사용으로 인한 월 CO_2 배출량보다 적다.

ㄴ. 매월 전기 요금을 5만 원, 도시가스 요금을 3만 원 부담하는 가구는 전기와 도시가스 사용에 따른 월 CO_2 배출량이 동일하다.

ㄷ. 전기 1kWh를 절약한 가구는 도시가스 $1m^3$를 절약한 가구보다 많은 포인트를 지급받는다.

① ㄱ
② ㄷ
③ ㄱ, ㄴ
④ ㄴ, ㄷ
⑤ ㄱ, ㄴ, ㄷ

29 **사무관 A～E는 각각 다른 행정구역을 담당하고 있다. 이들이 담당하는 구역의 민원과 관련된 정책안이 제시되었고, 이에 대해 A～E는 찬성과 반대 둘 중 하나의 의견을 제시하였다. 다음 〈조건〉이 모두 참일 때, 옳은 것은?**

〈조건〉

- A 또는 D 둘 중 적어도 하나가 반대하면, C는 찬성하고 E는 반대한다.
- B가 반대하면, A는 찬성하고 D는 반대한다.
- D가 반대하면 C도 반대한다.
- E가 반대하면 B도 반대한다.
- 적어도 한 사람이 반대한다.

① A는 찬성하고 B는 반대한다.
② A는 찬성하고 E는 반대한다.
③ B와 D는 반대한다.
④ C는 반대하고 D는 찬성한다.
⑤ C와 E는 찬성한다.

30 **다음 글을 근거로 판단할 때, B구역 청소를 하는 요일은?**

K레스토랑은 매주 1회 휴업일(수요일)을 제외하고 매일 영업한다. K레스토랑의 청소시간은 영업일 저녁 9시부터 10시까지이다. 이 시간에 A구역, B구역, C구역 중 하나를 청소한다. 청소의 효율성을 위하여 청소를 한 구역은 바로 다음 영업일에는 하지 않는다. 각 구역은 매주 다음과 같이 청소한다.

- A구역 청소는 일주일에 1회 한다.
- B구역 청소는 일주일에 2회 하되, B구역 청소를 한 후 영업일과 휴업일을 가리지 않고 이틀 간은 B구역 청소를 하지 않는다.
- C구역 청소는 일주일에 3회 하되, 그중 1회는 일요일에 한다.

① 월요일과 목요일
② 월요일과 금요일
③ 월요일과 토요일
④ 화요일과 금요일
⑤ 화요일과 토요일

코레일 한국철도공사 신입사원 필기시험

제12회 고난도 모의고사

모바일 OMR

문항 수 : 30문항
응시시간 : 30분

정답 및 해설 p.60

01 다음 글을 읽고 알 수 없는 것은?

> '계획적 진부화'는 의도적으로 수명이 짧은 제품이나 서비스를 생산함으로써 소비자들이 새로운 제품을 구매하도록 유도하는 마케팅 전략 중 하나이다. 여기에는 단순히 부품만 교체하는 것이 가능함에도 불구하고 새로운 제품을 구매하도록 유도하는 것도 포함된다.
> 계획적 진부화의 이유는 무엇일까? 첫째, 기업이 기존 제품의 가격을 인상하기 곤란한 경우, 신제품을 출시한 뒤 여기에 인상된 가격을 매길 수 있기 때문이다. 특히 제품의 기능은 거의 변함없이 디자인만 약간 개선한 신제품을 내놓고 가격을 인상하는 경우도 쉽게 볼 수 있다. 둘째, 중고품 시장에서 거래되는 기존 제품과의 경쟁을 피할 수 있기 때문이다. 자동차처럼 사용 기간이 긴 제품의 경우, 기업은 동일 유형의 제품을 팔고 있는 중고품 판매 업체와 경쟁해야만 한다. 그러나 기업이 새로운 제품을 출시하면 중고품 시장에서 판매되는 기존 제품은 진부화되고 그 경쟁력도 하락한다. 셋째, 소비자들의 취향이 급속히 변화하는 상황에서 계획적 진부화로 소비자들의 만족도를 높일 수 있기 때문이다. 전통적으로 제품의 사용 기간을 결정짓는 요인은 기능적 특성이나 노후화·손상 등 물리적 특성이 주를 이루었지만, 최근에는 심리적 특성에도 많은 영향을 받고 있다. 이처럼 소비자들의 요구가 다양해지고 그 변화 속도도 빨라지고 있어, 기업들은 이에 대응하기 위해 계획적 진부화를 수행하기도 한다.
> 기업들은 계획적 진부화를 통해 매출을 확대하고 이익을 늘릴 수 있다. 기존 제품이 사용 가능한 상황에서도 신제품에 대한 소비자들의 수요 욕구를 자극하면 구매 의사가 커지기 때문이다. 그러나 기존 제품을 사용하는 소비자 입장에서는 크게 다를 것 없는 신제품 구입으로 불필요한 지출과 실질적인 손실이 발생할 수 있다는 점에서 계획적 진부화는 부정적으로 인식된다. 또한 환경이나 생태를 고려하는 거시적 관점에서도, 계획적 진부화는 소비자들에게 제공하는 가치에 비해 에너지나 자원의 낭비가 심하다는 비판을 받고 있다.

① 계획적 진부화로 소비자들은 불필요한 지출을 할 수 있다.
② 계획적 진부화는 기존 제품과 동일한 중고품의 경쟁력을 높인다.
③ 계획적 진부화는 소비자들의 요구에 대응하기 위하여 수행되기도 한다.
④ 계획적 진부화를 통해 기업은 기존 제품보다 비싼 신제품을 출시할 수 있다.
⑤ 계획적 진부화로 인하여 제품의 실제 사용 기간은 물리적으로 사용 가능한 수명보다 짧아질 수 있다.

02 다음 글에서 밑줄 친 결론을 이끌어 내기 위해 추가해야 할 전제를 〈보기〉에서 모두 고르면?

> 이미지란 우리가 세계에 대해서 시각을 통해 얻는 표상을 가리킨다. 상형문자나 그림문자를 통해서 얻은 표상도 여기에 포함된다. 이미지는 세계의 실제 모습을 아주 많이 닮았으며, 그러한 모습을 우리 뇌 속에 복제한 결과이다. 그런데 우리의 뇌는 시각적 신호를 받아들일 때 시야에 들어온 세계를 한꺼번에 하나의 전체로 받아들이게 된다. 즉, 대다수의 이미지는 한꺼번에 지각된다. 예를 들어 우리는 새의 전체 모습을 한꺼번에 지각하지 머리, 날개, 꼬리 등을 개별적으로 지각한 후 이를 머릿속에서 조합하는 것이 아니다.
> 표음문자로 이루어진 글을 읽는 것은 이와는 다른 과정이다. 표음문자로 구성된 문장에 대한 이해는 그 문장의 개별적인 문법적 구성요소들로 이루어진 특정한 수평적 연속에 의존한다. 문장을 구성하는 개별 단어들, 혹은 각 단어를 구성하는 개별 문자들이 하나로 결합되어 비로소 의미 전체가 이해되는 것이다. 비록 이 과정이 너무도 신속하고 무의식적으로 이루어지기는 하지만 말이다. 알파벳을 구성하는 기호들은 개별적으로는 아무런 의미도 가지지 않으며 어떠한 이미지도 나타내지 않는다. 일련의 단어군은 한꺼번에 파악될 수도 있겠지만, 표음문자의 경우 대부분 언어의 개별 구성 요소들이 하나의 전체로 결합되는 과정을 통해 이해된다.
> 남성적인 사고는 사고 대상 전체를 구성요소의 부분으로 분해한 후 그들 각각을 개별화시키고 이를 다시 재조합하는 과정으로 진행된다. 그에 비해 여성적인 사고는 분해되지 않은 전체 이미지를 통해서 의미를 이해하는 특징을 지닌다. 그림문자로 구성된 글의 이해는 여성적인 사고 과정을, 표음문자로 구성된 글의 이해는 남성적인 사고 과정을 거친다. 여성은 대체로 여성적 사고를, 남성은 대체로 남성적 사고를 한다는 점을 고려할 때 <u>표음문자 체계의 보편화는 여성의 사회적 권력을 약화시키는 결과를 낳게 된다</u>.

〈보기〉

ㄱ. 그림문자를 쓰는 사회에서는 남성의 사회적 권력이 여성보다 우월하였다.
ㄴ. 표음문자 체계는 기능적으로 분화된 복잡한 의사소통을 가능하도록 하였다.
ㄷ. 글을 읽고 이해하는 능력은 사회적 권력에 영향을 미친다.

① ㄱ
② ㄴ
③ ㄷ
④ ㄱ, ㄴ
⑤ ㄴ, ㄷ

03 다음 글을 읽고 추론할 수 있는 내용으로 가장 적절한 것은?

사람의 혈액은 적혈구, 백혈구, 혈소판처럼 혈액 내에 존재하는 세포인 혈구 성분과 이러한 혈구 성분을 제외한 나머지 액상 성분인 혈장으로 나뉜다. 사람의 혈액을 구별하는 대표적인 방법은 혈액의 성분을 기준으로 삼는 ABO형 방법이다. 이에 따르면, 혈액은 적혈구의 표면에 붙어 있는 응집원과 혈장에 들어 있는 응집소의 유무 또는 종류를 기준으로 다음 표와 같이 구분할 수 있다.

혈액형	응집원	응집소
A	A형 응집원	응집소 β
B	B형 응집원	응집소 α
AB	A형 응집원 및 B형 응집원	없음
O	없음	응집소 α 및 응집소 β

이때, A형 응집원이 응집소 α와 결합하거나 B형 응집원이 응집소 β와 결합하면, 응집 반응이 일어난다. 이 반응은 혈액의 응고를 일으키는데, 혈액이 응고되면 혈액의 정상적인 흐름이 방해되어 심각한 문제가 발생할 수 있다. 혈액의 이러한 특성을 활용하면 수혈도를 작성할 수 있다.

① A형 응집원만을 선택적으로 제거한 A형 적혈구를 B형인 사람에게 수혈해도 응집 반응이 일어나지 않는다.
② B형 응집원만을 선택적으로 제거한 AB형 적혈구를 A형인 사람에게 수혈하면 응집 반응이 일어난다.
③ 응집소 β를 선택적으로 제거한 O형 혈장을 A형인 사람에게 수혈해도 응집 반응이 일어나지 않는다.
④ AB형인 사람은 어떤 혈액을 수혈 받아도 응집 반응이 일어나지 않는다.
⑤ O형인 사람은 어떤 적혈구를 수혈 받아도 응집 반응이 일어나지 않는다.

04 다음 글의 빈칸에 들어갈 내용으로 가장 적절한 것은?

민간 문화 교류 증진을 목적으로 열리는 국제 예술 공연의 개최가 확정되었다. 이번 공연이 민간 문화 교류 증진을 목적으로 열리므로, 공연 예술단의 수석대표는 정부 관료가 맡아서는 안 된다. 또한 공연 예술단의 수석대표는 고전음악 지휘자나 대중음악 제작자가 맡아야 한다. 그러나 현재 정부 관료 가운데 고전음악 지휘자나 대중음악 제작자는 없다. 예술단에 수석대표는 반드시 있어야 하며 두 사람 이상이 공동으로 맡을 수도 있다. 수석대표는 전체 세대를 아우를 수 있는 사람이 맡아야 한다. 전체 세대를 아우를 수 있는 사람이 극히 드물기에, 위에 나열된 조건을 다 갖춘 사람은 모두 수석대표를 맡을 수 있다.
누가 공연 예술단의 수석대표를 맡을 것인가와 더불어, 참가하는 예술인이 누구인가도 많은 관심의 대상이다. 그런데 아이돌 그룹 A가 공연 예술단에 참가하는 것은 분명하다. 왜냐하면 만일 갑이나 을이 수석대표를 맡는다면 A가 공연 예술단에 참가해도 ______________________ 때문이다.

① 갑은 고전음악 지휘자이며 전체 세대를 아우를 수 있기
② 갑이나 을은 대중음악 제작자 또는 고전음악 지휘자이기
③ 갑과 을은 둘 다 정부 관료가 아니며 전체 세대를 아우를 수 있기
④ 을이 대중음악 제작자가 아니라면 전체 세대를 아우를 수 없을 것이기
⑤ 대중음악 제작자나 고전음악 지휘자라면 누구나 전체 세대를 아우를 수 있기

05 다음 글의 (가)와 (나)에 대한 판단으로 적절한 것을 〈보기〉에서 모두 고르면?

확률적으로 가능성이 희박한 사건이 우리 주변에서 생각보다 자주 일어나는 것처럼 보인다. 왜 이러한 현상이 발생하는지를 설명하는 다음과 같은 두 입장이 있다.

(가) 만일 당신이 가능한 모든 결과들의 목록을 완전하게 작성한다면, 그 결과들 중 하나는 반드시 나타난다. 표준적인 정육면체 주사위를 던지면 1에서 6까지의 수 중 하나가 나오거나 어떤 다른 결과, 이를테면 주사위가 탁자 아래로 떨어져 찾을 수 없게 되는 일 등이 벌어질 수 있다. 동전을 던지면 앞면 또는 뒷면이 나오거나, 동전이 똑바로 서는 등의 일이 일어날 수 있다. 아무튼 가능한 결과 중 하나가 일어나리라는 것만큼은 확실하다.

(나) 한 사람에게 특정한 사건이 발생할 확률이 매우 낮더라도, 충분히 많은 사람에게는 그 사건이 일어날 확률이 매우 높을 수 있다. 예컨대 어떤 불행한 사건이 당신에게 일어날 확률은 낮을지 몰라도, 지구에 현재 약 70억 명이 살고 있으므로, 이들 중 한두 사람이 그 불행한 일을 겪고 있다는 것은 이상한 일이 아니다.

〈보기〉

ㄱ. 로또 복권 1장을 살 경우 1등에 당첨될 확률은 낮지만, 모든 가능한 숫자의 조합을 모조리 샀을 때 추첨이 이루어진다면 무조건 당첨된다는 사례는 (가)로 설명할 수 있다.

ㄴ. 어떤 사람이 교통사고를 당할 확률은 매우 낮지만, 대한민국에서 교통사고는 거의 매일 발생한다는 사례는 (나)로 설명할 수 있다.

ㄷ. 주사위를 수십 번 던졌을 때 1이 연속으로 여섯 번 나올 확률은 매우 낮지만, 수십만 번 던졌을 때는 이런 사건을 종종 볼 수 있다는 사례는 (가)로 설명할 수 있으나 (나)로는 설명할 수 없다.

① ㄱ
② ㄷ
③ ㄱ, ㄴ
④ ㄴ, ㄷ
⑤ ㄱ, ㄴ, ㄷ

06 다음 글을 읽고 알 수 없는 것은?

1859년에 프랑스의 수학자인 르베리에는 태양과 수성 사이에 미지의 행성이 존재한다는 가설을 세웠고, 그 미지의 행성을 '불칸'이라고 이름 붙였다. 당시의 천문학자들은 르베리에를 따라 불칸의 존재를 확신하고 그 첫 번째 관찰자가 되기 위해서 노력했다. 이렇게 확신한 이유는 르베리에가 불칸을 예측하는 데 사용한 방식이 해왕성을 성공적으로 예측하는 데 사용한 방식과 동일했기 때문이다. 해왕성 예측의 성공으로 인해 르베리에에 대한, 그리고 불칸의 예측 방법에 대한 신뢰가 높았던 것이다.
르베리에 또한 죽을 때까지 불칸의 존재를 확신했는데, 그가 그렇게 확신할 수 있었던 것 역시 해왕성 예측의 성공 덕분이었다. 1781년에 천왕성이 처음 발견된 뒤, 천문학자들은 천왕성보다 더 먼 위치에 다른 행성이 존재할 경우에만 천왕성의 궤도에 대한 관찰 결과가 뉴턴의 중력 법칙에 따라 설명될 수 있다고 생각했다. 이에 르베리에는 관찰을 통해 얻은 천왕성의 궤도와 뉴턴의 중력 법칙에 따라 산출한 궤도 사이의 차이를 수학적으로 계산하여 해왕성의 위치를 예측했다. 천문학자인 갈레는 베를린 천문대에서 르베리에의 편지를 받은 그날 밤, 르베리에가 예측한 바로 그 위치에 해왕성이 존재한다는 사실을 확인하였다.
르베리에는 수성의 운동에 대해서도 일찍부터 관심을 가지고 있었다. 르베리에는 수성의 궤도에 대한 관찰 결과 역시 뉴턴의 중력 법칙으로 예측한 궤도와 차이가 있음을 제일 먼저 밝힌 뒤, 1859년에 그 이유를 천왕성 – 해왕성의 경우와 마찬가지로 수성의 궤도에 미지의 행성이 영향을 끼치기 때문이라는 가설을 세운다. 르베리에는 이 미지의 행성에 '불칸'이라는 이름까지 미리 붙였던 것이며, 마침 르베리에의 가설에 따라 이 행성을 발견했다고 주장하는 천문학자까지 나타났던 것이다. 하지만 불칸의 존재에 대해 의심하는 천문학자들 또한 있었고, 이후 아인슈타인의 상대성이론을 이용해 수성의 궤도를 정확하게 설명하는 데 성공함으로써 가상의 행성인 불칸을 상정해야 할 이유는 사라졌다.

① 르베리에는 불칸의 존재를 수학적으로 계산하여 추정하였다.
② 르베리에는 해왕성의 위치를 수학적으로 계산하여 추정하였다.
③ 수성의 궤도에 대한 르베리에의 가설에 기반하여 연구한 천문학자가 있었다.
④ 르베리에에 의하면 천왕성의 궤도를 정확하게 설명하기 위해서는 뉴턴의 중력 법칙을 대신할 다른 법칙이 필요하다.
⑤ 르베리에에 의하면 수성의 궤도를 정확하게 설명하기 위해서는 뉴턴의 중력 법칙을 대신할 다른 법칙이 필요하지 않다.

07 다음 글의 내용이 참일 때, 반드시 참인 것을 〈보기〉에서 모두 고르면?

> 최근 두 주 동안 직원들은 다음 주에 있을 연례 정책 브리핑을 준비해 왔다. 브리핑의 내용과 진행에 관해 알려진 바는 다음과 같다. 개인건강정보 관리 방식 변경에 관한 가안이 정책제안에 포함된다면, 보건정보의 공적 관리에 관한 가안도 정책제안에 포함될 것이다. 그리고 정책제안을 위해 구성되었던 국민건강 2025 팀이 재편된다면, 앞에서 언급한 두 개의 가안이 모두 정책제안에 포함될 것이다. 개인건강정보 관리 방식 변경에 관한 가안이 정책제안에 포함되고 국민건강 2025 팀 리더인 최팀장이 다음 주 정책 브리핑을 총괄한다면, 프레젠테이션은 국민건강 2025 팀의 팀원인 손공정씨가 맡게 될 것이다. 그런데 보건정보의 공적 관리에 관한 가안이 정책제안에 포함될 경우, 국민건강 2025 팀이 재편되거나 다음 주 정책 브리핑을 위해 준비한 보도자료가 대폭 수정될 것이다. 한편, 직원들 사이에서는 최팀장이 다음 주 정책 브리핑을 총괄하면 팀원 손공정씨가 프레젠테이션을 담당한다는 말이 돌았는데 그 말은 틀린 것으로 밝혀졌다.

〈보기〉

ㄱ. 개인건강정보 관리 방식 변경에 관한 가안과 보건정보의 공적 관리에 관한 가안 중 어느 것도 정책제안에 포함되지 않는다.

ㄴ. 국민건강 2025 팀은 재편되지 않고, 최팀장이 다음 주 정책 브리핑을 총괄한다.

ㄷ. 보건정보의 공적 관리에 관한 가안이 정책제안에 포함된다면, 다음 주 정책 브리핑을 위해 준비한 보도자료가 대폭 수정될 것이다.

① ㄱ
② ㄴ
③ ㄱ, ㄷ
④ ㄴ, ㄷ
⑤ ㄱ, ㄴ, ㄷ

08 다음 논쟁에 대한 평가로 적절한 것을 〈보기〉에서 모두 고르면?

A : 현실적으로 과학 연구를 위해서는 상당한 규모의 연구비가 필요하기 때문에, 연구자들에게 공공 자원을 배분하는 역할을 하는 사람들은 자신들의 결정이 해당 분야의 발전에 큰 영향을 미친다는 사실을 유념해야 한다. 그들의 의사결정에서 가장 중요한 문제는 공공 자원을 어떤 원칙에 따라 배분할 것인가이다. 각 분야의 주류 견해를 형성하고 있는 연구자들에게만 자원이 편중되어 비주류 연구들이 고사된다면, 그 결과 해당 분야 전체의 발전은 저해될 것이다.

B : 과학 연구에 공공 자원을 배분하는 기준으로는 무엇보다 연구 성과가 우선되어야 한다. 객관적으로 드러난 연구 성과가 가장 우수한 연구자에게 자원을 우선 배분하는 것이 공정성에도 부합할 뿐 아니라, 투자의 사회적 효율성도 높일 수 있다.

A : 그와 같은 원칙으로는 한 분야의 주류 연구자들이 자원을 독점하게 될 가능성이 높다. 비주류 연구에서 우수한 연구 성과가 나오는 일은 상대적으로 드물거나 오랜 시간이 걸리기 때문이다. 특정 분야 내에 상충되는 내용을 가진 연구들이 많을수록 그 분야의 발전 가능성도 커진다. 이는 한 연구의 문제점을 파악하는 것이 자체 시각만으로는 쉽지 않으며, 문제가 감지되더라도 다른 연구자의 관점이 개입되어야 그 문제의 성격이 명확히 파악될 수 있다는 것을 뜻한다.

B : 우수한 연구에 자원을 집중하는 것이 효율성 측면에서 바람직하다. 최근의 과학 연구에서는 연구비 규모가 큰 과제일수록 더 우수한 성과를 얻는 경향이 강해지고 있기 때문이다. 과학의 발전을 위해 성과가 저조한 연구자들이 난립하는 것보다 우수한 연구자에게 자원을 집중적으로 투입하는 것이 낫다.

〈보기〉

ㄱ. 공공 자원을 연구 성과에 따라 배분하지 않으면 도덕적 해이가 발생할 가능성이 커진다는 사실은 A의 주장을 강화한다.

ㄴ. 연구 성과에 대한 평가가 시간이 지나 뒤집히는 경우가 자주 있다는 사실은 B의 주장을 강화한다.

ㄷ. 성과만을 기준으로 연구자들을 차등 대우하면 연구자들의 사기가 저하되어 해당 분야 전체의 발전이 저해된다는 사실은 A의 주장을 강화하지만 B의 주장은 강화하지 않는다.

① ㄴ
② ㄷ
③ ㄱ, ㄴ
④ ㄱ, ㄷ
⑤ ㄱ, ㄴ, ㄷ

09 다음 글의 밑줄 친 ㉠～㉤을 보완하여 설득력을 높이고자 한다. 글의 논지를 고려한 보완 방식으로 적절하지 않은 것은?

> 20세기에 가장 광범위하게 퍼져있던 정치형태는 독재였다. 세계 거의 모든 곳에서 비대의제 독재가 표준이었다. 18세기부터 제국주의 열강은 자기 식민지에서 독재를 강요했다. 제국주의 시대가 저문 뒤 이들이 지배했던 지역이 신생독립국이 된 후에도 상황은 그리 달라지지 않았는데 이들 나라에서 만연한 독재는 발전을 가로막았다.
> 2차 세계대전 이후 대부분의 신생독립국들은 처음에 독립투쟁 지도자들이 권력을 장악했다. 하지만 ㉠ 이들은 그 지지를 빠르게 잃었다. 이들이 권력을 오래 유지한 경우는 매우 드물었다. ㉡ 이들 나라는 많은 국내 문제에 직면해 있었는데, 식민지 지배를 겪거나 외세의 입김을 받아 정치구조가 허약했고 정당성 있는 정치집단이나 성숙한 정치문화도 형성되지 못해 국내 문제들을 해소할 수 없었다. ㉢ 만연한 사회경제적 긴장은 억압을 낳았고 이 억압은 독재로 이어졌다. ㉣ 독재를 수립하기 위한 쿠데타가 전 세계에서 거의 끊임없이 일어났다. 신생국들은 비교적 급속히 일당제 국가나 군사독재 체제로 빨려들었다.
> 결국 20세기 말 세계의 대다수 국가는 군사 통치하에 있거나 개인 독재 혹은 일당제 정부 아래 있게 되었다. 40개 이상의 나라에 군사 통치자가 있고 22개국에는 군사화된 정당 제도가 있었다. 30개 국가는 일당제 국가이고, 많은 경우 이 상황이 헌법으로 공식화되었다. ㉤ 독재자는 국가의 발전과 공업화라는 이데올로기의 실천자로 자임했다. 세계 인구의 압도적 다수는 자신들이 통치받는 방식에 관해 발언권이 없었다.

① ㉠ : 독립 직후 집권한 독립투쟁 지도자들이 지지 기반을 잃었던 사례를 제시하고 그 과정을 기술한다.
② ㉡ : 신생독립국들이 직면한 정치, 경제, 교육 문제들을 구체적으로 열거한다.
③ ㉢ : 사회경제적 긴장이 초래된 신생독립국을 거명하고 이들 국가에서 민주주의가 파괴되는 과정을 상술한다.
④ ㉣ : 1945년 이후 대륙별로 쿠데타의 사례들을 정리해서 제시한다.
⑤ ㉤ : 국익 실현에 독재가 긍정적 영향을 미쳤음을 통계치를 통해 보여준다.

10 다음 글의 결론으로 가장 적절한 것은?

> 정보와 커뮤니케이션 기술 덕분에 우리는 삶의 기본적 도전들을 극복하는 방법에 관해 더 많은 것을 이해할 수 있었다. 생산, 분배, 처리 등 커뮤니케이션의 단계는 서로 어느 정도 동시간적으로 존재해 왔으며, 이러한 균형은 다양한 커뮤니케이션 미디어를 경험하면서 지속되어 왔다. 그러나 20세기 중반 정보의 생산 및 분배 메커니즘은 인간의 정보처리 능력을 앞질러 우리들을 영원한 정보처리 결손 상태로 남겨두었다. 우리 사회는 근본적으로 다른 문화, 즉 양식화(樣式化)되어 오직 양적으로 확대된 커뮤니케이션 속에서 거래하고 생존해 가는 문명으로 갑작스럽게 전환되었다. 정보는 엄청난 속도로 생산 및 분배되고, 분배된 정보는 처리되지 못한 채 과부하되었다.
> 우리는 주위의 많은 정보들이 얼마나 유용하며 얼마나 유해한지 파악할 수 없다. 이처럼 예기치 못했고 환영받지 못하는 정보환경 문제를 데이터 스모그(Data Smog)라고 부른다.
> 1960년대 말 1970년대 초, 사람들은 주변에 우후죽순 생겨나는 공장의 스모그와 폐기물이 단지 보기 흉한 것만이 아니라 유독하다는 사실을 깨닫기 시작했다. 이제 그 유사한 도전이 정보화 시대에 대두되고 있다. 정보의 파편화, 정보의 복잡화, 정보의 단속화, 정보의 과부하 등은 데이터 스모그가 야기하는 병폐의 일부다. 우리 자신의 개인적 복지와 민주사회의 복지를 위하여 우리는 이에 대처하는 강력한 처방들을 고안할 필요가 있다.

① 정보의 질적 측면에 초점을 두어 데이터 스모그 현상을 해소하는 작업이 중요하다.

② 미래 테크놀로지를 위한 현실적 쟁점은 정보의 생산이나 전달이 아니라 정보의 양적 팽창에 있음을 인지해야 한다.

③ 정보 과부하는 사물과 관념의 부분만을 표피적으로 불완전하게 드러내기 때문에 인지적 혼란을 야기함에 주의해야 한다.

④ 괄목할 만한 기술 발전으로 인해 모든 기술은 유용성과 폐해를 동시에 가지고 있다는 사실에 유의해야 한다.

⑤ 양식화된 커뮤니케이션은 더욱 많은 정보를 요구하므로 불가피하게 과부하 같은 데이터 스모그를 유발함을 인식하는 것이 중요하다.

11 다음은 가구주의 거주 지역별 혼인상태와 연령대 분포에 대한 자료이다. 이에 대한 설명으로 옳지 않은 것을 〈보기〉에서 모두 고르면?

〈가구주의 거주 지역별 혼인상태〉

(단위 : %)

연도	구분 / 혼인상태	남성가구주			여성가구주		
		도시	농촌	전체	도시	농촌	전체
2000년	미혼	4.5	2.6	3.7	17.5	4.9	13.1
	결혼	93.9	95.0	94.4	30.5	23.7	28.1
	사별	1.2	2.1	1.6	47.4	69.2	55.0
	이혼	0.4	0.3	0.3	4.6	2.2	3.8
	합계	100.0	100.0	100.0	100.0	100.0	100.0
2010년	미혼	6.9	3.5	6.0	26.0	6.0	20.5
	결혼	90.9	92.9	91.4	20.0	10.6	17.4
	사별	1.4	2.8	1.8	46.7	81.1	56.2
	이혼	0.8	0.8	0.8	7.3	2.3	5.9
	합계	100.0	100.0	100.0	100.0	100.0	100.0
2020년	미혼	8.5	5.0	7.8	26.0	7.1	21.4
	결혼	87.8	90.3	88.3	20.0	10.2	17.5
	사별	1.4	2.9	1.7	40.1	78.0	49.4
	이혼	2.3	1.8	2.2	13.9	4.7	11.7
	합계	100.0	100.0	100.0	100.0	100.0	100.0

〈가구주의 거주 지역별 연령대 분포〉

(단위 : %)

연도	구분 / 혼인상태	남성가구주			여성가구주		
		도시	농촌	전체	도시	농촌	전체
2000년	15 ~ 24세	3.9	2.4	3.3	15.5	4.8	11.8
	25 ~ 34세	32.8	19.4	27.0	14.3	7.8	12.0
	35 ~ 44세	32.3	27.6	30.3	22.4	20.2	21.6
	45 ~ 54세	18.5	24.3	21.2	25.5	32.1	27.8
	55 ~ 64세	9.0	17.1	12.4	15.7	23.1	18.4
	65세 이상	3.5	9.2	5.8	6.6	12.0	8.4
	합계	100.0	100.0	100.0	100.0	100.0	100.0
2010년	15 ~ 24세	2.8	1.2	2.4	14.7	3.6	11.7
	25 ~ 34세	32.0	18.0	24.8	16.0	4.9	12.9
	35 ~ 44세	30.4	22.0	31.3	18.4	8.8	15.8
	45 ~ 54세	21.0	24.5	20.0	20.5	19.7	20.3
	55 ~ 64세	9.6	20.3	14.1	18.2	31.1	21.7
	65세 이상	4.2	14.0	7.4	12.2	31.9	17.6
	합계	100.0	100.0	100.0	100.0	100.0	100.0
2020년	15 ~ 24세	1.9	1.3	1.8	10.2	3.0	8.4
	25 ~ 34세	29.8	14.1	20.2	16.5	4.6	13.6
	35 ~ 44세	32.3	25.2	32.2	21.2	8.5	18.1
	45 ~ 54세	20.4	19.9	21.8	19.7	12.3	17.9
	55 ~ 64세	10.1	20.3	14.7	15.3	23.6	17.3
	65세 이상	5.5	19.2	9.3	17.1	48.0	24.7
	합계	100.0	100.0	100.0	100.0	100.0	100.0

〈보기〉

ㄱ. 55세 이상 인구에서는 연도와 지역에 관계없이 여성가구주의 비율이 남성가구주의 비율보다 항상 높다.
ㄴ. 2000년에 비해 2020년에는 도시 여성가구주 중에서 가장 높은 비율을 차지하는 연령대가 낮아졌으나 농촌, 여성가구주 중에서 가장 높은 비율을 차지하는 연령대는 높아졌다.
ㄷ. 2000년부터 2020년 사이에 결혼 상태인 남성가구주 수는 지속적으로 감소한 반면, 이혼 상태인 남성가구주 수는 지속적으로 증가하였다.
ㄹ. 2020년의 경우, 사별 상태인 농촌 여성가구주 수는 사별 상태인 도시 여성가구주 수보다 많다.
ㅁ. 2000년부터 2020년 사이에 남성가구주의 혼인상태 중 결혼의 비율은 계속 감소한 반면, 미혼, 사별 및 이혼의 비율은 모두 계속 증가하였다.

① ㄱ, ㄴ, ㄷ
② ㄱ, ㄷ, ㄹ
③ ㄱ, ㄹ, ㅁ
④ ㄴ, ㄹ, ㅁ
⑤ ㄷ, ㄹ, ㅁ

12 **다음은 2023년 K시 5개 구 주민의 돼지고기 소비량에 대한 자료이다. 〈조건〉을 토대로 할 때 변동계수가 세 번째로 큰 구는?**

〈5개 구 주민의 돼지고기 소비량 통계〉

(단위 : kg)

구분	평균(1인당 소비량)	표준편차
A구	(　　)	5.0
B구	(　　)	4.0
C구	30.0	6.0
D구	12.0	4.0
E구	(　　)	8.0

※ $(\text{변동계수}) = \frac{(\text{표준편차})}{(\text{평균})} \times 100$

〈조건〉

- A구의 1인당 소비량과 B구의 1인당 소비량을 합하면 C구의 1인당 소비량과 같다.
- A구의 1인당 소비량과 D구의 1인당 소비량을 합하면 E구 1인당 소비량의 2배와 같다.
- E구의 1인당 소비량은 B구의 1인당 소비량보다 6.0kg 더 많다.

① A구
② B구
③ C구
④ D구
⑤ E구

13 다음은 K국의 생활밀접업종 현황에 대한 보고서이다. 이를 나타낸 자료로 옳지 않은 것은?

〈보고서〉

생활밀접업종은 소매, 음식, 숙박, 서비스 등과 같이 일상생활과 밀접하게 관련된 재화 또는 용역을 공급하는 업종이다. 생활밀접업종 사업자 수는 2024년 현재 2,215천 명으로 2021년 대비 10% 이상 증가하였다. 2021년 대비 2023년 생활밀접업종 중 73개 업종에서 사업자 수가 증가하였는데, 이 중 스포츠시설운영업이 가장 높은 증가율을 기록하였고 펜션·게스트하우스, 애완용품점이 그 뒤를 이었다.
그러나 혼인건수와 출생아 수가 줄어드는 사회적 현상은 관련 업종에도 직접 영향을 미친 것으로 나타났다. 산부인과 병·의원 사업자 수는 2021년 이후 매년 감소하였다. 또한, 2021년 이후 예식장과 결혼상담소의 사업자 수도 각각 매년 감소하는 것으로 나타났다.
한편 복잡한 현대사회에서 전문직에 대한 수요는 꾸준히 증가하고 있다. 생활밀접업종을 소매, 음식, 숙박, 병·의원, 전문직, 교육, 서비스의 7개 그룹으로 분류했을 때 전문직 그룹의 2021년 대비 2024년 사업자 수 증가율이 17.6%로 가장 높았다.

① 생활밀접업종 사업자 수

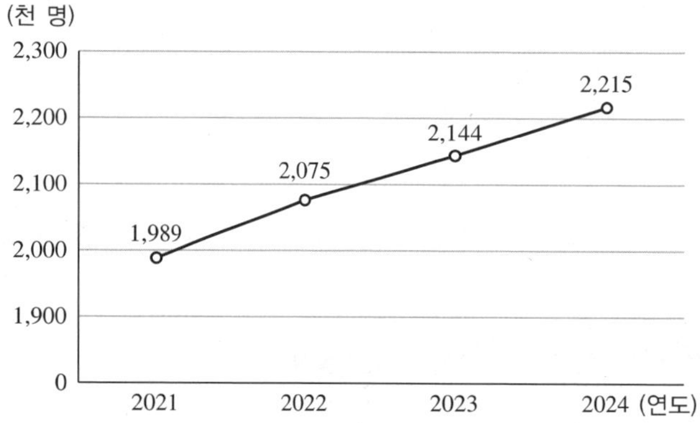

② 2021년 대비 2024년 생활밀접업종 사업자 수 증가율 상위 10개 업종

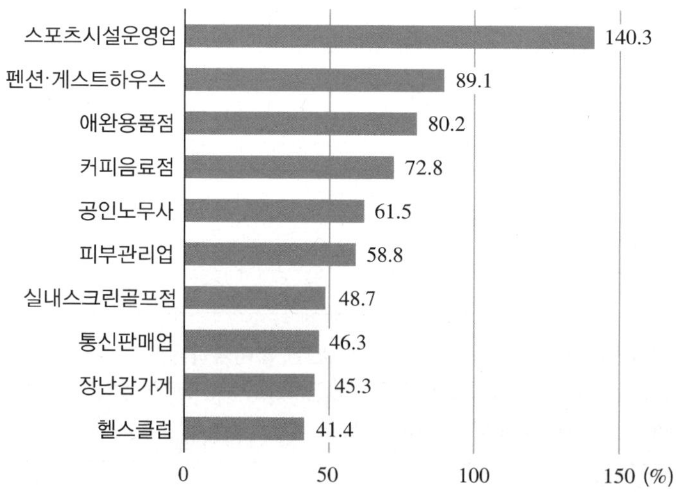

③ 주요 진료과목별 병·의원 사업자 수(단위 : 명)

진료과목 \ 연도	2021년	2022년	2023년	2024년
신경정신과	1,270	1,317	1,392	1,488
가정의학과	2,699	2,812	2,952	3,057
피부과·비뇨의학과	3,267	3,393	3,521	3,639
이비인후과	2,259	2,305	2,380	2,461
안과	1,485	1,519	1,573	1,603
치과	16,424	16,879	17,217	17,621
일반외과	4,282	4,369	4,474	4,566
성형외과	1,332	1,349	1,372	1,414
내과·소아과	10,677	10,861	10,975	11,130
산부인과	1,726	1,713	1,686	1,663

④ 예식장 및 결혼상담소 사업자 수

예식장
단위 : 명

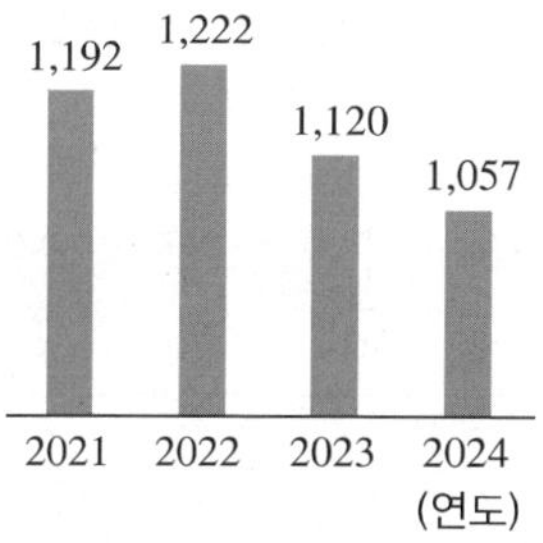

결혼상담소
단위 : 명

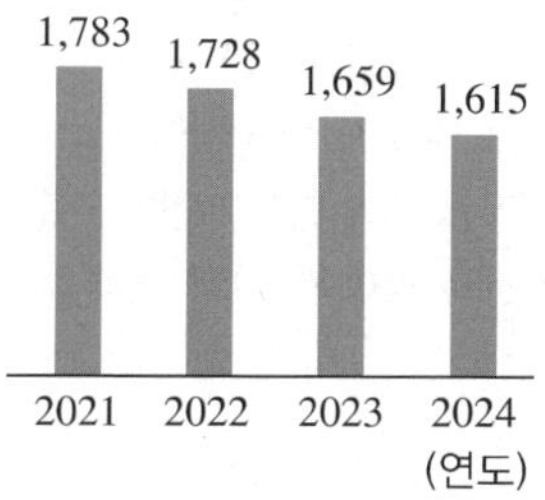

⑤ 2021년 대비 2024년 생활밀접업종의 7개 그룹별 사업자 수 증가율

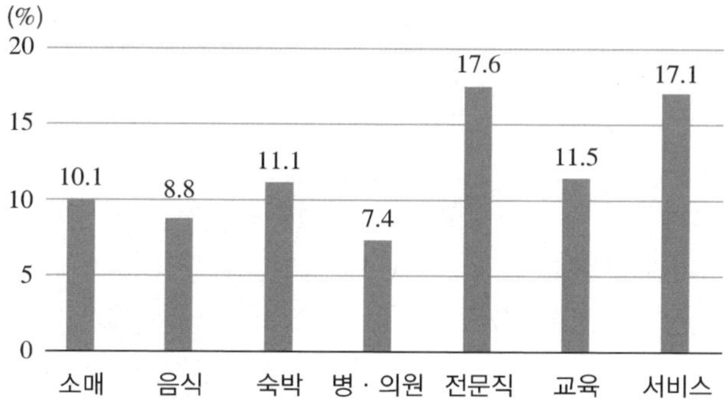

14 다음은 그리스, 독일, 룩셈부르크, 미국, 일본 5개국의 휴대전화 이용률과 건강비용 지출에 대한 자료이다. 〈조건〉에 따라 B와 C에 해당하는 국가를 바르게 나열한 것은?

〈5개국의 휴대전화 이용률 현황〉

국가	A	B	C	D	E
이용률	56	79	70	97	99

※ (이용률)=(국민 100명당 가입자수)

〈5개국의 1인당 건강비용 지출 현황〉

(단위 : 달러, %)

1인당 건강비용 \ 국가	A	B	C	D	E
지출액	5,635	3,050	2,110	2,000	3,230
지출비율	15.0	11.1	7.9	9.9	6.1

※ $[1인당\ 건강비용\ 지출비율(\%)]=\frac{[1인당\ 건강비용\ 지출액(달러)]}{[1인당\ GDP(달러)]}\times 100$

〈조건〉

- 일본의 휴대전화 이용률은 미국보다 높고 그리스보다 낮다.
- 미국의 1인당 건강비용 지출액은 그리스의 2배 이상이다.
- 독일과 룩셈부르크의 1인당 건강비용 지출액의 합은 1인당 건강비용 지출액이 가장 많은 국가보다 작다.
- 독일의 1인당 건강비용 지출비율은 5개국 중에서 가장 낮다.

	B	C
①	그리스	일본
②	일본	룩셈부르크
③	룩셈부르크	일본
④	일본	그리스
⑤	그리스	룩셈부르크

15 다음은 정책대상자 294명과 전문가 33명을 대상으로 정책과제에 대한 정책만족도를 조사한 자료이다. 이에 대한 설명으로 옳은 것은?

〈정책대상자의 항목별 정책만족도〉

(단위 : %)

만족도 / 항목	매우 만족	약간 만족	보통	약간 불만족	매우 불만족
의견수렴도	4.8	28.2	34.0	26.9	6.1
적절성	7.8	44.9	26.9	17.3	3.1
효과성	6.5	31.6	32.7	24.1	5.1
체감만족도	3.1	27.9	37.4	26.5	5.1

〈전문가의 항목별 정책만족도〉

(단위 : %)

만족도 / 항목	매우 만족	약간 만족	보통	약간 불만족	매우 불만족
의견수렴도	3.0	24.2	30.3	36.4	6.1
적절성	3.0	60.6	21.2	15.2	–
효과성	3.0	30.3	30.3	36.4	–
체감만족도	–	30.3	33.3	33.3	3.0

※ (만족비율)=('매우만족' 비율)+('약간만족' 비율)

※ (불만족비율)=('매우불만족' 비율)+('약간불만족' 비율)

① 정책대상자의 정책만족도를 조사한 결과, 만족비율은 불만족비율보다 약간 낮은 수준이다.

② 효과성 항목에서 '약간불만족'으로 응답한 전문가 수는 '매우불만족'으로 응답한 정책대상자 수보다 많다.

③ 체감만족도 항목에서 만족비율은 정책대상자가 전문가보다 낮다.

④ 의견수렴도 항목에서 만족비율은 전문가가 정책대상자보다 높다.

⑤ 적절성 항목이 타 항목에 비해 만족비율이 높다.

16 다음은 개발원조위원회 29개 회원국 중 공적개발원조액 상위 15개국과 국민총소득 대비 공적개발원조액 비율 상위 15개국 자료이다. 이에 대한 설명으로 옳은 것을 〈보기〉에서 모두 고르면?

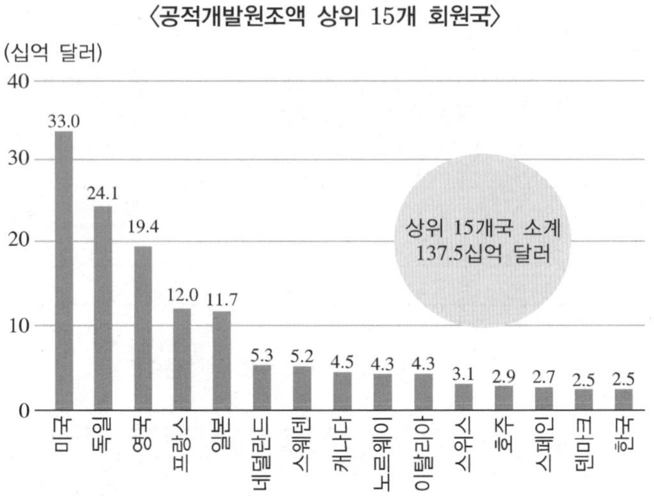

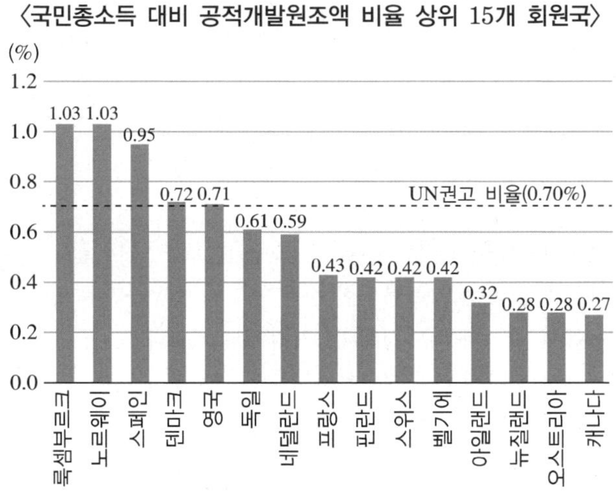

〈보기〉

ㄱ. 국민총소득 대비 공적개발원조액 비율이 UN 권고 비율보다 큰 국가의 공적개발원조액 합은 250억 달러 이상이다.

ㄴ. 공적개발원조액 상위 5개국의 공적개발원조액 합은 개발원조위원회 29개 회원국 공적개발원조액 합의 50% 이상이다.

ㄷ. 독일이 공적개발원조액만 30억 달러 증액하면 독일의 국민총소득 대비 공적개발원조액 비율은 UN 권고 비율 이상이 된다.

① ㄱ
② ㄷ
③ ㄱ, ㄴ
④ ㄴ, ㄷ
⑤ ㄱ, ㄴ, ㄷ

17 다음은 1807년 전국의 전답(田畓) 결수와 전세(田稅)를 나타낸 자료이다. 이에 대한 설명으로 옳은 것은?

〈1807년 전국의 전답 결수 및 전세〉

구분	전답 결수				전세	
	논(결)	밭(결)	합(결)	비율(%)	세액(냥)	비율(%)
경기도	14,907	22,637	37,544	4.6	21,592	3.2
충청도	58,719	62,114	120,833	14.9	108,455	16.0
전라도	133,574	71,186	204,760	25.2	221,129	32.6
경상도	99,692	101,861	201,553	24.9	195,506	28.9
강원도	3,911	7,658	11,569	1.4	12,166	1.8
함경도	4,986	61,553	66,539	8.2	17,101	2.5
황해도	11,106	57,442	68,548	8.5	65,121	9.6
평안도	12,070	72,840	84,910	10.5	27,569	4.1
유수부	6,863	7,700	14,563	1.8	8,859	1.3
합계	345,828	464,991	810,819	100.0	677,498	100.0

※ 전세 : 전답에 대한 조세

※ $(\text{평균 전세}) = \dfrac{(\text{전세})}{(\text{전답 결수})}$

① 논의 결수가 큰 지역일수록 전세액이 크다.

② 논의 결수보다 밭의 결수가 큰 지역은 7개이다.

③ 전답 결수가 큰 지역일수록 전세의 비율도 높다.

④ 평균 전세가 1냥이 넘는 지역은 밭 결수보다 논 결수가 크다.

⑤ 논과 밭의 결수 차이가 가장 큰 지역은 전답 결수의 비율과 전세의 비율 차이도 가장 크다.

18 다음은 K국의 방송사별 만족도지수, 질평가지수, 시청자평가지수를 나타낸 자료이다. 이에 대한 설명으로 옳은 것을 〈보기〉에서 모두 고르면?

〈방송사별 전체 및 주시청 시간대의 만족도지수와 질평가지수〉

방송사 \ 유형		전체 시간대		주시청 시간대	
		만족도지수	질평가지수	만족도지수	질평가지수
지상파	A	7.37	7.33	( )	7.20
	B	7.22	7.05	7.23	( )
	C	7.14	6.97	7.11	6.93
	D	7.32	7.16	( )	7.23
종합편성	E	6.94	6.90	7.10	7.02
	F	7.75	7.67	( )	7.88
	G	7.14	7.04	7.20	( )
	H	7.03	6.95	7.08	7.00

〈방송사별 주시청 시간대의 시청자평가지수〉

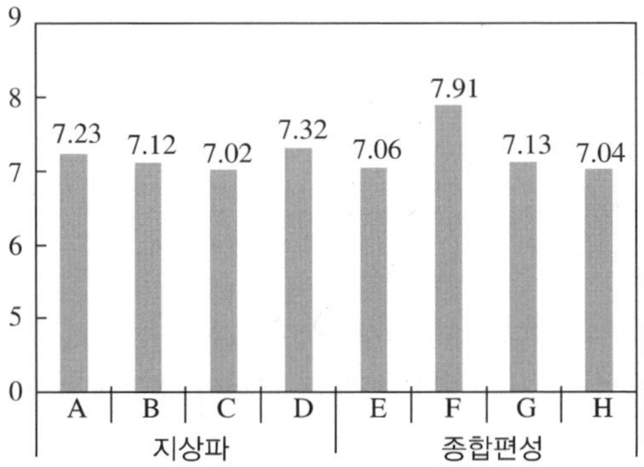

※ $[\text{전체(주시청)시간대 시청자평가지수}]=\frac{[\text{전체(주시청)시간대 만족도지수}]+[\text{전체(주시청)시간대 질평가지수}]}{2}$

〈보기〉

ㄱ. 각 지상파 방송사는 전체 시간대와 주시청 시간대 모두 만족도지수가 질평가지수보다 높다.
ㄴ. 각 종합편성 방송사의 질평가지수는 주시청 시간대가 전체 시간대보다 높다.
ㄷ. 각 지상파 방송사의 시청자평가지수는 전체 시간대가 주시청 시간대보다 높다.
ㄹ. 만족도지수는 주시청 시간대가 전체 시간대보다 높으면서 시청자평가지수는 주시청 시간대가 전체 시간대보다 낮은 방송사는 2개이다.

① ㄱ, ㄴ
② ㄱ, ㄷ
③ ㄴ, ㄹ
④ ㄱ, ㄷ, ㄹ
⑤ ㄴ, ㄷ, ㄹ

19 농도 8%의 설탕물 300g에서 설탕물을 조금 퍼내고 퍼낸 설탕물만큼의 물을 부은 후, 4%의 설탕물을 섞어 6%의 설탕물 400g을 만들었다. 처음 퍼낸 설탕물의 양은 몇 g인가?

① 30g
② 35g
③ 40g
④ 45g
⑤ 50g

20 다음은 투자결정기준으로 안정성과 수익성 중 한 가지를 선택한 투자자 수에 대한 자료이다. 2022년과 2023년 투자결정기준이 동일한 투자자 수의 합이 750명이라면, B에 해당하는 값은?

〈투자결정기준 선택 결과〉

(단위 : 명)

2022년 \ 2023년	안정성	수익성	합계
안정성	A	B	500
수익성	C	D	500
합계	450	550	1,000

① 100
② 150
③ 200
④ 350
⑤ 400

21 다음 글을 근거로 판단할 때, '차'에 해당하는 것을 〈보기〉에서 모두 고르면?

> **정의(제○○조)**
> 이 법에서 사용하는 용어의 정의는 다음과 같다.
> 1. '차'라 함은 다음의 어느 하나에 해당하는 것을 말한다.
>   가. 자동차
>   나. 건설기계
>   다. 원동기장치자전거
>   라. 자전거
>   마. 사람 또는 가축의 힘이나 그 밖의 동력에 의하여 운전되는 것. 다만, 철길이나 가설된 선에 의하여 운전되는 것과 유모차 및 보행보조용 의자차는 제외한다.
> 2. '자동차'라 함은 철길이나 가설된 선에 의하지 아니하고 원동기를 사용하여 운전되는 차(견인되는 자동차도 자동차의 일부로 본다)를 말한다.
> 3. '원동기장치자전거'라 함은 다음 각 목의 어느 하나에 해당하는 차를 말한다.
>   가. 이륜자동차 가운데 배기량 125cc 이하의 이륜자동차
>   나. 배기량 50cc 미만(전기를 동력으로 하는 경우에는 정격출력 0.59kw 미만)의 원동기를 단 차

〈보기〉

ㄱ. 경운기
ㄴ. 자전거
ㄷ. 유모차
ㄹ. 기차
ㅁ. 50cc 스쿠터

① ㄱ, ㄴ
② ㄴ, ㄷ
③ ㄷ, ㄹ
④ ㄱ, ㄴ, ㅁ
⑤ ㄴ, ㄹ, ㅁ

22 다음 글을 근거로 판단할 때 옳은 것은?

> **제○○조**
> ① 각 중앙관서의 장은 그 소관 물품관리에 관한 사무를 소속 공무원에게 위임할 수 있고, 필요하면 다른 중앙관서의 소속 공무원에게 위임할 수 있다.
> ② 제1항에 따라 각 중앙관서의 장으로부터 물품관리에 관한 사무를 위임받은 공무원을 물품관리관이라 한다.
>
> **제○○조**
> ① 물품관리관은 물품수급관리계획에 정하여진 물품에 대하여는 그 계획의 범위에서, 그 밖의 물품에 대하여는 필요할 때마다 계약담당공무원에게 물품의 취득에 관한 필요한 조치를 할 것을 청구하여야 한다.
> ② 계약담당공무원은 제1항에 따른 청구가 있으면 예산의 범위에서 해당 물품을 취득하기 위한 필요한 조치를 하여야 한다.
>
> **제○○조**
> 물품은 국가의 시설에 보관하여야 한다. 다만, 물품관리관이 국가의 시설에 보관하는 것이 물품의 사용이나 처분에 부적당하다고 인정하거나 그 밖에 특별한 사유가 있으면 국가 외의 자의 시설에 보관할 수 있다.
>
> **제○○조**
> ① 물품관리관은 물품을 출납하게 하려면 물품출납공무원에게 출납하여야 할 물품의 분류를 명백히 하여 그 출납을 명하여야 한다.
> ② 물품출납공무원은 제1항에 따른 명령이 없으면 물품을 출납할 수 없다.
>
> **제○○조**
> ① 물품출납공무원은 보관 중인 물품 중 사용할 수 없거나 수선 또는 개조가 필요한 물품이 있다고 인정하면 그 사실을 물품관리관에게 보고하여야 한다.
> ② 물품관리관은 제1항에 따른 보고에 의하여 수선이나 개조가 필요한 물품이 있다고 인정하면 계약담당공무원이나 그 밖의 관계 공무원에게 그 수선이나 개조를 위한 필요한 조치를 할 것을 청구하여야 한다.

① 물품출납공무원은 물품관리관의 명령이 없으면 자신의 재량으로 물품을 출납할 수 없다.

② A중앙관서의 장이 그 소관 물품관리에 관한 사무를 위임하고자 할 경우, B중앙관서의 소속 공무원에게는 위임할 수 없다.

③ 계약담당공무원은 물품을 국가의 시설에 보관하는 것이 그 사용이나 처분에 부적당하다고 인정하는 경우, 그 물품을 국가 외의 자의 시설에 보관할 수 있다.

④ 물품수급관리계획에 정해진 물품 이외의 물품이 필요한 경우, 물품관리관은 필요할 때마다 물품출납공무원에게 물품의 취득에 관한 필요한 조치를 할 것을 청구해야 한다.

⑤ 물품출납공무원은 보관 중인 물품 중 수선이 필요한 물품이 있다고 인정하는 경우, 계약담당공무원에게 수선에 필요한 조치를 할 것을 청구해야 한다.

23 다음 글과 〈조건〉을 근거로 판단할 때, 처리공정 1회 가동 후 바로 생산된 물에는 A균과 B균이 리터(L)당 각각 몇 마리인가?(단, 다른 조건은 고려하지 않는다)

> 보란이와 예슬이는 주스를 제조하는 공장을 운영하고 있으며, K회사의 물과 R회사의 물을 정화한 후 섞어서 사용한다. K회사의 물에는 A균이, R회사의 물에는 B균이 리터(L)당 1,000마리씩 균일하게 존재한다. A균은 70℃ 이상에서 10분간 가열하면 90%가 죽지만, B균은 40℃ 이상이 되면 즉시 10% 증식한다. 필터를 이용해 10분간 거르면 A균은 30%, B균은 80%가 걸러진다. 또한 자외선을 이용해 물을 10분간 살균하면 A균은 90%, B균은 80%가 죽는다.
>
> **〈물 처리공정〉**
>
> 공정 (1) K회사의 물과 R회사의 물을 각각 자외선을 이용하여 10분간 살균한다.
> 공정 (2-1) K회사의 물을 100℃ 이상에서 10분간 가열한다.
> 공정 (2-2) R회사의 물을 10분간 필터로 거른다.
> 공정 (3) K회사의 물과 R회사의 물을 1 : 1의 비율로 배합한다.

〈조건〉

- 물 처리공정 1회 가동 시 (1) ~ (3)의 공정이 20분 동안 연속으로 이루어진다.
- 각각의 공정은 독립적이며, 서로 영향을 미치지 않는다.
- 공정 (2-1)과 공정 (2-2)는 동시에 이루어진다.
- 공정 (3)을 거친 물의 온도는 60℃이다.
- 모든 공정에서 물의 양은 줄어들지 않는다.
- 모든 공정에 소요되는 시간은 물의 양과는 상관관계가 없다.

	A균	B균
①	10	44
②	10	40
③	5	44
④	5	22
⑤	5	20

24 다음 글과 대화를 근거로 판단할 때, 〈보기〉에서 옳은 것을 모두 고르면?

K공사의 갑국장은 직원 연수 프로그램을 마련하기 위하여 을과장에게 직원 1,000명 전원을 대상으로 연수 희망 여부와 희망 지역에 대한 의견을 수렴할 것을 요청하였다. 이에 따라 을은 설문조사를 실시하였고, 갑과 을은 그 결과에 대해 대화를 나누고 있다.

갑 : 설문조사는 잘 시행되었나요?

을 : 예. 직원 1,000명 모두 연수 희망 여부에 대해 응답하였습니다. 연수를 희망하는 응답자는 43%였으며, 남자 직원의 40%와 여자 직원의 50%가 연수를 희망하는 것으로 나타났습니다.

갑 : 연수 희망자 전원이 희망 지역에 대해 응답했나요?

을 : 예. A지역과 B지역 두 곳 중에서 희망하는 지역을 선택하라고 했더니 B지역을 희망하는 비율이 약간 더 높았습니다. 그리고 연수를 희망하는 여자 직원 중 B지역 희망 비율은 연수를 희망하는 남자 직원 중 B지역 희망 비율의 2배인 80%였습니다.

〈보기〉

ㄱ. 전체 직원 중 남자 직원의 비율은 50%를 넘는다.
ㄴ. 연수 희망자 중 여자 직원의 비율은 40%를 넘는다.
ㄷ. A지역 연수를 희망하는 직원은 200명을 넘지 않는다.
ㄹ. B지역 연수를 희망하는 남자 직원은 100명을 넘는다.

① ㄱ, ㄷ
② ㄴ, ㄷ
③ ㄴ, ㄹ
④ ㄱ, ㄴ, ㄹ
⑤ ㄱ, ㄷ, ㄹ

25 다음 글을 근거로 판단할 때, 〈보기〉에서 옳은 것을 모두 고르면?

> 기상예보는 일기예보와 기상특보로 구분할 수 있다. 일기예보는 단기예보, 중기예보, 장기예보 등 시간에 따른 것이고, 기상특보는 주의보, 경보 등 기상현상의 정도에 따른 것이다.
> 일기예보 중 가장 짧은 기간을 예보하는 단기예보는 3시간 예보와 일일예보로 나뉜다. 3시간 예보는 오늘과 내일의 날씨를 예보하며, 매일 0시 발표부터 시작하여 3시간 간격으로 1일 8회 발표한다. 일일예보는 오늘과 내일, 모레의 날씨를 1일 단위(0시 ~ 24시)로 예보하며 매일 5시, 11시, 17시, 23시에 발표한다. 다음으로 중기예보에는 주간예보와 1개월 예보가 있다. 주간예보는 일일예보를 포함하여 일일예보가 예보한 기간의 다음날부터 5일간의 날씨를 추가로 예보하며 매일 발표한다. 1개월 예보는 앞으로 한 달간의 기상전망을 발표한다. 마지막으로 장기예보는 계절예보로서 봄, 여름, 가을, 겨울의 계절별 기상전망을 발표한다.
> 기상특보는 주의보와 경보로 나뉜다. 주의보는 재해가 일어날 가능성이 있는 경우에, 경보는 중대한 재해가 예상될 때 발표하는 것이다. 주의보가 발표된 후 기상현상의 경과가 악화된다면 경보로 승격 발표되기도 한다. 또한 기상특보의 기준은 지역마다 다를 수도 있다. 대설주의보의 예보 기준은 24시간 신(新)적설량이 대도시일 때 5cm 이상, 일반지역일 때 10cm 이상, 울릉도일 때 20cm 이상이다. 대설경보의 예보 기준은 24시간 신적설량이 대도시일 때 20cm 이상, 일반지역일 때 30cm 이상, 울릉도일 때 50cm 이상이다.

〈보기〉

ㄱ. 월요일에 발표되는 주간예보에는 그 다음 주 월요일의 날씨가 포함된다.
ㄴ. 일일예보의 발표 시각과 3시간 예보의 발표 시각은 겹치지 않는다.
ㄷ. 오늘 23시에 발표된 일일예보는 오늘 5시에 발표된 일일예보보다 18시간 더 먼 미래의 날씨까지 예보한다.
ㄹ. 대도시 A의 대설경보 예보 기준은 울릉도의 대설주의보 예보 기준과 같다.

① ㄱ, ㄴ
② ㄱ, ㄷ
③ ㄷ, ㄹ
④ ㄱ, ㄴ, ㄹ
⑤ ㄴ, ㄷ, ㄹ

26 K야구팀이 재정난을 겪게 되면서 핵심 선수인 민한, 대호, 성흔, 주찬이를 각각 다른 팀으로 트레이드하려고 한다. C팀이 투수만 스카우트하게 될 경우, 다음 〈조건〉을 토대로 반드시 참인 것은?

〈조건〉

(가) 이들을 원하는 팀은 A ~ D 4팀이 있다.
(나) 각 팀은 포수, 내야수, 외야수, 투수 중 중복 없이 하나만 얻을 수 있다.
(다) 각 팀은 1명만 스카우트할 수 있다.
(라) 민한이는 투수만 가능하다.
(마) 대호는 B팀만 가려고 한다.
(바) A팀은 외야수를 원한다.
(사) 성흔이는 포수와 외야수만 가능하다.
(아) 주찬이는 D팀을 가려고 하지 않는다.
(자) 외야수 포지션은 성흔이와 주찬이 중에 선택한다.

① 주찬이는 포수로 스카우트될 것이다.
② A팀에서 스카우트할 선수는 성흔이다.
③ D팀은 선택할 포지션이 없어서 스카우트를 포기한다.
④ D팀이 성흔이를 포수로 데려갈 것이다.
⑤ B팀은 대호를 외야수로 스카우트할 것이다.

27 다음 글을 근거로 판단할 때, K백화점이 캐롤 음원이용료로 지불해야 하는 최대 금액은?

K백화점에서는 매년 크리스마스트리 점등식(11월 네 번째 목요일) 이후 돌아오는 첫 월요일부터 크리스마스(12월 25일)까지 백화점 내에서 캐럴을 틀어 놓는다(단, 휴점일 제외). 이 기간에 캐럴을 틀기 위해서는 하루에 2만 원의 음원 이용료를 지불해야 한다. K백화점 휴점일은 매월 네 번째 수요일이지만, 크리스마스와 겹칠 경우에는 정상영업을 한다.

① 48만 원
② 52만 원
③ 58만 원
④ 60만 원
⑤ 66만 원

※ 다음 글을 읽고 이어지는 질문에 답하시오. [28~29]

'국민참여예산제도'는 국가 예산사업의 제안, 심사, 우선순위 결정과정에 국민을 참여케 함으로써 예산에 대한 국민의 관심도를 높이고 정부 재정운영의 투명성을 제고하기 위한 제도이다. 이 제도는 정부의 예산편성권과 국회의 예산심의·의결권 틀 내에서 운영된다.
국민참여예산제도는 기존 제도인 국민제안제도나 주민참여예산제도와 차이점을 지닌다. 먼저 '국민제안제도'가 국민들이 제안한 사항에 대해 관계부처가 채택 여부를 결정하는 방식이라면, 국민참여예산제도는 국민의 제안 이후 사업심사와 우선순위 결정과정에도 국민의 참여를 가능하게 함으로써 국민의 역할을 확대하는 방식이다. 또한 '주민참여예산제도'가 지방자치단체의 사무를 대상으로 하는 반면, 국민참여예산제도는 중앙정부가 재정을 지원하는 예산사업을 대상으로 한다.
국민참여예산제도에서는 3～4월에 국민사업제안과 제안사업 적격성 검사를 실시하고, 이후 5월까지 각 부처에 예산안을 요구한다. 6월에는 예산국민참여단을 발족하여 참여예산 후보사업을 압축한다. 7월에는 일반국민 설문조사와 더불어 예산국민참여단 투표를 통해 사업선호도 조사를 한다. 이러한 과정을 통해 선호순위가 높은 후보사업은 국민참여예산사업으로 결정되며, 8월에 재정정책자문회의의 논의를 거쳐 국무회의에서 정부예산안에 반영된다. 정부예산안은 국회에 제출되며, 국회는 심의·의결을 거쳐 12월까지 예산안을 확정한다.
예산국민참여단은 일반국민을 대상으로 전화를 통해 참여의사를 타진하여 구성한다. 무작위로 표본을 추출하되 성·연령·지역별 대표성을 확보하는 통계적 구성방법이 사용된다. 예산국민참여단원은 예산학교를 통해 국가재정에 대한 교육을 이수한 후, 참여예산 후보사업을 압축하는 역할을 맡는다. 예산국민참여단이 압축한 후보사업에 대한 일반국민의 선호도는 통계적 대표성이 확보된 표본을 대상으로 한 설문을 통해, 예산국민참여단의 사업선호도는 오프라인 투표를 통해 조사한다.
정부는 2021년에 2022년도 예산을 편성하면서 국민참여예산제도를 시범 도입하였는데, 그 결과 6개의 국민참여예산사업이 선정되었다. 2023년도 예산에는 총 39개 국민참여예산사업에 대해 800억 원이 반영되었다.

28 다음 중 윗글을 근거로 판단할 때 가장 적절한 것은?

① 국민제안제도에서는 중앙정부가 재정을 지원하는 예산사업의 우선순위를 국민이 정할 수 있다.
② 국민참여예산사업은 국회 심의·의결 전에 국무회의에서 정부예산안에 반영된다.
③ 국민참여예산제도는 정부의 예산편성권 범위 밖에서 운영된다.
④ 참여예산 후보사업은 재정정책자문회의의 논의를 거쳐 제안된다.
⑤ 예산국민참여단의 사업선호도 조사는 전화설문을 통해 이루어진다.

29 다음 중 윗글과 상황을 근거로 판단할 때, 갑이 보고할 수치를 바르게 짝지은 것은?

〈상황〉

2023년도 국민참여예산사업 예산 가운데 688억 원이 생활밀착형사업 예산이고 나머지는 취약계층지원사업 예산이었다. 2024년도 국민참여예산사업 예산 규모는 2023년도에 비해 25% 증가했는데, 이 중 870억 원이 생활밀착형사업 예산이고 나머지는 취약계층지원사업 예산이었다. 국민참여예산제도에 관한 정부부처 담당자 갑은 2023년도와 2024년도 각각에 대해 국민참여예산사업 예산에서 취약계층지원사업 예산이 차지한 비율을 보고하려고 한다.

	2023년도	2024년도
①	13%	12%
②	13%	13%
③	14%	13%
④	14%	14%
⑤	15%	14%

30 다음 자료를 근거로 판단할 때 옳은 것은?

갑은 정기모임의 간식을 준비하기 위해 과일 가게에 들렀다. 갑이 산 과일의 가격과 수량은 다음과 같다. 과일 가게 사장이 준 영수증을 보니, 총 228,000원이어야 할 결제 금액이 총 237,300원이었다.

구분	사과	귤	복숭아	딸기
1상자 가격(원)	30,700	25,500	14,300	23,600
구입 수량(상자)	2	3	3	2

① 한 과일이 2상자 더 계산되었다.
② 두 과일이 각각 1상자 더 계산되었다.
③ 한 과일이 1상자 더 계산되고, 다른 한 과일이 1상자 덜 계산되었다.
④ 한 과일이 1상자 더 계산되고, 다른 두 과일이 각각 1상자 덜 계산되었다.
⑤ 두 과일이 각각 1상자 더 계산되고, 다른 두 과일이 각각 1상자 덜 계산되었다.

코레일 한국철도공사 신입사원 필기시험

제13회 고난도 모의고사

모바일 OMR

문항 수 : 30문항
응시시간 : 30분

정답 및 해설 p.65

01 다음 글의 주제로 가장 적절한 것은?

> 맹자는 다음과 같은 이야기를 전한다. 송나라의 한 농부가 밭에 나갔다 돌아오면서 처자에게 말한다. “오늘 일을 너무 많이 했다. 밭의 싹들이 빨리 자라도록 하나하나 잡아당겨줬더니 피곤하구나.” 아내와 아이가 밭에 나가보았더니 싹들이 모두 말라 죽어 있었다. 이렇게 자라는 것을 억지로 돕는 일, 즉 조장(助長)을 하지 말라고 맹자는 말한다. 싹이 빨리 자라기를 바란다고 싹을 억지로 잡아 올려서는 안 된다. 목적을 이루기 위해 가장 빠른 효과를 얻고 싶겠지만 이는 도리어 효과를 놓치는 길이다. 억지로 효과를 내려고 했기 때문이다. 싹이 자라기를 바라 싹을 잡아당기는 것은 이미 시작된 과정을 거스르는 일이다. 효과가 자연스럽게 나타날 가능성을 방해하고 막는 일이기 때문이다. 당연히 싹의 성장 가능성은 땅 속의 씨앗에 들어 있는 것이다. 개입하고 힘을 쏟고자 하는 대신에 이 잠재력을 발휘할 수 있도록 하는 것이 중요하다.
> 피해야 할 두 개의 암초가 있다. 첫째는 싹을 잡아당겨서 직접적으로 성장을 이루려는 것이다. 이는 목적성이 있는 적극적 행동주의로서 성장의 자연스러운 과정을 존중하지 않는 것이다. 달리 말하면 효과가 숙성되도록 놔두지 않는 것이다. 둘째는 밭의 가장자리에 서서 자라는 것을 지켜보는 것이다. 싹을 잡아당겨서도 안 되고 그렇다고 단지 싹이 자라는 것을 지켜만 봐서도 안 된다. 그렇다면 무엇을 해야 하는가? 싹 밑의 잡초를 뽑고 김을 매주는 일을 해야 하는 것이다. 경작이 용이한 땅을 조성하고 공기를 통하게 함으로써 성장을 보조해야 한다. 기다리지 못함도 삼가고 아무것도 안함도 삼가야 한다. 작동 중에 있는 자연스런 성향이 발휘되도록 기다리면서도 전력을 다할 수 있도록 돕는 노력도 멈추지 말아야 한다.

① 인류사회는 자연의 한계를 극복하려는 인위적 노력에 의해 발전해 왔다.
② 싹이 스스로 성장하도록 그대로 두는 것이 수확량을 극대화하는 방법이다.
③ 어떤 일을 진행할 때 가장 중요한 것은 명확한 목적성을 설정하는 것이다.
④ 자연의 순조로운 운행을 방해하는 인간의 개입은 예기치 못한 화를 초래할 것이다.
⑤ 잠재력을 발휘하도록 하려면 의도적 개입과 방관적 태도 모두를 경계해야 한다.

02 다음 글을 읽고 알 수 있는 내용으로 가장 적절한 것은?

당시 중국과 한자의 문화적 지배력은 너무나 거대하였고, 중국 선진문화의 지식과 정보는 한자를 통해서 그 전달이 가능했다. 존 드 프랜시스에 따르면, 1900년까지 중국에서 간행된 서적은 나머지 전 세계의 서적들을 모두 합친 것보다 많았다고 한다. 조선의 양반들에게 한글의 채택은 곧 고급 정보의 원천인 한자를 포기하는 것과 동일한 것으로 인식되어 중국의 선진 문명으로부터의 단절을 의미하는 것으로 받아들여졌다.
조선에서 한자는 단순히 중국 선진문화의 수용이라는 협소한 의미만을 갖는 것은 아니었다. 양반들의 신분적 특권을 지속시켜 나가는 데도 한자는 한글보다 더욱 유용한 문자로 인식되었다. 직접적 생산계층인 일반 백성들은 한자를 익히는데 필요한 시간적·경제적 부담을 감당하기 어려웠던 것이 현실이었다. 반면 양반들은 한자를 이용하여 지식과 정보를 통제·독점함으로써 특권을 유지할 수 있었다. 오늘날의 관점에서 보자면 한글은 분명 쉽게 배울 수 있는 합리적이고 과학적인 문자이지만, 이미 한자를 익힌 양반들은 이 새로운 문자를 배워야 할 필요성을 느끼지 않았다. 이들은 백성들의 문자였던 한글을 천시(賤視)하는 한편 한자를 성인(聖人)의 문자로 존숭(尊崇)함으로써 한자를 익힌 자신들의 권위를 강화하였다. 요컨대 한자는 양반들이 일반 백성들로부터 스스로를 차별화시킬 수 있는 강력한 정치적 수단으로서 기능하고 있었던 것이다.

① 조선의 백성들이 한자보다 한글을 선호한 것은 한글의 정치적·문화적 성격 때문이었다.
② 조선의 양반들은 한글이 한자보다 합리적이고 과학적인 문자라는 것을 인정하였다.
③ 조선에서 한자는 지식과 정보를 백성에게 널리 알리기 위한 수단이었다.
④ 조선에서의 한글 채택은 선진 문명으로부터의 단절을 초래할 수 있는 위험 때문에 사회 전체의 저항에 부딪쳤다.
⑤ 조선에서 한자는 정보로부터 피지배층을 소외시킴으로써 지배층의 특권을 유지해 주는 정치적 수단이었다.

03 다음 글의 내용으로 적절하지 않은 것은?

동학(東學)의 성격을 규정하려면 동학의 성립 배경과 과정을 살펴보아야 한다. 흔히 동학은 유불선(儒佛仙) 삼교합일(三敎合一)의 성격을 지녔다고 평가받는다. 이를 긍정적인 의미로 사용하는 사람도 있지만 일부에서는 유불선의 좋은 부분을 적당히 짜깁기한 조잡한 사상이라는 의미로 사용하기도 한다. 그러나 동학은 단순한 조합이나 혼합의 결과물이 아니다. 사실 동학이 유불선의 합일이라는 표현은 수운(水雲) 최제우(崔濟愚) 그 자신이 직접 사용하였다. 정확하게 말하면 그는 동학이 "유불선 삼교를 겸해서 나왔다."라고 표현했다. 그러나 수운은 한편으로는 "우리 도(道)는 현재 듣지 못한 일이고 옛적에도 듣지 못하던 일이요, 지금에도 견줄 만한 것이 없고 옛 것에서도 견줄 만한 것이 없다."라고 강조하면서 동학의 독자성에 대한 자부심을 드러내기도 했다.

게다가 당시 민중 사상으로서 기능했다는 점에서 동학은 유불선과 다른 우리 민족 고유의 정신을 내포하고 있다. 또 어떤 학자는 수운과 고운(孤雲) 최치원(崔致遠) 사이의 혈연적이며 사상적인 연관 관계를 언급한다. 이에 따르면 수운은 고운의 도교(道敎) 사상을 직·간접적으로 계승했는데, 이로써 동학에 한국 고유 사상의 연장이라는 의미가 부여된다.

반면 동학의 성립에는 서학(西學)의 영향도 적지 않았다. 예를 들어 유일신 관념과 같은 사유가 그것이다. 수운의 종교체험은 모세가 시내산에서 하느님의 계시를 받은 사건과 매우 흡사하다. 물론 수운의 한울님 관념은 '시천주(侍天主 : 내 몸에 한울님을 모셨다)'라고 표현되며, 내재성을 의미하는 관념이다. 그러나 동학 사상 안에서 내 몸 바깥에 초월적으로 존재하는 인격적인 유일신 관념은 여전히 남아 있다. 이는 이전의 동양 전통과는 사뭇 다른 점이다. 때문에 동학의 독자적 성격이 어떻게 형성되었는가를 제대로 알려면 동양의 전통 사상과 우리의 고유 사상, 서학과 종교체험 등을 복합적으로 살펴보아야 한다.

① 동학사상에서는 불가(佛家)와 구별되는 독자성이 발견된다.

② 동학과 최치원 사상의 연관성은 최제우의 종교체험에서 잘 드러난다.

③ 동학은 여러 사상들의 단순한 조합이 아니기 때문에 복합적으로 연구되어야 한다.

④ 동학의 한울님 관념에서 초월적으로 존재하는 인격적인 유일신 관념은 배제되지 않는다.

⑤ 동학은 민중 사상이라는 측면에서 고찰될 수 있으며, 우리 민족의 고유성을 잘 보여주는 사상이다.

04 다음 글의 내용으로 가장 적절한 것은?

> 어느 때보다 엔지니어들이 많이 존재함에도 불구하고 오늘날 엔지니어들은 이전 시대보다 대중들에게 덜 드러나 있다. 기술적 진보는 당연한 것으로 인정되고, 기술적 실패는 기업의 탓으로 돌려진다. 대중의 시선은 엔지니어들이 아니라 오히려 기업의 대표자나 최고 경영자에게 향한다. 엔지니어들의 이러한 비가시성은 그들로 하여금 대중에 대한 책임감이나 대중과의 교감을 희미하게 만든다.
> 또한 엔지니어들이 소속된 집단은 거대화되고 조직화되어 있고, 엔지니어는 조직의 봉사자로서 조직의 지휘에 복종해야 하는 경우가 대부분이다. 엔지니어의 95% 이상이 자영이 아니라 여러 형태와 규모를 지닌 대학이나 연구소, 기업 또는 여타 조직에 고용되어 있다. 이들 엔지니어는 대부분의 경우 상사의 지시를 받는다. 문제는, 엔지니어가 보기에 상사의 지시가 공공의 안전과 복지에 해를 주는 비윤리적인 것일 때 발생한다. 이러한 상황에서 정상적인 대화로 문제가 해결되지 못할 때, 엔지니어는 어려운 상황에 빠진다. 상사의 지시를 따를 것인가, 아니면 원칙에 충실할 것인가? 엔지니어가 따르는 기술적 원칙들은 전문 영역에 속하기 때문에 상사가 이해하기 힘든 경우가 많다. 한편 엔지니어가 저지르는 기술적 오류는 막대한 사회적 피해를 가져올 수 있다. 이 때문에 엔지니어의 딜레마는 다른 전문직의 경우보다 더욱 심각하다.
> 의료, 법률 등의 거의 모든 전문직에는, 윤리적 주제와 연관된 교육 프로그램이 있어서 적절한 윤리적 판단을 내릴 수 있도록 도와준다. 그러나 공학 분야에서는 그러한 윤리적 주제에 관한 교육과 연구를 매우 등한시해 왔다. 가장 큰 이유는 기술은 가치중립적이고, 엔지니어는 기술을 생산하고 운용만 한다고 생각하기 때문이다. 가치와 관련된 판단은 엔지니어들의 영역 바깥에서 이루어진다는 것이다. 게다가 엔지니어들은 그러한 문제에 대한 훈련이 되어 있지 않아 윤리의 영역에 개입하기를 회피하는 까닭에 사회에서도 그들의 윤리적 판단 능력을 무시하는 경향이 있다. 그리하여 기술과 관련된 중요한 문제들이 이를 전혀 알지 못하는 정치가나 사업가들에 의해 잘못 판단되는 경우가 허다하다. 피고용인으로서 엔지니어는 전문 지식을 가졌지만 그들의 지식은 철저히 도구적인 것으로 평가된다. 그들의 중대한 사회적 역할에도 불구하고, 엔지니어들은 중요한 의사결정에서 소외되어 자신의 책임을 다하지 못한다.

① 과학기술의 발달과 대중화로 엔지니어들의 기술적 역할은 잘 알려져 있다.

② 엔지니어가 종종 딜레마에 빠지는 이유는 그들에게 기술 활용에 대한 책임 의식이 없기 때문이다.

③ 엔지니어들은 거대한 기업이나 연구소의 구성원으로서 상사의 지시를 받기 때문에 윤리적 문제에 부딪칠 일이 없다.

④ 오늘날 기술로 인한 문제가 종종 발생하는 이유는 거의 모든 전문직에 윤리적 주제와 관련된 교육 프로그램이 부재하기 때문이다.

⑤ 일반적으로 사람들은 엔지니어는 상사의 지시에 따라서 기술적 영역만 잘 담당하면 되고 나머지는 다른 영역에 종사하는 사람의 몫이라고 생각한다.

※ 다음 글을 읽고 이어지는 질문에 답하시오. [5~6]

행위의 도덕적 옳고 그름을 평가하는 대표적인 입장 중의 하나는 공리주의이다. 공리주의는 행위의 유용성을 평가하여 도덕적 옳고 그름을 판단하려는 입장이다. 이 중 양적으로 유용성을 고려하여 도덕적 옳고 그름을 판단하려 하는 여러 세부 입장들이 있다. X는 유용성을 판단함에 있어서 "______________________"라는 입장이다. 하지만 이러한 입장은 설득력이 없다. X의 입장을 받아들일 경우 도덕적으로 올바른 행위가 무엇인지 적절하게 판단할 수 없는 상황이 존재하기 때문이다. 예를 들어 어떤 행위자가 선택할 수 있는 행위가 총 셋인데 그 행위 각각이 산출하는 사회 전체의 행복의 양과 고통의 양이 다음과 같다고 해 보자.

행위 선택지	행복의 양	고통의 양
A1	100	99
A2	90	10
A3	10	9

어떤 행위를 선택하는 것이 올바른 것일까? 사람들 대부분은 A2를 선택하는 것이 올바르다고 답한다. 그러나 X의 입장은 A2를 선택하는 것이 올바르다는 것을 보여주지 못한다. A2의 행복의 양은 A1의 행복의 양보다 적고, A2의 고통의 양은 A3의 고통의 양보다 많아서 A2는 X의 입장을 충족시켜 주는 행위가 아니기 때문이다. 그뿐만 아니라 X의 입장을 따를 경우 A1이나 A3도 도덕적으로 올바른 행위가 아니게 된다. 결국 세 선택지 중 어떤 것을 선택해도 도덕적으로 올바르지 않게 되는 셈이다.

반면 Y의 입장은 X의 입장이 처하게 되는 위와 같은 문제를 해결할 수 있는 방법으로 제시되었다. 이 입장에 따르면, 어떤 행위자가 행한 행위가 도덕적으로 올바른 것일 필요충분조건은 그 행위가 그 행위자가 선택할 수 있는 다른 모든 행위보다 큰 유용성을 갖는다는 것이며 여기서 유용성이란 행복의 양에서 고통의 양을 뺀 결과를 나타낸다. 세 행위 선택지 중 행복의 양에서 고통의 양을 뺀 결과값이 A2가 가장 크기 때문에, Y의 입장에 따르면 A2를 선택하는 것이 올바른 것이라고 결론지을 수 있다. 따라서 X의 입장보다 Y의 입장이 더 낫다고 할 수 있다.

05 다음 중 윗글의 빈칸에 들어갈 내용으로 가장 적절한 것은?

① 어떤 행위자가 행한 행위가 산출하는 행복의 양이 그 행위가 산출하는 고통의 양보다 항상 많다면, 그 행위는 도덕적으로 옳다.

② 어떤 행위자가 행한 행위가 그 행위자가 선택할 수 있는 다른 행위에 비해 많은 행복을 산출하거나 적은 고통을 산출한다면, 그 행위는 도덕적으로 옳다.

③ 어떤 행위자가 행한 행위가 도덕적으로 올바른 것일 필요충분조건은 그 행위가 산출하는 행복의 양이 그 행위가 산출하는 고통의 양보다 항상 많다는 것이다.

④ 어떤 행위자가 행한 행위가 도덕적으로 올바른 것일 필요충분조건은 그 행위가 그 행위자가 선택할 수 있는 다른 모든 행위에 비해 많은 행복을 산출하거나 적은 고통을 산출한다는 것이다.

⑤ 어떤 행위자가 행한 행위가 도덕적으로 올바른 것일 필요충분조건은 그 행위가 그 행위자가 선택할 수 있는 다른 모든 행위에 비해 많은 행복을 산출하고 동시에 적은 고통을 산출한다는 것이다.

06 **다음 갑～병 중 Y의 입장에 대한 반박으로 적절한 것을 모두 고르면?**

> 갑 : 가능한 행위 선택지가 A1, A2, A3일 때 A1의 행복의 양이 90이고 고통의 양이 50, A2의 행복의 양이 50이고 고통의 양이 10, A3의 행복의 양이 70이고 고통의 양이 30인 상황을 고려해 보자. Y의 입장은 X의 입장과 비슷한 문제에 부딪힌다. 그 점에서 Y의 입장은 적절하지 않다.
>
> 을 : 도덕적 행위, 즉 유용성이 가장 크다고 판단하여 한 행위를 나중에 되돌아보면 행위자는 언제나 미처 생각하지 못한 선택지가 가장 큰 유용성을 지닌다는 것을 깨닫는다. 이는 우리가 이미 선택한 행위는 올바르지 않다는 것을 함축하고 이를 통해 우리는 도덕적으로 올바른 행위를 한 번도 할 수 없다는 불합리한 결론에 도달하도록 한다. 불합리한 결론을 도출하는 입장은 잘못된 이론이기 때문에 Y의 입장은 적절하지 않다.
>
> 병 : 행복의 양에서 고통의 양을 뺀 유용성이 음수로 나올 경우도 많다. 그러한 경우에는 Y의 입장에 근거해도 주어진 선택지 중 어떤 것이 도덕적으로 올바른 것인지 판단할 수 없다. 그 점에서 Y의 입장은 적절하지 않다.

① 갑
② 병
③ 갑, 을
④ 을, 병
⑤ 갑, 을, 병

07 **다음 글의 내용이 참일 때, 밑줄 친 결론을 이끌어 내기 위해 추가해야 할 전제로 가장 적절한 것은?**

> A팀이 제작하는 운영체제를 C팀의 전산 시스템에 설치하면 C팀의 보안 시스템에 오류를 발생시킨다. B팀이 제작하는 전원 공급 장치는 5%의 결함률이 있다. 즉, B팀이 제작하는 전원 공급 장치 중 5%의 제품은 결함이 있고 나머지는 결함이 없다. C팀의 전산 시스템에는 반드시 B팀이 제작한 전원 공급 장치를 장착한다. 만약 C팀의 보안 시스템에 오류가 있거나 전원 공급 장치에 결함이 있다면, C팀의 전산 시스템에는 오류가 발생한다. 그러므로 <u>C팀의 전산 시스템에는 반드시 오류가 발생한다</u>.

① A팀이 제작하는 운영체제를 B팀의 전산 시스템에 설치한다.
② A팀이 제작하는 운영체제를 C팀의 전산 시스템에 설치하지 않는다.
③ B팀이 제작하여 C팀에 제공하는 전원 공급 장치에 결함이 있다.
④ B팀에서 제작한 결함이 없는 95%의 전원 공급 장치를 C팀의 전산 시스템에 장착한다.
⑤ C팀의 전산 시스템 오류는 다른 결함요인에 의해서도 발생한다.

08 다음 글의 결론을 지지하지 않는 것은?

> 지구와 태양 사이의 거리와 지구가 태양 주위를 도는 방식은 인간의 생존에 유리한 여러 특징을 지니고 있다. 인간을 비롯한 생명이 생존하려면 행성은 액체 상태의 물을 포함하면서 너무 뜨겁거나 차갑지 않아야 한다. 이를 위해 행성은 태양과 같은 별에서 적당히 떨어져 있어야 한다. 이 적당한 영역을 '골디락스 영역'이라고 한다. 또한 지구가 태양의 중력장 주위를 도는 타원 궤도는 충분히 원에 가깝다. 따라서 연중 태양에서 오는 열에너지가 비교적 일정하게 유지될 수 있다. 만약 태양과의 거리가 일정하지 않았다면 지구는 여름에는 바다가 모두 끓어 넘치고 겨울에는 거대한 얼음 덩어리가 되는 불모의 행성이었을 것이다.
>
> 우리 우주에 작용하는 근본적인 힘의 세기나 물리법칙도 인간을 비롯한 생명의 탄생에 유리하도록 미세하게 조정되어 있다. 예를 들어 근본적인 힘인 강한 핵력이나 전기력의 크기가 현재 값에서 조금만 달랐다면, 별의 내부에서 탄소처럼 무거운 원소는 만들어질 수 없었고 행성도 만들어질 수 없었을 것이다. 최근 들어 물리학자들은 이들 힘을 지배하는 법칙이 현재와 다르다면 우주는 구체적으로 어떤 모습이 될지 컴퓨터 모형으로 계산했다. 그 결과를 보면 강한 핵력의 강도가 겨우 0.5% 다르거나 전기력의 강도가 겨우 4% 다를 경우에도 탄소나 산소는 우주에서 합성되지 않는다. 따라서 생명 탄생의 가능성도 사라진다. 결국 강한 핵력이나 전기력을 지배하는 법칙들을 조금이라도 건드리면 우리가 존재할 가능성은 사라지는 것이다.
>
> 결론적으로 지구 주위 환경뿐만 아니라 보편적 자연법칙까지도 인류와 같은 생명이 진화해 살아가기에 알맞은 범위 안에 제한되어 있다고 할 수 있다. 만일 그러한 제한이 없었다면 태양계나 지구가 탄생할 수 없었을 뿐만 아니라 생명 또한 진화할 수 없었을 것이다. 우리가 아는 행성이나 생명이 탄생할 가능성을 열어두면서 물리법칙을 변경할 수 있는 폭은 매우 좁다.

① 탄소가 없는 상황에서도 생명은 자연적으로 진화할 수 있다.
② 중력법칙이 현재와 조금만 달라도 지구는 태양으로 빨려 들어간다.
③ 원자핵의 질량이 현재보다 조금 더 크다면 우리 몸을 이루는 원소는 합성되지 않는다.
④ 별 주위의 '골디락스 영역'에 행성이 위치할 확률은 매우 낮지만 지구는 그 영역에 위치한다.
⑤ 핵력의 강도가 현재와 약간만 달라도 별의 내부에서 무거운 원소가 거의 전부 사라진다.

09 다음 글의 밑줄 친 ㉠~㉤ 중 문맥에 맞지 않는 곳을 바르게 수정한 것은?

> 반세기 동안 지속되던 냉전 체제가 1991년을 기점으로 붕괴되면서 동유럽 체제가 재편되었다. 동유럽에서는 연방에서 벗어나 많은 국가들이 독립하였다. 이 국가들은 자연스럽게 자본주의 시장경제를 받아들였는데, 이후 몇 년 동안 공통적으로 극심한 경제 위기를 경험하게 되었다. 급기야 IMF(국제통화기금)의 자금 지원을 받게 되는데, 이는 ㉠ 갑작스럽게 외부로부터 도입한 자본주의 시스템에 적응하는 일이 결코 쉽지 않다는 점을 보여준다.
>
> 이 과정에서 해당 국가 국민의 평균 수명이 급격하게 줄어들었는데, 이는 같은 시기 미국, 서유럽 국가들의 평균 수명이 꾸준히 늘었다는 것과 대조적이다. 이러한 현상에 대해 ㉡ 자본주의 시스템 도입을 적극적으로 지지했던 일부 경제학자들은 오래전부터 이어진 ㉢ 동유럽 지역 남성들의 과도한 음주와 흡연, 폭력과 살인 같은 비경제적 요소를 주된 원인으로 꼽았다. 즉, 경제 체제의 변화와는 관련이 없다는 것이다.
>
> 이러한 주장에 의문을 품은 영국의 한 연구자는 해당 국가들의 건강 지표가 IMF의 자금 지원 전후로 어떻게 달라졌는지를 살펴보았다. 여러 사회적 상황을 고려하여 통계 모형을 만들고, ㉣ IMF의 자금 지원을 받은 국가와 다른 기관에서 자금 지원을 받은 국가를 비교하였다. 같은 시기 독립한 동유럽 국가 중 슬로베니아만 유일하게 IMF가 아닌 다른 기관에서 돈을 빌렸다. 이때 두 곳의 차이는, IMF는 자금을 지원받은 국가에게 경제와 관련된 구조조정 프로그램을 실시하게 한 반면, 슬로베니아를 지원한 곳은 그렇게 하지 않았다는 점이다. IMF 구조조정 프로그램을 실시한 국가들은 ㉤ 실시 이전부터 결핵 사망률이 크게 증가했던 것으로 나타났다. 그러나 슬로베니아는 같은 기간에 오히려 결핵 사망률이 감소했다. IMF 구조조정 프로그램의 실시 여부는 국가별 결핵 사망률과 일정한 상관관계가 있었던 것이다.

① ㉠을 '자본주의 시스템을 갖추지 않고 지원을 받는 일'로 수정한다.
② ㉡을 '자본주의 시스템 도입을 적극적으로 반대했던'으로 수정한다.
③ ㉢을 '수출입과 같은 국제 경제적 요소'로 수정한다.
④ ㉣을 'IMF의 자금 지원 직후 경제 성장률이 상승한 국가와 하락한 국가'로 수정한다.
⑤ ㉤을 '실시 이후부터 결핵 사망률이 크게 증가했던 것'으로 수정한다.

10 다음 글의 빈칸에 들어갈 내용으로 가장 적절한 것은?

> 서구사회의 기독교적 전통하에서 이 전통에 속하는 이들은 자신들을 정상적인 존재로, 이러한 전통에 속하지 않는 이들을 비정상적인 존재로 구별하려 했다. 후자에 해당하는 대표적인 것이 적그리스도, 이교도들, 그리고 나병과 흑사병에 걸린 환자들이었는데, 그들에게 부과한 비정상성을 구체적인 형상을 통해 재현함으로써 그들이 전통 바깥의 존재라는 사실을 명확히 했다.
> 당연하게도 기독교에서 가장 큰 적으로 꼽는 것은 사탄의 대리자인 적그리스도였다. 기독교 초기, 몽티에랑데르나 힐데가르트 등이 쓴 유명한 저서들뿐만 아니라 적그리스도의 얼굴이 묘사된 모든 종류의 텍스트들에서 그의 모습은 충격적일 정도로 외설스러울 뿐만 아니라 받아들이기 힘들 정도로 추악하게 나타난다.
> 두 번째는 이교도들이었는데, 서유럽과 동유럽의 기독교인들이 이교도들에 대해 사용했던 무기 중 하나가 그들을 추악한 얼굴의 악마로 묘사하는 것이었다. 또한 이교도들이 즐겨 입는 의복이나 진미로 여기는 음식을 끔찍하게 묘사하여 이교도들을 자신들과는 분명히 구분되는 존재로 만들었다.
> 마지막으로, 나병과 흑사병에 걸린 환자들을 꼽을 수 있다. 당시의 의학 수준으로 그런 병들은 치료가 불가능했으며, 전염성이 있다고 믿어졌다. 때문에 자신을 정상적 존재라고 생각하는 사람들은 해당 병에 걸린 불행한 사람들을 신에게서 버림받은 죄인이자 공동체에서 추방해야 할 공공의 적으로 여겼다. 그들의 외모나 신체 또한 실제 여부와 무관하게 항상 뒤틀어지고 지극히 흉측한 모습으로 형상화되었다.
> 이를 정리하자면, ______________________

① 서구의 종교인과 예술가들은 이방인을 추악한 이미지로 각인시키는 데 있어 중심적인 역할을 하였다.

② 서구의 기독교인들은 자신들보다 강한 존재를 추악한 존재로 묘사함으로써 심리적인 우월감을 확보하였다.

③ 정상적 존재와 비정상적 존재의 명확한 구별을 위해 추악한 형상을 활용하는 것은 동서고금을 막론하고 지속되어 왔다.

④ 서구의 기독교적 전통하에서 추악한 형상은 그 전통에 속하지 않는 이들을 전통에 속한 이들과 구분짓기 위해 활용되었다.

⑤ 서구의 기독교인들이 자신들과는 다른 타자들을 추악하게 묘사했던 것은 다른 종교에 의해 자신들의 종교가 침해되는 것을 두려워했기 때문이다.

11 다음은 전국 안전체험관과 생활안전에 대한 자료이다. 제시된 표 이외에 보고서를 작성하기 위해 추가로 필요한 자료를 〈보기〉에서 모두 고르면?

〈2023년 전국 안전체험관 규모별 현황〉

(단위 : 개소)

전체	대형		중형		소형
	일반	특성화	일반	특성화	
473	25	7	5	2	434

〈보고서〉

2023년 생활안전 통계에 따르면 전국 473개소의 안전체험관이 운영 중인 것으로 확인되었다. 전국 안전체험관을 규모별로 살펴보면, 대형이 32개소, 중형이 7개소, 소형이 434개소였다. 이 중 대형 안전체험관은 서울이 가장 많고 경북, 충남이 그 뒤를 이었다.
전국 안전사고 사망자 수는 2019년 이후 매년 감소하다가 2022년에는 증가하였다. 교통사고 사망자 수는 2019년 이후 매년 줄어들었고, 특히 2022년에 전년 대비 약 11.2% 감소하였다.
2023년 분야별 지역안전지수 1등급 지역을 살펴보면 교통사고 분야는 서울, 경기, 화재 분야는 광주, 생활안전 분야는 경기, 부산으로 나타났다.

〈보기〉

ㄱ. 연도별 전국 교통사고 사망자 수

연도	2019년	2020년	2021년	2022년
사망자 수	4,380명	4,019명	3,973명	3,529명

ㄴ. 분야별 지역안전지수 4년 연속(2019 ~ 2022년) 1등급, 5등급 지역(시·도)

분야 / 등급	교통사고	화재	범죄	생활안전	자살
1등급	서울, 경기	–	세종	경기	경기
5등급	전남	세종	제주	제주	부산

ㄷ. 연도별 전국 안전사고 사망자 수

연도	2019년	2020년	2021년	2022년
사망자 수	31,582명	30,944명	29,545명	31,111명

ㄹ. 2022년 지역별 안전체험관 수

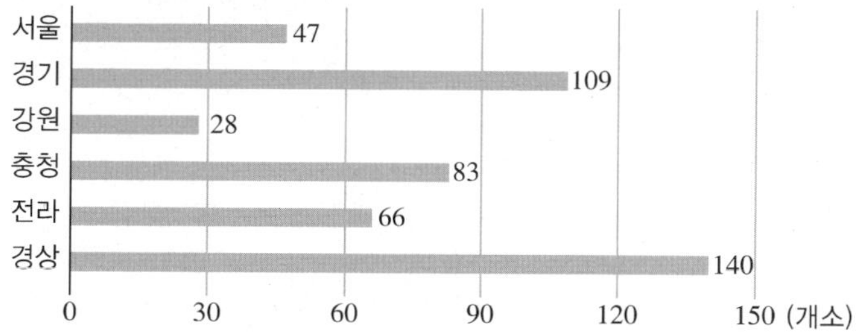

① ㄱ, ㄴ
② ㄱ, ㄷ
③ ㄴ, ㄹ
④ ㄱ, ㄷ, ㄹ
⑤ ㄴ, ㄷ, ㄹ

12 다음은 지자체별 자가격리자 및 모니터링 요원에 대한 자료이다. 이를 근거로 C와 D에 해당하는 지자체를 바르게 나열한 것은?

〈지자체별 자가격리자 및 모니터링 요원 현황(4월 4일 기준)〉

(단위 : 명)

구분 \ 지자체		A	B	C	D
내국인	자가격리자	9,778	1,287	1,147	9,263
	신규 인원	900	70	20	839
	해제 인원	560	195	7	704
외국인	자가격리자	7,796	508	141	7,626
	신규 인원	646	52	15	741
	해제 인원	600	33	5	666
모니터링 요원		10,142	710	196	8,898

※ (해당일 기준 자가격리자)=(전일 기준 자가격리자)+(신규 인원)−(해제 인원)

〈대화〉

갑 : 감염병 확산에 대응하기 위한 회의를 시작합시다. 오늘은 대전, 세종, 충북, 충남의 4월 4일 기준 자가격리자 및 모니터링 요원 현황을 보기로 했는데, 각 지자체의 상황이 어떤가요?

을 : 4개 지자체 중 세종을 제외한 3개 지자체에서 4월 4일 기준 자가격리자가 전일 기준 자가격리자보다 늘어났습니다.

갑 : 모니터링 요원의 업무 부담과 관련된 통계 자료도 있나요?

을 : 4월 4일 기준으로 대전, 세종, 충북은 모니터링 요원 대비 자가격리자의 비율이 1.8 이상입니다.

갑 : 지자체에 모니터링 요원을 추가로 배치해야 할 것 같습니다. 자가격리자 중 외국인이 차지하는 비중이 4개 지자체 가운데 대전이 가장 높으니, 외국어 구사가 가능한 모니터링 요원을 대전에 우선 배치하는 방향으로 검토해 봅시다.

	C	D
①	충북	충남
②	충북	대전
③	충남	충북
④	세종	대전
⑤	대전	충북

13 다음은 K국의 연도별 지가변동률에 대한 자료이다. 이에 대한 설명으로 옳은 것을 〈보기〉에서 모두 고르면?

〈연도별 지가변동률〉

(단위 : %)

연도 \ 지역	수도권	비수도권
2017년	0.37	1.47
2018년	1.20	1.30
2019년	2.68	2.06
2020년	1.90	2.77
2021년	2.99	2.97
2022년	4.31	3.97
2023년	6.11	3.64

〈보기〉

ㄱ. 비수도권의 지가변동률은 매년 상승하였다.
ㄴ. 비수도권의 지가변동률이 수도권의 지가변동률보다 높은 연도는 3개이다.
ㄷ. 전년 대비 지가변동률 차이가 가장 큰 연도는 수도권과 비수도권이 동일하다.

① ㄱ
② ㄴ
③ ㄱ, ㄷ
④ ㄴ, ㄷ
⑤ ㄱ, ㄴ, ㄷ

14 다음은 운전자 A ~ E의 정지시거 산정을 위해 시험장에서 측정한 자료이다. 이에 근거하여 맑은 날과 비 오는 날의 운전자별 정지시거를 바르게 연결한 것은?

〈운전자 A ~ E의 정지시거 측정 자료〉

(단위 : m/초, 초, m)

구분 운전자	자동차	운행속력	반응시간	반응거리	마찰계수	
					맑은 날	비 오는 날
A	가	20	2.0	40	0.4	0.1
B	나	20	2.0	(　)	0.4	0.2
C	다	20	1.6	(　)	0.8	0.4
D	나	20	2.4	(　)	0.4	0.2
E	나	20	1.4	(　)	0.4	0.2

〈정보〉

- (정지시거)=(반응거리)+(제동거리)
- (반응거리)=(운행속력)×(반응시간)
- (제동거리)=$\frac{(\text{운행속력})^2}{2\times(\text{마찰계수})\times g}$ (단, g는 중력가속도이며 10m/초^{2}으로 가정함)

	운전자	맑은 날 정지시거[m]	비 오는 날 정지시거[m]
①	A	120	240
②	B	90	160
③	C	72	82
④	D	98	158
⑤	E	78	128

15 다음은 줄기세포 치료제 시장 현황에 대한 자료이다. 이에 대한 설명으로 옳은 것을 〈보기〉에서 모두 고르면?

〈줄기세포 치료제 시장 현황〉

구분 치료분야	환자수(명)	투여율(%)	시장규모(백만 달러)
자가면역	5,000	1	125
암	8,000	1	200
심장혈관	15,000	1	375
당뇨	15,000	5	1,875
유전자	500	20	250
간	400	90	900
신경	5,000	10	1,250
전체	48,900	-	4,975

※ $[\text{투여율}(\%)]=\dfrac{(\text{줄기세포 치료제를 투여한 환자수})}{(\text{환자수})}\times 100$

※ 모든 치료분야에서 줄기세포 치료제를 투여한 환자 1명당 투여비용은 동일하다.

※ (시장규모)=(줄기세포 치료제를 투여한 환자수)×(환자 1명당 투여비용)

〈보기〉

ㄱ. 투여율에 변화가 없다고 할 때, 각 치료분야의 환자수가 10% 증가하면 줄기세포 치료제를 투여한 전체 환자수도 10% 증가한다.

ㄴ. 줄기세포 치료제를 투여한 환자 1명당 투여비용은 250만 달러이다.

ㄷ. 투여율에 변화가 없다고 할 때, 각 치료분야의 환자수가 10% 증가하면 전체 줄기세포 치료제 시장규모는 55억 달러 이상이 된다.

ㄹ. 다른 치료분야에서는 환자수와 투여율의 변화가 없다고 할 때, 유전자 분야와 신경 분야의 환자수가 각각 2,000명씩 증가하고 이 두 분야의 투여율이 각각 절반으로 감소하면, 전체 줄기세포 치료제 시장규모는 변화가 없다.

① ㄱ, ㄷ
② ㄴ, ㄹ
③ ㄱ, ㄴ, ㄷ
④ ㄱ, ㄴ, ㄹ
⑤ ㄱ, ㄴ, ㄷ, ㄹ

16 다음은 K프로세서 성능 평가를 위한 8개 프로그램 수행 결과 자료이다. 이에 대한 설명으로 옳은 것은?

〈K프로세서 성능 평가를 위한 8개 프로그램 수행 결과〉

(단위 : 십억 개, 초)

프로그램 \ 항목	명령어 수	CPI	수행시간	기준시간	성능지표
숫자 정렬	2,390	0.70	669	9,634	14.4
문서 편집	221	2.66	235	9,120	38.8
인공지능 바둑	1,274	1.10	(　)	10,490	18.7
유전체 분석	2,616	0.60	628	9,357	14.9
인공지능 체스	1,948	0.80	623	12,100	19.4
양자 컴퓨팅	659	0.44	116	20,720	178.6
영상 압축	3,793	0.50	759	22,163	29.2
내비게이션	1,250	1.00	500	7,020	(　)

※ (CPI; Clock-cycles Per Instruction)$=\frac{\text{(클럭 사이클 수)}}{\text{(명령어 수)}}$

※ (성능지표)$=\frac{\text{(기준시간)}}{\text{(수행시간)}}$

① 명령어 수가 많은 프로그램일수록 수행시간이 길다.
② CPI가 가장 낮은 프로그램은 기준시간이 가장 길다.
③ 수행시간은 인공지능 바둑이 내비게이션보다 짧다.
④ 기준시간이 짧은 프로그램일수록 클럭 사이클 수가 적다.
⑤ 성능지표가 가장 낮은 프로그램은 내비게이션이다.

17 K씨는 다음 〈조건〉에 따라 주전자에 물을 가득 채우려고 한다. 물을 담는 데 걸리는 시간은 몇 초인가?(단, 개수대의 수돗물만을 사용한다)

〈조건〉

- 주전자의 용량은 1.7L이다.
- 개수대의 수돗물은 1초에 34mL가 나온다.
- 주전자의 $\frac{1}{5}$은 비워 둔다.

① 10초
② 20초
③ 30초
④ 40초
⑤ 50초

18 다음은 갑 연구소에서 제습기 A ~ E 총 5개의 습도별 연간소비전력량을 측정한 자료이다. 이에 대한 설명으로 옳은 것을 〈보기〉에서 모두 고르면?

〈제습기 A ~ E의 습도별 연간소비전력량〉

(단위 : kWh)

제습기 \ 습도	40%	50%	60%	70%	80%
A	550	620	680	790	840
B	560	640	740	810	890
C	580	650	730	800	880
D	600	700	810	880	950
E	660	730	800	920	970

〈보기〉

ㄱ. 습도가 70%일 때 연간소비전력량이 가장 적은 제습기는 A이다.
ㄴ. 각 습도에서 연간소비전력량이 많은 제습기부터 순서대로 나열하면, 습도 60%일 때와 습도 70%일 때의 순서는 동일하다.
ㄷ. 습도가 40%일 때 제습기 E의 연간소비전력량은 습도가 50%일 때 제습기 B의 연간소비전력량보다 많다.
ㄹ. 제습기 각각에서 연간소비전력량은 습도가 80%일 때가 40%일 때의 1.5배 이상이다.

① ㄱ, ㄴ
② ㄱ, ㄷ
③ ㄴ, ㄹ
④ ㄱ, ㄷ, ㄹ
⑤ ㄴ, ㄷ, ㄹ

19 다음은 일제강점기의 기아, 변사자, 자살자에 대한 보고서의 일부이다. 보고서를 작성하는 데 바르게 인용된 자료는?

〈보고서〉

기아(棄兒 : 버려진 아이), 변사자(뜻밖의 재난으로 죽은 자), 자살자 등은 한 사회에서 살아가는 사람들의 사회경제적인 불평·불만을 보여 주는 지표가 될 수 있다. 일제강점기에는 일반 민중들의 경제적 처지가 곤란해졌을 뿐만 아니라 가뭄·홍수 등의 자연재해까지 잦았기 때문에 생계대책이 막막한 가운데 기아가 속출했다. 또한 변사자와 자살자의 수도 증가하게 되었다.
기아는 1910년 이후 매년 증가하여 1932년에는 여아가 200명이 넘었으며 남아도 150명을 넘어 심각한 사회문제로 대두되었다. 1925년 이후에는 매년 기아 중 여아가 남아보다 많았다.
변사자는 1910년 2천여 명 정도에 지나지 않았으나 1915년 6천여 명으로 증가했고 1930년 이후에는 1만 명을 넘어섰다. 이를 민족별로 분석하면 1910년부터 변사자 중 조선인이 90% 이상을 차지했다. 또한 외국인 변사자는 지속적으로 늘어난 반면 일본인 변사자는 1930년을 제외하고는 1910년보다 항상 적었다. 변사자의 성별 비율은 매년 남자가 여자보다 높았으며 남녀의 격차도 매년 증가했다.
자살자는 1910년 500명을 넘지 않았으나 1915년에는 1,000명을 넘었으며 1935년 3,000명을 초과했다. 연령별 자살자 수를 5년마다 조사한 결과, 1910년을 제외하고는 30세 이상 60세 미만의 자살자가 가장 많았다. 성별에 따른 자살자의 비율은 매년 남자가 여자보다 높았다.

① 자살자의 연령별 추이

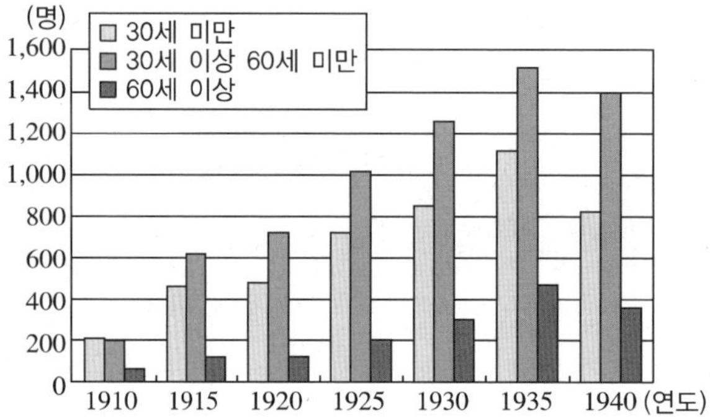

② 자살자의 성별 추이

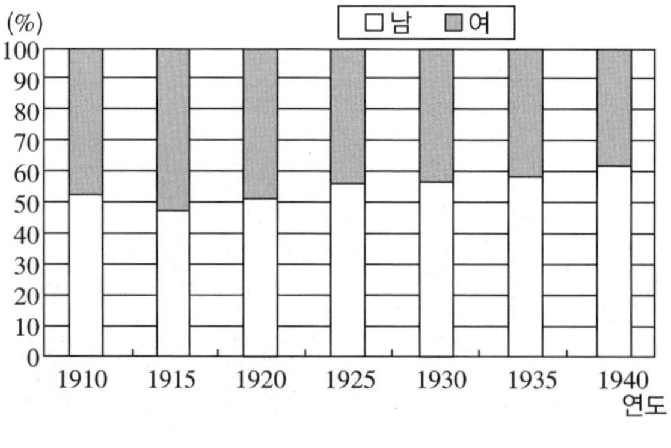

③ 변사자의 민족별 추이(단위 : 명)

연도 \ 민족	조선인	일본인	외국인	합계
1910년	1,760	293	22	2,075
1915년	5,873	230	40	6,143
1920년	5,381	229	43	5,653
1925년	7,879	266	32	8,177
1930년	11,056	390	62	11,508
1935년	11,469	285	75	11,829
1940년	11,343	221	87	11,651

④ 변사자의 성별 추이

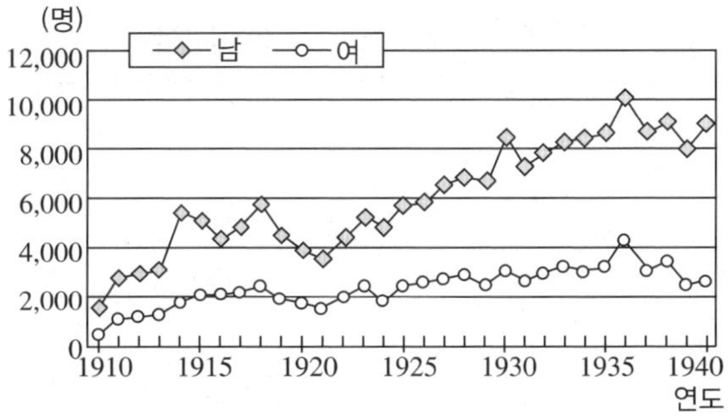

⑤ 기아의 성별 추이

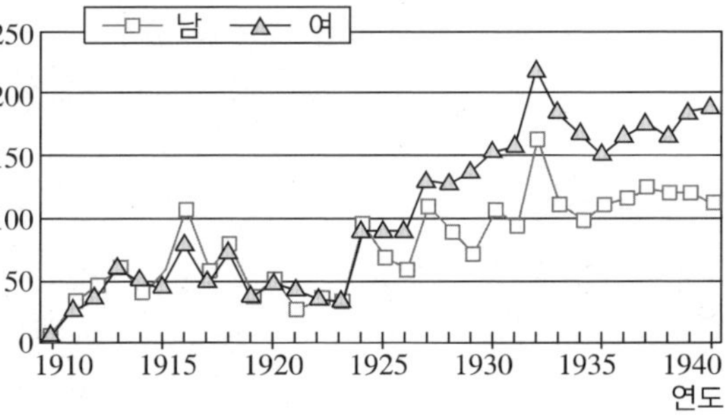

20 다음은 어느 상담센터에서 2023년에 실시한 상담가 유형별 가족상담 건수에 대한 자료이다. 이때 2023년 하반기 전문상담가에 의한 가족상담 건수는?

〈2023년 상담가 유형별 가족상담 건수〉

(단위 : 건)

상담가 유형	가족상담 건수
일반상담가	120
전문상담가	60

※ 가족상담은 일반상담가에 의한 가족상담과 전문상담가에 의한 가족상담으로만 구분된다.

〈정보〉

- 2023년 가족상담의 30%는 상반기에, 70%는 하반기에 실시되었다.
- 2023년 일반상담가에 의한 가족상담의 40%는 상반기에, 60%는 하반기에 실시되었다.

① 38건
② 40건
③ 48건
④ 54건
⑤ 56건

21 다음 글을 근거로 판단할 때, K괘종시계가 11시 정각을 알리기 위한 마지막 종을 치는 시각은?

K괘종시계는 매시 정각을 알리기 위해 매시 정각부터 일정한 시간 간격으로 해당 시의 수만큼 종을 친다. 예를 들어 7시 정각을 알리기 위해서는 7시 정각에 첫 종을 치기 시작하여 일정한 시간 간격으로 총 7번의 종을 치는 것이다. 이 괘종시계가 정각을 알리기 위해 2번 이상 종을 칠 때, 종을 치는 시간 간격은 몇 시 정각을 알리기 위한 것이든 동일하다. K괘종시계가 6시 정각을 알리기 위한 마지막 6번째 종을 치는 시각은 6시 6초이다.

① 11시 11초
② 11시 12초
③ 11시 13초
④ 11시 14초
⑤ 11시 15초

22 다음 글과 상황을 근거로 판단할 때, 〈보기〉에서 옳은 것을 모두 고르면?

제○○조

① "주택담보노후연금보증"이란 주택소유자가 주택에 저당권을 설정하고 금융기관으로부터 제2항에서 정하는 연금 방식으로 노후생활자금을 대출(이하 "주택담보노후연금대출"이라 한다)받음으로써 부담하는 금전채무를 주택금융공사가 보증하는 행위를 말한다. 이 경우 주택소유자 또는 주택소유자의 배우자는 60세 이상이어야 한다.

② 제1항의 연금 방식이란 다음 각 호의 어느 하나에 해당하는 방식을 말한다.

1. 주택소유자가 생존해 있는 동안 노후생활자금을 매월 지급받는 방식
2. 주택소유자가 선택하는 일정한 기간 동안 노후생활자금을 매월 지급받는 방식
3. 제1호 또는 제2호의 어느 하나의 방식과, 주택소유자가 다음 각 목의 어느 하나의 용도로 사용하기 위하여 일정한 금액(단, 주택담보노후연금대출 한도의 100분의 50 이내의 금액으로 한다)을 지급받는 방식을 결합한 방식
   가. 해당 주택을 담보로 대출받은 금액 중 잔액을 상환하는 용도
   나. 해당 주택의 임차인에게 임대차보증금을 반환하는 용도

〈상황〉

K주택의 소유자 갑(61세)은 K주택에 저당권을 설정하여 주택담보노후연금보증을 통해 노후생활자금을 대출받고자 한다. 갑의 K주택에 대한 주택담보노후연금대출 한도액은 3억 원이다.

〈보기〉

ㄱ. 갑은 K주택의 임차인에게 임대차보증금을 반환하는 용도로 1억 원을 지급받고, 생존해 있는 동안 노후생활자금을 매월 지급받을 수 있다.
ㄴ. 갑의 배우자의 연령이 60세 이상이어야 주택담보노후연금보증을 통해 노후생활자금을 대출받을 수 있다.
ㄷ. 갑은 K주택을 담보로 대출받은 금액 중 잔액을 상환하는 용도로 1억 5천만 원을 지급받고, 향후 10년간 노후생활자금을 매월 지급받을 수 있다.

① ㄱ
② ㄴ
③ ㄱ, ㄷ
④ ㄴ, ㄷ
⑤ ㄱ, ㄴ, ㄷ

23 다음은 제품 A～E의 회수 시점의 평가 항목별 품질 상태를 나타낸 자료이다. 이에 근거하여 재사용 또는 폐기까지의 측정 및 가공 작업에 소요되는 비용이 가장 적은 제품과 가장 많은 제품을 바르게 연결한 것은?

〈제품 A～E의 회수 시점의 평가 항목별 품질 상태〉

평가 항목 / 제품	오염도	강도	치수
A	12	11	12
B	6	8	8
C	5	11	7
D	5	3	8
E	10	9	12

〈정보〉

• 제품 품질 측정 및 가공 작업 공정

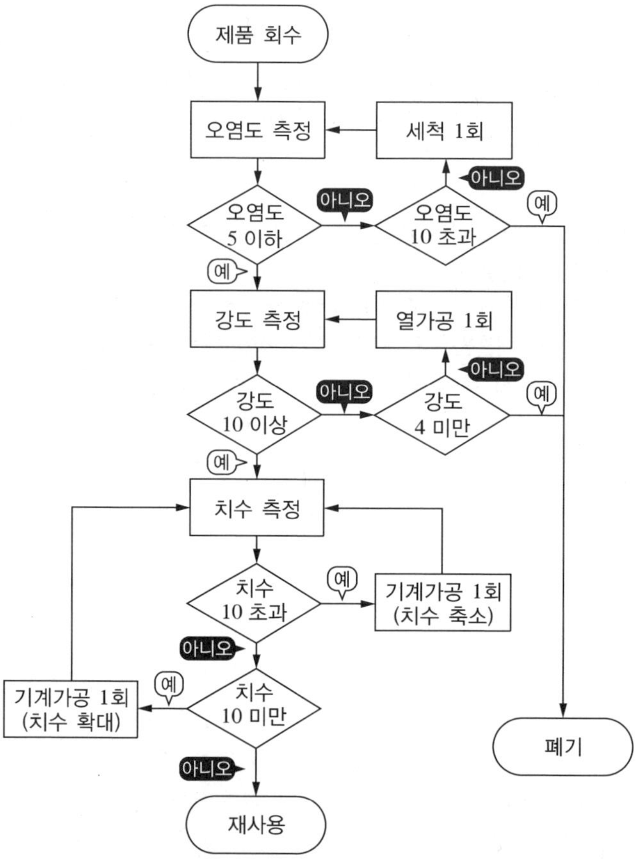

• 단위작업별 내용 및 1회당 비용

(단위 : 천 원)

단위작업	내용		비용
측정작업	오염도 측정		5
	강도 측정		10
	치수 측정		2
가공작업	세척		5
	열가공		50
	기계가공	치수 확대	20
		치수 축소	10

※ 세척 1회 시 오염도 1 감소, 열가공 1회 시 강도 1 증가, 기계가공 1회 시 치수 1만큼 확대 또는 축소된다.

	비용이 가장 적은 제품	비용이 가장 많은 제품
①	A	B
②	A	C
③	C	E
④	D	B
⑤	D	C

24 다음 상황을 근거로 판단할 때, 〈보기〉에서 옳은 것을 모두 고르면?

〈상황〉

• K위원회는 12명의 위원으로 구성되며, 위원 중에서 위원장을 선출한다.
• 12명의 위원은 자신을 제외한 11명 중 서로 다른 2명에게 1표씩 투표하여 최다 득표자를 위원장으로 결정한다.
• 최다 득표자가 여러 명인 경우 추첨을 통해 이들 중 1명을 위원장으로 결정한다.

※ 기권 및 무효표는 없다.

〈보기〉

ㄱ. 득표자 중 5표를 얻은 위원이 존재하고 추첨을 통해 위원장이 결정되었다면, 득표자는 3명 이하이다.
ㄴ. 득표자가 총 3명이고 그중 1명이 7표를 얻었다면, 위원장을 추첨으로 결정하지 않아도 된다.
ㄷ. 득표자 중 최다 득표자가 8표를 얻었고 추첨 없이 위원장이 결정되었다면, 득표자는 4명 이상이다.

① ㄴ
② ㄷ
③ ㄱ, ㄴ
④ ㄱ, ㄷ
⑤ ㄴ, ㄷ

25 다음 글을 근거로 판단할 때 옳은 것은?

> **제○○조**
>
> ① 누구든지 법률에 의하지 아니하고는 우편물의 검열·전기통신의 감청 또는 통신사실확인자료의 제공을 하거나 공개되지 아니한 타인 상호 간의 대화를 녹음 또는 청취하지 못한다.
>
> ② 다음 각 호의 어느 하나에 해당하는 자는 1년 이상 10년 이하의 징역과 5년 이하의 자격정지에 처한다.
>
> 1. 제1항에 위반하여 우편물의 검열 또는 전기통신의 감청을 하거나 공개되지 아니한 타인 상호 간의 대화를 녹음 또는 청취한 자
> 2. 제1호에 따라 알게 된 통신 또는 대화의 내용을 공개하거나 누설한 자
>
> ③ 누구든지 단말기기 고유번호를 제공하거나 제공받아서는 안 된다. 다만, 이동전화단말기 제조업체 또는 이동통신사업자가 단말기의 개통처리 및 수리 등 정당한 업무의 이행을 위하여 제공하거나 제공받는 경우에는 그러하지 아니하다.
>
> ④ 제3항을 위반하여 단말기기 고유번호를 제공하거나 제공받은 자는 3년 이하의 징역 또는 1천만 원 이하의 벌금에 처한다.
>
> **제□□조**
>
> 제○○조의 규정에 위반하여 불법검열에 의하여 취득한 우편물이나 그 내용, 불법감청에 의하여 지득(知得) 또는 채록(採錄)된 전기통신의 내용, 공개되지 아니한 타인 상호간의 대화를 녹음 또는 청취한 내용은 재판 또는 징계절차에서 증거로 사용할 수 없다.

① 갑이 불법검열에 의하여 취득한 을의 우편물은 징계절차에서 증거로 사용할 수 있다.

② 갑이 을과 정책용역을 수행하면서 을과의 대화를 녹음한 내용은 재판에서 증거로 사용할 수 없다.

③ 갑이 을과 병 사이의 공개되지 않은 대화를 녹음하여 공개한 경우, 1천만 원의 벌금에 처해질 수 있다.

④ 갑이 을과 병 사이의 우편물을 불법으로 검열한 경우, 2년의 징역과 3년의 자격정지에 처해질 수 있다.

⑤ 이동통신사업자 갑이 을의 단말기를 개통하기 위하여 단말기기 고유번호를 제공받은 경우, 1년의 징역에 처해질 수 있다.

26 다음 글을 근거로 판단할 때, 〈보기〉에서 옳은 것을 모두 고르면?

- 갑은 K법률 개정안으로 (가)~(다) 총 세 가지를 준비하고 있다.
- 이해관계자, 관계부처, 입법부의 수용가능성 및 국정과제 관련도의 4개 평가항목에 따라 평가점수를 부여하고 평가점수 총합이 가장 높은 개정안을 채택한다. 단, 다음의 사항을 고려한다.
  – 평가점수 총합이 동일한 경우, 국정과제 관련도 점수가 가장 높은 개정안을 채택한다.
  – 개정안의 개별 평가항목 점수 중 어느 하나라도 2점 미만인 경우, 해당 개정안은 채택하지 않는다.
- 수용가능성 평가점수를 높일 수 있는 추가 절차는 다음과 같다. 단, 각 절차는 개정안마다 최대 2회 진행할 수 있다.
  – 이해관계자 수용가능성 : 관계자간담회 1회당 1점 추가
  – 관계부처 수용가능성 : 부처 간 회의 1회당 2점 추가
  – 입법부 수용가능성 : 국회설명회 1회당 0.5점 추가
- 수용가능성 평가항목별 점수를 높일 수 있는 추가 절차를 진행하지 않은 상태에서 개정안별 평가점수는 다음과 같다.

〈K법률 개정안 평가점수〉

개정안	수용가능성			국정과제 관련도	총합
	이해관계자	관계부처	입법부		
(가)	5	3	1	4	13
(나)	3	4	3	3	13
(다)	4	3	3	2	12

〈보기〉

ㄱ. 추가 절차를 진행하지 않는 경우, (나)가 채택된다.
ㄴ. 3개 개정안 모두를 대상으로 입법부 수용가능성을 높이는 절차를 최대한 진행하는 경우, (가)가 채택된다.
ㄷ. (나)에 대한 부처 간 회의를 1회 진행하고 (다)에 대한 관계자간담회를 2회 진행하는 경우, (다)가 채택된다.

① ㄱ
② ㄷ
③ ㄱ, ㄴ
④ ㄴ, ㄷ
⑤ ㄱ, ㄴ, ㄷ

27 다음 글을 근거로 판단할 때, 〈보기〉에서 옳은 것을 모두 고르면?

> 갑의 자동차에 장착된 내비게이션 시스템은 목적지까지 운행하는 도중 대안경로를 제안하는 경우가 있다. 이때 이 시스템은 기존경로와 비교하여 남은 거리와 시간이 어떻게 달라지는지 알려준다. 즉, 목적지까지의 잔여거리(A)가 몇 km 증가·감소하는지, 잔여시간(B)이 몇 분 증가·감소하는지 알려준다. 갑은 기존경로와 대안경로 중 출발지부터 목적지까지의 평균속력이 더 높을 것으로 예상되는 경로를 항상 선택한다.

〈보기〉

ㄱ. A가 증가하고 B가 감소하면 갑은 항상 대안경로를 선택한다.
ㄴ. A와 B가 모두 증가하면 갑은 항상 대안경로를 선택한다.
ㄷ. A와 B가 모두 감소할 때 갑이 대안경로를 선택하는 경우가 있다.
ㄹ. A가 감소하고 B가 증가할 때 갑이 대안경로를 선택하는 경우가 있다.

① ㄱ, ㄴ
② ㄱ, ㄷ
③ ㄴ, ㄷ
④ ㄴ, ㄹ
⑤ ㄷ, ㄹ

28 다음 〈조건〉을 근거로 판단할 때, A에게 전달할 책의 제목과 A의 연구실 번호를 바르게 짝지은 것은?

〈조건〉

- 5명의 연구원(A ~ E)에게 책 1권씩을 전달해야 하고, 책 제목은 모두 다르다.
- 5명은 모두 각자의 연구실에 있고, 연구실 번호는 311호부터 315호까지이다.
- C는 315호, D는 312호, E는 311호에 있다.
- B에게 『연구개발』, D에게 『공공정책』을 전달해야 한다.
- 『전환이론』은 311호에, 『사회혁신』은 314호에, 『복지실천』은 315호에 전달해야 한다.

	책 제목	연구실 번호
①	『전환이론』	311호
②	『공공정책』	312호
③	『연구개발』	313호
④	『사회혁신』	314호
⑤	『복지실천』	315호

29 다음 글에 대한 추론으로 적절한 것을 〈보기〉에서 모두 고르면?

> 종묘는 역대 왕들의 신위를 모시는 곳이었다. 『예기』에 따르면 조선은 원칙적으로 5묘제를 실시하도록 되어 있었다. 5묘제란 건국시조와 현재왕의 직계 선왕 4대의 신위를 종묘의 정전에 모시고 그 외 신위는 없애는 것을 말한다. 처음 종묘를 건축했을 당시 태조는 자신의 4대조(목조 – 익조 – 탁조 – 환조)까지 왕으로 추존(追尊)하고, 서쪽을 상석으로 하여 제1실에 목조를, 제2실에 익조의 신위를 모셨다. 태조가 승하하고 그의 신위가 종묘의 정전에 모셔지면서 비로소 5묘제가 시작되었다.
>
> 세종은 제2대 정종이 승하하자 그 신위를 정전에 모시고, 5묘제로 모실 수 없는 첫 신위를 별도의 사당인 영녕전을 지어 그곳에 옮겨 모셨다. 그런 의미에서 조선왕조는 『예기』의 5묘제를 그대로 지키지 않은 셈이다. 한편 후대로 가면서 태종, 세종과 같이 위대한 업적을 남긴 왕의 신위를 그대로 정전에 두기 위해 건물을 일렬로 잇대어 증축하였다. 그 밖의 신주는 영녕전으로 옮겨 모셨다. 그 결과 종묘의 정전에는 19위의 왕과 30위의 왕후 신주가 모셔졌으며, 영녕전에는 정전에서 옮겨진 15위의 왕과 17위의 왕후 신주가 모셔졌다. 신주의 봉안 순서는 정전의 경우 서쪽을 상석으로 하고, 제1실에 태조의 신위를 봉안한 이후, 그 신위는 옮겨지지 않았다. 영녕전에는 추존조(追尊祖)인 4왕(목조 – 익조 – 탁조 – 환조)을 정중앙에 모시고, 정전과 마찬가지로 서쪽을 상석으로 하여 차례대로 모셨다.
>
> ※ 조선의 왕은 태조 – 정종 – 태종 – 세종 – 문종 … 순이었다.
> ※ 신위(神位) : 신령이 의지할 자리
> ※ 신주(神主) : 죽은 사람의 위(位)를 베푸는 나무 패

〈보기〉

ㄱ. 정전에는 총 49위의 신주가 모셔져 있을 것이다.
ㄴ. 영녕전 서쪽 제1실에 익조의 신위가 모셔져 있을 것이다.
ㄷ. 시대가 지남에 따라 정전은 동쪽으로 증축되었을 것이다.
ㄹ. 종묘를 건축했을 당시 정전 서쪽 제3실에는 탁조의 신위를 모셨을 것이다.

① ㄱ, ㄴ
② ㄴ, ㄹ
③ ㄷ, ㄹ
④ ㄱ, ㄴ, ㄷ
⑤ ㄱ, ㄷ, ㄹ

30 다음 글과 지원대상 후보 현황을 근거로 판단할 때, 기업 F가 받는 지원금은?

K공사는 2024년도 중소기업 광고비 지원사업 예산 6억 원을 기업에 지원하려 하며, 지원대상 선정 및 지원금 산정 방법은 다음과 같다.

- 2023년도 총매출이 500억 원 미만인 기업만 지원하며, 우선 지원대상 사업분야는 백신, 비대면, 인공지능이다.
- 우선 지원대상 사업분야 내 또는 우선 지원대상이 아닌 사업분야 내에서는 '(소요 광고비)×(2023년도 총매출)'이 작은 기업부터 먼저 선정한다.
- 지원금 상한액은 1억 2,000만 원이나, 해당 기업의 2023년도 총매출이 100억 원 이하인 경우 상한액의 2배까지 지원할 수 있다. 단, 지원금은 소요 광고비의 2분의 1을 초과할 수 없다.
- 위의 지원금 산정 방법에 따라 예산 범위 내에서 지급 가능한 최대 금액을 예산이 소진될 때까지 지원대상 기업에 순차로 배정한다.

〈지원대상 후보 현황〉

기업	2023년도 총매출(억 원)	소요 광고비(억 원)	사업분야
A	600	1	백신
B	500	2	비대면
C	400	3	농산물
D	300	4	인공지능
E	200	5	비대면
F	100	6	의류
G	30	4	백신

① 없음
② 8,000만 원
③ 1억 2,000만 원
④ 1억 6,000만 원
⑤ 2억 4,000만 원

코레일 한국철도공사 신입사원 필기시험

제14회 고난도 모의고사

모바일 OMR

문항 수 : 30문항
응시시간 : 30분

정답 및 해설 p.70

01 다음 글을 읽고 추론할 수 있는 것은?

두뇌 연구는 지금까지 뉴런을 중심으로 진행되어 왔다. 뉴런 연구로 노벨상을 받은 카얄은 뉴런이 '생각의 전화선'이라는 이론을 확립하여 사고와 기억 등 두뇌에서 일어나는 모든 현상을 뉴런의 연결망과 뉴런 간의 전기 신호로 설명했다. 그러나 두뇌에는 뉴런 외에도 신경교 세포가 존재한다. 신경교 세포는 뉴런처럼 그 수가 많지만 전기 신호를 전달하지 못한다. 이 때문에 과학자들은 신경교 세포가 단지 두뇌 유지에 필요한 영양 공급과 두뇌 보호를 위한 전기 절연의 역할만을 가진다고 여겼다.
최근 과학자들은 신경교 세포에서 그 이상의 기능을 발견했다. 신경교 세포 중에도 '성상세포'라 불리는 별 모양의 세포는 자신만의 화학적 신호를 가진다는 것이 밝혀졌다. 성상세포는 뉴런처럼 전기를 이용하지는 않지만, '뉴런송신기'라고 불리는 화학물질을 방출하고 감지한다. 과학자들은 이러한 화학적 신호의 연쇄반응을 통해 신경교 세포가 전체 뉴런을 조정한다고 추론했다.
A연구팀은 신경교 세포가 전체 뉴런을 조정하면서 기억력과 사고력을 향상시킨다고 예상하고, 이를 확인하기 위해 인간의 신경교 세포를 갓 태어난 생쥐의 두뇌에 주입했다. 쥐가 자라면서 주입된 인간의 신경교 세포도 성장했다. 이 세포들은 쥐의 뉴런들과 완벽하게 결합되어 쥐의 두뇌 전체에 걸쳐 퍼지게 되었다. 심지어 어느 두뇌 영역에서는 쥐의 뉴런의 숫자를 능가하기도 했다. 뉴런과 달리 쥐와 인간의 신경교 세포는 비교적 쉽게 구별된다. 인간의 신경교 세포는 매우 길고 무성한 섬유질을 가지기 때문이다. 쥐에 주입된 인간의 신경교 세포는 그 기능을 그대로 간직한다. 그렇게 성장한 쥐들은 다른 쥐들과 잘 어울렸고, 다른 쥐들의 관심을 끄는 것에 흥미를 보였다. 이 쥐들은 미로를 통과해 치즈를 찾는 테스트에서 더 뛰어났다. 보통의 쥐들은 네다섯 번의 시도 끝에 올바른 길을 배웠지만, 인간의 신경교 세포를 주입받은 쥐들은 두 번 만에 학습했다.

① 인간의 신경교 세포를 쥐에게 주입하면, 쥐의 뉴런은 전기 신호를 전달하지 못할 것이다.
② 인간의 뉴런 세포를 쥐에게 주입하면, 쥐의 두뇌에는 화학적 신호의 연쇄 반응이 더 활발해질 것이다.
③ 인간의 뉴런 세포를 쥐에게 주입하면, 그 뉴런 세포는 쥐의 두뇌 유지에 필요한 영양을 공급할 것이다.
④ 인간의 신경교 세포를 쥐에게 주입하면, 그 신경교 세포는 쥐의 뉴런을 보다 효과적으로 조정할 것이다.
⑤ 인간의 신경교 세포를 쥐에게 주입하면, 그 신경교 세포는 쥐의 신경교 세포의 기능을 갖도록 변화할 것이다.

02 다음 글에 비추어 볼 때, 아래 그림의 ㉠～㉣에 들어갈 말을 바르게 나열한 것은?

> 도시재생 사업의 목표는 지역 역량의 강화와 지역 가치의 제고라는 두 마리 토끼를 잡는 것이다. 그 결과, 아래 그림에서 지역의 상태는 A에서 A′으로 변화한다. 둘 중 하나라도 이루어지지 않는다면 도시재생 사업의 목표가 달성되었다고 볼 수 없다. 그러한 실패 사례의 하나가 젠트리피케이션이다. 이는 지역 역량이 강화되지 않은 채 지역 가치만 상승하는 현상을 의미한다.
> 도시재생 사업의 모범적인 양상은 지역 자산화이다. 지역 자산화는 두 단계로 이루어진다. 첫 번째 단계는 공동체 역량 강화 과정이다. 이는 지역 문제 해결을 위한 프로그램 및 정책 수립, 물리적 시설의 개선, 운영 관리 등으로 구성된 공공 주도 과정이다. 이를 통해 지역 가치와 지역 역량이 모두 낮은 상태에서 일단 지역 역량을 키워 지역 기반의 사회적 자본을 형성하게 된다. 그 다음 두 번째 단계로 전문화 과정이 이어진다. 전문화는 민간의 전문성과 창의성을 적극적으로 활용함으로써 강화된 지역 역량의 토대 위에서 지역 가치 제고를 이끌어 낸다. 이 과정에서 주민과 민간 조직의 전문성에 대한 신뢰를 바탕으로 공유 시설이나 공간의 설계, 관리, 운영 등 많은 권한이 시민단체를 비롯한 중간 지원 조직에 통합적으로 위임된다.
>
> 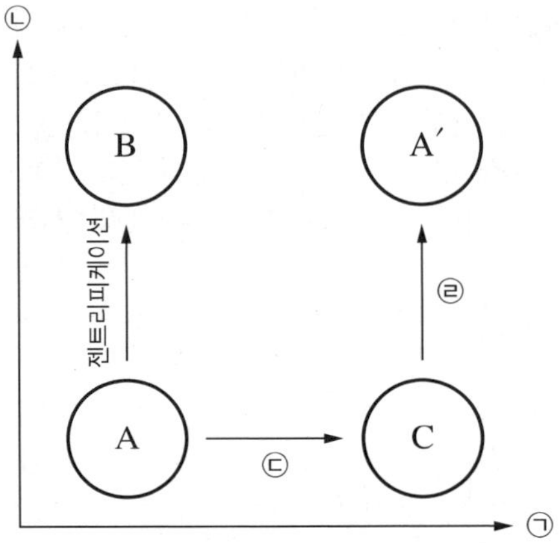
>

	㉠	㉡	㉢	㉣
①	지역 역량	지역 가치	공동체 역량 강화	전문화
②	지역 역량	지역 가치	공동체 역량 강화	지역 자산화
③	지역 역량	지역 가치	지역 자산화	전문화
④	지역 가치	지역 역량	공동체 역량 강화	지역 자산화
⑤	지역 가치	지역 역량	지역 자산화	전문화

03 다음 글의 밑줄 친 ㉠에 대한 판단으로 적절한 것을 〈보기〉에서 모두 고르면?

어떤 회사가 소비자들을 A부터 H까지 8개의 동질적인 집단으로 나누어, 이들을 대상으로 마케팅 활동의 효과를 살펴보는 실험을 하였다. 마케팅 활동은 구매 전 활동과 구매 후 활동으로 구성되는데, 구매 전 활동에는 광고와 할인 두 가지가 있고 구매 후 활동은 사후 서비스 한 가지뿐이다. 구매 전 활동이 끝난 뒤 구매율을 평가하고, 구매 후 활동까지 모두 마친 뒤 구매 전과 구매 후의 마케팅 활동을 종합하여 마케팅 만족도를 평가하였다. 구매율과 마케팅 만족도는 모두 a, b, c, d로 평가하였는데, a가 가장 높고 d로 갈수록 낮다. 이 회사가 수행한 ㉠ <u>실험의 결과</u>는 다음과 같다.

- A와 B를 대상으로는 구매 전 활동을 실시하지 않았는데 구매율은 d였다. 이 중 A에 대해서는 사후 서비스를 하였고 B에 대해서는 하지 않았는데, 마케팅 만족도는 각각 c와 d였다.
- C와 D를 대상으로 구매 전 활동 중 광고만 하였더니 구매율은 c였다. 이 중 C에 대해서는 사후 서비스를 하였고 D에 대해서는 하지 않았는데, 마케팅 만족도는 각각 b와 c였다.
- E와 F를 대상으로 구매 전 활동 중 할인 기회만 제공하였더니 구매율은 b였다. 이 중 E에 대해서는 사후 서비스를 하였고 F에 대해서는 하지 않았는데, 마케팅 만족도는 모두 b였다.
- G와 H를 대상으로 구매 전 활동으로 광고와 함께 할인 기회를 제공하였더니 구매율은 b였다. 이 중 G에 대해서는 사후 서비스를 하였고 H에 대해서는 하지 않았는데, 마케팅 만족도는 각각 a와 b였다.

〈보기〉

ㄱ. 할인 기회를 제공한 경우가 제공하지 않은 경우보다 구매율이 높다.
ㄴ. 광고를 할 때, 사후 서비스를 한 경우가 하지 않은 경우보다 마케팅 만족도가 높다.
ㄷ. 사후 서비스를 하지 않을 때, 광고를 한 경우가 하지 않은 경우보다 마케팅 만족도가 높다.

① ㄱ
② ㄷ
③ ㄱ, ㄴ
④ ㄴ, ㄷ
⑤ ㄱ, ㄴ, ㄷ

04 다음 글의 내용으로 적절하지 않은 것은?

> 재화나 용역 중에는 비경합적이고 비배제적인 방식으로 소비되는 것들이 있다. 먼저 재화나 용역이 비경합적으로 소비된다는 말은 그것에 대한 누군가의 소비가 다른 사람의 소비 가능성을 줄어들게 하지 않는다는 것을 뜻한다. 예컨대 10개의 사탕이 있는데 내가 8개를 먹어 버리면 다른 사람이 그 사탕을 소비할 가능성은 그만큼 줄어들게 된다. 반면에 라디오 방송 서비스 같은 경우는 내가 그것을 이용한다고 해서 다른 사람의 소비 가능성이 줄어들게 되지 않는다는 점에서 비경합적이다.
> 재화나 용역이 비배제적으로 소비된다는 말은 그것이 공급되었을 때 누군가 그 대가를 지불하지 않았다고 해서 그 사람이 그 재화나 용역을 소비하지 못하도록 배제할 수 없다는 것을 뜻한다. 이러한 의미에서 국방 서비스는 비배제적으로 소비된다. 정부가 국방 서비스를 제공받는 모든 국민에게 그 비용을 지불하도록 하는 정책을 채택했다고 하자. 이때 어떤 국민이 이런 정책에 불만을 표하며 비용 지불을 거부한다고 해도 정부는 그를 국방 서비스의 수혜에서 배제하기 어렵다. 설령 그를 구속하여 감옥에 가두더라도 그는 국방 서비스의 수혜자 범위에서 제외되지 않는다.
> 비경합적이고 비배제적인 방식으로 소비되는 재화와 용역의 생산과 배분이 시장에서 제대로 이루어질 수 있을까? 국방의 예를 이어나가 보자. 대부분의 국민은 자신의 생명과 재산을 보호받고자 하는 욕구가 있고 국방 서비스에 대한 수요도 있기 마련이다. 그러나 만약 국방 서비스를 시장에서 생산하여 판매한다면, 경제적으로 합리적인 국민은 국방 서비스를 구매하지 않을 것이다. 다른 이가 구매하는 국방 서비스에 자신도 무임승차할 수 있기 때문이다. 결과적으로 국방 서비스는 과소 생산되는 문제가 발생하고, 그 피해는 모든 국민에게 돌아가게 될 것이다. 따라서 이와 같은 유형의 재화나 용역을 사회적으로 필요한 만큼 생산하기 위해서는 국가가 개입해야 하기에 이런 재화나 용역에는 공공재라는 이름을 붙이는 것이다.

① 라디오 방송 서비스는 여러 사람이 비경합적으로 소비할 수 있다.
② 무임승차를 쉽게 방지할 수 없는 재화나 용역은 과소 생산될 수 있다.
③ 이용할 수 있는 수가 한정된 여객기 좌석은 경합적으로 소비될 수 있다.
④ 국방 서비스를 소비하는 모든 국민에게 그 비용을 지불하도록 한다면, 그 서비스는 비경합적으로 소비될 수 없다.
⑤ 유료 공연에서 일정한 돈을 지불하지 않은 사람의 공연장 입장을 차단한다면, 그 공연은 배제적으로 소비될 수 있다.

05 다음 중 대화 참여자들의 입장에 대한 설명으로 적절하지 않은 것은?

> 춘향 : 최근 연안 여객 선박과 고래가 충돌하여 발생하는 재산피해 및 인명사고에 대한 보고가 늘고 있습니다. 고래 개체 수가 충분히 늘었다는 것이지요. 연안 해운의 안전을 위해서라도 이제는 포경을 재개해야 할 시점이라고 봅니다.
>
> 몽룡 : 국제포경위원회(IWC)는 1986년 고래 자원의 보호를 위해 상업적 포경을 금지했고, 1994년에는 남빙양에 '고래성역'을 설정했습니다. 이미 포경 금지에 관한 IWC 내부적으로 국제합의가 이루어져 있는 셈이지요.
>
> 향단 : 아직 고래의 개체 수는 충분하지 못합니다. 게다가 고래는 지구환경과 생태계의 상징적 동물로 인식되고 있어요. 포경을 재개한다면, 환경정책이 경제적 압력에 굴복한 대표적 사례로 남을 것입니다.
>
> 길동 : 전 세계 고래의 개체 수는 상업적 포경 금지 후 계속 증가하고 있고, 이에 따라 1997년 고래류의 먹이양은 5억 2,000만 톤에 이르렀습니다. 이 양은 전 세계 어업생산의 약 4 ~ 5배에 달하는 수준입니다. 수산자원의 관리 차원에서 인류가 잡는 어업만을 규제할 것이 아니라, 고래가 잡아먹는 먹이를 관리한다는 차원에서 고래잡이가 재개되어야 한다고 봅니다.
>
> 방자 : IWC 회원국 중에도 일본, 노르웨이 등의 국가는 고래류를 식량 자원으로 간주하며 포경을 재개할 것을 끈질기게 주장하고 있습니다.
>
> 학도 : 문제는 고래의 개체 수가 지속생산이 가능한 수준으로 유지될 수 있느냐에 달려 있습니다. 고래 자원에 대한 정확한 과학적 조사가 선행된 뒤에 상업적 포경 여부와 수준이 결정되어야 합니다.

① 춘향은 향단과 상반되는 입장을 취하고 있다.
② 방자의 예는 몽룡의 주장에 대한 반례에 해당한다.
③ 향단은 길동과 상반되는 입장을 취하고 있다.
④ 길동의 예는 춘향의 견해를 지지하는 사례이다.
⑤ 학도는 길동과 대립되는 견해를 취하고 있다.

06 다음 글에 대한 분석으로 적절한 것을 〈보기〉에서 모두 고르면?

'자연화'란 자연과학의 방법론에 따라 자연과학이 수용하는 존재론을 토대 삼아 연구를 수행한다는 의미이다. 심리학을 자연과학의 하나라고 생각하는 철학자 A는 인식론의 자연화를 주장하기 위해 다음의 논증을 제시하였다.

〈논증〉

(1) 전통적 인식론은 적어도 다음의 두 가지 목표를 가진다. 첫째, 세계에 관한 믿음을 정당화하는 것이고, 둘째, 세계에 관한 믿음을 나타내는 문장을 감각 경험을 나타내는 문장으로 번역하는 것이다.
(2) 전통적 인식론은 첫째 목표도 달성할 수 없고 둘째 목표도 달성할 수 없다.
(3) 만약 전통적 인식론이 이 두 가지 목표 중 어느 하나라도 달성할 수가 없다면, 전통적 인식론은 폐기되어야 한다.
(4) 전통적 인식론은 폐기되어야 한다.
(5) 만약 전통적 인식론이 폐기되어야 한다면, 인식론자는 전통적 인식론 대신 심리학을 연구해야 한다.
(6) 인식론자는 전통적 인식론 대신 심리학을 연구해야 한다.

〈보기〉

ㄱ. 전통적 인식론의 목표에 (1)의 '두 가지 목표' 외에 '세계에 관한 믿음이 형성되는 과정을 규명하는 것'이 추가된다면, 위 논증에서 (6)은 도출되지 않는다.
ㄴ. (2)를 '전통적 인식론은 첫째 목표를 달성할 수 없거나 둘째 목표를 달성할 수 없다.'로 바꾸어도 위 논증에서 (6)이 도출된다.
ㄷ. (4)는 논증 안의 어떤 진술들로부터 나오는 결론일 뿐만 아니라 논증 안의 다른 진술의 전제이기도 하다.

① ㄱ
② ㄷ
③ ㄱ, ㄴ
④ ㄴ, ㄷ
⑤ ㄱ, ㄴ, ㄷ

07 다음 글의 표를 수정한 내용으로 적절한 것을 〈보기〉에서 모두 고르면?

K공사는 철새로 인한 국내 야생 조류 및 가금류 조류인플루엔자(AI; Avian Influenza) 바이러스 감염 확산 여부를 추적 조사하고 있다. AI 바이러스는 병원성 정도에 따라 고병원성과 저병원성 AI 바이러스로 구분한다. 발표 자료에 따르면, 2023년 10월 25일 충남 천안시에서는 야생 조류 분변에서 고병원성 AI 바이러스가 검출되었으며 이는 2021년 2월 1일 충남 아산시에서 검출된 이래 2년 8개월 만의 검출 사례였다.
최근 야생 조류 고병원성 AI 바이러스 검출 사례는 2023년 10월 25일부터 11월 21일까지 경기도에서 3건, 충남에서 2건이 발표되었고, 가금류 고병원성 AI 바이러스 검출 사례는 전국에서 총 3건이 발표되었다. 같은 기간에 야생 조류 저병원성 AI 바이러스 검출 후 발표된 사례는 전국에 총 8건이다. 또한 채집된 의심 야생 조류의 분변 검사 결과, 고병원성·저병원성 AI 바이러스 모두에 해당하지 않아 바이러스 미분리로 분류된 사례는 총 7건이다. 야생 조류 AI 바이러스 검출 현황은 고병원성 AI, 저병원성 AI, 검사 중으로 분류하고 바이러스 미분리는 야생 조류 AI 바이러스 검출 현황에 포함하지 않는다. 야생 조류 AI 바이러스가 검출되고 나서 고병원성 여부를 확인하기 위해 정밀 검사를 하는 데 상당한 기간이 소요되므로, 아직 검사 중인 것이 9건이다. 그중 하나인 제주도 하도리의 경우 11월 22일 고병원성 AI 바이러스 검출 여부를 발표할 예정이다.
K공사 김과장은 2023년 10월 25일부터 11월 21일까지 발표된 야생 조류 AI 바이러스 검출 현황을 아래와 같이 표로 작성하였으나 검출 현황을 적절히 반영하지 않아 수정이 필요하다.

〈야생 조류 AI 바이러스 검출 현황〉

(기간 : 2023년 10월 25일 ~ 2023년 11월 21일)

고병원성 AI	저병원성 AI	검사 중	바이러스 미분리
8건	8건	9건	7건

〈보기〉

ㄱ. 고병원성 AI 항목의 '8건'을 '5건'으로 수정한다.
ㄴ. 검사 중 항목의 '9건'을 '8건'으로 수정한다.
ㄷ. '바이러스 미분리' 항목을 삭제한다.

① ㄱ
② ㄴ
③ ㄱ, ㄷ
④ ㄴ, ㄷ
⑤ ㄱ, ㄴ, ㄷ

08 다음 대화의 빈칸에 들어갈 내용으로 가장 적절한 것은?

갑 : 이번 프로젝트는 정보 보안이 매우 중요해서 1인당 2대의 업무용 PC를 사용하기로 하였습니다. 원칙적으로, 1대는 외부 인터넷 접속만 할 수 있는 외부용 PC이고 다른 1대는 내부 통신망만 이용할 수 있는 내부용 PC입니다. 둘 다 통신을 제외한 다른 기능을 사용하는 데는 아무런 제한이 없습니다.
을 : 외부용 PC와 내부용 PC는 각각 별도의 저장 공간을 사용하나요?
갑 : 네, 맞습니다. 그러나 두 PC 간 자료를 공유하려면 두 가지 방법만 쓰도록 되어 있습니다. 첫 번째 방법은 이메일을 이용하는 것입니다. 본래 내부용 PC는 내부 통신망용이라 이메일 계정에 접속할 수 없지만, 프로젝트 팀장의 승인을 받아 ○○메일 계정에 접속한 뒤 자신의 ○○메일 계정으로 자료를 보내는 것만 허용하였습니다.
을 : 그러면 첫 번째 방법은 내부용 PC에서 외부용 PC로 자료를 보낼 때만 가능하겠군요. 두 번째 방법을 이용하면 외부용 PC에서 내부용 PC로도 자료를 보낼 수 있나요?
갑 : 물론입니다. 두 번째 방법은 내부용 PC와 외부용 PC에 설치된 자료 공유 프로그램을 이용하는 것인데, 이를 이용하면 두 PC 간 자료의 상호 공유가 가능합니다.
을 : 말씀하신 자료 공유 프로그램을 이용하면 두 PC 사이에 자료를 자유롭게 공유할 수 있는 건가요?
갑 : 파일 개수, 용량, 공유 횟수에는 제한이 없습니다. 다만, 이 프로그램을 사용할 때는 보안을 위해 프로젝트 팀장이 비밀번호를 입력해 주어야만 합니다.
을 : 그렇군요. 그런데 외부용 PC로 ○○메일이 아닌 일반 이메일 계정에도 접속할 수 있나요?
갑 : 아닙니다. 원칙적으로는 외부용 PC에서 자료를 보내거나 받기 위하여 사용 가능한 이메일 계정은 ○○메일 뿐입니다. 그러나 예외적으로 필요한 경우에 한해 보안 부서에 공문으로 요청하여 승인을 받으면, 일반 이메일 계정에 접속하여 자료를 보내거나 받을 수 있습니다.
을 : 아하! 외부 자문위원의 자료를 전달받아 내부용 PC에 저장하기 위해서는 ______________________

① 굳이 프로젝트 팀장이 비밀번호를 입력할 필요가 없겠군요.
② 사전에 보안 부서에 요청하여 외부용 PC로 일반 이메일 계정에 접속할 수 있는 권한을 부여받는 방법밖에 없겠네요.
③ 외부 자문위원의 PC에서 ○○메일 계정으로 자료를 보낸 뒤, 내부용 PC로 ○○메일 계정에 접속하여 자료를 내려받으면 되겠군요.
④ 외부 자문위원의 PC에서 일반 이메일 계정으로 자료를 보낸 뒤, 사전에 보안 부서의 승인을 받아 내부용 PC로 일반 이메일 계정에 접속하여 자료를 내려받으면 되겠네요.
⑤ 외부 자문위원의 PC에서 ○○메일 계정으로 자료를 보낸 뒤, 외부용 PC로 ○○메일 계정에 접속해 자료를 내려받아 자료 공유 프로그램을 이용하여 내부용 PC로 보내면 되겠네요.

09 다음 글의 핵심 내용으로 가장 적절한 것은?

> 1948년에 제정된 대한민국 헌법은 공동체의 정치적 문제는 기본적으로 국민의 의사에 의해 결정된다는 점을 구체적인 조문으로 명시하고 있다. 그러나 이러한 공화제적 원리는 1948년에 이르러 갑작스럽게 등장한 것이 아니다. 이미 19세기 후반부터 한반도에서는 이와 같은 원리가 공공 영역의 담론 및 정치적 실천 차원에서 표명되고 있었다.
>
> 공화제적 원리는 1885년부터 발행되기 시작한 근대적 신문인 『한성주보』에서도 어느 정도 언급된 바 있지만 특히 1898년에 출현한 만민공동회에서 그 내용이 명확하게 드러난다. 독립협회를 중심으로 촉발되었던 만민공동회는 민회를 통해 공론을 형성하고 이를 국정에 반영하고자 했던 완전히 새로운 형태의 정치운동이었다. 이것은 전통적인 집단상소나 민란과는 전혀 달랐다. 이 민회는 자치에 대한 국민의 자각을 기반으로 공동생활의 문제들을 협의하고 함께 행동해나가려 하였다. 이것은 자신들이 속한 정치공동체에 대한 소속감과 연대감을 갖지 않고서는 불가능한 현상이었다. 즉, 만민공동회는 국민이 스스로 정치적 주체가 되고자 했던 시도였다. 전제적인 정부가 법을 통해 제한하려고 했던 정치 참여를 국민들이 스스로 쟁취하여 정치체제를 변화시키고자 하였던 것이다.
>
> 19세기 후반부터 한반도에 공화제적 원리가 표명되고 있었다는 사례는 이뿐만이 아니다. 당시 독립협회가 정부와 함께 개최한 관민공동회에서 발표한 「헌의6조」를 살펴보면 제3조에 "예산과 결산은 국민에게 공표할 일"이라고 명시하고 있는 것을 확인할 수 있다. 이것은 오늘날의 재정운용의 기본원칙으로 여겨지는 예산공개의 원칙과 정확하게 일치하는 것으로 국민과 함께 협의하여 정치를 하여야 한다는 공화주의 원리를 보여주고 있다.

① 만민공동회는 전제 정부의 법적 제한에 맞서 국민의 정치 참여를 쟁취하고자 했다.

② 한반도에서 예산공개의 원칙은 19세기 후반 관민공동회에서 처음으로 표명되었다.

③ 예산과 결산이라는 용어는 관민공동회가 열렸던 19세기 후반에 이미 소개되어 있었다.

④ 만민공동회를 통해 대한민국 헌법에 공화제적 원리를 포함시키는 것이 결정되었다.

⑤ 한반도에서 공화제적 원리는 이미 19세기 후반부터 담론 및 실천의 차원에서 표명되고 있었다.

10 다음 글이 비판의 대상으로 삼는 주장으로 가장 적절한 것은?

> 경제 문제는 대개 해결이 가능하다. 대부분의 경제 문제에는 몇 개의 해결책이 있다. 그러나 모든 해결책은 누군가가 상당한 손실을 반드시 감수해야 한다는 특징을 갖고 있다. 하지만 누구도 이 손실을 자발적으로 감수하고자 하지 않으며, 우리의 정치제도는 누구에게도 이 짐을 짊어지라고 강요할 수 없다. 우리의 정치적, 경제적 구조로는 실질적으로 제로섬(Zero-sum)적인 요소를 지니는 경제 문제에 전혀 대처할 수 없다. 대개의 경제적 해결책은 대규모의 제로섬적인 요소를 갖기 때문에 큰 손실을 수반한다. 모든 제로섬 게임에는 승자가 있다면 반드시 패자가 있으며, 패자가 존재해야만 승자가 존재할 수 있다. 경제적 이득이 경제적 손실을 초과할 수도 있지만, 손실의 주체에게 손실의 의미란 상당한 크기의 경제적 이득을 부정할 수 있을 만큼 매우 중요하다. 어떤 해결책으로 인해 평균적으로 사회는 더 잘살게 될 수도 있지만, 이 평균이 훨씬 더 잘살게 된 수많은 사람들과 훨씬 더 못살게 된 수많은 사람들을 감춘다. 만약 당신이 더 못살게 된 사람 중 하나라면 내 수입이 줄어든 것보다 다른 누군가의 수입이 더 많이 늘었다고 해서 위안을 얻지는 않을 것이다. 결국 우리는 우리 자신의 수입을 보호하기 위해 경제적 변화가 일어나는 것을 막거나 혹은 사회가 우리에게 손해를 입히는 공공정책이 강제로 시행되는 것을 막기 위해 싸울 것이다.

① 빈부격차를 해소하는 것만큼 중요한 정책은 없다.
② 사회의 총생산량이 많아지게 하는 정책이 좋은 정책이다.
③ 경제문제에서 모두가 만족하는 해결책은 존재하지 않는다.
④ 경제적 변화에 대응하는 정치제도의 기능에는 한계가 존재한다.
⑤ 경제정책의 효율성을 높이는 방법은 일관성을 유지하는 것이다.

11 다음은 아프리카연합이 주도한 임무단의 평화유지활동에 대한 자료이다. 이를 바탕으로 작성한 보고서의 내용으로 옳지 않은 것은?

〈임무단의 평화유지활동(2024년 5월 기준)〉

(단위 : 명)

임무단	파견지	활동기간	주요 임무	파견규모
부룬디 임무단	부룬디	2005. 4. ~ 2006. 6.	평화협정 이행 지원	3,128
수단 임무단	수단	2006. 10. ~ 2009. 12.	다르푸르 지역 정전 감시	300
코모로 선거감시 지원 임무단	코모로	2008. 3. ~ 2008. 6.	코모로 대통령 선거 감시	462
소말리아 임무단	소말리아	2009. 1. ~ 현재	구호 활동 지원	6,000
코모로 치안 지원 임무단	코모로	2009. 5. ~ 2010. 10.	앙주앙 섬 치안 지원	350
다르푸르 지역 임무단	수단	2009. 7. ~ 현재	민간인 보호	6,000
우간다 임무단	우간다	2014. 3. ~ 현재	반군 소탕작전	3,350
말리 임무단	말리	2014. 12. ~ 2015. 7.	정부 지원	1,450
중앙아프리카공화국 임무단	중앙아프리카 공화국	2015. 12. ~ 2016. 9.	안정 유지	5,961

〈보고서〉

아프리카연합은 아프리카 지역 분쟁 해결 및 평화 구축을 위하여 2024년 5월 현재까지 9개의 임무단을 구성하고 평화유지활동을 주도하였다. ㉠ 평화유지활동 중 가장 오랜 기간 동안 활동한 임무단은 '소말리아 임무단'이다. 이 임무는 소말리아 과도 연방정부가 아프리카연합에 평화유지군을 요청한 것을 계기로 시작되어 현재에 이르고 있다. 한편, ㉡ '코모로 선거감시 지원 임무단'은 가장 짧은 기간 동안 활동하였다. 2008년 코모로는 대통령 선거를 앞두고 아프리카연합에 지원을 요청하였고 같은 해 3월 시작된 평화유지활동은 선거가 끝난 6월에 임무가 종료되었다.

㉢ 아프리카연합이 현재까지 평화유지활동을 위해 파견한 임무단의 총규모는 25,000명 이상이며, 현재 활동 중인 임무단의 규모는 소말리아 6,000명, 수단 6,000명, 우간다 3,350명으로 총 15,000여 명이다.

아프리카연합은 아프리카 내의 문제를 자체적으로 해결하기 위해 다양한 임무단 활동을 활발히 수행하였다. 특히 ㉣ 수단과 코모로에서는 각각 2개의 임무단이 활동하였다.

현재 평화유지활동을 수행 중인 임무단은 3개이지만 ㉤ 2009년 10월 기준 평화유지활동을 수행 중이었던 임무단은 5개였다.

① ㉠
② ㉡
③ ㉢
④ ㉣
⑤ ㉤

12 다음은 제2차 세계대전 주요참전국의 인구, 산업잠재력, 군사비지출에 대한 자료이다. 이에 대한 설명으로 옳지 않은 것을 〈보기〉에서 모두 고르면?

〈주요참전국의 인구〉

(단위 : 백만 명)

국가 \ 연도	1890년	1900년	1910년	1913년	1920년	1928년	1938년
A	116.8	135.6	159.3	175.1	126.6	150.4	180.6
B	62.6	75.9	91.9	97.3	105.7	119.1	138.3
C	49.2	56.0	64.5	66.9	42.8	55.4	68.5
D	39.9	43.8	49.1	51.3	55.9	62.1	72.2
E	38.3	38.9	39.5	39.7	39.0	41.0	41.9
F	37.4	41.1	44.9	45.6	44.4	45.7	47.6
G	30.0	32.2	34.4	35.1	37.7	40.3	43.8

〈주요참전국의 산업잠재력〉

국가 \ 연도	1880년	1900년	1913년	1928년	1938년
A	24.5	47.5	76.6	72.0	152.0
B	46.9	127.8	298.1	533.0	528.0
C	27.4	71.2	137.7	158.0	214.0
D	7.6	13.0	25.1	45.0	88.0
E	25.1	36.8	57.3	82.0	74.0
F	73.3	100.0	127.2	135.0	181.0
G	8.1	13.6	22.5	37.0	46.0

※ 산업잠재력은 1900년 F국의 산업잠재력을 100으로 하여 계산한 수치이다.

〈주요참전국의 군사비지출〉

(단위 : 백만 달러)

국가 \ 연도	1930년	1934년	1938년
A	722	3,479	5,429
B	699	803	1,131
C	162	709	7,415
D	218	292	1,740
E	498	707	919
F	512	540	1,863
G	266	455	746

〈보기〉

ㄱ. 1913년에 비해 1920년에 A, C, E, F, G국의 인구는 모두 감소한 반면, B, D국의 인구는 모두 증가하였다.
ㄴ. 1920년에 비해 1938년에 주요참전국의 인구는 모두 증가하였다.
ㄷ. 1880 ~ 1938년 동안 A국을 제외한 주요참전국의 산업잠재력은 모두 지속적으로 증가하였다.
ㄹ. 1930년 대비 1938년의 군사비지출 증가율이 가장 높은 국가는 C국이고, 가장 낮은 국가는 B국이다.
ㅁ. 1938년을 기준으로 볼 때, 제2차 세계대전 승전동맹(A, B, E, F국)의 산업잠재력의 합과 군사비지출의 합은 패전동맹(C, D, G국)에 비해 모두 더 컸다.

① ㄱ, ㄴ, ㄷ
② ㄱ, ㄷ, ㄹ
③ ㄱ, ㄷ, ㅁ
④ ㄴ, ㄹ, ㅁ
⑤ ㄷ, ㄹ, ㅁ

13 다음은 경기도, 충청도, 전라도, 경상도, 강원도의 종교인 구성비를 나타낸 자료이다. 〈조건〉을 토대로 C와 E에 해당하는 지역을 바르게 나열한 것은?

〈지역별 종교인 구성비〉

(단위 : %)

지역 \ 종교	(가)	(나)	(다)
A	32	34	34
B	51	32	17
C	19	32	49
D	32	36	32
E	17	30	53

〈조건〉

• 강원도의 (가)종교인 비율과 충청도의 (다)종교인 비율을 합하면, 경기도의 (나)종교인 비율과 같다.
• 강원도의 (가)종교인 비율과 경기도의 (가)종교인 비율을 합하면, 전라도의 (다)종교인 비율과 같다.

	C	E
①	강원도	경기도
②	충청도	전라도
③	전라도	강원도
④	경상도	충청도
⑤	전라도	경기도

14 다음은 향기 관련 특허출원에 대한 국적별 동향을 보여주는 자료이다. 이에 대한 설명으로 옳은 것을 〈보기〉에서 모두 고르면?

〈전체 향기 관련 특허출원 동향〉

(단위 : 건)

국적 \ 연도	2000 ~ 2011년	2012 ~ 2016년	2017년	2018년	2019년	2020년	2021년	2022년	2023년	합계
내국인	11	23	8	12	35	46	59	60	49	303
외국인	22	34	7	14	24	36	32	34	47	250

〈기술별 향기 관련 특허출원 동향〉

(단위 : 건)

기술	국적 \ 연도	2000 ~ 2011년	2012 ~ 2016년	2017년	2018년	2019년	2020년	2021년	2022년	2023년	합계
향기물질	내국인	2	6	3	2	4	4	2	3	2	28
	외국인	13	17	3	2	3	3	7	2	2	52
	소계	15	23	6	4	7	7	9	5	4	80
향기지속기술	내국인	2	8	4	6	8	13	15	23	18	97
	외국인	3	9	2	2	4	14	9	10	13	66
	소계	5	17	6	8	12	27	24	33	31	163
응용제품	내국인	2	8	1	3	21	29	39	32	27	162
	외국인	5	5	2	9	17	18	13	21	30	120
	소계	7	13	3	12	38	47	52	53	57	282
기타	내국인	5	1	0	1	2	0	3	2	2	16
	외국인	1	3	0	1	0	1	3	1	2	12
	소계	6	4	0	2	2	1	6	3	4	28

〈향기지속기술 특허출원 동향〉

구분	방향제코팅기술	분산기술	제조공정	기타	합계
내국인	37	15	10	35	97
외국인	22	14	14	16	66

〈보기〉

ㄱ. 2019년 이후 전체 향기 관련 내국인의 특허출원 건수는 외국인의 특허출원 건수보다 많다.

ㄴ. 향기지속기술 특허출원에서 방향제코팅기술의 특허출원 건수가 전체 향기지속기술 특허출원 건수의 35% 이상을 차지하고 있다.

ㄷ. 2018년 이후 전체 향기 관련 특허출원 건수가 전년 대비 100% 이상 증가한 적이 있다.

ㄹ. 2018년 이후 향기 관련 응용제품의 전년 대비 특허출원 건수의 증가율은 2019년에 가장 높다.

① ㄱ, ㄷ
② ㄴ, ㄹ
③ ㄱ, ㄴ, ㄷ
④ ㄱ, ㄷ, ㄹ
⑤ ㄴ, ㄷ, ㄹ

15 다음은 K국 A ~ E지역의 월별 최대 순간 풍속과 타워크레인 작업 유형별 작업제한 기준 순간 풍속에 대한 자료이다. 이에 근거하여 (가) ~ (다)를 큰 순서대로 바르게 나열한 것은?

〈A ~ E지역의 월별 최대 순간 풍속〉

(단위 : m/s)

월 \ 지역	A	B	C	D	E
1	15.7	12.8	18.4	26.9	23.4
2	14.5	13.5	19.0	25.7	(다)
3	19.5	17.5	21.5	23.5	24.5
4	18.9	16.7	19.8	24.7	26.0
5	13.7	21.0	14.1	22.8	21.5
6	16.5	18.8	17.0	29.0	24.0
7	16.8	22.0	25.0	32.3	31.5
8	15.8	29.6	25.2	33.0	31.6
9	21.5	19.9	(나)	32.7	34.2
10	18.2	16.3	19.5	21.4	28.8
11	12.0	17.3	20.1	22.2	19.2
12	19.4	(가)	20.3	26.0	23.9

〈타워크레인 작업 유형별 작업제한 기준 순간 풍속〉

(단위 : m/s)

타워크레인 작업 유형	설치	운전
작업제한 기준 순간 풍속	15	20

※ 순간 풍속이 타워크레인 작업 유형별 작업제한 기준 이상인 경우, 해당 작업 유형에 대한 작업제한 조치가 시행된다.

〈정보〉

- B지역에서 타워크레인 작업제한 조치가 한 번도 시행되지 않은 '월'은 3개이다.
- 매월 C지역의 최대 순간 풍속은 A지역보다 높고 D지역보다 낮다.
- E지역에서 '설치' 작업제한 조치는 매월 시행되었고 '운전' 작업제한 조치는 2개 '월'을 제외한 모든 '월'에 시행되었다.

① (가) – (나) – (다)
② (가) – (다) – (나)
③ (나) – (가) – (다)
④ (나) – (다) – (가)
⑤ (다) – (가) – (나)

※ 다음은 K기관에서 출제한 1차, 2차 면접 문제의 문항별 점수 및 반영률과 면접에 참여한 지원자 A ~ F의 면접 점수 및 결과를 나타낸 자료이다. 이어지는 질문에 답하시오. **[16~17]**

〈K기관의 면접 문항별 점수 및 반영률〉

차수 \ 구분	평가항목	문항번호	문항점수	기본점수	명목 반영률	실질 반영률
1차	교양	1	20	10	(　)	0.17
		2	30	10	0.25	(　)
	전문성	3	30	20	(　)	(　)
		4	40	20	(　)	(　)
	합계		120	60	1.00	1.00
2차	창의성	1	20	10	0.22	(　)
	도전성	2	20	10	0.22	(　)
	인성	3	50	20	0.56	0.60
	합계		90	40	1.00	1.00

※ (문항의 명목 반영률)= $\frac{\text{(문항점수)}}{\text{(해당차수 문항점수의 합계)}}$

※ (문항의 실질 반영률)= $\frac{\text{(문항점수)}-\text{(기본점수)}}{\text{[해당차수 문항별 (문항점수)}-\text{(기본점수)의 합계]}}$

〈지원자 A ~ F의 면접 점수 및 결과〉

차수	1차					2차				종합점수	결과
평가항목	교양		전문성		합계	창의성	도전성	인성	합계		
지원자 \ 문항번호	1	2	3	4		1	2	3			
A	18	26	30	38	112	20	18	46	84	(　)	(　)
B	20	28	28	38	114	18	20	46	84	93.0	합격
C	18	28	26	38	110	20	20	46	86	(　)	(　)
D	20	28	30	40	118	20	18	44	82	(　)	불합격
E	18	30	30	40	118	18	18	50	86	95.6	(　)
F	18	28	28	40	114	20	20	48	88	(　)	(　)

※ (종합점수)=(1차 합계 점수)×0.3+(2차 합계 점수)×0.7

※ 합격정원까지 종합점수가 높은 지원자부터 순서대로 합격시킨다.

※ 지원자는 A ~ F뿐이다.

16 다음 중 자료를 토대로 결과가 합격인 지원자를 종합점수가 높은 순서대로 바르게 나열한 것은?

① E, F, B

② E, F, B, C

③ F, E, C, B

④ E, F, C, B, A

⑤ F, E, B, C, A

17 다음 〈보기〉 중 자료에 대한 설명으로 옳은 것을 모두 고르면?

〈보기〉

ㄱ. 각 문항에서 명목 반영률이 높을수록 실질 반영률도 높다.
ㄴ. 1차 면접에서 문항별 실질 반영률의 합은 '교양'이 '전문성'보다 크다.
ㄷ. D가 1차 면접 2번 문항에서 1점을 더 받았다면, D의 결과는 합격이다.
ㄹ. 명목 반영률보다 실질 반영률이 더 높은 2차 면접 문항에서 지원자 중 가장 낮은 점수를 받은 지원자는 2차 합계 점수도 가장 낮다.

① ㄱ
② ㄹ
③ ㄱ, ㄹ
④ ㄴ, ㄷ
⑤ ㄷ, ㄹ

18 K공사는 신년을 맞이하여 회사에서 달력을 주문하려고 한다. A업체와 B업체를 고려하고 있다고 할 때, 달력을 적어도 몇 권 이상 주문해야 A업체에서 주문하는 것이 B업체에서 주문하는 것보다 유리해지는가?

〈업체별 달력 가격 정보〉

구분	권당 가격(원)	배송비(원)
A업체	1,650	3,000
B업체	1,800	무료

① 19권
② 20권
③ 21권
④ 22권
⑤ 23권

19 다음은 K부서 전체 직원 성과급에 대한 자료이다. 이때 K부서 전체 직원의 2023년 기본 연봉의 합은?

- 매년 각 직원의 기본 연봉은 변동 없다.
- 성과급은 전체 직원에게 각 직원의 성과등급에 따라 매년 1회 지급한다.
- (성과급)=(기본 연봉)×(지급비율)

〈성과등급별 지급비율 및 인원 수〉

구분 \ 성과등급	S	A	B
지급비율	20%	10%	5%
인원 수	1명	2명	3명

〈K부서 전체 직원 성과급〉

(단위 : 백만 원)

직원 \ 연도	2021년	2022년	2023년
갑	12.0	6.0	3.0
을	5.0	20.0	5.0
병	6.0	3.0	6.0
정	6.0	6.0	12.0
무	4.5	4.5	4.5
기	6.0	6.0	12.0

① 430백만 원
② 460백만 원
③ 490백만 원
④ 520백만 원
⑤ 550백만 원

20 다음은 K국의 청구인과 피청구인에 따른 특허심판 청구건수에 대한 자료이다. 이에 대한 설명으로 옳은 것을 〈보기〉에서 모두 고르면?

〈청구인과 피청구인에 따른 특허심판 청구건수〉

(단위 : 건)

청구인 / 피청구인 / 연도	내국인		외국인	
	내국인	외국인	내국인	외국인
2019년	765	270	204	172
2020년	889	1,970	156	119
2021년	795	359	191	72
2022년	771	401	93	230
2023년	741	213	152	46

〈보기〉

ㄱ. 2021년 청구인이 내국인인 특허심판 청구건수의 전년 대비 감소율은 50% 이상이다.

ㄴ. 2023년 피청구인이 내국인인 특허심판 청구건수는 피청구인이 외국인인 특허심판 청구건수의 3배 이상이다.

ㄷ. 2019년 내국인이 외국인에게 청구한 특허심판 청구건수는 2022년 외국인이 외국인에게 청구한 특허심판 청구건수보다 많다.

① ㄱ
② ㄷ
③ ㄱ, ㄴ
④ ㄴ, ㄷ
⑤ ㄱ, ㄴ, ㄷ

21 다음 글을 근거로 판단할 때, 〈보기〉에서 옳지 않은 것을 모두 고르면?(단, 각 회사는 상시 5명 이상의 근로자를 사용하고 있음을 전제로 한다)

해고 등의 제한(제○○조)
사용자는 근로자에게 정당한 이유 없이 해고, 휴직, 정직, 전직, 감봉, 그 밖의 징벌(懲罰)을 하지 못한다.

경영상 이유에 의한 해고의 제한(제○○조)
① 사용자가 경영상 이유에 의하여 근로자를 해고하려면 긴박한 경영상의 필요가 있어야 한다. 이 경우 경영 악화를 방지하기 위한 사업의 양도・인수・합병은 긴박한 경영상의 필요가 있는 것으로 본다.
② 제1항의 경우에 사용자는 해고를 피하기 위한 노력을 다하여야 하며, 합리적이고 공정한 해고의 기준을 정하고 이에 따라 그 대상자를 선정하여야 한다. 이 경우 남녀의 성을 이유로 차별하여서는 아니 된다.
③ 사용자는 제2항에 따른 해고를 피하기 위한 방법과 해고의 기준 등에 관하여 그 사업 또는 사업장에 근로자의 과반수로 조직된 노동조합이 있는 경우에는 그 노동조합(근로자의 과반수로 조직된 노동조합이 없는 경우에는 근로자의 과반수를 대표하는 자를 말한다)에 해고를 하려는 날의 50일 전까지 통보하고 성실하게 협의하여야 한다.
④ 사용자가 제1항부터 제3항까지의 규정에 따른 요건을 갖추어 근로자를 해고한 경우에는 정당한 이유가 있는 해고를 한 것으로 본다.

해고의 예고(제○○조)
사용자는 근로자를 해고(경영상 이유에 의한 해고를 포함한다)하려면 적어도 30일 전에 예고를 하여야 하고, 30일 전에 예고를 하지 아니하였을 때에는 30일분 이상의 통상임금을 지급하여야 한다. 다만, 천재・사변, 그 밖의 부득이한 사유로 사업을 계속하는 것이 불가능한 경우 또는 근로자가 고의로 사업에 막대한 지장을 초래하거나 재산상 손해를 끼친 경우에는 그러하지 아니하다.

해고사유 등의 서면통지(제○○조)
① 사용자는 근로자를 해고하려면 해고사유와 해고시기를 서면으로 통지하여야 한다.
② 근로자에 대한 해고는 제1항에 따라 서면으로 통지하여야 효력이 있다.

〈보기〉

ㄱ. 부도위기에 직면한 갑회사가 근로자의 과반수로 조직된 노동조합이 있음에도 불구하고, 그 노동조합과 협의하지 않고 전체 근로자의 절반을 정리해고한 경우, 그 해고는 정당한 이유가 있는 해고이다.
ㄴ. 을회사가 무단결근을 이유로 근로자를 해고하면서 그 사실을 구두로 통지한 경우, 그 해고는 효력이 있는 해고이다.
ㄷ. 병회사가 고의는 없었으나 부주의로 사업에 막대한 지장을 초래한 근로자를 예고 없이 즉시 해고한 경우에는, 그 근로자에게 30일분 이상의 통상임금을 지불하지 않아도 된다.
ㄹ. 정회사가 고의로 사업에 막대한 지장을 초래한 근로자를 해고하면서 그 사실을 서면으로 통지하지 않은 경우, 그 해고는 효력이 없다.

① ㄱ, ㄴ
② ㄱ, ㄹ
③ ㄷ, ㄹ
④ ㄱ, ㄴ, ㄷ
⑤ ㄴ, ㄷ, ㄹ

22 다음 글을 근거로 판단할 때, 표의 ㉠~㉣에 들어갈 기호를 바르게 짝지은 것은?

학교환경위생 정화구역(법 제○○조)

시·도의 교육감은 학교환경위생 정화구역(이하 '정화구역'이라 한다)을 절대정화구역과 상대정화구역으로 구분하여 설정하되, 절대정화구역은 학교출입문으로부터 직선거리로 50미터까지인 지역으로 하고, 상대정화구역은 학교경계선으로부터 직선거리로 200미터까지인 지역 중 절대정화구역을 제외한 지역으로 한다.

정화구역에서의 금지시설(법 제△△조)

① 누구든지 정화구역에서는 다음 각 호의 어느 하나에 해당하는 시설을 하여서는 아니 된다.

1. 도축장, 화장장 또는 납골시설
2. 고압가스·천연가스·액화석유가스 제조소 및 저장소
3. 폐기물수집장소
4. 폐기물처리시설, 폐수종말처리시설, 축산폐수배출시설
5. 만화가게(유치원 및 대학교의 정화구역은 제외한다)
6. 노래연습장(유치원 및 대학교의 정화구역은 제외한다)
7. 당구장(유치원 및 대학교의 정화구역은 제외한다)
8. 호텔, 여관, 여인숙

② 제1항에도 불구하고 대통령령으로 정하는 구역에서는 제1항 제2호, 제3호, 제5호부터 제8호까지에 규정된 시설 중 교육감이 학교환경위생정화위원회의 심의를 거쳐 학습과 학교보건위생에 나쁜 영향을 주지 아니한다고 인정하는 시설은 허용될 수 있다.

제한이 완화되는 구역(대통령령 제□□조)

법 제△△조 제2항에서 '대통령령으로 정하는 구역'이란 법 제○○조에 따른 상대정화구역(법 제△△조 제1항 제7호에 따른 당구장 시설을 하는 경우에는 정화구역 전체)을 말한다.

〈시설별 정화구역 정보〉

구역 / 시설	초·중·고등학교		유치원·대학교	
	절대정화구역	상대정화구역	절대정화구역	상대정화구역
폐기물처리시설	×	×	×	×
폐기물수집장소	×	△	×	△
당구장	㉠		㉢	
만화가게		㉡		
호텔				㉣

× : 금지되는 시설
△ : 학교환경위생정화위원회의 심의를 거쳐 허용될 수 있는 시설
○ : 허용되는 시설

	㉠	㉡	㉢	㉣
①	△	○	○	△
②	△	△	○	△
③	×	△	○	△
④	×	△	△	×
⑤	×	×	△	×

23 다음 글을 근거로 판단할 때, 〈보기〉에서 옳은 것을 모두 고르면?

- 갑국의 1일 통관 물량은 1,000건이며, 모조품은 1일 통관 물량 중 1%의 확률로 존재한다.
- 검수율은 전체 통관 물량 중 검수대상을 무작위로 선정해 실제로 조사하는 비율을 뜻하는데, 현재 검수율은 10%로 전문 조사 인력은 매일 10명을 투입한다.
- 검수율을 추가로 10%p 상승시킬 때마다 전문 조사 인력은 1일당 20명이 추가로 필요하다.
- 인건비는 1인당 1일 기준 30만 원이다.
- 모조품 적발 시 부과되는 벌금은 건당 1,000만 원이며, 이 중 인건비를 차감한 나머지를 세관의 '수입'으로 한다.

※ 검수대상에 포함된 모조품은 모두 적발되고, 부과된 벌금은 모두 징수된다.

〈보기〉

ㄱ. 1일 평균 수입은 700만 원이다.
ㄴ. 모든 통관 물량에 대해 전수조사를 한다면 수입보다 인건비가 더 클 것이다.
ㄷ. 검수율이 40%면 1일 평균 수입은 현재의 4배 이상일 것이다.
ㄹ. 검수율을 30%로 하는 방안과 검수율을 10%로 유지한 채 벌금을 2배로 인상하는 방안을 비교하면 벌금을 인상하는 방안의 1일 평균 수입이 더 많을 것이다.

① ㄱ, ㄴ
② ㄴ, ㄷ
③ ㄱ, ㄴ, ㄹ
④ ㄱ, ㄷ, ㄹ
⑤ ㄴ, ㄷ, ㄹ

24 다음 글과 상황을 근거로 판단할 때, 갑 ~ 무 중 휴가지원사업에 참여할 수 있는 사람을 모두 고르면?

〈2024년 휴가지원사업 모집 공고〉

□ 사업 목적
- 직장 내 자유로운 휴가문화 조성 및 국내 여행 활성화

□ 참여 대상
- 중소기업 · 비영리민간단체 · 사회복지법인 · 의료법인 근로자. 단, 아래 근로자는 참여 제외
  - 병 · 의원 소속 의사
  - 회계법인 및 세무법인 소속 회계사 · 세무사 · 노무사
  - 법무법인 소속 변호사 · 변리사
- 대표 및 임원은 참여 대상에서 제외하나, 아래의 경우는 참여 가능
  - 중소기업 및 비영리민간단체의 임원
  - 사회복지법인의 대표 및 임원

〈상황〉

갑 ~ 무의 재직정보는 다음과 같다.

구분	직장명	직장 유형	비고
간호사 갑	A병원	의료법인	근로자
노무사 을	B회계법인	중소기업	근로자
사회복지사 병	C복지센터	사회복지법인	대표
회사원 정	D물산	대기업	근로자
의사 무	E재단	비영리민간단체	임원

① 갑, 병
② 갑, 무
③ 을, 정
④ 갑, 병, 무
⑤ 을, 병, 정

25 다음 글을 읽고 〈보기〉 중 A형 로비와 B형 로비에 해당하는 것을 바르게 연결한 것은?

(가) A형 로비는 로비 주체가 의원이나 기타 의사결정권자들과 직접 접촉하여 자신들의 주장을 정부의 의사결정에 반영시키는 방식을 말한다. 이 유형의 로비활동의 핵심이 되는 것은 정보의 수집과 제공 및 영향력의 행사이다. 정보의 수집은 법안의 초안을 준비하고 있는 초기 단계에 이루어져야 효과적이다. 사전에 정보를 수집한 후에 이를 검토하여 법안이나 정책 관련 정보 및 자료를 의원이나 의원보좌관들에게 제공하고 설득해야 한다.

(나) B형 로비는 우선 로비 주체가 일반대중을 움직여서 의원들에게 유권자로서의 영향력을 행사하게 하는 방법이 있다. 의원들에게 편지를 쓰게 한다든가, 의원 사무실에 전화를 걸게 하는 방법이다. 시위나 데모를 하게 하는 것도 한 방법이다. 또 다른 방법으로는 언론을 통하여 여론을 조성하는 것이다. 신문에 기사화한다든가 유명한 컬럼니스트의 논단을 게재한다든가 신문의 사설로 어떤 법이나 정책이 자신에게 유리한 방향으로 결정되도록 여론을 유도하는 것이다.

〈보기〉

ㄱ. ○○협회는 LNG 저장탱크 인근에 거주하는 주민들에게 보조금 지급을 강제하는 법률제정의 움직임을 막기 위해 관련 전문학회 발표 연구보고서를 해당 상임위원회 소속 위원들에게 배포·설명하였다.

ㄴ. ○○모임은 독성물질과 발암물질 등을 다량 함유하고 있는 담배의 위해로부터 국민을 보호하기 위해 '담배제조 및 매매금지 등에 관한 법률안'을 제정할 것을 신문의 독자의견란에 지속적으로 게재하였다.

ㄷ. 대형마트 규제운동본부는 본부 회의실에서 기자회견을 열고 "전국 240만 중소상인과 400만 종사자들을 살리기 위해서는 대형마트 진입을 규제해야 한다."라고 주장하였다.

ㄹ. ○○노총은 '비정규직법 개정안에 대한 ○○노총 입장'이라는 보도자료를 배포하면서 "기간연장은 비정규직 보호법의 근본 취지에 역행하는 것이며 현행법의 정규직 전환 효과를 무력화하고 비정규직 확산만을 초래하기 때문에 반대한다."라고 주장하였다.

ㅁ. ○○법률 제정에 반대하는 A는 친구를 통해 ○○법률 제정에 찬성하는 의원을 만나서 그 법률의 문제점을 설명하였다.

	A형 로비	B형 로비
①	ㅁ	ㄱ, ㄴ, ㄷ, ㄹ
②	ㄱ, ㄴ	ㄷ, ㄹ, ㅁ
③	ㄱ, ㅁ	ㄴ, ㄷ, ㄹ
④	ㄷ, ㄹ	ㄱ, ㄴ, ㅁ
⑤	ㄷ, ㅁ	ㄱ, ㄴ, ㄹ

26 다음 글을 읽고 추론한 내용으로 적절하지 않은 것은?

> 갑～병은 같은 과목을 수강하고 있다. 이 과목의 성적은 과제 점수와 기말시험 점수를 합산하여 평가한다. 과제에 대한 평가방법은 다음과 같다. 강의에 참여하는 학생은 5명으로 구성된 팀을 이루어 과제를 발표해야 한다. 교수는 과제 발표의 수준에 따라 팀점수를 정한 후, 이 점수를 과제 수행에 대한 기여도에 따라 참여한 학생들에게 나누어준다. 이때 5명의 학생에게 모두 서로 다른 점수를 부여하되, 각 학생 간에는 2.5점의 차이를 둔다. 기말시험의 성적은 60점이 만점이고, 과제 점수는 40점이 만점이다.
> 과제 점수와 기말시험 점수를 합산하여 총점 95점 이상을 받은 학생은 A+등급을 받게 되고, 90점 이상 95점 미만은 A등급을 받는다. 마이너스(−) 등급은 없으며, 매 5점을 기준으로 등급은 한 단계씩 떨어진다. 예컨대 85점 이상 90점 미만은 B+, 80점 이상 85점 미만은 B등급이 되는 것이다.
> 갑～병은 다른 2명의 학생과 함께 팀을 이루어 발표를 했는데, 팀점수로 150점을 받았다. 그리고 기말고사에서 갑은 53점, 을은 50점, 병은 46점을 받았다.

① 갑은 최고 B+에서 최저 C+등급까지의 성적을 받을 수 있다.
② 을은 최고 B에서 최저 C등급까지의 성적을 받을 수 있다.
③ 병은 최고 B에서 최저 C등급까지의 성적을 받을 수 있다.
④ 을의 기여도가 최상위일 경우 갑과 병은 같은 등급의 성적을 받을 수 있다.
⑤ 갑의 기여도가 최상위일 경우 을과 병은 같은 등급의 성적을 받을 수 있다.

27 다음 글을 근거로 판단할 때, 현재 시점에서 두 번째로 많은 양의 일을 한 사람은?

> K부서 과장 갑～무는 오늘 해야 하는 일의 양이 같다. 오늘 업무 개시 후 현재까지 한 일을 비교해 보면 다음과 같다. 갑은 병이 아직 하지 못한 일의 절반에 해당하는 양의 일을 했다. 을은 정이 남겨 놓고 있는 일의 2배에 해당하는 양의 일을 했다. 병은 자신이 현재까지 했던 일의 절반에 해당하는 일을 남겨 놓고 있다. 정은 갑이 남겨 놓고 있는 일과 동일한 양의 일을 했다. 무는 을이 남겨 놓은 일의 절반에 해당하는 양의 일을 했다.

① 갑
② 을
③ 병
④ 정
⑤ 무

28 다음 글을 근거로 판단할 때, 빈칸에 들어갈 수는?

K기업의 과장은 모두 20명이며, 성과등급은 4단계(S, A, B, C)로 구성된다. 다음은 소속 직원들의 대화 내용이다.

갑과장 : 을과장, 축하해! 작년에 비해 올해 성과등급이 비약적으로 올랐던데? 우리 회사에서 성과등급이 세 단계나 변한 과장은 을과장 외에 없잖아.

을과장 : 고마워. 올해는 평가방식을 많이 바꿨다며? 작년이랑 똑같은 성과등급을 받은 과장은 우리 회사에서 한 명밖에 없어.

갑과장 : 그렇구나. 우리 회사에서 작년에 비해 성과등급이 한 단계 변한 과장 수는 두 단계 변한 과장 수의 2배라고 해.

을과장 : 그러면 우리 회사에서 성과등급이 한 단계 변한 과장은 ____명이네.

① 4
② 6
③ 8
④ 10
⑤ 12

29 다음 상황을 근거로 판단할 때, 빈칸 ㉠, ㉡에 들어갈 수를 바르게 짝지은 것은?

〈상황〉

A하드디스크는 표면 10개, 표면당 트랙 20개, 트랙당 섹터 20 ~ 50개로 이루어져 있다. 현재 헤드의 위치는 1번 트랙의 바깥쪽 끝이며 헤드 이동경로에 처음 위치한 섹터는 1번이다. 플래터의 회전속도는 7,200 rpm, 헤드의 이동속도는 5Hz이다. 플래터 1회전에 걸리는 시간은 __㉠__초이고, 헤드가 트랙 하나를 이동하는 데 걸리는 시간은 평균 __㉡__초이다.

	㉠	㉡
①	$\frac{1}{12}$	$\frac{1}{10}$
②	$\frac{1}{12}$	$\frac{1}{100}$
③	$\frac{1}{120}$	$\frac{1}{100}$
④	$\frac{1}{120}$	$\frac{1}{200}$
⑤	$\frac{1}{720}$	$\frac{1}{200}$

30 다음 K기관 특허대리인 보수 지급 기준과 상황을 근거로 판단할 때, 갑과 을이 지급받는 보수의 차이는?

〈K기관 특허대리인 보수 지급 기준〉

- K기관은 특허출원을 특허대리인(이하 '대리인')에게 의뢰하고, 이에 따라 특허출원 건을 수임한 대리인에게 보수를 지급한다.
- 보수는 착수금과 사례금의 합이다.
- 착수금은 대리인이 작성한 출원서의 내용에 따라 착수금 산정 기준의 세부항목을 합산하여 산정한다. 단, 세부항목을 합산한 금액이 140만 원을 초과할 경우 착수금은 140만 원으로 한다.

〈착수금 산정 기준〉

세부항목	금액(원)
기본료	1,200,000
독립항 1개 초과분(1개당)	100,000
종속항(1개당)	35,000
명세서 20면 초과분(1면당)	9,000
도면(1도당)	15,000

※ 독립항 1개 또는 명세서 20면 이하는 해당 항목에 대한 착수금을 산정하지 않는다.

- 사례금은 출원한 특허가 '등록결정'된 경우 착수금과 동일한 금액으로 지급하고, '거절결정'된 경우 0원으로 한다.

〈상황〉

- 특허대리인 갑과 을은 K기관이 의뢰한 특허출원을 각각 1건씩 수임하였다.
- 갑은 독립항 1개, 종속항 2개, 명세서 14면, 도면 3도로 출원서를 작성하여 특허를 출원하였고, '등록결정' 되었다.
- 을은 독립항 5개, 종속항 16개, 명세서 50면, 도면 12도로 출원서를 작성하여 특허를 출원하였고, '거절결정'되었다.

① 2만 원
② 8만 5천 원
③ 123만 원
④ 129만 5천 원
⑤ 259만 원

코레일 한국철도공사 신입사원 필기시험

제15회 고난도 모의고사

모바일 OMR

문항 수 : 30문항
응시시간 : 30분

정답 및 해설 p.75

01 다음 글을 읽고 빈칸 ㉠, ㉡에 들어갈 내용을 바르게 나열한 것은?

> 이동통신이 유선통신에 비하여 어려운 점은 다중 경로에 의해 통신채널이 계속적으로 변화하여 통신 품질이 저하된다는 것이다. 다중 경로는 송신기에서 발생한 신호가 수신기에 어떠한 장애물을 거치지 않고 직접적으로 도달하기도 하고 장애물을 통과하거나 반사하여 간접적으로 도달하기도 하기 때문에 발생한다. 이 다중 경로 때문에 송신기에서 발생한 신호가 안테나에 도달할 때 신호들마다 시간 차이가 발생한다. 이렇게 하나의 송신 신호가 시시각각 수신기에 다르게 도달하기 때문에 이동통신 채널은 일반적으로 유선통신 채널에 비해 빈번히 변화한다. 일반적으로 거쳐 오는 경로가 길수록 수신되는 진폭은 작아지고 지연시간도 길어지게 된다. 다중 경로를 통해 전파가 전송되어 오면 각 경로의 거리 및 전송 특성 등의 차이에 의해 수신기에 도달하는 시간과 신호 세기의 차이가 발생한다.
> 시간에 따라 변화하는 이동통신의 품질을 극복하기 위해 개발된 것이 A기술이다. 이 기술을 사용하면 하나의 송신기로부터 전송된 하나의 신호가 다중 경로를 통해 안테나에 수신된다. 이때 안테나에 수신된 신호들 중 일부 경로를 통해 수신된 신호의 크기가 작더라도 나머지 다른 경로를 통해 수신된 신호의 크기가 크면 수신된 신호들 중 가장 큰 것을 선택하여 안정적인 송수신을 이루려는 것이 A기술이다. A기술은 마치 한 종류의 액체를 여러 배수관에 동시에 흘려보내 가장 빨리 나오는 배수관의 액체를 선택하는 것에 비유할 수 있다. 여기서 액체는 ___㉠___에 해당하고, 배수관은 ___㉡___에 해당한다.

	㉠	㉡
①	송신기	안테나
②	신호	경로
③	신호	안테나
④	안테나	경로
⑤	안테나	신호

02 **다음 글의 밑줄 친 ㉠, ㉡에 대한 평가로 적절한 것을 〈보기〉에서 모두 고르면?**

> 연역과 귀납, 이 두 종류의 방법은 지적 작업에서 사용될 수 있는 모든 추론을 포괄한다. 철학과 과학을 비롯한 모든 지적 작업에 연역적 방법이 필수적이라는 것을 부정하는 사람은 아무도 없다. 귀납적 방법의 경우 사정은 크게 다르다. 귀납적 방법이 철학적 작업에 들어설 여지가 없다고 믿는 사람이 있는가 하면, 한 걸음 더 나아가 어떠한 지적 작업에도 귀납적 방법이 불필요하다고 주장하는 사람들도 있다.
> ㉠ <u>귀납적 방법이 철학이라는 지적 작업에서 불필요하다는 견해</u>는 독단적인 철학관에 근거한다. 이런 견해에 따르면 철학적 주장의 정당성은 선험적인 것으로, 경험적 지식을 확장하기 위해 사용되는 귀납적 방법에 의존할 수 없다. 그러나 이런 견해는 철학적 주장이 경험적 가설에 의존해서는 안 된다는 부당하게 편협한 철학관과 '귀납적 방법'의 모호성을 딛고 서 있다. 실제로 철학사에 나타나는 목적론적 신 존재 증명이나 외부 세계의 존재에 관한 형이상학적 논증 가운데는 귀납적 방법인 유비 논증과 귀추법을 교묘히 적용하고 있는 것도 있다.
> ㉡ <u>모든 지적 작업에서 귀납적 방법의 필요성을 부정하는 견해</u>는 중요한 철학적 성과를 낳기도 하였다. 포퍼의 철학이 그런 사례 가운데 하나이다. 포퍼는 귀납적 방법의 정당화 가능성에 관한 회의적 결론을 받아들이고, 과학의 탐구가 귀납적 방법으로 진행된다는 견해는 근거가 없음을 보인다. 그에 따르면, 과학의 탐구 과정은 연역 논리 법칙에 따라 전개되는 추측과 반박의 작업으로 이루어진다. 이런 포퍼의 이론은 귀납적 방법의 필요성에 대한 전면적인 부정이 낳을 수 있는 흥미로운 결과 가운데 하나라고 할 수 있다.

〈보기〉

ㄱ. 과학의 탐구가 귀납적 방법에 의해 진행된다는 주장은 ㉠을 반박한다.
ㄴ. 철학의 일부 논증에서 귀추법의 사용이 불가피하다는 주장은 ㉡을 반박한다.
ㄷ. 연역 논리와 경험적 가설 모두에 의존하는 지적 작업이 있다는 주장은 ㉠과 ㉡을 모두 반박한다.

① ㄱ
② ㄴ
③ ㄱ, ㄷ
④ ㄴ, ㄷ
⑤ ㄱ, ㄴ, ㄷ

03 다음 글을 읽고 알 수 있는 내용으로 가장 적절한 것은?

우리나라 국기인 태극기에는 태극 문양과 4괘가 그려져 있는데, 중앙에 있는 태극 문양은 만물이 음양 조화로 생장한다는 것을 상징한다. 또 태극 문양의 좌측 하단에 있는 이괘는 불, 우측 상단에 있는 감괘는 물, 좌측 상단에 있는 건괘는 하늘, 우측 하단에 있는 곤괘는 땅을 각각 상징한다. 4괘가 상징하는 바는 그것이 처음 만들어질 때부터 오늘날까지 변함이 없다.

태극 문양을 그린 기는 개항 이전에도 조선 수군이 사용한 깃발 등 여러 개가 있는데, 태극 문양과 4괘만 사용한 기는 개항 후에 처음 나타났다. 1882년 5월 조미수호조규 체결을 위한 전권대신으로 임명된 이응준은 회담 장소에 내걸 국기가 없어 곤란해 하다가 회담 직전 태극 문양을 활용해 기를 만들고 그것을 회담장에 걸어두었다. 그 기에 어떤 문양이 담겼는지는 오랫동안 알려지지 않았다. 그런데 2004년 1월 미국 어느 고서점에서 미국 해군부가 조미수호조규 체결 한 달 후에 만든 『해상 국가들의 깃발들』이라는 책이 발견되었다. 이 책에는 이응준이 그린 것으로 짐작되는 '조선의 기'라는 이름의 기가 실려 있다. 그 기의 중앙에는 태극 문양이 있으며 네 모서리에 괘가 하나씩 있는데, 좌측 상단에 감괘, 우측 상단에 건괘, 좌측 하단에 곤괘, 우측 하단에 이괘가 있다.

조선이 국기를 공식적으로 처음 정한 것은 1883년의 일이다. 1882년 9월에 고종은 박영효를 수신사로 삼아 일본에 보내면서, 그에게 조선을 상징하는 기를 만들어 사용해본 다음 귀국하는 즉시 제출하게 했다. 이에 박영효는 태극 문양이 가운데 있고 4개의 모서리에 각각 하나씩 괘가 있는 기를 만들어 사용한 후 그것을 고종에게 바쳤다. 고종은 이를 조선 국기로 채택하고 통리교섭사무아문으로 하여금 각국 공사관에 배포하게 했다. 이 기는 일본에 의해 강제 병합되기까지 국기로 사용되었는데, 언뜻 보기에 『해상 국가들의 깃발들』에 실린 '조선의 기'와 비슷하다. 하지만 자세히 보면 두 기는 서로 다르다. 조선 국기 좌측 상단에 있는 괘가 '조선의 기'에는 우측 상단에 있고, '조선의 기'의 좌측 상단에 있는 괘는 조선 국기의 우측 상단에 있다. 또 조선 국기의 좌측 하단에 있는 괘는 '조선의 기'의 우측 하단에 있고, '조선의 기'의 좌측 하단에 있는 괘는 조선 국기의 우측 하단에 있다.

① 미국 해군부는 통리교섭사무아문이 각국 공사관에 배포한 국기를 『해상 국가들의 깃발들』에 수록하였다.
② 조미수호조규 체결을 위한 회담 장소에서 사용하고자 이응준이 만든 기는 태극 문양이 담긴 최초의 기다.
③ 통리교섭사무아문이 배포한 기의 우측 상단에 있는 괘와 '조선의 기'의 좌측 하단에 있는 괘가 상징하는 것은 같다.
④ 오늘날 태극기의 우측 하단에 있는 괘와 고종이 조선 국기로 채택한 기의 우측 하단에 있는 괘는 모두 땅을 상징한다.
⑤ 박영효가 그린 기의 좌측 상단에 있는 괘는 물을 상징하고, 이응준이 그린 기의 좌측 상단에 있는 괘는 불을 상징한다.

04 다음 글의 밑줄 친 ㉠～㉤에서 전체 흐름과 맞지 않는 곳을 찾아 수정할 때, 가장 적절한 것은?

> 상업적 농업이란 전통적인 자급자족 형태의 농업과 달리 ㉠ 판매를 위해 경작하는 농업을 일컫는다. 농업이 상업화된다는 것은 산출할 수 있는 최대의 수익을 얻기 위해 경작이 이루어짐을 뜻한다. 이를 위해 쟁기질, 제초작업 등과 같은 생산 과정의 일부를 인간보다 효율이 높은 기계로 작업하게 되고, 농장에서 일하는 노동자도 다른 산업 분야처럼 경영상의 이유에 따라 쉽게 고용되고 해고된다. 이처럼 상업적 농업의 도입은 근대 사회의 상업화를 촉진한 측면이 있다.
> 홉스봄은 18세기 유럽에 상업적 농업이 도입되면서 일어난 몇 가지 변화에 주목했다. 중세 말기 장원의 해체로 인해 지주와 소작인 간의 인간적이었던 관계가 사라진 것처럼, ㉡ 농장주와 농장 노동자의 친밀하고 가까웠던 관계가 상업적 농업의 도입으로 인해 사라졌다. 토지는 삶의 터전이라기보다는 수익의 원천으로 여겨지게 되었고, 농장 노동자는 시세대로 고용되어 임금을 받는 존재로 변화하였다. 결국 대량 판매 시장을 위한 ㉢ 대규모 생산이 점점 더 강조되면서 기계가 인간을 대체하기 시작했다.
> 또한 상업적 농업의 도입은 중요한 사회적 결과를 가져왔다. 점차적으로 ㉣ 중간 계급으로의 수렴현상이 나타난 것이다. 저임금 구조의 고착화로 농장주와 농장 노동자 간의 소득 격차는 갈수록 벌어졌고, 농장 노동자의 처지는 위생과 복지의 양 측면에서 이전보다 더욱 열악해졌다.
> 나아가 상업화로 인해 그동안 호혜성의 원리가 적용되어왔던 대상들의 성격이 변화하였는데, 특히 돈과 관련된 것, 즉 재산권이 그러했다. 수익을 얻기 위한 토지 매매가 본격화되면서 ㉤ 재산권은 공유되기보다는 개별화되었다. 이에 따라 이전에 평등주의 가치관이 우세했던 일부 유럽 국가에서조차 자원의 불평등한 분배와 사회적 양극화가 심화되었다.

① ㉠을 '개인적인 소비를 위해 경작하는 농업'으로 고친다.
② ㉡을 '농장주와 농장 노동자의 이질적이고 사용 관계에 가까웠던 관계'로 고친다.
③ ㉢을 '기술적 전문성이 점점 더 강조되면서 인간이 기계를 대체'로 고친다.
④ ㉣을 '계급의 양극화가 나타난 것이다'로 고친다.
⑤ ㉤을 '재산권은 개별화되기보다는 사회 구성원 내에서 공유되었다'로 고친다.

05 다음 글을 읽고 알 수 있는 것을 〈보기〉에서 모두 고르면?

> 코페르니쿠스 체계에 대한 당대의 부정적 평가는 일반적으로 그 당시 천문학자들이 가지고 있었던 비합리적인 종교적 편견에서 비롯되었다고 이해된다. 그러나 그들이 코페르니쿠스 체계를 거부한 데는 나름 합리적인 이유가 있었다. 그들은 당대 최고의 천문학자였던 티코 브라헤가 코페르니쿠스 체계를 반증했다고 믿었기 때문이다.
> 티코 브라헤는 코페르니쿠스 체계가 옳다면 공전 궤도상 서로 마주 보는 두 지점에서 한 별을 관찰했을 때 서로 다른 각도로 관찰된다는 점에 주목했다. 이처럼 지구가 공전 궤도에서 차지하는 상대적 위치에 따라 달라지는 별의 겉보기 각도 차이를 '연주시차'라고 한다. 티코 브라헤는 이 연주시차가 관찰되는지를 오랜 시간에 걸쳐 꼼꼼하게 조사했는데, 연주시차는 전혀 관찰되지 않았다. 티코 브라헤는 논리적 절차에 따라 코페르니쿠스 체계를 반증했다.
> 그러나 티코 브라헤의 반증은 후일 오류로 판명되었다. 현재 알려진 사실은 가장 가까운 별조차 연주시차가 너무 작아서 당시의 천문학 기술로는 누구도 연주시차를 관측할 수 없었다는 것이다. 이는 별이 태양계로부터 아주 멀리 떨어져 있다는 것을 의미한다. 흥미로운 점은 티코 브라헤가 자신이 관찰한 별이 너무 멀리 떨어져 있어서 당시의 관측 기술로는 연주시차가 관찰되지 않을 가능성을 고려했다는 사실이다. 그러나 티코 브라헤는 이런 가능성을 부정했다. 당시, 천체의 운동을 설명하는 유일한 이론은 아리스토텔레스의 자연학이었다. 그러나 연주시차가 관찰될 수 없을 만큼 별들이 멀리 떨어져 있다는 생각은 아리스토텔레스의 자연학과 양립할 수 없었다. 천체 운동에 대한 설명을 포기할 수 없었던 티코 브라헤는 결국 별이 그토록 멀리 떨어져 있다는 가능성을 부정할 수밖에 없었다.

〈보기〉

ㄱ. 티코 브라헤는 기술적 한계 때문에 연주시차가 관찰되지 않았을 가능성을 당시 천체 운동을 설명하던 이론에 근거하여 부정하였다.
ㄴ. 티코 브라헤는 반증 과정에서 관찰 내용에 대한 최선의 이론적 설명이 아니라 종교적 편견에 따른 비합리적 설명을 선택함으로써 오류에 빠지게 되었다.
ㄷ. 티코 브라헤의 반증은 '코페르니쿠스 체계가 옳다면 연주시차가 관찰된다. 연주시차는 관찰되지 않았다. 따라서 코페르니쿠스 체계는 옳지 않다.'의 절차로 재구성할 수 있다.

① ㄱ
② ㄴ
③ ㄱ, ㄷ
④ ㄴ, ㄷ
⑤ ㄱ, ㄴ, ㄷ

06 다음 글의 내용이 참일 때, 반드시 참인 것은?

> A, B, C, D를 포함해 총 8명이 학회에 참석했다. 이들에 관해서 알려진 정보는 다음과 같다.
> - 아인슈타인 해석, 많은 세계 해석, 코펜하겐 해석, 보른 해석 말고도 다른 해석들이 있고, 학회에 참석한 이들은 적어도 하나의 해석을 받아들인다.
> - 상태 오그라듦 가설을 받아들이는 이들은 모두 5명이고, 나머지는 이 가설을 받아들이지 않는다.
> - 상태 오그라듦 가설을 받아들이는 이들은 코펜하겐 해석이나 보른 해석을 받아들인다.
> - 코펜하겐 해석이나 보른 해석을 받아들이는 이들은 상태 오그라듦 가설을 받아들인다.
> - B는 코펜하겐 해석을 받아들이고, C는 보른 해석을 받아들인다.
> - A와 D는 상태 오그라듦 가설을 받아들인다.
> - 아인슈타인 해석을 받아들이는 이가 있다.

① 적어도 한 명은 많은 세계 해석을 받아들인다.
② 만약 보른 해석을 받아들이는 이가 두 명이면, A와 D가 받아들이는 해석은 다르다.
③ 만약 A와 D가 받아들이는 해석이 다르다면, 적어도 두 명은 코펜하겐 해석을 받아들인다.
④ 만약 오직 한 명만이 많은 세계 해석을 받아들인다면, 아인슈타인 해석을 받아들이는 이는 두 명이다.
⑤ 만약 코펜하겐 해석을 받아들이는 이가 세 명이면, A와 D 가운데 적어도 한 명은 보른 해석을 받아들인다.

07 다음 글의 밑줄 친 결론을 이끌어 내기 위해 추가해야 할 전제는?

> A국은 현실적으로 실행 가능한 대안만을 채택하는 합리적인 국가이다. A국의 외교는 B원칙의 실현을 목표로 하고 있으며 앞으로도 이 목표는 변하지 않는다. 그러나 문제는 B원칙을 실현하는 방안이다. B원칙을 실현하기 위해서는 적어도 하나의 전략이 실행되어야 한다. 최근 외교전문가들 간에 뜨거운 토론의 대상이 되었던 C전략은 B원칙을 실현하기에 충분한 방안으로 평가된다. 그러나 C전략의 실행을 위해서는 과다한 비용이 소요되기 때문에 A국이 C전략을 실행하는 것은 현실적으로 불가능하다. 한편 일부 전문가가 제시했던 D전략은 그 자체로는 B원칙을 실현하기에 충분하지 않다. 하지만 금년부터 A국 외교정책의 기조로서 일관성 있게 실행될 E정책과 더불어 D전략이 실행될 경우, B원칙은 실현될 것이다. 뿐만 아니라 E정책하에서 D전략의 실행 가능성도 충분하다. 그러므로 <u>A국의 외교정책에서 D전략이 채택될 것은 확실하다</u>.

① D전략은 C전략과 목표가 같다.
② A국의 외교정책상 C전략은 B원칙에 부합한다.
③ C전략과 D전략 이외에 B원칙을 실현할 다른 전략은 없다.
④ B원칙의 실현을 위해 C전략과 D전략은 함께 실행될 수 없다.
⑤ B원칙의 실현을 위해 C전략과 E정책은 함께 실행될 수 없다.

08 다음 글에 대한 분석으로 적절한 것을 〈보기〉에서 모두 고르면?

> 어떤 사람이 당신에게 다음과 같이 제안했다고 하자. 당신은 호화 여행을 즐기게 된다. 다만, 먼저 10만 원을 내야 한다. 여기에 하나의 추가 조건이 있다. 그것은 제안자의 말인 다음의 (1)이 참이면 그는 10만 원을 돌려주지 않고 약속대로 호화 여행은 제공하는 반면, (1)이 거짓이면 그는 10만 원을 돌려주고 약속대로 호화 여행도 제공한다는 것이다.
> (1) 나는 당신에게 10만 원을 돌려주거나 ⓐ 당신은 나에게 10억 원을 지불한다.
> 당신은 이 제안을 받아들였고 10만 원을 그에게 주었다.
> 이때 어떤 결과가 따를지 검토해 보자. (1)은 참이거나 거짓일 것이다. (1)이 거짓이라고 가정해 보자. 그러면 추가 조건에 따라 그는 당신에게 10만 원을 돌려준다. 또한 가정상 (1)이 거짓이므로, ㉠ 그는 당신에게 10만 원을 돌려주지 않는다. 결국 (1)이 거짓이라고 가정하면 그는 당신에게 10만 원을 돌려준다는 것과 돌려주지 않는다는 것이 모두 성립한다. 이는 가능하지 않다. 따라서 ㉡ (1)은 참일 수밖에 없다. 그런데 (1)이 참이라면 추가 조건에 따라 그는 당신에게 10만 원을 돌려주지 않는다. 따라서 ⓐ가 반드시 참이어야 한다. 즉, ㉢ 당신은 그에게 10억 원을 지불한다.

〈보기〉

ㄱ. ㉠을 추론하는 데는 'A이거나 B'의 형식을 가진 문장이 거짓이면 A도 B도 모두 반드시 거짓이라는 원리가 사용되었다.
ㄴ. ㉡을 추론하는 데는 어떤 가정하에서 같은 문장의 긍정과 부정이 모두 성립하는 경우 그 가정의 부정은 반드시 참이라는 원리가 사용되었다.
ㄷ. ㉢을 추론하는 데는 'A이거나 B'라는 형식의 참인 문장에서 A가 거짓인 경우 B는 반드시 참이라는 원리가 사용되었다.

① ㄱ
② ㄷ
③ ㄱ, ㄴ
④ ㄴ, ㄷ
⑤ ㄱ, ㄴ, ㄷ

09 다음 글을 읽고 추론할 수 있는 것을 〈보기〉에서 모두 고르면?

> 빌케와 블랙은 얼음이 녹는점에 있다 해도 이를 완전히 물로 녹이려면 상당히 많은 열이 필요함을 발견하였다. 당시 널리 퍼진 속설은 얼음이 녹는점에 이르면 즉시 녹는다는 것이었다. 빌케는 쌓여있는 눈에 뜨거운 물을 끼얹어 녹이는 과정에서 이 속설에 오류가 있음을 알게 되었다. 눈이 녹는점에 있음에도 불구하고 많은 양의 뜨거운 물은 눈을 조금밖에 녹이지 못했기 때문이다.
> 블랙은 1757년에 이 속설의 오류를 설명할 수 있는 실험을 수행하였다. 블랙은 따뜻한 방에 두 개의 플라스크 A와 B를 두었는데, A에는 얼음이, B에는 물이 담겨 있었다. 얼음과 물은 양이 같고 모두 같은 온도, 즉 얼음의 녹는점에 있었다. 시간이 지남에 따라 B에 있는 물의 온도는 계속해서 올라갔다. 하지만 A에서는 얼음이 녹으면서 생긴 물과 녹고 있는 얼음의 온도가 녹는점에서 일정하게 유지되었는데 이 상태는 얼음이 완전히 녹을 때까지 지속되었다. 얼음을 녹이는 데 필요한 열량은 같은 양의 물의 온도를 녹는점에서 화씨 140도까지 올릴 수 있는 정도의 열량과 같았다. 블랙은 이 열이 실제로 온도계에 변화를 주지 않기 때문에 이를 '잠열(潛熱)'이라 불렀다.

〈보기〉

ㄱ. A의 온도계로는 잠열을 직접 측정할 수 없었다.
ㄴ. 얼음이 녹는점에 이르러도 완전히 녹지 않는 것은 잠열 때문이다.
ㄷ. A의 얼음이 완전히 물로 바뀔 때까지 A의 얼음물 온도는 일정하게 유지된다.

① ㄱ
② ㄴ
③ ㄱ, ㄷ
④ ㄴ, ㄷ
⑤ ㄱ, ㄴ, ㄷ

10 다음 글의 핵심 논지로 가장 적절한 것은?

> 폴란은 동물의 가축화를 '노예화 또는 착취'로 바라보는 시각은 잘못이라고 주장한다. 그에 따르면, 가축화는 '종들 사이의 상호주의'의 일환이며 정치적이 아니라 진화론적 현상이다. 그는 "소수의, 특히 운이 좋았던 종들이 다윈식의 시행착오와 적응과정을 거쳐, 인간과의 동맹을 통해 생존과 번성의 길을 발견한 것이 축산의 기원"이라고 말한다. 예컨대 이러한 동맹에 참여한 소, 돼지, 닭은 번성했지만 그 조상뻘 되는 동물들 중에서 계속 야생의 길을 걸었던 것들은 쇠퇴했다는 것이다. 지금 북미 지역에 살아남은 늑대는 1만 마리 남짓인데 개들은 5천만 마리나 된다는 것을 통해 이 점을 다시 확인할 수 있다. 이로부터 폴란은 '그 동물들의 관점에서 인간과의 거래는 엄청난 성공'이었다고 주장한다. 그래서 스티븐 울프는 "인도주의에 근거한 채식주의 옹호론만큼 설득력 없는 논변도 없다. 베이컨을 원하는 인간이 많아지는 것은 돼지에게 좋은 일이다."라고 주장하기도 한다.
>
> 그런데 어떤 생명체가 태어나도록 하는 것이 항상 좋은 일인가? 어떤 돼지가 깨끗한 농장에서 태어나 쾌적하게 살다가 이른 죽음을 맞게 된다면, 그 돼지가 태어나도록 하는 것이 좋은 일인가? 좋은 일이라고 한다면 돼지를 잘 기르는 농장에서 나온 돼지고기를 먹는 것은 그 돼지에게 나쁜 일이 아니라는 말이 된다. 아무도 고기를 먹지 않는다면 그 돼지는 태어날 수 없기 때문이다. 하지만 그 돼지를 먹기 위해서는 먼저 그 돼지를 죽여야 한다. 그렇다면 그 살해는 정당해야 한다. 폴란은 자신의 주장이 갖는 이런 함축에 불편함을 느껴야 한다. 이러한 불편함을 폴란은 해결하지 못할 것이다.

① 종 다양성을 보존하기 위한 목적으로 생명체를 죽이는 일은 지양해야 한다.
② 생명체를 죽이기 위해서 그 생명체를 태어나게 하는 일은 정당화되기 어렵다.
③ 어떤 생명체가 태어나서 쾌적하게 산다면 그 생명체를 태어나게 하는 것은 좋은 일이다.
④ 가축화에 대한 폴란의 진화론적 설명이 기초하는 '종들 사이의 상호주의'는 틀린 정보에 근거한다.
⑤ 어떤 생명체를 태어나게 해서 그 생명체가 속한 종의 생존과 번성에 도움을 준다면 이는 좋은 일이다.

11 다음은 12개 국가의 수자원 현황에 대한 자료이며, A～H는 각각 특정 국가를 나타낸다. 〈조건〉을 근거로 판단할 때, 국가명을 알 수 없는 것은?

〈12개 국가의 수자원 현황〉

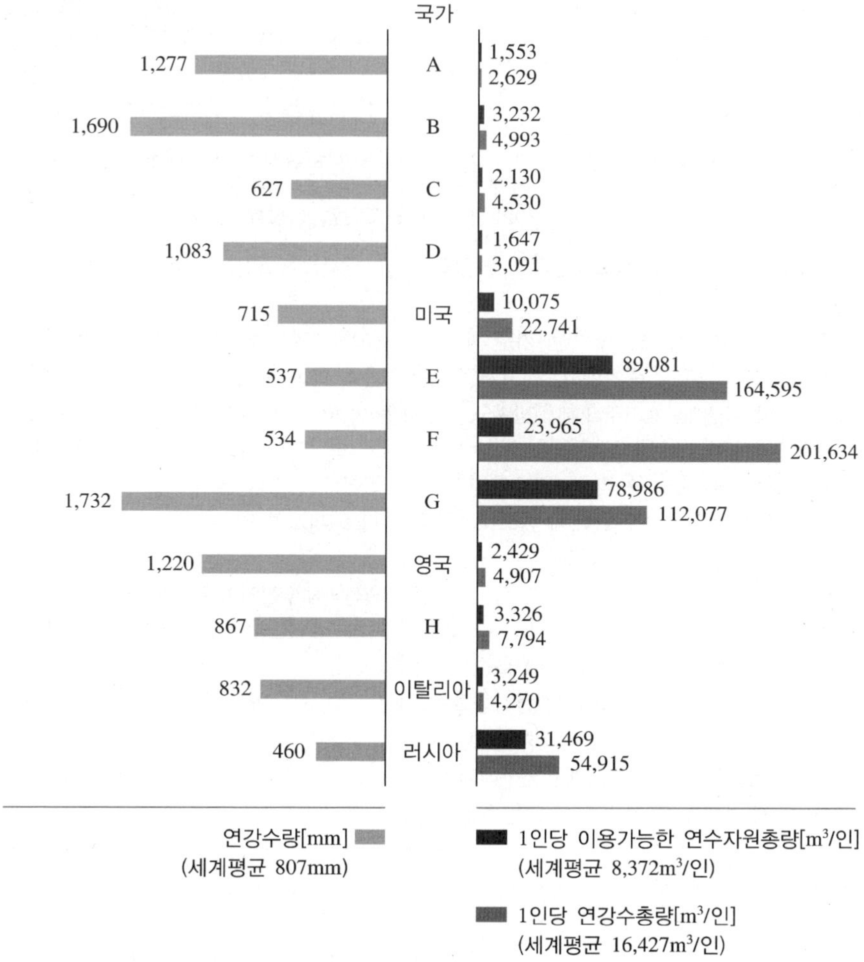

〈조건〉

- 연강수량이 세계평균의 2배 이상인 국가는 일본과 뉴질랜드이다.
- 연강수량이 세계평균보다 많은 국가 중 1인당 이용가능한 연수자원총량이 가장 적은 국가는 대한민국이다.
- 1인당 연강수총량이 세계평균의 5배 이상인 국가를 연강수량이 많은 국가부터 나열하면 뉴질랜드, 캐나다, 호주이다.
- 1인당 이용가능한 연수자원총량이 영국보다 적은 국가 중 1인당 연강수총량이 세계평균의 25% 이상인 국가는 중국이다.
- 1인당 이용가능한 연수자원총량이 6번째로 많은 국가는 프랑스이다.

① B　② C
③ D　④ E
⑤ F

12 다음은 국내 광고산업에 대한 문화체육관광부의 보도자료이다. 이를 뒷받침할 수 있는 자료로 옳지 않은 것은?

문화체육관광부	보도자료		사람이 있는 문화
보도일시	배포 즉시 보도해 주시기 바랍니다.		
배포일시	2024. 1. XX.	담당부서	□□□□국
담당과장	○○○(044-203-○○○○)	담당자	사무관 △△△(044-203-○○○○)

2023년 국내 광고산업 성장세 지속

- 문화체육관광부는 국내 광고사업체의 현황과 동향을 조사한 '2024년 광고산업조사(2023년 기준)' 결과를 발표했다.
- 이번 조사 결과에 따르면 2023년 기준 광고산업 규모는 17조 2,119억 원(광고사업체 취급액* 기준)으로, 전년 대비 4.5% 이상 증가했고, 광고사업체당 취급액 역시 증가했다.

  * 광고사업체 취급액은 광고주가 매체(방송국, 신문사 등)와 매체 외 서비스에 지불하는 비용 전체(수수료 포함)이다.

  – 업종별로 살펴보면 광고대행업이 6조 6,239억 원으로 전체 취급액의 38% 이상을 차지했으나, 취급액의 전년 대비 증가율은 온라인광고대행업이 16% 이상으로 가장 높다.
- 2023년 기준 광고사업체의 매체 광고비* 규모는 11조 362억 원(64.1%), 매체 외 서비스 취급액은 6조 1,757억 원(35.9%)으로 조사됐다.

  * 매체 광고비는 방송매체, 인터넷매체, 옥외광고매체, 인쇄매체 취급액의 합이다.

  – 매체 광고비 중 방송매체 취급액은 4조 266억 원으로 가장 큰 비중을 차지하고 있으며, 그 다음으로 인터넷매체, 옥외광고매체, 인쇄매체 순으로 나타났다.

  – 인터넷매체 취급액은 3조 8,804억 원으로 전년 대비 6% 이상 증가했다. 특히, 모바일 취급액은 전년 대비 20% 이상 증가하여 인터넷 광고시장의 성장세를 이끌었다.

  – 한편, 간접광고(PPL) 취급액은 전년 대비 14% 이상 증가하여 1,270억 원으로 나타났으며, 그중 지상파TV와 케이블TV 간 비중의 격차는 5%p 이하로 조사됐다.

① 광고사업체 취급액 현황(2023년 기준)

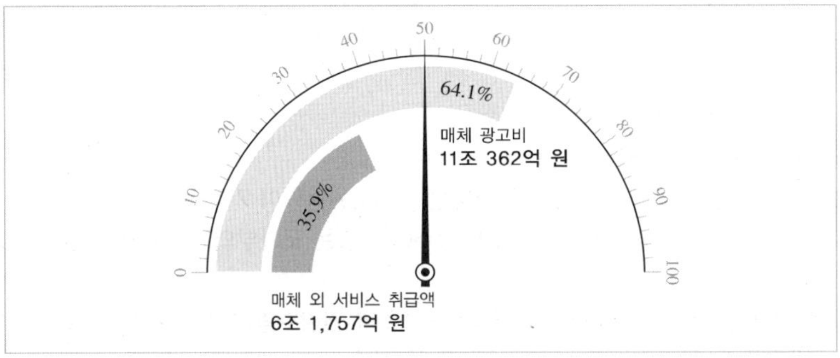

② 인터넷매체(PC, 모바일) 취급액 현황

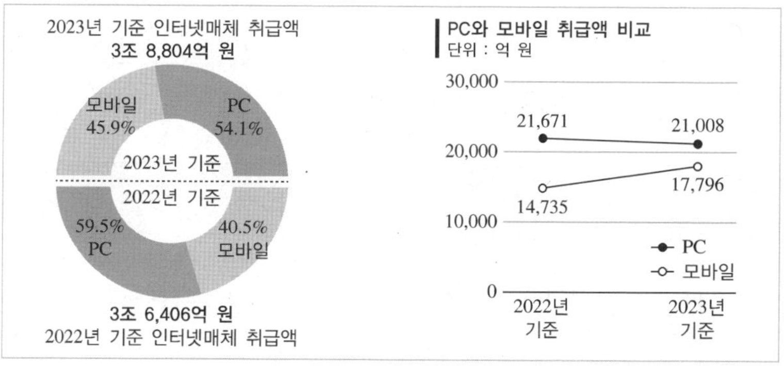

③ 간접광고(PPL) 취급액 현황

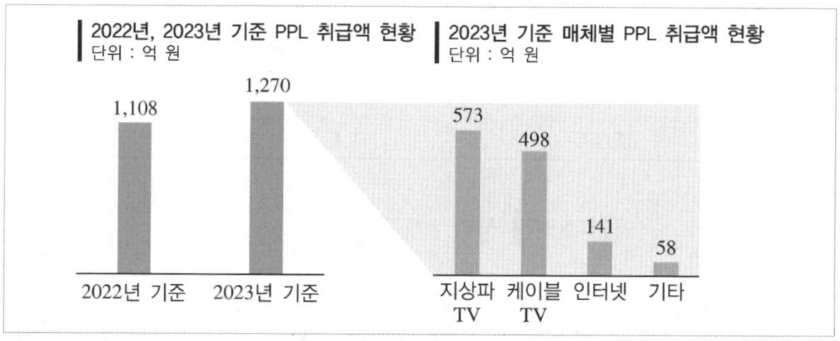

④ 업종별 광고사업체 취급액 현황

(단위 : 개소, 억 원)

구분 / 업종	2022년		2023년	
	사업체 수	취급액	사업체 수	취급액
전체	7,234	164,133	7,256	172,119
광고대행업	1,910	64,050	1,887	66,239
광고제작업	1,374	20,102	1,388	20,434
광고전문서비스업	1,558	31,535	1,553	33,267
인쇄업	921	7,374	921	8,057
온라인광고대행업	780	27,335	900	31,953
옥외광고업	691	13,737	607	12,169

⑤ 매체별 광고사업체 취급액 현황(2023년 기준)

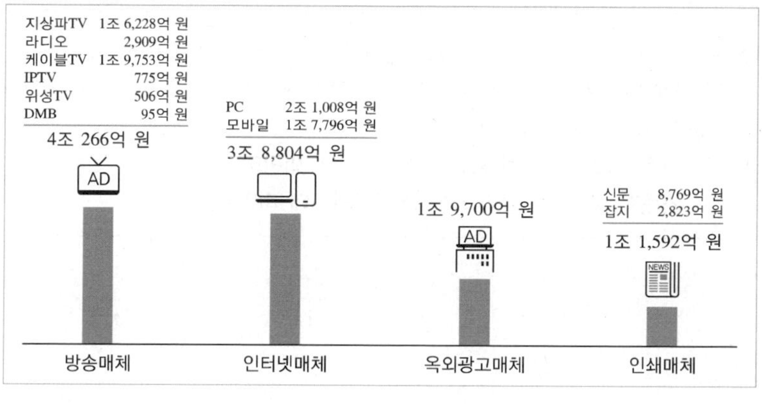

13 다음은 와인 생산량 및 소비량 상위 8개국 현황에 대한 자료이다. 이에 대한 설명으로 옳은 것을 〈보기〉에서 모두 고르면?

〈와인 생산량 상위 8개국 현황〉

(단위 : 천 L, %)

구분 국가	2023년 생산량		2022년 대비 생산량 증가율
		구성비	
이탈리아	4,950	17.4	−8.3
프랑스	4,750	16.7	12.8
스페인	3,720	13.1	−18.0
미국	2,975	10.4	−4.5
아르헨티나	1,340	4.7	−10.7
칠레	1,290	4.5	0.8
호주	1,190	4.2	−3.3
남아프리카공화국	1,120	3.9	22.4
합계	21,335	74.9	−3.8

〈와인 소비량 상위 8개국 현황〉

(단위 : 천 L, %)

구분 국가	2023년 소비량		2022년 소비량 대비 증가율
		구성비	
미국	3,320	13.3	6.5
프랑스	2,720	10.9	−3.5
이탈리아	2,050	8.2	−5.9
독일	2,050	8.2	1.0
중국	1,600	6.4	−8.4
영국	1,290	5.2	1.6
아르헨티나	1,030	4.1	−0.4
스페인	1,000	4.0	2.0
합계	15,060	60.2	−0.8

※ 구성비는 세계 와인 생산(소비)량에서 각 국가 생산(소비)량이 차지하는 비율이다.

※ 구성비와 증가율은 소수점 둘째 자리에서 반올림한 값이다.

〈보기〉

ㄱ. 2023년 와인 생산량 상위 8개국 중 와인 소비량이 생산량보다 많은 국가는 1개이다.

ㄴ. 2022년 대비 2023년 전체 와인 생산량이 같다면 2023년 와인 생산량 상위 8개 국가를 제외한 나머지 국가의 와인 생산량 증가율은 10% 이상이다.

ㄷ. 2023년 중국 와인 소비량은 같은 해 세계 와인 생산량의 6% 미만이다.

ㄹ. 2022년 스페인 와인 생산량은 같은 해 영국 와인 소비량의 3배 미만이다.

① ㄱ, ㄷ

② ㄴ, ㄹ

③ ㄷ, ㄹ

④ ㄱ, ㄴ, ㄷ

⑤ ㄱ, ㄴ, ㄹ

14 다음은 K국의 농업 생산액 현황 및 변화율 전망치에 대한 자료이다. 이에 대한 설명으로 옳은 것을 〈보기〉에서 모두 고르면?

〈농업 생산액 현황 및 변화율 전망치〉

(단위 : 십억 원, %)

구분	2023년 생산액	전년 대비 생산액 변화율 전망치		
		2024년	2025년	2026년
농업	50,052	0.77	0.02	1.38
재배업	30,270	1.50	−0.42	0.60
축산업	19,782	−0.34	0.70	2.57
소	5,668	3.11	0.53	3.51
돼지	7,119	−3.91	0.20	1.79
닭	2,259	1.20	−2.10	2.82
달걀	1,278	5.48	3.78	3.93
우유	2,131	0.52	1.12	0.88
오리	1,327	−5.58	5.27	3.34

※ 축산업은 소, 돼지, 닭, 달걀, 우유, 오리의 6개 세부항목으로만 구성된다.

〈보기〉

ㄱ. 2024년 오리 생산액 전망치는 1.2조 원 이상이다.
ㄴ. 2024년 돼지 생산액 전망치는 같은 해 농업 생산액 전망치의 15% 이상이다.
ㄷ. 축산업 중 전년 대비 생산액 변화율 전망치가 2025년보다 2026년이 낮은 세부항목은 2개이다.
ㄹ. 2023년 생산액 대비 2025년 생산액 전망치의 증감폭은 재배업이 축산업보다 크다.

① ㄱ, ㄴ
② ㄱ, ㄷ
③ ㄴ, ㄹ
④ ㄱ, ㄷ, ㄹ
⑤ ㄴ, ㄷ, ㄹ

15 다음은 아동수당에 대한 매뉴얼과 신청 방법에 대한 상담의 일부이다. 제시된 상담에서 고객의 문의에 대한 처리로 적절한 것을 모두 고르면?

〈아동수당〉

- 아동수당은 만 6세 미만 아동의 보호자에게 월 10만 원의 수당을 지급하는 제도이다.
- 아동수당은 보육료나 양육수당과는 별개의 제도로서 다른 복지급여를 받고 있어도 수급이 가능하지만, 반드시 신청을 해야 혜택을 받을 수 있다.
- 6월 20일부터 사전 신청 접수가 시작되고, 9월 21일부터 수당이 지급된다.
- 아동수당 수급대상 아동을 보호하고 있는 보호자나 대리인은 20일부터 아동 주소지 읍・면・동 주민센터에서 방문 신청 또는 복지로 홈페이지 및 모바일 앱에서 신청할 수 있다.
- 아동수당 제도 첫 도입에 따라 초기에 아동수당 신청이 한꺼번에 몰릴 것으로 예상되어 연령별 신청기간을 운영한다(연령별 신청기간은 만 0～1세는 20～25일, 만 2～3세는 26～30일, 만 4～5세는 7월 1～5일, 전 연령은 7월 6일부터이다).
- 아동수당은 신청한 달의 급여분(사전신청은 제외)부터 지급한다. 따라서 9월분 아동수당을 받기 위해서는 9월 말까지 아동수당을 신청해야 한다(단, 소급 적용은 되지 않는다).
- 아동수당 관련 신청서 작성요령이나 수급 가능성 등 자세한 내용은 아동수당 홈페이지에서 확인 가능하다.

고객 : 저희 아이가 만 5세인데요. 아동수당을 지급받을 수 있나요?
상담원 : (가) 네, 만 6세 미만의 아동이면 9월 21일부터 10만 원의 수당을 지급받을 수 있습니다.
고객 : 제가 보육료를 지원받고 있는데, 아동수당도 받을 수 있는 건가요?
상담원 : (나) 아동수당은 보육료와는 별개의 제도로 신청만 하면 수당을 받을 수 있습니다.
고객 : 그럼 아동수당을 신청하려면 어떻게 해야 하나요?
상담원 : (다) 아동 주소지의 주민센터를 방문하거나 복지로 홈페이지 또는 모바일 앱에서 신청하시면 됩니다.
고객 : 따로 정해진 신청기간은 없나요?
상담원 : (라) 6월 20일부터 사전 신청 접수가 시작되고, 9월 말까지 아동수당을 신청하면 되지만 소급 적용이 되지 않습니다. 10월에 신청하시면 9월 아동수당은 지급받을 수 없으므로 9월 말까지 신청해 주시면 될 것 같습니다.
고객 : 네, 감사합니다.
상담원 : (마) 아동수당 관련 신청서 작성요령이나 수급 가능성 등의 자세한 내용은 메일로 문의해 주세요.

① (가), (나)　　② (가), (다)
③ (가), (나), (다)　　④ (나), (다), (라)
⑤ (나), (다), (마)

16 다음은 최근 이사한 100가구의 이사 전후 주택규모에 대한 자료이다. 〈보기〉 중 옳은 것을 모두 고르면?

〈이사 전후 주택규모 조사 결과〉

(단위 : 가구)

이사 후 \ 이사 전	소형	중형	대형	합계
소형	15	10	(　)	30
중형	(　)	30	10	(　)
대형	5	10	15	(　)
합계	(　)	(　)	(　)	100

※ 주택규모는 '소형', '중형', '대형'으로만 구분하며, 동일한 주택규모는 크기도 같다.

〈보기〉

ㄱ. 주택규모가 이사 전 소형에서 이사 후 중형으로 달라진 가구는 없다.
ㄴ. 이사 전후 주택규모가 달라진 가구 수는 전체 가구 수의 50% 이하이다.
ㄷ. 주택규모가 대형인 가구 수는 이사 전이 이사 후보다 적다.
ㄹ. 이사 후 주택규모가 커진 가구 수는 이사 후 주택규모가 작아진 가구 수보다 많다.

① ㄱ, ㄴ
② ㄱ, ㄷ
③ ㄴ, ㄹ
④ ㄷ, ㄹ
⑤ ㄱ, ㄴ, ㄷ

17 K영화관의 영화 티켓 가격은 성인 티켓이 12,000원이고, 청소년 티켓은 성인 티켓의 0.7배이다. 9명이 K영화관에서 단체 관람을 하는데 90,000원을 지불하였다면, 청소년은 모두 몇 명인가?

① 3명
② 4명
③ 5명
④ 6명
⑤ 7명

18 다음은 선박종류별 기름 유출사고 발생 현황 자료이다. 이에 대한 설명으로 옳은 것은?

〈선박종류별 기름 유출사고 발생 현황〉

(단위 : 건, kℓ)

연도	항목 \ 선박종류	유조선	화물선	어선	기타	전체
2019년	사고 건수	37	53	151	96	337
	유출량	956	584	53	127	1,720
2020년	사고 건수	28	68	247	120	463
	유출량	21	49	166	151	387
2021년	사고 건수	27	61	272	123	483
	유출량	3	187	181	212	583
2022년	사고 건수	32	33	218	102	385
	유출량	38	23	105	244	410
2023년	사고 건수	39	39	149	116	343
	유출량	1,223	66	30	143	1,462

① 2019년부터 2023년 사이의 전체 기름 유출사고 건수와 전체 유출량은 비례한다.
② 연도별 전체 사고 건수에 대한 유조선 사고 건수 비율은 매년 감소하고 있다.
③ 각 연도에서 사고 건수에 대한 유출량 비율이 가장 낮은 선박종류는 어선이다.
④ 연도별로 유출량을 가장 많이 줄이는 방법은 화물선 사고 건수를 줄이는 것이다.
⑤ 전체 유출량이 가장 적은 연도에서 기타를 제외하고 사고 건수에 대한 유출량 비율이 가장 낮은 선박종류는 어선이다.

19 다음은 갑국의 대학유형별 현황에 대한 자료이다. 이에 대한 설명으로 옳은 것을 〈보기〉에서 모두 고르면?

〈대학유형별 현황〉

(단위 : 개, 명)

구분 \ 유형	국립대학	공립대학	사립대학	전체
학교	34	1	154	189
학과	2,776	40	8,353	11,169
교원	15,299	354	49,770	65,423
여성	2,131	43	12,266	14,440
직원	8,987	205	17,459	26,651
여성	3,254	115	5,259	8,628
입학생	78,888	1,923	274,961	355,772
재적생	471,465	13,331	1,628,497	2,113,293
졸업생	66,890	1,941	253,582	322,413

〈보기〉

ㄱ. 학과당 교원 수는 공립대학이 사립대학보다 많다.
ㄴ. 전체 대학 입학생 수에서 국립대학 입학생 수가 차지하는 비율은 20% 이상이다.
ㄷ. 입학생 수 대비 졸업생 수의 비율은 공립대학이 국립대학보다 높다.
ㄹ. 각 대학유형에서 남성 직원 수가 여성 직원 수보다 많다.

① ㄱ, ㄷ
② ㄱ, ㄹ
③ ㄴ, ㄹ
④ ㄱ, ㄴ, ㄷ
⑤ ㄴ, ㄷ, ㄹ

20 다음은 2024년 1월 K지역의 15세 이상 인구를 대상으로 한 경제활동인구조사 결과를 정리한 자료이다. 이때 A, B에 해당하는 값을 바르게 나열한 것은?

〈2024년 1월 경제활동인구조사 결과〉

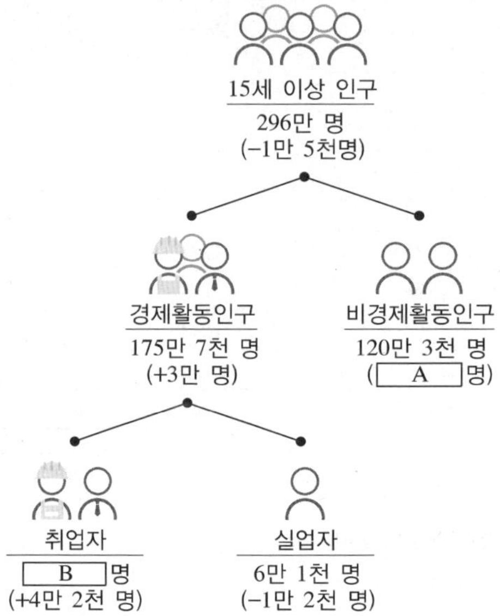

※ ( )는 2023년 1월 대비 증감 인구수이다.

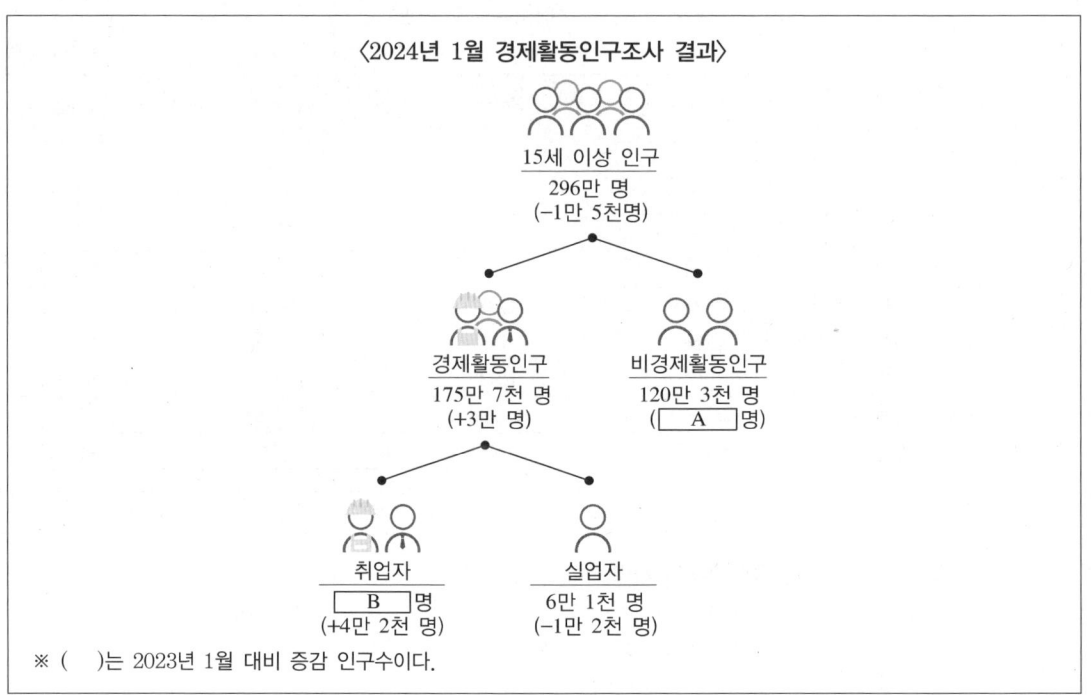

	A	B
①	−4만 5천	169만 6천
②	−4만 5천	165만 4천
③	−1만 2천	172만 7천
④	−1만 2천	169만 6천
⑤	+4만 2천	172만 7천

21 다음은 K사 플라스틱 제품의 제조공정도이다. 1,000kg의 재료가 '혼합' 공정에 투입되는 경우, '폐기처리' 공정에 전달되어 투입되는 재료의 총량은 몇 kg인가?

〈K사 플라스틱 제품의 제조공정도〉

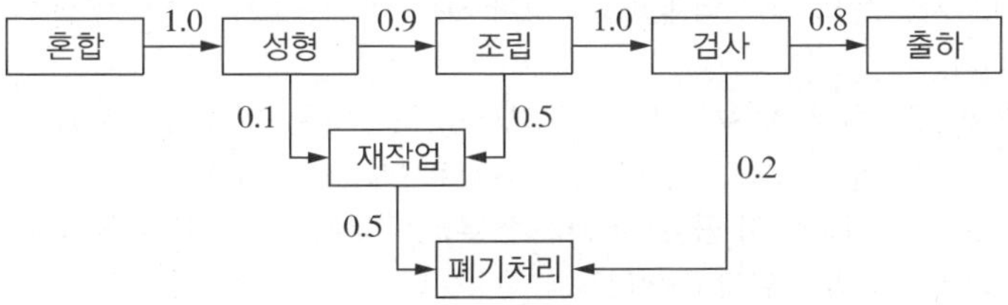

※ 제조공정도 내 수치는 직진율 $\left[= \frac{\text{(다음 공정에 전달되는 재료의 양)}}{\text{(해당 공정에 투입되는 재료의 양)}} \right]$을 의미한다. 예를 들어 [가] —0.2→ [나]는 해당 공정 '가'에 100kg의 재료가 투입되면 이 중 20kg(=100kg×0.2)의 재료가 다음 공정 '나'에 전달되어 투입됨을 의미한다.

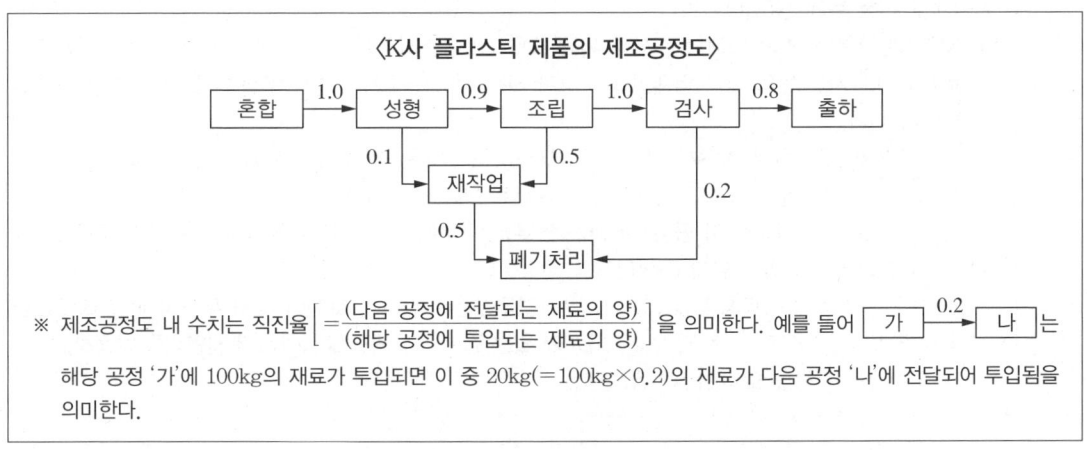

① 50
② 190
③ 230
④ 240
⑤ 280

22 다음 글을 근거로 판단할 때, 갑이 예약할 펜션과 워크숍 비용을 바르게 짝지은 것은?

갑은 팀 워크숍을 추진하기 위해 펜션을 예약하려 한다. 팀원은 총 8명으로 한 대의 렌터카로 모두 같이 이동하여 워크숍에 참석한다. 워크숍 기간은 1박 2일이며, 갑은 워크숍 비용을 최소화하고자 한다.

• 워크숍 비용은 다음과 같다.
(워크숍 비용)=(왕복 교통비)×(숙박요금)
• 교통비는 렌터카 비용을 의미하며, 렌터카 비용은 거리 10km당 1,500원이다.
• 갑은 다음 펜션 중 한 곳을 1박 예약한다.

구분	A펜션	B펜션	C펜션
펜션까지 거리(km)	100	150	200
1박당 숙박요금(원)	100,000	150,000	120,000
숙박기준인원(인)	4	6	8

• 숙박인원이 숙박기준인원을 초과할 경우, A～C펜션 모두 초과 인원 1인당 1박 기준 10,000원씩 요금이 추가된다.

	예약할 펜션	워크숍 비용
①	A	155,000원
②	A	170,000원
③	B	215,000원
④	C	150,000원
⑤	C	180,000원

23 다음 글과 상황을 근거로 판단할 때 옳은 것은?

> **지역개발 신청 동의 등(제○○조)**
> ① 지역개발 신청을 하기 위해서는 지역개발을 하고자 하는 지역의 총 토지면적의 3분의 2 이상에 해당하는 토지의 소유자의 동의 및 지역개발을 하고자 하는 지역의 토지의 소유자 총수의 2분의 1 이상의 동의를 받아야 한다.
> ② 지역개발 신청을 하기 위해서 필요한 동의자의 수는 다음 각 호의 기준에 따라 산정한다.
> 1. 토지는 지적도상 1필의 토지를 1개의 토지로 한다.
> 2. 1개의 토지를 여러 명이 공동소유하는 경우에는 다른 공동소유자들을 대표하는 대표 공동소유자 1인만을 해당 토지의 소유자로 본다.
> 3. 1인이 여러 개의 토지를 소유하고 있는 경우에는 소유하는 토지의 수와 무관하게 1인으로 본다.
> 4. 지역개발을 하고자 하는 지역에 국유지가 있는 경우 국유지도 포함하여 토지면적을 산정하고, 그 토지의 재산관리청을 토지 소유자로 본다.

〈상황〉

- K지역은 100개의 토지로 이루어져 있고, 토지면적 합계가 총 $6km^2$이다.
- 동의자 수 산정 기준에 따라 산정된 K지역 토지의 소유자는 모두 82인(이하 "동의대상자"라 한다)이고, 이 중에는 국유지 재산관리청 2인이 포함되어 있다.
- 갑은 K지역에 토지 2개를 소유하고 있고, 해당 토지면적 합계는 K지역 총 토지면적의 4분의 1이다.
- 을은 K지역에 토지 10개를 소유하고 있고, 해당 토지면적 합계는 총 $2km^2$이다.
- 병, 정, 무, 기는 K지역에 토지 1개를 공동소유하고 있고, 해당 토지면적은 $1km^2$이다.

① 을이 동의대상자 31인의 동의를 얻으면 지역개발 신청을 위한 K지역 토지의 소유자 총수의 2분의 1 이상의 동의 조건은 갖추게 된다.

② K지역에 대한 지역개발 신청에 갑~기 모두 동의한 경우, 나머지 동의대상자 중 38인의 동의를 얻으면 신청할 수 있다.

③ K지역에 토지 2개 이상을 소유하는 자는 갑, 을뿐이다.

④ K지역의 1필의 토지면적은 $0.06km^2$로 모두 동일하다.

⑤ K지역 안에 있는 국유지의 면적은 $1.5km^2$이다.

24 다음 글을 근거로 판단할 때 옳은 것은?

> **제○○조**
> 재해경감 우수기업(이하 '우수기업'이라 한다)이란 재난으로부터 피해를 최소화하기 위한 재해경감활동으로 우수기업 인증을 받은 기업을 말한다.
>
> **제○○조**
> ① 우수기업으로 인증받고자 하는 기업은 K부 장관에게 신청하여야 한다.
> ② K부 장관은 제1항에 따라 신청한 기업의 재해경감활동에 대하여 다음 각 호의 기준에 따라 평가를 실시하고 우수기업으로 인증할 수 있다.
> 1. 재난관리 전담조직을 갖출 것
> 2. 매년 1회 이상 종사자에게 재난관리 교육을 실시할 것
> 3. 재해경감활동 비용으로 총 예산의 5% 이상 할애할 것
> 4. 방재관련 인력을 총 인원의 2% 이상 갖출 것
>
> ③ 제2항 각 호의 충족 여부는 매년 1월 말을 기준으로 평가하며, 모든 요건을 갖춘 경우 우수기업으로 인증한다. 다만, 제3호의 경우 최초 평가에 한하여 해당 기준을 3개월 내에 충족할 것을 조건으로 인증할 수 있다.
> ④ 제3항에서 정하는 평가 및 인증에 소요되는 비용은 신청하는 자가 부담한다.
>
> **제○○조**
> K부 장관은 인증받은 우수기업을 6개월마다 재평가하여 다음 각 호의 어느 하나에 해당하는 때에는 인증을 취소할 수 있다. 다만, 제1호의 경우에는 인증을 취소하여야 한다.
> 1. 거짓이나 그 밖의 부정한 방법으로 인증을 받은 경우
> 2. 인증 평가기준에 미달되는 경우
> 3. 양도・양수・합병 등에 의하여 인증받은 요건이 변경된 경우

① 처음 우수기업 인증을 받고자 하는 갑기업이 총 예산의 4%를 재해경감활동 비용으로 할애하였다면, 다른 모든 기준을 충족하였더라도 우수기업으로 인증받을 여지가 없다.

② K부 장관이 을기업을 평가하여 2024. 2. 25. 우수기업으로 인증한 경우, K부 장관은 2024. 6. 25.까지 재평가를 해야 한다.

③ 병기업이 우수기업 인증을 신청하는 경우, 인증에 소요되는 비용은 K부 장관이 부담한다.

④ 정기업이 재난관리 전담조직을 갖춘 것처럼 거짓으로 신청서를 작성하여 우수기업으로 인증을 받은 경우라도, K부 장관은 인증을 취소하지 않을 수 있다.

⑤ 우수기업인 무기업이 기기업을 흡수합병하면서 재평가 당시 일시적으로 방재관련 인력이 총 인원의 1.5%가 되었더라도, K부 장관은 무기업의 인증을 취소하지 않을 수 있다.

※ 다음 글을 읽고 이어지는 질문에 답하시오. [25~26]

'탄소중립'이란 인간 활동을 통한 온실가스 배출을 최대한 줄이고, 남은 온실가스는 산림 흡수 및 제거활동을 통해 실질적인 배출량을 0으로 만드는 것을 의미한다. 즉, 배출되는 탄소량과 흡수·제거되는 탄소량을 동일하게 만든다는 개념으로, 이에 탄소중립을 '넷제로(Net – Zero)'라 부르기도 한다. 탄소중립에 동참하기로 한 K은행은 업무를 수행하면서 발생하는 이산화탄소 배출량을 줄이기 위해 2가지 사항에 주목하였다. 첫 번째는 항공 출장이고, 두 번째는 컴퓨터의 전력 낭비이다.
한 사람이 비행기로 출장 시 발생하는 이산화탄소 평균 배출량은 400kg으로, 이는 같은 거리를 4명이 자동차 한 대로 출장 시 발생하는 이산화탄소 평균 배출량의 2배에 해당한다. 항공 출장으로 인하여 현재 K은행이 배출하는 연간 이산화탄소의 양은 K은행의 연간 전체 이산화탄소 배출량의 1/5에 달하는 수준이다.
항공 출장을 줄이기 위해서 K은행은 화상회의시스템을 도입하기로 하였다. 화상회의시스템을 활용할 경우에 한 사람의 이산화탄소 평균 배출량은 항공 출장의 1/10 수준에 불과하다. K은행에서는 매년 연인원 1,000명이 항공 출장을 가고 있는데, 항공 출장인원의 30%에게 항공 출장 대신 화상회의시스템을 활용하도록 할 계획이다.
한편 은행과 같이 정보 처리가 업무의 핵심인 업계에서는 컴퓨터 시스템의 전력 소비가 전체 전력 소비의 큰 비중을 차지한다. K은행은 컴퓨터의 전력 낭비 요소를 파악하기 위하여 컴퓨터 전력 사용 현황을 조사하였다. 그 결과 컴퓨터의 전력 소비량이 밤 시간대에 놀라울 정도로 많다는 것을 발견하게 되었다. 이는 직원들이 자신의 컴퓨터를 끄지 않고 퇴근하여 많은 컴퓨터가 밤에 계속 켜져 있었기 때문이다.
이에 K은행은 전력차단프로젝트를 수행하기로 하였다. 22,000대의 컴퓨터에 전력관리 소프트웨어를 설치하여, 컴퓨터가 일정시간 사용되지 않으면 언제라도 컴퓨터와 모니터의 전원이 자동으로 꺼지도록 하는 것이다. 이 프로젝트를 통하여 K은행은 연간 35만 kWh의 전력 소비를 절감할 수 있을 것으로 예상되며, 이는 652톤의 이산화탄소 배출에 해당하는 양이다.

25 다음 중 윗글을 근거로 판단할 때, 〈보기〉에서 적절한 것을 모두 고르면?

〈보기〉

ㄱ. K은행이 전력차단프로젝트를 시행하더라도 주간에 전력 절감은 없을 것이다.
ㄴ. K은행의 전력차단프로젝트로 절감되는 컴퓨터 1대당 전력량은 연간 15kWh 이상이다.
ㄷ. K은행이 화상회의시스템과 전력차단프로젝트를 도입하면 넷제로가 실현된다.
ㄹ. 1인당 이산화탄소 평균 배출량은 4명이 자동차 한 대로 출장을 가는 경우가 같은 거리를 1명이 비행기로 출장을 가는 경우의 1/8에 해당한다.

① ㄱ, ㄴ
② ㄱ, ㄷ
③ ㄴ, ㄹ
④ ㄱ, ㄷ, ㄹ
⑤ ㄴ, ㄷ, ㄹ

26 다음 중 윗글을 근거로 판단할 때, 빈칸에 들어갈 수는?

> K은행은 화상회의시스템과 전력차단프로젝트의 도입효과를 검토해 보았다. 검토 결과 둘을 도입하면, K은행 이산화탄소 배출량은 도입 전에 비해 연간 ______% 감소할 것으로 예상되었다.

① 30　　② 32
③ 34　　④ 36
⑤ 38

27 다음 글과 대화를 근거로 판단할 때, 병이 받을 수 있는 성과점수의 최댓값은?

> • K과는 과장 1명과 대리 4명(갑 ~ 정)으로 구성되어 있으며, 대리의 직급은 갑이 가장 높고, 을, 병, 정 순으로 낮아진다.
> • K과는 프로젝트를 성공적으로 마친 보상으로 성과점수 30점을 부여받았다. 과장은 K과에 부여된 30점을 자신을 제외한 대리들에게 분배할 계획을 세우고 있다.
> • 과장은 대리들의 요구를 모두 반영하여 성과점수를 분배하려 한다.
> • 대리들이 받는 성과점수는 모두 다른 자연수이다.

> 〈대화〉
>
> 갑 : 과장님이 주시는 대로 받아야죠. 아! 그렇지만 정보다는 제가 높아야 합니다.
> 을 : 이번 프로젝트 성공에는 제가 가장 큰 기여를 했으니, 제가 가장 높은 성과점수를 받아야 합니다.
> 병 : 기여도를 고려했을 때, 제 경우에는 상급자보다는 낮게 받고 하급자보다는 높게 받아야 합니다.
> 정 : 저는 내년 승진에 필요한 최소 성과점수인 4점만 받겠습니다.

① 6　　② 7
③ 8　　④ 9
⑤ 10

28 다음 글을 근거로 판단할 때, K연구소 신입직원 A～G의 부서배치에 대한 설명으로 옳지 않은 것은?

K연구소에서는 신입직원 7명을 선발하였으며, 신입직원들을 각 부서에 배치하고자 한다. 각 부서에서 요구한 인원은 다음과 같다.

정책팀	재정팀	국제팀
2명	4명	1명

신입직원들은 각자 원하는 부서를 2지망까지 지원하며, 1, 2지망을 고려하여 이들을 부서에 배치한다. 먼저 1지망 지원부서에 배치하는데, 요구인원보다 지원인원이 많은 경우에는 입사성적이 높은 신입직원을 우선적으로 배치한다. 1지망 지원부서에 배치되지 못한 신입직원은 2지망 지원부서에 배치되는데, 이때 역시 1지망에 따른 배치 후 남은 요구인원보다 지원인원이 많은 경우 입사성적이 높은 신입직원을 우선적으로 배치한다. 1, 2지망 지원부서 모두에 배치되지 못한 신입직원은 요구인원을 채우지 못한 부서에 배치된다.

신입직원 7명의 입사성적 및 1, 2지망 지원부서는 다음과 같다. A의 입사성적만 전산에 아직 입력되지 않았는데, 82점 이상이라는 것만 확인되었다. 단, 입사성적의 동점자는 없다.

신입직원	A	B	C	D	E	F	G
입사 성적	?	81	84	78	96	80	93
1지망	국제	국제	재정	국제	재정	정책	국제
2지망	정책	재정	정책	정책	국제	재정	정책

① A의 입사성적이 90점이라면, A는 정책팀에 배치된다.
② A의 입사성적이 95점이라면, A는 국제팀에 배치된다.
③ B는 재정팀에 배치된다.
④ C는 재정팀에 배치된다.
⑤ D는 정책팀에 배치된다.

29 다음 〈조건〉과 대화를 근거로 판단할 때, 곶감의 위치와 착한 호랑이, 나쁜 호랑이의 조합을 바르게 짝지은 것은?

〈조건〉

- 착한 호랑이는 2마리이고, 나쁜 호랑이는 3마리로 총 5마리의 호랑이(갑 ~ 무)가 있다.
- 착한 호랑이는 참말만 하고, 나쁜 호랑이는 거짓말만 한다.
- 곶감은 꿀단지, 아궁이, 소쿠리 중 한 곳에만 있다.

〈대화〉

갑 : 곶감은 아궁이에 있지.
을 : 여기서 나만 곶감의 위치를 알아.
병 : 갑은 나쁜 호랑이야.
정 : 나는 곶감이 어디 있는지 알지.
무 : 곶감은 꿀단지에 있어.

	곶감의 위치	착한 호랑이	나쁜 호랑이
①	꿀단지	무	병
②	소쿠리	정	을
③	소쿠리	을	병
④	아궁이	병	무
⑤	아궁이	갑	정

30 다음 글에서 빈칸 ㉠, ㉡에 들어갈 수를 바르게 짝지은 것은?

> 올림픽은 원칙적으로 4년에 한 번씩 개최되는 세계 최대 규모의 스포츠 대회이다. 제1회 하계 올림픽은 1896년 그리스 아테네에서, 제1회 동계 올림픽은 1924년 프랑스 샤모니에서 개최되었다. 그런데 두 대회의 차수(次數)를 계산하는 방식은 서로 다르다.
> 올림픽 사이의 기간인 4년을 올림피아드(Olympiad)라 부르는데, 하계 올림픽의 차수는 올림피아드를 기준으로 계산한다. 이전 대회부터 하나의 올림피아드만큼 시간이 흐르면 올림픽 대회 차수가 하나씩 올라가게 된다. 대회가 개최되지 못해도 올림피아드가 사라지는 것은 아니기 때문에 대회 차수에는 영향을 미치지 않는다. 실제로 하계 올림픽은 제1·2차 세계대전으로 세 차례(1916년, 1940년, 1944년) 개최되지 못하였는데, 1912년 제5회 스톡홀름 올림픽 다음으로 1920년에 벨기에 안트베르펜에서 개최된 올림픽은 제7회 대회였다. 마찬가지로 1936년 제11회 베를린 올림픽 다음으로 개최된 1948년 런던 올림픽은 제 ㉠ 회 대회였다. 반면에 동계 올림픽의 차수는 실제로 열린 대회만으로 정해진다. 동계 올림픽은 제2차 세계대전으로 두 차례(1940년, 1944년) 열리지 못하였는데, 1936년 제4회 동계 올림픽 다음 대회인 1948년 동계 올림픽은 제5회 대회였다. 이후 2020년 전까지 올림픽이 개최되지 않은 적은 없다.
> 1992년까지 동계·하계 올림픽은 같은 해 치러졌으나 그 이후로는 IOC 결정에 따라 분리되어 2년 격차로 개최되었다. 1994년 노르웨이 릴레함메르에서 열린 동계 올림픽 대회는 이 결정에 따라 처음으로 하계 올림픽에 2년 앞서 치러진 대회였다. 이를 기점으로 동계 올림픽은 지금까지 4년 주기로 빠짐없이 개최되고 있다.
> 대한민국은 1948년 런던 하계 올림픽에 처음 출전하여, 1976년 제21회 몬트리올 하계 올림픽과 1992년 제 ㉡ 회 알베르빌 동계 올림픽에서 각각 최초로 금메달을 획득하였다.

	㉠	㉡
①	12	16
②	12	21
③	14	16
④	14	19
⑤	14	21

2025

1위
기업별 NCS 시리즈
누적 판매량

모바일 OMR
답안채점 /
성적분석 서비스

NCS 핵심이론
및 대표유형
PDF

[합격시대]
온라인 모의고사
무료쿠폰

무료
코레일특강

코레일 한국철도공사

편저 | SDC(Sidae Data Center)

NCS 기출복원 & 고난도 모의고사 15회

+ 무료코레일특강

정답 및 해설

시대에듀